설득 커뮤니케이션 ^{10판}

Essentials of Human Communication, 10th ed.

Joseph A. DeVito 저

박준성 · 문광수 · 박은미 · 소용준 · 이병창 · 함진선 공역

학지사

Essentials of Human Communication, Tenth Edition

by Joseph A. DeVito

역자 서문

커뮤니케이션은 인류 최초부터 시작되었으며, 현재 그리고 앞으로도 계속해서 우리는 커뮤니케이션할 것이다. 인간은 태어나서 죽을 때까지 남녀노소를 막론하고, 특정 지역을 넘어서 그 장면이 대면이든, 온라인이든 간에 커뮤니케이션한다. 커뮤니케이션에 대한 욕구는 인간의 본질이자 일상에 없어서는 안 될 부분으로 우리의 희로애락을 좌우한다. 이렇게 중요한 커뮤니케이션을 하면서 우리는 어떻게 자신의 생각과 느낌을 정리해서 상대가 이해하기 쉽게 전해야 할지 고민한다. 또한 어떻게 커뮤니케이션하는 것이 적절한 방법인지 잘 몰라서 고민하고 힘들어할 때도 있다. 뿐만 아니라 커뮤니케이션 가운데 갈등과 오해가 발생해서 예상치 못한 곤혹을 치렀던 적도 있을 것이다.

커뮤니케이션은 수학처럼 정확하게 계산되는 값을 가진 것은 아니지만, 수학 공식의 풀이 과정처럼 설득 커뮤니케이션에서도 나름의 이론과 진행 과정이 있다. 이를 잘 알고 커뮤니케이션한다면 지금까지 고민하고 힘들어했던 커뮤니케이션에서 벗어나 분명 지금보다 나은 커뮤니케이션 상황과 그 결과를 만날 것이다. 이러한 측면에서 『설득 커뮤니케이션』의 출판이 기획되었고, 역자들은 설득 커뮤니케이션의 실제성과 실용성을 누구나 쉽게 체득하도록 돕기 위하여 이 책의 번역에 착수하였다.

커뮤니케이션은 학문적으로 사회과학 분야에서 중요한 영역을 차지하고 있는 기본 학문이자 실용 분야로서 이 책의 목적은 우선적으로 대학 교재로 활용하는 데 있다. 하지만 이 책은 커뮤니케이션에 관심이 많은 일반 독자도 충분히 소화할 수 있는 내용으로 구성되어 있어 스스로 커뮤니케이션의 수준을 끌어올리고 싶은 사람에게도 추천한다. 이를테면 책의 소개된 자가 점검을 해 본다든가 뷰포인트, 커뮤니케이션 초이스 포인트 등의 질문에 답하면서 커뮤니케이션에 대한 자신의 태도를 이해할 것이고, 커뮤니케이션 상황에서 지금보다 현명하게 대처할 것이다.

　이 책의 구성을 간략히 소개하자면 다음과 같다. 크게 제3부로 나뉘어 구성되어 있다. 제1부는 제1장 커뮤니케이션의 핵심 요소, 제2장 자기와 타인에 대한 지각, 제3장 커뮤니케이션에서의 경청, 제4장 언어적 메시지, 제5장 비언어적 메시지로 구성되어 있다. 제2부는 제6장 커뮤니케이션과 대화, 제7장 대인관계, 제8장 대인 갈등 관리하기, 제9장 소집단 커뮤니케이션, 제10장 소집단 커뮤니케이션에서 구성원과 리더로 구성되어 있고, 제3부는 제11장 대중 연설 준비, 제12장 대중 연설의 준비와 강연, 제13장 정보적 연설, 제14장 설득력 있는 연설로 구성되어 있다. 『Essentials of Human Communication』 제10판을 번역하며 박준성 역자는 1장과 7장을, 문광수 역자는 8장, 9장, 10장을, 박은미 역자는 3장, 4장, 6장을, 소용준 역자는 11장과 12장을, 이병창 역자는 2장과 5장을, 함진선 역자는 13장과 14장을 번역하였다.

　번역이 완성되기까지 모든 역자가 많은 시간과 노력을 들였지만, 원문의 의미를 훼손하지 않는 범위에서 매끄러운 의역을 하는 과정은 힘들었고, 커뮤니케이션 용어의 적절한 번역에 대한 합의 등에 대해 해결해야 할 부분이 아직 남아 있는 것도 사실이다. 또한 번역하면서 크고 작은 오류와 어색한 표현 등을 최대한 줄이기 위해서 모든 역자가 최선을 다해 노력하였지만, 독자의 입장에서 여전히 미흡해 보일 수 있다. 이에 대해서 지속적으로 더 좋은 책이 되도록 개선해 나갈 것을 약속하는 바이다.

　이 책의 번역이 완성되기까지 바쁜 일정에서도 번역에 동참해 주신 모든 역자에게 진심으로 감사드리고, 편집 과정에 크게 기여해 준 안정민 선생과 서예지 선생에게도 감사의 마음을 전한다. 그리고 이 책의 출판을 승낙해 주시고 출판이 되기까지 애써 주신 학지사 김진환 사장님, 영업부 유명원 부장님, 원서에 포함된 많은 사진과 도식 등을 정확히 한국어판으로 다듬어 준 편집부 임직원분께 감사의 말씀을 드린다.

　마지막으로, 이 책을 출간할 수 있게 지금까지 물심양면으로 희생하시며 키워 주시고 가르쳐 주신 모든 역자의 부모님, 사랑하는 아내와 가족 모두에게 감사의 말씀을 드린다. 아울러 큰 가르침을 주신 여러 교수님과 선후배, 동료에게도 감사의 마음을 전한다.

　이 한 권의 책 『설득 커뮤니케이션』이 커뮤니케이션의 오랜 역사와 방대한 자료를 충분히 담고 있는 것은 아니지만, 아무쪼록 이 책을 통해 설득 커뮤니케이션 분야의 학문을 배우고 활용하는 데 조금이나마 도움이 되기를 기원한다.

2021년 9월
역자 대표 박준성

저자 서문

『Essentials of Human Communication, 10th edition』에 오신 것을 환영합니다

『Essentials of Human Communication』 제10판을 소개하게 되어 대단히 기쁘다. 이 책의 새로운 버전은 대인 커뮤니케이션, 소집단 커뮤니케이션, 대중 연설 등 필수 이론, 연구, 특히 커뮤니케이션 기술을 강조하는 간결하고 흥미롭지만 진지한 텍스트의 필요성에 계속해서 답하고 있다. 필자는 "최대한 간단하게 만들되, 중요한 것은 놓치면 안 된다."는 아인슈타인의 말을 따르기 위해 최선을 다하고 있으며, 이 책은 그 중심 목적에 충실하고자 했다. 이 책의 우선적인 주제와 목표는 대인관계, 집단 및 대중 커뮤니케이션에서 더 큰 역량을 구축하는 데 도움이 되는 것이다. 이 책을 통해 당신이 보다 효과적인 대인관계 커뮤니케이터, 집단 구성원 및 지도자, 대중 연설자가 되길 바란다.

커뮤니케이션의 요소는 세 부분으로 나뉜다. 제1부 커뮤니케이션의 기초에서는 커뮤니케이션의 개념과 원칙을 다루는 다섯 개 장이 있다. 여기에는 커뮤니케이션 과정, 자기 자신과 타인에 대한 인식, 듣기, 언어적 메시지 및 비언어적 메시지가 포함되어 있다. 제2부 대인관계 및 소집단 커뮤니케이션에도 다섯 개 장이 있다. 제6장, 제7장, 제8장에서는 대인관계, 커뮤니케이션 및 대화, 대인관계의 개념과 기술, 그리고 대인관계 갈등 관리에 대해 설명하고 있다. 제9장과 제10장에서는 소집단 상호작용, 소집단 유형, 효과적인 집단 멤버십과 리더십의 원칙에 중점을 두고 있다. 제3부의 대중 연설(제11장~제14장)에서는 대중 연설의 본질과 효과적이고 유익하고 설득력 있는 연설 준비를 위한 원리와 기술을 설명한다.

각 장의 업데이트

각 장은 보다 나은 명확성을 위해, 그리고 불필요한 중복을 없애기 위해 업데이트된 예제와 사진으로 새롭게 개정되었다. 장별로 변경되는 내용을 간단히 제시하면 다음과 같다.

제1장 커뮤니케이션의 핵심 요소에는 커뮤니케이션의 이점, 커뮤니케이션의 원칙, 문화 간 커뮤니케이션 모델 및 '자민족주의 연속성'을 설명하는 네 개의 새로운 그림이 포함되었다. 이 장에서는 Hofstede, Hofstede 및 Minkoff의 일곱 가지 문화 차원에 대해 새로 설명을 추가하였다.

제2장 자기와 타인에 대한 지각은 공손함 행동과 자부심에 대한 두 가지 새로운 통합된 경험을 포함하고 있으며, 소셜미디어 사이트에서의 대면 자기 공개와 자기 공개의 차이점에 대한 간소화된 활동을 포함하였다.

제3장 커뮤니케이션에서의 경청에서는 윤리적 청취에 대한 새로운 윤리적 특징, '수신자의 권리', '들을 권리' 및 '공감의 부정적인 효과'에 대한 세 가지 새로운 뷰포인트를 소개한다.

제4장 언어적 메시지에는 효과적인 메시지 사용에 대한 지침이 포함된 언어 메시지의 원리를 설명하는 시각적인 새로운 다이어그램 두 개가 포함되어 있다. 또한 새롭게 활성화된 사실 추론 자가 점검, 애정 지향에 대한 확대된 적용 범위, 성별 및 성별에 대한 업데이트된 적용 범위도 포함하였다. 이 장에는 '캠퍼스 내 인종 차이'와 '서비스 거부'에 대한 두 가지 새로운 뷰포인트가 포함되어 있다.

제5장 비언어적 메시지에서 오해에 대한 소개 범위는 이제 이 챕터 전체에 통합되었으며, 언어 및 침묵에 대한 범위는 두 개의 개별 섹션으로 확장시켰다. 또한 5장에서는 '인공물의 힘'과 '관계에서의 비언어적 역량'이라는 두 가지 새로운 뷰포인트도 포함시켰다.

제6장 커뮤니케이션과 대화에는 자기소개 및 자신을 타인에게 소개하는 것이나, 대화 원리에 대한 새로운 그림 및 리뷰 표, '대화의 난이도'에 대한 새로운 뷰포인트 및 격언이나 속담에

대한 간소화된 자가 점검을 포함하였다.

제7장 대인관계에는 '매력 이론'과 관련된 개정된 적용 범위와 '네트워킹', '매력적인 성격' 및 '퍼빙' 현상에 대한 세 가지 새로운 뷰포인트를 포함하였다.

제8장 대인 갈등 관리하기에는 갈등 전략에 대한 새로운 그림, 갈등과 상호 의존성을 다루는 새로운 멀티미디어 갤러리, '갈등에 대해 이야기하기'에 대한 새로운 뷰포인트가 포함되었다.

제9장 소집단 커뮤니케이션에서는 자가 점검과 함께 소집단 이해력을 소개한다. '집단 규범'과 '혼자 브레인스토밍하기'라는 두 가지 새로운 뷰포인트가 있다. 제9장은 '품질 분임 조'에 대한 새로운 적용 범위와 새로운 표 '소집단 형태'에 대해 설명하고 있다.

제10장 소집단 커뮤니케이션 구성원과 리더는 집단 역할 및 리더십 이론에 대한 새로운 다이어그램 두 개와 '교실 리더십 유형'에 대한 새로운 뷰포인트 사진이 포함되어 있다.

제11장 대중 연설 준비(1~6단계)에서는 플로리다주 Parkland 학생과 관련된 새로운 사례와 그들의 변화를 촉진하기 위한 대중 연설 기술 사용을 포함하였다. 여기에는 소셜미디어를 통해 주제를 찾는 새로운 범위[Topoi 또는 세분화로 주제 제한(성희롱 주제를 기반으로 수정된 트리 다이어그램으로)] 등에 대한 새로운 하위 섹션이 있다.

제12장 대중 연설의 준비와 강연(7~10단계)에는 연설 문구에 대한 새로운 그림과 '당신의 연설을 알리기' 및 '대중 연설을 위한 복장'을 다루는 두 가지 새로운 뷰포인트가 포함되어 있다.

제13장 정보적 연설에는 세 가지 새로운 그림이 포함되어 있다. 그중 두 개는 '정보적 연설의 가이드라인'과 '정보적 연설의 세 가지 유형'에 대해 볼 수 있다. 프레젠테이션 보조도구에서는 프레젠테이션 소프트웨어에 대한 새로운 정보와 다이어그램, 그래프, 인포그래픽 및 PPT 슬라이드의 새로운 예를 업데이트 및 확장하였다. 이 장은 정신 질환에 대한 새로운 대중 연설 보조 샘플과 분석 및 논의를 위한 새로운 질문으로 끝난다.

제14장 설득력 있는 연설에서는 '설득력 있는 말하기의 가이드라인', '설득력 있는 연설의 세

가지 유형', '설득력 있는 연설을 위한 지지 자료'에 대한 새로운 그림 세 개가 포함되어 있다. 새로운 적용 범위에는 '사회적 증거 제공' 지침과 대중 연설 보조 샘플 다음에 나오는 분석 및 논의를 위한 질문이 포함되어 있다.

본문 특징

이 책은 최신 연구와 업데이트된 예제, 사진 및 만화를 완전히 통합하여 텍스트가 최신의 교육적 효과를 유지하도록 한다. 독자가 찾을 수 있는 이 책의 특징은 다음과 같다.

- **학습 목표**. 학습 목표는 각 장의 시작 부분에 있다. 참조하는 장의 제목 옆, 적절한 텍스트(각 주요 제목과 함께) 및 장 끝에 있는 요약에 나타난다. 학습 목표는 각 장의 주요 개념과 기술을 강조한다. 여기에 사용된 학습 목표 시스템은 다양하며 여기에는 세 가지 주요 사고 수준이 있고, 각 사고 수준은 텍스트 전체에 포함되어 있다(Bloom, 1956; Teacher & Educational Development, 2005; Eggen & Kauchak, 2013).
- **지식**(상기, 기억 및 이해). 정의, 다른 말로 바꾸어 표현, 설명 및 차별화와 같은 특정 동사에 의해 도입되었다.
- **응용**(새로운 상황에 개념 적용). 다이어그램, 설명, 사용 및 예제와 같은 특정 동사에 의해 도입되었다.
- **문제 해결**(개념을 부분으로 분석/분해, 요소를 전체적으로 합성/결합, 가치 또는 적절성 판단 평가/만듦). 평가, 구성, 정리 및 감정과 같은 특정 동사에 의해 도입되었다.
- **통합 경험**(이전의 각 장의 끝에 있는 기술 개발 연습). 학생에게 텍스트에서 논의된 개념을 적극적으로 다루고 다양한 필수 커뮤니케이션 기술을 다루도록 요청하였다. 이러한 경험을 마치면 독자는 이 장의 내용을 특정 상황에 적용하여 자신의 커뮤니케이션 기술을 향상, 완성시킬 수 있다.

다음 척도에 제시된 각 문항을 읽고 응답하시오.

1=매우 그렇다, 2=그렇다, 3=보통이다, 4=그렇지 않다, 5=전혀 그렇지 않다

_____ 1. 나는 적극적으로 들으면서 전달자를 수용하고 있음을 표현하며, 전달자가 자신의 생각을 더 탐색할 수 있도록 촉진한다.

_____ 2. 나는 전달자가 말하는 것과 느끼는 것을 듣고 전달자가 느끼는 것을 이해하려고 노력한다.

_____ 3. 전달자를 판단하지 않고 듣는다.

_____ 4. 전달자가 소통하는 문자 그대로의 의미를 듣고, 숨은 의미를 깊이 들여다보지 않는다.

_____ 5. 나는 적극적인 개입 없이 듣고, 대체로 침묵을 지키며 상대의 말을 받아들인다.

_____ 6. 나는 객관적으로 듣고, 메시지의 감정적 의미보다 생각의 논리에 초점을 맞춘다.

_____ 7. 메시지가 나의 태도와 신념에 반대되더라도 공손히 듣는다.

_____ 8. 내가 정말로 할 말이 있다면 전달자의 말 도중에 끼어들 것이다.

_____ 9. 나는 전달자와 전달자의 말을 평가하면서 비판적으로 듣는다.

_____ 10. 나는 숨겨진 의미, 즉 미묘한 언어적 또는 비언어적 단서에 의해 드러난 의미를 찾는다.

이 문항들은 우리가 논의하는 경청 유형과 관련되어 있다. 이러한 경청의 방식들은 어떤 때는 적절하나 어떤 때는 적절하지 않다. 이는 상황의존적이다. 따라서 부적절한 응답은 '항상 그렇다' 또는 '전혀 아니다'뿐이다. 효과적인 경청은 구체적인 커뮤니케이션 상황에 맞추어 알맞게 듣는 것이다.

- 매 장마다 거의 **새로운 그림과 표**를 추가하여 본문의 개념을 시각적으로 제공하고 있다.
- **뷰포인트 사진 및 캡션**은 독자에게 다양한 커뮤니케이션 문제를 고려하도록 제안한다. 그 중 다수는 연구 기반이며 소셜미디어, 직장 및 문화 테마에 중점을 두고 있다. 예로, 이 뷰포인트에서 독자는 퍼빙(phubbing)과 및 커뮤니케이션 효과에 중점을 두어야 한다.

뷰포인트. 상대 앞에서 휴대전화를 보는 행위, 퍼빙

대화가 지루해졌을 때 휴대전화를 사용하거나 사회적 상호작용 중에 휴대전화를 쉽게 사용할 수 있게 두거나 휴대전화를 들고 있는 행위인 퍼빙(phubbing)에 대한 연구를 보면, 퍼빙을 한 사람은 안 한 사람보다 덜 효과적인 커뮤니케이션을 했고 관계만족도가 더 낮다는 것을 알 수 있었다(Chotpitaya-sunondh & Douglas, 2018; Dean, 2018; Price, 2018). 퍼빙에 대한 당신의 경험은 어땠는가?

- 커뮤니케이션 초이스 포인트 및 윤리적 초이스 포인트는 독자가 다양한 상황에서 사용 가능한 커뮤니케이션 선택을 식별하고 평가하도록 권장한다. 이 책의 초이스 포인트는 각 장의 학습 목표와 밀접하게 연결되어 있다. 윤리적 초이스 포인트는 상호적(대화형) 단답형 기회이고, 커뮤니케이션 초이스 포인트는 평가 기능을 갖춘 상호적(대화형) 쓰기 기회이다.
- 장 끝과 본문 끝에 나오는 핵심 용어는 학생이 핵심 용어를 배우고 검토하는 데 도움이 된다.
- 대중 연설 보조 샘플 기능은 샘플 주석이 달린 연설 및 개요를 제공한다. 제13장의 정신 질환에 대한 새로운 예가 포함되어 있다.

핵심 콘텐츠 및 테마

커뮤니케이션의 핵심 요소는 커뮤니케이션 연구에서 서로 연계된 여러 주제를 강조하고, 함께 모아서 이 책(소셜미디어, 문화, 직장, 선택, 공손함 및 윤리)의 독창성을 정의한다.

소셜미디어

대인관계, 소집단 및 대중과 같은 모든 커뮤니케이션 형식에는 현재 일상생활의 필수 요소인 다양한 소셜미디어가 통합되어 있다. 예로, 청각 신호의 수신으로 길게 정의된 듣기의 정의는 소셜미디어 메시지의 판독을 포함하도록 재정의된다. 그 이유는 Facebook에 게시하고 트윗하는 것이 커뮤니케이션의 예라면 당연한 것이다. 이러한 메시지를 읽는 것이 또한 커뮤니케이션의 일부여야 하고, 듣기와 가장 논리적으로 맞는 것으로 보인다는 것이다.

문화

커뮤니케이션 경험에서 문화가 수행하는 중요한 역할은 커뮤니케이션의 필수 요소 전체에서 반복되는 주제이다. 당신은 문화적 다양성에 의해 정의된 세계에 살고 있으며, 당신은 애정 지향, 사회경제적 입장(위치), 인종, 종교 및 국적이 타인과 교류한다. 문화와 문화적 차이는 항상 커뮤니케이션에 영향을 미친다. 따라서 이 본문은 문화를 각 장에 완벽하게 통합하며, 선정된 관련 장에서 전 세계의 일곱 가지 주요 문화적 차이를 보여 주는 수정된 문화 지도 기능을 소개한다. 문화적 주제는 다음을 포함하고 있다.

- 문화와 커뮤니케이션, 문화의 중요성, 문화적 차이의 차원, 문화적 관점의 목표, 민족적 정체성과 자기 민족 중심주의(제1장)
- 자기 개념 형성, 문화적 민감성 증가, 고정관념, 자기 공개 및 문화에 대한 문화적 가르침(제2장)
- 문화와 성별이 듣기에 미치는 영향, 그리고 남성적, 여성적 지향에 대한 문화 지도(제3장)
- 직접성과 예의의 성별 및 문화적 차이, 언어적 커뮤니케이션의 문화적 규칙, 성차별, 이성애주의(이성애자의 동성애자에 대한 편견/차별), 인종차별 및 노인차별, 문화적 식별자, 고맥락 문화와 저맥락 문화에 대한 문화 지도(제4장)
- 비언어적 커뮤니케이션, 특히 얼굴표정의 문화적 차이, 색깔, 접촉, 침묵 및 시간 지향, 그리고 장/단기 지향에 대한 문화 지도(제5장)
- 대화에서 문화와 성별의 역할과 영향(제6장)
- 우정, 사랑, 가족 관계의 문화적, 성별 차이 그리고 자적과 자제 문화에 대한 문화 지도(제7장)

- 갈등 및 갈등 관리에 대한 성별 및 문화적 영향, 얼굴 올려 주기 및 얼굴 공격 전략(face-enhancing and face-attacking strategies)의 문화적 차이, 고권력거리와 저권력거리에 대한 문화 지도(제8장)
- 소집단 문화와 소집단 커뮤니케이션에서 집단 및 문화 규범의 본질과 중요성, 그리고 개인주의와 집단주의에 대한 문화 지도(제9장)
- 소집단 멤버십 및 리더십에서 문화의 역할(제10장)
- 연설 주제에서 문화의 역할, 문화적으로 다양한 청중을 다룰 때 대중 연설자가 금기 주제를 피하도록 돕는 지침, 청중 분석의 문화적 요소(제11장)
- 대중 연설 언어의 문화적 고려 사항, 문화충격, 연설 비판의 문화적 민감성 및 모호성 관용에 대한 문화 지도(제12장)
- 보조도구 선택에 대한 문화적 민감성(제13장)
- 청중의 문화(집단주의, 고권력거리, 불확실성 회피 및 장기 지향)에 적응, 그리고 문화적 차이가 신뢰성 호소에 미치는 영향(제14장)

직장

효과적인 커뮤니케이션은 당신 삶의 어떤 부분에서도 그렇듯이 직장에서도 중요하다. 직장 적용범위가 장에 완전히 통합되어 있고 다양한 표(예: 〈표 2-1〉 직장에서의 자기노출 주의), 뷰포인트 사진(예: 제5장의 지위 신호), 통합 경험(예: 자신의 리더십 자질 이해), 초이스 포인트(예: 신뢰성 입증 및 접촉 경계)에 강조되어 있다.

선택

커뮤니케이션을 할 때마다 서로 말하거나, 이메일을 보내거나, 전화를 걸거나, 지지 또는 비판적이게 행동하는 것 사이에서 선택해야 한다. 선택이 중심적으로 중요하기에 모든 주요 섹션에 나타나는 커뮤니케이션 초이스 포인트는 당신이 커뮤니케이션을 위한 선택을 식별하고 평가하도록 초대한다.

윤리

　메시지는 단순히 메시지가 타인에게 영향을 미치기 때문에, 그리고 메시지가 신념과 태도를 바꾸고 행동을 유발하는 데 영향을 미치기 때문에 윤리적으로 영향을 미친다. 이로 인해 윤리는 본문 전체에 집중되어 있다. 제1장은 커뮤니케이션 역량의 필수 요소인 모든 형태의 커뮤니케이션에서 기초 개념으로 윤리를 소개한다. 나머지 모든 장에서의 윤리적 커뮤니케이션 상자는 다양한 커뮤니케이션 상황을 강조하고 다양한 시나리오에 윤리적 원칙을 적용하도록 요청한다. 예로, 문화 관행, 거짓말, 대인관계 갈등을 윤리적으로 다루는 방법과 같은 윤리적 문제가 그 예이다. 윤리적 고려 사항이 모든 커뮤니케이션 선택/결정의 필수 부분이라는 빈번한 알림 역할을 한다. 이러한 커뮤니케이션에 대해 윤리적 커뮤니케이션 상자에 들어 있다.

감사의 글

다양한 개정 단계에서 본문을 검토한 사람들에게 감사하고 싶다. 그들은 그들의 시간과 전문 지식을 관대하게 주었고 나는 언제나 그렇듯이 빚을 지고 있다.

Renae Midence, Miami Dade College

Ellie Leonhardt, Rogue Community College

Al Futrell, University of Louisville

Whitney Pisani, Collin County Community College

Diann Colburn, Kenai Peninsula Community College

Daniel McRoberts, Northcentral Technical College

원고를 이 책으로 바꾸기 위해 열심히 일한 많은 분께도 감사의 말씀을 전한다. 특히 수정을 즐겁게 해 준 Pearson 직원들, 특히 편집자인 Karon Bowers의 지혜로운 조언과 인내심에 감사한다. Angela Kao는 개발 작업과 인쇄물을 새로운 Revel 시스템으로 전환했다. 이 책의 평가 문제를 관리한 Stephanie Laird, 콘텐츠 제작자인 Barbara Cappuccio, 프로그램 관리자인 Erin Bosco, 편집 코디네이터인 Dea Barbieri, 수석 제품 마케팅 담당자인 Christopher Brown, 수석 필드 마케팅 담당자인 Kelly Ross에게 감사를 전한다.

Joseph A. DeVito

jadevito@earthlink.net

http://tcbdevito.blogspot.comt

제1부
커뮤니케이션의 기초

제3부
대중 연설

커뮤니케이션의 핵심 요소

1

"커뮤니케이션의 필요성은
최초부터 시작되었다."

이 장의 주제

- 커뮤니케이션의 형태, 이점 그리고 오해
- 커뮤니케이션 모델 및 개념
- 커뮤니케이션의 원리
- 문화와 커뮤니케이션
- 커뮤니케이션 역량

학습 목표

1.1 커뮤니케이션의 형태, 이점 그리고 오해를 알아본다.

1.2 전달자–수신자, 메시지, 맥락, 채널, 소음 및 효과를 포함하는 커뮤니케이션 모델과 각각의 내용을 알아본다.

1.3 커뮤니케이션의 주요 원리를 알아본다.

1.4 커뮤니케이션에서 문화의 역할과 문화적 차이를 설명하고, 민족정체성과 자민족중심주의를 알아본다.

1.5 커뮤니케이션 역량을 정의하고, 그 주요 특성을 알아본다.

이 장은 '이 책에서 무엇을 얻을 것인가?'와 '왜 커뮤니케이션을 공부해야 하는가?'라는 질문에서 시작한다. 이 질문은 첫 커뮤니케이션 수업에서 하기 좋은 질문이다. 분명한 대답은 커뮤니케이션의 중요성에 있다. 커뮤니케이션은 모든 사람이 이해해야 하는 인간 존재의 중요한 부분이다. 예로, 당신은 역사, 과학, 지리, 수학을 이해해야 하는 만큼, 사람들이 어떻게 생각과 감정을 교환하는지, 그들이 어떻게 대인관계에서, 집단 내에서, SNS에서 그리고 공공장소에서 소통하는지 이해할 필요가 있다. '커뮤니케이션을 공부하는 것의 이점'과 이 책의 제14장 전체에서 얻을 수 있는 수많은 개인적이고 전문적인 혜택이 여기에 있다.

커뮤니케이션의 형태, 이점 그리고 오해

1.1 커뮤니케이션의 형태, 이점 그리고 오해를 알아본다.

커뮤니케이션(communication)은 2명 이상의 사람 사이에서 언어적, 비언어적 메시지를 주고받는 것으로 구성되어 있다. 커뮤니케이션은 겉으로 보기에 단순해 보이지만 실제로는 상당히 복잡한 과정으로 이 책의 핵심 주제이기도 하다. 이 장에서는 이 책의 큰 그림(토대)을 제공한다.

여기서는 먼저 커뮤니케이션의 형태, 당신이 얻을 수 있는 이점과 배울 수 있는 기술을 알아보고, 커뮤니케이션에 대한 오해를 풂으로써 커뮤니케이션에 대해 알아볼 것이다.

커뮤니케이션의 형태

커뮤니케이션은 인터뷰, 건강 커뮤니케이션(의료진과 환자 사이의 커뮤니케이션), 매스 커뮤니케이션(텔레비전, 영화, 비디오를 통한 커뮤니케이션), 조직 커뮤니케이션(광고와 홍보에서처럼 조직 내에서 그리고 조직으로부터 대중에게 제공되는 커뮤니케이션)과 같은 영역을 포괄하는 매우 넓은 분야를 말한다. 본문에서는 커뮤니케이션의 세 가지 영역인 대인 커뮤니케이션, 소집단 커뮤니케이션, 대중 커뮤니케이션에 초점을 맞추고 있다. 또한 본문은 당신이 더 큰 효과를 위해 필요로 할 실용적인 기술뿐만 아니라 개념과 원칙에 초점을 맞추고 있다. 이 세 가지 영역은 모든 형태의 커뮤니케이션 기초 안에 있다.

대인 커뮤니케이션(interpersonal communication)은 당신이 어떤 종류의 관계를 맺는 사람과 상호작용할 때 발생한다. 대인 커뮤니케이션을 통해 타인과 교류하고, 그들과 자신에 대해 배우고, 타인에게 자신을 공개한다. 어떤 새로운 지인, 옛 친구, 연인, 가족, 직장 동료와 함께 있든 간에 대인 커뮤니케이션을 통해 당신은 개인적인 관계를 확립하고 유지하며 때로는 파괴하거나 회복한다.

소집단 커뮤니케이션(small group communication) 또는 팀 커뮤니케이션은 5명에서 10명 사이의 집단 간 커뮤니케이션이며, 직접 대면하거나 가상공간(점점 증가하는 추세)에서 이루어질 수 있다. 소집단 커뮤니케이션을 통해 당신은 타인과 교류하고, 문제를 해결하고, 새로운 아이디어를 개발하고, 지식과 경험을 공유한다.

대중 커뮤니케이션(public communication)은 연설자(speaker)와 청중(audience) 사이에서의 커뮤니케이션이다. 대중 커뮤니케이션을 통해 연설자는 당신에게 정보를 알리고 설득할 것이다. 그리고 당신은 대중 커뮤니케이션을 통해 타인에게 행동하거나, 사거나, 특정한 방식으로 생각하도록 정보를 알리고 설득할 것이다. 많은 청중을 직접 대면해서 설득할 수 있는 것처럼, 전자통신망을 통해 청중을 만날 수도 있다.

커뮤니케이션을 공부한다는 이점

당신이 갖고 있는 모든 지식과 기술 중에서, 커뮤니케이션은 당신의 가장 중요하고 유용한 자원 중 하나이다. 커뮤니케이션 역량은 당신의 개인적 삶과 직업적 삶에 영향을 미칠 수 있고, 좋은 친구 및 연인으로서도 영향을 미칠 수 있다. 이는 종종 직업을 얻는 것과 얻지 못하는 것의 차이를 만들어 낼 것이다. 당신의 커뮤니케이션 역량은 집단 구성원으로서 당신의 영향력과 효과뿐만 아니라 집단 리더로서 활동하게 할 것이다. 당신의 커뮤니케이션 역량은 당신의 정보 전달 능력을 증가시키고 다양한 대중 연설 상황에서 타인의 태도와 행동에 영향을

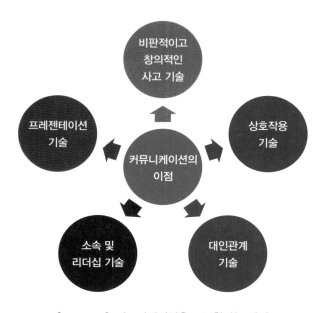

[그림 1-1] 커뮤니케이션을 공부한다는 이점

미칠 것이다.

[그림 1-1]에서 알아본 커뮤니케이션에 대한 연구를 통해 학습할 기술과 그에 따른 이점을 좀 더 명확하게 확인해 보자.

- 이 책에서 강조한 비판적이고 창의적인 사고 기술(critical and creative thinking skill)은 의식적으로 새로운 상황을 염두하며 접근하는 것을 도와주고, 건전하고 유효한 주장과 논리적인 오류로 가득 찬 주장을 구분하는 역량을 높이며, 현실을 보다 정확하게 반영하기 위해 언어를 사용하는 역량을 향상시킨다.
- 상호작용 기술(interaction skill)은 겉보기에 간단하고 작은 대화부터 평생 직업에 대한 고용 인터뷰에 이르기까지 넓은 범위 형태의 커뮤니케이션을 개선하도록 도와준다. 상호작용 기술은 오랫동안 유지할 관계를 제안하든, 어떤 위반에 대해 사과를 하든 간에 당신에게 효과적인 커뮤니케이션을 하게끔 해 줄 것이다.
- 대인관계 기술(relationship skill)을 통해 우정을 쌓고, 연애 관계를 맺으며, 동료와 협력하고, 가족 구성원과 교류할 수 있다. 이는 모든 종류의 관계를 시작, 유지, 관계 개선(repair), 그리고 때때로 종결을 위한 대인관계와 관계 기술이다. 그리고 당신이 완전히 혼자 살지 않는 한 매일 그리고 모든 만남에서 사용할 수 있는 기술이다. 관계 기술은 모든 기업의 조직적 성공을 위한 가장 중요한 역량 목록에 있는 기술이며, 사업 역량의 필수적인 부분이다(Bassellier & Benbasat, 2004).
- 리더십 기술(leadership skill)은 소규모 집단 또는 대규모 청중에 효과적으로 정보를 전달할 수 있도록 하며, 이러한 상황에서 타인에게 영향을 미칠 수 있는 능력은 가장 중요한 리더십 기술에 있다. 집단 구성원 간에 상호작용이 일어나는 직장 환경에서 효과적인 조직원이 되고 조직이 성공하도록 돕고자 한다면, 이러한 기술은 점점 더 중요해진다. 결국, 권력을 가진 사람들은 종종 당신의 커뮤니케이션을 통해 당신을 잘 알게 될 것이다. 높은 직책을 맡게 될수록 당신은 정보제공, 문제 해결, 브레인스토밍 세션에서 집단과 팀을 이끌 수 있는 리더십 기술이 필요할 것이다.

- 프레젠테이션 기술(presentation skill)을 통해 자신감 있고, 호감도 있고, 접근하기 쉽고, 신뢰할 수 있는 사람으로 자신을 표현할 수 있다. 노력에 따라서 당신의 프레젠테이션 역량이 달라질 수 있고 메시지 전달 효과

도 달라진다. 즉, 언어적 메시지와 비언어적 메시지를 통해 자기 자신을 긍정적으로 표현하는 것 자체가 프레젠테이션 역량이다. 반대로 프레젠테이션의 역량이 부족할 경우 타인에게 부정적으로 비춰질 수 있다.

뷰포인트. 커뮤니케이션의 중요성

남녀 모두 커뮤니케이션과 경청을 잘할 수 있는 파트너를 원한다. 인생의 동반자나 가장 친한 친구를 선택할 때 고려할 수 있는 다른 모든 요소를 비교해 볼 때, 커뮤니케이션과 경청 능력이 얼마나 중요한가? 어떤 특정한 커뮤니케이션 기술을 '매우 중요하다'고 생각하는가? 어떤 커뮤니케이션 행동 패턴이 '관계악화'에 영향을 미칠 것인가?

커뮤니케이션에 대한 오해

커뮤니케이션 연구를 시작하기 위한 좋은 방법은 연구와 이론에 의해 모순되는 몇몇의 커뮤니케이션에 대해 잘 알려져 있지만 잘못된 믿음을 찾아 조사하는 것이다. 이러한 오해와 그것이 왜 거짓인지를 이해하는 것은 잠재적인 장벽을 없애고 커뮤니케이션의 보다 효과적이고 효율적인 학습을 위한 길을 여는 데 도움이 될 것이다. 우리는 모든 장에서 커뮤니케이션에 발생하는 오해에 대해 재검토할 것이다.

다음에 몇 가지 예시가 있다.

- 커뮤니케이션을 많이 할수록 커뮤니케이션은 더 원활해질 것이다. 비록 이 명제가 논리적으로 보일지라도(연습이 완벽을 만든다는 일반적인 믿음과 같은 개념이다) 이는 커뮤니케이션의 잘못된 결과이다. 당신이 연습을 통해 올바른 습관을 익혔다면 커뮤니케이션을 완벽하게 하는 데 도움이 될 것이다. 그러나 연습을 통해 나쁜 습관을 익혔다면 커뮤니케이션 역량을 증진시키기 어려울 것이다. 따라서 결과적으로 효과적인 커뮤니케이션 원리를 배우고 실천하는 것이 중요하다.
- 두 사람이 친밀한 관계에 있을 때, 어느 누구도 노골적으로 요구나 원하는 것을 일방적으로 말해서는 안 되며, 상대는 요구와 원하는 것이 무엇인지 알아야 한다. 이 가정은 다양한 커뮤니케이션의 어려움을 만들 수 있다. 사람들은 독심술사가 아니다. 상대의 마음을 읽을 수 있다고 기대하는 것은 대화에 장벽을 세우는 것이 된다. 종종 그것은 당신의 요구를 알리지 않고 적극적이지 않은 것에 대한 변명이 될 것이다.
- 대인관계(interpersonal)나 집단 갈등(group conflict)은 관계나 집단이 곤경에 처해 있다는 신

호이다. 갈등은 관계와 집단에서 불가피하다. 만약 갈등이 효과적으로 관리된다면 이는 실제로 개인과 관계에 도움이 될 수 있다.

• **훌륭한 커뮤니케이터와 리더는 태어나는 것이지, 만들어지는 것이 아니다.** 어떤 사람은 다른 사람보다 더 뛰어난 리더의 자질(리더십)을 갖고 있고 리더십에 더 적절하지만, 커뮤니케이션이나 경청처럼 리더십은 학습된 기술이다. 당신은 커뮤니케이션의 원리 및 집단 커뮤니케이션과 리더십의 독특한 원리를 배우면서 리더십 역량을 발전시키는 것이다.

• **대중 앞에서 말하는 것에 대한 두려움은 도움이 되지 않으며 반드시 제어되어야 한다.** 대부분의 연설자는 긴장하고 있다. 그리고 당신은 흔히 무대 공포 또는 커뮤니케이션 불안이라고 불리는 것을 없애기 위해 이 책이나 이 강좌를 배우는 것이 아니다. 그러나 이 책을 통해서 두려움을 다스리는 법을 배울 수 있고, 당신에게 효과적일 것이며, 불안과 상관없이 더 효과적인 연설자가 되는 법을 배우게 될 것이다.

커뮤니케이션 모델 및 개념

1.2 전달자-수신자, 메시지, 맥락, 채널, 소음 및 효과를 포함하는 커뮤니케이션 모델과 각각의 내용을 알아본다.

초기 모델이나 이론에서는, 커뮤니케이션 과정이 선형(linear)이라고 여겨 왔다. 이 선형 견해에 따르면, 전달자는 말하고 수신자는 귀 기울인다. 커뮤니케이션은 비교적 직선으로 진행되는 것으로 보였다. 말하는 것(speaking)과 듣는 것(listening)은 다른 시간에 일어나는 것으로 보였기 때문에, 말할 때는 듣지 않았고 들을 때는 말하지 않았다.

보다 만족스러운 견해로는 커뮤니케이션을 각 개인이 메시지를 주고받는, 전달자와 수신자 모두의 역할을 하는 상호교류 과정으로 간주하는 것이다(Watzlawick, Beavin, & Jackson, 1967; Watzlawick, 1977, 1978; Barnlund, 1970). 대면(face-to-face) 커뮤니케이션에서 당신이 메시지를 전달하는 동안 당신은 또한 자신의 커뮤니케이션과 상대의 반응으로부터 메시지를 받고 있다. 그것은 전화 통화(phone communication), 인스턴트 메시지(instant messaging), 채팅(chatting)에서도 마찬가지이다. 그러나 Facebook이나 이메일(e-mail)에 게시하는 것과 같은 다른 온라인 커뮤니케이션은 전달과 수신이 다른 시간에 일어나는 커뮤니케이션의 선형 모델과 더 유사하다. 이 세 가지 견해는 [그림 1-2]에 묘사되어 있다.

상호교류적 관점(transactional view)은 또한 커뮤니케이션의 요소를 독립적으로 보지 않고 상호의존적으로 본다(절대 독립적이지 않다). 이는 각 요소가 다른 요소와 연관되어 있음을 의미한다. 프로세스 중 어느 한 요소에서의 변화는 다른 요소에서의 변화를 일으킨다. 예로, 당신이 동료들과 회의하는 가운데 당신의 상사가 방에 들어온다면, 이러한 '청중'의 변화는 다른 변화를 이끌 것이다. 아마도 당신은 당신이 말하고 있는 것이나 말하는 방식을 바꿀 것이다. 어떤 변화가 되든, 결과적으로 다른 변화가 일어날 것이다.

커뮤니케이션은 당신이 메시지를 보내거나 받을 때 그리고 당신이 타인의 신호에 의미를 부여할 때 발생한다. 인간의 모든 커뮤니케이션은 맥락 안에서 발생하고, 하나 이상의 채널을 통해 전달되며, 소음에 의해 왜곡되고, 어느 정도의 영향을 미친다. 우리는 [그림 1-3]과 같이 이러한 필수 요소를 추가함으로써 커뮤니케이션의 기본 상호교류 모델을 확장할 수 있다.

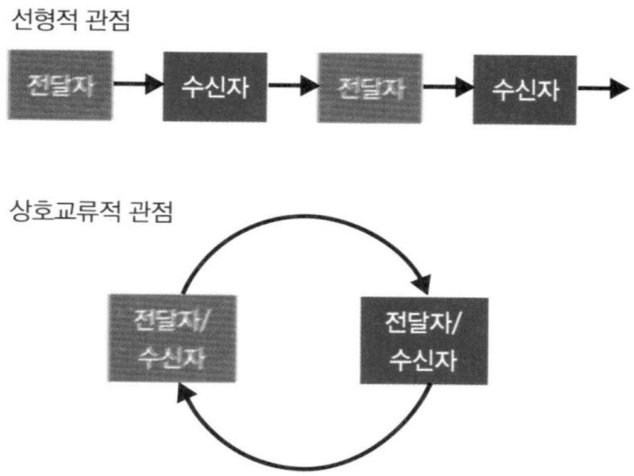

선형적 관점

상호교류적 관점

[그림 1-2] **두 가지 커뮤니케이션 관점**

위의 그림은 전달자가 말하고 수신자가 듣는 커뮤니케이션의 선형적 관점을 나타내고 있다. 아래의 그림은 대부분의 커뮤니케이션 이론가가 갖고 있는 관점인 상호교류적 관점을 나타낸다. 상호교류적 관점에서 각 사람은 전달자와 수신자 역할을 동시에 한다. 메시지를 보내는 것과 동시에 타인으로부터 메시지를 받고 있다. 당신은 메시지를 보낼 때도 듣는 것을 멈추지 않고, 들을 때도 메시지 보내는 것을 멈추지 않는다.

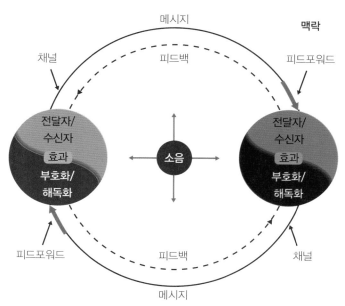

[그림 1-3] **커뮤니케이션의 핵심**

이는 두 사람 사이의 일반적인 커뮤니케이션 모델이며 커뮤니케이션을 상호교류하는 과정으로 가장 정확하게 묘사하고 있다. 이는 커뮤니케이션 과정의 다양한 요소를 시각적으로 표현하고 있다.
이 모델을 어떻게 수정하여 소집단 상호작용이나 대중 연설로 묘사할 것인가?

전달자–수신자

상호교류 모델(transactional model)에 따르면, 커뮤니케이션에 관련된 사람은 **전달자**(화자)이자 **수신자**(청자) 모두가 된다. 당신은 말하거나, 쓰거나, 제스처를 하거나, 웃으며 메시지를 보낸다. 당신은 듣고, 읽고, 보고, 냄새를 맡는 등 메시지를 받는다. 메시지를 보내는 동시에 당신은 메시지를 받고 있다. 말하고 있을 때 자신의 말을 들을 수 있고, 자신의 움직임을 느끼며, 자신의 제스처를 알 수 있다. 그리고 적어도 대면 커뮤니케이션에서는 상대의 메시지를 받고 있다. 오감, 즉 시각, 청각, 심지어 촉각이나 후각을 통해서도 메시지를 전달받는다. 당신은 말하면서 상대의 승인, 이해, 공감, 동의 등 반응을 위해 그 사람을 보게 된다. 당신은 이러한 비언어적 신호를 해독하면서 수신자 기능을 하고 있다. 만약 당신이 동영상으로 누군가에게 편지를 쓰거나 문자를 보낸다면, 이 상황은 대면 상황과 매우 유사할 것이다. 즉, 당신은 그 사람으로부터 당신이 기대하거나 바라는 반응을 시각화할 것이다.

당신이 당신의 아이디어를 말할 때, 당신은 코드화한다. 이를 **부호화**(encoding)라고 한다. 당신이 귀에 닿는 음파(음성 신호)를 파악하거나 화면의 단어를 아이디어로 변환할 때, 이 과정은 **해독화**(decoding)하는 과정이다. 따라서 전달자나 글쓴이를 **부호자**(encoder), 수신자나 독자를 **해독자**(decoder)라고 하는 경우도 많다. 부호화–해독화는 이러한 기능을 동시에 수행한다는 사실을 강조한다.

일반적으로 당신은 당신과 당신의 청취자가 공유하는 지식에 따라 타인이 이해하는 코드(예: 영어, 스페인어, 인도네시아어)로 아이디어를 부호화한다. 그러나 때때로 당신은 당신의 청취자 중 한 명만 아는 언어로 말하거나 전문용어를 사용함으로써 타인을 배제하고 싶을 수도 있다. 문자메시지에 약어와 전문용어를 사용하는 것도 특정인만이 이해할 수 있는 코드로 커뮤니케이션하는 방식을 보여 주는 또 다른 예이다.

메시지

커뮤니케이션 메시지는 많은 형태를 취하며 하나 이상의 감각 기관이나 그 조합을 통해 전달되거나 수신된다. 당신은 언어적으로 그리고 비언어적으로 커뮤니케이션한다. 당신의 의미나 의도는 언어적으로 전달되고(제4장), 당신이 입는 옷과 걷는 방법, 미소 짓는 방식으로 전달되기도 한다(제5장). 당신에 대한 모든 것이 메시지로서 전달된다. 여기서는 세 가지 메시지 유형인 피드포워드(feedforward), 피드백(feedback) 및 메타 메시지(metamessages)로 구분하여 설명한다.

피드포워드 메시지   피드포워드(feedforward)는 당신이 기본 메시지를 보내기 전에 제공하는 정보(Richards, 1951)이다. 이는 다가올 메시지에 대한 것을 드러내며, 책의 서문이나 목차, 첫 단락, Facebook 프로필, 영화 시사회, 잡지 표지 그리고 대중 연설의 소개를 포함한다. 이메일에서는 발신자의 이름, 날짜, 메시지의 제목이 확인되는 헤더에 피드포워드가 주어진다. 발신자 ID(Caller ID)도 피드포워드의 한 예이다.

피드포워드는 언어적("이 말을 다 들을 때까지 기다린다.")이거나 비언어적(긴 말을 멈추거나 침묵 신호로 움직이는 손)일 수 있다. 대부분의 경우처럼 피드포워드는 언어적인 것과 비언어적인 것의 조합이다.

또 다른 형태의 피드포워드는 '중요한 대화(phatic communication)'로의 길을 여는 '사소한 대화'인 의례적인 커뮤니케이션이다. 이는 "어떻게 지내시나요?"와 "좋은 날씨네요."처럼 친근한 관계를 유지할 수 있는 인사말을 포함한다(Placencia, 2004; Burnard, 2003). 마찬가지로 대화의 내용과 무관하지만 관심과 주의를 나타내는 청취자의 짧은 언급도 정적 커뮤니케이션이라고 볼 수 있다(McCarthy, 2003).

> **JOURNAL   커뮤니케이션 초이스 포인트**
>
> **피드포워드 제공하기**
> 지난 학기의 학점을 확인하였는데, 친한 친구가 낙제했다는 것을 알게 되었다. 그러나 당신은 A학점을 받았다. 당신의 친구는 당신에게 어떤 학점을 받았는지 물어본다.
> 당신은 당신의 학점에 대해 말해야 하는 순간 어떤 종류의 피드포워드(언어적 및 비언어적)를 줄 것인가? 각 선택의 장단점은 무엇인가? 뭐라고 말할 것인가?

피드백 메시지   당신이 메시지를 보낼 때, 즉 타인에게 말할 때 당신은 또한 자기 자신의 말을 듣게 된다. 자신의 메시지에서 **피드백**(feedback)을 받고, 자신이 하는 말을 듣고, 움직이는 방식을 느끼고, 글을 쓰는 것을 보게 된다. 이 자기 피드백(self-feedback)과 함께 타인으로부터도 피드백을 받는다. 찡그린 얼굴이나 미소 짓는 얼굴, 예-아니요, Facebook 좋아요, Twitter 리트윗, 등을 두드려 주거나 얼굴을 때

뷰포인트. 피드백
자신의 경험을 바탕으로 피드백을 정확하게 읽고 응답하는 사람은 어떤 특성 때문인가? 반대로 피드백을 무시하거나 잘못 읽은 사람의 특성과는 어떻게 다른가?

리는 것 등은 모두 피드백의 종류이다.

피드백은 당신이 청취자에게 어떤 영향을 미치는지 알려 준다. 피드백에 기초하여 당신은 메시지의 내용이나 형식을 조정, 수정, 강화, 덜 강조 또는 변경할 수 있다. 누군가가 당신의 농담을 비웃는다면 (긍정적인 피드백을 주는 것) 다른 농담을 하도록 부추길 수도 있다. 만약 그 피드백이 부정적이고, 웃음도 없고, 그저 멍하니 바라보고만 있다면, 당신은 또 다른 '유머스러운' 이야기를 전하지 않게 될 것이다.

메타 메시지   메타 메시지(metamessage)는 또 다른 메시지를 가리키는 메시지인데, 커뮤니케이션에 대한 커뮤니케이션을 말한다. "이 진술은 거짓이다." 또는 "내가 당신에게 말하려는 것을 이해하는가?"와 같은 언급은 커뮤니케이션을 가리키며, 이를 메타 커뮤니케이션이라고 한다.

비언어적 행동(nonverbal behavior)도 메타 커뮤니케이션일 수 있다. 한 예로, 등 뒤에서 손가락을 교차시키거나 거짓말을 할 때 윙크를 하는 것이다. 덜 분명한 수준에서, 블라인드 데이트를 고려해 보자. "당신과 정말 즐거운 시간을 보냈어요."라고 말할 때, 당신의 비언어적인 메시지(아이콘택트 부재 등)는 언어적으로 '정말 좋은 시간'이었다는 것을 반박하는 메타 커뮤니케이션으로서 당신이 그 저녁을 즐기지 못했음을 암시하는 것이다. 비언어적 메시지는 또한 다른 비언어적 메시지에 대해 메타 커뮤니케이션으로 대화할 수 있다. 낯선 사람을 만나며 미소를 짓고 있지만, 힘없이 손을 내미는 사람의 모습은 하나의 비언어적 행동이 다른 비언어적 행동과 모순될 수 있음을 보여 주는 예가 된다.

커뮤니케이션 맥락

커뮤니케이션은 언어적 또는 비언어적 메시지의 의미를 상당 부분 결정하는 맥락(context)에서 이루어진다. 동일한 단어나 행동은 다른 맥락에서 발생할 때 완전히 다른 의미를 가질 수 있다. 예로, "어떻게 지내세요?"라는 인사는 길에서 지나가는 사람에게는 "안녕하세요!"라는 뜻이지만, 병원에 있는 친구에게는 "건강이 나아지고 있습니까?"라고 물어보는 것이다. 매력적인 사람에게 보이는 윙크는 속임수이나 거짓말을 의미하는 윙크와는 전혀 다른 것을 의미한다. 맥락과 분리되어, 단지 신호만으로 어떤 의미가 의도되었는지 알기란 불가능하다.

맥락 또한 당신이 말하는 것과 그것을 말하는 방식에 영향을 미칠 것이다. 당신은 자신이 있는 특정한 맥락에 따라 다르게 커뮤니케이션한다. 맥락은 적어도 네 가지 측면, 즉 **물리적 맥**

락, 문화적 맥락, 사회심리학적 맥락, 시간적 맥락을 갖고 있다.

- 물리적 맥락(physical context)은 실재하고 구체적인 환경, 실내, 공원, 강당이 그 예이다. 시끄러운 축구 경기에서는 조용한 장례식에서와 같은 방식으로 말하지 않는다.
- 문화적 맥락(cultural context)은 그들의 생활 방식, 신념, 가치관, 행동 및 커뮤니케이션을 포함한다. 이 맥락은 집단 내에서 옳고 그른 것을 판단하는 규칙이 된다.
- 사회심리학적 맥락(social–psychological context)은 연설자 사이에서 지위 관계, 상황의 형식, 집단이나 조직의 규범과 관련이 있다. 당신은 상사의 집에서 공식적인 만찬에서와 같은 방식으로 말하지 않는다.
- 시간적 맥락(temporal context)은 일련의 사건 내에서 메시지의 위치로서 당신은 누군가가 복권에 당첨되었다고 밝혔을 때와 누군가가 가까운 친척의 죽음에 대해 밝혔을 때 같은 방식으로 말하지 않는다.

이 네 가지 맥락은 각각 다른 맥락에 의해 서로 영향을 주고받고 상호작용하며 타인에 의해 영향받는다. 예로, 약속 시간보다 늦게 도착하는 것(시간적 맥락)은 친근함의 정도(사회심리학적 맥락)를 변화시킬 수 있다. 이는 당신과 당신의 데이트 문화에 달려 있고(문화적 맥락), 당신이 데이트하는 장소(물리적 맥락)의 변화를 초래할 수 있다.

채널

커뮤니케이션 **채널**(channel)은 메시지가 전달되는 차량 또는 매체이다. 커뮤니케이션은 한 채널에서만 이루어지는 경우가 거의 없다. 오히려 2개, 3개 또는 4개의 채널이 동시에 사용될 수 있다. 예로, 대면 대화에서는 말하고 듣는 것(보컬 채널)도 있지만, 또한 제스처를 보거나 신호를 시각적으로 받아들이는 것(시각 채널)도 있다. 당신은 또한 냄새(후각 채널)를 내고 맡으며 종종 서로를 만지면서 알아 간다. 이 촉각 채널 역시 커뮤니케이션이다.

채널을 분류하는 또 다른 방법은 커뮤니케이션에 의한 것이다. 따라서 대면 접촉, 휴대전화, 이메일, 영화, 텔레비전, 연기 신호(smoke signal), Facebook, Twitter, Pinterest, 전보 등은 모두 채널의 일종이다.

소음

소음(noise)은 당신이 메시지를 수신하는 데 방해하는 어떤 것이다. 소음은 메시지가 전달자에서 수신자로 전달되는 것을 방해할 수 있다. 강한 소음이나 회선의 장애로 인해 전체 메시지가 전화 수신기로 전달되는 것을 막을 수 있다. 반대로 소음으로 인한 간섭이 없는 상태에서는 사실상 전달자의 메시지와 수신된 메시지가 거의 동일하다. 그러나 대부분의 경우, 소음은 전달자가 수신자에게 보내는 메시지의 일부를 왜곡시킨다. 메시지가 청각적이거나 시각적일 수 있는 것처럼, 소음은 청각적 형태와 시각적 형태로 나타난다. 소음의 네 가지 유형으로 물리적 소음, 생리적 소음, 심리적 소음, 의미적 소음이 있다.

- 물리적 소음(physical noise)은 전달자와 수신자 모두에게 외부적인 간섭이다. 신호나 메시지의 물리적 전송을 방해하며 지나가는 자동차의 윙윙거리는 소리, 컴퓨터 소리, 선글라스로 인한 색깔, 흐릿한 활자나 글꼴이 너무 작거나 읽기 어려운 경우, 오타와 문법 오류 및 팝업 광고가 여기에 해당한다.
- 생리적 소음(physiological noise)은 송신자나 수신자 내의 장벽에 의해 발생하며 시각 장애, 청각 장애, 관절 문제 및 기억 상실을 포함한다.
- 심리적 소음(psychological noise)은 전달자나 수신자의 정신적 간섭을 말하며, 선입견, 딴생각, 편향과 편견, 친밀감, 극단적 감정을 포함한다. 편협한 사람이나 이미 믿지 않는 것을 듣기 거부하는 사람과 이야기를 나눌 때 심리적 소음에 빠질 가능성이 높다.
- 의미적 소음(semantic noise)은 전달자와 수신자가 다른 의미 체계를 가질 때 발생하는 간섭이다. 언어 또는 변증법적 차이, 전문용어 또는 지나치게 복잡한 용어의 사용, 그리고 의미가 쉽게 잘못 해석될 수 있는 모호하거나 지나치게 추상적인 용어가 포함될 때 발생하는 간섭이다. 당신은 설명 없이 '진료 및 의료행위(medicalese)'를 하는 의사나 보험업계의 전문용어로 말하는 보험 판매원에게서 자주 이러한 유형의 소음을 볼 수 있다.

소음을 이해하는 데 유용한 개념과 커뮤니케이션에서 그 중요성은 **신호 대 소음 비율**(signal-to-noise ratio)이다. 이 용어에서 신호라는 단어는 당신이 유용하다고 생각하는 정보를 의미하며, 소음은 (당신에게) 쓸모없는 정보를 의미한다. 예로, 유용한 정보를 많이 포함하는 게시물이나 피드는 신호가 높고 소음이 낮으며, 쓸모없는 정보가 많이 포함된 게시물이나 피드는 소음이 많고 신호가 낮다는 것이다.

모든 커뮤니케이션에는 소음이 포함되어 있다. 소음을 완전히 없앨 수는 없지만 적어도 두 가지 방법으로 그 소음을 줄일 수 있다. 첫째, 문장에서 수신자로 메시지를 전달하는 데 방해가 되는 다양한 유형의 소음을 인식하는 자체가 소음을 없애는 방법으로서 메시지와 소음을 식별하는 데 도움이 될 것이다. 둘째, 언어표현을 정확하게 하고, 비언어적 메시지를 주고받는 기술을 연마하며, 듣기와 피드백 기술을 향상시킴으로써 소음의 영향을 줄일 수 있다.

효과

커뮤니케이션은 이와 관련된 사람에게 **효과(effect)**가 있다. 모든 커뮤니케이션 행위에는 몇 가지 결과가 있다. 예로, 당신은 지식을 얻거나 어떤 것을 분석(analyze), 합성(synthesize) 또는 평가(evaluate)하는 방법을 배울 수 있다. 즉, 지적(intellectual) 또는 인지적(cognitive) 효과이다. 당신은 새로운 감정, 태도 또는 신념을 얻거나 기존의 감정(정서적 효과)을 변화시킬 수 있다. 더 나아가 커브 볼을 던지는 법, 그림을 그리는 법, 칭찬하는 법, 또는 놀라움 표현(정신운동 효과)과 같은 새로운 신체 동작을 배울 수도 있다.

커뮤니케이션의 원리

1.3 커뮤니케이션의 주요 원리를 알아본다.

여기 몇 가지 원칙은 커뮤니케이션을 모든 형태로 이해하는 데 필수적이다. 본문 전체에서 볼 수 있듯이, 이러한 원칙은 또한 당신 자신의 커뮤니케이션 효과를 증진시키는 데 도움이 되는 많은 실질적 의미를 갖고 있고, [그림 1-4]에서 볼 수 있다.

커뮤니케이션에는 목적이 있다

당신은 어떤 목적을 위해 커뮤니케이션을 하고, 어떤 동기는 당신이 커뮤니케이션을 하게끔 이끈다. 말을 하거나 글을 쓸 때, 당신은 어떤 메시지를 보내고 어떤 목표를 달성하려고 노력하고 있다. 비록 서로 다른 문화가 다른 목적과 동기를 강조하지만(Rubin, Fernandez-Collado, & Hernandez-Sampieri, 1992), 다섯 가지 일반적 목적은 대부분의 커뮤니케이션 형태에 비교적 보편적인 것으로 보인다.

- 배우기. 타인, 세상, 자신에 대한 지식 습득하는 것이다.
- 관계 맺기. 타인과 관계를 형성, 개인으로서 타인과 상호작용한다.
- 돕기. 경청, 해결책 제공, 지지를 통해 타인을 돕는다.
- 영향력 미치기. 타인의 태도나 행동을 강화하거나 변화시키는 데 영향을 미친다.
- 놀기. 순간순간 경험을 즐기는 것이다.

소셜네트워킹 사이트를 이용하는 동기/목적에 대한 연구에서 가장 두드러지는 것은 관계 목적이다. 한 연구에서는 다음과 같은 빈도순으로 그 활동의 동기/목적을 발견했다. 그 순서는 친구와 연락하기, 가족과 연락하기, 연락하지 않았던 친구와 연락하기, 관심사를 공유하는 사람과 연결하기, 새로운 친구 만들기, 유명인의 논평 읽기, 낭만적 연인 찾기 등이었다 (Smith, 2011). 그 이유는 대부분은 관계성을 갖기 위한 것이지만, 그 과정에서 다른 목적이 제공될 가능성이 높다.

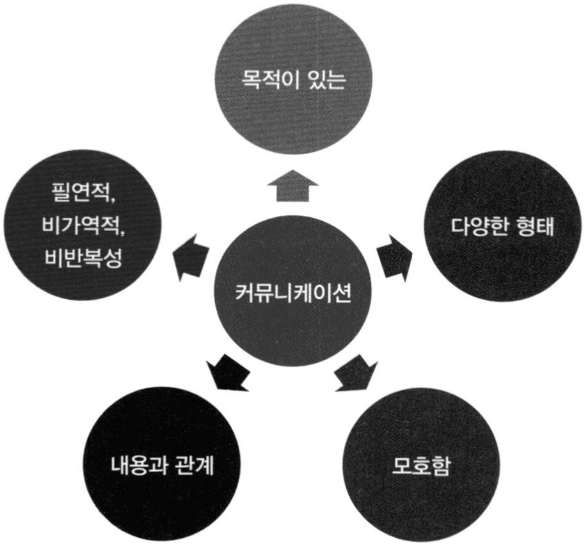

대중적인 생각뿐만 아니라 연구 결과 둘 다 남성과 여성이 서로 다른 목적으로 커뮤니케이션하고 있다는 것에 동의하고 있다. 일반적으로 남성은 정보 전달을 위해 더 많이, 여성은 관계를 위해 더 많이 소통하는 것으로 보인다(Gamble & Gamble, 2003; Stewart, Cooper, & Stewart, 2003; Helgeson, 2009). 이러한 차이는 온라인에서도 발생한다. 예로, 여성은 관계를 위해 더 많은 대화를 나누고 있었고, 남성은 놀이와 긴장을 풀기 위해 더 많은 대화를 나누고 있었다 (Leung, 2001).

[그림 1-4] **커뮤니케이션 원리**

다양한 형태의 커뮤니케이션

커뮤니케이션은 수업 전에 다른 학생과 이야기를 나눌 때, 가족이나 친구와 저녁을 먹으면서 교류하거나, 친밀한 사람과 사적인 거래를 할 때, 얼굴을 대면하는 경우가 있다. 물론, 커뮤니케이션은 컴퓨터와 전화 등과 같은 여러 플랫폼에서도 일어난다. 우리는 이메일, 채팅, 문자메시지, 그리고 Facebook, YouTube, Instagram, Twitter, Snapchat 등과 같은 SNS를 통해 메시지를 받는다. 본문에서는 다음과 같은 여러 가지 중요한 이유로 대면 커뮤니케이션과 온라인/사회적 미디어 커뮤니케이션을 통합할 것이다.

1. 커뮤니케이션하는 방법으로 우리는 직접 대면하기도 하고, 온라인으로 상호작용하기도 한다. 어떤 상호작용은 전적으로 직접 대면할 가능성이 높은 반면, 다른 상호작용은 전적으로 온라인에서 일어나고 있다. 이러한 우리의 상호작용은 점점 온라인과 오프라인 모두에서 커뮤니케이션하는 사람과 관련되고 있다.

2. 대면과 온라인 커뮤니케이션에 대한 연구와 이론은 서로에게 정보를 제공해 준다. 현대의 커뮤니케이션은 온라인과 오프라인 간에 상호작용하는 것으로 이해될 수 있다. 여기서 논의된 대부분의 커뮤니케이션 이론은 대면 상호작용을 위해 개발되었지만, 온라인 관계에 대해서도 많은 것을 말하고 있다.

3. 커뮤니케이션은 고용주나 잠재적인 직원이 갖고 있을 것으로 기대하는 기술 중 하나이다. 이미 언급한 바와 같이, 구두 및 서면으로 커뮤니케이션할 수 있는 역량(물론 온라인과 오프라인도 포함)은 고용주가 추구하는 중요한 자질 중 하나이다.

4. 두 가지 형태의 커뮤니케이션은 관계를 발전시키고 유지하며 심지어 관계를 해체하는 데에도 필수적이다. 온라인에서의 상호작용이 만족스러운 것으로 여겨지는 경우, 그들 중 다수는 직접적인 대면 상호작용으로부터 이동한다. 그렇듯 점점

뷰포인트. 혼합된 미디어 커뮤니케이션
대면 vs. 전화 커뮤니케이션 방식의 유사점과 차이점을 어떻게 설명할 것인가?

더 많은 관계가 온라인에서 시작되고 유지된다.

5. **두 가지 커뮤니케이션 방식은 당신의 목표를 달성하는 데 중요하다.** 당신의 고용 가능성은 이메일, 전화 회의, Skype 인터뷰 그리고 직접 면접에서 얼마나 효과적으로 커뮤니케이션을 하는가에 크게 좌우될 것이다. 소셜네트워킹을 활용한 채용은 아마도 신입 직원 채용에 사용되는 주요 수단일 것이다(Bersin, 2013).

커뮤니케이션은 모호하다

모호함(ambiguity)은 어떤 것이 하나 이상의 방법으로 해석될 수 있는 조건을 말하는 것이다. 첫 번째 유형인 언어적 모호성은 다르게 해석될 수 있는 단어에 의해 만들어진다. 비공식적인 시간 관련 용어는 좋은 예를 제공한다. 곧, 즉시, 1분 안에, 일찍, 늦게 등과 같은 표현은 유사한 용어로서 타인에 의해 다르게 이해될 수 있다. 이 용어들은 모호하다. 더 흥미로운 유형의 모호성은 문법적으로 모호한 것이다. 자신의 말로 바꾸어 말하면 이러한 모호성에 대한 느낌을 받을 수 있다. 예로, 이 문장이 있다. 'Flying planes can be dangerous.' 이는 '비행기를 조종하는 것이 위험하다(to fly planes is dangerous).'는 의미로 해석할 수 있지만, '날고 있는 비행기는 위험할 수 있다(planes that fly can be dangerous).'고 해석할 수도 있다는 점을 유의해야 한다.

대부분의 커뮤니케이션에는 어느 정도의 모호함이 존재한다. 당신이 어떤 생각을 표현할 때, 당신은 결코 당신의 의미를 정확하고 완전하게 전달하지 않고, 오히려 당신이 의미하는 것에 대해서 타인에게 합리적으로 분명한 생각을 전달할 수 있을 만큼만 전달한다.

두 번째 유형의 모호성은 관계 모호성(relationship ambiguity)이다. 모든 관계는 어느 정도 모호하다.

이 텍스트 전체에서 기술 개발 경험은 음영 상자에 나타나 있다. 이 첫 번째 기술 경험에서 당신 자신의 친밀한 관계를 고려하여 자신 스스로에게 다음과 같은 질문에 답해 보자 [Knobloch & Solomon, 1999의 관계 불확실성 척도(relationship uncertainty scale)를 활용한 질문].

1=불확신한다에서 5=확신한다. 이 범위의 5점 척도를 사용하시오. 다음 질문에 당신은 얼마나 확신하는가?

1. 당신의 파트너가 당신에 대해 정말로 어떻게 느끼는가? 당신의 파트너는 당신에게 어떤 결점이 있다고 생각하는가?
2. 타인을 가르칠 수 있는 것과 할 수 없는 것. 어떤 주제가 금기시되고 있는가? 어떤 주제가 논쟁의 원인이 되고 있는가?
3. 어떤 행동이 서로를 짜증나게 하는가? 어떤 행동이 특히 환영받고 있는가?
4. 관계의 미래. 당신의 파트너는 당신과의 관계에 대해 어떻게 내다보고 있는가?

아마 이 모든 질문에 5점 척도로 응답하지는 못했을 것이다. 커뮤니케이션과 관계는 항상 어느 정도 애매모호하다. 당신은 애매모호함을 적절히 줄이고 가능한 모호하지 않은 의미를 만들기 위한 수단으로 이 본문 전체에 걸쳐 제시된 커뮤니케이션의 기술을 보게 될 것이다.

커뮤니케이션은 내용 및 관계 차원을 수반한다

커뮤니케이션은 적어도 두 가지 수준에서 존재한다. 이는 메시지가 전달자와 수신자 모두에게 외부적인 것(예: 날씨) 또는 전달자와 수신자 사이의 관계(예: 누가 담당하는지)를 나타내는 메시지이다. 이 두 가지 측면을 통신의 **내용 차원** 및 **관계 차원**이라고 한다(Watzlawick, Beavin, & Jackson, 1967).

어떤 연구에 따르면 여성은 남성보다 더 많은 **관계 메시지**(relationship message)를 보낸다는 것을 보여 준다. 일반적인 관계와 함께 현재의 관계에 대해 특히 더 많이 이야기한다. 남성은 더 많은 **내용 메시지**(content message)를 사용한다. 관계 밖의 것, 즉 어떤 사건에 대한 내용에 대해 더 많이 이야기한다(Wood, 1994; Pearson, West, & Turner, 1995; Helgeson, 2009).

문제는 종종 내용과 커뮤니케이션의 관계 수준을 구분하지 못함으로써 발생한다. Pat과 Chris 커플을 생각해 보자. Pat은 Chris에게 먼저 묻지 않고 주말에 친구들과 집회에 참석할 계획을 세웠으며, 이로 인해 논쟁이 일어났다. 두 사람 모두 집회에 참석하는 것이 올바른 결정이라는 데에는 아마 동의했을 것이다. 따라서 논쟁은 내용 차원에 집중되어 있지 않고, 관계 수준에 초점을 맞추고 있다. Chris는 주말 계획에 대해 상의할 것으로 기대했다. 그러나 Pat은 그렇게 하지 않음으로써 이 관계의 정의를 거부했다.

다음과 같은 상황에서 내용과 관계 메시지를 모두 전달하는 방법을 표시하여 자신을 점검할 수 있다.

1. 즐겁지 않았고 다시는 반복하고 싶지 않은 데이트가 끝난 후 진심 어린 감사를 표하고 싶지만, 이 사람과 또 다른 데이트를 할 것이라는 암시를 전달하는 것으로 오해받고 싶지는 않다.
2. 당신은 고등학생을 과외지도하고 있지만, 그 학생은 정말 형편없으며 집중하지도 않고 지시한 숙제를 하지 않고 있다. 이 행동을 바꾸어야 하고 변화를 끌어낼 필요가 있겠지만, 동시에 어린 학생을 실망시키거나 좌절시키고 싶지는 않다.
3. 당신은 같은 대학에 다니고 있는 Facebook 친구에게 관심이 있고, 몇 주 동안 그/그녀와 채팅하고 있다. 그러나 그 감정이 상호적인지는 알 수 없다. 당신은 데이트를 신청하고 싶지만, 거절당하면 끔찍하게 어색할 것이다.

커뮤니케이션은 필연적이고 돌이킬 수도 반복할 수도 없다

커뮤니케이션은 항상 일어나며 되돌릴 수 없고 반복될 수도 없다. 그렇기에 커뮤니케이션은 피할 수 없고 돌이킬 수 없으며 반복할 수도 없음을 기억해야 한다.

불가피성   커뮤니케이션은 피할 수 없다. 즉, 상호작용 상황에서 어떤 이가 커뮤니케이션을 의도하지 않거나 하고 싶어 하지 않을 때조차도 커뮤니케이션은 이루어지고 있다. 커뮤니케이션의 **불가피성**(inevitability)을 이해하려면 무표정한 얼굴로 교실 뒤쪽에 앉아 있는 학생에 대해 생각해 보자. 아마도 창밖을 응시하고 있을 것이다. 학생이 교사와 커뮤니케이션하지 않는다고 주장할 수도 있지만, 교사는 이러한 행동으로부터 다양한 메시지를 얻을 수 있다. 아마도 교사는 그 학생이 흥미가 없거나 지루하거나, 또는 무언가에 대해 걱정하고 있다고 가정할 것이다. 어쨌든 교사는 학생이 일부러 어떤 것을 보내지 않을지라도 메시지를 받는다(Watzlawick, Beavin, & Jackson, 1967; Motley, 1990a, 1990b; Bavelas, 1990). 그렇다고 해서 모든 행동이 커뮤니케이션이라는 뜻은 아니다. 예로, 학생이 창밖을 내다봤을 때 교사가 알아차리지 못했다면 아무런 커뮤니케이션도 이루어지지 않았을 것이다. 커뮤니케이션이 이루어지려면 이 장면에서 두 사람은 상호작용하는 상황에 있어야 하고, 그 행동은 인식되어야만 한다.

또한 당신이 상호작용 상황에 놓여 있을 때 당신은 타인의 메시지에 반응하지 않을 수 없다는 것을 주목하자. 누군가 당신을 보고 윙크를 하는 것을 알아차린다면 당신은 어떤 식으로든 반응하게 될 것이다. 당신이 적극적이거나 공공연하게 반응하지 않더라도 반응이 부족하더라도 그 자체로 반응한 것이다. 그것 또한 커뮤니케이션이다.

비가역성   커뮤니케이션의 또 다른 중요한 특성은 되돌릴 수 없는 **비가역성**(irreversibility)이다. 일단 당신이 어떤 말을 하거나 당신 이메일의 '보내기'를 클릭하면, 당신은 그 메시지를 다시 취소할 수 없다. 물론 그 효과를 줄이려고 노력할 수 있다. 예로, "나는 정말로 그런 뜻으로 말한 것이 아니다."라고 말할 수 있다. 그러나 당신이 메시지의 효과를 무효화하거나 줄이려고 시도하는 것에 상관없이 일단 메시지를 받으면 메시지 자체를 되돌릴 수 없다. 연설이 녹음되거나 방송되는 대중 연설 상황에서 부적절한 메시지는 국가적 또는 국제적으로 영향을 미칠 수 있다. 여기서 누군가가 말한 것을 뒤집으려는 시도(예: 해명하려는 노력)는 종종 원래 진술을 더 알리는 효과가 있다.

대면 커뮤니케이션에서 실제 신호(비언어적 메시지와 공기 중 음파)는 그 행위를 한 순간 사라진다. 그러나 일부 서면 메시지, 특히 컴퓨터를 통한 메시지(이메일을 통해 전송되거나 소셜네트워크 사이트에 게시된 것 등)는 삭제되지 않는다. 대기업이나 심지어 대학 직원 사이의 이메일은 자주 저장되며 매니저와 관리자에 의해 사적인 것으로 간주되지 않는다. 많은 소송에서 인종차별이나 성차별 등의 증거로 이메일이 포함됐는데, 발송자는 이메일을 지웠다고 생각하겠지만 지워지지 않았다는 점을 기억해야 한다. 결과적으로 컴퓨터 매개 통신의 영속성 때문에 당신은 이러한 메시지에 주의해야 할 것이다.

모든 형태의 커뮤니케이션에서 비가역성 때문에 (그리고 지우지 못함에) 감정이 고조된 갈등이나 분쟁 상황에서 나중에 후회할 수 있는 말을 하지 않도록 조심해야 한다. 따라서 '사랑해.'라는 약속 메시지조차도 모니터링할 필요가 있다. '복수' 메시지에 대해서도 마찬가지이다. 사적인 것으로 생각했지만 성차별, 인종차별, 동성애 혐오로 해석될 수 있는 메시지는 나중에 타인에 의해 검색되어 당신과 당신의 조직에 여러 문제를 일으킬 수 있다.

2011년 연구를 보면 온라인에서 십대의 55%만이 미래에 부정적인 영향을 미칠 수 있는 콘텐츠를 게시하지 않는다고 답했는데, 이는 장기적으로 문제의 소지가 될 수 있기 때문에 게시하지 않는 것이 좋다(Lenhart et al., 2011).

비반복성   커뮤니케이션은 또한 **비반복성**(unrepeatability)의 특성을 갖고 있다. 커뮤니케이션 행위는 결코 복제될 수 없다. 그 이유는 간단하다. 모든 사람과 모든 것은 끊임없이 변화하고 있기 때문이다. 결과적으로, 당신은 이전의 커뮤니케이션 행위를 행했던 똑같은 상황, 마음의 틀 또는 관계 역학을 재현할 수 없다. 예로, 당신은 결코 처음으로 누군가를 만나거나, 슬퍼하는 친구를 위로하거나, 처음으로 소집단을 이끌거나, 대중 연설을 하는 것을 똑같이 반복할 수 없다. 첫인상을 쉽게 바꾸기는 어려울 것이다. 부정적인 첫인상을 형성했을 때 계속해서 긍정적인 인상형성으로 대응하려고 노력할 뿐이다.

이러한 원칙에 대한 요약은 〈표 1-1〉에 나와 있다.

〈표 1-1〉 커뮤니케이션의 몇 가지 원칙

원칙	기본 개념	기술 시사점
커뮤니케이션은 목적이 있다.	커뮤니케이션은 배우고, 관계 맺고, 돕고, 영향을 주고, 놀기와 같은 다양한 목적을 달성할 수 있다.	당신의 목적을 당신의 언어적, 비언어적 메시지로 유도하기 위해 사용한다. 타인의 메시지에서 목적을 확인한다.
커뮤니케이션은 다양한 형태로 이루어진다.	오늘날의 커뮤니케이션은 여러 형태가 섞여 이루어진다.	사용 중인 커뮤니케이션 형식에 적합한 메시지를 사용한다.
커뮤니케이션에는 모호함이 있다.	모든 메시지와 모든 관계는 잠재적으로 애매모호하다.	명확하고 구체적인 용어를 사용하고, 이해되고 있는지 묻고, 복잡한 생각을 대체한다.
커뮤니케이션에는 내용과 관계 차원을 포함한다.	메시지는 현실 세계, 전달자와 수신자 모두에게 외부적인 것(내용), 그리고 당사자 사이의 관계를 지칭할 수 있다.	내용과 관계 메시지를 구분하고, 관계 문제를 관계 문제로 처리한다.
커뮤니케이션은 피할 수 없고 되돌릴 수 없으며 반복할 수도 없다.	메시지는 (거의) 항상 전송되고, 취소할 수 없으며, 항상 고유하고 한 번만 발생한다.	말을 조심해야 한다. 당신이 내뱉은 말을 되돌릴 수 없기 때문이다.

문화와 커뮤니케이션

1.4 커뮤니케이션에서 문화의 역할과 문화적 차이를 설명하고, 민족정체성과 자민족중심주의를 알아본다.

문화(culture)는 집단의 신념, 행동 방식 그리고 유물로 이루어져 있다. 정의에 따르면 문화는 유전자보다는 커뮤니케이션과 학습을 통해 전달된다.

어느 대도시나 마을, 또는 어느 대학 캠퍼스를 걸어 보면 미국은 다양한 문화의 집합체라는 것을 확신할 것이다. 이러한 문화는 분리되어 공존하지만 모두 상호 영향을 미친다. 이러한 공존을 일부 연구자들은 공동 문화(cocultures)라고 언급했다(Shuter, 1990; Samovar & Porter, 1991; Jandt, 2016).

젠더(gender)는 문화적 변수로 간주된다. 대체로 문화는 소년/소녀에게 서로 다른 태도, 신넘, 가치관 및 커뮤니케이션, 서로의 관계를 가르치기 때문이다. 이는 남녀가 어떻게 행동해야 하는지에 대해 문화가 가르쳐 주기 때문에 남성 또는 여성처럼 행동한다는 것을 의미한다. 이는 생물학적 차이가 남성과 여성의 행동 차이에도 영향을 미친다는 것을 부인하는 것이 아니다. 사실, 연구에서는 우리가 전적으로 배웠다고 생각했던 행동의 생물학적 뿌리를 계속해서 밝혀내고 있다. 행복한 척하거나 수줍게 행동하는 척이 그 예이다(McCroskey, 1997).

그러나 우리는 성역할 변화 시대에 살고 있다. 많은 남성이 집안일을 더 많이 하고 아이들을 돌보고 있다. 더 분명한 것은 한때 남성에 의해 독점적으로 점령되었던 직업 분야에서 점점 더 눈에 띄게 여성의 수가 늘어나고 있다는 점이다. 정치, 법정, 군대 그리고 성직자는 단지 몇 가지 예에 불과하다. 뿐만 아니라 여성은 점점 더 기업 경영진에 참여하고 있다. 유리 천장이 사라지지는 않았을지 모르지만, 분명한 것은 유리 천장에 금이 갔다는 점이다.

[그림 1-5]는 모든 커뮤니케이션에서 문화가 수행하는 중요한 역할을 묘사하고 있다.

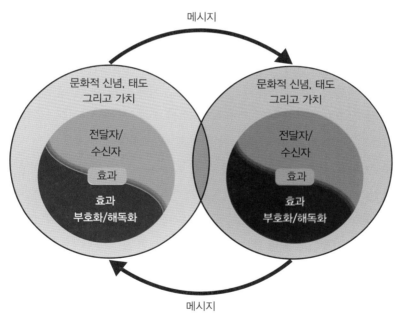

[그림 1-5] **문화 간 커뮤니케이션 모델**

문화 간 커뮤니케이션 모델은 문화가 커뮤니케이션 행위의 일부라는 것을 보여 준다. 구체적으로 메시지의 전달/수신 과정에서 문화적 신념, 태도, 가치관이 포함되어 있다. 또한 원이 어느 정도 겹쳐지면서 두 개인의 문화가 아무리 다르더라도 차이점과 함께 공통점 및 유사점이 있음을 보여 준다.

문화의 중요성

문화는 여러 가지 이유로 중요하다.

- **인구통계학적 변화.** 한때 미국은 유럽인이 주로 거주했던 나라였던 반면, 지금은 라틴아메리카, 남미, 아프리카, 아시아로부터 온 새로운 시민의 영향을 많이 받고 있다. 이러한 변화로 인해 상호 다른 관습이 생겨났고, 커뮤니케이션을 바라보는 새로운 방법에 대해 이해하고 적응할 필요가 생겼다.
- **문화적 차이에 대한 민감성.** 사람들은 문화적 차이에 점점 더 민감해졌다. 미국 사회는 동화주의적 관점(assimilationist perspective, 사람들의 모국문화를 뒤로하고 새로운 문화에 적응해야 한다는 생각)에서 문화적 다양성(cultural diversity)을 중시하는 관점(자국의 문화적 방식을 유지해야 한다는 생각)으로 옮겨 갔다. 동시에 다른 문화의 구성원과 효과적으로 상호작용하는 역량은 종종 재정적 이득, 고용 기회 증가 그리고 발전 가능성으로 이어진다.
- **경제적 상호의존성.** 오늘날 대부분의 국가는 경제적으로 상호의존하고 있다. 경제생활은 문화 간 효과적인 커뮤니케이션 역량에 달려 있다. 마찬가지로 우리의 정치적 웰빙은 상당 부분 다른 문화에 기대고 있다. 몇 가지 예로, 아프리카, 유럽, 중동 등 세계 어느 지역의 정치적 불안이나 재정 문제는 주변 국가의 안보에 영향을 미친다. 문화 간의 커뮤니케이션과 이해는 현재, 그 어느 때보다 더 중요해지고 있다.
- **커뮤니케이션 기술.** 테크놀로지는 문화 간 상호작용을 쉽게 만들었고, 실용적이며 불가피하게 만들었다. 다른 문화권의 소셜네트워크 친구를 사귀는 것은 흔한 일이며, 이러한 관계는 커뮤니케이션과 문화를 바라보는 새로운 방식을 필요로 하게 되었다.
- **문화 특수의 커뮤니케이션 본성.** 여전히 문화가 중요한 또 다른 이유는 커뮤니케이션 역량이 문화마다 다르기 때문이다. 이 본문의 내용을 통해 알게 되겠지만, 한 문화에서 효과적인 것으로 입증된 커뮤니케이션 방식이 다른 문화에서는 비효율적인(심지어 불쾌함) 것이 될 수 있다.

문화 차원

모든 형태의 커뮤니케이션에서의 중요성 때문에 본문에서는 문화가 중요한 위치에 있으며, 문화와 커뮤니케이션에 대한 이론과 연구 결과가 전반적으로 논의되고 있다. 이러한 논의 중에서 두드러지는 것은 여기서 간략히 미리 보는 문화의 일곱 차원으로 **남성성-여성성, 고맥락과 저맥락, 장기/단기 지향, 자적과 자제, 권력거리, 개인주의-집단주의, 불확실성 회피** 등이다. 이 일곱 가지 문화적 차원은 '문화 지도'가 될 것이며, 이 문화 지도에서는 특정 국가에 대한 언급과 커뮤니케이션에 대한 시사점을 갖고 문화적 차이를 알아볼 것이다.

이러한 문화적 차원과 특히 문화적 차이에 대해 읽을 때, 어느 한 문화권 안에는 큰 변형이 있음을 알아야 한다. 예로, 어떤 문화가 집단주의(집단의 요구가 중요한) 또는 개인주의(개인의 요구가 중요한)로 분류될 때, 모든 구성원이 이 지향점을 갖고 있다는 것을 의미하는 것은 아니다. 실제로 특정 문화를 보면 그 집단에서 집단적 성향이 강한 사람부터 개인주의 성향이 강한 사람에 이르기까지 연속성 속에서 존재하고 있음을 알 수 있다. 그럼에도 이러한 다양성 속에서 지배적인 문화적 지향이 존재하며, 이러한 문화적 지향의 존재를 확인할 수 있는 것은 바로 이 지배적인 지향 때문이다.

다행히도 개인에 대한 판단은 할 수 없다. 몇몇은 지배적인 문화적 지향을 거부할 수도 있지만 타인은 그것을 당연하다고 받아들이고 살아간다. 만들 수 없는 또 다른 판단은 도덕성 (morality)이다. 어느 한 지향점이 다른 것보다 더 도덕적이나 윤리적, 옳거나 더 나은 것이 아니다. 그러나 다른 지향은 당신이 이 책을 읽는 동안 다른 의미와 결과를 나타낼 것이다.

- **남성성-여성성.** 문화가 야망과 주장과 같은 전통적인 남성성(masculinity)을 수용하거나, 타인을 돌봄과 양육하는 것과 같은 전통적인 여성성(femininity)을 수용하는 정도를 말한다(제3장의 문화 지도를 참조).
- **고맥락과 저맥락.** 정보가 맥락에 내재되어 있거나 멤버들 사이에 암묵적으로 알려진 것으로 보이는 정도를 말한다. 고맥락(high context) 문화에서의 정보는 맥락의 일부분이며 명시적으로 말로 표현될 필요가 없다. 저맥락(low context) 문화에서의 정보는 명백하게 만들어지며 당연한 것으로 여겨지는 것은 거의 없다(제4장의 문화 지도를 참조).
- **장기 및 단기 지향.** 문화가 미래의 보상(장기 지향)의 중요성을 촉진하는 지향을 가르치는가 대 즉각적인 보상의 중요성을 강조하는가에 대한 정도를 말한다. 이러한 문화는 직장에 대한 견해도 다르다. 장기 지향(long-term orientation) 문화의 조직은 미래의 이익을 추구한다. 반면에 단기 지향(short-term orientation) 문화의 조직은 보다 즉각적인 보상을 찾는다(제5장의 문화 지도를 참조).
- **자적과 자제.** 문화는 욕망의 충족, 즐기는 것 그리고 삶을 즐기는 자적(indulgence, 무절제하는 문화)도 있지만, 대조적으로 욕망의 자제(restraint, 절제하는 문화)에 중점을 두기도 한

다(제7장의 문화 지도를 참조).

- **권력거리**. 사회 전체에 권력이 분산되는 방식을 말한다. 고권력거리(power distance)의 문화에서는 권위에 있는 사람과 그렇지 않은 사람 사이에 큰 힘의 차이가 있다. 저권력거리 문화에서는 권력이 보다 균등하게 배분되어 있다(제8장의 문화 지도를 참조).
- **개인주의−집단주의**. 개인이나 집단의 중요성에 대해 문화적으로 강조한다. 개인주의 (individualism) 문화는 자립성, 독립성, 개인의 성취와 같은 자질을 중시한다. 집단주의 (collectivism) 문화는 사회적 유대, 집단의 우월성, 그리고 더 큰 사회 집단에 대한 순응을 강조한다(제9장의 문화 지도를 참조).
- **불확실성 회피**. 문화가 예측가능성을 중요시하는 정도를 말하는 것이다. 고불확실성 회피 (uncertainty avoidance) 문화에서는 예측 가능성과 질서가 매우 중요하며, 저불확실성 회피 문화에서는 위험 감수성과 모호성이 쉽게 용인된다(제12장의 문화 지도를 참조).

문화적 관점의 목표

문화는 모든 형태의 커뮤니케이션에 스며들고, 한 문화에서 효과적인 메시지는 다른 문화에서는 전혀 효과가 없는 것으로 판명될 수 있기 때문에, 만약 커뮤니케이션이 어떻게 작용하는지를 이해하고 익히려면 문화적 영향을 이해하는 것이 필요하다. 본문 전체에 걸쳐 설명된 바와 같이, 문화는 모든 유형의 커뮤니케이션에 영향을 미친다(Moon, 1996). 이는 자신에게 하는 말과 일상적인 대화에서 친구, 연인, 가족과 어떻게 대화하는가에 영향을 미친다. 이는 당신이 집단에서 상호작용하는 방식과 당신이 집단 대 개인에 대해 얼마나 많은 중요성을 부여하느냐에 영향을 미치게 된다. 이는 당신이 말하는 주제와 정보 전달이나 설득할 때 사용하는 전략에 영향을 미치기도 한다.

문화적 차이는 눈을 마주치는 방식에서부터 관계를 발전시키거나 해체하는 방식에 이르기까지 커뮤니케이션 영역 전반에 걸쳐 존재한다(Chang & Holt, 1996; Jandt, 2016). 그러나 이러한

뷰포인트. 대학 문화
대학 내 학생들의 문화적 인식과 문화적 민감성의 수준을 10점 척도로 평가해 보자. 그들에 대해 10점을 주지 않았다면 10점을 주기 위해서 어떤 변화가 필요한가?

문화적 차이가 있어도 문화 간 유사점을 놓쳐서는 안 된다. 예로, 친밀한 대인관계는 모든 문화에서 공통적이지만, 그 친밀한 관계의 이유는 문화마다 다를 수 있다.

또한 문화적 차이를 이해할 때 일반적으로 정도의 문제라는 것을 기억하라. 대부분의 문화는 정직함을 중요시하지만, 문화권마다 정직함에 대한 가치를 같은 정도로 중요시하는 것은 아니다. 대부분의 문화는 공손함을 중시하지만, 공손함의 중요성과 보이는 방식은 문화마다 다를 것이다.

문화적 인식에 대한 이러한 초점은 모든 문화적 관행을 수용해야 한다는 의미나 모든 문화적 관행이 동등하게 좋다고 평가되어야 한다는 것을 의미하는 것은 아니다. 예로, 투계, 여우 사냥, 투우는 각각 라틴아메리카의 일부 국가, 영국, 스페인 문화의 일부분이다. 그러나 당신은 이러한 문화적 관습에 똑같이 따를 필요가 없다. 마찬가지로 당신은 자신의 문화적 가치와 믿음, 종교나 정치 시스템, 노숙자, 장애인 또는 문화적으로 타인에 대한 태도를 거부할 수도 있다. 물론, 문화의 전통과 가치관에 반하는 것은 쉬운 일은 아니다. 그렇듯 문화가 영향을 미치지만, 자신의 가치관이나 행동을 다 결정하지는 않는다는 것을 깨닫는 것도 중요하다. 종종 개인의 성격(예: 자기주장 정도, 외향적인 정도 또는 낙관적인 정도)과 같은 요소가 문화보다 더 영향력 있는 것으로 증명되는 경우도 있다(Hatfield & Rapson, 1996).

민족정체성과 자민족중심주의

당신은 문화에 대한 방식을 배우면서 **민족정체성**(ethnic identity)을 발달시키고, 집단의 일원으로서 자기정체성(self-identify)을 확인하며, 집단의 태도와 신념을 (대부분) 수용하고, 집단의 일원으로 행동한다(아마도 민족적 휴일을 축하하거나 민족적 음식을 선호할 것이다). 강한 민

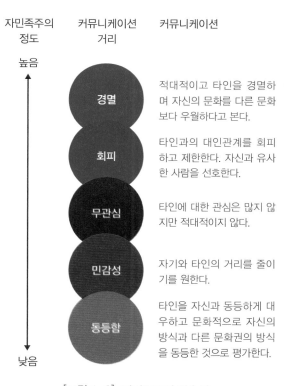

자민족주의 정도	커뮤니케이션 거리	커뮤니케이션
높음 ↑	경멸	적대적이고 타인을 경멸하며 자신의 문화를 다른 문화보다 우월하다고 본다.
	회피	타인과의 대인관계를 회피하고 제한한다. 자신과 유사한 사람을 선호한다.
	무관심	타인에 대한 관심은 많지 않지만 적대적이지 않다.
	민감성	자기와 타인의 거리를 줄이기를 원한다.
낮음 ↓	동등함	타인을 자신과 동등하게 대우하고 문화적으로 자신의 방식과 다른 문화권의 방식을 동등한 것으로 평가한다.

[그림 1-6] **자민족주의 연속성**

이 그림은 자민족주의와 커뮤니케이션 사이의 상호연결과정을 요약한 것이다. 이 그림에서 자민족주의 연속성을 따라 5개의 영역을 확인할 수 있다. 실제로 이 연속성 안에 많은 차원이 있다. '커뮤니케이션 거리'는 자민족주의 수준을 지배하는 태도를 강조하는 용어이다. 여기서의 '커뮤니케이션'은 개인이 자신의 특정한 자민족주의 정도를 고려하며 상호작용할 수 있는 방법을 소개하고 있다. 이 그림은 여러 문화 간 연구에 기반하고 있다(Lukens, 1978; Gudykunst & Kim, 1992; Gudykunst, 1994).

JOURNAL　커뮤니케이션 초이스 포인트

충돌하는 문화적 신념

당신은 새로운 직장 동료와 이야기를 나누고 있는데, 당신이 비윤리적이라고 생각하는 문화적인 관행 중 하나(예: 투우)에 대해 이야기하고 있다. 당신의 동료는 문화마다 그들만의 관습과 신념에 대한 권리를 갖고 있다고 주장한다.

이 문제와 문화적 다양성, 문화적 민감성에 대한 당신 자신의 신념을 감안할 때, 당신이 자신에게 정직하게 말할 수 있는 것 중 새로운 직책을 위태롭게 하지 않는 것은 무엇인가? 각 선택의 장단점은 무엇인가? 당신은 무엇이라고 답할 것인가?

족정체성은 일반적으로 긍정적인 특징(특성)으로 간주된다. 강한 민족정체성은 민족 문화를 보존하고 집단의 응집력을 형성하며 문화 전체에 독특한 공헌을 할 수 있도록 도와준다.

자민족주의(ethnocentrism)는 극단적인 민족정체성이다. 타인과 그들의 행동을 자신의 문화적 필터를 통해 보는 경향이다. 종종 자신의 행동을 왜곡하는 경향이 있다. 자신이 속한 문화의 가치, 신념, 행동이 다른 문화의 가치보다 우월하고 긍정적이고 논리적이며 자연스러운 것으로 평가하는 경향이다. 자민족주의란 자신의 문화와 그 업적에 대한 자부심을 심어 주고 그 문화를 위해 희생하도록 부추길 수도 있지만, 이는 또한 다른 문화를 열등한 문화로 보게 하고 다른 문화로부터 얻을 수 있는 긍정적인 정보나 이익 등을 배척하게 만들 수도 있다.

자민족주의는 연속성에 존재한다([그림 1-6] 참조). 사람들은 자민족중심적이지도, 비민족중심적이지도 않고 어느 한쪽에만 놓여 있는 것이 아니라 양쪽 극, 그 사이에 있다. 그리고 자민족중심주의 정도는 종종 대상 집단에 따라 다르다. 예로, 그리스계 미국인이라면 이탈리아계 미국인을 대할 때는 낮은 자민족주의를 갖고 있을 수 있지만, 터키계 미국인이나 일본계 미국인을 대할 때는 높은 자민족주의를 갖고 있을 수 있다.

〈표 1-2〉는 문화에 대한 이 논의의 간략한 개요를 제공한다.

〈표 1-2〉 문화와 커뮤니케이션

문화 개념	설명
문화	문화는 유전자가 아닌 커뮤니케이션을 통해 한 세대에서 다른 세대로 전해지는 한 집단의 상대적(비교적)으로 전문화된 생활방식이다.
문화의 중요성	문화는 인구통계학적 변화, 문화적 민감성에 대한 대중의 우려, 모든 국가의 경제적 및 정치적 상호의존성, 기술의 확산, 그리고 커뮤니케이션의 효과성(effectiveness)이 문화마다 다르다는 단순한 사실 때문에 중요하다. 한 문화에서 작용하는(효과가 있는) 어떤 것이 다른 문화에서는 그렇지 않을 수 있다.
문화 전달	문화는 문화화(enculturation)를 통해 전달된다. 문화화를 통해 민족정체성을 발전시킨다(문화적 신념에 대한 헌신). 자민족주의는 극단적인 민족정체성이다. 이는 자신의 문화적 필터를 통해 타인과 그들의 행동을 보는 경향이다. 문화적 필터 때문에 종종 자신의 행동을 왜곡하게 된다.
문화 관점의 목표	문화는 단순히 모든 형태의 커뮤니케이션 효과에 결정적이기 때문에 여기에서 강조된다.

커뮤니케이션 역량

1.5 커뮤니케이션 역량을 정의하고, 그 주요 특성을 알아본다.

효과적인 커뮤니케이션을 할 수 있는 역량이 **커뮤니케이션 역량**(communication competence) 이다(Spitzberg & Cupach, 1989; Wilson & Sabee, 2003). 본문(및 이 책의 여러 코스)의 주요 목표는 더 많은 커뮤니케이션 옵션을 마음대로 활용할 수 있도록 커뮤니케이션 역량을 확장하고 확대하는 것이다. 당신의 커뮤니케이션 역량이 커질수록 대인 간, 소집단 및 대중 커뮤니케이션 환경에서 더 많은 옵션을 갖게 될 것이다. 당신의 커뮤니케이션 역량이 커질수록 당신이 성취하고 싶은 것을 성공적으로 성취할 수 있는 힘이 커질 것이다. 즉, 봉급 인상이나 데이트 신청, 일시적인 직장 관계, 장기간의 우정 또는 낭만적인 관계 형성, 소집단에 참여하고 이끌거나, 청중에게 알리거나 설득하는 것 등이 될 것이다.

요컨대, 커뮤니케이션 역량에는 상호작용의 맥락에 따라 메시지를 조정함으로써 커뮤니케이션이 어떻게 작동하고 당신의 목적을 가장 잘 달성하는지를 아는 것, 당신이 상호작용하는 사람, 그리고 이 본문 전체에서 논의되는 많은 다른 요소가 포함되어 있다. 이제 유능한 커뮤니케이터의 몇 가지 주요 특징을 보다 명확하게 설명할 것이다.

유능한 커뮤니케이터는 비판적이고 신중하게 생각한다

비판적 사고(critical thinking) 없이 훌륭한 의견 교환은 있을 수 없다. 비판적 사고는 논리적인 사고이다. 이는 합리적이고 편견이 없으며 명확한 생각이다. 비판적 사고는 가능한 한 똑똑하고 세심하게 그리고 명확하게 생각하는 것을 포함한다. 이른바 부조리하거나 비논리적이거나 부주의한 생각과는 정반대가 된다. 그리고 기업 경영진에 대한 연구에 따르면, 비판적 사고는 효과적인 경영을 위한 디딤돌 중 하나임을 알 수 있다(Miller, 1997).

이 특별한 종류의 비판적 사고는 **마음챙김**(mindfulness)과 관련이 있다. 마음챙김은 사고나 행동의 이유를 의식하는 인지 상태를 말한다. 마음챙김의 반대인 **마음놓침**(mindlessness)은 자신이 무엇을 어떻게 생각하고 있는지에 대한 의식적인 인식이 부족한 상태를 말한다(Langer, 1989; Beard, 2014; Grierson, 2014). 대화에서 효과적으로 커뮤니케이션 기술을 적용하기 위해서는 현재 당신이 처해 있는 독특한 커뮤니케이션 상황, 이용 가능한 커뮤니케이션

뷰포인트. 커뮤니케이션 선택

한 주 동안 당신에게 중요한 커뮤니케이션은 어떤 것이었나? 후회하는 선택이 있었는가? 특별히 마음에 드는 선택은 무엇이었는가?

옵션, 그리고 한 옵션이 다른 옵션보다 더 나을 가능성이 있는 이유를 염두에 둘 필요가 있다(Burgoon, Berger, & Waldron, 2000; Elmes & Gemmill, 1990).

마음챙김을 높이기 위해 다음과 같은 제안을 시도해 보라(Langer, 1989).

- 카테고리를 만들고 이를 수정할 수 있어야 한다. 다른 방식으로 사물을 분류하라. 사람들이 끊임없이 변화하고 있다는 것을 기억하자. 그래서 당신이 사물을 분류할 수 있는 카테고리도 바뀌어야 한다. 사물, 사건 및 사람을 다양한 범주에 속하는 것으로 보는 법을 배워보자. 예로, 당신은 미래의 로맨틱한 파트너를 다양한 역할(자녀, 부모, 직원, 이웃, 친구, 재정적 기부자 등)을 하는 사람으로 보도록 노력하자.
- 새로운 정보와 관점에 대해 개방적이어야 한다. 이러한 정보가 당신의 가장 확고하게 유지되는 신념과 모순될 때도 말이다. 새로운 정보는 당신에게 낡은 사고방식을 재고하도록 강요하고, 오랫동안 유지되었지만 지금은 부적절한 믿음과 태도에 도전하는 데 도움을 줄 수 있다.
- 첫인상에 지나치게 의존하는 것을 주의해야 한다(Chanowitz & Langer, 1981; Langer, 1989). 첫인상은 임시적이고 잠정적으로 갖고 있고, 추가로 인상형성이 필요한 가설로 간주하는 것이 좋다. 이러한 첫인상을 수정, 거부 또는 수용할 준비가 되어 있어야 한다.
- 행동하기 전에 생각해야 한다. 특히 분노나 다짐 메시지와 같은 미묘한 상황에서는 상황을 염두에 두고 잠시 멈추고 생각하는 것이 현명하다(DeVito, 2003). 이런 식으로 적절하게 행동하고 대응할 수 있다면 더 좋은 기회를 가질 것이다.

유능한 커뮤니케이터는 합리적인 선택을 한다

커뮤니케이션 생활 전반에 걸쳐 그리고 각각의 커뮤니케이션 상호작용에서 당신은 **선택점**(choice points)을 갖게 된다. 즉, 당신이 커뮤니케이션하는 사람, 말할 것, 말하지 않을 것, 말하고 싶은 것을 표현하는 방법 등을 선택해야 할 때를 말한다. 이제 그 특성과 기능을 보다 자세히 이해할 필요가 있다. 커뮤니케이션 선택 역량은 [그림 1-7]에 표시된 세 가지 윤리적 초이스를 볼 수 있다.

1. 사용 가능한 선택사항을 확인한다. 유능한 커뮤니케이터는 각 커뮤니케이션 상황에 대해 서로 다른 방식으로 접근될 수 있음을 깨닫고 이용 가능한 선택을 알아본다. 예로, 조언하는 많은 방법, 집단을 이끄는 많은 방법, 연설하는 많은 방법이 있다. 이러한 사용 가능한 선택사항을 확인하는 것이 첫 번째 윤리적 초이스이다.
2. 각 선택의 장단점을 확인한다. 커뮤니케이션(개념과 원칙, 그 이론과 연구 결과)을 이해함으로써 유능한 커뮤니케이터는 다양한 선택의 가능성/잠재적 장단점을 식별해야 한다.
3. 가장 논리적인 선택을 통해 효과적으로 전달한다. 유능한 커뮤니케이터는 관련된 대인관계, 소집단 및 대중 연설 기술을 갖고 있기 때문에 가장 논리적인 선택을 통해 효과적으로 전달한다.

현재 수준의 역량과 상관없이 (1) 더 많은 수의 커뮤니케이션 옵션, (2) 이용 가능한 선택사항을 분석하고 평가하는 데 도움이 되는 이론과 연구에 대한 이해, (3) 선택사항을 현실화하는 기술을 배워야 한다.

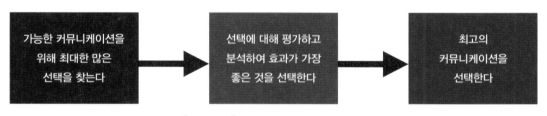

[그림 1-7] 커뮤니케이션 초이스 과정

모든 커뮤니케이션 과정에서 선택의 중요성 때문에 커뮤니케이션 초이스 포인트로 표시된 질문은 이 본문 전체에 있으며, 각 모듈/주요 섹션에 표시되어 있을 것이다. 이 항목은 본문에서 논의된 자료를 특정 대인관계, 소집단, 대중 커뮤니케이션 상황에 적용하도록 장려하기 위한 것이다.

이전 [그림 1-7] 초이스 과정에서 이미 보았듯이, 각 초이스의 끝에 있는 질문은 (1) 이용 가능한 선택을 식별하고, (2) 이용 가능한 선택의 장단점을 분석하고 평가하며, (3) 최선의 선택을 능숙하게 실행하는 데 도움이 되는 세 가지 윤리적 초이스를 반영한다.

유능한 커뮤니케이터는 효과적인 코드 전환자이다

엄밀히 말하면, 코드 전환(code switching)은 대화에서 둘 이상의 언어를 사용하는 것을 말하며, 종종 같은 문장에서 사용하는 것을 말한다(Bullock & Toribio, 2012). 예로, 스페인 원어민은 대부분의 문장을 영어로 말하고 나서 스페인어 용어나 구를 삽입할 수 있다. 그러나 보다 보편적으로 코드 전환은 상황에 따라 다른 언어 스타일을 사용하는 것을 말한다. 예로, 어른이 아닌 아이에게는 이야기하는 주제와 사용하는 언어를 다르게 이야기할 수 있다. 마찬가지로, 문자나 트윗을 할 때 대학 보고서를 쓸 때나 취업 면접을 할 때는 쓰지 않는 많은 약어와 약자로 구성된 전문 언어를 사용한다.

코드 전환은 적어도 두 가지 중요한 목적을 제공한다. 첫째로 코드 전환은 당신을 그 집단의 한 사람으로 식별한다. 그 집단에서 당신은 아웃사이더가 아니다. 이는 그 집단과 유대관계를 맺는 방법이다. 둘째로 코드 전환은 종종 당신의 의미를 더 명확하게 하는 데 도움을 준다. 어떤 것은 다른 언어보다 한 언어나 코드로 더 잘 표현되는 것 같다.

그러나 코드 전환은 문제를 일으킬 수 있다. 당신이 타인에게 환심을 사거나 집단에 속하지 않은 것처럼 보일 때 또는 자신을 집단의 일원으로 보이게 하고자 할 때, 코드 전환은 당신에게 불리하게 작용할 가능성이 있다. 당신은 자신이 속해 있지 않은 집단에 억지로 들어가려고 하는 침입자로 보일 수 있다. 코드 전환의 또 다른 문제는 취업 면접 중에 Facebook이나 Twitter에서 사용하는 문법을 쓴다면 그 장면에 맞지 않는 부적절한 다른 유형의 커뮤니케이션을 사용한 것이다. 커뮤니케이션 역량은 적절한 때에 코드 전환을 하는 능력과 관련이 있다. 즉, 당신의 메시지를 더 명확하게 할 때, 그리고 그것이 진짜일 때(자신을 집단 구성원 중 하나로 만들기 위한 시도가 아닐 때) 관련되는 것이다.

유능한 커뮤니케이터는 문화적으로 깨어 있고 민감하다

문화(culture)라는 용어는 한 집단의 사람들의 생활방식을 가리킨다. 집단의 문화는 그 가치, 믿음, 유물, 행동 방식 그리고 커뮤니케이션 방식으로 구성된다. 문화는 한 사회 집단의 구성원이 생산하고 발전시킨 모든 것, 즉 그들의 언어, 사고방식, 예술, 법률, 종교 등을 포함한다. 문화는 유전자를 통해서가 아니라 커뮤니케이션과 학습을 통해서 부모, 또래 집단, 학교, 종교 기관, 정부 기관의 지도를 통해서 한 세대에서 다른 세대로 전달된다. 대부분의 문화는 남성과 여성에게 상호 다른 태도와 커뮤니케이션 방식을 가르치기 때문에 우리가 관찰하는 많은 성별에 대한 차이가 문화적인 것으로 여겨질 수 있다. 그렇다고 해서 남성과 여성의 생물학적 차이를 최소화하는 것은 아니지만, 많은 사람은 성별의 차이가 부분적으로 문화적이라는 것에 동의한다.

> **JOURNAL** 커뮤니케이션 초이스 포인트
>
> **문화적 둔감성**
> 당신은 당신의 친구 중 한 명에 대한 글을 Facebook에 게시하였고, 이 글이 문화적으로 둔감해 보일 수 있다는 것을 알게 되었다. 당신은 타인에게 편견에 사로잡힌 사람으로 보이지 않기를 바라며 그 친구와 여전히 친구로 남기를 원한다. 당신은 그것을 본 사람에게 뭔가를 말해야 한다.
> 당신의 감정을 전달하기 위한 당신의 선택사항은 무엇인가? 각 선택의 장단점은 무엇인가? 당신은 무엇을 할 것인가?

역량은 문화에 따라 다르다. 한 문화에서 효과적인 것으로 입증되는 커뮤니케이션이 다른 문화에서도 반드시 효과적이라고 입증되지는 않을 수도 있다. 예로, 친한 친구에게 생일 선물을 주는 행위는 많은 문화권에서 통용될 것이고, 어떤 경우에는 생일 때 선물을 주는 행위를 기대할 것이다. 그러나 여호와의 증인은 생일을 축하하지 않기 때문에 이런 관행을 싫어한다. 즉, 커뮤니케이션에 영향을 미치는 문화적 차이가 매우 크기 때문에 모든 장에서 문화의 역할을 논의할 것이다.

유능한 커뮤니케이터는 윤리적이다

커뮤니케이션은 윤리(ethic), 선악, 옳고 그름, 도덕적이고 부도덕한 것에 대한 연구를 포함한다. 윤리는 행위 및 행동과 관련이 있고, 도덕적(윤리적, 선한, 옳고 그름)과 부도덕적 행동(비윤리적, 나쁜, 잘못된 것)을 구별하는 것과 관련이 있다. 어떤 커뮤니케이션 행위에는 윤리적 차원도 포함되어 있다(Bok, 1978; Neher & Sandin, 2007). 윤리(의식)는 모든 형태의 커뮤니케이션에 담겨 있기 때문에, 이러한 토론 외에도 윤리적 메시지 상자의 각 장에 커뮤니케이션의 윤리적 차원이 제시될 것이다.

이 몇 가지 질문에 대해 윤리적 행동이 무엇인지 정확하게 설명하고 있다고 느낀다면 **참**(그렇다, T)으로 응답하고, 윤리적 행동이 무엇인지 정확하게 설명되지 않는다고 생각하면 **거짓**(아니다, F)으로 응답함으로써 윤리에 대한 자신의 신념을 확인하시오. 여기의 진술은 '윤리가 당신에게 무엇을 의미하는가?'(www.scu.edu/ethics/practicing/decision/whatisethics.html)라는 질문에 대한 반응에 바탕을 두고 있으며, 무엇이 유용한 윤리 이론이 아닌가에 대한 사고와 토론을 자극하기 위해 여기에 제시되어 있다.

_____ 1. 나의 행동은 내가 옳은 일을 하고 있다고 느낄 때 윤리적이다.
_____ 2. 나의 행동은 나의 종교적 신념과 일치할 때 윤리적이다.
_____ 3. 나의 행동은 그것이 합법적일 때 윤리적이다.
_____ 4. 나의 행동은 윤리적이다.
_____ 5. 나의 행동의 결과가 남에게 해를 끼치는 것보다 이익이 될 때 윤리적이다.

당신은 당신의 대답에 대해 생각하면서 다음의 여러 문장을 검토해 보라.

1. 매춘부를 살인하는 Jack the Ripper는 자신이 옳은 일을 하고 있다고 느낀 사람의 역사적으로 좋은 예시지만, 현재는 스토킹(나는 너무 사랑에 빠져서 이 사람과 함께 있어야 한다)이나 보험사기(우리 가족은 보험회사보다 돈이 더 필요하다)와 같은 것이 많다. 스토커인 Jack 그리고 사기꾼이 마음에서 자신의 행위를 정당하다고 느낀다고 해서 이 행동을 도덕적으로 또는 윤리적으로 만드는가?
2. 만약 그것이 사실이라면 매우 다른 종류의 행동, 종종 서로 모순되는 행동을 옹호하는 다른 종교를 어떻게 설명할 것인가? 다양한 예는 일간지에 풍부하게 나와 있다.
3. 세계의 많은 곳곳에서 여성, 특정 종교 또는 인종, 게이, 레즈비언, 양성애자, 트랜스젠더, 퀴어, 장애인에 대한 차별은 합법적이지만 그것이 윤리적인가?
4. 여기서의 문제는 대다수의 생각이 시대에 따라 변화하고 흔히 극도로 부도덕한 것으로 증명된다는 점이다. 마녀로 여겨지는 사람이나 다수 의견에 반대하는 사람을 불태우는 것은 오늘날 일어나는 수많은 증오 범죄와 마찬가지로 좋은 예이다.
5. 비도덕적 행위는 종종 다수를 이롭게 하고 소수를 해치기도 한다. 예로, 노예제도와 특정 집단에 대한 차별은 다수에게 이익이 되었다. 다수의 이익에도 불구하고 우리는 이러한 행동이 비윤리적이고 부도덕하다는 것을 쉽게 인정할 것이다.

어떻게 윤리적 행동을 정의할 수 있는가?
달리 말하면, 당신은 자신의 행동이 윤리적인 것인지 비윤리적인 것인지를 어떻게 결정하는가?

〈표 1-3〉에는 유능한 커뮤니케이터에 대한 간략한 요약이 제시되어 있다.

<표 1-3> 유능한 커뮤니케이터

유능한 커뮤니케이터	유능한 행동
비판적으로 신중히 생각(판단)한다.	행동하기 전에 각 커뮤니케이션 상황의 고유성을 파악하고 논리적으로 생각한다.
합리적 선택을 한다.	커뮤니케이션은 선택을 수반하고, 이용 가능한 선택이 많은 것을 이해하며, 커뮤니케이션이 어떻게 작동하는지에 대한 지식으로부터 선택을 평가할 수 있고, 선택을 효과적으로 실행할 수 있는 기술을 갖고 있다.
효과적으로 코드 전환한다.	커뮤니케이션 상황 및 원하는 목표에 따라 효과적으로 코드 전환한다.
문화적으로 깨어 있고 민감하다.	문화적 차이를 이해하고 인정하고 적응한다.
윤리적이다.	정직하고 진실하게 커뮤니케이션을 한다.

이제 커뮤니케이션의 특성, 원리 및 역량에 대한 이해를 얻었으니, 자신의 소셜네트워크 프로필을 검토(그리고 보다 효과적으로)하여 이러한 통찰력을 적용해 보라.

다음 각 질문에 대해 온라인 프로필과 관련하여 짧게 답하시오.

1. 당신의 프로필은 어떤 용도로 쓰이는가? 여기에서 식별된 커뮤니케이션의 다섯 가지 목적(학습, 관계, 영향, 놀이 및 도움)은 어떤 방식으로 제공될 수 있는가?
2. 당신의 프로필은 어떤 방식의 신호인가? 다양한 단어와 그림이 어떤 방식으로 의미를 전달하기 위해 결합되어 있는가?
3. 내용 메시지와 관계 메시지를 구별할 수 있는가?
4. 타인의 프로필을 만든 방식을 보고 당신은 어떤 방식으로 자신의 프로필을 수정했는가?
5. 당신의 프로필에 있는 어떤 메시지가 모호한가?
6. 소셜네트워크 사이트에 프로필을 게시하고 소셜네트워크 사이트를 통해 커뮤니케이션하는 데 있어 불가피성, 비가역성 그리고 비반복성의 의미는 무엇인가?

개념 요약

이 장에서는 커뮤니케이션의 성격, 주요 요소와 원칙, 커뮤니케이션에서의 문화의 역할, 그리고 커뮤니케이션 역량을 고려했다.

커뮤니케이션의 형태, 이점 및 오해

1.1 커뮤니케이션의 형태, 이점 그리고 오해를 알아본다.

1. 커뮤니케이션 대인관계, 인터뷰, 소집단 커뮤니케이션, 대중 커뮤니케이션, 컴퓨터 매개 커뮤니케이션, 언론매체를 활용한 커뮤니케이션 등 다양한 형태로 존재한다.
2. 이 장에서 얻을 수 있는 이점으로는 자기표현 역량, 관계 기술, 인터뷰 기술, 집단 및 리더십 기술, 프레젠테이션 또는 공개 연설 기술의 증진과 향상이 있다.
3. 커뮤니케이션의 오해 중 하나는 당신이 더 많은 커뮤니케이션을 할수록 당신이 더 효과적이게 될 것과 대중 연설의 두려움은 해롭기 때문에 대중 연설을 성공적으로 이끌기 위해서는 그 두려움을 제어해야만 한다는 것이다.

커뮤니케이션 모델과 개념

1.2 전달자-수신자, 메시지, 맥락, 채널, 소음 및 효과를 포함하는 커뮤니케이션 모델과 각각의 내용을 알아본다.

4. 커뮤니케이션은 소음에 의해 왜곡되고, 맥락 안에서 발생하며, 어느 정도의 영향력과 윤리적 차원을 갖고 있으며, 피드백의 기회를 제공하는 한 명 이상의 사람에 의한 행위이다.
5. 커뮤니케이션은 상호교류적이다. 이는 한 요소의 변화가 다른 요소의 변화를 일으키는 상호 관련된 부분의 과정이다.
6. 커뮤니케이션의 본질(모든 커뮤니케이션 행위에 존재하는 요소)은 전달자-수신자, 메시지(피드포워드, 피드백, 메타 메시지), 맥락(신체적, 문화적, 사회심리학적, 시간적), 채널, 소음(물리적, 생리적, 심리학적, 의미적) 및 효과이다.

커뮤니케이션의 원리

1.3 커뮤니케이션의 주요 원리를 알아본다.

7. 커뮤니케이션에는 목적이 담겨 있다. 커뮤니케이션을 통해 배우고, 공감하고, 돕고, 영향을 주고, 놀이하게 된다.
8. 커뮤니케이션은 다양한 형태와 경로를 통해 이루어진다.
9. 커뮤니케이션과 대인관계는 뜻대로 안 된다(모호하다).
10. 커뮤니케이션은 내용과 관계 차원 모두를 포함한다.

11. 어떤 상호작용 상황에서도 커뮤니케이션은 불가피하다(커뮤니케이션할 수도 없고, 응답할 수도 없다). 되돌릴 수도 없다(메시지를 되돌릴 수도 없다). 그리고 반복할 수도 없다(내뱉은 메시지를 다시 정확하게 반복할 수도 없다).

문화 및 커뮤니케이션

1.4 커뮤니케이션에서 문화의 역할과 문화적 차이를 설명하고, 민족정체성과 자민족중심주의를 알아본다.

12. 문화는 모든 형태의 커뮤니케이션에 스며들고 있고, 미국이 다양한 문화의 본보기가 되며 전 세계적으로 사업을 하면서 문화 간 커뮤니케이션은 점점 더 빈번해지고 있다.

13. 문화가 다를 수 있는 중요한 차원은 불확실성 회피, 남성성-여성성, 권력거리, 개인주의-집단주의, 고맥락과 저맥락, 자적과 자제, 장기/단기 지향이다.

14. 연속성으로 존재하는 자민족주의는 우리 자신의 문화의 신념, 태도, 가치관을 긍정적으로 평가하는 경향이며 다른 문화의 가치관을 부정적으로 평가하는 경향이다.

커뮤니케이션 역량

1.5 커뮤니케이션 역량을 정의하고, 그 주요 특성을 알아본다.

15. 커뮤니케이션 역량은 커뮤니케이션이 어떻게 작동하는지, 커뮤니케이션을 효과적으로 사용할 수 있는 역량에 대한 지식이다. 커뮤니케이션 역량의 예는 다음과 같다.

- 비판적이고 신중하게 생각하기
- 합리적인 선택하기
- 효과적으로 코드 전환하기
- 문화적으로 깨어 있고 민감하기
- 윤리적으로 커뮤니케이션하기

기술 요약

이 장에서 강조된 몇 가지 중요한 커뮤니케이션 내용을 여기 요약 형태로 (모든 장에서 그렇듯이) 제시했다. 이 체크리스트는 이 장에서 다루고 있는 모든 내용을 포함하고 있지 않지만, 그중 가장 중요한 대표적인 내용을 소개하고 있다. 다음에 제시된 내용을 읽어 보고 더 노력할 필요가 있는 항목에 (∨) 체크하시오.

_____ 1.   나는 커뮤니케이션이 이루어지고 있는 맥락에 민감하다. 나는 신체적, 문화적, 사회적 그리고 시간적

맥락의 변화가 의미를 바꿀 것이라는 것을 인지한다.

_____ 2. 나는 내 채널 옵션을 평가하고, 직접 대면, 이메일 또는 어떤 제삼자에 의해 메시지가 전달될 때, 내 메시지가 어떻게 전달될 때 더 효과적일지 평가한다.

_____ 3. 나는 말에서뿐만 아니라 비언어적 행동에서도 의미를 찾는다.

_____ 4. 나는 타인에게 주는 피드백과 피드포워드에 민감하며 타인도 내게 피드백과 피드포워드를 준다.

_____ 5. 나는 메시지를 왜곡하는 다양한 유형의 신체적, 심리적, 의미적 소음의 영향과 싸운다.

_____ 6. 나는 보다 분명한 내용 메시지뿐만 아니라 나 그리고 내(그리고 타인)가 보내는 관계적인 메시지도 듣고, 의미 있는 상호작용을 늘리기 위해 타인의 관계적인 메시지에 응답한다.

_____ 7. 커뮤니케이션은 상호교류적이기 때문에, 모든 요소가 커뮤니케이션 과정에서 다른 요소에 영향을 미치고, 커뮤니케이션하는 동안 각자가 동시에 전달자이자 수신자라는 것을 인식한다.

_____ 8. 커뮤니케이션은 목적이 있기 때문에 나는 말하는 사람의 목적과 듣는 사람의 목적을 모두 주의 깊게 살핀다.

_____ 9. 나는 커뮤니케이션은 피할 수 없고 되돌릴 수 없으며 똑같이 반복할 수도 없기 때문에 숨겨진 의미를 주의 깊게 찾고, 나중에 보낸 메시지로 인해 후회하지 않으려면 메시지를 전달하는 데 신중하며, 어떤 커뮤니케이션 행위라도 한 번만 발생한다는 것을 알고 있다.

_____ 10. 특수한 커뮤니케이션 상황에 따라 효과적으로 코드를 전환할 수 있다.

_____ 11. 나는 문화적 다양성과 차이에 민감하며, 나 자신의 문화와 다른 문화의 가르침을 과도한 편향 없이 받아들인다.

핵심 용어

이 장에서 논의된 주요 용어이다. 이 용어의 정의는 이 장의 본문에서와 책의 뒷부분에 수록된 용어집에 제시되어 있다.

개인주의와 집단주의	대중 커뮤니케이션	모델
고맥락과 저맥락	디코더(해독자)	모호함
관계 메시지	디코딩(해독화)	문화
관계 차원	마음놓침	문화적 맥락
권력거리	마음챙김	물리적 소음
남성성–여성성	맥락	물리적 맥락
내용 메시지	메시지	민족정체성
내용 차원	메타 메시지	불가피성

불확실성 회피

비가역성

비반복성

사회심리학적 맥락

생리적 소음

선택점

소음

소집단 커뮤니케이션

수신자

시간적 맥락

신호 대 소음 비율

심리적 소음

윤리

의미적 소음

인코더(부호자)

인코딩(부호화)

자민족중심주의

자적과 자제

장기 지향과 단기 지향

전달자

중요한 대화

채널

커뮤니케이션

커뮤니케이션 역량

코드 전환

피드백

피드포워드

효과

자기와 타인에 대한 지각

2

"당신은 (거의) 항상 타인에게
보이는 인상을 관리한다."

이 장의 주제

- 커뮤니케이션에서의 자기
- 자기노출
- 지각
- 인상형성
- 인상관리

학습 목표

2.1 자기개념, 자기인식, 자존감을 정의하고, 자기인식 및 자존감을 높이는 방법을 알아본다.

2.2 자기노출 및 그에 따른 보상과 위험을 정의하고, 자기노출과 그에 대한 반응 및 저항에 필요한 지침을 알아본다.

2.3 지각과 그 단계를 정의하고, 지각의 정확성을 높이는 방법을 알아본다.

2.4 인상형성의 본질과 그에 영향을 미치는 주요 요인을 알아본다.

2.5 인상관리 전략을 알아본다.

이 장에서는 당신이 자신을 인식하는 방식, 타인이 당신을 인식하는 방식, 그리고 당신이 타인을 인식하는 방식을 알아볼 것이다. 먼저, 자기의 본질 그리고 자기노출과 지각의 특성이라고 알려진 커뮤니케이션의 특별한 형태에 대해 알아볼 것이다. 그리고 이를 배경으로 우리가 타인의 인상을 어떻게 인지하거나 형성하는지, 그들이 어떻게 우리와 같은 행동을 하는지, 그리고 우리가 타인과 소통하는 인상을 어떻게 관리하는지 알아볼 것이다.

커뮤니케이션에서의 자기

2.1 자기개념, 자기인식, 자존감을 정의하고, 자기인식 및 자존감을 높이는 방법을 알아본다.

당신이 누구이며, 어떻게 자신을 보는가는 당신의 커뮤니케이션 방식뿐만 아니라 당신이 타인의 커뮤니케이션에 반응하는 방식에도 영향을 미친다.

자기개념

자기개념(self-concept)은 자신이 누구인지에 대한 자기 이미지이다. 이는 자신을 인식하는 방식, 즉 자신의 강점과 약점, 능력과 한계에 대한 자신의 감정과 생각이다. 자기개념은 [그림 2-1]에서와 같이 타인이 당신에 대해 갖고 있는 이미지, 자신과 타인 간의 비교, 당신의 문화적 경험, 그리고 자신의 생각과 행동에 대한 스스로의 평가를 통해 만들어진다.

타인이 갖는 당신의 이미지 당신의 머리 모양이 어떻게 보이는지 궁금하다면 아마도 당신은 거울을 볼 것이다. 그러나 당신이 얼마나 친절한지 또는 어떤지 알고 싶다면 어떻게 해야 할까? 거울 속 비친 자기(looking-glass self)(Cooley, 1922)에 따르면, 당신은 타인이 당신과 커뮤니케이션하며 당신에 대해 드러내는 당신 자신의 이미지를 보게 될 것이다.

물론, 당신은 아무나 보는 것이 아니라 친구, 가족, 연인처럼 인생에서 가장 의미 있는 사람을 바라볼 것이다. 이러한 의미 있는 사람들이 당신을 높게 평가한다면 당신은 그들의 행동에 반영되는 긍정적인 자기 이미지를 보게 될 것이고, 그들이 당신을 하찮게 생각한다면 당신은 좀 더 부정적인 자기 이미지를 보게 될 것이다.

타인과의 비교   당신이 자기개념을 발달시키는 또 다른 방법은 타인과 비교하는 것이다. 대부분의 사람은 자신의 동료와 비교한다(Festinger, 1954). 예로, 시험을 치른 후에 당신은 반의 다른 학생과 비교해서 당신이 어떻게 수행했는지 알고 싶을 것이다. 이는 당신이 얼마나 효과적으로 수행했는지에 대한 명확한 개념을 제공한다. 만약 당신이 야구팀에서 뛴다면 동료 선수와 비교하여 자신의 타율을 아는 것이 중요하다. 동료와 비교하여 자신을 볼 때 다른 관점을 얻게 될 것이다.

좋든 나쁘든, 소셜미디어는 우리에게 자신을 타인과 비교하여 개인적 가치를 평가하거나 우월감을 느끼게 해 줄 수 있는 (사용하기 아주 쉬운) 도구를 제공해 주었다. 다음은 소셜미디어를 통해 타인과 비교하여 자신을 파악할 수 있는 몇 가지 방법이다.

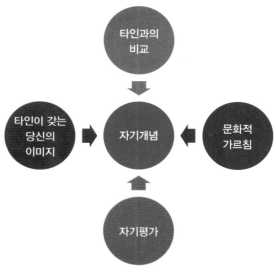

[그림 2-1] **자기개념의 원천**

자기개념에 대해 파악할 때, 인생 전반에 걸쳐 각 요인의 영향을 고려하라.

십대 이전 아동기에 가장 큰 영향을 준 요인은 무엇인가? 지금 당신에게 가장 크게 영향을 주는 요인은 무엇인가? 25년이나 30년 후에는 어떤 요인이 당신에게 가장 큰 영향을 미칠 것인가?

- **검색 엔진 리포트**. 자신의 이름이나 동료 이름을 Google, Bing, Yahoo 등에 입력해 보면, 그 이름이 표시되는 웹사이트 수를 볼 수 있다.

- **네트워크 확산**. Facebook의 친구 수 또는 LinkedIn이나 Plaxo의 연락처 수는 어떤 면에서 잠재적인 영향력의 척도가 된다.

- **온라인 영향력**. Klout 및 PeerIndex와 같은 네트워크 사이트는 온라인 영향력의 점수(0~100)를 제공한다. 예로, 당신의 Klout 점수는 '실제적인 도달률'(당신이 영향을 미치는 사람들의 수), '파급력'(당신이 영향을 미치는 정도), 그리고 '네트워크'(당신의 네트워크 영향력)가 종합적으로 평가된 것이다.

- **Twitter 활동**. 당신이 Twitter를 하는 횟수는 비교의 한 방법이 될 수 있지만, 더 중요한 것은 당신이 트윗을 받거나 당신의 트윗이 리트윗(재전송)되는 횟수이다.

- **블로그 존재감**. 블로그의 유입현황은 '통계' 탭에서 쉽게 확인할 수 있으며, 당신은 블로그를 처음 시작한 이후 또는 지난 1년, 1개월, 1주, 하루 동안 블로그를 방문한 사람의 수를

확인할 수 있다.

문화적 가르침　문화는 성공(그것을 어떻게 정의하고 성취해야 하는지), 종교, 인종, 국적의 타당성 그리고 직장 및 개인 생활 면에서 지켜야 할 윤리적 원칙 등에 대한 다양한 신념, 가치관, 태도를 심어 준다. 이러한 가르침은 자신을 판단할 수 있는 기준을 제공한다. 예로, 당신의 문화가 성공이라고 정의하는 것을 성취하는 당신의 능력은 긍정적인 자기개념에 영향을 미치지만, 문화적 가치를 성취하지 못하는 것은 부정적인 자기개념에 영향을 준다.

자기개념에서 중요한 것은 성역할(gender, 남녀가 어떻게 행동해야 하는가)에 대한 문화적 가르침이다. 문화의 대중적 분류는 남성성, 여성성의 관점에서 이루어진다(Hofstede, 1997). [일부 문화 간 이론가들은 해당 용어가 '성취'와 '양육'에 근거한 문화일 것이라고 말한다. 그러나 연구는 남성적, 여성적인 용어로 진행되며, 당신이 전자 데이터베이스를 검색하는 데 사용하는 용어이기 때문에 여기서는 이 용어를 사용한다(Lustig & Koester, 2013)]. 남성적 문화는 사람들을 적극적, 야심적, 경쟁적이 되도록 사회화한다. 예로, 남성적 문화의 구성원은 직접적으로 갈등에 직면하고 어떤 차이에도 맞서 싸우기 쉽다. 여성적 문화는 사람들이 겸손하고 친밀한 관계를 중시하도록 사회화한다. 그들은 갈등을 해결하는 데 타협과 협상을 강조할 가능성이 더 크다.

당신의 문화가 중요하게 여기는 특징이 남성적이든 여성적이든 그 특징을 당신이 보여 줄 때 당신은 보상과 칭찬을 받기 쉬우며, 이 피드백은 긍정적인 자기개념에 영향을 미친다. 그러나 반대의 특징을 보이면 비판받기 쉽고, 이는 다시 부정적인 자기개념에 영향을 미칠 것이다.

자기해석 및 자기평가　자기해석(특정 사건에서의 행동 재구성 및 그것에 대한 이해)과 자기평가(좋거나 나쁘거나, 그 행동에 두는 가치) 또한 자기개념에 영향을 미친다. 예로, 당신은 거짓말에 대해 부정적으로 생각한다고 가정해 보자. 만약 당신이 거짓말을 한 후에 그 행동에 대해 (문제를 피하기 위한 배려로서의 방법이 아니라) 남을 속인 것으로 인식한다면, 당신은 거짓말에 대해 내면화된 신념을 바탕으로 자신의 행동을 평가할 것이며, 결국 자신의 행동에 대해 부정적으로 반응할 것이다. 이를테면, 당신은 자신의 신념을 어기는 것에 대한 죄책감을 경험할 수 있다. 반면에 당신이 큰 위험을 무릅쓰고 불타는 건물에서 누군가를 구해 준다고 가정해 보자. 당신은 이 행동을 긍정적으로 평가할 것이고, 당신의 행동에 대해 결과적으로는 자기 자신에 대해 좋게 느낄 것이다.

자기인식

자기인식(self-awareness)은 모든 커뮤니케이션의 기본이며, 당신뿐만 아니라 타인에게도 나타나는 것으로 자기 자신의 여러 측면을 관찰할 때 이루어진다. 여기에 일반적으로 사용되는 도구 중 하나는 [그림 2-2(a)]와 같이 자기를 네 영역으로 나눈 조하리 창(Johari window)이다.

당신의 네 자기   조하리 창의 네 영역 또는 '창'은 열린 자기, 보이지 않는 자기, 숨겨진 자기, 미지의 자기와 같은 다양한 측면 또는 버전을 보여 준다. 이 영역들은 서로 분리되어 있지 않고 상호의존적이다. 한 영역이 확대되면 다른 영역은 감소된다. 즉, 하나의 창이 커지면, 하나 또는 그 이상의 다른 창이 작아지면서 전체 창을 유지한다.

- **열린 자기(open self)**는 당신과 타인이 알고 있는 당신 자신에 대한 모든 정보, 행동, 태도 및 감정을 나타낸다. 열린 자기의 크기는 당신의 성격과 당신이 관련된 사람에 따라 달라진다. 예로, 당신은 친구와의 즐거운 생활에 대해서는 (모든 것을 얘기하는) 넓은 열린 자기를 가질 수 있지만, 부모님과의 문제에 대해서는 아주 작은 열린 자기를 가질 수 있다.
- **보이지 않는 자기(blind self)**는 자신에 대해 자기 자신은 잘 모르지만, 타인은 알고 있는 당신에 대한 정보를 나타낸다. 여기에는 타인의 말을 끊는 습관이나 불안해질 때 코를 문지르는 습관 등이 포함될 수 있다. 보이지 않는 자기가 넓은 것은 자기인식이 낮은 것을 나타내며 이는 정확한 커뮤니케이션을 방해한다. 보이지 않는 자기를 줄이기 위해 당신은 '자기인식 향상'에서 제시하는 제안을 따를 수 있다.
- **미지의 자기(unknown self)**는 당신도 타인도 알지 못하는 당신 자신의 일부를 나타낸다. 이는 당신의 잠재의식에 묻혀 있는 정보이다. 예로, 당신은 최면, 꿈, 심리검사 또는 심리치료를 통해 당신이 몰랐던 돈에 대한 집착이나 비판에 대한 두려움, 연인의 유형을 알게 될 수 있다.
- **숨겨진 자기(hidden self)**는 당신이 알고 있지만, 타인에게는 비밀로 하는 당신에 대한 정보를 나타낸다. 이 영역은 당신의 환상, 창피한 경험, 사적으로 간직하고 싶은 태도나 신념, 감추고 있는 모든 비밀을 포함한다.

모든 사람의 조하리 창은 서로 다르며, 각 개인의 창은 때와 장소, 커뮤니케이션 상황에 따라 다양할 것이다. 당신이 부모님과 얼굴을 맞대고 이야기하느냐 아니면 가까운 친구와

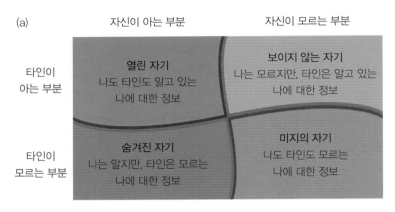

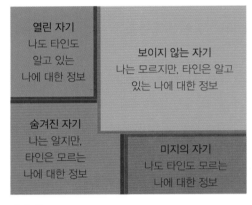

[그림 2-2] 조하리 창

상단 창(a)은 우리 자신에 대해 알고 있는 것과 모르는 것을 파악하기 위해 사용되는 도구이다. 이 장에서 다루는 자기노출의 특성을 설명하는 데 도움이 된다. 창의 이름은 창시자 Joseph Luft와 Harry Ingham에서 비롯되었다. 하단에 있는 두 개의 창(b)은 서로 다른 구조의 조하리 창을 보여 준다. 하나의 자기가 성장함에 따라 하나 이상의 다른 자기가 줄어들게 된다는 것을 주목하라.
당신은 이 두 개의 창으로 대표되는, 두 사람의 특징이 될 수 있는 커뮤니케이션 유형(특히 자기노출)을 어떻게 설명할 것인가?
출처: Luft, Joseph. GROUP PROCESSES: AN INTRODUCTION TO GROUP DYNAMICS, 3rd ed. Copyright © 1984. McGraw-Hill
  Education. Reprinted by permission.

Facebook에서 이야기하느냐에 따라 창의 구성은 매우 다를 것이다. [그림 2-2(b)]는 두 가지 가능한 구성을 보여 준다.

자기인식 향상　자기인식은 커뮤니케이션에서 매우 중요하므로 자신의 필요, 욕구, 습관, 신념, 태도에 대한 인식을 높이기 위해 노력해야 한다. 이 노력은 다양한 방법으로 할 수 있다.

• **타인의 말을 경청하라.** 타인은 당신이 자기인식을 높이는 데 필요한 피드백을 끊임없이 주고 있다. 모든 상호작용에서 사람들은 당신이 하는 일, 하는 말, 당신의 외모에 대해 어

떤 식으로든 당신에게 의견을 준다. 때로 이런 의견은 "긴장 풀어.", "너무 심각하게 받아들이지 마."와 같이 분명할 수 있다. 어떤 때에는 그들이 당신을 바라보는 방식이나 당신에게 말하는 내용 속에 숨겨 둔다. 이러한 정보에 세심한 주의를 기울이도록 하라.

- **열린 자기를 키우라.** 타인에게 자신을 드러내는 것은 자기인식 향상에 도움이 될 것이다. 자신에 대해 이야기할 때, 이전에는 놓쳤던 연결 고리를 볼 수 있게 된다. 타인의 피드백을 받으면 더 많은 통찰력을 얻을 수 있다. 또한 열린 자기를 키우면 타인이 당신에 대해 아는 것을 드러낼 가능성이 높아진다.

- **자신에 대한 정보를 찾으라.** 사람들이 당신에 대해 아는 것을 드러내도록 장려하라. 매일 일어나는 상황을 이용해 자기 정보를 얻으라. 예로, "오늘 내가 아이들에게 너무 심하게 굴었다고 생각해?", "내가 임금인상을 요구할 때 정말 단호했다고 생각해?" 그러나 이러한 자기인식 독려도 적절하게 해야 한다. 너무 자주 하게 되면, 친구들은 당신을 불안하거나 자기중심적인 사람으로 인식하고 다른 대화 상대를 찾을 수도 있다.

- **자신과 대화하라.** 당신 자신보다 당신을 더 잘 아는 사람은 없다. 자기인식에 대한 질문을 스스로에게 던지라. 무엇이 나의 행동에 동기를 부여하는가? 나의 장단기 목표는 무엇인가? 어떻게 하면 그 목표를 성취할 수 있을까? 나의 장단점은 무엇인가?

자존감

자존감(self-esteem)은 자신이 얼마나 가치 있다고 생각하는지 보여 주는 척도이다. 자존감이 높으면 자신을 높이 평가하고, 자존감이 낮으면 자신을 부정적으로 보는 경향이 있다. 자존감에는 인지적/사고적, 정서적/감정적, 행동적 요소가 포함된다(Reasoner, 2010).

- **인지적 자존감**은 자신의 강점과 약점, 자신이 어떤 사람인지, 자신이 어떤 사람이 되고 싶은지에 대한 자신의 생각을 말한다. 당신의 이상적 자기는 무엇인가? 당신은 이상적 자기를 성취하는 데 얼마나 근접해 있는가?

- **정서적 자존감**은 자신의 강점과 약점에 대한 스스로의 분석을 말한다. 예로, 당신은 스스로에게 만족감을 느끼는가? 당신의 분석은 당신을 불만족스럽고 우울하게 만드는가?

- **행동적 자존감**은 자기노출, 자기주장, 갈등 전략, 몸짓 등 언어적, 비언어적 행동을 말한다. 집단 상황에서 당신의 생각을 말할 수 있는가? 타인이 당신을 이용하도록 허용하는가? 자신이 누구인지 밝힐 자신이 있는가?

자존감 이면의 기본 개념은 자신에 대해, 즉 자신이 누구이며 무엇을 할 수 있는지에 대해 긍정적으로 느낄 때 수행을 보다 잘해 낼 수 있다는 것이다. 당신이 성공을 예상할 때, 당신은 성공 행동을 하게 될 가능성이 더 높아진다. 반대로 실패를 예상할 때, 당신은 실패 행동을 하게 될 가능성이 높아진다. 학교에서 가장 인기 있는 학생에게 데이트를 신청하려고 전화를 걸 때 성공적이고 효과적인 자신의 모습을 상상한다면, 좋은 인상을 줄 가능성이 높을 것이다. 반면에 당신이 하고 싶은 말을 잊어버리거나 말을 더듬거나 완전히 바보 같은 말을 할 것이라고 생각한다면, 당신의 성공 가능성은 낮을 것이다.

낮은 자존감도 학습된다(Lancer, 2013). 어디선가 어떤 식으로든 자신의 감정이 정당화되지 않거나, 이러지도 저러지도 못하는 것을 학습하게 된다. 이는 학습된 행동이기 때문에 비록 쉬운 과정이 아니더라도 이 또한 변화시킬 수 있다(Gross, 2006).

이 주제에 대해 다루기 전, 다음의 자가 점검을 통해 자신의 자존감을 고려해 보자.

다음의 각 문장에 대해 참(그렇다)이라면 T로 답하고, 거의 또는 전혀 해당하지 않는다면 F로 답하시오.

___ 1. 일반적으로 나는 모든 일에 성공해야 한다고 느낀다.
___ 2. 성공에 대한 외적 신호에도 불구하고, 나는 여전히 실패감을 느낀다.
___ 3. 내 지인 중, 상당수는 내가 하는 일과 내 생각에 대해 비판적이거나 부정적일 때가 있다.
___ 4. 나는 종종 만족스럽게 완료할 수 없다고 판단되는 프로젝트를 수행한다.
___ 5. 과거를 돌아볼 때 나는 종종 나의 성공보다는 실패에, 긍정적인 자질보다는 부정적인 자질에 초점을 맞춘다.
___ 6. 나는 개인적, 사회적 기술을 향상시키기 위한 노력을 거의 하지 않는다.

질문에 대한 'T' 응답은 자존감 형성에 방해가 되는 것을, 'F' 응답은 도움이 되는 것을 나타낸다. 다음에서 이러한 쟁점에 대해 자세히 알아보고, 각각의 쟁점이 건강한 자존감의 발달에 왜 문제를 야기하는지 알아본다.

다음은 자가 점검의 진술과 관련하여 자존감을 높이기 위한 여섯 가지 제안으로, [그림 2-3]에서 볼 수 있다.

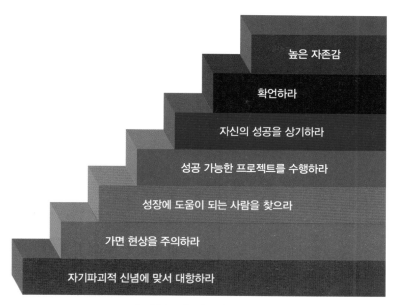

[그림 2-3] **자존감 높이기**
당신이 자존감을 높이기 위해 할 수 있는 방법이 있다.

자기파괴적 신념에 맞서 대항하라   자기파괴적 신념(self-destructive beliefs), 즉 비생산적이거나 목표 달성을 더 어렵게 만드는 자신의 생각에 맞서야 한다(Einhorn, 2006; Butler, 1981; Gross, 2006). 종종 이러한 자기파괴적 신념은 당신이 정한 비현실적인 목표를 달성할 수 있어야 한다고 말한다. 여기에 자기파괴적이라고 증명할 수 있는 몇 가지 신념이 있다.

뷰포인트. 자존감과 Facebook
자존감이 높은 집단과 낮은 집단의 차이는 소셜미디어에 게시하는 방식에서도 나타난다(Nie & Sundar, 2013). 자존감이 높은 집단은 가족, 직장, 교육에 대한 정보를 게시한다. 자존감이 낮은 사람은 이런 일을 덜 하고 소셜미디어에서 담벼락을 수시로 확인하며(Facebook의 행위) 부정적인 영향을 미칠 수 있는 게시물이나 사진을 삭제하는 데 시간을 보낸다.
자존감과 소셜미디어 게시물 간의 관계는 어떠한가?

- 나는 모두에게 호감을 받아야 한다.
- 나는 모든 일에 성공해야 한다.
- 나는 항상 이겨야 한다.
- 나는 내 삶을 완전히 통제해야 한다.
- 나는 항상 생산적이어야 한다.

이러한 신념은 비현실적으로 높은 기준을 설정하므로 거의 항상 실패로 끝난다. 그 결과 자신을 끊임없이 실패하는 사람으로 보는 부정적인 자아상을 발전시킬 수 있다. 그러므로 이러한 자기파괴적 신념을 다음과 같은 보다 생산적인 신념으로 대체할 필요가 있다.

- 모두에게 호감을 받는 것은 좋지만, 그것이 내 행복에 꼭 필요한 것은 아니다.
- 성공하는 것은 좋지만 모든 것에 성공하는 것은 불가능하다.
- 이기는 것은 나를 강인하게 느끼게 하지만, 언제나 이길 수 있는 사람은 없다. 패배를 다루는 법을 배우는 것 또한 힘을 길러 준다.
- 내 삶에 영향을 미치는 모든 것을 통제할 수는 없다. 인생은 놀라움으로 가득하다.
- 한 사람이 할 수 있는 일에는 한계가 있다. 할 수 있는 일을 하고 나머지 일을 다른 날로 남겨 두어도 괜찮다.

가면 현상을 주의하라　가면 현상(impostor phenomenon)은 성공의 외적 신호를 무시하고, 자신을 '사기꾼', 가짜, 거짓, 실제로 성공할 만한 자격이 없는 사람으로 여기는 것을 말한다 (Clance, 1985; Harvey & Katz, 1985). 비록 타인이 당신을 성공했다고 믿어도, 당신은 그들이 틀렸다고 인식한다. 이 믿음의 위험 중 하나는 당신이 업무를 감당할 수 없을 것이라고 믿어 직업상의 발전을 추구하지 못하게 할 수도 있다는 것이다. 그러한 믿음은 드문 일이 아니며 꼭 영구적인 것이 아니라는 것을 알게 되면, 이러한 오해를 해소하는 데 도움이 된다. 또 다른 유용한 방법은 정직하고 지식이 풍부한 멘토와 관계를 맺는 것이다. 그 멘토는 당신에게 요령을 가르쳐 줄 뿐만 아니라 당신이 성공했다는 것을 알려 줄 것이다.

성장에 도움이 되는 사람을 찾으라　심리학자 Carl Rogers(1970)는 유해한 사람과 자양이 되는 사람을 구별했다. 유해한 사람은 모든 것에 대해 비판적이며 흠을 잡는다. 반면, 자양이 되는 사람은 긍정적이고 낙관적이며, 우리 자신에 대해 기분 좋게 느끼게 한다. 자존감을 높이기 위해 유익한 사람을 찾고 유해한 사람을 피하자. 또한 자신의 자존감을 향상시키면서 동시에 타인의 자존감도 키워 줄 수 있도록 스스로 성장하기 위해 노력하자.

성공 가능한 프로젝트를 수행하라　어떤 사람은 실패하기를 원하거나, 그렇게 보인다. 종종 그들은 단지 완성이 불가능하다는 이유만으로 실패로 끝나게 될 프로젝트를 선택한다. 이 함정을 피하고 성공으로 이어질 프로젝트를 선택하자. 각각의 성공은 자존감 향상에 도움이 되고 다음의 성공을 좀 더 쉽게 만들어 줄 것이다. 만약 프로젝트가 실패한다고 해도 프로젝트의 실패가 당신의 실패는 아니라는 것을 인식하자. 모든 사람은 어느 시점에든 실패를 경험한다. 실패는 당신에게 일어나는 일이다. 실패는 당신이 창조한 것도 아니고 당신 내면에 있는 것도 아니다.

> **JOURNAL** 커뮤니케이션 초이스 포인트
>
> **자존감**
> 당신의 가장 친한 친구의 자존감이 아래로 곤두박질치고 있다. 장기적인 관계가 실패하고, 기대했던 승진이 이루어지지 않았으며, 대규모 투자가 무산되었다. 당신은 그 친구가 자존감을 회복할 수 있도록 돕고 싶다.
> 당신은 어떤 커뮤니케이션을 선택할 것인가? 이는 친구의 자존감을 높이려는 당신의 목표에 어떻게 유리하게 작용할 것인가? 당신은 어떤 일 또는 어떤 말을 가장 먼저 해야 할까?

자신의 성공을 상기하라 어떤 사람은 자신의 실패, 놓친 기회, 사회적 실수에 너무 집중하는 경향이 있다. 실패에 집착하는 경향을 막기 위해 자신의 성공을 상기하자. 이러한 성공을 인지적으로나 감정적으로 모두 떠올려 보라. 성공한 이유를 깨닫고, 당신이 승리했을 때나 친구가 개인적인 문제를 극복하도록 당신이 도와주었을 때의 감정적 경험을 되새겨 보자.

확언하라 확언과 함께 당신의 성공을 상기하는 것이 좋다. 당신의 선행, 즉 긍정적인 자질, 강점, 미덕 그리고 당신의 친구, 연인, 친척과의 생산적이고 의미 있는 관계에 초점을 맞추는 것이 바람직하다(Aronson, Wilson, & Akert, 2013). 이 조언 이면의 개념은 당신이 자신에게 말하는 방식이 자기상에 영향을 준다는 의미가 담겨 있다. 만약 당신이 자신에게 당신은 성공했고, 타인이 당신을 좋아하며, 다음 시험에서 성공할 것이고, 데이트를 요청할 때 당신은 환영받을 것이라고 말하는 등 스스로 확언한다면, 곧 자신에 대해 더 긍정적으로 느끼게 될 것이다. 자기확언에는 다음과 같은 진술이 포함된다. '나는 가치 있는 사람이다.', '나는 책임감이 있고 의지할 수 있다.', '나는 사랑하고 사랑받을 수 있다.'

그러나 일부 연구자들은 이러한 확언이 자기개발서에서 큰 인기가 있지만, 별로 도움이 되지 않을 수 있다고 주장한다. 연구자들은 자존감이 낮은 사람의 경우, 자신을 믿지 않을 것이라고 말한다(Paul, 2001). 또한 자기확언의 대안은 타인으로부터 확보한 긍정이라고 제안한다. 예로, 당신은 커뮤니케이션에 더 능숙해지고 긍정적인 사람과 교류함으로써 타인으로부터 긍정을 확보할 수 있다. 이런 식으로 당신은 타인으로부터 더 많은 긍정적인 피드백을 받게 될 것이며, 이 피드백이 자존감을 높이는 데 있어서 자기대화보다 더 도움이 된다고 연구자들은 주장한다.

자기노출

2.2 자기노출 및 그에 따른 보상과 위험을 정의하고, 자기노출과 그에 대한 반응 및 저항에 필요한 지침을 알아본다.

자기노출(self-disclosure)이란 자신에 대한 정보를 타인에게 알리는 것을 의미한다. 일반적으로 숨겨 둔 정보를 공개하는 것으로 용어를 제한하는 경우가 많지만, 이 용어는 또한 사람들과 공유하려는 정보를 나타낼 수도 있다. 예로, (Facebook에 올린 것처럼) 당신이 좋아하는 것과 싫어하는 것, 당신이 무엇을 좋아하고 싫어하는지에 대해 말하는 짧은 트윗, 단순히 당신이 생각하고 있는 것 또는 Pinterest나 Instagram에 사진을 올릴 때 공개하는 음식, 책, 음악에 대한 당신의 선호도 등이다(Greene, Derlega, & Mathews, 2006).

이는 (1) 자신의 가치, 신념, 욕구('나는 환생을 믿는다.'), (2) 자신의 행동('나는 도둑질을 했지만 잡히지 않았다.'), (3) 자신의 자질이나 특성('나는 난독증이다.')에 대한 정보를 포함할 수 있다. 말실수뿐만 아니라 자신에 대한 명백한 진술, 신중하게 계획된 진술은 자기노출적 커뮤니케이션으로 분류된다. 예로, 갱단의 옷을 입거나 결혼반지를 끼거나 낙태 찬성, 환경보호와 같은 정치적 또는 사회적 관심사를 드러내는 슬로건이 있는 셔츠를 입거나 Facebook에 사진을 게시함으로써 당신은 비언어적으로 자기를 공개할 수 있다. 자기노출은 친구에게 그녀가 해고당한 것이 안타깝다고 말할 때처럼 타인의 감정에 대한 당신의 반응을 포함할 수도 있다.

자기노출은 대인관계뿐만 아니라 모든 형태의 커뮤니케이션에서 일어난다. 이는 소집단 환경, 공개 연설, 〈Maury〉와 〈Jerry Springer〉와 같은 TV 토크쇼, 〈Jimmy Fallon〉이나 〈Live! with Kelly & Michael〉에서도 자주 발생한다. 그리고 자기노출은 대면 상황뿐만 아니라 인터넷을 통해서도 일어날 수 있다. Twitter나 Facebook 같은 소셜네트워크 사이트에서 사람들은 개인 이메일, 뉴스 집단, 블로그 게시물에 자신을 드러내는 것처럼 자기노출을 한다. 연구 결과에 따르면 상호 간의 자기노출은 대면방식의 상호작용에서보다 온라인에서 더 빠르고 높은 수준으로 일어난다(Joinson, 2001; Levine, 2000).

일부 연구자들은 온라인 커뮤니케이션에서 발생하는 **탈억제 효과**(disinhibition effect)를 지적했다. 예로, 직접 대면할 때보다 이메일이나 소셜미디어에서 커뮤니케이션할 때가 덜 억제되는 것으로 보인다. 그 이유 중 하나는 온라인 커뮤니케이션에서는 어느 정도의 익명성이 존재한다는 사실이다(Suler, 2004). 그러나 그와 반대되는 연구 결과도 있다. 블로그 게시물 조사 결과, 블로그 운영자의 사진을 첨부한 게시물이 운영자의 신원을 밝히지 않은 게시물보다 실제로 더 많이 공개되어 있었다(Hollenbaugh & Everett, 2013).

당신은 아마도 여러 가지 이유로 자기노출을 할 것이다. 어쩌면 당신은 죄책감을 없애거나 어떠한 잘못을 고백해야 하는 등 해소에 대한 필요를 느낄지도 모른다. 당신은 또한 듣는 사람을 돕기 위해 공개할 수도 있다. 예로, 중독에 어떻게 대처했는지, 승진에 어떻게 성공했는지 듣는 사람에게 보여 주기 위해서이다. 물론, 당신은 관계의 성장을 장려하기 위해, 또는 관계를 유

뷰포인트.
뉴스에서 종종 나오는 자기노출의 특별한 사례는 자신을 게이, 레즈비언 또는 성전환자라고 공개적으로 밝히는 것이다. 모든 자기노출과 마찬가지로, 공개하기로 결정하는 것은 논리적으로 다양한 요인(예: 나이, 조직에서의 지위, 가족 상황)에 의해 영향을 받게 되고 이는 결국 커밍아웃의 장단점을 결정하게 될 것이다.
커밍아웃을 결정하기 전에 고려해야 할 요인은 무엇인가?

지하거나 회복하기 위해, 심지어 관계를 끝내기 위한 전략으로도 자기노출을 할 수 있다.

자기노출은 기차에서 만난 낯선 사람에게 당신이 이혼을 고려하고 있다고 말하는 것과 같이 단 하나의 메시지로 일어날 수 있는데, 비록 하나의 메시지일지라도 이는 그들의 관계에서 상호 간에 정보가 교환되는 발전적인 과정을 잘 보여 준다(Spencer, 1993, 1994). 이를 발전 과정으로 본다면, 관계가 변화함에 따라 자기노출이 어떻게 변화하는지 알 수 있다. 관계가 초기 접촉에서 개입을 통해 친밀한 윤리적 초이스로 진전됨에 따라 자기노출은 증가한다. 관계가 악화되고 해체되면 자기노출은 감소하게 된다. 우리는 또한 상대가 친구인지, 연인인지, 부모인지, 자녀인지, 상담자인지에 따라 자기노출이 어떻게 다른지 알 수 있다.

자기노출은 적어도 한 명의 타인을 포함하고 있어야 한다. 자기노출은 개인 내적인 커뮤니케이션 행위가 될 수 없기 때문이다. 자기노출로 적합하려면, 타인이 그 정보를 전달받고 이해해야 한다. 자기노출은 상대적으로 사소한 것("나는 궁수자리야.")에서부터, 지극히 개인적인 것("나는 학대관계에 놓여 있어." 또는 "나는 거의 항상 우울해.")에 이르기까지 다양할 수 있다. 자기노출은 대면으로도 일어날 수 있고 인터넷을 통해서도 일어날 수 있다. 그리고 한 사람 또는 Twitter나 Facebook에서 수천 명의 네트워크로 연결될 수 있다.

이 개념에 대한 나머지 논의는 첨부된 자가 점검에 응답하여 자기노출 의향을 먼저 고려한다면 더 의미가 있을 것이다.

당신이 일대일 대면 상황이나 Facebook과 같은 소셜미디어 사이트(게시 또는 댓글 달기)에서 집단의 다른 구성원에게 다음의 정보 항목을 공개할 가능성을 표시해 보자. 다음의 척도를 사용하여 각 열을 채워보라.

1=확실히 공개할 것이다   2=아마 공개할 것이다   3=모른다
4=아마 공개하지 않을 것이다   5=확실히 공개하지 않을 것이다

정보	대면 커뮤니케이션	소셜미디어 사이트
다른 종교, 국적, 인종에 대한 나의 태도	_____	_____
나의 재정 상태: 얼마의 돈을 벌고, 얼마의 빚을 지고, 얼마를 저축했는지	_____	_____
부모님에 대한 나의 감정	_____	_____
나의 성적 환상	_____	_____
나의 신체적, 정신적 건강	_____	_____
나의 이상형	_____	_____
나의 음주 및/또는 약물 행위	_____	_____
나의 가장 부끄러운 순간	_____	_____
나의 이루지 못한 욕구	_____	_____
나의 자기개념	_____	_____

물론 이 점검에 옳고 그른 답은 없다. 점수가 높을수록 이 영역에서 자신을 공개하는 경향이 높아진다. 이 점검을 통해 당신은 자신의 자기노출 행동, 대면과 온라인 메시지의 차이점에 대해 생각하기 시작할 것이다. 특히 두 채널 간의 큰 차이점에 주목하자.
이 차이점은 무엇 때문이라고 생각하는가?

자기노출의 보상

자신과 자신의 관계 모두에게 자기노출과 관련된 보상이 많이 있다.

- **자기이해.** 자기노출은 자신에 대한 새로운 시각을 얻고 자신의 행동에 대해 깊이 이해하는 데 도움이 된다. 자신에 대해 이야기하고 타인의 반응을 들으면서 당신은 자신에 대해 많은 것을 배울 수 있을 것이다.

- **대처능력 향상.** 자기노출은 다양한 문제를 해결하는 데 도움이 될 수 있다. 당신은 어떤 문제나 인지된 실패를 언어화함으로써 보다 객관적이고 냉정하게 보게 될 것이다. 그리고 당신이 상대로부터 거절보다는 지지를 받는다고 가정하면, 현재 그리고 앞으로의 문제나 실패에 더 잘 대처할 수 있을 것이다.

- **커뮤니케이션 향상.** 자기노출은 커뮤니케이션을 향상시킨다. 당신은 개개인을 이해하는 범위에서 그 사람들의 메시지를 대부분 이해한다. 어떤 뉘앙스가 무엇을 의미하는지, 그 사람이 진지한지 농담하는지, 그리고 두려움으로 빈정대는지 분노하는지 당신은 알 수 있다.

- **더 의미 있는 관계.** 자기노출을 통해 당신은 타인에게 자신을 드러낼 수 있을 만큼 당신이 그들을 신뢰하고 존중하며, 그들과의 관계에 대해 관심을 기울인다고 말한다. 이는 다시 상대가 자기노출을 하도록 이끌 가능성이 있으며, 더 나은 커뮤니케이션을 위해 최소한 정직하고 개방적인 관계를 시작하게 될 가능성이 있다. 대중 연설이라 하더라도 자기노출 (주제와 관련이 있다면)은 연설자와 청중 사이의 유대감을 형성하는 데 도움이 되기도 한다.

- **부정확한 지각의 예방.** 자기노출의 또 다른 장점은 자기노출이 없는 상황에 대한 것으로, 사람들은 이것저것 궁금해하다가 어떤 비밀보다 더 나쁠 수 있는 부정확한 설명을 만들게 된다는 것이다(Isay, 2014). 어떤 경우에는 연인, 친구 또는 가족이 당신의 숨겨 둔 정보를 찾으려고 염탐할 것이다. 일부 연구에 따르면, 대략 44%의 커플이 적어도 한 명의 파트너를 스누핑(인터넷에서 상대의 정보를 찾아보는 행위, 즉 염탐행위)하고 37%의 커플은 서로를 스누핑하고 있다고 한다(Helsper & Whitty, 2010). 또 다른 연구에서는 60% 이상의 대학생이 Facebook을 이용해 연인과 타인을 찾아본다고 인정했다(Stern & Willis, 2007). 스누핑은 eHarmony와 같은 데이트 웹사이트에서 스누핑 여부에 대한 조언을 제공할 정도로 널리 퍼져 있다.

뷰포인트. 자기노출과 문화
문화마다 자기노출을 다르게 본다. 어떤 문화권에서는 내면의 감정을 드러내는 것을 나약함으로 본다. 예로, 어떤 집단에서는 결혼식과 같은 행복한 날에 신랑이 우는 것을 '부적절하다'고 여기는 반면, 일부 라틴 문화에서는 똑같은 감정의 표시도 주목받지 않을 것이다. 마찬가지로, 일본에서는 직장 동료들이 개인 정보를 공개하는 것이 바람직하지 않은 것으로 간주되지만, 미국의 대부분 지역에서는 흔한 일이다(Barnlund, 1989; Hall & Hall, 1987). 당신은 적절한 자기노출에 대한 문화의 불문율을 어떻게 설명하겠는가?

자기노출의 위험

자기노출을 결정할 때 고려해야 하는 몇 가지 위험 요소도 있다.

- **개인적 위험.** 타인에게 자신에 대해 더 많이 드러낼수록 공격 가능성에 노출되는 삶의 영역이 더 많아진다. 특히 일(또는 연애일지라도)의 경쟁적 맥락에서 보면 타인이 당신에 대해 더 많이 알수록 그들은 당신에 대해 더 많은 것을 이용할 수 있을 것이다.
- **관계적 위험.** 가깝고 오래 지속된 관계에서도 자기노출은 문제를 일으킬 수 있다. 대부분 개인의 삶에서 지지적인 사람으로서 부모는 자녀가 동성애자인 것이나 다른 인종의 사람과 결혼하려는 계획, 또는 다른 신앙에 대한 믿음을 공개하는 것을 거부하는 경우가 많다.
- **직업적 위험.** 때때로 자기노출은 직업적이거나 물질적인 손실을 초래할 수 있다. Facebook 사진이나 게시물에 자신의 음주나 마약 행위를 공개하는 학생들은 일자리를 찾기가 더 어려워지거나 심지어 기존 직장에서 해고될 수도 있다. 조직에서 조직 규범에 어긋나는 공개, 즉 지나치게 개인적이거나 업무와 관련이 없는 공개는 추가적인 위험을 수반한다 (Rosh & Offermann, 2013).

다른 커뮤니케이션과 마찬가지로 자기노출도 돌이킬 수 없다는 사실을 기억하자. 자기노출을 한 다음 다시 되돌릴 수는 없다. 또한 수신자들은 당신의 공개를 근거로 하게 되는 당신에 대한 추론을 지울 수 없다. 문화적 규범에 비추어 자기노출의 보상과 위험성을 알아보아야 한다는 것도 기억하자. 모든 문화적 규범과 마찬가지로 자기노출에 대한 규범을 따르면 지지를 얻고 이를 어기면 지지를 받지 못할 것이다.

자기노출에 대한 지침

자기노출의 잠재적 보상과 위험을 가늠하는 것 외에도 다음과 같은 제안을 고려해 보자. 이 제안은 당신이 스스로 결정을 내리기 전에 올바른 질문을 제기하는 데 도움이 될 것이다.

- **자기노출의 동기를 고려하라.** 자기노출은 관계에 대한 관심, 관련된 사람에 대한 관심, 그리고 자신에 대한 관심에 의해 동기부여되어야 한다. 자기노출은 관련된 모든 사람에게 유용하고 생산적인 기능을 제공해야 한다. 당신이 오해를 풀고 솔직해지고 싶어서 과거

의 무분별한 행동을 공개하는 것은 가치 있을 수 있다. 그러나 똑같은 무분별한 행동을 당신의 파트너에게 상처를 주기 위해 공개하는 것은 관계를 손상시킬 수 있다.

• **자기노출의 적절성을 고려하라.** 자기노출은 상황에 맞게 이루어져야 하며 당신과 상대(수신자)의 관계에 적절해야 한다. 중요한 자기노출을 하기 전에 지금이 적절한 때와 장소인지 물어보자(두 사람 모두 이 문제에 대해 논의할 시간이 충분히 있는가? 장소는 산만하지 않은 곳인가? 사적인 곳인가?). 일반적으로 노출의 내용이 사적인 것일수록 그 관계는 더 가까워야 한다. 가볍게 만난 지인들과 또는 관계의 초기 윤리적 초이스에서는 사적인 공개(특히 부정적인 내용)를 하지 않는 것이 최선일 수 있다.

• **상대의 노출을 고려하라.** 당신이 자기노출을 하는 동안 상대 역시 자신에 대한 노출로 화답할 기회를 주라. 만약 상대가 반응하지 않으면 얼마나 더 많은 것을 공개해야 할지 재평가하라. 이 시점, 이 상황에서 당신의 노출은 환영받지 못하거나 적절하지 않을 수도 있다. 예로, 당신이 친구에게 당신의 로맨틱한 실수를 밝혔는데 친구가 아무 말도 하지 않거나 가장 중요하지 않은 세부 사항만 밝힌다면, 공개를 중단할 신호일 수 있다. 대개 점진적으로 조금씩 노출해서 듣는 사람의 반응을 관찰하고 충분히 긍정적이지 않다면 그만두는 것이 최선일 것이다.

• **자기노출이 수반할 수 있는 부담감을 고려하라.** 자기노출로 인해 발생할 수 있는 잠재적인 문제를 신중하게 검토하라. 전과 기록을 공개하면 직장을 잃을 수 있는가? 만약 당신의 부정을 공개한다면 관계의 어려움을 감수할 용의는 있는가? 대학원 입학사정관이나 장래의 고용주가 볼 수도 있는데 당신은 파티하는 장면을 Facebook에 올릴 것인가?

특히 직장에 적용되는 추가 제안 사항은 〈표 2-1〉에서 확인할 수 있다.

〈표 2-1〉 직장에서의 자기노출 주의

주의	코멘트
당신의 노출 내용이 반복될 것이라고 가정하자. 특히 성차별주의자나 인종차별주의자로 해석될 수 있다면 더욱 주의해야 한다.	반복되지 않을지라도, 반복될 것이라는 가정을 통해 '만약 ~면 어쩌지?'라는 유용한 관점을 얻을 수 있다.
당신의 노출이 당신에게 불리하게 사용될 수 있다는 것을 인식하라.	특히 경쟁이 치열한 조직에 속해 있다면 더욱 그렇다. 승진과 보너스라는 심각한 문제에 대해 농담을 하는 비교적 덜 치열한 사무실도 포함된다.
자기노출은 영향력 또는 권한의 손실을 유발할 수 있음을 인식하라.	사람들이 당신에 대해 잘 모를 때 당신의 어떤 권한을 기꺼이 포기할 수 있는가에 대해서 평가해 보자.
장애를 공개하는 것이 당신의 결정이라는 것을 이해하라.	미국 노동부 장애고용정책에 따르면, 장애 공개 여부는 전적으로 당신의 선택이다.
동료의 노출에 당신이 반드시 노출할 의무는 없다는 것을 인식하라.	주고받는 것이 자연스럽지만 당신이 스스로 공개할 필요는 없다. 단, 동료와 친해질 수 있는 좋은 기회를 놓칠 수도 있다.

타인의 노출 촉진과 반응을 위한 지침

누군가가 직접 또는 소셜미디어 사이트를 통해 당신에게 노출할 때, 이는 대개 신뢰와 애정의 표시이다. 이렇게 가장 중요한 수신자 기능을 수행함에 있어 다음의 지침을 유념하자.

- **공개자를 지지하고 강화하라.** 상대가 자기노출을 할 때 이에 대한 지지를 표현하라. 언어적, 비언어적 반응을 통해 당신의 지지를 분명히 하는 것이 좋다. 즉, 눈을 맞추고 상대를 향해 몸을 기울이며 관련 질문을 하고, 상대의 생각과 감정에 공감 반응을 하라. 소셜미디어에서는 엄지손가락을 올리는 것과 하트가 그와 유사한 지지기능을 제공한다. 판단을 삼가도록 하고, 공개자를 이해하고 공감하는 데 집중하자.
- **기꺼이 반응하라.** 타인의 노출에 대한 반응으로 당신이 그와 관련된 적절한 자기노출을 하면, 당신이 상대의 의미를 이해하는 동시에 의미 있는 수준에서 소통할 의지가 있다는 것을 보여 주게 된다(비록 그렇게 할 의무는 없지만).
- **노출된 내용을 비밀로 유지하라.** 비밀로 한 내용을 누설하면 부정적인 영향을 피할 수 없게 된다. 중요한 것은 신뢰를 저버리는 것 자체가 옳지 않다는 것이다. 비밀 누설은 관계를 악화시킨다. 일반적으로 메일을 받은 사람이 발신인의 동의 없이 제삼자에게 다시 메일을 전달하지 않아야 한다는 네티켓 규칙은 자기노출에서도 유용할 수 있다.

- 상대에게 불리한 노출정보를 이용하지 말라. 많은 자기노출은 일종의 취약성을 드러낸다. 당신이 이후에 태도를 바꾸어 상대가 노출한 정보를 이용한다면 상대의 믿음과 신뢰를 배신하는 것이다. 당신이 아무리 화가 나더라도, 타인의 정보를 무기로 삼고 싶은 유혹에 빠져서는 안 된다.

자기노출 강요에 대한 지침

당신은 때로 친구나 동료 또는 연인이 자기노출을 강요하는 상황에 처하게 될 수 있다. 그러한 상황에서는 자기노출의 장단점을 따져 본 후에 당신이 공개할 것인지, 무엇을 공개할 것인지 결정을 내리는 것이 좋다. 소셜미디어와 인터넷을 통해 누구나 많은 정보에 쉽게 접근할 수 있다는 것을 기억하자. 만약 당신이 사무실에서 나이를 밝히는 것을 거부하더라도, 타인은 온라인에서 알게 될 수 있다. 그럼에도 당신이 공개하고 싶지 않은데 여전히 압박을 받고 있는 상황이라면, 한마디 할 필요가 있다.

다음과 같은 몇 가지 제안이 있다.

- 밀리지 말라. 노출하는 데 특정 법적 또는 윤리적 이유가 있을 수 있지만, 일반적으로 노출을 원하지 않을 경우에는 굳이 공개할 필요가 없다. 타인이 공개하고 있다고 해서, 또는 당신이 부탁을 받았다고 해서 노출을 강요당하지 말라.
- 노출을 거부할 때는 단호하게 하라. 아주 직접적으로 "지금은 그 얘기를 하고 싶지 않아요.", "지금은 이런 종류의 토론을 할 때가 아닙니다."라고 말하라.
- 결정을 미루라. 직접적으로 거절하고 싶지 않지만, 여전히 노출이 꺼려진다면 결정을 미루라. "그건 꽤 개인적인 문제야. 좀 더 생각해 보고 말할게." 또는 "이런 얘기를 하기에 좋은 시기(또는 장소)가 아니야. 다시 연락해서 얘기하자."라고 말할 수 있다.
- 다른 주제로 넘어가라. 주제를 바꾸어 질문을 피하라. "나는 그것에 대해 이야기하는 것이 아닙니다." 이는 정중한 표현이며, 어떤 상황에서는 선호되는 선택일 수도 있다. 대부분의 사람은 눈치를 채고 당신이 노출을 거절한다는 것을 이해할 것이다.

커뮤니케이션에서 우리는 자기에 대한 이해를 통해 지각, 즉 당신이 자신과 타인을 이해하게 되는 과정 그리고 타인이 당신을 이해하게 되는 과정을 탐구할 수 있다.

지각

2.3 지각과 그 단계를 정의하고, 지각의 정확성을 높이는 방법을 알아본다.

지각(perception)은 당신이 세상을 이해하는 방식이다. 이는 심리학자 William James가 말한 '쿵쾅거리고 윙윙거리는 혼란'을 이해하는 데 도움을 준다. 보다 엄밀히 말하면, 지각은 시각, 후각, 미각, 촉각, 청각을 통해 사물, 사건, 특히 사람을 인식하게 되는 과정이다. 당신의 지각은 외부 세계에 존재하는 것과 당신 자신의 경험, 욕망, 필요와 욕구, 사랑과 증오 모두에서 비롯된 결과이다. 지각은 당신의 커뮤니케이션 선택에 영향을 미치므로 커뮤니케이션에서 중요하다. 당신이 보내고 듣는 메시지, 당신이 게시하고 보는 사진과 메시지는 당신이 세상을 보는 방식, 자신을 보는 방식, 당신이 특정 상황을 어떻게 판단하는가, 상호작용하는 사람을 어떻게 생각하는가에 따라 다르다.

지각은 서로 혼합되는 일련의 과정이다. 논의의 편의를 위해 이러한 과정을 (순식간에 일어날 수 있는) 5단계로 나눌 수 있으며, [그림 2-4]에서 미리 볼 수 있다. (1) 어떤 자극을 감지하거나 포착한다. (2) 어떤 식으로든 자극을 조직화한다. (3) 당신이 인지한 것을 해석하고 평가한다. (4) 당신의 지각을 기억에 저장한다. (5) 필요할 때 기억을 인출한다.

[그림 2-4] **지각의 5단계**

지각은 자극, 조직화, 해석-평가, 기억, 회상의 5단계로 이루어진다. 지각이 어떻게 작용하는지 이해하는 것은 당신의 (자신과 타인에 대한) 지각을 더 정확하게 만드는 데 도움이 될 것이다.

자극(1단계)

지각의 첫 단계에서 감각 기관은 자극을 받는다. 새로운 음악을 듣고, 누군가의 향수 냄새를 맡고, 오렌지를 맛보고, 타인의 땀에 젖은 손바닥을 느낀다. 당연히 모든 것을 지각하지는 못한다. 오히려 선택적 주의와 선택적 노출을 포함하는 선택적 지각(selective perception)을 하게 된다.

- 선택적 주의(selective attention)에서 당신은 당신의 필요를 충족시키거나 즐거울 것이라고 예상되는 것에 주의를 기울인다. 수업 중에 공상에 빠지면 교수가 당신의 이름을 부르기 전까지는 교수가 하는 말을 듣지 못한다. 선택적 주의 메커니즘은 교수가 당신의 이름을 부르는 소리에 당신의 감각을 집중시킨다.
- 선택적 노출(selective exposure)에서는 기존의 신념을 확인하거나 목적에 도움이 되거나, 또는 어떤 식으로든 만족감을 증명할 수 있는 정보에 자신을 노출시키는 경향이 있다. 동시에 당신은 당신의 결정이 잘못되었다고 알려 주는 정보를 피하게 된다.

당신은 또한 주변의 자극보다 더 강한 자극을 인지할 가능성이 높다. TV 광고는 일반적으로 특별한 주의를 기울이도록 하기 위한 전략으로 정규 프로그램보다 더 강한 강도로 방송된다. 그리고 당신은 새로운 가치를 지닌 자극을 더 잘 지각한다. 예로, 평범하게 옷을 입는 사람보다 독특한 방식으로 옷을 입는 동료를 더 잘 알아차릴 것이다.

조직화(2단계)

두 번째 단계에서 당신은 여러 감각이 포착한 정보를 조직화한다. 당신이 정보를 조직하는 방법 중 하나는 규칙에 의한 것이다. 자주 사용되는 지각 규칙 중 하나는 **근접성**(proximity) 또는 물리적 친밀감이며, 물리적으로 서로 가까운 것은 하나의 단위로 지각된다. 이 규칙을 사용하면 당신은 보통 함께 있는 사람 또는 연달아 전해지는 메시지를 함께 묶어서 하나의 단위로 인식할 것이다.

또 다른 규칙은 **유사성**(similarity)이다. 물리적으로 유사한(비슷해 보이는) 것은 함께 소속되어 하나의 단위를 형성하는 것으로 지각된다. 유사성의 원리는 똑같은 옷을 입은 사람을 함께 소속된 사람으로 보게 한다. 마찬가지로 같은 직장에서 일하는 사람, 같은 종교를 가진 사람, 같은 건물에 사는 사람, 또는 같은 억양으로 말하는 사람을 함께 소속되어 있다고 가정할 수도 있다.

JOURNAL 커뮤니케이션 초이스 포인트

관계의 불확실성
당신은 지난 6개월 동안 무심코 누군가를 사귀어 왔다. 당신은 서로에게 있어 좀 더 독점적인 관계로 나아가고 싶지만 계속 엇갈린 신호를 받고 있다.
당신이 말하거나 할 수 있는 일은 어떤 것이 있는가? 어떤 선택이 가장 유익하고 불이익이 적을 것 같은가? 어떻게 생각하는가?

대조(contrast) 규칙은 유사성과 반대된다. 항목(예: 사람이나 메시지)이 서로 매우 다른 경우, 당신은 그 항목이 함께 속해 있지 않은 다른 단위라고 결론 내린다. 예로, 턱시도를 입고 비공식 모임에 나타난 사람이 당신뿐이라면, 당신은 집단의 다른 멤버와 너무 크게 대조되어서 그 집단에 속하지 않는 사람으로 보일 것이다.

해석-평가(3단계)

세 번째 단계는 해석-평가를 수반한다(두 처리 과정을 분리할 수 없어 결합된 용어임). 그리고 이는 당신의 경험, 필요, 욕구, 가치, 존재 방식에 대한 믿음, 기대, 신체 및 정서적 상태 등에 크게 영향을 받는다. 당신의 해석-평가는 당신의 성별에 영향을 받을 것이다. 여성은 남성보다 타인을 긍정적으로 보는 것으로 밝혀졌다(Winquist, Mohr, & Kenny, 1998).

다른 문화의 구성원에 대한 판단은 종종 자민족중심적이다. 당신의 고정관념 때문에, 당신은 자민족중심적인 측면을 다른 문화권의 구성원에게 쉽게 (그러나 부적절하게) 적용한다. 따라서 다른 문화의 구성원이 당신의 행동방식에 부합하는 일을 하면 그들은 옳고, 그들이 당신의 방식에 모순되는 일을 하면 그들이 틀렸다고 생각하기 쉽다. 이는 자민족중심적 사고의 전형적인 예이다. 이러한 경향은 문화 간 오해의 원인이 되기 쉽다.

기억(4단계)

당신의 인식과 그 인식에 대한 해석-평가는 기억으로 들어간다. 기억에 저장된 내용은 필요한 경우 인출하여 사용할 수 있다. 예로, 당신은 대학 운동선수에 대한 고정관념과 Ben Williams가 축구선수라는 사실을 기억하고 있다. 이후에 Ben Williams는 그가 강하고 야심차고, 학문적으로 약하며, 자기중심적이라는 것을 알려 주는 '인지적 태그'로 기억에 저장된다. 당신이 Ben의 강인함이나 야망을 목격하지 못했고 그의 학업 성적이나 심리학적 프로필을 전혀 알지 못함에도 불구하고, 당신은 여전히 Ben에 대한 기억을 대학 운동선수에 대한 당신의 고정관념을 구성하는 자질과 함께 저장해 둘 것이다.

회상(5단계)

나중에 당신은 기억에 저장한 정보를 떠올리거나 접근하기를 원할 수 있다. Ben은 당신과 몇몇 친구 사이에서 토론의 주제가 되어, 당신이 Ben에 대한 당신의 정보를 되찾기를 원한다고 가정해 보자. 다음 장에서 알아보겠지만, 기억은 재현이 아니다. 단순히 당신이 들었거나 본 것에 대한 재현이 아니라 듣거나 본 것을 자신에게 의미 있는 전체로 재구성하는 것이다. 기억에 저장해 두는 것이 바로 재구성이다. 당신이 이 정보를 다시 가져오려고 할 때, 그것을 다양하게 부정확한 형태로 회상할 수 있다.

인상형성

2.4 인상형성의 본질과 그에 영향을 미치는 주요 요인을 알아본다.

자기 및 지각의 작용에 대한 이해를 통해 우리는 그들이 밀접하게 연결되는 방식을 알아볼 수 있으며, 이를 인상형성 및 인상관리의 측면에서 알아보자.

인상형성(impression formation, 때로는 이를 대인지각이라고 함)은 교실에서 당신 옆에 앉아 있는 학생이든, 또는 누군가의 Facebook 페이지를 보고 있는 학생이든 당신이 타인에 대한 인상을 형성할 때 겪는 과정을 말한다. 인상관리(impression management)는 당신이 타인에게 당신이 원하는 인상을 주기 위해 사용하는 과정을 말한다.

인상형성 과정

당신이 타인을 어떻게 지각하고 궁극적으로 그 사람에 대한 평가나 해석에 이르는지는 다양한 과정의 영향을 받는다. 여기서 우리는 자기충족적 예언, 초두효과와 최신효과, 고정관념, 통제의 귀인 등 인상형성에 대해 보다 중요한 몇 가지를 고려한다.

자기충족적 예언   자기충족적 예언(self-fulfilling prophecy)이란 당신이 마치 사실인 것처럼 행동하기 때문에 실현되는 예언이다. 자기충족적 예언은 부모-자녀 관계, 교육 환경, 사업과 같은 매우 다양한 상황에서 일어난다(Merton, 1957; Rosenthal, 2002b; Madon, Guyll, & Spoth, 2004; Tierney & Farmer, 2004).

자기충족적 예언에는 기본 4단계가 있다.

1단계. 당신은 사람이나 상황에 대해 예측을 하거나 믿음을 형성한다. 예로, 당신은 Pat이 사회적 상황에서 친절하다고 예측한다.

2단계. 당신은 사람이나 상황에 대한 그 예측이나 믿음이 사실인 것처럼 행동한다. 예로, 당신은 Pat이 친절한 사람이라고 여기며 행동한다.

3단계. 그 믿음이 사실인 것처럼 행동하기 때문에 현실화된다. 예로, 당신이 행동하는 방식 때문에, Pat은 편안하고 친절해진다.

4단계. 당신은 그 사람이나 그에 따른 상황에 미치는 영향을 지켜보게 되고, 당신이 관찰한 것은 당신의 신념을 강화한다. 예로, Pat의 친절을 관찰하면, 이는 Pat이 실제로 친절한 사람이라는 당신의 믿음을 강화시킨다.

자기충족적 예언은 당신이 자신에 대해 예측한 것이 성취될 때도 확인할 수 있다. 예로, 당신이 다른 구성원 모두가 당신을 싫어할 것이라고 생각하는 집단에 들어간다고 가정해 보자. 예외 없이 당신이 생각한 대로 될 것이다. 즉, 당신에게는 구성원들이 당신을 싫어하는 것처럼 보일 것이다. 당신의 행동은 구성원들이 당신에게 부정적으로 반응하도록 부추기는 행동일 수 있다. 이렇게 해서 실제로 당신은 자신에 대한 예언을 이루게 된다.

자기충족적 예언의 잘 알려진 예는 **피그말리온 효과(Pygmalion effect)**이다(Rosenthal & Jacobson, 1992). 이 고전 연구에서 실험자는 교사들에게 특정 학생(대기만성형의 학생)이 특별히 잘할 것으로 기대된다고 전했다. 그리고 실험자가 무작위로 '대기만성형'을 선택했지만, 결과적으로 '대기만성형'이라고 이름 붙여진 학생이 반 친구들보다 높은 수준의 수행을 보였다. 이 학생은 교사가 생각하는 그대로 된 것이다. 교사의 기대감으로 학생에게 각별히 신경을 썼을 것이고, 이는 학생의 수행에 긍정적인 영향을 미쳤을 것이다. 피그말리온 효과는 또한 법정, 병원, 사무실, 경영 및 리더십 연습, 운동 코칭, 재혼가정과 같은 다양한 맥락에서 연구되었다(Eden, 1992; Solomon et

뷰포인트. 당신의 공개 메시지
많은 대학 및 대학원 입학처와 기업의 고용주는 당신의 소셜미디어 메시지를 검토한다.
이를 아는 것이 당신의 게시물에 영향을 주는가? 그렇다면 어떤 면에서 그러한가? 그렇지 않다면 이유는 무엇인가?

al., 1996; Einstein, 1995; McNatt, 2001; Rosenthal, 2002b).

초두효과와 최신효과   당신이 수강하는 한 과목이 수업의 절반은 매우 지루하고 절반은 매우 재미있다고 가정해 보자. 수강생은 학기 말에 강의 및 교수평가를 한다. 학기 전반기에는 지루한 수업이, 후반기에는 재미있는 수업이 진행되었을 경우와 그 반대 순서로 수업이 진행되었을 경우, 당신의 평가는 어떻게 달라질까? 먼저 제시된 자극이 가장 큰 영향력을 미친다면 **초두효과**(primacy effect)가 있는 것이고, 마지막으로 제시된(또는 가장 최근에) 자극이 가장 큰 영향력을 미친다면, **최신효과**(recency effect)가 있는 것이다.

지각의 초두효과와 최신효과에 대한 고전 연구에서 '지적이고 성실하고 충동적이며 비판적이고 완고하고 시기하는'이라고 묘사된 사람과 '시기하고 완고하고 비판적이며 충동적이고 성실하고 지적인'이라고 묘사된 사람 중, 대학생들은 전자를 더 긍정적인 사람으로 인식했다(Asch, 1946). 순서만 바뀌었을 뿐 묘사된 내용은 동일하다는 것에 주목해 보자. 인상형성을 할 때, 처음 들어오는 정보를 통해 전반적인 인상형성을 하고 이후에 들어오는 정보는 첫인상에 맞추어 해석하는 경향이 있다.

물론, 첫인상은 종종 틀리기도 한다. 구직자가 절실히 원하는 취업 면접에서 단순히 정상적인 긴장감을 보일 수 있음에도 불구하고 당신이 그를 불안하고 침착하지 못한 사람으로 판단한다면, 당신은 그 개인에 대해 잘못 인식하게 될 것이다. 이와 비슷하게, 첫인상에 영향을 받는 경향성은 당신이 초기에 형성한 인상이 틀어지지 않도록 이후의 지각을 왜곡시킬 수 있다. 예로, 당신이 좋아하는 사람에 대해 그를 착하고 정직한 사람으로 인식한 당신의 초기 인상 때문에 이후에 그가 속이더라도 당신은 그가 속인다는 것을 인식하지 못할 수 있다.

고정관념   지각의 가장 흔한 방법 중 하나가 고정관념이다. **고정관념**(stereotype)은 특정 집단의 사람에 대한 고정된 인상이다. 우리에게는 국가, 종교, 성, 인종적 집단, 또는 범죄자, 매춘부, 교사, 배관공 등에 대한 태도에서 발생하는 고정관념이 있다. 만약 당신이 특정 집단에 대해 고정관념을 갖고 있다면 당신이 그 구성원을 만날 때, 해당 집단에 대해 당신이 생각하는 모든 특성을 그 사람에게 적용할 것이다. 예로, 당신이 매춘부를 만나면 매춘부에 대한 고정관념 속 특성을 그 사람에게 적용할 것이다. 나아가 그 사람이 무슨 일을 해

JOURNAL 커뮤니케이션 초이스 포인트

첫인상에 대한 교정
직장에 처음 출근하여 나쁜 인상을 남겼다. 회식 자리에서 술을 너무 많이 마시고 우스꽝스러운 행동을 했다. 당신은 이러한 인상을 빨리 변화시키고 싶다. 그 인상을 지울 수는 없지만, 어떤 식으로든 변화시켜야 한다.
성공 가능성이 가장 큰 선택지는 무엇인가? 당신은 어떻게 해야 할까?

왔는지 당신이 몰랐다면 '보이지' 않을 특성을 그의 행동에서 종종 보게 되어 상황을 복잡하게 만들 수 있다. 고정관념은 정확한 인식을 쉽게 왜곡할 수 있고, 개인을 순수하게 개인으로 보지 못하게 할 수 있다. 고정관념은 온라인 커뮤니케이션에서도 나타난다. 온라인에서는 시각 및 청각적 단서가 거의 없기 때문에, 사람들이 종종 고정관념에 의존해 온라인 속 상대의 인상을 형성하게 된다(Jacobson, 1999).

사람들을 집단화하고 주로 집단의 구성원으로 개인에게 반응함으로써 당신은 그 개인을, 당신이 그 집단의 특징이라고 믿는 (보통 부정적인) 특성을 가진 사람으로 인식하게 된다(예: "모든 멕시코인은…….."). 그 결과, 당신은 모든 개인과 집단의 다면적인 성격을 제대로 파악하지 못할 수도 있다. 고정관념은 또한 각 개인의 독특한 특성을 무시하게 하여 각 개인이 만남에 가져다줄 특별한 특성을 보지 못하게 할 수 있다.

통제의 귀인　당신이 인상형성을 하는 또 다른 방법은 **통제의 귀인**(attribution of control)을 통한 것으로, 이는 누군가가 왜 그렇게 행동했는지 설명하는 데 초점을 맞추는 과정이다. 예로, 친구 Desmond를 저녁 7시에 초대했는데 그가 오후 9시에 도착한다고 가정해 보자. 당신은 다음 각 경우에 어떻게 반응할지 생각해 보라.

이유 1. "해변에서 도저히 나올 수 없었어. 정말 멋지게 그을리고 싶었거든."
이유 2. "운전하다가 남자 여럿이 노부부를 강도질하는 걸 봤어. 그걸 해결하고 그 부부 집에 가서 그 집 자녀가 도착할 때까지 함께 있었지. 태풍 때문에 기지국이 망가지고 전기도 끊겨서 늦는다고 연락할 길이 없었어."
이유 3. "나는 교통사고를 당해서 병원에 가게 되었어."

각 이유에 따라 당신은 Desmond의 행동에 매우 다른 동기를 부여할 것이다. 이유 1과 이유 2에서 당신은 Desmond가 그의 행동을 통제하고 있다고 결론지을 것이다. 이유 3은 그렇지 않다. 또한 당신은 이유 1에는 부정적으로(Desmond는 이기적이고 배려심이 없었다) 반응하고, 이유 2에는 긍정적으로 반응할 수도 있다(Desmond는 선한 사마리아인이었다). 이유 3은 Desmond가 자신의 행동을 통제할 수 없는 상황이기 때문에 당신은 아마도 긍정적이거나 부정적인 동기를 원인으로 생각하지 않을 것이다. 대신 당신은 아마도 그가 사고를 당한 것에 대해 안타깝게 여길 것이다.

타인의 행동을 인식하고 평가할 때, 당신은 종종 그들이 자신의 행동을 통제하고 있었는지 묻는다. 연구에 따르면 당신이 만약 어떤 사람이 부정적인 행동을 통제하고 있다고 느낀다면, 당신은 그 사람을 싫어하게 될 것이다. 반면에 그 사람이 부정적인 행동을 통제하지 않았다고 당신이 믿는다면, 당신은 그를 비난하지 않고 안타깝게 느낄 것이다.

통제 가능성의 귀인, 또는 다른 이유(예: 그 사람의 행동에 대한 소문이나 관찰)에 근거한 동기 귀인에서 다음의 세 가지 잠재적 오류를 주의하라.

- **자기고양편향.** 당신이 긍정적인 것을 공으로 돌리고 부정적인 것에 대한 책임을 부인할 때 자기고양편향(self-serving bias)의 오류를 범하게 된다. 예로, 당신은 자신의 긍정적인 결과(예: 시험에서 A를 받은 것)를 내부적이고 통제 가능한 요인, 즉 성격, 지능 또는 열심히 공부한 것으로 돌릴 가능성이 높다. 그리고 당신의 부정적인 결과(예: D를 받은 것)를 외부적이고 통제할 수 없는 요인, 즉 시험이 예외적으로 어려웠다거나 전날 밤 룸메이트의 파티 탓으로 돌릴 가능성이 높다(Bernstein, Stephan, & Davis, 1979; Duval & Silva, 2002).
- **대응추론편향.** 어떤 사람의 분명한 특징 한두 가지를 골라내 그 사람이 하는 모든 것을 이러한 특징에 귀속시키는 경향을 대응추론편향(overattribution)이라고 한다. 예로, 누군가 시각 장애인이나 엄청난 부자로 태어났을 때 그 사람이 하는 모든 것을 시각 장애인이나 부자로 태어난 것 때문이라고 여기는 경향이 있다. 그래서 당신은 "Alex는 눈이 멀어서 과식한다." 또는 "Lillian은 돈을 위해 일할 필요가 없었기 때문에 무책임하다."라고 말할지도 모른다. 대응추론편향을 방지하려면 대부분의 행동과 성격특성이 여러 가지 요인에서 비롯된다는 것을 인식해야 한다. 한 가지 요인을 선택하고 모든 것을 그 요인에 귀속시킬 때 실수하게 된다.
- **기본적 귀인 오류.** 기본적 귀인 오류(fundamental attribution error)는 내부 요인(예: 상사의 성격)의 기여도를 과대평가하고 외부 요인(예: 당사자가 처한 상황이나 맥락)의 영향을 과소평가할 때 발생한다. 이런 유형의 오류는 당신으로 하여금 사람들이 하는 일은 그들이 하는 방식 때문이지, 그들이 처한 상황 때문이 아니라고 결론짓게 한다. Pat이 약속에 늦으면, 당신은 그가 늦은 이유를 버스 고장이나 교통사고 때문이라고 생각하기보다는 Pat이 배려심이 없거나 무책임하다고 결론짓기 쉽다.

〈표 2-2〉는 다양한 인상형성 과정과 관찰해야 할 몇 가지 주의사항을 보여 준다.

<표 2-2> 인상형성

인상형성 과정	주의사항
자기충족적 예언: 당신이 예측한 대로 그것이 사실인 것처럼 행동하고, 그 예측은 사실이 된다.	당신의 예측이 실현되는 것에 주의하라. 당신이 그 방향으로 영향을 미치고 있을지도 모른다.
초두효과―최신효과: 당신은 가장 먼저 일어나는 일과 마지막으로 일어나는 일에 가장 큰 영향을 받는다.	당신이 인상의 근거를 초기 또는 후기 정보에 둔다면 당신의 인식이 편향될 수 있다.
고정관념: 당신은 당신의 인종, 종교 또는 다른 고정관념에 근거하여 누군가의 인상을 형성한다.	고정관념을 주의하라. 종종 그들은 의식하지 못한 채 배워 왔고 오해의 소지가 있을 수 있다.
통제의 귀인: 당신은 누군가가 한 일을 평가할 때, 그 사람이 자기 행동에 대해 통제하고 있었는지 인식하여 그것을 근거로 평가한다.	자기고양편향, 대응추론편향, 기본적 귀인 오류를 주의하라.

인상형성의 정확성 향상

성공적인 커뮤니케이션은 주로 당신이 타인의 인상에 대해 얼마나 정확하게 생각하는가에 달려 있다. 우리는 이미 지각 과정, 예로 자기고양편향이나 대응추론편향과 같은 각 과정에서 발생할 수 있는 잠재적 장벽을 확인했다. 이러한 장벽을 피하는 것 외에도 인상형성의 정확성을 높이는 다른 방법이 있다.

자신의 인상을 분석하라   논리적 분석과 비판적 사고를 바탕으로 지각하라. 이를 위한 몇 가지 제안이 있다.

- 지각자로서 자신의 역할을 인식하라. 당신의 감정적, 생리적 상태는 당신이 지각하는 의미에 영향을 미칠 것이다. 기분이 좋을 때 영화를 보면 배꼽 빠지게 웃길 수도 있지만, 기분이 좋지 않을 때는 그저 시시해 보일 수 있다. 자신의 편견을 이해하자. 당신은 좋아하는 사람에게서는 긍정적인 면만, 좋아하지 않는 사람에게서는 부정적인 면만 인식하는 경향이 있는가?
- 조기 결론을 피하라. 행동 관찰을 바탕으로 추가 정보와 증거에 대해 테스트할 가설을 세운다. 이때 결론을 먼저 도출하지 말라.
- 다양한 단서를 찾으라. 다양한 단서가 같은 방향을 가리키면, 당신의 결론은 더 정확해질 것이다. 특히 당신의 초기 가설을 반박하는 것처럼 보이는 모순된 단서에 주의하라.
- 타당성을 추구하라. 타인의 검증을 받는 것도 도움이 된다. 타인도 당신과 같은 방식으로

사물을 보는가? 그것이 아니라면, 어떤 면에서 당신의 인식이 왜곡된 것인지 자문해 보자.

- **공정한 세상 가설을 주의하라.** 많은 사람은 '공정한 세상 가설(just world hypothesis)'이라고 불리는 신념, 즉 세상은 정의롭다는 신념을 믿는다. 좋은 사람에게는 (그들이 좋은 사람이기 때문에) 좋은 일이 일어나고, 나쁜 사람에게는 (그들이 나쁜 사람이기 때문에) 나쁜 일이 일어난다는 신념이다(Aronson, Wilson, & Akert, 2013; Hunt, 2000). 당신이 유념하여 이 가정을 무시하더라도 타인을 인식하고 평가할 때는 무심코 사용할 수 있다. 특정 문화(예: 방글라데시나 예멘)에서는 강간 피해자를 종종 가족의 불명예로 여기며, 심한 처벌을 받아야 한다고 생각하고 심지어 죽음에 이르게 하는 경우도 있다. 당신은 그것이 잘못되고 부당하다고 주장할 수도 있지만, 미국의 많은 사람은 가해자가 아니라 강간 피해자를 비난하고 있는 것으로 나타났다. 피해자가 남성인 경우 더욱 그렇다(Adams-Price, Dalton, & Sumrall, 2004; Anderson, 2004).

당신의 지각을 점검하라   지각 점검(perception checking) 과정은 불확실성을 줄이고 당신의 초기 인상을 보다 정확하게 하는 또 다른 방법이다. 지각 점검의 목적은 당신의 초기 지각이 옳다는 것을 증명하는 것이 아니라 상대의 생각과 감정을 더 탐구하는 것이다. 이 간단한 기법을 통해 당신은 타인의 감정을 오해할 가능성을 줄일 수 있다. Dolly와 Jane은 몇 년 동안 Facebook 친구로 지내 왔고, 서로를 매우 지지해 왔다. 그러나 최근 Dolly의 메시지는 좀 더 비판적이 되었고, 부정적일 때도 있었다. Jane은 그녀가 Dolly를 기분 나쁘게 한 일이 있는지, 아니면 Dolly에게 무슨 문제가 있는지 궁금하다. Jane은 지각 점검에 있어서 자신의 초기 인상이 옳다고 단순히 가정하기보다는 Dolly의 행동에 대한 이유를 명확히 하려고 한다. 여기에서 지각 점검은 기본적인 두 부분으로 이루어진다.

- **기술/해석.** 첫 번째 단계는 당신이 보거나 듣거나 이해한 행동과 그 행동을 당신이 어떻게 해석하는지 설명하는 것이다. Jane이 Dolly의 메시지가 불필요하게 부정적이라고 본 것은 이 단계의 기술 부분이다. Jane이 뭔가 Dolly의 기분을 상하게 할 만한 일을 했다거나 Dolly에게 무언가 문제가 생겼다고 하는 Jane의 초기 인상은 이 단계의 해석 부분이다.
- **명료화.** 두 번째 단계에서 Jane은 명확히 하려고 한다. 어떤 형태로든 Jane은 Dolly에게 무슨 일이냐고 물어볼 것이다. 예로, Jane은 간단히 "무슨 일이야? 너의 게시물이 달라 보여." 또는 "너는 최근 내 열 장의 사진을 좋아하지 않는 것 같아. 내가 뭔가 잘못했니?"라고 물을 것이다. 여기서의 목적은 단순히 Dolly에게 무슨 일이 있는지 알아내는 것이다.

당신의 명료화(clarification) 요청에서 이미 당신은 답을 알고 있는 것처럼 들리지 않게 주의해야 한다.

당신의 지각을 점검하는 또 다른 방법은 특정 집단의 사람이 문제, 사람, 상황을 어떻게 인식하는지 알아보는 기법인 'Galileo와 유령'을 활용하는 것이다(DeVito, 1996; von Oech, 2008; Higgins, 1994). 여기에는 2단계가 포함된다.

- 기업과 연구기관이 싱크탱크를 유지하는 것처럼, 정신적 '유령-사고 팀'을 조성하라. 4~8명으로 구성된 팀을 선정하라. 그들은 당신이 존경하고 알고 있는 사람이 될 수도 있고, Galileo나 Steve Jobs 같은 역사적 인물, Wonder Woman이나 Sherlock Holmes와 같은 허구적 인물, Donald Trump나 Bernie Sanders 같은 공인, 또는 다른 문화권 출신이나 다른 성, 다른 애정의 성향을 가진 사람이 될 수 있다.
- 질문을 던지라. 질문이나 문제를 제기한 다음, 이 유령 팀이 당신의 문제에 어떻게 반응할지 상상해 보라. 물론, 당신은 사실상 당신 자신의 말을 듣고 있지만, 당신의 관점을 제쳐 두고 타인처럼 생각하도록 하는 것이다. 이 기법은 당신이 자신의 일반적인 역할에서 벗어나 당신과 완전히 다른 누군가의 인식을 고려해 볼 수 있는 기회를 제공한다.

이제 자신의 지각을 어떻게 점검하는지 알아보았으니, 이와 관련된 자가 점검의 답을 생각해 보자.

(1) 다음 각 사건을 당신이 어떻게 인식하는지에 대한 (한 문장의) 진술문과 (2) 초기 지각의 확인을 구하는 진술문을 제시하여 당신의 지각 점검 기술을 시험해 보자.

1. 당신은 반 친구를 Facebook 친구로 초대해 수락 기한을 연장했지만, 아무 응답이 없다.
2. 당신의 직장 상사는 동료들과 많은 시간을 보내지만, 당신과는 거의 시간을 보내지 않는 것 같다. 당신은 그 상사에게 어떤 인상을 주고 있는지 걱정된다.
3. 지난 몇 달간 교제해 오던 연인이 데이트를 청하는 당신의 전화를 끊었다. 사적인 메시지는 점점 줄어들고 있다.

불확실성을 줄이라 　모든 커뮤니케이션 상황에는 어느 정도 모호함이 있다. 다양한 전략을 통해 타인에 대한 불확실성을 줄일 수 있다(Berger & Bradac, 1982; Gudykunst, 1993; Brashers, 2007).

뷰포인트. 예측 가능성과 불확실성
당신과 타인이 더 가깝고 친밀한 관계를 발전시킬수록, 일반적으로 서로에 대한 불확실성이 줄어든다. 즉, 당신은 서로에 대해 더 예측 가능하게 된다. 당신은 연인에게서 어떤 수준의 예측 가능성을 원하는가? 당신의 파트너(가장 친한 친구, 연인 또는 가족)에 대해서 전혀 모르는 것이 있는가?

• **관찰하라.** 타인이 활동적인 일을 하고 있을 때(가급적이면 비공식적인 사회적 상황에서 타인과 교류하고 있을 때) 그 사람을 관찰해 보면 그 사람에 대한 많은 정보가 드러나는 것을 알 수 있다. 보통 비공식적인 상황에서는 자신의 행동을 검열하는 경향이 적고 자신의 진정한 모습을 드러낼 가능성이 높기 때문이다.

• **상황을 조성하라.** 때로는 상황을 만들어 좀 더 구체적이고 개방적인 상황에서 사람을 관찰할 수 있다. 취업 면접, 연극 오디션, 교생 실습 등은 실제 행동 중인 사람에 대해 정확한 견해를 얻을 수 있도록 마련된 유용한 상황이다.

• **상황을 알아보라.** 인터넷 집단에 로그온할 때는 먼저 말하기 전에 집단 구성원 간에 교환된 내용을 읽어 불확실성을 줄이도록 하자. 그렇게 함으로써 당신은 집단의 사람과 집단 자체에 대해 알 수 있게 된다. 불확실성이 감소되면 집단에 부합하기도 쉽고, 집단 규범을 위반할 가능성도 적어질 것이다.

• **물어보라.** 타인에게 물어봄으로써 사람에 대해 알아보도록 하자. 만약 제삼자가 당신에게 관심이 있다며 저녁식사를 함께하고 싶어 한다면 당신은 그 사람에 대한 평을 동료에게 물어볼 수 있다.

• **상호작용하라.** 개인과의 상호작용을 통해 당신은 상당한 정보를 얻을 수 있다. 예로, 당신은 "스포츠를 즐기나요?", "해고당하면 어떻게 할 건가요?"라고 질문할 수 있다. 또한 자신에 대한 정보를 공개함으로써 타인에 대한 지식을 얻을 수 있다. 이러한 공개는 당신이 좀 더 알고 싶은 사람에 대해 그 사람의 공개를 촉진하는 환경을 만드는 데 도움이 된다.

문화적 민감성을 높이라   문화적 차이를 인식하고 민감하게 느끼는 것은 인식의 정확성을 높이는 데 도움이 될 것이다. 예로, 발레 무용수와 같은 러시아 또는 중국 예술가들은 종종 손뼉을 치며 관중에게 박수를 보낼 것이다. 미국인들은 이 행위를 보고 자기중심적이라고 해석할 수 있다. 비슷하게, 독일 남성은 레스토랑이 여성이 들어가기에 충분히 좋은지 보기 위해 여성보다 먼저 레스토랑에 들어갈 것이다. 이 단순한 관습은 여성이 먼저 들어가는 것을 예의로 여기는 문화권의 사람에게는 무례하다고 여겨질 것이다(Axtell, 2007).

문화적 민감성은 다른 문화권 사람의 비언어적 메시지를 이해하는 데 있어서의 어려움을 해소하는 데 도움이 될 것이다. 다른 문화권 사람의 얼굴표정보다 자신의 문화권 구성원의 표정을 해석하는 것이 더 쉽다(Weathers, Frank, & Spell, 2002). '집단 내 이점'은 자신의 문화권 구성원에 대한 인식의 정확성에 도움이 되지만 종종 다른 문화권 구성원에 대한 인식의 정확성을 저해할 것이다(Elfenbein & Ambady, 2002).

모든 문화 집단 내에는 다양하고 중요한 차이가 있다. 미국인이 모두 같지 않은 것처럼, 인도네시아인, 그리스인, 멕시코인도 모두 마찬가지이다. 특정 문화의 모든 사람이 똑같다고 가정하면 당신은 고정관념을 갖고 생각하는 것이 된다. 따라서 다른 문화권과 자신의 문화권, 그리고 같은 문화권의 구성원 간의 차이점을 인식하는 것은 사람과 상황을 보다 정확하게 인식하는 데 도움이 된다.

인상관리

2.5 인상관리 전략을 알아본다.

인상관리(impression management, 일부는 '자기표현' 또는 '정체성 관리'라는 용어를 사용함)는 당신에 대해 타인이 갖기를 원하는 인상을 전달하기 위해 당신이 겪는 과정을 말한다. 인상관리는 주로 전달된 메시지의 결과물이다. 당신이 타인의 언어적, 비언어적 커뮤니케이션에 근거하여 그들에 대한 인상을 형성하는 것과 마찬가지로, 그들 역시 당신의 말(언어적 메시지)과 행동 및 복장(비언어적 메시지)에 근거하여 당신에 대한 인상형성을 한다. 그러나 커뮤니케이션 메시지가 인상형성과 인상관리를 위한 유일한 수단은 아니다. 예로, 당신은 당신의 이미지를 전달하고 타인을 판단할 때 그들과 관계된 사람에 근거하여 판단하기도 한다. 만약 당신이 귀빈과 어울린다면, 스스로 귀빈처럼 행동해야 한다. 사회통념적으로 나이, 성별, 출신 민족에 근거하여 그 사람의 인상을 형성할 수도 있다. 또는 타인이 그 사람에 대해 말한 것에 의존해서 그 의견과 같은 인상을 형성할 수도 있다. 그들 역시 당신의 인상을 형성하는 데 같은 방식으로 할 수 있다. 인상형성에 대한 일곱 가지 기본 목표가 [그림 2-5]에 제시되어 있다.

커뮤니케이션 기술을 통해 당신은 당신이 타인에게 주는 인상을 이해하고 관리할 수 있다. 인상관리 기술을 습득하면 적어도 어느 정도는 타인이 당신을 보길 원하는 대로 자신을 표현할 수 있다.

이처럼 원하는 인상을 얻기 위해 사용하는 전

[그림 2-5] 인상관리의 목표

략은 당신의 구체적인 목표에 달려 있다. 다음은 일곱 가지 주요 커뮤니케이션 목표와 전략에 초점을 맞춘다. 이 전략은 당신이 표현하고자 하는 인상을 전달하는 데 도움이 되겠지만, 각각의 전략은 역효과를 일으킬 수 있으며 의도한 목적과 다른 뜻이 전달될 수 있다는 점도 유의해야 한다.

호감 얻기: 호감 추구 전략 및 공손 전략

만약 당신이 학교나 직장에 새로 들어가 호감을 얻고 타인의 활동에 포함되며 좋은 평가를 받기 원한다면 당신은 호감 추구 전략과 공손 전략을 사용하는 것이 좋다.

호감 추구 전략　여기에 소개된 **호감 추구 전략**(affinity-seeking strategies)을 사용하면 아마도 사람들이 당신에게 호감을 가질 가능성이 높아질 것이다(Bell & Daly, 1984). 이러한 전략은 초기 상호작용에서 특히 중요하며, 심지어 교사가 이 전략을 사용함으로써 학생의 동기부여에 긍정적인 영향을 미친 것으로 밝혀졌다(Martin & Rubin, 1998; Myers & Zhong, 2004; Wrench, McCroskey, & Richmond, 2008).

- 적극적이고 열정적이며 역동적으로 행동하라.
- 문화적 규칙을 따름으로써 예의 바르고, 협력적이며, 공손하게 대화하라.

- 상대에게 관심을 전하고, 그 사람을 당신의 사회 활동과 집단에 포함시키라.
- 안정되고 편안한 모습으로 자신을 표현하라.
- 상대가 자신에 대해 이야기하도록 자극하고 격려하며, 그 사람의 개방과 기여를 강화하라.
- 자신을 개방하라.
- 비관적이고 부정적이기보다는 낙관적이고 긍정적으로 행동하라.
- 정직하고, 신뢰할 만하고, 흥미로운 사람이 되라.
- 상대와 자주 접촉할 수 있도록 상황을 조정하라.
- 따뜻함, 지지, 공감을 전달하라.
- 중요한 태도와 가치를 상대와 공유한다는 것을 나타내라.

JOURNAL 커뮤니케이션 초이스 포인트

면대면

당신은 지난 7개월 동안 인터넷을 통해 Pat과 대화해 왔고, 마침내 커피를 마시기로 결심했다. 당신은 정말로 Pat이 당신을 좋아하기를 바란다.

Pat이 당신을 좋아하게 만들 수 있는 인상관리 전략은 무엇인가? 당신이 주고 싶은 인상을 좀 더 잘 전달해 줄 만한 것은 무엇인가? 당신은 무엇을 해야 하는가?

이 연구는 소셜미디어가 등장하기 전에 진행되었지만, 온라인 커뮤니케이션에서도 동일한 전략이 어떻게 사용될 수 있는지 쉽게 알 수 있다. 예로, 당신은 자신이 활발하고 열정적이라는 것을 보여 주기 위해 사진을 올릴 수 있고, 타인에게 '좋아요'와 '+1s'를 줌으로써 공손한 상호작용에 대한 규칙을 따를 수 있다. 그리고 당신은 타인을 초대하거나, 집단에 가입하거나, 포스트에 댓글을 달거나, 또는 리트윗을 통해 타인에게 관심을 전달할 수 있다. 일반적인 아첨 또한 당신의 호감을 향상시키는 데 큰 도움이 된다는 것은 놀랄 일도 아니다. 좋게 보이려는 아첨이나 아부는 취업 면접에서 성공할 가능성을 높일 수 있고, 고객이 머물도록 할 수 있는 팁이 되며 당신의 신뢰도까지도 높일 수 있다(Varma, Toh, & Pichler, 2006; Seiter, 2007; Vonk, 2002).

여기서 주의해야 할 점도 있다. 호감 추구 전략이 부정적인 결과를 가져올 가능성도 있다. 호감 추구 전략을 너무 자주 또는 진정성 없는 듯이 사용하는 것은, 정말로 '친절한' 것이 아니라 자신의 이익을 위해 환심을 사려고 하는 것으로 보일 수도 있다.

공손 전략   공손 전략(politeness strategies)은 사람들이 호감 있게 보이려고 사용하는 또 하나의 전략으로 소극적 체면과 적극적 체면으로 나누어 볼 수 있다(Goffman, 1967; Brown & Levinson, 1987; Holmes, 1995; Goldsmith, 2007). 두 가지 모두 각 개인의 필요에 의해 반응하는 것이다.

- **적극적 체면.** 타인에게 긍정적으로 보이고, 인정받고자 하는 욕구이다.
- **소극적 체면.** 자유롭게 행동하고, 자신이 원하는 대로 할 권리를 갖고자 하는 욕구이다.

그러므로 커뮤니케이션에서 예의란 타인의 적극적 체면과 소극적 체면을 모두 유지할 수 있게 해 주는 행동을 말한다. 반면, 무례는 적극적 체면을 거스르거나(예: 당신이 상대를 비난하는 것) 소극적 체면을 거스르는 행동(예: 당신이 상대에게 요구하는 것)을 말한다.

타인이 적극적 체면(positive face)을 유지할 수 있도록 돕기 위해서 당신은 그 사람에게 그리고 그에 대해 정중히 말하고, 그에게 모든 주의를 기울이며, 적절하게 "실례합니다."라고 말한다. 요컨대, 당신이 대접받고 싶은 대로 상대를 대하는 것이다. 이렇게 당신은 소위 적극적 공손(positive politeness)을 통해 상대가 적극적 체면을 유지할 수 있도록 도울 수 있다. 당신이 상대에게 무례하게 말하고, 그 사람이나 그의 말을 무시하며, 감사(thank you)와 부탁(please) 등의 공손한 표현을 사용하지 않는다면 그 사람의 적극적 체면에 공격을 가하게 될 수도 있다.

타인이 소극적 체면(negative face)을 유지할 수 있도록 돕기 위해서 당신은 그 사람의 자율적 권리를 존중하고, 그 사람이 무언가를 하도록 요구하기보다는 요청하는 것이 좋다. 즉, "창문 열어, 젠장!"보다는 "창문을 열어 주겠어?"라고 말한다. 또한 요청할 때 상대가 당신의 요청을 원하지 않으면 거절하게 하는 것도 좋다. "나에게 100달러 좀 빌려줘야겠어."라고 하기보다 "내가 지금 돈이 필요한데 100달러 좀 빌려줄 수 있겠니? 혹시 지금 상황이 안 좋으면 어쩔 수 없지만……."이라고 하는 것이다. 만약 당신이 추천서가 필요하면, "대학원에 추천서를 써 주셔야 합니다."라고 하기보다 "대학원 진학을 위한 추천서를 써 주실 수 있으신가요?"라고 묻는 것이 좋을 것이다. 이런 식으로 당신은 소극적 공손(negative politeness)이라는 전략을 사용하여 상대가 소극적 체면을 유지할 수 있도록 돕는다.

물론 우리는 이를 거의 자동적으로 수행하지만, 상대의 소극적 체면 욕구를 전혀 고려하지 않은 채 상대에게 부탁하는 행동은 무례해 보일 수 있다. 그러나 대부분의 상황에서 소극적 체면에 대한 공격은 종종 더 미묘한 형태로 나타난다. 예로, Deborah Tannen(2006)의 경우처럼 만약 당신의 어머니가 "그 옷을 입는다고?"라고 말한다면, 어머니는 당신의 자율성을 비판하거나 도전함으로써 당신의 소극적 체면을 공격하게 되는 것이다. 이 말은 또한 당신의 옷 입는 능력에 의문을 제기함으로써 적극적 체면을 공격하게 된다.

여기서 주의할 점은 다른 전략처럼 공손 역시 부정적인 결과를 초래할 수 있다는 것이다. 예로, 지나친 공손은 거짓으로 보이고 불쾌감을 주기 쉽다. 또한 과도한 공손이 설득하려는 의도로 보일 때도 기분을 상하게 한다.

공손한 행동과 무례한 행동을 분석하고 이해하는 데 있어서 상대의 체면 욕구를 확인 또는 반증해 보는 것이 도움이 된다. 함께 제공되는 자가 점검에서 무례하다고 여겨지는 행동 여섯 가지를 체크해 보자.

다음의 각 행동을 검토하고 적극적 체면 그리고/또는 소극적 체면을 공격하는 관점에서 다음 각 사례가 무례한 이유를 설명하라. 10분 이내에 가능한 한 빈칸을 많이 채우시오.

행동	적극적 체면 욕구 위반	소극적 체면 욕구 위반
당신이 친구에게 눈인사로 눈썹을 찡긋하였으나 반응이 없다.		
Facebook 친구들이 당신의 여러 사진과 게시물에 좋아한다고 표시하지 않는다.		
다른 학생이 자주 당신에게 교수의 말뜻을 묻거나 노트를 베끼는 등 당신을 방해한다.		
이웃이 당신에게 2시간 정도 소요될 만한 부탁을 한다.		
당신이 의견을 제시할 때 다른 집단 멤버가 당신을 자주 방해한다.		
소개팅 상대가 당신과 저녁을 먹으면서 친구에게 문자를 보낸다.		

신뢰 얻기: 신뢰성 전략

만약 당신이 YouTube에 어떤 방법을 소개하는 영상을 게시하면서 그 내용을 당신도 알고 있다고 사람들에게 믿게 하려면 적어도 당신의 전략 중 일부는 **신뢰성 전략**(credibility strategies)을 포함할 것이다. 그리고 당신의 능력, 성격, 카리스마에 대해 타인이 인식할 수 있도록 시도할 것이다. 예로, 당신의 능력을 보여 주려면 당신은 제품에 대한 오랜 경험이나 전문가 자격을 얻기 위해 밟았던 과정에 대해 말할 수 있으며, 추천서나 리뷰 목록을 게시할 수도 있다. 당신이 좋은 사람이라는 것을 인식시키기 위해 당신은 자신이 얼마나 공정하고 정직한지 그리고 광고한 대로 실행되지 않는 제품은 결코 추천하지 않을 것이라고 말할 수도 있다. 그리고 당신의 카리스마, 즉 당신이 책임감 있고 긍정적인 성격을 인식시키기 위해 당신은 표정과 목소리를 변화시켜 이러한 특징을 보여 줄 것이다.

주의할 점은 당신이 자신의 능력, 성격, 카리스마를 너무 강조하다 보면, 타인에게 보이는 것에만 열심이거나 자질이 부족한 사람으로 보일 수 있다는 것이다. 일반적으로 정말 유능한 사람은 자신의 능력에 대해 직접적으로 말을 할 필요가 없다. 그들의 행동과 성공이 유능함을 드러낼 것이기 때문이다.

실패를 변명하기: 자기 핸디캡 전략

만약 당신이 어려운 일에 도전하려 할 때 실패할까 봐 걱정된다면, 이른바 **자기 핸디캡 전략**(self-handicapping strategies)을 사용할 수도 있다. 이 전략을 보다 극단적으로 사용하면, 당신은 실제로 어려운 일을 불가능하게 만들기 위해 장벽이나 장애물을 설정할 것이다. 그렇게 하면 실패했을 때, 결국 그 일은 불가능했기에 비난받거나 무능하다고 생각되지는 않을 것이다. 당신이 커뮤니케이션 시험을 준비하지 않았고 실패할 거라 믿는다고 가정해 보자. 이런 자기 핸디캡 전략을 사용하면, 전날 밤 늦게까지 파티에서 놀다가 시험을 망쳤을 때, 당신의 지능이나 지식보다는 파티 탓을 하게 될 것이다. 덜 극단적인 형태로 실패에 대한 변명거리를 만들어 실패에 대비해 둘 수도 있다. 예로, 당신은 잘못된 저녁 요리에 대해 결함 있는 가스레인지 탓으로 돌릴 준비를 할 수도 있다.

주의할 점은 부정적인 측면에서 자기 핸디캡 전략을 자주 사용하면 사람들이 당신을 무능하거나 어리석은 사람으로 보게 될 수 있다는 것이다. 미리 시험 준비를 해 놓지 않은 상태에서 시험 전날 밤에 파티를 하는 것은 결국 잘못된 판단을 한 사람이라는 것을 명확히 보여 주기 때문이다.

도움 얻기: 자기비하 전략

보살핌과 보호를 받고 싶은 경우 또는 그저 단순히 누군가의 도움을 받고 싶은 경우 **자기비하 전략**(self-deprecating strategies)을 사용할 수도 있다. 자신을 무능력하고 어떤 일도 할 수 없다고 말함으로써 종종 타인의 도움을 이끌어 내기도 한다. 그래서 당신은 타인이 도와줄 것이라는 희망을 갖고 이렇게 말할지도 모른다. "배수구를 고칠 수 없어서 미치겠어. 나는 배관에 대해 아무것도 몰라."

주의할 점은 자기비하 전략은 당신이 말한 그대로 사람들에게 정말로 당신이 무능력하다고 믿게 할 수도 있다는 것이다. 또는 어떤 일을 하기 싫어서 타인이 그 일을 대신하도록 하기 위해서 무능한 척하는 사람으로 보게 할 수도 있다. 이 전략은 장기적으로 당신에게 도움이 되지 않을 것이다.

결점 감추기: 자기 모니터링 전략

인상관리에는 긍정적인 이미지를 제시하는 것뿐만 아니라 부정적인 이미지를 억제하고 당신의 말과 행동을 검열하는 **자기 모니터링 전략**(self-monitoring strategies)도 필요하다. 당신은 동료에게 더 높이 평가받기 위해 흔한 속어도 자제한다. 또한 청소년이나 비전문가처럼 보이지 않기 위해 껌도 씹지 않으며, 지난번 파티의 사진도 게시하지 않는다. 당신은 자신의 경험에서 유리한 부분은 쉽게 드러내지만, 불리한 부분은 적극적으로 숨길 수 있다.

주의할 점은 (너무 자주 또는) 지나치게 자기 모니터링을 하면 자기 자신을 드러내고 싶어 하지 않는 사람, 타인을 충분히 신뢰하지 않는 사람으로 보일 수 있다는 것이다. 더 극단적으로는, 자신을 숨기거나 타인을 속이려는 부정직한 사람으로 보일 수도 있다.

따르게 하기: 영향 전략

많은 경우에 당신은 사람들에게 리더로 인정받고 싶을 것이다. 이를 위해 다양한 **영향 전략**(influencing strategies)을 사용할 수 있다. 영향 전략은 보통 권력에 따라 분류되는 것이다. 즉, 당신의 지식(정보적 권력), 당신의 전문 기술(전문적 권력), 의사, 판사, 회계사와 같이 사회적 지위에 따라 이끌 수 있는 당신의 권리(합법적 권력)를 말한다. 또한 당신의 이전 경험, 폭넓은 지식, 또는 이전의 성공을 강조하는 리더십 전략을 사용할 수도 있다.

주의할 점은 영향 전략 또한 역효과를 일으킬 수 있다는 것이다. 누군가에게 영향을 주려다가 실패하면, 그 실패한 시도가 있기 전보다 당신은 권한이 적은 사람으로 여겨질 것이다. 그리고 만약 당신이 자기 이득을 위해 타인에게 영향을 주는 사람으로 여겨진다면 영향력을 행사하려는 시도는 불쾌감을 유발하거나 거부될 수도 있다.

자기 이미지 확인하기: 이미지 확인 전략

때로는 자신에 대한 긍정적인 인식을 강화하기 위해 **이미지 확인 전략**(image-confirming strategies)을 사용할 수 있다. 만약 당신이 스스로를 분위기 메이커로 생각한다면 사람들에게 재미있는 이야기를 할 것이고, 실제로 분위기 메이커가 되었을 때의 사진을 게시하고, 사람들을 즐겁게 하려고 노력할 것이다. 이러한 행동은 당신의 자기상을 확인시켜 주고, 당신이 어떤 사람인지, 어떻게 보이고 싶은지 타인에게 알려 주게 된다. 원하는 이미지를 확인하는 자신의 측면을 드러내는 동시에, 원하는 이미지와 부합하지 않는 자신의 다른 측면을 적극적으로 억압한다. 예로, 자신의 이미지에 불리한 게시물은 빠르게 제거한다.

　주의할 점은 이미지 확인 전략을 자주 사용하면 타인에게 당신이 비현실적으로 보일 수 있다는 것이다. 만약 당신이 전적으로 긍정적인 이미지만 도모하려고 한다면 타인은 당신에게 흥미를 잃기 쉽다. 사람들은 그들의 친구와 동료가 어떤 실수나 단점도 있는 그대로 보여 주기를 원한다. 또한 이미지 확인 전략에는 항상 자신에 대한 집중이 수반되며, 그 결과 자기 집착에 빠진 것처럼 보일 위험도 있다는 것을 인식하자.

　인상관리 전략 및 이 전략의 효율적, 비효율적 방법에 대해 숙지하면 호감 얻기, 신뢰 얻기, 실패를 변명하기, 도움 얻기, 결점 감추기, 따르게 하기, 그리고 자기 이미지를 확인하기와 같은 다양한 목표를 달성하는 데 많은 선택권을 줄 것이다. 인상관리 전략을 사용하여 연습하는 것은 당신을 포함하여 사람들이 타인에게 주는 인상을 관리하는 방법을 이해하는 데 도움이 된다. 다음의 자가 점검을 통해 자신의 인상관리 전략을 수립해 보자.

다음의 각 질문에 대해 응답하고, 당신이 응답한 그 목표를 달성하기 위해 말하거나 행할 수 있는 한두 가지 일에 집중하도록 하시오.

- **호감 얻기**. 당신은 직장에 새로 왔고 동료들이 당신을 좋아하기를 원한다.
- **신뢰 얻기**. 당신은 자신이 깊이 느끼고 있는 바에 대해 연설을 하고 있고, 타인이 당신을 믿기를 원한다.
- **실패를 변명하기**. 당신은 중간고사에서 실패할 것이기에, 그에 대한 적당한 변명이 필요하다.
- **도움 얻기**. 당신은 혼자 수행하기 어려운 컴퓨터 관련 업무가 있어 타인의 도움이 필요하다.
- **결점 감추기**. 당신은 이력서에 제시한 만큼의 컴퓨터 기술을 갖고 있지 않으며, 많은 것을 알고 있는 것처럼 보여야 한다.
- **따르게 하기**. 당신은 집단 구성원이 집단의 리더로 당신을 선출하기를 원한다.
- **자기 이미지 확인하기**. 당신은 동료들이 당신을 재미있으면서도 헌신적인 직장인으로 보길 원한다.

윤리적 커뮤니케이션: 인상관리의 윤리

인상관리 전략은 때때로 비윤리적이고 덜 고상한 목적으로 사용될 수 있다. 예로, 사람들은 호감 추구 전략을 사용하여 당신이 그들을 좋아하도록 할 수 있다. 그러면 그들은 당신에게서 호의를 얻어 낼 수 있다. 정치인은 종종 표를 얻기 위해 자신을 신뢰할 수 있는 사람으로 묘사한다. 전형적인 중고차 판매원이나 보험 설계사가 판매를 시도하는 경우에도 마찬가지이다. 어떤 사람은 자신에게 유리한 결과를 얻기 위해 자기 핸디캡 전략이나 자기비하 전략을 사용한다.

윤리적 초이스 포인트

당신은 온라인 데이트 서비스 중 몇 군데 가입하려고 한다. 그래서 프로필이 필요하며 대부분의 사람이 과장하는 것은 아닌지, 당신 역시 그렇게 해야 할지 궁금하다. 특히 당신은 승진을 바라고 있으나 실제로는 그리 대단한 연봉이 아닌데, 좋은 월급을 받는다고 말할지 생각 중이다. 그리고 실제로는 살을 빼려고 하는 중이지만, 현재보다 10kg 더 줄여서 말할지 고민 중이다. 과장하지 않으면 당신이 불리해지고, 만나고 싶은 사람을 만나지 못하게 될 것이다. 또한 당신은 사람들이 당신의 프로필을 보고 만남 여부를 판단할 때, 당신의 프로필이 과장된 것임을 감안할 것이라고 생각한다.

이런 식의 과장된 내용이 윤리적일 수 있는가? 윤리적이라고 생각되는 과장과 비윤리적이라고 생각되는 과장이 있는가?

개념 요약

이 장에서는 자기(자신을 인식하는 방식)와 지각(자신이 타인을 인식하는 방식 및 타인이 자신을 인식하는 방식)에 대해 알아보았다.

커뮤니케이션에서의 자기

2.1 자기개념, 자기인식, 자존감을 정의하고 자기인식 및 자존감을 높이는 방법을 알아본다.

1. 자기개념, 즉 당신이 자신에 대해 갖는 이미지는 자신의 능력과 한계에 대한 감정과 생각으로 구성된다. 자기개념은 타인이 당신에 대해 갖고 있는 이미지, 자신과 타인 사이의 비교, 당신의 문화적 가르침, 그리고 자신의 생각과 행동에 대한 스스로의 해석과 평가를 통해 발전한다.

2. 자기에 대한 조하리 창 모델은 자각을 보는 하나의 방법이다. 이 모델에는 네 가지 주요 영역, 즉 열린 자기, 보이지 않는 자기, 숨겨진 자기 그리고 미지의 자기가 있다. 자기인식의 향상을 위해 자기를 분석하고, 타인이 당신을 어떻게 보고 있는지 그들의 말에 귀를 기울인다. 또한 적극적으로 타인으로부터 자신에 대한 정보를 찾고, 다

른 관점에서 자신을 보며 열린 자기를 증가시킨다.

3. 자존감은 당신이 자신에게 부여하는 가치로, 자기파괴적인 신념을 공격하고, 자양이 되는 사람을 찾아내며 성공으로 이어질 프로젝트에 매진하고, 긍정성을 확보해 나감으로써 향상될 수 있다.

자기노출

2.2 자기노출 및 그에 따른 보상과 위험을 정의하고, 자기노출과 그에 대한 반응 및 저항에 필요한 지침을 알아본다.

4. 자기노출은 일반적으로 숨겨져 있는 자신에 대한 정보가 한 사람 이상의 타인에게 전달되는 커뮤니케이션의 한 형태이다.

5. 자기노출은 잠재적인 공개자가 (a) 자기 자신을 유능하다고 생각하고, 사교적이고 외향적이며 커뮤니케이션에 대해 불편해하지 않을 때, (b) 자기노출을 장려하는 문화에서, (c) 여성인 경우, (d) 자기 자신 역시 공개하는 지지적인 사람과 이야기할 때, (e) 개인적인 주제보다는 일반적인 주제에 대해 이야기하고, 부정적인 정보보다는 긍정적인 정보에 대해 이야기할 때 더 쉽게 이루어진다.

6. 자기노출의 보상에는 자기인식 증가, 어려운 상황과 죄책감을 다루는 능력 향상, 커뮤니케이션 능력 향상, 의미있는 관계의 증가 등이 포함된다. 자기노출의 위험에는 개인적, 사회적 거부와 물질적 손실 등이 포함된다.

7. 자기노출을 하기 전에 자기노출의 동기, 듣는 사람이나 자기 자신에게 있을 수 있는 부담, 자기노출의 적절성, 상대의 공개 등을 먼저 고려한다.

8. 타인의 공개를 들을 때에는 공개자가 느끼는 것을 이해하고, 지지하며, 기꺼이 반응하고, 공개를 비밀로 유지하며, 공개된 내용을 그 사람에게 사용하지 않도록 노력해야 한다.

9. 당신이 공개하기를 원하지 않을 때는 단호하게 행동하고, 간접적으로 주제를 바꾸거나, 공개를 원치 않는 마음을 확실히 밝혀야 한다.

지각

2.3 지각과 그 단계를 정의하고, 지각의 정확성을 높이는 방법을 알아본다.

10. 지각은 감각에 영향을 미치는 많은 자극을 인식하게 되는 과정이다. 이는 (1) 자극, (2) 조직화, (3) 해석-평가, (4) 기억, (5) 회상의 5단계를 거쳐 일어난다.

인상형성

2.4 인상형성의 본질과 그에 영향을 미치는 주요 요인을 알아본다.

11. 네 가지 중요한 과정, 즉 자기충족적 예언, 초두효과-최신효과, 고정관념, 통제의 귀인이 인상형성 방식에 영향을 미친다.

12. 인상형성의 정확성을 높이려면 당신의 인상을 분석하고 지각에서 당신의 역할을 인식해야 한다. 즉, 당신의 인상을 확인하고 불확실성을 줄이는 것이다. 또한 당신과 타인의 차이 및 다른 문화권 사람 간의 차이를 인식함으로써 문화적으로 민감해져야 한다.

인상관리: 목표와 전략

2.5 인상관리 전략을 알아본다.

13. 인상관리에는 다음과 같은 목표와 전략이 포함된다. 호감 얻기(호감 추구 전략과 공손 전략), 신뢰 얻기(역량, 성격, 카리스마를 확립하는 신뢰성 전략), 실패를 변명하기(자기 핸디캡 전략), 도움 얻기(자기비하 전략), 결점 감추기(자기 모니터링 전략), 따르게 하기(영향 전략), 자기 이미지 확인하기(이미지 확인 전략).

14. 이러한 인상관리 전략은 역효과를 낼 수 있고, 타인에게 당신에 대한 부정적인 인상을 심어 줄 수 있다. 또한 이 전략은 각각 당신의 진실한 모습을 드러내는 데 사용되거나 당신의 거짓된 자기를 보여 주고 그 과정에서 타인을 속이는 데 사용될 수도 있다.

기술 요약

자기와 지각에 대한 논의를 통해 다양한 내용을 알아보았다. 다음에 제시된 내용을 읽어 보고 더 노력할 필요가 있는 항목에 (∨) 체크하시오.

_____ 1. 나는 자기개념을 이해하고 나의 강점과 약점에 대해 현실적이 되려고 노력한다.

_____ 2. 나는 나 자신과 대화하고 타인의 말에 귀 기울이며, 보이지 않는 자기를 줄이고, 다른 관점에서 나를 보며 열린 자기를 넓힘으로써 자기인식을 높이고자 적극적으로 노력한다.

_____ 3. 나는 자기파괴적인 신념을 공격하고, 자양이 되는 사람을 찾아내며, 성공할 수 있는 프로젝트를 수행하고, 긍정성을 확보해 나감으로써 자존감을 향상시키고자 노력한다.

_____ 4. 나는 각각의 커뮤니케이션 상황에 따라 노출 정도를 조절한다.

_____ 5. 나는 자기노출 여부를 결정할 때 동기, 듣는 사람과 나에게 발생할 수 있는 부담, 상대와 그 상황에서의 노출 적절성, 그리고 상대의 노출 정도를 고려한다.

_____ 6. 나는 상대의 감정을 느끼려고 노력하고, 효과적이고 적극적인 청취 기술을 사용하며, 지지를 표현하고, 비판과 평가를 자제하며, 노출된 내용을 비밀로 함으로써 타인의 노출에 반응한다.

_____ 7. 나는 노출을 원하지 않을 때, 단호하게 행동하며 간접적으로 화제를 바꾸거나 노출을 거부한다는 것을 분명히 말함으로써 거절 의사를 밝힌다.

_____ 8. 나는 지각의 지름길을 사용할 때, 사람들이 나에 대해 잘못 판단하여 부정확한 인식을 갖게 되는 일이

없도록 신중히 생각한다.

_____ 9. 나는 단지 나의 문화적 관점보다는 다문화적 관점에서 타인의 행동과 관습을 헤아림으로써 민족중심적 사고를 경계한다.

_____ 10. 자기충족적 예언을 경계하기 위해서 나는 나의 지각이 기대에 너무 가깝게 부합할 때 그 지각을 다시 한번 더 알아본다.

_____ 11. 나는 초두효과와 최신효과가 어떻게 작용하는지 인식하면서 미래 사건에 대한 정확한 지각을 방해할 수 있는 첫인상을 적극적으로 경계한다. 즉, 결론을 내리기보다는 가정을 한다.

_____ 12. 나는 타인의 메시지에서 고정관념을 인식하고 나 스스로 그것을 피한다.

_____ 13. 나는 타인의 행동을 설명하고자 할 때 자기고양편향, 대응추론편향, 기본적 귀인 오류를 의식하고 주의한다.

_____ 14. 나는 지각에 대해 비판적으로 생각하고 나의 지각을 분석하며 정확성을 위해 지각을 확인하고 불확실성 감소 전략을 사용하며 문화적 민감성을 갖고 행동한다.

_____ 15. 나는 인상관리 전략(호감 얻기, 신뢰 얻기, 실패를 변명하기, 도움 얻기, 결점 감추기, 따르게 하기, 자기 이미지 확인하기)을 효과적이고 윤리적으로 사용할 수 있다.

핵심 용어

이 장에서 논의된 주요 용어이다. 이 용어의 정의는 이 장의 본문에서와 책의 뒷부분에 수록된 용어집에 제시되어 있다.

가면 현상	영향 전략	자존감
거울 속 비친 자기	유사성	적극적 체면
고정관념	이미지 확인 전략	조하리 창
공손 전략	인상관리	지각
공정한 세상 가설	인상형성	지각 점검
근접성	자기 모니터링 전략	초두효과
기본적 귀인 오류	자기개념	초두효과−최신효과
대응추론편향	자기고양편향	최신효과
대조	자기노출	탈억제 효과
선택적 노출	자기비하 전략	통제의 귀인
선택적 주의	자기인식	피그말리온 효과
선택적 지각	자기충족적 예언	호감 추구 전략
소극적 체면	자기파괴적 신념	
신뢰성 전략	자기 핸디캡 전략	

커뮤니케이션에서의 경청

"경청 없이는 원활한
 커뮤니케이션을 할 수 없다."

이 장의 주제

- 경청 단계
- 경청의 장벽
- 경청 유형
- 경청의 차이: 문화와 성별

학습 목표

3.1 경청과 경청의 5단계 과정을 정의하고, 각 단계에서 경청의 정확도를 향상시킬 수 있는 방법을 설명한다.

3.2 효과적인 경청을 방해하는 네 가지 요인을 기술하고, 경청의 효율성을 증진시킬 수 있는 방안을 알아본다.

3.3 경청의 네 가지 유형을 정의하고, 각 유형을 효과적으로 사용할 수 있는 방법을 알아본다.

3.4 경청에서 발견된 주요한 문화 및 성별 차이를 알아본다.

Facebook, Twitter, wiki, 블로그 등을 고려해 보면, 경청은 '청각신호를 받아들이고 처리하는 것'이라는 전통적 정의를 확장할 필요가 있다. 소셜미디어에 메시지를 올리는 것이 커뮤니케이션의 한 부분이라면(사실상 확실시되고 있지만), 이러한 메시지를 읽는 것 역시 커뮤니케이션의 한 부분이며, 이는 경청의 가장 논리적인 형태일 것이다. 그동안 **경청**(listening)은 언어적 또는 비언어적 메시지를 받아들이고, 이해하고, 기억하고, 평가하며, 반응하는 과정으로 정의되었다.

경청의 기술은 일의 영역과 일상의 영역에서 모두 중요하다(Brownell, 2013; Worthington & Fitch-Hauser, 2012). 오늘날 직업 환경에서 경청은 중요한 기술로 여겨진다(Mooney, 2017; Handova, 2017). 특히 직원의 커뮤니케이션 기술이 중요하다. 직원의 승진은 효과적으로 말하고 쓰는 능력, 적절한 예절을 보여 주는 능력, 주의 깊게 듣는 능력에 달려 있다. 아시아와 서구의 다국적 기업 CEO 40명을 대상으로 한 설문조사에서 응답자들은 최고경영진의 주요한 단점으로 듣기 능력 부족을 꼽았다(Witcher, 1999).

경청은 다양한 관계를 유지 및 발전시키기 위해서 중요한 기술이다(Brownell, 2013). 한 연구에서 배우자에게 원하는 것을 질문한 결과, 여성은 압도적으로 '잘 경청하는 배우자'라고 응답했다. 대부분의 남성도 여성이 경청을 잘하는 배우자를 원한다는 것에 동의했다. 친구에게 원하는 것 또한 경청이 높은 순위에 올라 있다. 실제 잘 경청하지 못하는 사람이라면 그 사람을 친구로 생각하기 어려울 것이다.

효과적인 수신자는 집단의 리더, 역량 있는 영업직원, 의료종사자, 관리자로 알려지게 될 것이다(Johnson & Bechler, 1998; Lauer, 2003; Stein & Bowen, 2003; Levine, 2004; Pelham & Kravitz, 2008; Brownell, 2013). 의학교육자들은 의사가 환자의 말을 듣는 훈련이 되지 않았음을 언급하며 의사에게 환자의 말을 경청하는 방법을 교육하는 '내러티브 의학(narrative medicine)'을 도입했다.

이 장에서는 경청의 본질과 경청 과정의 단계, 효과적인 경청에 대한 주요한 장벽, 경청 유형, 경청에 대한 문화 및 성별 차이를 알아볼 것이다. 이러한 논의는 당신이 더 효과적인 수신자가 되도록 돕기 위한 매우 실용적인 기술이다.

경청 단계

3.1 경청과 경청의 5단계 과정을 정의
하고, 각 단계에서 경청의 정확도
를 향상시킬 수 있는 방법을 설명
한다.

현대적 정의에 따르면, 경청은
(1) 주의와 집중(수신), (2) 학습(이해),
(3) 회상(기억), (4) 비판적 사고(평가),
(5) 피드백(반응)을 총칭하는 기술의
집합이다. 당신은 경청의 5단계 기술
을 강화함으로써 듣기역량을 향상시
킬 수 있다([그림 3-1] 참조).

경청 과정은 순환적이다. A의 반응
은 B의 반응을 자극하고, 또 B의 반응
은 A의 반응을 자극한다. 5단계는 서
로 겹쳐진다. 듣는 상황에서, 당신은

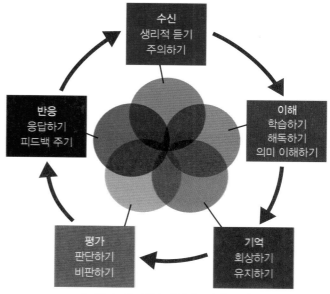

[그림 3-1] **경청 과정의 5단계 모델**

이 그림은 경청을 연구한 학자들이 개발했던 다양한 모델을 시각화한 것이
다(예: Alessandra, 1986; Barker, 1990; Brownell, 2013; Steil, Barker, &
Watson, 1983).
경청 과정을 시각화할 수 있는 대안적인 방법은 무엇일까?

5단계 기술을 모두 사용하고 있다. 즉, 대화를 하면서 듣는 동안, 당신은 타인이 말하는 것에
주의를 기울이고, 상대가 말한 것을 비판적으로 평가하며, 피드백을 주게 된다. 각 단계를 알
아보자.

수신

생리적 듣기(hearing)는 당신이 청각 자극의 범위 안에 있을 때 일어난다. 반면, 경청은 전
달자가 보낸 메시지가 수신되었을 때에만 시작된다. 생리적 듣기와 경청이 똑같다는 믿음, 즉
생리적 듣기와 같이 경청도 그냥 일어나는 것이라는 믿음은 경청에 대한 잘못된 신념 중 하나
이다. 〈표 3-1〉은 경청에 대한 잘못된 믿음을 보여 주고 있다.

수신 단계에서 당신은 상대가 언어적 또는 비언어적으로 말한 것뿐만 아니라 생략한 메시지

에도 주의를 기울인다. 예로, 당신이 어떤 정치인의 정책연설을 들을 때, 그의 업적인 교육정책의 메시지를 수신하면서 동시에 그가 실패한 헬스케어정책, 대기관리정책에 대한 생략된 메시지에도 주의를 기울인다. 수신 단계에서 다음과 같은 지침을 따른다면 더 효과적이다.

- **주의를 집중한다.** 전달자의 언어 및 비언어적 메시지에 집중한다. 즉, 당신이 할 말에 주의를 기울이지 않는다.
- **당신의 역할을 유지한다.** 전달자에게 방해가 되지 않도록 수신자의 역할을 유지한다.
- **가정하지 않는다.** 전달자가 실제로 말하기 전, 전달자가 할 말에 대해서 당신이 이해했다고 가정하지 않는다.

경청과 관련하여 사람들은 청각 신호를 어렵지 않게 수신할 수 있다는 무언의 가정을 한다. 그러나 청각 장애가 있는 사람의 경우, 경청에 여러 제한이 있을 수 있다. 다음은 청각 장애가 있는 사람과 커뮤니케이션할 때의 지침이다.

- **편안한 환경을 만든다.** 자신과 청각 장애가 있는 사람 사이의 거리를 좁히고, 주변 소음을 줄여야 한다. 장소의 밝기는 대화를 주고받는 사람들 간의 입이 보일 정도인지 확인하는 것이 좋다.

<표 3-1> 경청의 여섯 가지 신화

신화	실제
생리적 듣기와 경청은 같은 것이다.	생리적 듣기는 경청 과정의 첫 번째 단계이다. 생리적 듣기가 과정 전체는 아니다.
경청은 단순하게 일어난다. 이는 자연스러운 것이며 수동적인 과정이다	경청은 노력이 필요하다. 경청은 수동적인 과정이 아닌 능동적 과정이다.
경청은 객관적 과정이다. 당신은 상대가 말한 것을 수신한다.	경청할 때 당신의 선입견, 지식, 태도가 덧붙여져 메시지를 처리한다.
경청은 힘이 없다.	경청이 말하는 것보다 힘을 덜 가진 것으로 인식되지만 경청 역시 커뮤니케이션의 힘을 가진다.
경청은 상황에 상관없이 동일하다.	경청은 상황의존적이다. 당신은 수업시간과 데이트하는 동안 같은 방식으로 경청할 필요는 없다.
경청은 학습할 수 없고 향상될 수도 없다. 나는 이미 좋은 경청자이다.	경청은 향상될 수 있다. 대중 연설 또는 리더십과 같은 기술에 포함된다.

- 동시에 말하지 않는다. 집단 상황에서는 한 사람씩 말해야 한다. 청각 장애가 있는 사람에게도 역시 당신의 의견을 직접 전달해야 한다. 제삼자를 통해 당신의 메시지를 전달하지 않는다.
- 일반적인 용어를 사용한다. 경청, 음악, 청각 장애처럼 대화와 관련된 일반적인 용어를 사용한다. 일반적인 용어를 의도적으로 사용하지 않는 것은 당신의 말을 인위적으로 느껴지게 한다.

뷰포인트. 수신자의 권리

Betsy DeVos는 Bethune–Cookman University에서 학생들의 엄청난 항의가 있는 가운데 연설을 하였다. 이는 졸업식 연설자를 선정하는 데 있어 학생과 대학행정부의 역할에 대한 논쟁을 촉발시킨 예시이다. 당신은 이에 대하여 어떻게 생각하는가?

이해

이해(understanding)는 전달자의 신호를 해독하고 신호를 통해 표현된 생각과 신호에 수반된 정서적 어조(예: 메시지에서 표현되는 긴박함, 기쁨 또는 슬픔)를 파악할 때 일어난다. 이해 단계에서 다음과 같은 지침을 따른다면 더 효과적이다.

- 새로운 정보를 이미 알고 있는 지식과 연관시킨다. 전달자의 새로운 정보를 당신이 이미 알고 있는 지식과 연결시켜 본다.
- 전달자의 관점에서 본다. 전달자의 메시지를 전달자의 관점에서 본다. 전달자의 의도를 완전히 이해할 때까지 메시지를 판단하지 않는다.
- 메시지를 전달자에게 다른 말로 바꾸어 말한다. 전달자의 생각을 당신의 말로 바꾸어 다시 말할 수 있다. 복잡한 전달 내용을 들었을 때 간단하면서도 유용한 방법이다.

기억

효과적인 경청은 기억(remembering)에 달려 있다. 예로, 어머니가 몸이 편찮으시다는 말을 하였을 때, 유능한 수신자일수록 이를 기억하고 이후 어머니의 건강에 대해 물어볼 것이다.

당신이 기억하고 있는 것은 상대가 한 말이 아니라 당신이 기억하고 있는 상대의 말이라는 것을 아는 것이 중요하다. 수신자가 한 말이 단순하게 당신의 기억 속에서 재생되는 것이 아니다. 기억은 재구성된다. 즉, 당신은 수신된 메시지를 이해할 수 있는 방식으로 재구성한다.

누군가 했던 말 또는 여러 사람의 이름을 기억해야 한다면, 이 정보는 단기기억(예: 전화번호를 기억하기 위해 사용되는 기억)에서 **장기기억**으로 전달되어야 한다. 단기기억은 용량이 제한되어 있어 적은 양의 정보만 저장할 수 있지만, 장기기억의 용량은 (이론적으로) 무제한이다. 다음 네 가지 지침은 단기기억 내 정보를 장기기억으로 이동시키는 데 도움이 된다.

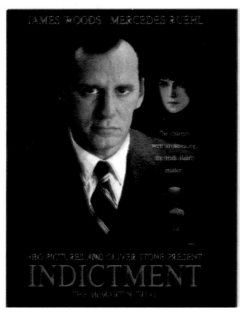

뷰포인트, 거짓기억

거짓기억증후군(false memory syndrome)이라는 용어는 1995년 영화 〈인딕트먼트(기소): 맥마틴 재판(Indictment: The McMartin Trial)〉에서 묘사된 상황과 같이 실제로 일어나지 않았던 과거의 경험을 '기억'하는 현상을 말한다. 거짓기억증후군에 대한 대부분의 연구는 학대 및 외상적 경험에 대한 잘못된 기억에 초점을 두었다. 이런 거짓기억은 치료자와 면접관에 의해 심어진다. 그들의 반복적인 유도질문을 통해 이런 일들이 실제로 일어났다고 믿게 될 정도의 시나리오를 만들어 낸다(Porter, Brit, Yuille, & Lehman, 2000). 어떤 다른 방법으로 거짓기억증후군이 발생할 수 있을까? 이는 어떤 문제를 발생시킬 것인가?

- **집중한다.** 핵심 생각에 주의를 집중한다. 일상적인 대화에도 핵심 생각이 있다. 핵심 생각에 초점을 두어야 한다. 경청하면서 핵심 생각을 되뇌어 본다. 대화와 경청을 방해할 수 있는 사소한 세부사항에 초점을 두지 않는다.

- **조직화한다.** 들은 내용을 조직화한다. 메시지를 쉽게 기억할 수 있는 형태로 요약하되, 중요한 세부사항이나 단서를 간과하지 않도록 주의한다. 자료를 유사한 속성별로 범주화한다면 더 많은 정보를 기억할 수 있다. 당신이 슈퍼마켓에서 사야 할 15~20개의 물건을 기억해야 한다면, 물건을 공산품, 캔류, 육류 등으로 구분하면 더 많이 기억할 것이다.

- **통합한다.** 새로운 정보를 기존 정보와 통합시킨다. 새로운 정보를 당신이 이미 알고 있는 것과 연결하는 것이다. 새로운 정보를 이미 알고 있는 다른 정보와 다른 것으로 취급하지 않는다. 두 정보 사이에 있는 관계를 확인한다면 새로운 정보를 더 잘 기억하게 될 것이다.

- **반복한다.** 이름과 핵심개념을 스스로 되뇌어 보거나 적절한 상황이라면 소리 내어 반복한다. 이름 또는 핵심개념을 반복하는 것은 시연하는 것이고, 그 결과 정보를 학습하고 기억하기 더 쉬워지

게 된다. 당신이 Alice라는 친구를 알게 되었다면 단순히 '안녕'이라고 말하는 것보다 '안녕 Alice!'라고 말하는 것이 이름을 더 잘 기억하는 방법이다.

평가

평가(evaluating)는 당신이 듣는 메시지를 판단하는 것으로 이루어진다. 때로 우리는 전달자의 숨겨져 있는 의도를 평가하지만 대부분 의식하지 않은 채 평가하게 된다. 예로, Elaine은 자기가 승진할 것 같고, 그것 때문에 매우 들떠 있다고 말하고 있다. 이때 당신은 Elaine의 의도를 판단하려고 할 것이다. Elaine은 회사 임원에게 영향력을 행사해 달라고 넌지시 의도를 표하는 것인가? 아니면, 승진할 것이라는 확신에 찬 예감을 모든 사람에게 말하고 있는 것일까? 그것도 아니면 Elaine은 지지를 받고 싶은 것일까? 당신이 Elaine을 잘 안다면 Elaine의 의도를 파악하고 적절히 반응할 수 있게 된다.

다른 상황에서 평가는 비판적 분석이 될 수도 있다. 예로, 사무기기 업그레이드에 대한 사업 미팅에서 사무실 관리자의 제안을 듣는 동안 당신은 평가하게 된다. 즉, '저 제안은 실용적인가? 생산성을 높여 줄 것인가? 그 근거는 무엇인가? 더 실제적인 대안은 없는가?'라고 스스로에게 질문을 던지게 된다. 다음의 3단계를 따르면 경청의 평가 단계를 더 효과적으로 수행할 수 있게 될 것이다.

- **확실히 이해한다.** 전달자의 관점을 완벽하게 이해할 때까지 계속해서 평가해 본다.
- **호의적으로 가정한다.** 전달자의 관점을 호의적으로 가정한 상태에서 해당 관점에 이의제기하는 입장에 대한 논박을 요청해 봄으로써 전달자의 관점을 긍정적으로 판단해 본다(예: 이 새로운 제안을 받아들여야 하는 다른 이유가 또 있나요?).
- **사실과 의견을 구분한다.** 전달자의 개인적 해석과 발표 내용을 구분하고, 전달자의 발표 내용을 편향적으로 만드는 전달자의 선입견, 개인적 관심사, 편견 등을 식별해 본다.

JOURNAL 커뮤니케이션 초이스 포인트

경청 단서
친구들이 당신에게 다음과 같이 말하고 있다. "너는 종종 잘 귀 기울여 듣지 않거나 흥미를 느끼지 못하는 듯한 인상을 주는 것 같아. 그런데 친구들이 너에게 이를 직접적으로 이야기하지 않지." (그리고 당신도 친구들의 말에 동의한다.)
당신이 인상을 바꾸는 데 도움이 될 수 있는 것은 무엇일까? 그것의 장단점은 무엇일까? 당신은 무엇을 할 것인가?

반응

반응(responding)은 두 가지 형태, 즉 (1) 전달자가 말하는 동안 나타나는 반응, (2) 전달자가 말을 멈춘 이후 나타나는 반응으로 구분된다. 전달자가 말하는 동안 나타나는 반응은 지지적이어야 하고 당신이 듣고 있다는 것을 알려 주어야 한다. 이러한 반응을 백채널링 단서(backchanneling cues)라고 한다. 이는 당신이 동의한다는 의미로 고개를 끄덕거리거나 "그렇구나.", "으음"과 같은 말을 할 때 전달자는 당신이 주의를 기울이고 있다는 것을 알게 되는 메시지이다.

전달자가 말을 멈춘 후의 반응은 대부분 더 정교하다. 또한 이 반응에는 공감("당신이 어떤 느낌이었을지 알 것 같아요."), 명료화에 대한 요청("당신이 짠 새 건강 계획은 예전 계획을 완전히 바꾼다는 것인가요? 아니면 예전 계획을 보완한다는 것인가요?"), 도전("내 생각엔 당신이 제시한 근거가 조금 약한 것 같아요."), 동의("당신 생각이 맞는 것 같아요. 투표하게 되면, 당신의 제안을 지지할게요.") 등이 포함되어야 한다. 다음의 몇 가지 지침을 따른다면 반응 단계를 더 향상시킬 수 있을 것이다.

- **지지하고 있음을 표현한다.** 대화 전반에 걸쳐서 당신이 전달자를 지지하며 이해하고 있다는 것을 알게 한다.
- **다양한 백채널링 단서를 사용한다.** 전달자에게 당신이 경청하고 있다는 것을 전달하기 위해 고개 끄덕이기, 적절한 표정 사용하기, "그렇구나."라고 말하기 등을 사용한다.
- **당신의 반응으로 표현한다.** 나−메시지를 사용하여 당신의 생각과 느낌을 자신의 것으로 말한다. "아니. 누구도 그것에 동의하지 않을 거야."라고 말하기보다 "나는 동의하지 않아."라고 말한다.
- **문제를 일으킬 만한 반응은 피한다.** 지나치게 정적이거나 과장된 반응, 단조로운 피드백, 부적절한 피드백, 눈맞춤을 피하는 것, 휴대전화를 지나치게 쳐다보는 것 등은 일반적으로 문제를 일으키는 경청 반응이다.

〈표 3-2〉는 효과적인 경청을 위한 경청 단계와 기술을 요약한 것이다.

<표 3-2> 경청 단계와 효과적인 경청 기술

경청 단계	효과적인 경청 기술
수신 단계는 전달자가 말한 것(언어적, 비언어적)뿐만 아니라 생략된 것까지도 주목하는 단계이다.	• 전달자에게 초점을 둔다. • 방해요인을 무시한다. • 상대의 말을 가로막지 않는다. • 전달자의 말에서 생략된 의미를 고려한다.
이해 단계는 전달자가 의미하는 바를 알게 되는 단계이다. 표현된 생각과 정서를 완전히 이해하는 단계이다.	• 전달자가 실제로 말하기 전에 미리 전달자가 말하려고 하는 것을 알고 있다고 가정하지 않는다. • 전달자의 관점에서 전달자의 메시지를 이해한다. • 명확한 이해를 위해 질문한다. • 전달자의 생각을 당신의 언어로 재진술한다.
기억은 재생하는 것이 아닌 당신이 이해한 대로 회상하는 것, 즉 재구성된다.	• 집중하여 핵심 생각에 초점을 둔다. • 당신이 들은 것을 정리한다. • 당신의 기존 정보와 새로운 정보를 연결시킨다. • 가능하다면, 제목이나 이름, 핵심개념을 소리 내어 되뇌인다.
평가는 메시지를 판단하는 단계이다.	• 당신이 전달자의 관점을 완전히 이해할 때까지 평가하려는 생각을 제지한다. • 전달자의 개인적 생각과 사실을 구분한다. • 전달자의 선입견, 개인적 관심사, 편견을 알아차린다. • 전달자가 모욕적 발언, 과거의 사례, 유행과 같이 대중적이지만 옳지 못한 형태의 '근거'를 제시할 수도 있다는 것을 인식한다.
반응은 전달자가 말하고 있는 동안의 반응과 전달자가 말을 멈춘 이후의 반응, 두 가지 형태로 발생한다.	• 전달자를 지지한다. • 당신의 것으로 반응한다. • '상대의 기분에 대한 반응'을 '문제를 해결해 주려는 것'으로 표현하지 않는다. • 상대에게 초점을 둔다. • 자기 생각으로만 가득 찬 수신자가 되지 않는다.

윤리적 커뮤니케이션: 윤리적으로 경청하기

대부분 커뮤니케이션에서 윤리적 논의는 전달자에게 초점을 둔다. 그러나 듣는 사람도 윤리적 의무가 있다. 이러한 의무는 당신과 상대 간의 관계에 따라 달라진다. '타인'이 인생의 동반자라면 당신의 의무는 매우 크다. '타인'이 낯선 사람이라면 당신의 의무는 덜하다. 일반적으로 관계의 친밀도가 높을수록 지지적이고 솔직한 경청자가 되어야 하는 의무가 있다. 다음은 경청의 몇 가지 오래된 원칙들이다.

- **편견 없이 듣는다.** 상대의 말을 듣기 전에 전달자에 대한 편견을 갖지 않는다. 전달자의 메시지를 이해할 수 있도록 편견과 선입견은 제쳐 두고 공정하게 평가한다.
- **전달자에게 공감한다.** 전달자에게 동의할 필요는 없지만, 정서적으로나 인지적으로 전달자의 말이 무슨 뜻인지 이해하기 위해 노력한다. 그러면 당신은 전달자의 말을 더 풍부하게 이해하게 될 것이다.
- **전달자의 메시지를 솔직하게 반영한다.** 수신자가 능동적인 전달자를 기대할 권리가 있는 만큼, 전달자도 수동적으로 듣기만 하는 사람보다 적극적인 경청자를 기대할 권리가 있다.
- **전달자에게 솔직한 피드백을 준다.** 커뮤니케이션 수업과 같은 학습 환경에서 솔직하고 건설적인 비판을 하는 것은 전달자를 향상시키는 데 도움이 될 수 있다.

이러한 원칙에 의문이 제기된 사례가 있다. 최근 캠퍼스 내 연설자를 향한 학생시위가 그 예이다. 이 학생시위의 요지는 연설자가 많은 사람에게 해를 끼치거나 부적절한 입장을 공개적으로 지지하고 있음을 알게 된다면 연설의 청취를 거부해야 한다는 것이다.

윤리적 초이스 포인트

한 정치인이 졸업식 연설자로 초청되었다. 이 정치인은 대다수의 학생이 반대하고 비도덕적이라고 느끼는 법안을 발의했다. 한 학생 집단은 졸업식 연설 동안 연설이 묻히도록 음악연주 계획을 세웠다.

학생 집단의 계획된 행동은 윤리적이라고 생각하는가? 이유는 무엇인가?

경청의 장벽

3.2 효과적인 경청을 방해하는 네 가지 요인을 기술하고, 경청의 효율성을 증진시킬 수 있는 방안을 알아본다.

경청 단계마다 다양한 기술을 연습하는 것과 더불어 경청의 장벽 중 몇 가지도 알아보자. 다음에서 네 가지의 장벽을 소개하고 수신자와 전달자 모두 그것을 다룰 수 있는 지침을 설명할 것이다. 전달자와 수신자는 효과적인 경청에 대한 책임이 있기 때문이다. 경청의 장벽에 대해 읽으면서 〈표 3-3〉에 제시되어 있는 강의실에서 수업을 들을 때 발생하는 장벽을 고려해 보자.

<표 3-3> 강의실에서의 경청

이 장 전반에 걸쳐 명시하고 있는 경청의 일반 지침과 강의실 상황에서 효과적으로 경청하기 위한 구체적 지침을 제시하였다.

일반 지침	구체적 지침
경청하기 위한 준비를 한다.	교수님이 잘 보일 수 있는 위치에 앉아서 시각적 도움을 받아야 한다. 당신은 귀뿐만 아니라 눈으로도 경청하고 있음을 기억할 필요가 있다.
산만한 요인을 제거한다.	수업 중 공상하거나 딴생각에 빠지지 않기 위해서 노력한다. 노트북, 스마트폰, 신문과 같은 물리적으로 산만한 요인을 제거한다.
개요 형식으로 메모한다.	교수님의 말씀을 그대로 받아 적지 않는다. 수업의 주제를 잘 듣고 그것을 요약하여 노트 필기의 제목으로 사용한다. 예로, 교수님이 "여기 소음에 대한 네 가지 유형이 있습니다."라고 강의한다면, '소음'을 제목으로 사용하고 소음의 네 가지 유형 각각에 숫자를 부여할 수 있다.
관련성을 가정해 본다.	단편적 정보는 상호관련성이 떨어지게 마련이다. 그렇다고 해서 당신이 무관성을 가정하며 듣는다면 당신은 어떤 관련성도 듣지 못하게 될 것이다.
이해하기 위해 경청한다.	당신이 완전히 이해할 때까지 전달자의 말을 문제 삼지 않는다. 물론 당신이 원한다면 문제를 제기할 수 있다. 그러나 이러한 상황에서는 전달자의 주장에 반대하는 당신의 입장을 마음속으로 시연하지 않아야 한다. 그러는 동안 당신은 전달자의 부연설명을 놓치거나 당신이 말할 차례를 놓칠 수도 있다.

물질적 및 정신적 산만함

물질적 장벽은 청각 장애, 소음 환경 또는 시끄러운 음악 등이 있다. 예로, TV를 보면서 상대의 말을 듣는 것은 효과가 없다. 전달자와 수신자는 물질적 장벽이 있다면 제거할 수 있는 것은 무엇이든 제거하도록 노력해야 한다. 제거할 수 없는 상황인 경우, 전달자와 수신자 모두 효과적으로 전달하고 들을 수 있도록 조정이 필요하다.

정신적인 산만함 역시 집중적인 경청에 방해가 된다. 예로, 이번 주 토요일 밤에 있을 데이트에 대한 생각으로 가득 차 있거나, 현재 격한 감정 상태여서 정확하게 경청하거나 생각할 수 없는 상태일 수도 있다. 경청하는 상황에서 데이트에 대한 생각이나 다른 산만한 생각은 나중에 할 수도 있다는 것을 인식해야 한다. 말을 하는 상황에서는 수신자가 집중할 수 있도록 해야 하고 수신자에게 적절한 말을 해야 한다.

JOURNAL 커뮤니케이션 초이스 포인트

혐오적 발언

당신은 몇몇 직장 동료가 서로 모여서 인종차별적인 대화를 하는 것을 듣게 되었다. 당신은 이 말을 듣고 싶지 않고, 이런 종류의 대화에 대해 항의하고 싶다. 그러나 함께 일해야 할 사람과 관계가 불편해지는 것도 원치 않는다. 동료와의 관계적 문제가 발생하지 않는 선에서 당신의 뜻을 알리고 그들의 행동 변화에 영향을 줄 수 있는 방법은 무엇이 있는가? 각 방법의 장단점은 무엇인가?

편향과 편견

편향 또는 편견을 가진 채 듣는 것은 전달자의 메시지를 고정관념적으로 듣는 것이다. 이러한 경청은 당신이 전달자의 인종, 성적 지향, 나이, 성별에 따라 차별적으로 들을 때 발생한다. 당신은 편견을 가진 채 듣는 것이다.

이러한 특성은 메시지에 대한 당신의 평가와 연관되는 경우가 많다. 임신, 자녀 양육, 산아제한, 대리모에 대한 주제를 말하기에 적절한 성별이 있다는 것에 동의할 것이다. 이러한 경우, 전달자의 성별을 고려하는 것을 성차별적이라고 볼 수는 없다. 그러나 특정 영역에 대한 권위는 특정 성별만 가질 수 있다거나 특정 성별의 의견을 가치폄하할 수 있다고 가정하는 것은 성차별적인 경청이다. 인종, 성적 지향, 연령의 필터로 여과하여 경청할 때에도 마찬가지이다.

뷰포인트. 들을 권리

지난 몇 년 동안 우리는 교수가 수업 도중 행한 발언 때문에 학교에서 해고되는 것을 목격했다. 예로, Tampa 대학교는 "Donald Trump를 지지하는 사람들에게 '징벌'로 허리케인 Harvey가 불어닥친 것이다."라고 말한 교수를 해고했다.
이와 같은 행동은 다른 입장을 들을 수 있는 권리를 침해하는 것인가(결국 그것이 대학의 주요한 목적인가)? 아니면 폭동이나 다른 불법적 행위로 이어질 가능성이 있는 혐오발언이나 연설에 대한 대학행정부의 책임 있는 행동인가? 당신의 견해는 어떠한가?

적절한 초점 결여

효과적인 경청을 위해서 전달자가 말하고자 하는 바에 초점을 두어야 한다. 그러나 당신을 유혹하는 것이 많다. 예로, 전달자가 구체적이고 생생한 사례를 제시했을 때 이와 관련한 자신의 오래된 기억을 회상하면서 주의를 빼앗긴다. 이처럼 경청 중에 부적절한 내용에 주의를 기울이면 전달자의 핵심 생각을 놓치게 된다. 핵심 주제에서 멀어지지 않도록 노력해야 한다. 스스로 핵심 생각을 되뇌어 보고 핵심과 관련 있는 세부사항을 보도록 노력해야 한다. 전달자로서 수신자의 주의를 핵심에서 다른 곳으로 돌릴 수 있는 언어나 예는 지양해야 한다.

전달자가 말하는 동안, 수신자 스스로 어떤 반응을 할 것인지에 초점을 두는 것도 잘못된 것이다. 경청하는 동안 어떻게 반응하고 어떤 피드백을 할 것인지 준비하는 것은 완전한 메시지의 경청을 방해한다. 대신 정신적으로 메모하고 다시 경청으로 돌아가야 한다. 전달자 입장에서 누군가가 자신과 논쟁할 준비를 하고 있다고 느껴진다면, 그 사람에게 끝까지 들어 달라고 부탁한다. "저는 여러분이 제 말에 동의하지 않는다는 것 알고 있어요. 그러나 제 말을 끝까지 들어 주시고, 그다음 여러분의 의견에 대해서 이야기해 주세요."

성급한 판단

성급한 판단(premature judgment)에 대한 가장 정확한 형태는 전달자가 말할 내용을 당신이 이미 알고 있고, 들을 필요가 없다고 가정하는 것이다. 전달자가 무슨 말을 할지 이미 알고 있다고 판단하기 전에 전달자가 말하도록 두어야 한다. 전달자의 입장이라면, 수신자는 '분명 이런 말을 하겠지.'라고 가정하는 경우가 있으나, 지금 내가 말하고자 하는 것은 당신이 예측한 것이 아닐 수 있음을 분명히 밝힌다.

흔히 수신자는 불완전한 증거를 바탕으로 결론짓거나 판단한다. 자신의 생각과 반대인 주장을 하는 메시지, 성차별주의적인 메시지, 문화적으로 무지한 메시지를 듣게 되면 그 이후 듣는 것을 멈추려 할 것이다. 오히려 이러한 상황에서는 섣불리 판단하지 않은 채, 화자의 말에 집중적으로 경청을 해야 한다. 그리고 전달자의 핵심적 주장을 기다려야 한다. 당신이 모든 정보를 수집하기 전까지 미리 판단하지 않는다. 먼저 들은 다음 판단을 하는 것이 중요하다. 전달자의 입장이라면 수신자의 이러한 경향성을 알고 있어야 하며, 대화 중 수신자가 성급한 판단을 하고 있다고 느껴지면 판단 중지를 요청한다. "끝까지 들어 주세요."라고 간단히 요청하는 것으로 충분하다.

경청 유형

3.3 경청의 네 가지 유형을 정의하고, 각 유형을 효과적으로 사용할 수 있는 방법을 알아본다.

경청은 상황적이다(Brownell, 2013). 당신이 잘 경청할 수 있는 방법은 당신이 처해 있는 상황에 달려 있다. 예로, 당신은 Jimmy Fallon의 독백을 듣는 것과 같은 방식으로 대통령의 국정

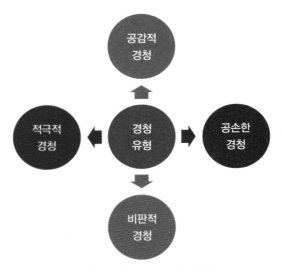

[그림 3-2] 네 가지 경청 유형

연설을 듣지 않는다. 최소한 당신은 (1) 경청 목적(학습, 상대에게 위로의 전달, 판단 등)과 (2) 상대에 대한 정보와 관계(전달자는 과장해서 말하는 경향이 있는가? 이 사람은 지지가 필요한 상황인가?)를 바탕으로 경청을 조정한다. 다음은 많은 경청 상황에서 나타날 수 있는 네 가지 유형의 경청에 대해서 알아볼 것이다. 네 가지 경청 유형이 잘 맞아떨어지는 상황이 있다. 네 가지 유형은 공감적 경청, 공손한 경청, 비판적 경청, 적극적 경청으로 [그림 3-2]에 제시되어 있다.

공감적 경청

상대가 무슨 말을 하고 있으며 어떤 기분을 느끼고 있는지 이해하고 싶다면 어느 정도 공감(empathy)적으로 경청해야 한다(Rogers, 1970; Rogers & Farson, 1981). 타인을 공감한다는 것은 상대가 보는 것과 같이 보고 상대가 느끼는 것과 같이 느끼는 것이다. 예로, 당신의 이웃에 도둑이 들어 소중히 여기는 물건들이 없어졌다는 이야기에 공감적 경청을 한다면 당신도 어느 정도 이웃이 느끼는 상실감과 공허함을 공유할 수 있다. 당신이 공감해야만 상대의 뜻을 온전히 이해할 수 있게 된다. 또한 공감적 경청은 관계를 증진시키는 데 도움이 된다(Barrett & Godfrey, 1988; Snyder, 1992). 최근에는 커뮤니케이션의 언어 및 비언어적 신호를 읽고 관계적 향상을 위한 제안을 제공해 주는 컴퓨터 프로그램이 개발되기도 했다(Bercovici, 2017; Zarya, 2017).

경청의 유형을 읽기 전에 당신의 경청 유형을 미리 점검해 보자.

다음 척도에 제시된 각 문항을 읽고 응답하시오.

1=매우 그렇다, 2=그렇다, 3=보통이다, 4=그렇지 않다, 5=전혀 그렇지 않다

___ 1. 나는 적극적으로 들으면서 전달자를 수용하고 있음을 표현하며, 전달자가 자신의 생각을 더 탐색할 수 있도록 촉진한다.

___ 2. 나는 전달자가 말하는 것과 느끼는 것을 듣고 전달자가 느끼는 것을 이해하려고 노력한다.

___ 3. 전달자를 판단하지 않고 듣는다.

___ 4. 전달자가 소통하는 문자 그대로의 의미를 듣고, 숨은 의미를 깊이 들여다보지 않는다.

___ 5. 나는 적극적인 개입 없이 듣고, 대체로 침묵을 지키며 상대의 말을 받아들인다.

___ 6. 나는 객관적으로 듣고, 메시지의 감정적 의미보다 생각의 논리에 초점을 맞춘다.

___ 7. 메시지가 나의 태도와 신념에 반대되더라도 공손히 듣는다.

___ 8. 내가 정말로 할 말이 있다면 전달자의 말 도중에 끼어들 것이다.

___ 9. 나는 전달자와 전달자의 말을 평가하면서 비판적으로 듣는다.

___ 10. 나는 숨겨진 의미, 즉 미묘한 언어적 또는 비언어적 단서에 의해 드러난 의미를 찾는다.

이 문항들은 우리가 논의하는 경청 유형과 관련되어 있다. 이러한 경청의 방식들은 어떤 때는 적절하나 어떤 때는 적절하지 않다. 이는 상황의존적이다. 따라서 부적절한 응답은 '항상 그렇다' 또는 '전혀 아니다'뿐이다. 효과적인 경청은 구체적인 커뮤니케이션 상황에 맞추어 알맞게 듣는 것이다.

여전히 또 다른 잠재적인 위험은 자신의 감정을 통제할 수 없을 정도로 타인의 감정에 지나치게 공감하는 것이다(Stern & Divecha, 2015). 효과적인 공감을 위해서는 상대의 감정을 함께 느끼되 자신의 감정을 잃지 않는 것이 중요하다.

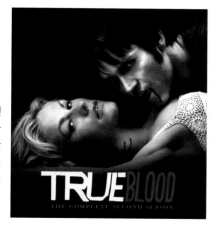

뷰포인트. 공감의 부정적인 효과

TV 드라마 〈트루 블러드(True Blood)〉 중 하나의 에피소드는 두 집단, 즉 겉으로 인간처럼 보이는 사람(이후에 반은 요정으로 밝혀짐)과 흡혈귀 사이의 이해 결여에 따른 **부정적 공감**(negative empathy)의 결과를 보여 준다. 인종, 민족적으로 유사한 사람일수록 공감을 잘하는 반면, 인종, 민족적으로 다른 사람일수록 공감을 덜 하게 된다(Angier, 1995). 내가 속한 집단에 대한 이해도를 높이는 공감은 동시에 다른 집단에 대한 이해도를 떨어뜨린다.

당신은 이러한 공감의 부정적인 영향을 경험 또는 목격한 적이 있는가?

공감적 경청을 위해 다음과 같은 지침을 따를 수 있다.

- **전달자의 입장에서 본다.** 전달자의 시점대로 사건을 보고 이러한 관점이 전달자의 말과 행동에 어떤 영향을 미칠 수 있는지 이해하려고 노력한다.
- **동등한 양방향적 대화에 참여한다.** 개방성과 공감 수준을 높이기 위해 동등함을 방해하는 물리적 및 심리적 장벽을 제거하도록 노력한다. 예로, 직원과 당신 사이의 커다란 책상이 있다면 책상 뒤에서 앞으로 한 걸음 정도 걸어 나올 수 있다. 이러한 제스처는 '말하는 것'이 더 중요하다는 당신의 생각을 보여 주는 신호가 될 수 있다.
- **생각과 감정 모두를 이해하기 위해 노력한다.** 말하는 사람이 느끼는 감정과 그 사람의 생각을 이해할 때까지 경청이 끝났다고 생각하지 않는다.

이 시점에서 당신은 공감을 표현하는 자신의 능력을 시험해 보고 싶을 수 있다. 가까운 지인이 "나 요즘 좀 우울한 기분이 들어."라는 말을 했다 가정하고 가능한 반응을 생각해 보자.

다음에 다섯 개의 반응이 제시되어 있다. 이 반응이 왜 적절하지 않은지, 또는 공감적이지 않은지에 대해 하단의 설명을 읽어 보기 전에 생각해 보자.

친구 1: 나, 우울증에 대한 연구를 본 적이 있는데, 아마 너도 알 거야. UC Berkeley에서 수행된 연구인데, 그 결과는······.

친구 2: 네가 우울증인 것 같다고? 혹시 Pat이랑 얘기해 본 적 있어? Pat은 우울증이거든. 네 증상의 정도는 우울증이라고 말할 수 없어.

친구 3: 그렇다면 너 밖으로 좀 나와야 돼. 너 너무 혼자 있어.

친구 4: 나도 그래. 뭔지 모르겠지만 오늘 아침에 일어나서 너무 우울했어. 꿈에서부터 그런 것 같은데 여전히 우울해. 상담사를 찾아가야 할까?

친구 5: 그래? 그거 정말 심각한 것 같아. 그거 자살 신호일 수 있어. Pat 기억나지? 헤어지고 나서 우울해져서 지붕에서 뛰어내렸잖아.

이러한 반응은 여러 가지 관점에서 볼 수 있다. 다음은 이 반응들이 공감적이지 않은 이유에 대한 설명이다.

- **친구 1**의 반응은 문제를 비인격화한다. 개인의 매우 사적인 사실에 대해서 지성적으로 처리함으로써 친구와 친구의 감정으로부터 대화가 멀리 떨어지게 했다.
- **친구 2**의 반응은 더 나쁜 사례와 비교하면서 친구의 생각과 감정의 중요성을 축소했다.
- **친구 3**의 반응은 친구의 감정을 이해하기보다 문제를 해결하려고 했다.
- **친구 4**의 반응은 상대로부터 대화를 분리하여 자신의 문제에 재초점을 시도했다.
- **친구 5**의 반응은 파국화라고 불리는 반응으로(Bach & Wyden, 1968), 문제를 짐작되는 것보다 더 심각한 것으로 가정하는 것이다.

공손한 경청

　공손함은 전달자만의 기능으로 여겨질 수 있다. 그러나 경청하는 동안에도 공손함 또는 무례함이 전달될 수 있다 (Fukushima, 2000).

뷰포인트. 경청과 예절

경청과 예절에 대한 지식과 연구 대부분은 대면 커뮤니케이션 기술에 집중되었다.

전화나 SNS상의 경청 예절에 대해서는 어떻게 설명할 수 있는가? 동일한 원칙이 적용될 수 있는가? 아니면 SNS상의 전혀 다른 원칙이 필요한가?

　물론 공손하게 듣고 싶지 않을 때도 있다(예: 누군가가 욕설을 하거나, 거들먹거리거나, 인종차별적 또는 성차별적 언어를 사용하고 있는 경우). 이런 경우에는 당신이 경청하지 않고 있음을 보여 줌으로써 반감을 표현할 수도 있다. 그러나 대부분 당신은 공손하게 들으려 할 것이고 경청 행동을 통해 공손한 모습을 표현하고 싶어 할 것이다.

　당신이 공손하게 경청하고 있다는 것을 증명할 수 있는 몇 가지 지침이 있다. 이 전략은 전달자의 적극적 체면과 소극적 체면을 지지하도록 고안되었다.

- **전달자를 방해하지 않는다.** 전달자의 차례를 빼앗지 않는다. 주제를 변경하려고 하지 않는다. 만약 당신이 전달자가 한 말에 대응하여 무언가를 말해야 하고 전달자가 끝날 때까지 기다릴 수 없다면 가능한 짧게 말하고 전달자에게 차례를 재빨리 돌려주어야 한다.
- **힘이 되는 경청 신호를 보낸다.** 고개를 끄덕이는 것, "그렇구나.", "맞아." 등과 같은 짧은 구두 반응, 전달자에게 가까이 다가가는 것 등이 있다. 전달자가 말하고 있는 것이 중요한 것임을 증명하는 방법으로 경청해야 한다. 어떤 문화권에서는 공손한 경청 신호는 동의를 의미한다(예: 일본 문화). 또 어떤 문화에서 공손한 경청의 신호는 동의보다 주의와 지지를 의미한다(예: 미국 문화).
- **전달자에게 공감하고 있음을 표현한다.** 당신이 어느 정도 이해하고 있다는 반응을 보여 줌으로써 전달자의 생각과 감정에 대해서 이해하며 공감하고 있음을 증명해 보인다. 미소를 짓거나 움츠러들거나 또는 전달자의 감정을 따라 하는 태도나 몸짓도 있을 수 있다. 당신이 전달자의 비언어적인 표현을 따라 한다면 당신의 행동은 공감적으로 보일 수 있다.
- **눈맞춤을 유지한다.** 미국 사회에서 눈맞춤은 가장 중요한 규칙 중 하나이다. 누군가가 당

신에게 말을 할 때 당신이 눈맞춤을 하지 않는다면 당신은 경청하지 않거나 예의 없는 사람이라는 평가를 받게 될 것이다. 그러나 이 규칙이 모든 문화권에서 통용되는 것은 아니다. 예로, 라틴아메리카와 아시아 문화권의 경우 지위가 높거나 나이가 많은 사람의 말을 들을 때 공손한 경청은 시선을 아래로 내리거나 직접적인 시선 접촉을 피하는 것이다.

- 긍정적인 피드백을 제공한다. 경청하는 모든 상황 중, 특히 전달자의 차례가 끝나고 난 뒤(전달자의 말에 대해서 당신이 반응해야 하는 대화가 지속되어야 하는 상황) 긍정적인 피드백은 공손함으로 여겨지는 반면, 부정적인 피드백은 무례함으로 여겨진다. 당신이 부정적인 피드백을 주어야 한다면 상대의 체면을 공격하지 않는 방법으로 해야 한다. 먼저, 상대가 말한 것에 대해 좋았던 것 또는 동의한 것에 대해서 언급하여 당신의 좋은 의도를 강조한다. 그

<표 3-4> 예절과 모바일기기

스마트폰과 문자메시지를 어디서든 이용할 수 있는 편재성은 커뮤니케이션의 엄청난 증가를 야기시킬 뿐 아니라 많은 문제도 야기시킨다. 대부분은 예절에 대한 문제이다. 공공장소에서 많이 사용되기 때문에 사람들은 듣고 싶지 않은 대화를 강제로 듣게 되거나 문자메시지를 주고받는 상황에서 주의를 놓치기도 한다.

일반 규칙	예	예외 상황 시
부적절한 상황일 때에는 휴대전화를 사용하지 않는다.	특히 레스토랑, 병원, 극장, 박물관, 통근버스나 기차, 강의실에서 전화 통화는 최대한 하지 않는다.	다양한 상황에서 전화를 해야 한다면 사람이 드문 곳으로 이동한다.
집단 상황에서 문자메시지 주고받기를 하지 않는다.	문자메시지가 모든 사람의 관심사이거나 공유해야 하는 내용이 아니라면 당신이 메시지를 주고받을 동안 모든 사람을 기다리게 하지 않는다.	이 메시지가 특히 중요하다면 양해를 구하고 사람들을 불편하게 한 점에 대해서 사과한다.
휴대전화 벨소리가 울리지 않도록 한다.	휴대전화가 타인을 방해할 수 있는 상황이라면 진동모드로 변경하거나 메시지에 대한 자동응답기능을 실행한다.	전화를 반드시 받아야 하는 상황이라면 가능한 한 조용히 짧게 말한다.
원치 않는 사진이 찍히지 않도록 한다.	포즈를 취하지 않은 사람의 사진을 찍지 말고, 사진 찍힌 사람이 삭제를 요청하면 사진을 삭제한다.	사고가 났거나 강도가 들었다면 그 사건에 대한 사진을 찍어 두어야 한다.
수신상태가 약하다면 전화 대화는 최대한 미룬다.	붐비는 거리나 장소에서의 전화 통화는 안 좋은 수신상태를 유발할 수 있고 이는 상대를 불편하게 할 수 있다.	비상상황에서는 예절보다 비상상황이 우선시되어야 한다.
타인을 배려한다.	당신이 한가한 시간에 전화를 했을지라도 전화받은 상대는 한가하지 않을 수 있다.	지금이 전화할 수 있는 시간인지 먼저 묻는 것이 좋다. 이는 전화를 받은 사람의 자율성을 유지하는 데 도움이 되는 전략이다.

다음 사적으로 피드백을 주는 것이 중요하다. 공적인 비판은 위협적이며 인신공격으로 보일 수 있다.

다른 관점에서 보면 공손하게 경청하는 행동은 수신자가 원치 않음에도 경청하도록 강요받는 것으로 여겨질 수도 있다. 일반적으로 공손한 수신자를 대하는 경우, 상대가 자리에서 일어나기를 원하는지 또는 그만 듣고 싶어 하는지를 민감하게 알아차려야 한다. 예로, 휴대전화 사용자들이 전화 내용을 타인에게 '강제로' 듣도록 하거나, 메시지를 읽거나 응답하는 동안 상대를 기다리게 하는 것이다. 이에 대한 구체적인 내용은 〈표 3-4〉에 제시되어 있다.

> **JOURNAL**   커뮤니케이션 초이스 포인트
>
> **예의 바르게 응답하기**
> 당신이 레스토랑에서 관리자로 일하는데, 단골손님이 직원에 대해 불평한다. "직원이 손님을 대하는 태도가 영 맘에 들지 않네요. 다시는 이곳에 올 일이 없을 것 같군요."
> 고객과 직원을 잃지 않고 말할 수 있는 방법은 무엇인가? 각 방법의 장단점은 무엇인가? 무슨 말을 해야 하는가? 절대 해서는 안 될 말은 무엇인가?

비판적 경청

많은 경청 상황에서 당신은 비판적 평가나 판단을 할 필요가 있다. 가짜 뉴스와 진짜 뉴스의 구별이 어려워지는 오늘날 특히 중요한 기술이다. 친구가 당신에게 하는 이야기 또는 자동차 영업직원의 판매 광고에 대해 **비판적 경청**(critical listening)을 할 때 논리적이고 냉정하게 생각할 것이다. 이때 열린 마음으로 경청하는 것은 메시지를 잘 이해하는 데 도움이 된다. 비판적인 마음으로 경청하는 것은 메시지를 분석하고 평가하는 데 도움이 된다. 비판적 경청 시 다음의 지침을 따른다.

- **열린 마음을 유지한다.** 편견을 갖지 않기 위해 최대한 노력한다. 전달자가 말하는 내용과 의도가 모두 완전히 이해될 때까지 판단을 유보한다. 당신이 합리적으로 완전히 이해할 때까지 긍정적 또는 부정적 평가를 하지 않는다. 친구가 당신을 실망시키는 무언가에 대해서 말할지라도 친구를 이해하는 데 방해가 되는 가치 판단을 보류한다.
- **복합적인 메시지를 필터링하거나 지나치게 단순화하지 않는다.** 바람직하지 않은 메시지를 필터링하지 않는다. 자신이 믿는 것이 사실이 아니라는 것, 자신이 아끼는 사람이 불친절하다는 것 또는 자신의 생각이 자기파괴적이라는 사실에 대해서 듣길 원하는 사람은 없다. 그러나 이러한 피드백을 듣는다면 자신의 신념을 재점검하는 것이 중요하다.
- **자신의 선입견을 인식한다.** 이는 정확하게 경청하는 데 방해가 될 수 있다. 또한 선입견은 동화(assimilation)의 과정을 통해 메시지에 대한 반응을 왜곡시키는 원인이 될 수도 있다.

동화는 당신의 편향, 편견, 기대에 의해 당신이 들은 것을 생각하고 해석하고 통합시키는 경향성을 의미한다.

• **예민해지려는 경향을 제어한다.** 메시지를 한두 가지 측면에서 강조하고 과장하고 꾸미려는 것을 피하고 나머지는 그대로 두어야 한다. 당신을 예민하게 하는 경향이 있는 단어, 문구 등은 전체적 메시지의 부수적인 것이다. 예로, 소개팅 만남 이후 상대가 자신에게 전한 "고마워. 즐거웠어."라는 말을 예민하게 해석하지 않는다. 또한 눈맞춤이 부족했던 것, 어색한 침묵이 흘렀던 것, 휴대전화에 방해받았던 것에 대해서 크게 의미를 부여하지 않는다.

• **언어적 그리고 비언어적 메시지에 집중한다.** 메시지의 일관적이거나 비일관적인 패턴을 인식하면서 전달자의 의미를 추론하기 위한 지침으로 활용한다. 의문이 생기면 질문한다. 생략된 내용에 대해서도 듣는다. 전달자는 자신이 표현한 것뿐만 아니라 생략한 것에 대해서도 소통하고 있다는 것을 기억한다. Harry가 마침내 관계가 끝났기 때문에 이제 모든 것이 괜찮아질 것이라고 말했지만, 그의 눈은 풀이 죽어 있었고 깊은 한숨을 쉬었으며 손을 꼭 잡고 말했다면, Harry는 실제로는 상처받았고 괜찮지 않다고 추론할 수 있다.

적극적 경청

우리가 학습해야 하는 가장 중요한 커뮤니케이션 기술 중 하나는 **적극적 경청**(active listening)이다(Gordon, 1975). 다음의 상호작용을 상상해 보자. 당신은 예산보고서 전체를 다시 작성해야 한다는 것에 대해 좌절하여 다음과 같이 말한다. "이 보고서 전체를 다시 해야 한다는 게 믿기지 않아요. 저는 이 프로젝트에 열심히 참여했는데 그것을 처음부터 다시 해야 해요." 이 말을 들은 세 사람이 각자 다르게 반응하고 있다.

Apollo: 이게 그렇게 나쁜 것만은 아니에요. 대부분의 사람은 이 보고서의 초안을 다시 작성해야 한다고 생각해요. 이건 굉장히 정상적인 거예요.

Athena: 즐겁게 생각해요. 당신이 했던 모든 일을 간단하게 다시 작성하는 것이에요. Peggy와 Michael 모두 프로젝트를 완전히 다시 작성해야 했어요.

Diana: 지난 3주 동안 작성한 보고서를 다시 써야 한다고요? 당신 정말 화나고 좌절감이 들었겠어요.

세 명의 수신자는 아마도 당신의 기분을 더 좋게 해 주려고 애썼을 것이다. 그러나 그들은 서로 다른 방식을 택했고, 우리는 확실히 서로 다른 결과를 가져왔을 것이라고 확신한다.

Apollo는 다시 작성하는 것의 중요성을 축소시키려고 노력했다. 이러한 유형의 잘 의도된 반응은 굉장히 흔하지만 의미 있는 커뮤니케이션과 이해를 촉진하는 데 도움이 거의 되지 않는다. Athena는 상황을 긍정적으로 보려고 노력했다. 그러나 Apollo나 Athena의 반응은 당신이 경험하는 감정을 느껴서는 안 된다고 제언하고 있다. 그들의 피드백은 당신의 감정이 옳지 않으므로 더 논리적인 감정으로 대체되어야 함을 암시한다.

한편, Diana의 반응은 그들과는 다르다. Diana는 적극적 경청을 사용했다. Thomas Gordon(1975)이 부모역할훈련(Parent Effectiveness Training: PET) 기법의 초석으로 삼았던 적극적 경청은 듣는 사람이 전달자의 말에 내포된 내용과 감정을 다시 전달자에게 전달하는 과정이다. 적극적 경청은 단순히 전달자의 말을 정확하게 반복하는 것이 아니라 전달자의 전체 메시지에 대한 이해를 바탕으로 의미 있는 전체로 통합하는 것을 의미한다.

적극적 경청의 기능   적극적 경청은 몇 가지 중요한 기능이 있다. 적극적 경청은 당신이 이해했는가를 확인할 수 있게 해 준다. 이는 경청자로서 당신이 전달자의 말, 즉 의도를 이해했는지 확인하게 도와준다. 인식된 의미를 전달자에게 반영해 주면 전달자는 잘못 전달된 의미를 바로잡고 명료화할 기회를 갖게 될 것이다.

두 번째, 적극적 경청을 통해 당신이 전달자의 감정을 알게 되고, 수용하고 있음을 전달자에게 알릴 수 있다. 앞에 주어진 예시의 반응에서 처음 두 수신자는 전달자의 감정에 도전했다. 적극적 경청자였던 Diana는 그녀가 생각하는 당신의 뜻을 당신에게 되짚어 주었고, 당신의 감정을 수용해 주었다. 게다가 Diana는 명백하게 당신의 정서를 알아차렸다. Diana는 당신이 '화나고 좌절'한 것처럼 들린다고 언급해 주었고, 필요하다면 그녀의 해석을 교정할 수 있는 기회를 당신에게 제공했다.

세 번째, 적극적 경청은 전달자 스스로의 감정과 생각을 탐색하도록 자극한다. 예로, Diana의 반응은 당신의 감정을 상세히 표현할 수 있도록 격려한다. 이렇게 감정에 대해서 자세히 설명할 수 있는 기회는 다른 누군가와 대화를 하면서 자신의 감정을 다루는 데 도움이 될 수 있다.

적극적 경청의 기술   여기 네 가지의 간단한 기술은 당신이 성공적으로 적극적 경청을 하도록 도와줄 것이다.

- **전달자의 의미를 재진술한다.** 당신이 생각한 전달자의 의미와 느낌을 당신의 언어로 재진술하는 것은 명확하게 이해하고 전달자에게 당신의 관심사를 보여 주는 데 도움이 된다.

재진술은 전달자가 말한 것의 의미를 확장할 수 있는 기회를 준다. Diana가 당신의 생각을 되풀이해 주었을 때, 당신이 예산보고서를 다시 작성하는 것이 왜 그렇게 벅찬지에 대해 상세히 설명할 기회가 주어진다. 특히 당신이 생각하는 전달자가 지향해야 하는 방향성대로 전달자를 이끌지 않도록 주의한다. 또한 재진술을 과장하지 않는다. 재진술은 몇 마디만으로도 충분하다. 당신이 잘못 이해했다고 느꼈을 때, 상대에게 지지를 표현하고 싶을 때, 대화를 이어 나가고 싶을 때 재진술할 수 있다.

- **전달자의 감정에 대해 이해했음을 표현한다.** 내용의 재진술과 더불어 전달자가 표현했거나 함축하고 있는 감정을 되풀이한다("너 정말 참담했겠다."). 이러한 감정의 표현은 전달자의 감정에 대해 당신이 인지한 바를 확인할 수 있다. 또한 전달자가 자신의 감정을 객관적으로 볼 수 있도록 돕는다. 특히 전달자가 분노, 상처 또는 우울감을 느낄 때 그러하다.
- **질문한다.** 질문하는 것은 전달자의 생각과 감정에 대한 당신의 이해를 강화하고 추가적인 정보를 이끌어 낸다("직업평가보고서를 읽었을 때 어떤 기분이 들었나요?"). 질문은 전달자의 생각과 감정을 더 상세히 말할 수 있도록 충분한 자극을 제공해 주고 지지해 줄 수 있다. 이러한 질문은 전달자에 대한 당신의 관심사를 확인시켜 준다. 그러나 어떤 식으로든 관련 없는 내용을 캐묻거나 전달자에게 이의를 제기해서는 안 된다.

다음 대화 전반에서 사용되는 적극적 경청 기술을 주목해 보자.

Pat: 그 얼간이가 저를 강등시켰어요. 그가 말하길 나는 유능한 매니저가 되기엔 아직 부족하다고 하네요. 내가 이 회사를 위해 일한 결과가 강등이라니. 도저히 믿을 수가 없어요.

Chris: 나도 그렇게 생각해요. 매니저로 근무한 지 3~4개월 정도 되었잖아요. 그렇죠?

Pat: 3개월 조금 넘었어요. 제가 견습 중인 것은 알고 있었지만, 저는 일을 잘하고 있다고 생각했어요.

Chris: 또 기회가 있는 거죠?

Pat: 네. 그는 몇 달 뒤에 다시 시도해 볼 수 있다고 말했어요. 그러나 전 실패자처럼 느껴져요.

Chris: 무슨 말인지 알아요. 형편없는 것처럼 느껴지죠. 그는 또 뭐라고 말했어요?

Pat: 그는 제가 제 시간에 서류작업을 완수하지 못한다고 말했어요.

Chris: 보고서 제출이 늦었었나요?

Pat: 몇 번 그랬어요.

Chris: 서류작업을 위임할 수 있는 방법이 있어요?

Pat: 아니요. 그러나 나는 이제 무엇이 필요한지 알 것 같아요.

Chris: 매니저 직급에 다시 한번 도전해 볼 준비가 된 것처럼 보이네요.

Pat: 나도 그렇게 생각해요. 앞으로 몇 달 안에 다시 신청할 생각이라는 걸 그에게 알리겠어요.

이 짧은 대화 안에서 Pat은 분노와 실패의 감정에서 불쾌한 상황을 바로잡겠다는 결심으로 옮겨 갔다. Chris는 해결책을 제시하지 않고, 그저 적극적으로 들어 주었다는 것을 주목하자.

대화를 통해 당신이 이해한 바를 전달자에게 되돌려 줄 때, 특히 '해결 메시지(solution messages)'(Gordon, 1975)라는 것을 전달하지 않도록 주의해야 한다. 이는 그가 어떻게 느껴야 하고 무엇을 해야만 하는가에 대해서 말하는 방법이다. 다음과 같은 방식의 해결 메시지는 피하는 것이 좋다.

- 명령적 메시지. "그것을 하세요.", "손대지 마세요."
- 경고성, 위협성 메시지. "당신이 그것을 하지 않으면 당신은…….", "당신이 이렇게 하면 당신은……."
- 설교 또는 도덕적 메시지. "사람들은 모두 ……해야만 해요.", "당신은 ……할 책임이 있습니다."
- 조언 메시지. "……해 보는 게 어때요?", "내 생각에 당신은 ……해야 해요."

당신의 적극적 경청 기술을 점검해 보자. 이 기술은 당신이 맺고 있는 관계를 향상시켜 줄 것이다.

다음 각 상황에 적극적 경청으로 응답해 보시오.

1. 친구가 방금 연인과 이별하고 난 뒤 그 이야기를 하고 있다. "나는 Chris를 내 기억에서 지울 수 없을 것 같아. 나는 우리가 하곤 했던 것과 즐거웠던 것에 대해서만 생각날 뿐이야."

2. 어린 조카가 당신에게 부모님과 대화가 도통 되지 않는다고 말한다. 그가 아무리 노력해도 부모님은 듣지 않는다. "나는 부모님께 야구에 소질이 없는 것 같아서 하고 싶지 않다고 말하고 싶었어요. 그러나 부모님은 내 말을 듣지 않으셨고, 나에게 연습이 더 필요하다고만 말씀하셨어요."

3. 어머니는 직장에서 힘든 시간을 보냈다. 어머니는 최근 승진의 기회를 놓쳤고 회사에서 가장 낮은 연봉을 받고 있다. "나는 내가 무엇을 잘못했는지 잘 모르겠어. 나는 내 일을 신경 써서 최선을 다하고 있어. 다른 사람들처럼 병가도 내지 않았어. 그런데 회사는 어떻게 겨우 2년밖에 안 된 Helen을 승진시킬 수 있지? 나 그만둬야 할 것 같아."

경청의 차이: 문화와 성별

3.4 경청에서 발견된 주요한 문화 및 성별 차이를 알아본다.

전달자와 수신자 간 커뮤니케이션 체계에는 불가피한 차이가 있기 때문에 경청을 한다는 것은 쉽지 않은 일이다. 개개인은 일련의 독특한 경험을 바탕으로 커뮤니케이션과 의미 체계를 구성하기 때문에 개개인의 커뮤니케이션과 의미 체계는 독특할 수밖에 없다. 전달자와 수신자가 상호 다른 문화적 배경을 갖거나 성별이 다를 때 그 차이와 효과는 더 커진다. 여기에서 다루는 문화 지도의 특징은 Geert Hofstede, Gert Jan Hofstede와 Michael Minkoff가 집필한 『세계의 문화와 조직: 정신의 소프트웨어(Cultures and Organizations: Software of the Mind)』(2010)에서 발견된 문화적 차이를 강조하고 있다. 우리는 이 연구진이 정의한 남성성과 여성성이라는 용어를 사용하여 문화에 대해 설명할 것이다. 경청의 차이에 대한 내용을 읽으면서 남성성과 여성성은 문화적 수준뿐만 아니라 개인적으로도 다를 수 있음을 기억해야 한다. 사실, 어떤 사람은 이 용어를 완전히 거부하기도 한다. 그 이유는 많은 사람의 다양한 삶의 경험을 반영하지 않는 경직된 이분법적 개념이기 때문이다.

문화와 경청

서로 다른 문화권의 사람들이 함께 살고 일하는 오늘날의 다문화 사회에서 문화적 차이가 경청에 미칠 수 있는 방법을 이해하는 것은 특히 중요하다. 경청에 영향을 미치는 문화의 요인 중 (1) 언어와 말하는 방식(speech), (2) 비언어적 행동, (3) 피드백에 대해서 설명할 것이다.

언어와 말하는 방식 같은 언어를 쓰는 전달자와 수신자가 대화할 때도 그들은 다른 의미와 다른 억양을 쓰면서 말한다. 같은 언어권에 있는 전달자들도 최소한 같은 단어를 다른 의미로 사용할 수 있다. 개개인의 경험이 다르기 때문이다. 예로, '부모'라는 단어에 대한 의미는 보육원에서 자란 사람과 전통적인 가정에서 자란 사람에게 확연히 다를 것이다.

모국어가 다르고 영어를 제2외국어로 배운 전달자와 수신자는 의미의 더 큰 차이를 갖게 될 것이다. 넓은 땅에 자기 집을 짓고 사는 문화에서 '집'이라는 개념을 배운 사람은 아파트나 고층 주택이 즐비한 곳에서 '집'이라는 개념을 배운 사람과 커뮤니케이션하는 데 어려움을 겪을 수 있다. 우리가 '집'이라는 단어를 들을 때, 각자가 생각하는 의미는 극단적으로 달라질 것이다. 이(異)문화 집단 간 소통하는 환경에서 같은 언어를 사용함에도 불구하고 전달자의 뜻과 당신이 생각하는 것은 다를 수 있다.

　미국 학교 내 많은 교실에는 다양한 영어 억양을 사용하는 사람이 있다. 중국어와 같이 모국어에 성조가 있는 언어(성조의 차이마다 단어의 의미가 달라지는 것)를 사용하는 사람은 타인이 잘 알아들을 수 없는 억양으로 영어를 말할 수도 있다. 일본어가 모국어인 사람은 r과 l을 구별하는 데 어려움을 겪을 수 있다. 일본어가 두 발음을 구분하지 않기 때문이다. 모국어는 여과망의 역할을 하여 제2외국어의 억양에 영향을 줄 수 있다.

비언어적 행동　　상호 다른 문화권을 갖는 전달자는 상호 다른 표현규칙을 갖고 있다. 즉, 공적 상황에서 어떤 행동이 적절하고 부적절한지 정해져 있는 문화 규칙이다. 당신이 타인의 말을 들을 때 당신 또한 그들의 비언어적인 말을 '듣는다'. 만약 비언어적인 신호가 언어적 메시지를 근거로 예측할 수 있는 것과 크게 다르다면, 당신은 그것을 방해(noise), 혼선 또는 모순적인 메시지로 생각할 수도 있다. 예로, 직장 동료가 당신과 대화 도중 내내 눈을 피한다면 당신은 이를 수줍음 또는 거짓말을 숨기려는 표시로 해석할 수도 있지만, 이는 단지 그녀가 속해 있는 문화 규칙의 표현일 수도 있다. 실제 집단주의 문화권에서는 직접적인 눈맞춤을 예의 없는 것 또는 부적절한 것으로 여긴다(Axtell, 2007). 반면, 개인주의 문화권에서 직접적인 눈맞춤은 정직함 또는 솔직함의 표시로 여긴다. 또한 같은 비언어적 제스처도 문화마다 서로 다른 의미를 가진다. 예로, 엄지와 검지를 이용해 원을 만드는 제스처는 미국에서는 'OK'라는 뜻이지만 일본에서는 '돈', 일부 지중해 국가에서는 '0', 튀니지에서는 '널 죽일 거야.'라는 뜻이다.

피드백　　어떤 문화의 구성원은 매우 직접적이고 솔직한 피드백을 준다. 개인주의 문화권(미국이 대표적임)의 사람은 듣고 느낀 바를 솔직하게 반영하여 피드백해 줄 것이라고 기대한다. 그러나 집단주의 문화권(일본과 한국)의 사람은 솔직하게 피드백하는 것보다 상대의 체면을 존중하는 측면에서 긍정적인 피드백을 주는 것이 더 중요하다고 생각한다. 따라서 사람들은 솔직한 생각을 말하기보다 긍정적인 방식의 피드백을 준다(예: 사업 파

JOURNAL　커뮤니케이션 초이스 포인트

해결하기보다 지지하기
당신은 인생에서 중요한 결정을 내려야 할 때가 있고, 생각을 명확하게 하기 위해 누군가와 생각을 나눌 필요가 있다. 이때 낭만적 파트너는 지지적인 경청자가 되기보다 문제를 해결하려고 노력한다.
해결책의 제공보다 안전한 지원책이 될 수 있는 말은 무엇인가? 각각의 장단점은 무엇인가? 당신은 뭐라고 말할 것인가?

문화 지도: 남성성과 여성성

온라인 관계에서의 우정 및 대면 관계에서의 우정, 낭만적 관계, 가족, 직장관계가 우리의 삶을 지배한다. 이러한 관계는 남성성-여성성 문화차에 의해 영향을 받는다. 공격적이고 야심적이며 경쟁적인 남성성 문화는 겸손하고 부드럽고 관계중심적인 여성성 문화가 장려하는 관계와 다른 관계를 장려할 것이다.

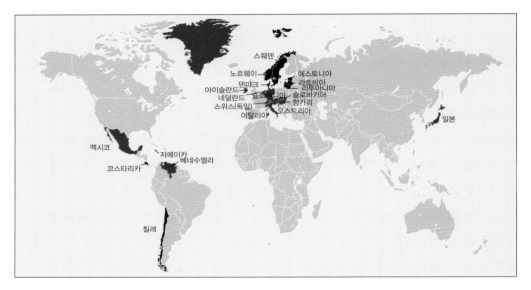

■ 빨간색 지도의 국가들은 남성성이 가장 높은 나라이다. **남성성 문화**는 공격성, 힘, 성공을 강조하고 구성원을 자기주장적, 경쟁적, 야망을 갖도록 사회화한다.

■ 파란색 지도의 국가들은 여성성이 가장 높은 나라이다. **여성성 문화**는 물질적인 성공보다 겸손, 삶의 질, 관계에 대한 관심을 강조한다.

비판적으로 생각해 보기

당신의 관계를 생각해 보자(친구, 연인 등).

당신은 주로 남성적인 성향을 가진 사람과 함께하는가? 아니면 여성적인 성향을 가진 사람과 함께하는가? 차이가 있다면 무엇인가?

트너의 제안에 대한 코멘트 제공 상황). 메시지처럼 문화마다 피드백에 대한 다른 관점이 있다는 것을 유념하면서 피드백을 들어야 한다.

성별과 경청

언어적 메시지와 비언어적 메시지를 사용하기 위해 다른 스타일을 배우듯 남성과 여성은 경청의 다른 유형을 학습한다. 당연하게 이러한 다른 유형은 이성 간 커뮤니케이션에 어려움을 일으킬 수 있다. 다음은 언어학자이면서 베스트셀러 작가인 Deborah Tannen(1990)의 베스트셀러인 『그래도 당신을 이해하고 싶다(You Just Don't Understand: Women and Men in Conversation)』(정명진 역)의 내용을 요약했다. 이 책은 남성과 여성의 커뮤니케이션 스타일에 대한 일반적 시각을 제공해 준다. 물론 이러한 일반화는 다양한 방식의 개인차를 가리기도 한다. 그래서 저자는 여성이라는 단어에 대해서 모든 여성이 아닌 '많은 여성'을 말하고 있으며, 남성이라는 단어 역시 모든 남성이 아닌 '많은 남성'을 언급한다.

친교적 대화와 보고식 대화　Tannen(1990)에 의하면 여성은 감정을 나누고, 친교를 쌓으며 가까운 관계를 정립하기 위해서 경청한다. 반면, 남성은 자신의 전문지식을 발휘하고 강조하면서 상호작용을 지배하기 위해 경청한다. 남성의 대화 초점은 정보 보고에 있다. 여성은 대화에서 호감을 얻기 위해서 동의를 표현하는 반면, 남성은 존중받기 위해서 자신의 지식과 전문성을 보여 주려고 한다.

경청의 신호　남성과 여성은 서로 다른 유형의 경청 신호를 준다. 이는 결과적으로 그들이 다른 방식으로 듣고 있다는 것을 보여 준다. 대화에서 여성은 "맞아.", "응."과 같은 짧은 응답을 하거나 동의의 신호로 고개를 끄덕이거나 미소를 보이는 등의 많은 경청 신호를 사용한다. 남성은 피드백이 될 만한 경청 신호를 주지 않으면서 조용히 듣는 경향이 있다. 여성은 남성보다 들을 때 눈을 더 많이 마주치며, 남성은 듣는 동안 쉽게 주변을 둘러보거나 전달자로부터 멀어지기도 한다(Brownell, 2013). 이러한 차이 때문에 여성이 남성보다 더 잘 듣는 것처럼 여겨진다.

경청의 목적과 경청의 양　Tannen(1990, 1994a)은 여성이 남성에게 귀 기울이는 것에 비해 남성은 여성에게 덜 귀 기울이는 경향이 있다고 주장했다. Tannen은 이에 대해, 듣는 것은 열등한 입장에 놓이는 것이지만 말하는 것은 우월한 입장에 놓이는 것이기 때문이라고 설명했다. 남성은 듣는 동안 더 대립적인 자세를 취하며 논쟁적인 질문을 하거나 자신의 전문지식을 드러내기 위한 방식으로 전달자 입장의 허점을 찾아내려는 것처럼 보일 수 있다. 여성은 남성보

뷰포인트. 성별에 따른 경청의 차이

통념적으로 남성은 자신의 우월성을 증명하기 위해 듣는 반면, 여성은 잘 보이기 위해 듣는다고 믿었다. 이러한 고정관념이 타당하다는 증거가 없음에도 불구하고 사람들은 이성에 대한 가정을 고수하려고 한다.
당신은 남성과 여성이 경청하는 방식의 차이에 대한 설명을 믿는가?

다 지지적인 질문을 하고 건설적인 비판을 할 가능성이 높다. 남성과 여성은 동성과 이성 모두에게 이런 식으로 행동한다. 그들이 커뮤니케이션하는 사람이 남성인지 여성인지에 따라 그들의 일상적 말투와 듣기 방식이 달라지지는 않는 것 같다.

많은 연구자가 Tannen의 성별 차이에 대한 주장을 뒷받침할 충분한 증거가 있음에 동의하지 않는다(Goldsmith & Fulfs, 1999). 성별 차이는 급격하고 빠르게 변화하고 있다. 성별에 대한 일반화는 결론보다는 조사연구의 출발지점으로 보는 것이 가장 좋다(Gamble & Gamble, 2003). 나아가 각자의 경험에서 확인한 사실과 같이 성별 차이보다 유사점이 훨씬 더 많다는 것을 기억해야 한다.

개념 요약

이 장에서는 경청의 장벽, 경청 유형과 경청의 차이를 고려하면서 경청 기술을 향상시킬 수 있는 방법을 알아보고 논의했다.

경청 단계

3.1 경청과 경청의 5단계 과정을 정의하고, 각 단계에서 경청의 정확도를 향상시킬 수 있는 방법을 설명한다.

1. 경청은 광범위한 전문적 직업 상황과 개인적 관계의 성공에 필수적이다.

2. 경청은 '언어/비언어적 메시지를 수신하고 의미를 구성하며 응답하는 과정'으로 정의한다.

3. 경청은 다양한 목적을 갖는다. 학습하기 위해, 타인과 관계를 맺기 위해, 타인의 태도, 신념, 행동에 영향을 미치기 위해, 재미있는 시간을 보내기 위해, 돕기 위해 경청한다. 경청은 수신, 이해, 기억, 평가, 반응과 같은 5단계의 과정이다.

4. 수신자와 전달자는 효과적인 경청을 위한 책임을 모두 가진다.

경청의 장벽

3.2 효과적인 경청을 방해하는 네 가지 요인을 기술하고, 경청의 효율성을 증진시킬 수 있는 방안을 알아본다.

5. 효과적인 경청의 장벽은 물리적 및 정신적 산만함, 편향과 편견, 적절한 초점 결여, 성급한 판단 등이 있다.

경청 유형

3.3 경청의 네 가지 유형을 정의하고, 각 유형을 효과적으로 사용할 수 있는 방법을 알아본다.

6. 효과적인 경청은 상황에 따라 조정하는 것이다. 유용한 스타일로는 공감적 경청, 공손한 경청, 비판적 경청, 적극적 경청 등이 있다.

경청의 차이: 문화와 성별

3.4 경청에서 발견된 주요한 문화 및 성별 차이를 알아본다.

7. 문화는 경청에 다양한 방식으로 영향을 미친다. 경청을 어렵게 하는 것은 언어와 말하는 방식, 비언어적 행동, 피드백의 문화적 차이가 있다.

8. 남성과 여성은 다른 몇 가지 이유로 다르게 경청한다. 예로, 여성은 남성보다 "나 잘 듣고 있어."라는 메시지를 더 많이 보낸다. 이론가들에 따르면, 여성은 공감과 지지를 표시하기 위해서 경청을 사용하는 반면 남성은 듣는 사람을 약자로 보는 경향이 있기 때문에 경청을 최소화하려고 한다.

기술 요약

이 장에서 경청에 대한 다양한 내용을 확인했다. 다음에 제시된 내용을 읽어 보고 더 노력할 필요가 있는 항목에 (∨) 체크하시오.

_____ 1. 경청할 때 여러 목적(예: 배움, 관계, 영향력, 놀이, 도움)이 있다는 것을 인지하고, 나의 목적에 맞게 경청을 조정한다.

_____ 2. 경청은 여러 단계에 걸쳐 있는 과정임을 알게 되었고, 수신, 이해, 기억, 평가, 반응 각각의 단계에 맞는 적절한 경청 행동을 조절한다.

_____ 3. 메시지를 수신할 때, 전달자의 언어와 비언어적 메시지에 주의를 기울이고, 산만한 요인을 제거하며, 전달자가 말하고 있는 것에 초점을 두고, 다음에 내가 할 말에 대해 집중하지 않는 전략 등을 통해 효과적인 경청을 할 수 있도록 노력한다.

_____ 4. 내가 알고 있는 것과 새로운 정보를 연결시키고, 전달자의 관점에서 메시지를 보려고 노력함으로써 경청에 대한 이해를 촉진한다.

_____ 5. 전달자의 메시지를 기억할 때, 머릿속에서 확실하게 기억하기 위해 핵심적 아이디어와 그 근거자료를 확인하고, 주요 아이디어를 요약하며 중요한 개념을 반복한다.

_____ 6. 메시지를 평가할 때 나는 우선 전달자의 관점을 이해하고, 전달자의 선입견이나 개인적 관심사를 구분해 내기 위해 노력한다.

_____ 7. 반응하는 과정에서 나는 전달자에게 호의적 지지를 표하되 나만의 생각과 감정을 가진다.

_____ 8. 경청의 장벽(예: 산만함, 편견, 초점의 결여, 성급한 판단)을 염두하며, 그 효과를 줄이기 위해 노력한다.

_____ 9. 나는 공감적 경청, 공손한 경청, 비판적 경청, 적극적 경청의 측면에서 나의 경청을 알아차리고 조정한다.

_____ 10. 나는 상황에 따라 전달자의 뜻을 재진술하고, 전달자의 감정에 대한 나의 이해 정도를 표현하며, 질문함으로써 적극적 경청을 사용한다.

_____ 11. 나는 경청을 할 때 문화의 영향을 받을 수 있을 뿐만 아니라 문화적 차이가 있음을 알고, 이(異)문화적 상황에서 경청할 때 이러한 점을 유의한다.

_____ 12. 나는 경청에서 성별 차이가 있음을 알고, 이성과 상호작용할 때 이에 유의한다.

핵심 용어

이 장에서 논의된 주요 용어이다. 이 용어의 정의는 이 장의 본문에서와 책의 뒷부분에 수록된 용어집에 제시되어 있다.

거짓기억증후군	공손한 경청	비판적 경청
경청	단기기억	장기기억
공감	백채널링 단서	적극적 경청
공감적 경청	부정적 공감	

언어적 메시지

4

"언어적 메시지는
다양한 형태로 이루어져 있다."

이 장의 주제

- 언어적 메시지의 원리
- 부정과 인정
- 언어적 메시지 효과적으로 사용하기

학습 목표

4.1 언어적 메시지의 원리를 설명한다.

4.2 인정과 부정을 설명하고, 적절한 문화정체성의 예를 제시한다.

4.3 언어가 사고를 왜곡시킬 수 있는 방법에 대해서 설명하고, 논리적으로 상호작용할 수 있는 방법을 제안한다.

메시지는 언어적 신호와 비언어적 신호가 함께 주어지는 행위이다(Pittenger, Hockett, & Danehy, 1960). 대부분 언어적 행동과 비언어적 행동은 각각을 강조하거나 보완한다. 예로, 당신은 휴식하며 이완된 상태로 무서움을 표현하지 않는다. 또한 다정하고 생기 넘치는 말을 하면서 화가 난 얼굴표정을 짓지 않는다. 인간은 생각과 감정을 표현하기 위해 언어와 비언어를 통합된 전체로서 작동시킨다. 한편, 언어적 메시지와 비언어적 메시지는 상호 모순되기도 한다. 우리는 식사 상황에서 "맛있다."고 말하면서 조금만 먹기도 하고, "좋다."고 말하면서 상대와의 눈맞춤을 피하기도 한다. 언어적 및 비언어적 메시지가 서로 지지적이든 모순적이든 두 신호는 함께 나타난다. 이 장에서 우리는 언어적 메시지 체계에 초점을 둘 것이다. 즉, 언어적 메시지의 핵심 원리, 인정과 부정의 개념, 언어적 메시지를 효과적으로 사용할 수 있는 방법에 대해서 알아볼 것이다. 비언어적 메시지는 다음 장에서 다룰 것이다.

언어적 메시지의 원리

4.1 언어적 메시지의 원리를 설명한다.

[그림 4-1] 언어적 메시지의 원리

언어적 메시지는 문법의 규칙을 따른다. 당신은 발화를 마음대로 할 수 없고, 단어를 임의적으로 쓸 수 없으며, 여러 단어를 마음대로 붙여 쓸 수 없다. 그러나 문법의 규칙을 따르는 것만으로 효과적인 커뮤니케이션이라고 볼 수 없다. 이제 효과적인 커뮤니케이션을 돕는 일곱 가지 언어적 메시지의 원리를 알아볼 것이다. [그림 4-1]에서 확인할 수 있다.

메시지의 의미는 사람에게 있다

어떤 사람이 소통하려는 의미를 알아채기 위해서 우리는 말뿐만 아니라 그 사람을 주의 깊게 알아봐야 한다. 예로, 방금 자녀가 암이라는 진단을 받은 엄마와 종양학자에게 있어 암(cancer)이라는 단어는 다른 의미를 가질 수도 있다.

또한 당신이 변함에 따라 과거에 사용했던 메시지의 의미가 바뀌기도 한다. 전달된 메시지 자체는 변하지 않지만, 그 메시지에 대한 어제의 의미와 오늘의 의미는 상당히 다를 수 있다. 어제 연인이 당신에게 "너를 사랑해."라고 말했을 때, 당신은 그 메시지에 특정한 의미를 부여했다. 그러나 오늘 연인이 다른 이성에게 "사랑해."라고 말했음을 알게 되었다면, 어제 들었던 메시지의 의미가 달라지게 된다.

메시지는 명시적이면서 함축적이다

우리는 언어적 메시지를 명시적 또는 함축적으로 사용한다. **명시성(denotation)**은 용어의 객관적 의미로서 사전에서 찾을 수 있는 의미를 말한다. 이는 특정 언어를 함께 쓰는 사람들이 어떤 단어에 부여한 의미이다. **함축성(connotation)**은 특정한 전달자나 듣는 사람이 특정 단어에 부여하는 주관적인 의미 또는 정서적인 의미이다. 예로, 이주자(migrants)라는 단어는 경제적 조건을 향상시키기 위해 미국으로 건너온 멕시코인을 지칭하고, 이민자(settlers)라는 단어는 똑같은 이유로 미국으로 건너온 유럽인을 의미한다(Koppelman, 2005). 이 두 용어는 본질적으로 동일한 행위를 지칭하지만, 함축하는 바는 매우 다르다. 이주자는 보통 부정적으로 여겨지고 이민자는 긍정적으로 여겨진다.

언어학자인 S. I. Hayakawa(Hayakawa & Hayakawa, 1989)는 명시성과 함축성의 구분을 명확히 하기 위해 **으르렁말(snarl words)**과 **가르랑말(purr words)**이라는 용어를 제안했다.[1] "그녀는 바보 같아.", "그는 돼지야.", "그들은 패배자야."처럼 으르렁말은 부정적이다. 반면에 "그녀는 정말 사랑스러워.", "그는 꿈같아.", "그들은 최고야."와 같이 가르랑말은 긍정적이다. 으르렁말과 가르랑말은 명시적 의미를 갖는 것처럼 보이거나 '현실'을 반영하는 것처럼 보이지만, 실제로는 의미가 함축되어 있다. 이러한 표현은 객관적인 현실을 기술하기보다, 사람이나 사건에 대한 전달자의 감정을 표현해 준다.

---

1) 역자 주: 으르렁말은 호랑이가 위협하듯 부정적인 의미를 함축하는 말인 반면, 가르랑말은 고양이가 환심을 사기 위해 애교 떠는 것처럼 긍정적인 의미를 함축하는 말이다(Hayakawa & Hayakawa, 1989).

메시지는 추상성 수준에서 다양하다

메시지는 추상성(abstraction) 수준에서 매우 다양하다. [그림 4-2]는 메시지와 개별적인 단어가 서로 다른 추상성 수준에 있을 수 있음을 보여 준다. 목록의 맨 위에는 가장 일반화된 용어 또는 추상적인 용어가 있다. 엔터테인먼트라는 단어에는 텔레비전, 소설, 드라마, 만화 등의 다양한 항목이 포함되어 있다. 영화(film)라는 단어는 더 구체적이다. 물론 이 단어 하위에는 인도영화, 러시아영화 등과 같이 다양한 종류가 있다. 그러나 영화라는 단어는 영화 외 다른 엔터테인먼트 영역이 포함되지 않는다. 미국영화라는 단어는 미국영화 작품 외 다른 국가 작품을 제외한다는 점에서 더 구체적이다. 미국고전영화라는 단어는 미국영화 가운데 극소수의 극찬을 받은 몇몇 영화만 포함된다. 미국고전서부영화는 더 구체적이어서, 미국고전영화 가운데 서부를 주제로 다룬 영화로 제한된다. 영화 〈셰인(Shane)〉(1953)은 미국고전서부영화의 좋은 예이다.

더 일반화된 용어일수록(예: 엔터테인먼트) 많은 이미지를 떠올릴 수 있다. 누군가는 TV, 누군가는 음악, 누군가는 만화 또는 라디오를 떠올릴 것이다. 또한 영화라는 단어를 듣고 누군가는 초기 무성영화를 떠올리는 반면, 누군가는 최신의 특수효과 또는 디즈니 만화 영화를 떠올릴 수도 있다. 셰인(Shane)이라는 단어는 한 영화를 떠올리게 한다. 그럼에도 수신자는 셰인(Shane)의 서로 다른 측면, 예로 캐릭터의 발전 과정, 사랑 이야기, 재정적 성공 등 다양한 측면에 초점을 둘 수 있다.

효과적인 언어적 메시지는 추상화 수준이 상이한 단어들이 다양하게 포함되어야 한다. 때로는 추상적이고 일반화된 단어가 당신의 의도에 가장 적합할 수도 있고, 어느 때에는 더 구체적이고 사례중심적인 단어가 효과적일 수도 있다. 그러나 일반적으로 구체적인 단어가 더 좋은 선택 방안이 된다. 보다 구체적인 단어를 사용할수록 수신자가 떠올리는 이미지를 보다 효과적으로 유도할 수 있다. 당신이 원하는 것을 인터넷에서 검색할 때에도 포털사이트에 구체적인 단어를 입력하는 것이 훨씬 효과적이다.

[그림 4-2] **추상화 사다리**

음식, 건물, 자산 또는 다른 추상적 단어를 선정하여 4단계 또는 5단계의 추상화 사다리를 만들어 보자. 가장 추상적인 단어와 가장 구체적인 단어의 주요한 차이는 무엇인가?

메시지는 거짓일 수도 있다

우리는 사람들이 진실을 말한다는 가정하에 소통함에도 불구하고, 거짓말을 하는 사람이 있다는 것은 별로 놀랍지 않다. **거짓말(lying)**은 더 많은 거짓말을 낳는다. 한 사람이 거짓말을 하면 상대도 거짓말을 할 가능성이 높아진다(Tyler, Feldman, & Reichert, 2006). 거짓말은 당신이 생각한 거짓 정보를 상대에게 전달하는 행위이다.

문화마다 거짓말을 정의하는 방식이나 거짓말을 다루는 방식에 차이가 있다. 예로, 중국과 대만 아동은 연령이 증가할수록 긍정적으로 여겨지는 행동에 대해 거짓으로 말하고(예: 겸손을 강조하는 문화), 똑같은 행동이 부정적으로 여겨지면 자신의 탓으로 돌리는 거짓말을 한다(Lee et al., 2002). 어떤 문화는 거짓말하는 것을 무엇보다 더 중요하게 여긴다. 예로, 한 연구에서 에콰도르인은 유럽계 미국인보다 거짓말을 더 부정적인 것으로 여긴다. 그럼에도 두 문화권의 사람들은 내집단 구성원에게 거짓말하는 것보다는 외집단 구성원에게 거짓말하는 것을 용인하는 경향이 있다(Mealy, Stephan, & Urrutia, 2007).

거짓말에 대한 궁금증 중 하나는 '거짓말하는 사람은 어떻게 행동하는가?'이다. 그들은 진실을 말하는 사람과 다르게 행동하는가? 그들이 다르게 행동한다면, 누군가 거짓말을 하고 있을 때 우리는 그 사람에게 어떻게 말할 것인가? 이러한 질문에 대답하기는 쉽지 않고 우리는 그 질문에 대한 완전한 해답을 제안할 수도 없다. 그러나 이와 관련한 풍부한 연구 결과가 있다. 거짓말에 대한 120개의 연구를 검토한 바에 따르면, 거짓말할 때 빈번하게 나타나는 행동은 다음과 같다(DePaulo et al., 2003; Knapp, 2008).

- 거짓말하는 사람은 머뭇거린다. 그들은 자신이 말하는 것을 모니터링하기 위해 더 천천히 말하고, 질문에 대답하는 데 더 오랜 시간이 걸리며, 일반적으로 작은 정보만을 주고 자세히 말하지 않는다.
- 거짓말하는 사람은 이치에 맞지 않는 말을 하는 경향이 있다. 거짓말쟁이의 메시지일수록 더 많은 불일치와 모순이 있다.
- 거짓말은 부정적인 인상을 준다. 일반적으로 거짓말을 하는 사람은 협력 의지가 적고, 진실을 말하는 사람에 비하여 덜 웃으며 더 방어적인 태도를 갖는다.
- 거짓말하는 사람은 긴장되어 있다. 그 긴장감은 높은 음성, 과장된 몸의 움직임에서 드러난다.

사람이 거짓말을 하고 있을 때와 진실을 말하고 있을 때를 알아차리는 것은 어렵다. 거짓말을 주제로 다룬 수백 건의 연구 결과에 따르면, 사람들이 정확하게 거짓말을 판단하는 수치는 60% 미만으로 나타났다. 이는 우연히 거짓말을 판단한 수치보다 약간 높을 뿐이다(Knapp, 2008).

심각한 거짓말을 할 수도 있는 오랜 연인관계의 경우, 거짓말을 알아차리는 것이 더 어렵다(Guerrero, Andersen, & Afifi, 2007). 그 이유는 **진실 편향**(truth bias) 때문이다. 진실 편향은 진실을 말할 것으로 단순하게 기대되는 장기적인 관계에서 특히 강하게 나타날 수 있다(Knapp, 2008).

윤리적 커뮤니케이션: 거짓말

거짓말은 당신이 사실이 아니라고 믿는 것을 누군가에게 사실이라고 믿게끔 할 때 나타난다(Ekman, 2009; Burgoon & Hoobler, 2002; Burgoon, Guerrero, & Floyd, 2010). 거짓말은 명시적으로 허위 진술을 하는 과실 또는 관련 정보를 생략하여 잘못된 추론을 유도하는 누락(omission)과 같은 방식으로 할 수 있다. 또한 언어적(예: 말이나 글)으로나 비언어적으로 거짓말을 할 수도 있다(예: 어떤 잘못을 저지른 것에 대해 인정하는 대신 순진한 표정을 짓는 것, 모른다고 정직하게 말하는 대신 아는 척 고개를 끄덕이는 것)(O'Hair, Cody, & McLaughlin, 1981). 거짓말은 '선의의 거짓말'과 입발림 소리부터 불륜, 명예 훼손, 위증까지 범위가 다양하다. 당연히 거짓말은 윤리적 의미를 내포하고 있다.

다음은 윤리적인 거짓말이다. 사회적으로 무해하고 옳으며 심지어 선한 영향력을 갖고 있는 것으로 여겨지는 거짓말이 그 예이다(예: 아이를 보호하기 위해 산타클로스나 치아 요정에 대한 환상적 믿음을 갖게 하는 것, 누군가의 체면을 지키기 위해 공개적으로 동의하는 거짓말). 심지어 어떤 윤리적인 거짓말이 요청되기도 한다(예: 누군가가 손해 보지 않도록 보호하기 위해 하는 거짓말, 부모에게 아기가 예쁘다고 말해 주는 것). 반면, 어떤 거짓말은 분명 비윤리적이다. 투자자를 속이기 위해 거짓말을 하거나, 누군가의 죄를 거짓으로 고발하거나, 누군가를 비방하기 위해 거짓말을 하는 것이 그 예이다.

윤리적 초이스 포인트

모든 거짓말을 윤리적 또는 비윤리적인 것으로 분류하기 쉬운 것은 아니다. 좋은 취직 자리가 있어 면접을 보러 간다고 생각해 보자. 당신은 면접관이 다양한 컴퓨터 프로그램에 대한 친숙함과 숙달 정도에 대해 질문할 것이라는 것을 안다. 또한 미처 몰랐던 기술이나 방법에 대해서 언급될 것이라는 것도 안다. 물론, 당신은 일하게 되면 이를 빠르게 습득할 수 있다.

그렇다면 당신이 잘할 수 있는 자리를 얻기 위해 거짓말을 하는 것이 윤리적인가?

메시지는 공손함 수준에서 다양하다

공손함 수준에 따라 메시지가 크게 달라진다는 것은 놀라운 일이 아니다. 칭찬 또는 격려와 같은 공손한 메시지는 상대를 긍정적으로 반영하는 것이다. 또한 공손한 메시지는 당신이 상대에게 부탁을 하거나 승인을 요청할 때, 상대의 거절할 권리를 인정함으로써 (소극적 체면 욕구를 존중하는 것) 상대의 독립적이고 자율적인 권리를 존중하는 것이다. 비판적이고 부정적인 얼굴표정처럼 공손하지 않은 메시지는 긍정적이고 자율적으로 보이고자 하는 우리의 욕구를 공격하는 것이다.

뷰포인트. 성별에 따른 말하는 방식의 패턴

'이성의 커뮤니케이션 패턴에 대해 바꾸고 싶은 것이 있다면 무엇인가?'라는 질문에 남성은 여성이 좀 더 직접적이었으면 한다고 응답한 반면, 여성은 남성이 끼어들지 않고 조언을 해 주었으면 한다고 말했다(Noble, 1994). 당신의 경우, 이성이 어떻게 커뮤니케이션 체계를 바꾸어 주었으면 하는가? 동성의 경우는 어떠한가?

공손함과 직설 　직접적인 메시지는 간접적인 메시지보다 덜 공손한 경향이 있다. "추천서를 써."와 "저를 위해 추천서를 써 주실 수 있으세요?"를 비교해 보자. 간접적인 메시지는 듣는 사람의 자율성을 유지하게 해 주고, 그 사람이 당신의 요청을 거절할 수 있는 방법을 제공해 주기 때문에 더 정중하게 들린다.

간접적인 메시지는 당신이 누군가를 모욕하거나 불쾌하게 만들지 않으면서 자신의 의도를 표현하는 데 유용하다. 간접적인 메시지는 공손한 상호작용의 규칙을 지키도록 도와준다. "이 모임은 너무 지겨워."라고 말하는 대신 "내일 늦을 수도 있어서 먼저 일어나야 할 것 같아."라고 말할 수 있다. 또한 "이 음식은 종이 같은 맛이 난다."라고 말하는 대신 "나 다이어트 시작했어."라고 말할 수 있다. 각 사례는 개인적 선호를 드러냈지만, 누군가를 불쾌하게 하지 않기 위해 간접적으로 말하고 있다.

직접적 메시지와 간접적 메시지의 차이는 쉽게 오해를 낳을 수 있다. 간접적인 화법을 사용하는 사람은 예의 바르게 행동하기 위함일 수도 있고, 문화를 통해 이러한 스타일을 습득했을 수도 있다. 어떤 사람이 교활한 방법으로 간접적인 화법을 쓴다고 가정한다면, 이는 당신이 속해 있는 문화가 간접화법을 교활한 방법으로 여겨 왔기 때문에 오해는 필연적일 것이다.

공손함과 성별   공손함에는 성별(gender) 차이가 있다(Tannen, 1994b; Holmes, 1995; Kapoor et al., 2003; Dindia & Canary, 2006). 많은 연구 결과에 따르면, 여성이 남성보다 더 공손하고 간접적으로 지시하는 경향이 있다. 여성은 "3일 안에 이 편지 보내."라고 말하기보다 "이 편지를 오늘 중으로 보내면 좋을 것 같아."라고 말한다. 남성은 취약점을 표현하거나 자신에게 문제가 있을 때 또는 오류를 인정할 때 더 간접적으로 말하는 경향이 있다. 일반적으로 남성은 남성적 고정관념(예: 약점이나 의심 또는 무능함의 메시지)에 위배되는 의미를 표현할 때 간접적으로 말한다. 여성이 더 공손한 것은 여성이 남성보다 공감, 동정, 지지를 더 많이 표현하기 때문이다. 여성은 남성보다 더 잘 사과하며, 여성과 남성 모두 대부분 여성에게 사과를 한다.

온라인에서의 공손함   인터넷 커뮤니케이션에서는 네티켓(netiquette)이라고 불리는 인터넷 예절에 대한 매우 구체적인 규칙이 있다. 에티켓의 규칙은 사회적 상황에서 커뮤니케이션에 대한 지침을 제공하지만, 네티켓의 규칙은 온라인 커뮤니케이션에 대한 지침을 제공하며, 컴퓨터 매개 커뮤니케이션(computer-mediated communication: CMC)을 이용하는 모든 사람이 고려해야 한다. 이러한 네티켓의 규칙은 인터넷 커뮤니케이션을 보다 쾌적하고 쉽게 만들 뿐만 아니라 개인의 효율을 높이는 데도 도움이 된다. 이러한 지침을 알아보면서 당신의 교수에게 이메일을 보내거나 직업에 대해 문의하는 등과 같이 특정 온라인 커뮤니케이션에 어떻게 적용할 수 있는지 생각해 보자.

- 궁금한 점을 질문하기 이전에 사이트 이용 규칙을 숙지한다. 시스템에 대한 질문을 하기 전에 자주 묻는 질문(FAQ)을 읽어 본다. 소통하기 전에 인터넷 페이지를 미리 알아본다. 미리 알아보는 것(특히 컴퓨터 매개 커뮤니케이션에서 좋은 방법이다)은 당신이 규칙을 습득하는 데 도움이 된다.
- 간략하게 말한다. 전달하려는 정보만 명확하고 간략하게 정리하여 커뮤니케이션한다.
- 강조하지 않는다. 대문자로만 쓰는 것은 소리지르는 것처럼 인식된다. 강조하기 위해 가끔 대문자를 사용하는 것은 괜찮지만, 강조하고 싶다면 *this*와 같은 방법이 더 낫다.
- 스팸 메시지 또는 부정적인 메시지를 보내지 않는다. 요청하지 않은 메일 또는 동일한 메일을 반복해서 보내지 않는다. 동일한 메시지(또는 관련 없는 메시지)를 게시하지 않는다. 대면 갈등에서 하는 것처럼 다른 사용자에게 인신공격을 가하지 않는다.
- 공격적인 언행을 하지 않는다. 성차별적 또는 인종차별적 용어처럼 타인을 불쾌하게 하는 표현은 자제한다.

• **예의 바르게 행동한다.** 직접 대면할 때처럼 온라인상에서도 동일한 행동 규칙을 따른다.

온라인 예절과 관련하여 특정 소셜네트워킹 사이트는 구체적인 네티켓 규칙을 개발했다. 네티켓 규칙이 〈표 4-1〉에 제시되어 있다.

〈표 4-1〉 소셜네트워킹 예절

예절 규칙	규칙의 적용 예시
친구추가 요청을 하기 이전에 네트워크상에서 긍정적 피드백을 준다.	그 사람의 최신 게시물을 칭찬하는 메시지를 보낸다. 그럼으로써 약간의 배경(background)을 제공하고 친구추가 요청을 할 수 있다.
부정적인 행동을 하지 않는다.	난처해질 만한 메시지 작성을 자제하고 갈등을 유발할 가능성이 있거나 호의적이지 않은 사진을 게시하지 않는다.
네트워킹상에서 필요 이상의 정보를 게시하지 않는다.	직접적으로 알고 있는 친구가 아닌 타인 정보를 소셜미디어에 게시하지 않는다. 이는 부적절하고 무례한 것으로 여겨질 수 있다.
거절하는 상황에서도 예절을 갖춘다.	친구 요청을 즉시 거절하지 말고 며칠 기다리거나 응답하지 않는다. 만약 누군가가 당신의 친구 요청을 거절한다면 이유를 묻지 않는다. 이는 불편한 교환을 하는 것에 불과하다.
당황스러울 수 있는 요청은 하지 않는다.	상사나 교수가 직장생활과 사생활을 분리하기 위해 친구 요청을 받아들이지 않을 수도 있다고 생각해 본다.

메시지는 출처가 있을 수도 있고, 익명일 수도 있다

어떤 메시지는 출처가 있는 메시지(onymous messages)이거나 서명한(signed) 메시지이다. 이는 교재, 뉴스 관련 사설, 특집 기사 등에서 저자를 명확하게 식별할 수 있는 메시지이다. 대면 커뮤니케이션, 전화나 인스턴트 메시지(chat)를 사용하여 소통하는 과정에서도 저자를 명확하게 식별할 수 있다. 많은 경우 당신은 연설자 또는 작가에게 직접 응답하고, 동의 또는 반대하는지에 대한 자신의 의견을 말할 기회가 있다. 한편, 어떠한 메시지는 익명성을 갖는다. 이는 저자를 식별할 수 없다. 교수진 평가 설문, 웹사이트의 평가 및 코멘트는 익명으로 진행된다.

인터넷은 익명성을 보장해 준다. 직장상사, 전 이성친구, 비밀스러운 짝사랑 상대, 시끄러운 이웃, 불만족스러운 변호사에게 익명으로 이메일을 보낼 수 있는 다양한 웹사이트가 현존한다. 따라서 당신은 메시지를 보내지만 당신이 보낸 것인지는 확인되지 않는다. 좋은 것이든 나쁜 것이든, 당신이 보낸 메시지의 결과를 감당해야 한다.

익명성의 분명한 장점은 사람들에게 대중적이지 않은 의견을 말할 수 있게 함으로써 솔직함을 장려할 수 있다는 것이다. 예로, 학기 말에 학생들은 온라인을 통해 익명성이 보장된 강의평가를 실시한다. 이때의 익명성은 학생들이 교수에 대한 부정적 의견을 쓰더라도 불리해지지 않도록 보장해 준다. 당신은 성적 파트너에게 당신이 성병에 걸린 사실을 알리고 검사와 치료를 받을 것을 제안하는 익명의 이메일을 보낼 수 있지만, 이러한 내용을 대면 또는 전화통화에서는 절대 언급하지 않을 수도 있다. 이처럼 익명성은 정직함과 개방성을 장려한다.

　익명성은 자신의 내적 감정, 두려움, 희망, 숨기고 싶은 감정과 관련한 꿈이야기를 노출할 수 있도록 해 준다. 이러한 목적을 위해 익명성을 유지할 수 있는 다양한 웹사이트를 이용할 수 있다. 익명성이 보장된 웹사이트는 당신만 익명이 아니라 당신의 메시지를 읽는 사람도 익명이다. 이러한 상황은 다른 상황보다 더 심도 깊은 개방을 할 수 있고 개방하고자 하는 의지를 독려할 수 있다. 그러나 익명성은 참여하는 사람에게 극단적인 행동을 하도록 부추기거나 터무니없는 의견을 말하도록 부추긴다. 메시지 이후에 따르는 결과가 없기 때문이다. 이는 결국 생산적이지 않은 갈등을 쉽게 촉발시킨다. **익명의 메시지**(anonymous messages)는 출처의 신뢰성을 보장받을 수 없다. 예로, 우울증에 대한 조언은 우울증에 대해 아무것도 모르는 사람으로부터 올 수 있고, 도움이 안 되는 조언일 수도 있다.

메시지는 자기주장 수준에서 다양하다

자기주장에 대해서 읽기 전에 다음에 제시된 자가 점검을 해 보자.

다음 각 문항을 읽고 당신의 커뮤니케이션과 얼마나 맞아떨어지는지 점검해 보시오. 당신이 그렇게 해야 한다고 생각하는 대로 응답하기보다 직관적으로 응답하되, 다음 5점 척도를 이용해서 측정하시오.

　5=매우 그렇다,　4=그렇다,　3=그럴 때도 있고 아닐 때도 있다,　2=그렇지 않다,　1=전혀 그렇지 않다

____ 1. 타인의 의견에 반대하는 의견을 가질 때, 집단 내에서 나의 의견을 표현할 수 있다.
____ 2. 내가 원치 않는 무언가를 하도록 요청받는 경우 나는 죄책감 없이 거절할 수 있다.
____ 3. 나는 직상상사에게 나의 의견을 말할 수 있다.
____ 4. 버스나 비즈니스 모임에서 모르는 사람과 두려움 없이 대화를 시작할 수 있다.
____ 5. 사람들의 행동이 나의 권리를 침해한다고 느끼면 그 사람에게 반대의 목소리를 낼 수 있다.

5개의 문항은 자기주장적 커뮤니케이션의 특징을 묻고 있다. 점수가 20점 이상인 경우 자기주장 수준이 높음을 나타낸다. 점수가 10점 이하인 경우 자기주장 수준이 낮음을 나타낸다.

자기주장(assertiveness)이란 자신의 권리를 옹호하면서도 타인의 권리에 대해서 존중하고자 하는 의지를 말한다. 자기주장적인 사람은 '나도 이득, 상대도 이득'이라는 철학을 갖고 작동된다. 그들은 양쪽이 상호작용을 통해서 무언가 얻을 수 있다고 가정한다. 심지어 대립을 통해서도 얻는 것이 있다고 생각한다. 자기주장적인 사람은 그렇지 않은 사람보다 더 긍정적이었고 절망감 점수도 낮았다(Velting, 1999). 자기주장적인 사람은 기꺼이 자신의 권리를 주장하며, 주장하는 과정에서 상대에게 상처를 주지 않는다. 자기주장적인 사람은 자신의 생각을 말하고, 상대가 그렇게 하는 것 역시 기꺼이 받아들인다.

커뮤니케이션의 다른 측면과 마찬가지로 자기주장에 대해서도 문화적 차이가 크다. 자기주장은 집단주의 문화보다 개인주의 문화에서 더 가치 있게 여겨진다. 자기주장은 경쟁, 개인적 성공, 독립을 강조하는 문화권에서 더 높이 평가된다. 자기주장은 협동, 집단의 성공, 구성원 간의 상호의존을 강조하는 문화권의 사람들에게 중요한 가치로 여겨지지 않는다. 예로, 미국인 학생은 일본인, 한국인 학생보다 더 유의미하게 자기주장을 잘한다(Thompson, Klopf, & Ishii, 1991; Thompson & Klopf, 1991). 이러한 상황을 고려해 보면 자기주장은 어떤 문화권에서는 효율적인 전략일 수 있지만 어떤 문화권에서는 문제가 될 수도 있다. 많은 아시아 문화와 히스패닉 문화에서 윗사람을 대상으로 하는 자기주장은 인신공격 또는 결례로 보일 수도 있다.

많은 사람은 특정 상황에서 자기주장을 잘하지 못한다. 만약 당신이 이러한 유형의 사람이라면 그리고 자신의 행동을 바꾸고 싶다면 자기주장적으로 커뮤니케이션할 수 있는 몇 가지 지침이 있다(Windy & Constantinou, 2005; Bower & Bower, 2005). 더 나아가 당신이 항상 자신이 없고 이에 대해 불만이 있다면, 행동을 변화시키기 위해 상담가와 상담을 해야 할 수도 있다.

> **JOURNAL**   **커뮤니케이션 초이스 포인트**
>
> **비판하기**
> 당신은 5명의 인턴사원으로 구성된 집단을 지도하고 있다. 그들은 거의 아무 일도 하고 있지 않다. 당신은 그들을 좌절시키거나 비난하지 않으면서 어떤 일을 시켜야 한다.
> 이 상황을 처리하고 바로잡기 위해 당신은 어떻게 할 것인가? 당신은 어떻게 말할 것인가? 각 선택의 장단점은 무엇인가? 당신이 피해야 할 말로는 어떤 것이 있는가?

- 문제에 대해서 설명한다. 이에 대해 평가 또는 판단하지 않는다. "우리는 모두 이 광고 프로젝트에 참여하고 있어요. 당신은 전체 미팅 중 반을 참여하지 않았고, 보고서 초안도 만들지 않았네요." 나 전달법을 이용하여 정확히 말하되, 상대를 비난하거나 잘못을 뒤집어씌우는 메시지는 사용하지 않는다.

- 이 문제가 당신에게 어떤 영향을 주는지 설명하고, 그 사람에게 당신의 기분을 말한다. "제 일은 이 프로젝트의 성공 여부에 달려 있어요. 그리고 당신이 하지 않은 일을 마무리하기

위해 제가 야근하는 것은 공평하지 않은 것 같아요."

- **현실적으로 실행 가능하고 상대가 체면을 지킬 수 있는 해결책을 제안한다.** 해결책이 실행 가능한 것이라면, 상황을 구체적으로 그려 볼 수 있도록 설명한다. "당신이 화요일까지 기관 측에 보고서를 보낸다면, 마감일을 맞출 수 있어요. 내가 월요일에 당신에게 한 번 더 상기시켜 줄게요. 어때요?"
- **이해했는지 확인한다.** 상대와 내가 처해 있는 현 상황을 이해하고 있는지 질문한다. "당신에게 할당된 일을 완수하지 않는다면 우리가 이 프로젝트를 마무리할 수 없다는 건 확실해요. 화요일까지 보고서를 우리에게 보낼 수 있겠죠?"

자기주장이 가장 바람직한 대응은 아니다. 효과적으로 자기주장을 하는 사람은 자신이 그렇게 해야 한다고 생각할 때는 주장을 펼치지만, 자기주장이 상대에게 감정적으로 상처를 준다면, 주장을 굽힐 수 있다. 연세가 높은 어르신이 당신에게 무언가 요청을 한 상황을 가정해 보자. 당신은 "싫다."고 말할 권리가 있지만, 이는 어르신의 심기를 불편하게 할 수도 있으므로 어르신이 원하는 바대로 간단하게 응대하는 것이 나을 수도 있다.

이 논의에 대해서 신중해야 할 필요가 있다. 구체적인 상황을 가정해 보자. 당신은 극장에서 영화를 보는 중이다. 당신의 뒷줄에 앉아 있는 사람들이 이야기를 하고 있다. 이때 당신은 조용히 하라고 말하면서, 잠재되어 있던 당신의 자기주장을 발견하게 될지도 모른다. 더 나아가 불필요한 싸움이 벌어지게 될 수도 있다. 자기주장적인 커뮤니케이션의 원리를 적용해 보면, 자기주장적 메시지를 효율적으로 다룰 수 있는 정도 이상으로 갈 필요는 없다. 다음에 제시된 몇 가지 시나리오 상황에서 당신이 학습한 것을 연습해 보자.

다음과 같은 상황에 따라 우리가 배운 자기주장적 커뮤니케이션을 적용하여 반응해 보자.

1. 나의 아파트를 원하는 스타일로 리모델링한 지 얼마 되지 않았다. 친한 친구가 집들이 선물로 내가 본 것 중 가장 최악인 포스터를 갖고 와서 거실의 중심인 벽난로 위에 걸어 놓으라고 말하고 있다.
2. 친구가 내일 갚겠다며 30달러를 빌려달라고 한다. 그러나 내일이 그냥 지나갔고 그 이후로 20일이 흘렀다. 당신은 친구가 아직 빌려 간 돈을 갚지 않았다는 것과 그 친구가 돈을 갚을 만한 충분한 돈이 있다는 것도 알고 있다.
3. 아파트 옆집에 사는 친구가 자기 볼일 보는 동안 네 살배기 딸을 좀 돌봐 달라고 반복적으로 부탁한다. 위급한 상황에서는 충분히 도와줄 수 있지만, 이러한 일이 거의 매일 일어나고 있다.

〈표 4-2〉에 언어적 메시지의 일곱 가지 원리를 요약해서 제시했다.

<표 4-2> 언어적 메시지의 원리

원리	언어적 메시지 전략
의미는 사람에게 있다. 말 안에 있지 않다.	사용된 단어뿐만 아니라 그 단어를 사용하는 사람을 고려한다.
메시지는 명시적이면서 함축적이다.	표현된 객관적 의미와 주관적 의미 모두를 고려한다.
메시지는 추상성 수준에서 다양하다.	일반화된 용어와 구체적 용어를 함께 사용한다.
메시지는 거짓일 수도 있다.	진실 편향적인 행동이 더 적절하지만, 어떤 상황에서는 메시지가 거짓일 수도 있고, 어떤 경우는 당신이 오해하도록 의도적인 메시지가 전달되었을 수도 있다.
모든 유형의 커뮤니케이션 메시지는 공손함 수준에서 다양하다.	타인에 대한 호의적인 마음을 반영하는 메시지, 타인의 자율성을 보장하는 메시지를 사용한다.
메시지는 출처가 있을 수도 있고, 익명일 수도 있다.	메시지 평가에 대한 하나의 요소로 메시지의 출처를 사용한다.
메시지는 자기주장 수준에서 다양하다.	주장하는 바대로 행동하되, 자기주장에 대한 태도가 문화마다 크게 다를 수 있다는 것을 알 필요가 있다.

부정과 인정

4.2 인정과 부정을 설명하고, 적절한 문화정체성의 예를 제시한다.

인정(confirmation)과 부정(disconfirmation)이라는 용어는 당신이 타인을 인정하는 범위를 말한다. 다음 상황을 생각해 보자. 6개월 동안 동거 중인 연인이 있다. 어느 날 연인이 새벽에 집으로 돌아왔다. 파트너인 Pat은 화가 난 채로 왜 이렇게 늦었냐며 불평한다. 다음 세 가지 응답 중 가장 적절한 것은 무엇일까?

• "소리지르지 마. 나는 네가 무슨 말을 하든 간에 관심 없어. 나는 내가 하고 싶을 때 하고 싶은 걸 할 거야. 나 자러 간다."

첫 번째 응답은 Pat의 분노를 일축하고 한 인격체로서의 Pat을 묵살하는 표현이다.

• "왜 그렇게 화를 내는 거야? 당신도 지난 목요일 회식 때 세 시간이나 늦게 들어왔잖아.

그러니 그만해!"

두 번째 응답은 Pat이 화내는 이유에 대한 타당성을 받아들이지 않지만, 인격체로서의 Pat 또는 그의 분노 감정을 묵살하지는 않는 표현이다.

- "화날 수도 있겠다. 내가 늦을 것 같다고 전화했어야 했는데, 직장에서 말다툼에 휘말려서 해결될 때까지 일어날 수가 없었어."

세 번째 응답은 Pat의 분노와 그 이유를 인정하는 표현이다. 더불어 자신의 사정에 대한 자초지종을 설명함으로써 Pat의 알 권리를 인정하며 Pat이 느낀 감정과 인격체인 Pat을 존중하고 있음을 보여 준다.

〈표 4-3〉 부정과 인정

부정	인정
무시 상대의 존재나 공헌을 무시한다. 상대의 말에 무관심을 표현한다.	용인 상대의 존재와 공헌을 용인한다. 상대가 하는 말을 용인하며 상호작용한다.
비언어적 접촉하지 않기 직접적인 눈맞춤이나 접촉을 피한다. 일반적인 비언어적 친밀감을 회피한다.	비언어적 접촉하기 직접적인 눈맞춤을 유지한다. 적절한 방식으로 접촉하고, 포옹하며 키스한다.
일방적 소통 한 사람은 말하고, 다른 한 사람은 듣는다. 진정한 커뮤니케이션이 결여되어 있다. 상호 간의 진정한 관심, 존중이 결여되어 있다.	대화 두 사람 모두 말하고 듣는 사람으로서 대화에 참여한다. 두 사람 모두 연관되어 있으며 상호 간 염려하고 존중한다.
해석으로 뛰어넘기 상대의 의미를 이해하기보다 평가, 해석으로 뛰어넘는다.	이해하고 있음을 표현하기 상대가 말한 의미를 이해하고 있음을 표현한다. 상대의 뜻에 대한 나의 의미를 반영하는 반응을 한다. 의문이 들 때 질문한다.
저지 상대의 입장 표현을 저지하거나 방해한다.	독려 상대의 생각이나 감정을 자유롭게 표현하도록 관심을 표현하거나 질문한다.
반응의 회피 상대의 코멘트를 인정하는 듯하면서 관계없는 반응을 한다. 메시지의 초점을 다른 방향으로 선회한다.	직접적으로 반응하기 상대의 말에 대해서 직접적이고 초점을 두어 반응한다.

첫 번째 반응은 부정의 예, 두 번째는 거부의 예, 세 번째는 인정의 예이다.

부정(disconfirmation)은 상대의 커뮤니케이션뿐만 아니라 상대의 인격체 자체를 무시하는 커뮤니케이션 패턴이다. 이는 사실상 상대와 상대가 말하는 것에 대해서 진지한 관심과 노력을 기울일 가치가 없다고 말하는 것이다. 아미쉬파(Amish) 공동체는 '기피(shunning)'라는 극단적인 형태의 부정을 실행하는데, 이 경우 지역사회 구성원은 하나 이상의 규칙을 위반한 사람을 완전히 무시한다. 기피하는 구체적인 목적은 그 사람을 회개하게 하고 아미쉬파 공동체에 다시 들어오게 하는 것이다. 모든 문화는 중요한 문화적 규칙을 위반하는 사람을 대상으로 어떤 형태의 배제를 한다.

거부(rejection)는 부정과 다르다. 거부는 당신이 상대의 입장에 동의하지 않는 것이다. 즉, 당신이 상대의 말 또는 행동을 수용하지 않는다는 의지를 나타내지만, 상대의 인격체를 부정하는 것은 아니다.

인정(confirmation)은 부정의 반대이다. 인정은 상대의 존재를 인정할 뿐만 아니라, 인격 자체, 즉 개인의 자기 정의, 개인이 정의하는 관계 일체를 수용하는 것이다. 부정과 인정은 매우 다양한 방식으로 소통될 수 있다. 〈표 4-3〉은 인정 메시지와 부정 메시지의 특징을 제시하고 있다. 이러한 정보를 검토하면서, 부정 커뮤니케이션과 인정 커뮤니케이션의 예를 머릿속으로 떠올려 보자(Watzlawick, Beavin, & Jackson, 1967; Watzlawick, Weakland, & Fisch, 2011).

또한 당신은 특정 집단을 소외 또는 구별하는 모욕적인 언어 관행을 떠올리면서 다양한 부정 커뮤니케이션에 대한 통찰력을 얻을 수 있다. 명백한 네 가지 부정 관행은 인종차별주의, 동성애차별주의, 연령차별주의, 성차별주의이다. 이는 [그림 4-3]에 제시되어 있다.

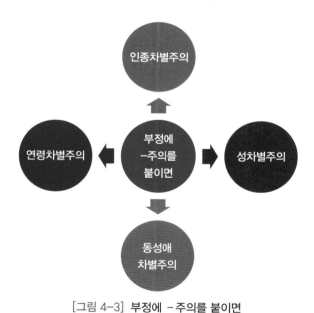

[그림 4-3] 부정에 −주의를 붙이면

다음 제시된 세 가지 상황에서 당신은 어떻게 '인정'으로 반응할 수 있는가? 생각해 보자.

1. Angel은 이번 학기의 성적을 우편으로 받았다. 이전 학기의 성적보다 훨씬 나아졌지만 여전히 탁월하지는 않다. 편지를 열어 본 뒤, Angel은 "이번 학기에 성적을 올리기 위해 정말 열심히 노력했어요."라고 말했다. Angel의 부모님은 어떻게 말하겠는가?
2. 7년 된 Carrie의 남자친구는 Carrie에게 이별 통보 이후 다른 여자와 결혼했다. Carrie는 이를 Samantha에게 털어놓았다. Samantha는 어떻게 말하겠는가?
3. 몇 주 전 실직한 Pat은 이렇게 말한다. "나는 실패자가 된 것 같아. 나는 취업할 수 없을 것 같아. 5주 동안 일자리를 알아보러 다녔지만, 아무것도 없었어." Pat의 친구는 어떻게 말하겠는가?
4. 직장 동료가 몹시 들뜬 채로 Judy에게 자신이 막 마케팅 부사장으로 승진하여 서열 3단계를 건너뛰고 연봉이 3배로 증가했다고 말한다. Judy는 어떻게 말하겠는가?

인종차별적 발언

인종차별적 발언(racist speech)은 인종적 측면에서 개인 또는 집단을 폄하하고 최소화하며 소외시키는 발언이다. 인종차별적 발언은 이에 대한 태도를 표현할 뿐만 아니라 그 언어를 사용하거나 듣는 사람들에게 인종차별적 태도를 확산시킨다. 인종차별주의가 미묘하거나 의도하지 않았거나 심지어 무의식적이라고 하더라도 체계적으로 손상을 가하게 된다(Dovidio et al., 2002).

뷰포인트. 캠퍼스 내 인종 차이

2017년 5월 Evergreen 주립대 학생들은 캠퍼스 내에서 백인(학생과 교수)들이 허락하지 않은 대학 행사를 개최해선 안 된다고 주장한 대학교수를 퇴출하라고 요구했다.
당신은 이에 대해서 어떻게 생각하는가?

인종차별주의(racism)는 개인적 수준과 제도적 수준에서 존재한다(Koppelman, 2005). 개인적 인종차별주의(individual racism)는 특정 인종에 대한 부정적 태도와 생각의 형태를 취한다. 특정 인종이 다른 인종보다 지적으로 열등하거나, 특정한 업적을 이룰 수 없다고 생각하는 것은 개인적 인종차별주의의 명백한 예이다. 특히 미국 인디언, 아프리카계 미국인, 히스패닉계, 아랍인에 대한 편견은 미국의 역사를 통틀어 함께 있어 왔고, 오늘날 여전히 많은 사람의 일상의 부분이기도 하다. 사람들이 특정 인종 집단의 사람을 지칭하기 위해, 또는 그들의 관습과 업적을 폄하하기 위해 부정적인 용어를 사용하는 것 역시 개인적 인종차별주의의 예이다.

제도적 인종차별주의(institutional racism)는 지역사회 내에서 실질적으로 학교를 분리하는 것, 기업이 소수 집단을 고용하려 하지 않는 것, 은행에서 일부 인종 집단에게 대출을 허용하지 않거나 더 높은 금리를 적용하는 것과 같은 형태를 취한다. 다음은 인종차별적 발언을 하지 않기 위해 확실한 몇 가지 지침이다.

- 특정 인종과 집단을 지칭하는 경멸적인 용어를 사용하지 않는다.
- 미디어가 특정 인종 집단에 대해 생산해 내는 고정관념을 바탕으로, 그들과 상호작용하려고 하지 않는다.
- '아프리카계 미국인 외과의사' 또는 '아시아계 운동선수'와 같이 말할 때, 인종과 직업 간 관련성이 없는 경우라면 인종을 언급하지 않는다.
- 제도화된 인종주의 또는 모든 사람에게 영향을 미치는 일반적 경제 문제를 특정 인종 개인의 경제 또는 사회적 문제로 귀인하지 않는다.

동성애차별적 발언

동성애차별적 발언 역시 개인적 수준과 제도적 수준으로 구분된다. 개인적 동성애차별주의(individual heterosexism)는 동성애자를 폄하하는 태도, 행동, 언어를 보여 주며 이성애자 이외의 모든 성행위는 자연스럽지 못하고 그들은 비판과 지탄받아야 한다는 믿음을 가진다. 이러한 생각은 반동성애적 폭력과 '동성애자 폭행'의 핵심이 된다. 개인적 동성애차별주의는 동성애자가 이성애자보다 범죄를 더 많이 저지르고(실제로는 그렇지 않다), 아동을 더 많이 괴롭힐 것이라고 믿는다(실제 아동성추행범은 이성애적 성향의 기혼 남성이 압도적으로 많았다)(Abel & Harlow, 2001; Koppelman, 2005). 또한 동성애자는 안정적인 관계를 유지할 수 없고, 아이를 잘 양육할 수 없다는 신념도 있지만, 실제 연구 결과는 이러한 신념을 뒷받침하지 않는다(Fitzpatrick et al., 1994; Johnson & O'Connor, 2002).

제도적 동성애차별주의(institutional heterosexism)는 확인하기 쉽다. 미국의 많은 주에서 동성결혼을 금지하는 것과 동시에 소수의 주만이 동성결혼을 허용하는 것은 제도적 동성애차별주의의 좋은 예이다. 일부 문화권에서는 동성애적 관계가 불법이다(예: 파키스탄, 예멘, 이란에서는 징역에서 사형에 이르는 형벌이 주어진다).

흥미롭게도 어떤 문화에서는 남성의 동성애 관계가 불법이지만 여성의 동성애 관계는 합법인 경우가 있다(예: 팔라우, 쿡제도, 통가, 가이아나).

동성애차별적 발언(heterosexist speech)은 여성 동성애자(lesbians)와 남성 동성애자(gay men)를 지칭하는 경멸적인 용어도 포함된다. 군대 내 조사에 따르면, 조사 대상자 중 80%가 '모욕적인 발언, 경멸적 이름, 남성 동성애자에 대한 농담이나 관련 발언'을 들어 본 적이 있다고 응답했으며, 85%는 그러한 폄하발언이 '용인되고 있다'고 생각했다(*The New York Times*, 2000년 5월 25일, p. A12). 당신은 미묘한 형태의 언어적 사용을 통해 동성애차별주의를 확인할 수 있다. '남성 동성애자 운동선수' 또는 '여성 동성애자 의사'와 같이 한 사람의 직업을 '남성 동성애자'나 '여성 동성애자'로 한정하는 사람은 운동선수와 의사가 일반적으로 동성애자가 아닐 것이라고 말하는 것이다.

동성애차별주의의 또 다른 예는 이성애를 기본적으로 가정하는 것이다. 사람들은 자신이 대화하고 있는 사람이 이성애자일 것이라고 생각한다. 그리고 이는 대부분 맞다. 왜냐하면 대부분의 사람은 이성애자이기 때문이다. 그러나 동시에 이러한 가정은 여성 동성애적 또는 남성 동성애적 정체성의 정당성을 부정하는 것이다. 이러한 관습은 우리가 없애기 위해 상당한 조치를 취했던 백인 남성주의의 사회적 가정과 상당히 유사하다. 다음은 동성애차별[동성애혐오(homophobic)라고도 한다]적 발언을 피하기 위한 몇 가지 지침이다.

- 남성 동성애자나 여성 동성애자에 대해 이야기할 때 고정관념적으로 놀리는 듯한 뉘앙스를 삼간다. 예로, 동성애 커플임을 알게 되었을 때 '깜짝 놀란 눈깜박임'을 하지 않는다(Mahaffey, Bryan, & Hutchison, 2005).
- 남성 동성애자와 여성 동성애자에게 "그렇게 안 보여요."라고 말하지 않는다. 이는 칭찬이 아니다.
- 모든 남성 동성애자나 여성 동성애자가 다른 남성 동성애자나 여성 동성애자의 생각을 알고 있다고 가정하지 않는다. 한 코미디 프로에서 아프리카계 미국인에게 "Jesse Jackson의 마지막 연설은 무엇을 의미하는 것인가요?"라고 물어보는 것과 유사하다.
- 개인차를 부정하지 않는다. '여성 동성애자는 충성심이 뛰어나다.' 또는 '남성 동성애자는 감정을 솔직하게 표현한다.'라는 평가는 해당 사람 간의 광범위한 개인차의 현실을 간과하는 것이며, 잠재적으로 전체 집단을 모욕하는 것이다.
- 과잉귀인하지 않는다. 이는 한 개인이 행동하고 말하고 생각하는 모든 이유가 그 사람이

남성 동성애자 또는 여성 동성애자이기 때문이라고 귀인하는 경향성을 말한다. 이는 고정관념을 활성화시키고 유지하게 한다.

- 관계상 기념일은 모든 사람에게 중요함을 기억한다. 기념일을 무시하거나 관계 맺고 있는 파트너의 생일에 대해서 무시하는 것은 상대를 화나게 할 수 있다.

연령차별적 발언

연령차별주의(ageism)라는 용어는 주로 노인에 대한 편견을 언급하는 데 사용되지만, 이 용어는 다른 연령 집단에 대한 편견도 포함한다. 모든 십대를 이기적이고 독립적이지 않다고 말하는 것은 나이를 이유로 집단을 차별하는 것이므로 연령차별이다. 일부 아시아와 아프리카 문화권에서는 노인을 존경하고 우대한다. 젊은 사람은 노인에게 경제, 윤리, 관계 문제에 대해 조언을 구하기도 한다.

개인적 연령차별주의(individual ageism)는 흔히 노인을 향한 무례함과 연령을 기반으로 한 부정적인 고정관념이다. 제도적 연령차별주의(institutional ageism)는 직장의 의무적 은퇴 연령과 직장 내 연령제한에서 찾아볼 수 있다. 텔레비전이나 영화와 같은 미디어에서 노인을 무능하고 불평하는 존재로, 낭만적인 감정이 결여된 존재로 묘사하는 것도 연령차별주의에 속한다. TV 쇼나 영화 속 노인은 대부분 생산적으로 일하는 모습, 협조적이며 유쾌한 모습, 낭만적이고 성적으로 관심 있는 모습으로 표현되지 않는다.

일반적으로 사용하는 용어 가운데 언어적 연령차별주의에 대한 예시들은 널려 있다. '작은 할머니(little old lady)', '쭈그렁 할망구(old hag)', '고참(old-timer)', '퇴물(over the hill)', '추잡스러운 늙은이(old coot)', '옛날 사람(old fogy)' 등이 그 예이다. 성차별주의와 같이 누군가를 가리키는 용어를 그 사람의 특정 연령대로 한정 짓는 것은 연령차별적인 것이다. 예로, '두뇌 회전이 빠른 75세' 또는 '민첩한 65세 노인' 또는 '책임감 있는 십대' 등으로 언급한다면 이는 해당 연령대의 사람에게서 흔치 않기 때문에 특별한 언급이 필요함을 암시하는 의미로 사용된다. 고정관념적 언어 사용은 잘못된 것이다. 두뇌 회전이 빠른 75세도 있고, 그렇지 않은 30세도 있다.

연령차별주의를 피하는 유용한 방법은 연령차별적 용어가 갖고 있는 비논리적 고정관념을 알아차리고 이를 사용하지 않는 것이다.

- 나이가 많다는 이유로 얕잡아 보지 않는다. 대부분의 노인은 정신적으로 문제가 없다.

- 노인이 대중문화나 진보된 기술을 모를 것이라고 생각하지 않는다.
- 당신이 어떤 노인과 만날 때마다 기억을 상기시키도록 돕지 않아도 된다. 노인은 여전히 잘 기억하고 있다.
- 관계가 더 이상 중요하지 않음을 암시하지 않는다. 노인도 계속해서 관계에 관심을 갖고 있다.
- 적정한 목소리 크기로 말하고 적절한 신체적 거리를 유지한다. 나이가 든다고 해서 반드시 귀가 어두워지거나 앞을 잘 보지 못하게 되는 것은 아니다.
- 당신이 대화할 때 자신의 생각대로 이야기하고 싶은 것처럼 노인도 대화에 참여하고 싶어 한다. 노인도 세상 일에 대해서 여전히 관심 갖고 있다.

성차별적 발언

성차별적 발언은 개인적 수준과 제도적 수준에서 발생한다. 개인적 성차별주의(individual sexism)는 성역할에 대한 엄격한 믿음에 근거하여 남성 또는 여성에 대한 편견적 태도를 말한다. 이러한 신념, 예로 모든 여성은 가정을 돌보아야 하고, 항상 타인의 기분을 잘 헤아려야 하며, 정치 또는 경제적인 문제에 대해 남성의 결정을 따라야 한다는 입장이 함축되어 있다. 또 다른 성차별적 신념은 모든 남성은 세심하지 않으며 오로지 성(sex)에만 관심이 있고, 감정적으로 소통할 수 있는 능력이 결여되었다는 생각과 관련 있다.

제도적 성차별주의(institutional sexism)는 성별을 이유로 사람을 차별하는 관습 및 관행을 말한다. 같은 직장에서 여성이 남성보다 더 적은 임금을 받는 관행, 여성 고위임원직에 대한 유리천장이 존재하는 것 등이 그 예이다. 또 다른 예로 법적으로 이혼 시 대부분 아버지가 아닌 어머니에게 양육권을 부여하는 관행이 있다.

주목할 것은 특정 성별을 이유로 누군가를 폄하하는 언어는 **성차별적 언어(sexist language)**이다. 미국-국립영어교원협의회(NCTE)는 성별평등지향적 언어 지침을 공개했다(성별자유, 성별중립, 성별평등). 이러한 지침은 자주 사용하는 표현인 '남자(man)' 또는 '그(he, his)'의 사용, 성역할고정관념적 언어와 관련되어 있다.

- 일반적 용어로서 '남자(man)'를 사용하지 않는다. 남녀 모두를 지칭하기 위해 이 용어를 사용하는 것은 여성성을 훼손시키면서 남성성을 강조하는 것이다. 성별 중립적인 용어는 다음과 같이 대체할 수 있다. 예로, 'mankind(인간)' 대신 'humanity', 'people', 'human being(인간 또는 사람)' 등을 사용할 수 있다. 유사하게 경찰관(policeman) 또는 소방관(fireman)과 같은 단어 역시 규범적으로 남성임을 가정하고 여성이 이러한 직업을 갖는 것을 정상적이지 않은 것이라고 가정하므로 명백한 성차별적 용어의 예가 될 수 있다.

- '그/그녀'와 같은 단어를 일반적으로 사용하지 않는다. 성별 참조적 용어를 사용하기보다 다른 단어로 대체할 수 있다. 미국-국립영어교원협의회의 지침에 의하면(Penfiled, 1987), "일반적으로 학생들은 '그'의 성적에 대해 걱정을 하고 있다."라고 말하기보다 "일반적으로 학생들은 성적에 대해 걱정을 하고 있다."로 대체할 것을 권고하고 있다.

- 성역할 고정관념적 용어를 사용하지 않는다. 초등학교 선생님을 떠올릴 때 여성을, 대학교수, 의사를 떠올릴 때 남성을, 간호사를 떠올릴 때 여성을 떠올린다면 이는 성역할 고정관념이 적용된 것이다. '여의사', '남간호사'와 같이 전문직업에 특정 성(sex)을 붙이는 것 또한 성역할 고정관념을 사용하는 것이다.

문화적 식별 용어

인종평등적, 이성-동성애평등적, 연령평등적, 성별평등적 발언을 육성할 수 있는 방법은 다른 집단의 사람과 대화할 때 그들이 선호하는 문화적 식별 용어를 조사하고 배우는 것이다. 그러나 그들이 선호하는 언어는 빈번하게 시대에 따라 달라지므로 그들과 자주 접촉하면서 그들이 최근에 가장 선호하는 것이 무엇인지 알아야 한다(Schwartz & Task Force, 1995; Faigley, 2009).

일반적인 지침은 배타하기(to exclude)보다 포괄하는 것(to include)이다. '배타(excluding)'는 특정 문화 집단에서 일반적으로 사용하는 용어를 모든 사람에게 적용하는 대화의 형태이다. 교회(church)라는 단어는 어떤 종교에서는 예배처(place of worship)로 사용되지만, 모든 종교가 그런 것은 아니다. '성서'라는 단어는 개신교 성전(聖典)을 지칭하지만 모든 종교

뷰포인트. 서비스 거부

최근 보도되는 뉴스에 의하면 자신의 생각과 맞지 않는 사람에게 서비스 제공을 거부하는 것이 허용될 수 있는지, 합법적인지, 윤리적인 것인지에 대해 다양한 입장이 있다.

당신의 생각은 어떠한가? GLBTQ(Gay, Lesbian, Bisexual, Transgender, and Queer)에게 서비스하지 않겠다는 사람을 지지하는가? 또는 '백인우월주의자'에게 서비스하지 않겠다는 사람을 지지하는가? 특정한 인종, 종교 또는 특정 민족 출신의 사람에게 서비스하지 않겠다는 사람을 지지하는가?

의 성전을 지칭하는 일반화된 단어는 아니다. 유사하게 결혼, 남편, 아내는 이성애적 관계에 서만 적용되며 다른 관계, 즉 남성 동성애자나 여성 동성애자 커플에게는 배타적 용어이다.

배타적 용어보다 포괄적인 대체용어를 찾아보자. 미국대학출판협회(the Association of American University Presses)(Schwartz & Task Force, 1995)는 인류의 종교적 예배 공간을 포괄하는 단어를 쓰고자 할 때 교회(church)라는 단어보다 예배처(place of worship)라는 단어로 대체하여 사용할 것을 권고했다. 유사하게, 헌신적 관계(committed relationship)가 결혼관계(marriage)보다 더 포괄적이고, 커플치료(couples therapy)가 부부상담(marriage counseling)보다 더 포괄적이며 동반자(life partner)가 남편과 아내(husband, wife)라는 용어보다 더 포괄적이다. 성전(religious scripture, 聖典)이 성서(Bible)보다 더 포괄적인 용어이다. 물론, 특정한 침례교회(Baptist) 또는 결혼한 이성애 부부를 지칭하고 싶다면 교회 또는 결혼이라는 단어를 쓰는 것이 더 적절하다.

인종과 국적   몇몇 연구 결과에 의하면, 미국인 중 아프리카인들은 흑인(black)보다 아프리카계 미국인(African American)이라는 용어를 더 선호했다(Hecht, Jackson, & Ribeau, 2003). 한 연구에서는 오늘날 흑인이라는 용어는 선호되지 않는다고 결론내렸다(Newport, 2007). 흑인과 백인(white)이라는 용어는 다양한 맥락에서 사용된다[예: 흑인과 푸에르토리코인 연구회(Department of Black and Puerto Rican Studies), 흑인학회지(Journal of Black Studies), 월간흑인역사(Black History Month)]. 미국심리학회(American Psychological Association: APA)는 백인과 흑인을 대문자로 사용하도록 권고하고 있으나 출판협회와 〈The New York Times〉는 이를 소문자로 사용하길 권고한다. 시카고양식(the Chicago Manual of Style)은 대문자와 소문자를 모두 허용하고 있다(Perlman, 2015). 니그로(Negro)와 유색(colored)이라는 용어는 일부 기관단체명에서 사용하고 있기는 하지만[예: 미국흑인대학기금(the United Negro College Fund), 미국유색인발전협회(the National Association for the Advancement of Colored People)], 이러한 맥락 외에는 사용되지 않는다.

백인은 일반적으로 유럽문화에 뿌리를 두고 있으며 히스패닉계가 포함되지 않는 사람을 지칭하는 용어이다. 아프리카계 미국인(African American, 이 자체는 아일랜드계 미국인, 이탈리아계 미국인과 같은 용어처럼 오랜 역사를 갖는다)이라는 용어는 사용방식에 있어 유럽계 미국인(European American)과 유사하다. 그러나 대부분의 유럽계 미국인은 자신을 그렇게 부르지 않는다. 그들은 대부분 독일계 미국인, 그리스계 미국인과 같이 자신의 국적이 포함된 용어를 더 선호한다. 유색인(people of color)이라는 용어 자체는 대중적이지만, 실제의 대화에서는 불편한 용어이다. 그들은 오히려 비백인(non-white)이라는 용어를 더 선호한다. 백색(whiteness)을 기준으로 볼 때 비백색(non-whiteness)은 기준으로부터 편차가 있음을 함축하기 때문이다. 비기독교인(non-Christian)이라는 용어도 유사하다. 즉, 이 용어는 기준과 차이가 나는 다른 믿음을 갖는 사람을 지칭한다.

일반적으로 히스패닉(Hispanic)은 스페인어를 사용하는 문화권에 속하는 사람을 말한다. 라틴계 여성(Latina)과 라틴계 남성(Latino)은 쿠바나 과테말라와 같은 라틴아메리카 출신자를 말한다. 히스패닉계 미국인(Hispanic American)은 멕시코인, 캐리비언인, 중앙아메리카인과 남아메리카인이 포함된 스페인 문화권을 가진 미국에 거주하는 사람을 지칭한다. 히스패닉계 미국인이라는 용어는 스페인 유산을 강조하는 의미를 갖지만, 이 또한 비일관적이다. 히스패닉계 미국인은 아프리칸, 아메리칸 원주민, 프랑스인, 포르투갈인의 조상을 두고 있는 카리브해, 남아메리카의 많은 사람을 포함하지 않는 용어이다. 멕시코계 미국여성(Chicana), 멕시코계 미국남성(Chicano)은 애국주의적 태도를 강조하는 멕시코 출신의 사람을 지칭함에도 불구하고(Jandt, 2016), 그들은 멕시코계 미국인(Mexican American)이라는 용어를 선호한다.

이누이트(Inuk)라는 용어는 에스키모(Eskimo, 미국인구조사국이 사용하는 용어)보다 더 선호되는데, 에스키모라는 뜻은 유럽인이 알래스카 및 캐나다 토착민에게 적용한 용어로 문자 자체는 '날고기를 먹는 사람'이라는 의미이다.

인디언(Indian)이라는 용어는 엄밀히 말하면 인도 사람만을 지칭하는 것이기에 다른 아시아 국민 또는 북아메리카의 토착 민족을 지칭하는 것은 아니다. 그러나 많은 북미원주민(Native American)은 자신을 인디언 또는 인디언 사람이라고 부르고 있다. 그럼에도 사람들은 그들을 아메리칸 인디언 또는 미국 원주민으로 부르기를 더 선호한다. 미국원주민여성을 지칭하는 단어인 스쿼(squaw)는 그들을 향한 부정적이고 모욕적인 용어로, 사용해서는 안 되는 용어임에도 불구하고 여전히 교과서나 미국의 지명의 일부로서 사용되고 있다.

캐나다에서는 원주민을 퍼스트 피플(first people) 또는 퍼스트 네이션(first nation)이라고 부른다. 미국 태생의 미국 시민(native American, 소문자 n을 사용함)은 미국에서 태어난 사람을 지칭한다. 이 용어는 기술적으로 북미 또는 남미에서 태어난 사람을 지칭할 수 있지만, 일반적으로 미국 외의 사람들은 아르헨티나, 쿠바 또는 캐나다와 같은 더 구체적인 지정을 선호한다. 원주민(native)이라는 용어는 토착민을 말하며, 이는 '덜 발전된 문화를 가진 사람'을 지칭하는 데 사용되지 않는다.

무슬림(Muslim)은 이슬람교의 가르침을 지키는 사람을 지칭하는 용어이다. 코란(Quran)은 이슬람 경전을 지칭하는 용어이다. 유대인(Jewish people)이라는 용어는 jews보다 더 선호되고, 유대인 여성(jewess)이라는 용어는 경멸적인 의미로 여겨진다.

영어권의 역사책이 유럽인 관점에서 배타적으로 작성되었을 때 유럽대륙을 중심으로 세계를 규정했다. 따라서 아시아는 '동양(the East 또는 the Orient)'이 되었고, 아시아인은 '동양인(orientals, 오리엔탈은 미개한이라는 뜻이 있어서 동양의 비하적 발언이 포함되어 있다)'이 되었는데, 이는 오늘날 부적절하거나 '유럽중심적'인 것으로 간주된다. 아시아 사람은 간단하게 아시아인으로, 아프리카에서 온 사람은 아프리카인, 유럽에서 온 사람을 유럽인으로 부르는 것이 더 바람직하다.

애정적 지향   일반적으로 남성 동성애자(gay)는 다른 남성에게 애정적 지향(affectional orientation)을 가진 남성을 지칭하는 용어이고, 여성 동성애자(lesbian)는 여성에게 애정적 지향을 가진 여성을 지칭하는 용어이다. 동성애(homosexual)라는 용어는 남성 동성애자와 여성 동성애자 모두를 지칭하는 용어로 동성 간의 성적 지향(same-sex sexual orientation)을 묘사하는 데 사용된다. 이 용어는 온전히 성(sex)에만 초점을 두고 있기 때문에 경멸적인 용어로 여겨진다. 일반적으로는 남성 동성애자(gay man) 또는 여성 동성애자라는 용어가 더 바람직하다(GLAAD, 2016). 남성 동성애자와 여성 동성애자라는 용어는 성적 지향 이상의 의미로 자기정체성을 표현하는 용어이다. 게이(gay)는 명사로서 광범위하게 사용되지만, 그렇다고 "우리 팀에 게이(gay) 두 명이 있어요."라고 사용하는 것은 경멸적인 표현이다. 게이(gay)라는 용어는 '남성 동성애적'이라는 형용사적 의미로 사용하는 것이 최선이다.

이성애자(heterosexual)라는 뜻을 가진 straight(이성애자, 직선이라는 이중적 의미를 갖는다)라는 용어는 일반적으로 "그 사람은 동성애자이고 이 사람은 이성애자(straight)야."로 받아들여진다. 직선과 이성애자의 이중적 의미를 갖는 이 용어의 문제는 이성애자의 반대가 동성애자라기보다 삐뚤어져 있거나 구부러져 있다는 의미이므로 궁극적으로 경멸을 내포하고 있다. 물론 확실한 것은 아니다.

많은 남성 동성애자와 여성 동성애자는 퀴어(Queer, 사전적 의미로 기묘한이라는 의미를 가진다)라는 표현을 자주 사용하지만, 사람들은 이 표현을 부적절한 것으로 여긴다. 〈The Washington Post〉나 〈The New York Times〉와 같은 주요 신문사는 이 표현을 사용하지 않겠다고 한 반면, 〈The Huffington Post〉는 '퀴어 보이스(queer voices)'라는 코너로 GLBTQ의 뉴스와 의견을 보도하고 있다. 즉, 이 표현에 대한 보편적인 합의가 이루어진 것은 아니다. 이러한 표현에 대한 최선의 조언은 당신이 GLBTQ라면 당신이 원하는 대로 용어를 사용하면 되고, 당신이 이성애자라면 이러한 표현들은 최대한 조심하는 것이 좋다.

대부분 과학적 측면에서 성성향(sexuality)은 선택의 문제가 아니라고 보기 때문에, 성적 선호(sexual preference) 또는 성적 상태(sexual state)보다 성적 지향(sexual orientation)과 애정적 지향(affectional orientation)이라는 용어를 선택한다. 그러나 이 또한 분명하지 않다. 동성결혼의 경우, 두 명의 남편 또는 아내 두 명이 있다. 남성-남성의 결혼은 각각의 개인을 남편이라고 하고, 여성-여성 결혼은 각각의 개인을 아내라고 한다. 일부 동성커플은 파트너 또는 애인(lover)이라는 단어를 선호한다.

연령　노인(older person)은 연장자(elder), 고령(elderly), 시니어(senior), 어르신(senior citizen, 은퇴 이후 65세 이상인 사람들을 지칭한다)과 같은 용어를 사용하는 것이 더 바람직하다. 나이를 지정하는 용어는 필요하지 않다. 물론 사람의 연령대를 지칭할 필요가 있는 경우도 있으나 대부분의 경우는 그렇지 않다.

성과 성별　일반적으로 소년(boy), 소녀(girl)라는 단어는 남아 또는 여아를 지칭하는 용도로만 사용해야 한다. 온라인에서 여성이 자신을 소녀(girl)라고 부르는 것은 괜찮지만 남성은 여성(woman)이라는 단어를 사용해야 한다(Roper, 2014). 예전부터 소년(boy)은 육체노동자를 지칭하는 데 절대 사용되지 않았다. 숙녀(lady)는 단정하고 정숙한 여

뷰포인트. 부정적인 용어

많은 사람은 특정 문화구성원이 자신을 지칭하는 용어 사용에 대해 승인했다고 생각한다. 당신도 이렇게 생각한다면 인종차별주의자, 연령차별주의자, 성차별주의자 또는 동성애차별주의자로 여겨질 수 있다. 몇몇 연구자에 따르면 주류 사회(larger society)는 특정 문화를 집단으로 할당하면서 부정적인 고정관념을 강화시키는 문제를 갖는다고 주장했다(Guerin, 2003). 한편, 다른 연구자들은 특정 명칭을 사용함으로써 특정 집단을 지칭하는 용어의 부정적 영향이 감소될 것이라고 주장했다.

외집단이 사용하는 경멸적이거나 정치적으로 잘못 사용되는 특정 용어를 활용하여 자신을 지칭해 보라. 당신이 생각하기에 이러한 혼잣말은 어떠한 효과를 갖는다고 생각하는가?

성이라는 고정관념을 함축하고 있기 때문에 부정적으로 평가된다. 여성(woman) 또는 젊은 여성(young woman)으로 지칭하는 것이 더 적절하다. 부인(ma'am)이라는 용어가 과거에는 존 경을 표하기 위해 사용되었던 존댓말이었지만, 오늘날에는 여성의 나이 또는 결혼 상태를 간 접적으로 언급하는 어구로 사용되므로 사용하지 않는 것이 최선이다(Angier, 2010).

문화 지도: 고맥락 문화와 저맥락 문화

맥락은 정보가 명시적으로 만들어지거나 암묵적으로 여겨지는, 즉 과거의 경험을 통해 알려졌거나 가정되어 온 정도를 의미한다. 저맥락 문화에서 정보는 계약 또는 서명을 통해 명시적으로 만들어지며 커뮤니케이션은 직접적이다. 고맥락 문화에서 많은 정보는 맥락 내에 존재하거나 과거의 경험으로부터 알게 되며, 커뮤니케이 션은 간접적이다(Hall, 1959, 1966).

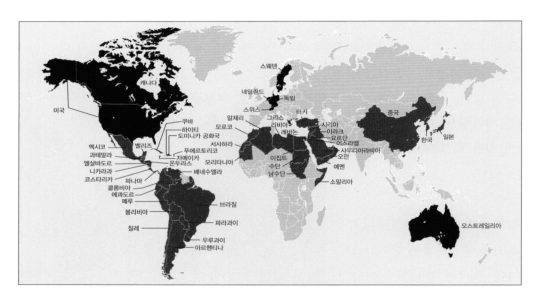

■ 빨간색 지도는 **고맥락 문화**이다. 많은 의미를 표현할 때, 얼굴표정, 눈의 움직임 및 다른 비언어적 움직임에 의해 부호화된다. 맥락이 직접적인 단어보다 더 중요하다.

■ 파란색 지도는 **저맥락 문화**이다. 의미를 표현할 때, 언어적 형태로 부호화되며 우연은 거의 존재하지 않는 다. 직접적인 단어가 맥락보다 더 중요하다.

비판적으로 생각해 보기

고맥락과 저맥락이라는 개념을 활용하여 당신이 Facebook이나 Twitter에 올린 글과 교수님께 보낸 이메일 내용을 비교해 보라.

트랜스젠더(transgender)는 자기가 동일시하는 성으로 자기를 정의하는 사람이다. 즉, 트랜스젠더는 출생 시에 부여된 성과 반대되는 성 정체성을 갖는 사람으로 그들은 동성애자이거나 이성애자일 수도 있고, 남성이거나 여성일 수도 있다. 만약 자신을 여성으로 동일시한다면, 여성적 이름과 대명사를 사용한다. 또한 자신을 남성으로 동일시한다면, 남성적 이름과 대명사를 사용한다. 시스젠더(cisgender)는 출생 시 부여된 성과 동일한 자기정체성을 가진 사람을 지칭하는 용어이다. 즉, 트랜스젠더는 시스젠더의 반대말이다.

복장도착자(transvestite)는 출생 시 부여된 성별의 옷보다 그 반대 성의 옷을 입는 것을 선호하는 사람으로 그들은 동성애자이거나 이성애자일 수도 있고, 남성이거나 여성일 수 있다. 복장도착자는 복장을 바탕으로 지칭되는 용어이다. 만약 어떤 사람이 출생 시 성별과 상관없이 여성으로 분장했다면 여성 대명사와 여성적 이름을 사용한다. 어떤 사람이 출생 시 성별과 상관없이 남자처럼 옷을 입는다면 남성 대명사와 남성적 이름을 사용한다.

언어적 메시지 효과적으로 사용하기

4.3 언어가 사고를 왜곡시킬 수 있는 방법에 대해서 설명하고, 논리적으로 상호작용할 수 있는 방법을 제안한다.

언어적 메시지 시스템의 운용 원리는 언어를 더 효과적으로 사용하기 위한 몇 가지 실천 전략을 제시한다. 구체적으로 언어적 메시지를 효과적으로 사용하고, 언어적 메시지에 현실 세계를 보다 정확하게 반영할 수 있는 여섯 가지 지침을 소개한다. (1) 외연화하기: 의도적 지향하지 않기, (2) 대상의 다양한 특성을 고려하기: 전체화하지 않기, (3) 사실과 추론 구분하기: 사실과 추론 혼동하지 않기, (4) 개별적으로 구분하기: 획일화하지 않기, (5) 중립적으로 이야기하기: 양극화하지 않기, (6) 메시지 업데이트하기: 고정적인 평가하지 않기(그림 4-4] 참조).

외연화하기: 의도적 지향하지 않기[2]

의도적 지향(intensional orientation)은 사람, 사물, 사건 등이 실제로 어떻게 존재하는가를 고려하기보다 그것의 이름이나 명칭, 주관적 판단이나 생각에 주요 초점을 두는 경향성을 말한다. 외연적 지향(extensional orientation)은 그 반대이다. 실제 존재하는 사람이나 사물, 사건을

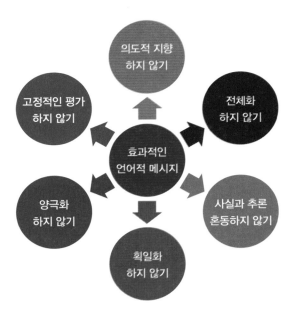

[그림 4-4] **언어적 메시지 사용을 위한 지침**

먼저 고려하고 그다음 어떻게 명명되는가를 고려하는 경향성을 말한다. 즉, 어떤 일이나 어떤 사람에 대해 이야기되는 방식보다 당신이 실제로 본 것을 더 중시하는 경향성이다.

의도적 지향은 대상이나 사건 자체보다 그것을 지칭하는 이름과 표식을 더 중요하게 다룰 때 발생한다. 지도를 지형 자체보다 더 중요하게 다루는 것과 같다. 의도적 지향의 극단적인 예로 개를 무서워하는 사람이 개에 대한 이야기를 듣거나 개의 사진만을 보고 땀을 흘리는 것이다. 이 사람은 표식만 봐도 실제 그것을 본 것처럼 반응한다. 의도적 지향은 어떤 의도를 갖지 않은 채 상대의 직접적 행동을 보는 상황이 아닌, 개인적 도식을 이용해 상대를 보는 상황에서 발생한다. 예로, 특정 교수에 대해서 알기도 전에 그 교수를 '헛똑똑이'라고 생각하는 것이다.

의도적 지향을 바로 잡기 위해서는 구체적인 대상, 사람 또는 사건 자체에 먼저 집중을 한 다음, 그것의 명명 또는 묘사되는 것에 초점을 두는 것이다. 명명 또는 표식은 도움이 되는 지침이지만, 그것이 상징하는 바에 대한 모호함을 간과해서는 안 된다.

대상의 다양한 특성 고려하기: 전체화하지 않기

세상은 상당히 복잡하기 때문에 당신은 어떤 것에 대해서 모든 것을 다 말로 표현할 수 없다. 특히 사람을 대할 때는 더욱 그렇다. 당신은 어떤 사람에 대해서 전체적으로 알고 있으며 그가 왜 그렇게 하는지 다 알고 있다고 생각하지만, 그 사람에 대한 모든 것을 알 수는 없다.

---

2) 역자 주: 외연(外延, extension)과 내포(intension)는 논리학에서 사용하는 용어로, 외연은 어떤 사물 종류의 총체를 뜻하며 그 반대인 내포는 개념이 적용되는 범위에 속하는 여러 사물이 공통으로 지니는 필연적 성질의 전체를 의미한다. 즉, 외연적 사물이 공통적으로 포함하는 뜻이나 의미를 내포라고 한다. 그러나 이 장에서 사용된 외연(extension)의 의미는 커뮤니케이션의 맥락에서 이해하는 것이 더 적절하다. 커뮤니케이션 맥락에서 외연은 있는 그대로의 사물이나 사건을 보고 판단하는 것이라면, 의도(intension)는 그 사물이나 사건 자체가 아닌 여론, 대다수의 사람이 생각하는 바, 또는 주관적 감정이나 신념 등에 의해 판단하는 측면을 의미한다. 따라서 이 장에서는 'intension'을 '의도'로 의역하고자 한다.

언어적 메시지 효과적으로 사용하기

161

당신이 어떤 사람과 첫 데이트를 했을 때 기대했던 것보다 상대에게 실망했을 수도 있다. 상대의 첫인상이 따분해 보였기 때문이다. 그러나 상대는 단순하게 첫 데이트에서 긴장했거나 수줍었을 수도 있다. 문제는 우리가 짧은 만남을 바탕으로 어떤 사람을 전체적으로 판단한다는 것이다. 나아가 이 사람을 따분한 사람으로 정의한다면 상대를 따분한 사람으로 대하면서 **자기충족적 예언**(self-fulfilling prophecy)이 발생할 것이다.

전체화를 피할 수 있는 유용한 외연적 장치는 '기타 등등(etc.)'으로 각 진술을 마무리하는 것이다. 이 표현은 언어적으로는 가끔 사용할 수 있지만, 정신적으로는 언제나 사용할 수 있다. 즉, 이 표현은 모든 진술은 불가피하게 불완전하기 때문에 더 배워야 하고 알아보아야 하며, 말할 것이 더 있음을 상기하도록 해 준다. 어떤 속성을 대체하기 위한 목적으로 '기타 등등'이라는 용어를 자주 사용한다면 용어의 의도는 훼손된다. 대신 이 표현은 더 많은 것을 알고 말할 것이 더 있음을 정신적으로 상기시키는 데 이용되어야 한다.

사실과 추론 구분하기: 사실과 추론 혼동하지 않기

당신은 사실과 추론을 구분하지 않고 말할 수 있다. 우리는 이러한 말을 들을 때 사실과 추론이 명확하게 구분되지 않는다. 그러나 이 둘 사이에는 큰 차이점이 있다. 추론을 사실로 취급할 때 명확한 사고에 대한 장벽이 생길 수 있는데 이를 **사실-추론 혼동**(fact-inference confusion)이라고 한다.

당신은 관찰한 것에 대해서 진술할 수 있고, 관찰하지 않은 것에 대해서도 진술할 수 있다. 형태나 구조에서 이러한 진술은 유사하다. 이는 각각 문법적 분석으로도 구분하기 어렵다. 당신은 "그녀는 파란 재킷을 입고 있다."와 "그녀는 비논리적인 증오감을 품고 있다."로 말할 수 있다. 이 문장은 문법적으로 동일한 구조이다. 그러나 두 문장은 다른 종류의 문장임을 알 수 있다. 첫 번째 문장에서는 파란색과 재킷을 관찰할 수 있다. 이 문장은 사실적 문장이다. 그러나 당신은 '비논리적 증오감'을 어떻게 관찰할 것인가? 이는 사실적이라기보다 추론적인 것으로, 관찰에 근거한 것이 아닌 당신만의 주관적 결론이 추가된 진술이다.

두 종류의 진술은 모두 유용하고 일상적 커뮤니케이션에 필수적이다. 문제는 추론적 진술을 마치 사실적인 것으로 다룰 때 발생한다. 다음의 자가 점검을 통해 사실과 추론을 구분하는 능력을 점검할 수 있다.

이 검사는 William Haney(1973)가 개발한 것이다. 관찰을 기반으로 작성된 다음의 보고서를 읽고 물음에 답해 보자. 관찰이 확실히 참(그렇다)이면 T, 관찰이 확실히 거짓(아니다)이면 F, 관찰이 참일 수도 있고 거짓일 수도 있는 경우에는 ?로 응답하라.

각 관찰 결과를 차례대로 판단해 보라. 판단을 표시한 후에는 관찰 내용을 다시 읽지 않는다. 답변도 변경하지 않는다.

교양 있어 보이는 교원은 막 기말고사 시험지의 준비를 마치고, 사무실 전등을 껐다. 그때 선글라스를 쓴 키가 크고 덩치가 커 보이는 누군가가 나타났고, 시험지를 요구했다. 교수는 서랍을 열었다. 그 사람은 서랍 속의 모든 것을 집어 든 뒤 복도로 달려 나갔다. 학과장은 즉시 통지를 받았다.

___ 1. 도둑은 키가 크고, 풍채가 크며 선글라스를 쓰고 있었다.
___ 2. 교수는 전등을 껐다.
___ 3. 키가 큰 어떤 사람은 시험지를 요구했다.
___ 4. 누군가가 시험지를 집었다.
___ 5. 교수가 시험지를 집었다.
___ 6. 키가 크고 덩치가 커 보이는 사람은 교수가 사무실의 전등을 끈 뒤에 나타났다.
___ 7. 서랍을 연 사람은 교수이다.
___ 8. 교수는 복도로 달려 나갔다.
___ 9. 서랍은 실제 열리지 않았다.
___ 10. 이 보고서에는 세 사람이 언급되어 있다.

각 진술문마다 자문해 보길 바란다. "이 진술문이 참 또는 거짓이라고 어떻게 절대적으로 확신할 수 있는가?" 당신은 한 진술만이 진실이고, 한 진술만이 거짓으로 분명하게 식별될 수 있다는 것을 알아야 한다. 나머지 8개의 진술문은 '?'로 표시되어야 한다. 이 짧은 경험은 당신의 추론을 사실로 생각하도록 함정에 빠뜨리기 위해 고안된 것이다. 3번 진술문은 참이고(보고에 기록됨) 9번 진술문은 거짓이다(서랍을 열었다). 그 밖의 다른 진술문은 추론이므로 '?'로 표시해야 한다. 예로, 당신은 '교양 있어 보이는 교원'을 '교수'로 추론했을 수도 있다. 나머지 진술문을 검토하여 그 중 어느 것도 참 또는 거짓인지 확신할 수 없는 이유에 대해서 생각해 보자.

개별적으로 구분하기: 획일화하지 않기

모든 것은 고유하다. 그러나 언어는 교사, 학생, 친구, 적, 전쟁, 정치인, 자유 등과 같은 보통 명사를 제공하는데 이는 개별적 차이보다 집단 내 유사성에 초점을 맞추도록 유도한다.

획일화(indiscrimination)는 고정관념의 한 형태로 다음과 같은 진술에서 볼 수 있다.

- 그는 태만하고 어리석으며 너저분한 게으름뱅이야.
- 이사회에 다른 민족이 포함되는 것을 원치 않습니다. 한 민족만으로 충분합니다.
- 로맨스 소설을 읽으라고요? 저는 16세에 한 번 읽어 봤습니다. 저는 그것만으로 충분합니다.

획일화에 대한 유용한 해결책은 **색인(index)**이라는 외연적 장치를 사용하는 것이다. 이는 한 집단 내 모든 구성원이 동일한 명칭으로 가려짐에도 불구하고 집단 내 각 개인을 식별할 수 있는 언어적 또는 정신적 첨자이다. 예로, 당신이 특정 정치인을 단지 일반적 '정치인'으로만 생각하고 이야기할 때 이 정치인의 고유성, 즉 다른 정치인과의 차이를 보지 못할 수도 있다. 그러나 정치인 개인 간 차이에 대한 색인을 달아서 생각하면 획일화의 함정에 빠질 가능성이 적고, 정치인 간 차이점에 더 집중할 가능성이 높다. 문화, 국가, 종교단체 구성원도 마찬가지이다. 당신이 이라크인 개개인에 대해 생각하고 말하면, 모든 이라크인이 같지 않다는 것을 깨닫게 될 것이다. 같은 이름으로 가려진 개개인을 구별할수록, 어떤 집단도 차별할 가능성이 적어진다.

중립적으로 이야기하기: 양극화하지 않기

흔히 흑백논리적 오류로 일컬어지는 **양극화(polarization)**는 세상을 극단적 측면으로 묘사하려는 경향을 말한다. 좋은 것 또는 나쁜 것, 긍정적이거나 부정적인 것, 건강하거나 병들거나, 명석하거나 어리석거나, 부자 또는 가난 등과 같이 양극화된 진술은 다양한 형태로 나타날 수 있다. 여기 몇 가지 예가 있다.

- 증언을 들어 보았지만, 누가 좋은 사람이고 누가 나쁜 사람인지 아직 확실하지 않습니다.
- 당신은 우리 편입니까, 아니면 반대편입니까?
- 대학은 나에게 좋은 직장을 구해 주어야 해요. 그렇지 않다면, 대학을 다니는 것은 엄청난 시간낭비예요.

대부분의 사람과 상황은 선과 악, 건강과 허약, 총명함과 어리석음, 부자와 가난의 극단 어딘가에 존재한다. 그러나 이러한 극과 극의 대립적 관점에서만 보고 사람, 사물, 사건을 분류하려는 경향이 강하다(Gamson, 1998).

다음과 같은 단어에 대해 반대되는 단어를 입력하면 이러한 경향을 쉽게 증명할 수 있다.

		반대말
키가 큰	____:____:____:____:____:____:	_____
무거운	____:____:____:____:____:____:	_____
강한	____:____:____:____:____:____:	_____
행복한	____:____:____:____:____:____:	_____
합법적인	____:____:____:____:____:____:	_____

반대말을 입력하는 것은 비교적 쉽고 빨랐을 것이다. 단어 또한 상당히 짧을 것이다. 여러 사람이 반대말을 작성했다면 상당수 비슷하거나 같은 반대말을 입력했을 것이다.

이제는 양극단 단어의 중간에 위치하는 단어를 채워 넣어 보자. 예로, '키가 큰'과 '키가 작은'의 사이에 들어갈 수 있는 단어, '무거운'과 '가벼운' 사이에 들어갈 수 있는 단어를 채워 넣어 보자.

이러한 중립적 반응은 반대말에 비해 더 생각하기가 어렵고 더 많은 시간이 소요되었을 것이다. 응답은 더 긴 단어였거나 또는 몇 단어로 구성된 구문의 형태를 이루게 될 수도 있다. 또한 사람들마다 제시한 중간 응답은 합의가 덜 이루어질 것이다. 이 연습은 우리가 반대편에서 생각하고 말하기는 쉬운 반면, 중립적으로 생각하고 말하기는 어렵다는 것을 보여 준다. 그러나 대부분의 경우는 양극단 사이에 존재한다는 것을 인정해야 한다. 양극단적인 용어의 사용이 그 사이에 놓여 있는 현실을 놓치지 않도록 해야 한다(Read, 2004).

물론 어떤 경우는 두 가지 가치적 측면에서 이야기하는 것이 더 적절하다. 당신이 들고 있는 그것은 책일 수 있고 아닐 수도 있다. 명확하게 책과 책이 아닐 가능성을 모두 포함한다. 이런 종류의 진술은 문제가 없다. 유사하게 당신은 학생이 이 과목을 통과하거나 통과하지 못할 수도 있다고 말할 수 있다. 이 두 가지 범주 모두 가능성을 포함하고 있다.

그러나 '상사는 우리 편이거나 반대편이다.' 같은 상황에서 'A이거나 B' 형태의 진술은 문제가 될 수도 있다. 이러한 경우에는 두 가지 선택 사항 중 무엇이 정확하게 맞는 선택이라고 말할 수 없다. 상사는 어떤 상황에서는 우리와 같은 생각일 수도 있고, 어떤 상황에서는 우리에게 반대할 수 있으며 또 어떤 상황에서는 중립적일 수도 있다. 현대 사회는 친-전쟁집단과 반-전쟁집단으로 양극화되는 경향이 있다. 중앙아시아에 대한 의견에서도 양극화의 예를 볼 수 있다. 어떤 사람은 한쪽을 전적으로 지지하고 어떤 사람은 그 반대를 전적으로 지지한다. 진영의 양극화는 정치 또는 주요 사회적 이슈와 관련하여 만들어진다. 낙태와 세금에 대한 찬성−반대 입장도 그렇다. 이러한 양극화는 양쪽 가치 중 무엇이 정확하게 맞는 '선택'이라고 볼 수 없다. 이러한 양극화는 상당수의 사회적 이슈에 대해서 사람들이 중립적 입장을 갖도록 하는 데 방해가 된다.

메시지 업데이트하기: 고정적인 평가하지 않기

사람과 사물은 빠르게 변하는 반면, 언어는 매우 느리게 변하는 경향이 있다. 당신이 어떤 사람에 대한 판단을 유지할 때, 그 사람의 불가피한 변화에도 불구하고 당신은 여전히 고정적인 평가를 한다.

당신은 모든 것이 유동적 상태에 있다는 것에 대해서는 동의할 것이지만, 관련 질문은 당신이 그것을 아는 것처럼 행동하는가이다. 어린 여동생을 10세처럼 대하는가 아니면 20세 된 여성처럼 대하는가? 자신과 타인에 대한 평가는 급변하는 현실 세계와 보폭을 맞출 필요가 있다. 그렇지 않으면 당신은 더 이상 존재하지 않는 세상에 대한 태도와 믿음, 즉 **고정적인 평가**(static evaluation)에 머물러 있게 될 것이다.

고정적인 평가를 방지하기 위해, **날짜**(date)라는 전략을 사용할 수 있다. 이는 당신의 진술을 시간이라는 맥락 내에서 알아볼 수 있도록 하는 정신적 첨자가 된다. 당신의 진술에 날짜를 덧붙이는 것은 특히 평가적인 진술을 할 때 중요하다. 2002년의 Gerry Smith는 2010년의 Gerry Smith가 아니며 2010년의 학문적 능력은 2020년의 학문적 능력이 아님을 기억해야 한다.

여기 여섯 가지 지침은 당신을 기만하기 위해 사용될 수도 있다는 것을 인지해야 한다. 예로, 어떤 사람이 한 개인을 특정 집단으로 대하거나, 당신에게 특정 집단의 관점에서 응답하도록 유도한다면, 그들은 비윤리적인 방식으로 의도적 지향을 사용하는 것이다(예: 인종차별주의자, 성차별주의자, 동성

뷰포인트. 소셜네트워크와 언어
소셜네트워크 커뮤니케이션에서 의도적 지향, 전체화, 사실-추론 혼동, 획일화, 양극화, 고정적인 평가의 예를 식별할 수 있는가? 여기서 제시된 지침을 위반할 경우 어떤 유형의 문제가 발생할 수 있는가?

애 혐오자는 한 개인을 이러한 관점하에서 다룬다). 마찬가지로 사람들이 누군가에 대해 모든 것을 알고 있는 것처럼 표현할 때(예: 가십) 그들은 자신의 목적을 달성하기 위해 전체적 측면에서 생각하는 것이다. 사람들은 자신의 신념을 지키기 위해 자신의 추론을 마치 사실인 것처럼 표현하기도 하고(예: 가십), 그들이 고정관념을 갖고 있을 때 사실과 추론을 구별하지 못하기도 한다. 사람들은 당신에게 영향력을 미치기 위해 반대의 측면에서 말하거나(양극화), 사물이나 사람이 변하지 않는 것처럼 말한다(고정적인 평가). 이러한 사람들은 당신이 중립적으로 말하기를 원치 않으며, 최신정보를 요구하지 않는다고 가정한다.

〈표 4-4〉는 효과적인 메시지에 대한 중요한 지침의 요약을 보여 준다. 이러한 원칙을 검토하면서 자신의 최근 상호작용에서 이러한 원칙을 따르지 않았던 상황과 그 결과를 떠올려 보자.

〈표 4-4〉 언어적 메시지 지침의 핵심

효율적 지침	비효율적 지침
외연화하기 사람, 사물, 사건이 말하는 방식과 현실에 존재하는 것을 구분한다. 언어가 존재 그 자체는 아니다.	**의도적 지향하기** 언어와 사물을 같은 것으로 취급한다. 사물이 존재하는 것보다는 이야기되는 것에 대해 반응한다.
대상의 다양한 특성 고려하기 특정 대상에 대해 모든 것을 알고 있거나 말할 수 있는 사람은 없다. 항상 더 많은 이야기가 있고 배울 것이 있다고 가정한다.	**전체화하기** 당신이 말할 수 있는 모든 것을 알고 있다고 가정한다.
사실과 추론 구분하기 사실과 추론을 구분하고 그것에 대해 다르게 반응한다.	**사실과 추론 혼동하기** 추론에 사실인 것처럼 반응한다.
개별적으로 구분하기 지칭이나 이름에 의해서 가려지는 세부 요인(예: 구성원)을 구분한다.	**획일화하기** 같은 지칭을 포함하는 요소(사람, 사물, 사건)를 획일적으로 판단한다.
중립적으로 이야기하기 대부분의 경우에 존재하고 있는 중립적인 것에 대해서 대화한다.	**양극화하기** 극단적으로 대화한다. 중립은 간과해도 된다.
메시지 업데이트하기 정기적으로 당신의 메시지, 의미, 평가, 신념 등을 갱신한다.	**고정적으로 평가하기** 사물과 사람은 변화한다는 것을 인지할 필요가 없다.

개념 요약

언어적 메시지에 초점을 둔 이 장은 언어의 본질과 언어의 작동방식, 인정과 부정 및 이와 관련한 주제로서 인종차별적, 동성애차별적, 연령차별적, 성차별적 언어에 대해 알아보았고, 언어적 커뮤니케이션을 보다 정확하고 효과적으로 만드는 몇 가지 방법을 알아보았다.

언어적 메시지의 원리

4.1 언어적 메시지의 원리를 설명한다.

1. 메시지의 의미는 사람에게 있다.
2. 메시지는 명시적이면서(즉, 객관적이고, 보통 쉽게 합의될 수 있음), 함축적이다(즉, 주관적이고, 보통 개인적 의미가 높게 부여됨).
3. 메시지는 추상성 수준에서 다양하다. 메시지는 가장 일반적이면서 가장 구체적인 수준까지 있다.
4. 메시지는 거짓일 수도 있다.
5. 메시지는 공손함 수준에서 다양하다.
6. 메시지는 출처가 있을 수도 있고, 익명일 수도 있다.
7. 메시지는 자기주장 수준에서 다양하다.

부정과 인정

4.2 인정과 부정을 설명하고, 적절한 문화정체성의 예를 제시한다.

8. 부정이란 타인의 존재와 소통을 무시하는 과정이다. 인정이란 타인의 중요성을 받아들이고 지지하며 인정하는 것을 말한다.
9. 인종차별적, 동성애차별적, 연령차별적, 성차별적 언어는 여러 집단을 분열시키고, 폄하하며, 부정적으로 평가한다.

언어적 메시지 효과적으로 사용하기

4.3 언어가 사고를 왜곡시킬 수 있는 방법에 대해서 설명하고, 논리적으로 상호작용할 수 있는 방법을 제안한다.

10. 의도적 지향하지 않기: 언어는 현실을 표상하는 것이고, 현실 그 자체는 아님을 기억해야 한다.
11. 전체화하지 않기: 당신은 무언가에 대해서 전체를 말하거나 알 수 없다.
12. 사실과 추론 혼동하지 않기: 언어는 문법적으로 이러한 차이를 나타내지 않는다는 것을 기억해야 한다.
13. 획일화하지 않기: 모든 것은 고유하다.

14. 양극화하지 않기: 오직 극단적인 면에만 초점화하는 것을 피해야 한다.

15. 고정적인 평가하지 않기: 언어는 고정적인 경향이 있지만, 사람과 사건은 계속해서 변화한다.

기술 요약

언어적 메시지 연구 및 언어적 메시지의 전달 방식에 대한 연구는 효과적인 커뮤니케이션 기술을 위한 주요 함축을 제공해 준다. 다음에 제시된 내용을 읽어 보고 더 노력할 필요가 있는 항목에 (∨) 체크하시오.

_____ 1. 커뮤니케이션은 일괄적 신호체계이므로 나는 언어적 및 비언어적 메시지를 모순적이기보다 보완적으로 사용한다.

_____ 2. 나는 객관적이고 외연적인 의미뿐만 아니라 화자의 주관적이고 함축적인 의미도 이해하려고 노력한다.

_____ 3. 나는 으르렁말과 가르랑말이 객관적 실체가 아닌 화자의 감정을 표현하는 말이라는 것을 알고 있다.

_____ 4. 나는 나의 뜻을 잘 전달하기 위해 추상성 수준에서 다양하게 단어를 사용할 수 있다.

_____ 5. 나는 상황이나 커뮤니케이션 목표에 맞추어서 직설 수준을 조정할 수 있다.

_____ 6. 사람들이 서로 다른 함축적 의미를 갖는 용어를 사용할 때 화자의 메시지를 명확하게 이해하기 위해서 주의를 기울인다.

_____ 7. 말의 의미는 사람에 따라 달라진다는 것을 인지하면서 단어뿐만 아니라 커뮤니케이션하는 사람에게도 주의를 기울인다.

_____ 8. 나는 부정 메시지 대신 상대를 인정하는 메시지를 사용한다.

_____ 9. 나는 인종차별적, 동성애차별적, 연령차별적, 성차별적 언어를 사용하지 않고 다른 집단을 폄하하는 언어를 사용하지 않는다.

_____ 10. 나는 커뮤니케이션을 용이하게 하고 효과적인 상호작용을 방해하지 않도록 하는 문화적 식별 용어를 사용한다.

_____ 11. 나는 대상에 대해 의도 지향적으로 반응하는 것을 피하고 외연적으로 반응하려고 한다. 즉, 존재하는 대상을 먼저 보고 그다음 대상에 대한 단어를 고려한다.

_____ 12. 나는 전체화를 하지 않기 위해 나의 문장 끝 대부분을 '기타 등등'으로 끝냄으로써 더 알아야 할 것 또는 말할 수 있는 것이 있다는 것을 알린다.

_____ 13. 나는 사실과 추론을 구분하고 추론인 경우 신중하게 반응한다.

_____ 14. 나는 각 개인과 상황의 개별성을 고려하며 획일적 사고를 하지 않는다.

_____ 15. 나는 세상, 특히 사람에 대해 말할 때 '중립적' 용어와 수식어 등을 활용함으로써 양극화를 하지 않으려고 한다.

_____ 16. 나는 진술에 날짜라는 정신적 첨자를 달아서 고정적인 평가를 하지 않으려고 한다.

핵심 용어

이 장에서 논의된 주요 용어이다. 이 용어의 정의는 이 장의 본문에서와 책의 뒷부분에 수록된 용어집에 제시되어 있다.

가르랑말	사실–추론 혼동	인정
거부	색인	인종차별적 발언
거짓말	성차별적 발언	자기주장
고정적인 평가	양극화	자기충족적 예언
날짜	연령차별주의	진실 편향
네티켓	외연적 지향	추상화
동성애차별적 발언	으르렁말	출처가 있는 메시지
명시성	의도적 지향	함축적
부정	익명의 메시지	획일화

비언어적 메시지

5

"당신은 말하지 않을 때조차
많은 것을 전달하고 있다."

이 장의 주제

- 비언어적 커뮤니케이션의 원리
- 비언어적 커뮤니케이션의 채널
- 비언어적 커뮤니케이션 역량

학습 목표

5.1   비언어적 커뮤니케이션의 작동방식에 대한 주요 원리를 알아본다.

5.2   비언어적 커뮤니케이션의 채널을 알아본다.

5.3   비언어적 메시지를 해독하고 부호화할 수 있는 기술을 향상시키기 위한 지침을 알아본다.

비언어적 커뮤니케이션(nonverbal communication)은 언어 이외의 커뮤니케이션이다. 몸짓, 미소 짓기, 얼굴 찌푸리기, 눈을 크게 뜨기, 의자를 타인 쪽으로 가까이 옮기고, 장신구를 착용하거나 누군가를 만지고, 목소리를 높이거나 아무 말도 하지 않는 것 등이 모두 비언어적 커뮤니케이션이라고 할 수 있다. 중요한 것은 당신이 보내는 메시지가 어떤 식으로든 한 명 이상의 타인에 의해 수신된다는 것이다. 만약 당신이 방에 혼자 있고 아무도 당신을 볼 사람이 없을 때 제스처를 취한다면, 대부분의 이론가는 커뮤니케이션이 이루어지지 않았다고 말할 것이다.

비언어적 커뮤니케이션을 연구하고 그 역량을 개발하는 것은 여러 면에서 유익하다.

- 비언어적 커뮤니케이션은 다른 문화권뿐만 아니라 자신의 문화권의 사람을 이해하는 데 있어 정확성을 향상시켜 준다. 애정적 관심이 담긴 수줍은 미소를 이해하는 것에서부터 직장 상사가 보내는 제스처의 의미에 이르기까지, 타인을 이해하는 데 있어 정확성이 높아지면 사회 및 직장 상황에서 분명한 이점을 얻을 것이다.
- 비언어적 커뮤니케이션은 친밀한 관계, 직장 관계, 교사-학생 관계, 문화 간 커뮤니케이션, 법정에서의 커뮤니케이션, 정치 및 건강관리를 포함한 다양한 대인관계 상황에서 당신의 효율성을 높인다(DeVito, 2014; Knapp, 2008; Richmond, McCroskey, & Hickson, 2012; Riggio & Feldman, 2005).
- 비언어적 커뮤니케이션은 자신의 인지된 매력을 증가시킨다. 비언어적 신호를 주고받는 능력이 커질수록 당신의 인기와 심리사회적 행복감이 더 커질 것이다(Burgoon, Guerrero, & Floyd, 2010).
- 비언어적 커뮤니케이션을 통해 보다 효과적인 자기표현을 할 수 있다. 예로, 직접 대면하는 상황에서 누군가를 처음 만날 때 당신은 주로 비언어적 메시지를 바탕으로 그 사람의 인상을 형성한다. 비언어적 메시지를 보다 효과적으로 이해하고 관리할 수 있게 되면 당신이 원하는 방식으로 자신을 표현할 수 있게 된다.

비언어적 커뮤니케이션의 원리

5.1 비언어적 커뮤니케이션의 작동방식에 대한 주요 원리를 알아본다.

비언어적 메시지가 제공하는 여러 기능에 대한 원리를 살펴봄으로써 비언어적 커뮤니케이션에 대해 알아보고자 한다(Burgoon & Hoobler, 2002; Burgoon & Bacue, 2003; Afifi, 2007). 이러한 기능은 모든 커뮤니케이션의 상호작용에서 중요한 비언어적 메시지를 만들며, 이는 [그림 5-1]에서 볼 수 있다.

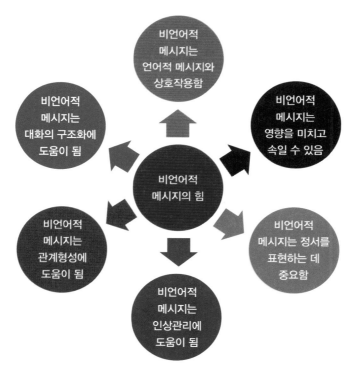

[그림 5-1] 비언어적 메시지의 힘

비언어적 메시지는 당신이 언급할 수 있는 커뮤니케이션의 모든 측면에 영향을 미친다.

비언어적 메시지는 언어적 메시지와 상호작용한다

언어적 메시지와 비언어적 메시지는 강조, 보완, 부정, 제어, 반복, 대체의 여섯 가지 주요 방법으로 상호작용한다.

- **강조**. 비언어적 커뮤니케이션은 종종 무언가를 강조하거나 언어적 메시지의 일부를 강조하기 위해 사용된다. 특정한 단어나 구절을 강조하기 위해 목소리를 높이거나, 자신의 의지를 강조하기 위해 주먹으로 책상을 치거나, "사랑해."라고 말할 때 상대의 눈을 간절히 바라볼 수 있다.

- **보완**. 비언어적 커뮤니케이션은 언어적 메시지로 전달되지 않는 의미의 뉘앙스를 보완하기 위해 사용될 수 있다. 즉, 당신은 이야기할 때 웃을 수도 있고(재미있다는 것을 나타내기 위해), 누군가 거짓을 이야기할 때 얼굴을 찌푸리고 고개를 저을 수도 있다(당신의 반감을 표현하기 위해서).

- **부정**. 비언어적인 동작을 통해 의도적으로 당신의 언어적 메시지를 부정할 수도 있다. 손가락을 교차해 X표를 하거나 윙크를 해서 당신이 거짓말을 하고 있다는 것을 나타내는 것이다.

- **제어**. 비언어적 동작은 입술을 오므리거나 몸을 앞으로 숙이거나 말하고 싶다는 것을 나타내기 위해 손동작을 할 때처럼 언어적 메시지의 흐름을 제어하거나 또는 제어하고 싶다는 뜻을 표시하기 위해 사용될 수 있다. 당신은 또한 손을 들거나 "음" 하고 말을 하여 당신의 말이 아직 끝나지 않았고, 다음 사람에게 발언 기회를 넘겨줄 준비가 되지 않았다는 것을 표현할 수도 있다.

- **반복**. 당신은 비언어적 행동으로 언어적 메시지를 반복하거나 다시 나타낼 수 있다. 눈썹을 치켜올리고 의아한 표정을 짓는 것으로 "괜찮아?"라는 말을 반복할 수도 있고, 머리나 손을 까딱하는 동작으로 "가자."라는 말을 되풀이할 수도 있다.

- **대체**. 당신은 언어 메시지를 대체하기 위해 비언어적 커뮤니케이션을 사용할 수 있다. 손동작으로 'OK'라고 신호를 보낼 수 있다. 고개를 끄덕여 '예'를 표시하거나 고개를 저어 '아니요'를 나타낼 수 있다.

당신이 컴퓨터로 커뮤니케이션할 때, 당신의 메시지는 보통 대면 커뮤니케이션에 수반되는 얼굴표정이나 몸짓 없이, 말로 하는 커뮤니케이션의 일부인 속도와 목소리 크기의 변화 없이, 타이핑된 문자를 통해 전달된다. 이렇게 비언어적 행동이 결여된 것을 보완하기 위해 **이모티콘** (emoticon)과 이모티콘보다 더 세련된 형태인 **이모지**(emoji)가 만들어졌다. 이모티콘과 이모지는 미소나 윙크와 같이 메시지를 명확히 할 수 있는 비언어적 표현 경로가 없는 상황에서 매우 유용하다. 물론 당신은 사진, 책, 음악앨범 커버, 오디오 클립 등을 올려서 당신의 정서적 의미를 더 잘 전달할 수도 있다.

비언어적 메시지는 인상관리에 도움이 된다

당신은 주로 타인의 비언어적 커뮤니케이션을 통해 그들에 대한 인상형성을 한다. 그 사람의 미소, 눈맞춤, 얼굴표정뿐만 아니라 신체 사이즈, 피부색, 옷차림 등을 통해 그 사람에 대해 인상형성을 하며, 그 사람이 누구이고 어떤 사람인지 판단한다.

당신이 타인의 인상을 형성하는 동안, 당신은 그들이 형성하게 되는 당신의 인상을 관리하기 위해 다양한 전략을 사용한다. 그리고 이러한 전략 중, 많은 부분은 비언어적 메시지를 포함한다. 여기 몇 가지 예가 있다.

JOURNAL 커뮤니케이션 초이스 포인트

커뮤니케이션에서의 친밀감
커뮤니케이션에서 비언어적으로 관계의 친밀감을 높이는 방법을 생각해 보자.
직접 대면하는 비언어적 신호가 부족한 상황일 때, Facebook이나 온라인 데이트 사이트와 같은 소셜네트워크 사이트에서 이러한 친밀감을 높이기 위해 당신이 할 수 있는 일은 무엇인가? 어떤 신호가 원하는 효과를 낼 수 있는가? 또는 역효과가 날 것인가? 당신은 어떻게 할 것인가?

- **호감을 얻기 위해서.** 미소를 짓고 타인의 등을 쓰다듬으며, 따뜻하게 악수를 할 수도 있다. 비언어적 커뮤니케이션을 통해 당신을 더 매력적이고 좋게 보이게 할 수 있는 방법이 몇 가지 더 있다. 〈표 5-1〉을 참조하라.
- **신뢰를 얻기 위해서.** 집중해서 눈을 맞추고 확고한 자세와 열린 몸짓을 취할 수 있다.
- **실패에 대해 변명하기 위해서.** 슬픈 표정을 짓고 손으로 얼굴을 가리며 고개를 저을 수 있다.
- **무력함을 나타내 도움을 얻기 위해서.** 양손을 벌린 제스처, 곤혹스러운 표정, 서투른 동작을 할 수 있다.
- **결점을 감추기 위해서.** 실물보다 돋보이게 하는 옷을 입거나 화장을 할 수 있다.
- **따르게 하기 위해서.** 리더 역할을 맡거나 타인이 볼 수 있는 곳에 당신의 졸업장이나 상패를 전시할 수 있다.
- **자기 이미지를 확립하고 그것을 타인에게 전달하기 위해서.** 특정 방식으로 옷을 입거나 당신의 개성을 반영하여 집을 꾸밀 수 있다.

<표 5-1> 열 가지 비언어적 메시지와 매력

다음은 당신의 매력을 전달하는 데 도움이 되는 비언어적 메시지 열 가지와 그와 상반되는 열 가지 메시지이다(Andersen, 2004; Riggio & Feldman, 2005). 이는 이 장의 뒷부분에서 알아보게 될 표현 기술의 구체적인 예이다.

해야 할 것	하지 말아야 할 것
상황과 메시지에 적합한 방식으로 생기와 활력을 보여 주는 제스처를 한다.	다른 문화의 구성원에게 불쾌감을 줄 수 있는 제스처를 하거나 불쾌감을 주기 위한 의도로 제스처를 한다.
귀를 기울이며 관심이 있다는 것을 나타내는 표현으로서 고개를 끄덕이고 몸을 앞으로 기울이는 제스처를 한다.	상대가 말하는 것과 상관없이 자동적으로 고개를 끄덕이거나, 상대의 공간에 침범할 정도로 몸을 앞으로 기울이는 제스처를 한다.
미소를 짓거나 관심, 집중, 긍정적인 태도를 표정으로 보여 준다.	미소나 관심과 집중을 표정에 드러내는 것을 과하게 한다. 부적절한 웃음은 부정적으로 인식될 수 있다.
적절히 눈을 맞춘다.	빤히 쳐다보거나 추파를 던지거나 노려보거나 상대가 조사받는 것처럼 느끼게 한다.
적절한 상황일 때, 적당히 신체접촉을 한다.	지나치게 또는 너무 친하게 신체접촉을 한다. 의심적으면 접촉하지 않는다.
당신이 말하고 있는 것에 대한 열의를 전달할 수 있도록 목소리의 변화, 즉 속도, 리듬, 음의 높이, 크기 등을 활용한다.	당신의 목소리가 당신이 말하는 내용과 전혀 상관없이 위아래로 오르내리는 패턴에 빠져 버린다.
최소한 당신이 말한 것과 같은 시간의 양을 듣기 위해 침묵한다. 적절한 얼굴 반응, 자세, 맞장구로 당신이 듣고 있다는 것을 보여 준다.	아무런 미동 없이 또는 당신이 단지 반쯤만 듣고 있다는 것을 암시하는 태도로 듣는다.
유대감을 보여 주기 위해 적절히 가까운 선을 유지한다.	상대가 편안할 수 있는 선을 넘어선다.
쾌적한 냄새를 풍기고, 당신이 익숙해서 의식하지 못할 수 있는 양파, 마늘, 담배 냄새는 풍기지 않도록 주의한다.	향수를 과하게 사용한다.
상황에 맞게 옷을 입는다.	불편하거나 주의를 끌 수 있는 옷을 입는다.

비언어적 메시지는 관계형성에 도움이 된다

관계형성의 많은 부분은 말을 하지 않고도 가능하다. 당신은 애정, 지지, 사랑을 적어도 어느 정도는 비언어적으로 전달한다(Floyd & Mikkelson, 2005). 또한 비언어적 신호를 통해 불쾌감, 분노, 반감을 전달한다.

그리고 비언어적 신호를 사용하여 상대에게 관계의 본질을 알리고, 서로 비언어적으로 커뮤니케이션한다. 당신의 관계 상태를 전달하는 이 신호는 **관계 신호**(tie sign)로 알려져 있다. 이는 당신의 관계가 연결되어 있는 방식을 나타낸다(Goffman, 1967; Afifi & Johnson, 2005; Knapp, Hall, & Horgan, 2013). 관계 신호는 또한 관계의 수준을 확인하기 위해 사용한다. 예로, 당신은 관계가 긍정적인지 확인하기 위해 손을 잡을 수 있다. 또한 관계 신호는 두 사람이 밀접한 관계라는 것을 알리기 위해 사용되기도 한다. 관계 신호는 친밀감에 따라 다르며, 비교적 격의 없는 악수에서부터 좀 더 친하게 손을 잡거나 팔짱을 끼는 것, 그리고 키스처럼 매우 친밀한 접촉으로까지 확장된다(Andersen, 2004).

뷰포인트. 이혼 반지

이혼 반지는 흥미로운 비언어적 메시지 중 하나인데, 일부 여성은 오른손에 착용한다(Fried, 2013). 반지는 다양한 메시지를 전달한다. '나는 이혼했다. 나는 이혼한 것이 부끄럽지 않다. 내가 이혼했다는 것을 타인이 알았으면 한다. 나는 새로운 관계를 맺을 수 있다.'
이런 유형의 비언어적 메시지에 대해 어떻게 생각하는가? 장단점은 무엇인가?

비언어적 메시지는 대화를 구조화한다

대화 중에 당신은 신호를 주고받는다. 이는 당신이 말하고 들을 준비, 상대가 방금 말한 것에 대해 코멘트할 준비가 되어 있다는 신호이다. 이 신호는 상호작용을 조절하고 구조화한다. 이러한 **차례전환신호**(turn-taking cues)는 (당신이 "어떻게 생각하십니까?"라고 하며, 말할 순서를 수신자에게 넘겨주는 것과 같이) 언어적일 수 있다. 그러나 대부분은 비언어적이다. 타인을 향해 고개를 끄덕이는 것은 당신의 말이 끝나 가고 있고, 타인이 말하기를 원한다는 것을 나타낸다. 당신은 또한 시선 접촉과 긍정적인 자세의 비언어적 신호를 통해 당신이 듣고 있고 대화를 계속하기를 원한다는 것을 보여 준다. 또는 눈맞춤을 하지 않거나 부정적인 자세의 비언어적 신호를 통해 당신이 듣고 있지 않으며 대화를 그만두고 싶다는 것을 보여 준다.

비언어적 메시지는 영향을 미치고 속일 수 있다

당신은 말하는 것뿐만 아니라 비언어적 신호를 통해서도 타인에게 영향을 미칠 수 있다. 당신이 전념하고 있다는 것을 의미하는 집중적인 시선, 당신이 말하는 것을 더 자세히 설명하는 몸짓, "나는 이 조직에 쉽게 적응할 것이다."라고 말하는 적절한 옷은 당신이 비언어적 영향력을 행사할 수 있는 방법 중, 단지 몇 가지 예일 뿐이다.

또한 영향을 미칠 수 있는 능력은 속이는 능력도 될 수 있다. 거짓을 사실로, 사실을 거짓으로 오도하게 할 수 있다. 비언어적 속임수의 한 예로, 당신이 어떤 노력을 통해 정말로 사람들의 지지를 얻고 싶을 때 사람들에게 당신의 호감을 전달하기 위해 눈과 표정을 사용하는 것이다. 또한 당신은 타인의 속임수를 감지하기 위해 비언어적 신호를 이용한다. 누군가 눈을 마주치지 않고 안절부절못하며, 언어와 비언어적 메시지가 모순된다면 거짓말을 하는 사람으로 의심할 수 있다.

그러나 주의해야 한다. 연구에 따르면, 누군가가 거짓말을 하고 있는지 식별하는 것은 생각보다 훨씬 어렵다. 그러므로 속임수를 판단할 때는 신중해야 한다(Knapp, 2008).

비언어적 메시지는 정서를 표현하는 데 중요하다

비록 사람들이 말로 자신의 정서를 설명하고 드러내지만, 비언어적 신호는 사람들이 느끼는 정서의 많은 부분을 전달한다. 당신은 행복이나 슬픔, 혼란의 정도를 얼굴표정을 통해 주로 드러낸다. 또한 자세(예: 긴장이나 이완), 몸짓, 눈동자의 움직임, 심지어 동공의 팽창에 의해서도 감정을 표현할 수 있다. 비언어적 메시지는 종종 사람들이 말로 표현하기 어려운 불쾌한 메시지를 전달하는 데 도움을 준다(Infante, Rancer, & Womack, 2003). 당신이 상호작용하고 싶지 않거나 관계를 멀리하고 싶은 사람이 있을 때, 그 사람과 눈을 마주치지 않고 먼 거리를 유지할 수도 있다.

동시에 비언어적 메시지를 사용하여 정서를 숨길 수 있다. 예로, 당신이 슬프더라도 파티의 분위기를 흐리지 않기 위해 미소를 지을 수 있고, 상대의 농담이 유치하게 생각되더라도 웃어 줄 수 있다.

비언어적 커뮤니케이션의 채널

5.2 비언어적 커뮤니케이션의 채널을 알아본다.

당신은 신체, 얼굴표정, 시선, 공간, 인공물, 접촉, 유사언어, 침묵, 시간 등 다양한 채널을 통해 비언어적으로 커뮤니케이션한다.

신체 커뮤니케이션

신체는 **동작학**(kinesics, 키니식스, 신체언어)이라고 불리는 비언어적 커뮤니케이션의 영역인 움직임과 제스처뿐 아니라 단지 신체 외양만으로도 커뮤니케이션을 한다.

신체 제스처 비언어 연구자들은 신체동작의 움직임을 상징 행위, 설명 행위, 감정 표현 행위, 조절 행위, 적응 행위의 다섯 가지 주요 유형으로 구분한다(Ekman & Friesen, 1969; Knapp, Hall, & Horgan, 2013).

상징 행위(emblem)는 단어나 구절로 직접 번역되는 제스처이다. OK 사인은 "잘했어."의 엄지손가락을 위로 세우는 것, '승리'의 V 같은 것이다. 당신은 그것을 의식적이고 의도적으로 사용하여 단어와 같은 의미를 전달한다. 그러나 상징 행위는 문화에 따라 다르기 때문에 다른 문화권에서 사용할 때는 주의해야 한다. [그림 5-2]에서 보듯이, 상호 다른 문화권 간에 제스처와 그 의미에는 많은 차이가 있다(Axtell, 1993).

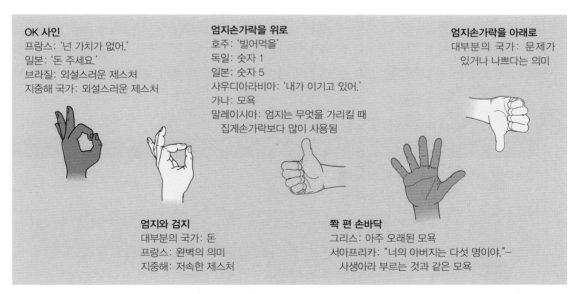

OK 사인
프랑스: '넌 가치가 없어.'
일본: '돈 주세요.'
브라질: 외설스러운 제스처
지중해 국가: 외설스러운 제스처

엄지손가락을 위로
호주: '빌어먹을'
독일: 숫자 1
일본: 숫자 5
사우디아라비아: '내가 이기고 있어.'
가나: 모욕
말레이시아: 엄지는 무엇을 가리킬 때 집게손가락보다 많이 사용됨

엄지손가락을 아래로
대부분의 국가: 문제가 있거나 나쁘다는 의미

엄지와 검지
대부분의 국가: 돈
프랑스: 완벽의 의미
지중해: 저속한 제스처

쫙 편 손바닥
그리스: 아주 오래된 모욕
서아프리카: "너의 아버지는 다섯 명이야."—
사생아라 부르는 것과 같은 모욕

[그림 5-2] 일부 제스처의 문화적 의미

비언어적 제스처의 의미에 있어서 문화적 차이가 중요한 경우가 종종 있다. 머리 위에서 두 손을 꼭 잡는 것은 미국인에게는 승리를 의미하지만, 러시아인에게는 우정을 의미한다. 북미인에게 V를 만들며 두 손가락을 드는 것은 승리나 평화를 의미한다. 그러나 일부 남미인에게 그 동작은 미국에서 중지를 쭉 뻗는 것에 해당하는 외설스러운 제스처이다. 이 그림은 몇 가지 비언어적 차이를 보여 준다. 그 차이를 식별할 수 있겠는가?

설명 행위(illustrator)는 언어적 메시지에 수반되어 그 의미를 강화(문자 그대로 '설명')한다. 왼쪽에 있는 무언가를 언급할 때, 왼쪽을 향해 손짓할 수 있다. 대부분은 손으로 나타내지만, 머리와 몸의 움직임으로도 설명할 수 있다. 이를테면 머리나 몸 전체를 왼쪽으로 돌리는 것이다. 설명 행위를 사용하여 이야기하는 대상의 모양이나 크기를 전달할 수도 있다. 최근 연구는 설명 행위의 흥미로운 장점을 시사한다. 즉, 기억력을 향상시키는 것이다. 이 연구에 따르면, 몸짓과 함께 언어적 메시지를 설명했던 사람은 제스처를 하지 않은 사람보다 20% 더 많은 것을 기억했다(Goldin-Meadow et al., 2001).

감정 표현 행위(affect display)는 얼굴의 움직임(예: 미소 짓거나 얼굴을 찌푸리는 것)이지만 정서적 의미를 전달하는 손과 몸의 움직임(예: 긴장하거나 이완된 자세)도 여기에 해당한다. 감정 표현을 말과 함께, 언어적 메시지를 강조하기 위해서 사용하며 단어 대신 사용할 수도 있다. 친구를 만나면 얼마나 기쁜지 말하며 웃을 수도 있고, 그냥 웃을 수도 있다(얼굴 영역에 주로 집중된 감정 표현은 자세하게 다시 다룰 것이다).

조절 행위(regulator)는 다른 발언자의 말을 관찰, 제어, 통제 또는 유지하는 행동이다. 당신이 고개를 끄덕이는 것은 발언자에게 계속 말하라고 하는 것이고, 앞으로 몸을 숙이고 입을 여는 것은 당신이 하고 싶은 말이 있다는 의미이다.

적응 행위(adaptor)는 가려워서 긁거나 눈에서 머리카락을 빼내는 등 개인의 필요를 충족시키는 제스처다. 자기 적응 행위는 스스로 만지는 동작이다(예: 코를 비비는 것). 타자 적응 행위는 말하고 있는 사람을 대상으로 한 움직임이다. 타인의 재킷에서 보푸라기를 떼 주거나 넥

〈표 5-2〉 다섯 가지 신체 움직임

	이름과 기능	예
	상징 행위는 단어나 구를 직접 표현한 것으로 특히 문화에 따라 다르다.	'OK' 사인, '이리 와' 하는 손짓, 히치하이크 사인
	설명 행위는 언어 메시지에 동반되며 언어 메시지를 문자 그대로 '설명하는' 것이다.	원을 말하면서 손으로 원형을 그리는 동작, 큰 것을 말할 때 양손을 넓게 벌리는 동작
	감정 표현 행위는 정서적 의미를 전달한다.	행복, 놀라움, 두려움, 분노, 슬픔, 혐오의 표현
	조절 행위는 발언자의 말을 관찰, 유지 또는 제어한다.	'계속하세요.', '좀 더 천천히', '그 밖에 무슨 일이 있었나요?'를 나타내는 얼굴표정과 손짓
	적응 행위는 어떠한 필요를 충족시킨다.	머리를 긁거나, 머리카락이나 안경을 매만지는 동작

타이를 곧게 펴 주거나, 팔을 앞쪽으로 접어 타인이 편안한 거리를 유지하도록 해 주는 것이다. 물건 적응 행위는 물건에 초점을 맞춘 제스처이다(예: 스티로폼 컵에 낙서하거나 컵을 부수는 것). 〈표 5-2〉에는 이러한 다섯 가지 종류의 신체 움직임이 요약되어 있다.

신체 외양　일반적인 신체 외양 또한 커뮤니케이션의 기능을 한다. 예로, 키는 다양한 상황에서 중요한 것으로 나타났다. 다음 활동에서 개인(일부는 역사적이고 일부는 현대적인 인물)의 키를 추정해 보자. 이 사람에 대해 읽거나 들었을 수도 있지만, 직접 보지는 못했을 것이다.

다음 사람에 대해 올바르다고 생각하는 키를 맞혀 보라. 각각의 보기 중 정답이 있다.

1. Judi Dench(배우): 155cm, 167cm, 170cm
2. Kim Kardashian(매스컴 유명인): 158cm, 167cm, 176cm
3. Mahatma Gandhi(시민 불복종으로 영국 통치로부터 인도의 독립을 이끈 인도 정치 지도자): 161cm, 176cm, 182cm
4. Jada Pinkett Smith(배우): 152cm, 170cm, 179cm
5. Joan of Arc(군대 지도자, 19세 때 이단으로 화형당했고 성녀로 선언됨): 125cm, 164cm, 182cm
6. T. E. Lawrence of Arabia(모험가, 영국군 장교): 167cm, 182cm, 198cm
7. Salma Hayek(배우): 158cm, 167cm, 176cm
8. Lady Gaga(가수): 155cm, 164cm, 173cm
9. Bruno Mars(가수): 167cm, 176cm, 182cm
10. Melissa McCarthy(배우): 158cm, 167cm, 173cm

이 간단한 경험은 당신이 이 많은 사람의 키를 과대평가하는지 알아보기 위해 고안되었다. 명성은 키와 관련이 있는 것으로 보이는 바, 대부분의 사람은 그들의 키를 실제보다 크다고 생각할 것이다. 그러나 그들의 정확한 키는 주어진 보기 중에서 가장 작은 값들이다.

키가 큰 대선 후보는 작은 키의 상대보다 선거에서 이긴 기록이 훨씬 많다. 키 큰 사람은 더 많은 급여를 받는 것으로 보이며, 인사 면접관들은 키가 작은 지원자보다 큰 사람을 더 선호한다(Keyes, 1980; Knapp, Hall, & Horgan, 2013). 키 큰 사람이 키가 작은 사람보다 자존감이 높고 성공한 경력도 많았다(Judge & Cable, 2004).

몸은 또한 피부색과 피부톤을 통해 인종을 드러내며 국적에 대한 단서도 줄 수 있다. 키에 비례하는 체중 역시 머리카락의 길이, 색깔, 스타일과 마찬가지로 타인에게 메시지를 전달할 수 있다. 시각적인 매력과 유쾌한 성격을 모두 포함하는 일반적인 **매력(attractiveness)**도 신체 커뮤니케이션의 하나이다. 매력적인 사람은 거의 모든 활동에서 유리하다. 그들은 학교에서 더 좋은 성적을 얻고, 친구와 연인으로도 가치가 있으며, 동료로서도 선호된다(Burgoon, Guerrero, & Floyd, 2010). 당연하게도, 긍정적인 얼굴표정은 남녀 모두 매력적으로 보이게 하는 데 도움이 된다(Koscriski, 2007).

표정 커뮤니케이션

상호작용하는 동안 얼굴은 많은 것, 특히 정서를 전달한다. 얼굴의 움직임만으로도 즐거움과 동의, 공감의 정도를 전달하는 것으로 보인다. 나머지 신체는 그런 영역에서 어떠한 추가적인 정보도 제공하지 않는다. 그러나 다른 측면, 정서가 느껴지는 강도에 대해서는 얼굴과 신체의 신호가 모두 들어간다(Graham, Bitti, & Argyle, 1975; Graham & Argyle, 1975). 이러한 신호는 당신의 의미를 온전히 전달하는 데 중요하므로 요즘은 그래픽 표현이 전자 통신에 일반적으로 사용되고 있다. 이제 인터넷에서는 정서를 그래픽으로 부호화할 수 있는 이모티콘 버튼이 보편화되었다.

일부 비언어 관련 연구에 따르면 얼굴의 움직임이 적어도 행복, 놀라움, 두려움, 분노, 슬픔, 혐오, 경멸, 관심과 같은 여덟 가지 정서를 전달할 수 있다고 한다(Ekman, Friesen, & Ellsworth, 1972). 얼굴의 움직임만을 사용하여 놀라움을 전달해 보자. 이에 대해 거울 앞에서 해 보고 놀란 표정을 짓는 얼굴의 구체적인 움직임을 가능한 한 자세히 묘사해 보자. 당신이 대부분의 사람처럼 놀라움을 표현한다면, 아마도 눈썹이 위로 치켜올려지고 구부러지며 이마에 주름이 잡히고 눈을 크게 뜨며 입을 크게 벌리고 입술을 긴장하지 않고 사용했을 것이다.

표정 관리   성장하면서 당신은 문화의 비언어적 커뮤니케이션 체계를 배웠다. 어떤 정서를 숨기고 다른 정서를 강조하는 등 원하는 효과를 얻으면서도 감정을 표현할 수 있는 **표정 관리 기술(facial management technique)** 또한 배웠다. 그 표정 관리 기술을 직접 활용해 보자. 그리고 다음과 같은 각각의 목적에 따라 표정 관리 기술을 사용할 수 있는 상황의 유형을 생각해 보자(Malandro, Barker, & Barker, 1989; Metts & Planalp, 2002).

• **과장하기.** 깜짝 파티를 열어 준 친구의 기분을 좋게 해 주기 위해 놀란 표현을 과장하는 것이다.

- **절제하기.** 좋은 소식을 전혀 듣지 못한 친구 앞에서 그 소식에 대한 당신의 기쁨을 감추는 것이다.
- **지우기.** 타인을 침울하게 하지 않도록 당신의 슬픔을 지우는 것이다.
- **감추기.** 당신이 기대했던 선물이 아니었지만, 실망감을 감추기 위해 행복을 표현하는 것이다.
- **꾸며 내기.** 당신이 느끼지 않은 정서를 표현하는 것이다.

뷰포인트. 외형의 중요성

10점 척도에서 1은 '전혀 중요하지 않음'을, 10은 '매우 중요함'을 나타낸다고 할 때, 당신이 타인에 대해 느끼는 호감에 있어서 신체의 외형은 당신에게 어느 정도로 중요한가? 당신의 지인도 외모와 성격 중, 남성은 외모에 더 관심이 많고 여성은 성격에 더 관심이 많다는 고정관념을 갖고 있는가?

표정 관리 기술은 사회적으로 수용 가능한 방식으로 정서를 표현하는 데 도움이 된다. 누군가 나쁜 소식을 듣는다면 그것이 당신에게는 남몰래 즐거움을 느낄 만한 내용이더라도 사회적 표현 규칙은 당신이 얼굴을 찌푸리거나 비언어적으로 슬픔을 드러내도록 지시한다. 당신이 경주에서 1등을 하고 친한 친구는 간신히 끝마쳤다면, 표현 규칙은 기쁜 표현을 최소화하고 흐뭇해하는 기색도 드러내지 않도록 지시한다. 만약 이러한 표현 규칙을 어긴다면 당신은 무감각해 보일 것이다. 따라서 안면 관리 기술이 기만적일 수도 있지만, 이는 예의 바른 상호작용 규칙에서는 당연한 것이며 심지어 요구되기도 한다.

안면 피드백 안면 피드백 가설(facial feedback hypothesis)은 얼굴표정이 생리적 각성에 영향을 미친다는 주장이다(Cappella, 1993). 한 연구에서 참가자들은 슬픈 표정을 흉내 내기 위해 이에 펜을 문 다음 일련의 사진을 평가했다. 그 결과, 슬픈 표정을 흉내 내는 행위는 사진을 볼 때 실제로 피험자들이 느끼는 슬픔의 정도를 증가시켰다(Larsen, Kasimatis, & Frey, 1992). 일반적으로 얼굴표정이 슬픔, 두려움, 혐오 및 분노를 유발하거나 키울 수 있다는 연구결과가 있다. 그러나 이 효과가 모든 정서에서 일어나는 것은 아니다. 웃는 것이 우리를 더 행복하게 해 주지는 않는 것 같다. 게다가 얼굴표정이 어떤 정서를 없애고, 다른 정서로 대체할 수 있다는 것은 입증되지 않았다. 따라서 만약 당신이 슬프다면, 웃어도 슬픔이 사라지지 않고 즐거워지지도 않을 것이다. 표정이 일부 정서에는 영향을 줄 수 있지만, 모든 정서에 영향을 주는 것은 아니다(Burgoon, Guerrero, & Floyd, 2010).

문화와 얼굴표정　우리가 상호 다른 문화에서 보게 되는 얼굴표정 커뮤니케이션의 광범위한 차이는 정서가 얼굴로 표현되는 방식에서의 차이라기보다는 공개적으로 허용되는 반응이 반영된 것으로 보인다. 한 예로, 일본과 미국 학생들이 외과 수술 영화를 보는데(Ekman, 2003), 그들이 혼자 영화를 보는 동안 그리고 영화에 대해 인터뷰를 하는 동안 촬영을 해 보았다. 혼자 있을 때 학생들은 매우 비슷한 반응을 보였다. 그러나 인터뷰할 때 미국 학생들은 불쾌감을 나타내는 표정을 보인 반면, 일본 학생들은 별다른 정서를 보이지 않았다.

마찬가지로 표정의 의미를 해독하는 데도 문화적 차이가 존재한다. 한 연구에서 미국과 일본 학생에게 미소 짓는 표정과 중립적인 표정의 의미를 판단하도록 했다. 미국 학생들은 미소 짓는 얼굴을 중립적인 얼굴보다 더 매력적이고 지적이고 사교적인 얼굴로 평가했다. 그러나 일본 학생들은 미소 짓는 얼굴을 사교적이지만 더 매력적이지는 않다고 평가했고 중립적인 얼굴을 더 지적인 얼굴로 평가했다(Matsumoto & Kudoh, 1993).

시선 커뮤니케이션

눈을 통한 커뮤니케이션에 대한 연구[기술적으로 눈동자 언어(oculesics)로 알려진 연구] 결과는 눈 움직임의 지속시간, 방향, 질이 서로 다른 메시지를 전달한다는 것을 보여 준다. 모든 문화에는 시선 접촉의 적절한 지속시간에 대해 암묵적이지만 엄격한 규칙이 있다. 미국 문화에서는 평균 눈맞춤 시간이 2.95초이다. 상호응시(두 사람이 서로 응시)할 때, 평균 시간은 1.18초이다(Argyle & Ingham, 1972; Argyle, 1988). 이 시간보다 짧게 눈을 맞추면, 당신은 상대가 무관심하거나 수줍어하거나 정신이 딴 데 팔려 있다고 생각할 수 있다. 적절한 시간을 초과하면 그 사람이 유난히 높은 관심을 보이는 것으로 인식할 수 있다.

시선의 방향도 커뮤니케이션 기능을 한다. 미국 대부분의 지역에서는 상대의 얼굴을 번갈아 보다가 다른 곳으로 시선을 돌렸다가 다시 얼굴을 바라보는 형태로 행동해야 할 것이다. 대중 연설자의 규칙은 청중의 한 영역에 너무 오래 집중하거나 무시하지 않고 전체 청중을 스캔하는 것이다. 이러한 방향성 규칙을 어기면 당신은 비정상적으로 높거나 낮은 관심, 자의식, 상호작용에 대한 긴장 등 다른 의미를 전달하게 된다. 상호작용을 하는 동안 눈의 폭이 얼마나 넓거나 좁아지는지 눈 움직임의 질 또한 의미, 특히 관심 수준과 놀라움, 두려움, 혐오감과 같은 정서를 전달한다.

시선 커뮤니케이션에 대해 생각할 때, 모든 사람이 잘 볼 수 있는 것은 아님을 인식해야 한다. 일부는 부분적으로만 보이고, 일부는 시각 장애인이며, 일부는 좋은 시력을 갖고 있다.

'법적으로 시각 장애인'인 사람의 90%는 미약하게나마 시력을 갖고 있다. 모든 사람은 커뮤니케이션과 정보에 대해 동일한 욕구를 갖고 있다. 다음은 시각 장애인과 그렇지 않은 사람 간의 커뮤니케이션을 개선하기 위한 몇 가지 팁이다.

- 당신의 신원을 밝힌다. 시각 장애인이 당신의 목소리를 알아차릴 것이라고 추측하지 않는다. 만약 당신이 시각 장애가 있다면 주저하지 말고 상대에게 그 자신의 신원을 알려 달라고 부탁한다.
- 전달하고자 하는 의미를 모두 말에 담아 표현한다. 시각 장애인은 당신의 몸짓, 눈의 움직임, 얼굴표정을 볼 수 없다는 사실을 기억한다.
- 당신의 특별한 커뮤니케이션 요구를 들어주도록 비시각 장애인에게 요청한다. 당신이 주변 환경에 대해 설명을 듣고 싶다면 물어본다. 그 사람이 당신에게 도로 표지판을 읽어 주게 하려면 요청한다.
- 비시각 장애인에 대해 인내심을 갖는다. 많은 사람이 시각 장애인과 이야기할 때 시각 장애인에게 불쾌감을 주는 것을 우려해 긴장한다. 그러므로 당신이 시각 장애인이라면 먼저 당신에게 편안한 방식으로 비시각 장애인을 대하도록 한다.

시선 회피　　사회학자 Erving Goffman(1967)은 눈을 '위대한 침입자'라고 했다. 눈을 마주치지 않거나 시선을 피하면 타인의 사생활을 지킬 수 있도록 도와주게 되는 것이다. 공공장소에서 다투는 커플을 보면, 당신은 마치 "방해할 생각 없어요. 당신의 사생활을 존중합니다."라고 말하듯이 (비록 눈을 크게 뜨고 있을 수도 있겠지만) 눈을 돌릴지도 모른다. Goffman은 이런 행동을 **시민적 무관심**(civil inattention)이라고 일컬었다.

시선 회피는 또한 사람, 대화 또는 일부 시각적 자극에 대한 관심 부족을 나타낼 수도 있다. 때로는 불쾌한 자극을 차단하기 위해 눈을 가리거나(예: 영화에서 특히 잔인하고 폭력적인 장면) 눈을 감아 시각적 자극을 차단하여 다른 감각을 고조시킬 수도 있다. 눈을 감고 음악을 들을 수도 있다. 연인들은 키스할 때 눈을 감는 경우가 많고, 많은 이가 어둡거나 불빛이 희미한 방에서 사랑을 나누는 것을 선호한다.

시선 회피의 또 다른 기능은 갈등을 피하는 것이다. 뉴욕 지하철을 타는데 자주 제안되는 것은 다른 승객과 직접적인 눈맞춤을 피하라는 것이다. 눈을 맞추는 것은 공격적으로 보일 수 있고, 갈등을 유발할 수도 있다.

문화, 성별, 시선 메시지   시선 메시지가 문화와 성별에 따라 다른 것은 놀랄 일이 아니다. 미국인은 직접적인 시선을 정직과 솔직함의 표현으로 간주하지만, 일본인은 종종 그것을 존중이 부족한 것으로 여긴다. 일본인은 상대의 얼굴을 거의 보지 않고, 아주 잠깐만 볼 것이다 (Axtell, 1990). 상대의 눈맞춤 메시지를 자신의 문화적 규칙으로 해석하는 것은 위험한 일이다. 당신이 모욕으로 해석할 수 있는 눈의 움직임이 존경심을 나타내기 위한 것일 수도 있다.

여성은 남성보다 눈을 더 많이 마주치고, 그 시선을 더 오래(말할 때와 들을 때 모두) 유지한다. 이는 여성이 동성과 상호작용할 때나 이성과 상호작용할 때나 마찬가지이다. 이러한 눈맞춤 형태의 차이는 정서를 드러내는 경향이 여성이 더 크기 때문일 수 있다(Wood, 1994). 여성이 다른 여성과 상호작용할 때 친밀하고 지지적인 눈맞춤을 하는 반면, 남성은 다른 남성과 상호작용할 때 서로 시선을 피한다(Gamble & Gamble, 2003).

공간 커뮤니케이션

공간은 우리가 거의 생각하지 않지만, 비언어적 커뮤니케이션에서 특히 중요한 요소이다. 공간 커뮤니케이션 연구를 개척한 Edward T. Hall(1959, 1963, 1966)은 이 연구를 **공간학**(proxemics)이라고 불렀다. 근접 거리와 영역성을 중심으로 공간 커뮤니케이션에 대해 알아보자.

근접 거리   Hall(1959, 1966)은 사람들 사이의 관계 유형을 규정하는 근접 거리를 (1) 친밀한 거리, (2) 개인적 거리, (3) 사회적 거리, (4) 공적 거리의 네 가지 유형으로 구분한다. 각각의 거리는 특정한 종류의 메시지를 전달한다.

실제 접촉 단계에서부터 45cm 이내의 **친밀한 거리**(intimate distance)에서는 상대에 대해 오해의 여지가 없다. 각 사람은 상대의 숨결과 냄새, 느낌을 경험한다. 애정행위나 몸싸움, 위로와 보호를 할 때 친밀한 거리를 사용한다. 이 거리는 너무 짧아서 대부분의 사람은 공공장소에서 적절하다고 생각하지 않는다.

개인적 거리(personal distance)는 45cm에서 1.2m까지의 개인 공간을 나타내는 보호막을 구성한다. 이 가상의 버블은 당신을 보호해 주며 타인에게 침범당하지 않게 도와준다. 이 거리에서도 타인을 잡고 있거나 꽉 붙잡을 수 있다. 그러나 팔을 뻗어야만 연인과 같은 특정한 사람을 당신의 보호 버블 속으로 데려올 수 있다. 개인적 거리의 바깥 경계선에서는 두 사람이 팔을 뻗은 경우에만 서로에게 접촉할 수 있다.

<표 5-3> 관계와 근접 거리

네 가지의 근접 거리는 더 가깝고 먼 단계로 나눌 수 있으며, 한 수준(예: 개인적 수준)의 먼 단계는 다음 수준(예: 사회적 수준)의 가까운 단계와 서로 혼합된다는 점에 유의해야 한다. 당신의 관계도 서로 혼합되어 있는가, 아니면 당신의 개인적 관계는 사회적 관계와 완전히 분리되어 있는가?

관계	거리	관계	거리
친밀한 관계	친밀한 거리 0 ——— 45cm 가까운 단계　　　먼 단계	사회적 관계	사회적 거리 1.2m ——— 3.6m 가까운 단계　　　먼 단계
개인적 관계	개인적 거리 45cm ——— 1.2m 가까운 단계　　　먼 단계	공적 관계	공적 거리 3.6m ——— 7.6m 가까운 단계　　　먼 단계

　1.2m에서 3.6m에 이르는 **사회적 거리**(social distance)에서는 개인적 거리에서 갖고 있는 시각적 정보를 잃게 된다. 사회적 거리에서 당신은 일반적인 업무를 수행하고 사교 모임에서 교류한다. 상호작용하는 동안 거리를 적절히 유지할수록 상호 간에 더 정중해진다. 경영진이나 관리직에 있는 많은 사람은 직원으로부터 최소한 이 거리만큼은 보장될 수 있도록 책상을 배치한다.

　3.6m에서 7.6m 이상인 **공적 거리**(public distance)는 당신을 보호한다. 이 거리에서 위협을 받으면 방어적인 행동을 취할 수 있다. 버스나 지하철에서는 위협적이거나 술에 취한 승객과 적어도 이 거리를 유지할 수 있다. 이 거리에서 얼굴과 눈의 세부적으로 자세히 볼 수는 없지만, 무슨 일이 일어나고 있는지 충분히 알 수 있다. 이 네 가지 거리는 〈표 5-3〉에 요약되어 있다.

　영역성　공간과 관련이 있는 또 다른 커뮤니케이션 유형은 **영역성**(territoriality)으로, 이는 특정 장소 또는 물체에 대한 소유 반응을 의미한다. 당신은 기본적으로 세 가지 유형, 즉 **일차 영역, 이차 영역, 공적 영역**에서 상호작용한다(Altman, 1975).

- **일차 영역.** 당신이 자신의 것이라고 부를 수 있는 영역으로, 당신의 독립적인 보존 구역이다. 여기에는 방, 책상, 사무실이 포함될 수 있다.
- **이차 영역.** 당신의 소유는 아니지만, 당신이 점유하여 사용하고 있고 당신과 연관되어 있는 영역을 말한다. 예로, 구내식당에서 늘 앉는 테이블이나 교실에 있는 당신의 좌석, 또

는 이웃의 잔디밭 등이 될 수 있다.

- **공적 영역.** 모든 사람에게 개방된 영역을 의미하며 일부 개인이나 조직이 소유할 수도 있지만 모든 사람이 이용한다. 영화관, 레스토랑, 쇼핑몰 같은 장소가 여기에 해당한다.

자신의 일차 영역에서 활동할 때, 종종 **주거지 이점**(home field advantage)이라고 불리는 장점이 있다. 사람들은 자신의 집이나 사무실에서 일종의 리더십 역할을 맡는다. 대화를 시작하고, 침묵을 깨거나 느긋하고 편안한 자세를 취하며, 큰 확신을 갖고 자신의 입장을 유지하게 된다. 영역의 주인이 더 우위에 있게 되므로 당신이 타인의 영역(예: 상사의 사무실)에 있을 때보다 당신의 영역(예: 자신의 사무실이나 집)에 있을 때 임금 인상 또는 요구사항이나 계약이 당신에게 유리하게 체결될 기회를 얻을 수 있다(Marsh, 1988).

많은 동물과 마찬가지로 인간은 소유권을 알리기 위해 3유형의 **표식**(marker), 즉 중심, 경계, 귀 표식을 사용하여 일차, 이차 영역 모두에 표시를 한다(Goffman, 1971). 또한 표식은 당신에게 소속감을 느끼게 해 주는 데도 중요하다. 한 연구에 따르면, 개인 물건을 이용해 대학 기숙사 방에 표시한 학생이 자신의 공간을 개인화하지 않은 학생보다 학교에 더 오래 머물렀다는 것을 발견했다(Marsh, 1988).

- **중심 표식**은 카페 자리에 놓아 둔 음료, 책상 위에 둔 책, 도서관 의자에 걸쳐 놓은 스웨터와 같이 당신이 자리를 잡아 두기 위해 해당 영역에 놓아 둔 물품이다. 어떤 사람들은 어쩌면 영역을 소유할 수 없기 때문에, 일종의 가상 소유권을 나타내기 위해, 또는 타인의 영역이나 공공 영역을 그들 자신의 용도대로 이용하기 위해 표시를 할 수도 있다(Childress, 2004). 그라피티(길거리 그림)와 갱단의 경계선 표시가 그 예이다.
- **경계 표식**은 당신의 영역을 타인의 영역과 구분하는 역할을 한다. 슈퍼마켓 계산대에서 당신의 물품과 뒷사람의 물품 사이에 놓아 두는 바가 경계 표식이다. 울타리, 좌석을 서로 구분하는 양쪽 팔걸이, 버스 의자의 윤곽 모양도 마찬가지이다.
- **귀 표식**은 동물의 귀(ear)에 낙인을 찍는 관행에서 비롯된 용어로, 영역이나 물건의 소유를 나타내는 식별 표시이다. 셔츠나 서류 가방의 상표, 명판 및 이니셜은 모두 귀 표식의 예이다.

인공물 커뮤니케이션

인공물 메시지(artifactual message)는 사람의 손으로 만든 물건이나 장식하는 방식을 통해 전달되는 메시지이다. 당신이 선호하는 색깔, 당신이 입는 옷이나 보석, 당신이 공간을 장식하는 방식, 심지어 몸에서 나는 냄새까지도 다양한 의미를 전달한다.

색채 커뮤니케이션 자기 주변의 여러 색깔이 생리적으로 자신에게 영향을 미치고 사람과 사물에 대한 인식에 영향을 미친다고 하는 생각, 즉 **색채 커뮤니케이션**(color communication)이라고 불리는 것에 대한 몇 가지 증거가 있다. 예로, 사람들의 호흡수(respiration rate)는 적색광이 있을 때 증가하고 청색광이 있을 때 감소한다. 마찬가지로, 눈이 적색광에 노출되면 깜박이는 빈도가 증가하고 청색광에 노출되면 깜박이는 빈도가 감소한다.

뷰포인트. 지위 신호

지위가 높은 사람은 종종 그들이 타인의 영역을 침범할 권리가 있다고 느낀다. 예로, 사장은 직원의 일하는 공간에 끼어들어 그들의 일을 방해할 수 있다고 생각하지만, 그 반대 상황은 받아들일 수 없을 것이다.

당신은 당신의 직장이나 영화나 TV 쇼에서 이런 경향을 인지한 적이 있는가?

이러한 결과는 파란색이 더 진정되고 빨간색이 더 자극적이라는 우리의 직관적인 느낌과 일치하는 것이다. 한 학교 교실의 주황색과 흰색 벽을 파란색으로 바꾸었더니, 학생들의 혈압 수치는 감소하고 학업 성적이 향상되었다(Ketcham, 1958; Malandro, Barker, & Barker, 1989).

색은 또한 우리의 인식과 행동에 영향을 미친다(Kanner, 1989). 사람들은 제품에 대해 인식함에 있어 포장의 영향을 크게 받는다. 한 실험에서 미국의 소비자들은 노란색 캔 커피는 약한 맛으로, 진갈색 캔 커피는 강한 맛으로, 빨간색 캔 커피는 깊은 맛으로, 파란색 캔 커피는 부드러운 맛으로 묘사했다. 색은 또한 미각에 대한 기대치에도 영향을 미치는 것으로 보인다(Srivastava & More, 2011). 사람들은 분홍색 알약은 빨간색 알약보다 달고, 노란색 알약은 짜며, 흰색과 파란색 알약은 쓰고, 주황색 알약은 신맛이 날 것으로 예상한다.

색은 문화마다 그 의미가 크게 다르다. 이러한 문화적 차이와 관련하여 대중적인 색상이 여러 문화에서 전달하고 있는 다양한 의미를 〈표 5-4〉에서 볼 수 있다(Dreyfuss, 1971; Hoft, 1995; Dresser, 1996; Singh & Pereira, 2005). 이 부분을 읽으면서 당신은 이러한 색상에 대한 자신만의 의미와 그 의미가 어디에서 비롯되었는지 생각해 보고 싶을지도 모른다.

〈표 5-4〉 색상에 대한 문화적 의미

빨강
중국에서 빨간색은 번영과 재탄생을 의미하며 축제와 즐거운 행사에 사용된다. 프랑스와 영국에서는 남성다움을 나타낸다. 많은 아프리카 국가에서는 신성 모독이나 죽음을, 일본에서는 분노와 위험을 의미한다. 특히 한국 불교인 사이에서 빨간 잉크는 사망 당시나 기일에 사람의 이름을 쓸 때만 사용된다. 이로 인해 미국인 교사가 숙제 검사를 하면서 빨간 잉크를 사용하여 서명하는 것은 문제가 될 수 있다.

초록
미국에서 녹색은 자본주의, 진취적인 것, 질투를 의미한다. 아일랜드에서는 애국심을 나타내며, 일부 아메리카 원주민 문화에서는 여성스러움을, 이집트인에게는 다산과 힘을, 그리고 일본에서는 젊음과 에너지를 의미한다.

검정
태국에서 검은색은 노년을, 말레이시아의 일부 지역에서는 용기를, 그리고 유럽의 많은 지역에서는 죽음을 의미한다.

하양
태국에서 흰색은 순결을 의미하고 많은 이슬람교와 힌두교 문화에서는 순결과 평화를, 일본과 다른 아시아 국가에서는 죽음과 애도를 의미한다.

파랑
이란에서는 파란색이 부정적인 것을 의미하고 가나에서는 기쁨, 체로키족에게는 패배, 이집트인에게는 덕과 진실, 그리스인에게는 국가적 자부심을 의미한다.

노랑
중국에서는 노란색이 부와 권위를 상징하고, 미국에서는 주의할 것과 비겁함을, 이집트에서는 행복과 번영, 그리고 전 세계의 많은 나라에서는 여성성을 의미한다.

보라
라틴아메리카에서는 보라색이 죽음, 유럽에서는 왕족, 이집트에서는 고결함과 신앙, 일본에서는 은혜와 귀족, 중국에서는 야만, 미국에서는 고귀함과 용기를 의미한다.

의상과 신체 장식 사람들은 당신이 어떻게 옷을 입는지에 따라 당신이 어떤 사람인지 추론하기도 한다. 그것이 정확한지의 여부와 관계없이 이러한 추론은 사람들이 당신을 어떻게 생각하고, 그들이 당신에게 어떻게 반응하는지에 영향을 미치게 된다. 당신의 사회적 지위, 진지함, 태도, 관습에 대한 관심, 스타일 감각, 심지어 창조성까지도 부분적으로는 당신의 옷차림에 의해 평가될 것이다. 비즈니스 세계에서는 당신의 옷차림이 지위 체계 내에서의 당신의 위치를 나타낼 수 있고, 조직의 복장 기준에 부합하고자 하는 당신의 의지와 욕

뷰포인트. 인공물의 힘

무지개 깃발(게이 프라이드 깃발)은 인공물 커뮤니케이션의 좋은 예로서 많은 곳에서 별 탈 없이 나부끼고 있다. 그런데 한 고등학교 교실에서 클럽의 다양성을 보여 주는 일환으로서 교사가 무지개 깃발을 걸어 둔 데 대해 일부 학부모와 GLBTQ(Gay Lesbian Bisexual Transgender And Queer) 커뮤니티 사이에 불화가 일어났다(Wong, 2017). 일부 학부모는 이 깃발이 동성애자의 권리를 지지하지 않는 가족이 있는 학생에 대해 적대적인 환경을 조성했다고 생각하여 철거를 요구하는 탄원서를 제출했다.

이 경우에, 만약 당신이 의사결정자라면 깃발을 제거하라고 명령하겠는가? 아니면 청원을 거부하고 깃발을 그대로 두도록 할 것인가? 구체적으로 어떤 결정을 내리겠는가?

구를 전달할 수도 있다. 옷차림은 또한 당신의 전문성 수준을 보여 줄 수 있는데, 그것이 일부 조직들이 복장 규정을 선호하는 이유일 것이다(Smith, 2003).

당신의 장신구 또한 당신에 대한 메시지를 전달한다. 한 예로, 결혼반지와 약혼반지가 있다. Rolex 시계나 커다란 보석을 착용하고 있으면 사람들은 당신을 부자로 생각하기 쉽다. 귀걸이를 하는 남성은 그렇지 않은 남성과 다르게 평가될 것이다.

당신이 머리를 기르는 방식은 당신의 지금 스타일에 대한 걱정에서부터, 깜짝 놀라게 해 주고 싶은 마음이나 어쩌면 외모에 대한 관심 부족에 이르기까지 당신에 대해 말해 준다. 머리가 긴 남성은 일반적으로 머리가 짧은 남성보다 덜 보수적인 것으로 판단될 것이다. 남성의 대머리에 대한 연구에서 참가자들은 머리카락이 풍성한 남성을 머리카락이 없는 남성보다 더 젊고 지배적이며 남성적이고 역동적이라고 평가하였다(Butler, Pryor, & Grieder, 1998).

신체 피어싱과 문신도 커뮤니케이션한다. 코걸이나 배꼽 피어싱을 착용하는 사람의 경우 그들은 긍정적인 의미를 전달하기 원할 수도 있지만, 피어싱의 의미를 받아들이는 사람은 피어싱을 한 사람이 하지 않은 사람보다 사회적 규범에 순응하지 않고 더 큰 위험을 감수하려는

의지를 전달하고 있다고 추측하는 것으로 보인다(Forbes, 2001). 고용주의 인식에 대한 연구에서 고용주들은 눈썹 피어싱을 한 취업 지원자를 피어싱을 하지 않은 지원자보다 훨씬 낮게 평가하고 낮은 순위를 매겼다(Acor, 2001).

코에 피어싱을 한 취업 지원자는 사회성과 고용 가능성뿐만 아니라 성격 및 신뢰성과 같은 신뢰도 척도에서 낮은 점수를 받았다(Seiter & Sandry, 2003).

문신은 일시적이든 영구적이든, 사랑하는 사람의 이름이나 충성 또는 소속의 상징 등과 같은 다양한 메시지를 전달한다. 이는 문신을 새긴 자신에게도 전달된다. 문신을 한 학생은 문신을 하지 않은 학생보다 스스로를 더 모험적이고 창의적이며 개인주의적이고 위험할 수 있다고 생각한다(Drews, Allison, & Probst, 2000). 의료 전문가의 문신과 피어싱은 그들의 충동성, 예측 불가능성, 무모하거나 폭력적인 경향과 같은 바람직하지 않은 특성을 전달하는 것으로 밝혀졌다(Rapsa & Cusack, 1990; Smith, 2003).

공간 장식   직장에서의 장식물은 당신에 대해 많은 것을 말해 준다. 철제 책상과 맨바닥은 회사 서열상 아래에 있는 신입 직원을 나타낸다. 고급 원목 책상과 책장이 있고 동양의 러그가 깔려 있는 사무실은 조직 내에서의 중요성과 지위를 보여 준다.

마찬가지로 사람들은 당신이 집을 꾸미는 방식에 따라 당신에 대해 추론할 것이다. 값비싼 가구는 당신의 지위와 부, 가구의 조합이나 당신의 스타일 감각을 전달할 수 있다. 거실 테이블에 놓아 둔 잡지는 당신의 관심사를 반영할 수 있고, TV 주위에 의자를 놓는 것은 당신에게 TV 시청이 얼마나 중요한지를 보여 줄 수 있다. 벽에 늘어선 책장의 내용물은 당신의 삶에서 독서의 중요성을 보여 준다. 사실, 집에 있는 것 대부분이 타인에게 당신에 대해 추론할 수 있는 메시지를 보낼 것이다. 동시에, 어떤 물건이 없다는 것도 당신에 대한 어떤 정보를 전달할 수 있다. TV, 전화, 책이 보이지 않는 집에서 어떤 메시지를 받을지 생각해 보자.

사람들은 실내 장식을 바탕으로 당신의 성격, 새로운 경험에 대한 당신의 개방성(보통 여행 기념품 같은 특별한 장식은 개방성을 전달한다), 성실함, 정서적 안정성, 외향성, 상냥함 등에 대해 판단할 것이다.

이와 관련된 측면은 공간을 어떻게 다루는가와 연결되어 있다. 다음 연습을 통해 회사의 회의석상에서 다양한 목적을 달성하기 위해 좌석을 선택하는 예를 알아보자.

첨부된 그림은 12개의 의자가 있는 테이블을 나타내며, 그중 하나는 '사장'의 자리이다.

다음의 각 메시지를 전달하기 위해 당신이 앉을 자리와 그 자리에 앉으려고 하는 이유를 얘기해 보라.

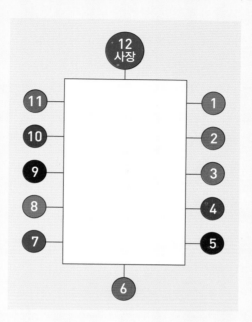

A. 나는 상사에게 잘 보이고 싶다. _____

B. 나는 준비가 되어 있지 않아, 내가 드러나지 않았으면 좋겠다. _____

C. 나는 투표 예정인 상사의 제안에 이의를 제기하려고 한다. _____

D. 나는 7번 자리에 앉은 사람에 대해 더 잘 알고 싶다.

후각 커뮤니케이션   향, 즉 **후각 커뮤니케이션**(olfactory communication)은 다양한 상황에서 중요하며 현재는 큰 사업이 된다. 결정적이진 않지만, 레몬 향은 건강에 대한 인식에 기여하고, 라벤더와 유칼립투스 향은 경계심을 증가시키며, 장미오일 향은 혈압을 감소시키는 것으로 보인다. 또한 초콜릿 향은 세타 뇌파를 감소시켜 이완을 느끼게 하고, 주의력을 감소시키는 것으로 보인다(Martin, 1998). 이러한 발견은 아로마 치료법의 성장과 아로마 치료사라는 새로운 직업 창출에 기여했다. 인간은 많은 취선을 갖고 있기 때문에, 우리가 다양한 메시지를 전달하기 위해 어떻게 향기를 사용해야 하는지, 이제는 그 방법을 찾아내는 것만 남았다는 주장이 제기되어 왔다(Furlow, 1996). 향기가 전달하는 두 가지의 특히 중요한 메시지는 매력과 식별이다.

- **매력 메시지**. 사람들은 매력을 높이기 위해 향수, 샤워코롱, 애프터 셰이브 로션, 파우더 등을 사용한다. 또한 자신의 기분을 좋게 하려고 향수를 사용하기도 한다. 자신에게 좋은 향이 나면 기분이 더 좋아지지만, 불쾌한 냄새가 나면 그 기분도 덜할 것이다. 그래서 아마도 샤워 후에 샤워코롱을 뿌렸을 것이다.

- **식별 메시지**. 냄새는 제품에 대한 이미지나 고유성을 만드는 데 자주 사용된다(Spence, 2008). 광고주와 제조업체는 클렌징 제품과 치약의 향을 만드는 데 매년 수백만 달러를 들인다. 그 향은 제품의 세척력과는 무관하며, 단지 제품에 대한 이미지를 만드는 데 기여한다. 또한 향을 통해 중요한 특정인을 확인할 수 있다는 증거도 있다. 어린아이의 경우 냄새만으로 형제, 자매의 티셔츠를 식별할 수 있었다(Porter & Moore, 1981).

접촉 커뮤니케이션

접촉 커뮤니케이션(touch communication) 또는 촉각 커뮤니케이션은 아마도 비언어적 커뮤니케이션의 가장 원시적인 형태일 것이다(Montagu, 1971). 촉각은 다른 감각보다 먼저 발달한다. 아이는 자궁에서조차 접촉에 의해 자극받는다. 출생 후, 아이는 곧 어루만져지고 토닥여지며 쓰다듬어진다. 그 결과, 아이는 촉각을 통해 세계를 탐험하고, 다양한 의미를 전달하는 법을 빨리 배우게 된다.

물론 신체접촉은 관계의 단계에 따라 달라진다. 처음 단계에서는 거의 접촉하지 않는다. 관계가 발전되는 중간 단계, 즉 관여하고 친밀해지는 단계에서는 접촉을 많이 하며 관계가 안정되거나 악화되는 단계에서는 거의 접촉하지 않는다(Guerrero & Andersen, 1991).

접촉의 의미　촉각학(haptic) 분야나 접촉 커뮤니케이션 분야의 연구원들은 신체접촉의 주요 의미를 규명했다(Jones, 2005; Jones & Yarbrough, 1985). 다음은 접촉에 대한 중요한 다섯 가지 의미이다.

- **정서**. 접촉은 주로 친밀한 관계나 비교적 가까운 관계를 맺고 있는 사람 사이에서 정서(emotion)를 전달하는 경우가 많다. 이러한 긍정적인 정서 중, 가장 중요한 것은 지지, 감상, 포용, 성적 관심이나 의도, 애정이다.

- **유희성**. 접촉은 종종 놀고 싶은 욕구를 전달하는데, 그 표현이 다정스러울 때도 있고 공격적일 때도 있다.

- **통제**. 접촉은 상대의 행동, 태도 또는 감정을 통제하거나 지시할 수 있다. 주의를 끌기 위해 당신은 아마도 "나를 봐!", "여기를 봐!"라고 말하는 것처럼 타인을 터치할지도 모른다.
- **의례**. 접촉하는 것은 또한 인사를 하기 위해 악수를 하거나 작별 인사를 할 때 타인의 어깨에 팔을 두르는 것과 같이 의례적인 기능도 수행할 수 있다.
- **작업수행**. 접촉하는 것은 타인의 얼굴에서 티끌을 제거하거나 누군가를 자동차에서 부축해 내릴 때와 같이 어떠한 역할을 수행하는 동안 일어나기도 한다.

당신도 예상하듯이, 신체접촉은 당신을 곤경에 처하게 할 수도 있다. 관계 초기에 너무 적극적으로(또는 너무 친밀하게) 접촉하는 것은 상대에게 잘못된 신호를 보낼 수 있다. 마찬가지로, 너무 거칠게 놀거나 누군가의 팔을 잡고 자신의 움직임을 제어하려는 행동은 불쾌감을 줄 수 있다. 의례적인 접촉을 부적절하게 또는 문화적으로 무감각할 수 있는 방식으로 사용하는 것 역시 당신을 곤란에 빠뜨릴 수 있다.

접촉 회피   우리가 신체접촉을 하고 접촉을 하려는 경향이 있는 만큼, 우리는 또한 특정한 사람과 특정한 상황에서 접촉하는 것을 피하는 경향도 있다. 비언어적 커뮤니케이션 연구자들은 **접촉 회피**(touch avoidance)와 다른 중요한 커뮤니케이션 변수 사이에 흥미로운 관계가 있다는 것을 발견했다(Andersen & Leibowitz, 1978).

접촉 회피는 커뮤니케이션 불안과 정적인 관련이 있다. 말로 하는 커뮤니케이션을 두려워하는 사람은 접촉 회피 점수가 높게 나왔다. 또한 자기노출이 적은 사람의 경우에도 접촉 회피 점수가 높게 나왔다. 접촉과 자기노출은 모두 친밀한 형태의 커뮤니케이션이다. 자기노출을 통해 타인과 가까워지는 것을 꺼려하는 사람은 스킨십을 통해 친해지는 것도 꺼려하는 것으로 보인다.

접촉 회피는 나이와 성별에도 영향을 받는다(Guerrero & Andersen, 1994; Crawford, 1994). 나이 든 사람은 젊은 사람보다 이성애자에 대한 접촉 회피 점수가 더 높다. 남성은 여성보다 동성 간의 접촉 회피에서 더 높은 점수를 얻었는데, 이는 우리의 고정관념과 일치하는 것이다(Martin & Anderson, 1993). 즉, 남성은 다른 남성과의 스킨십을 피하지만, 여성은 다른 여성과 스킨십을 한다. 다른 한편으로, 이성과의 접촉 면에서는 여성이 남성보다 접촉 회피 점수가 더 높았다(Andersen, Andersen, & Lustig, 1987).

접촉과 문화   앞서 논의한 접촉의 기능과 예는 북미 지역의 연구를 기반으로 한 것이다. 다

JOURNAL 커뮤니케이션 초이스 포인트

접촉 경계
직장동료가 지나가는 길에 계속해서 팔, 어깨,
허리 등 당신을 만진다. 이러한 접촉 경계는
더욱 빈번해지고 은밀해지고 있다. 당신은 이
행위를 그만두게 하고 싶다.
이 행동을 멈추게 하기 위해 당신은 어떤 선택을
할 수 있는가? 각 선택의 장점과 단점을 예측할
수 있는가? 당신은 뭐라고 말하겠는가?

른 문화권에서는 이러한 기능이 같은 방식으로 제공되지 않는다. 일부 문화에서는 업무와 관련된 일부 접촉이 부정적으로 보일 수 있으므로 피해야 한다. 한국인 사이에서는 상점 주인이 거스름돈을 돌려주면서 손님을 터치하는 행동은 무례한 것으로 여겨진다. 또한 그러한 행동은 지나치게 사적인 제스처로 간주될 수 있으므로 이러한 접촉에 익숙한 다른 문화권의 사람은 한국인의 행동에 대해 차갑고 냉담하다고 생각할 수도 있다. 여러 이슬람교 나라의 어린이는 이성에 대한 접촉을 자제하도록 사회화되어 있는데, 이러한 관습은 서로 접촉하는 것에 익숙한 미국 어린이에게 비우호적인 것으로 해석될 수 있다(Dresser, 1996).

미국 학생의 경우 일본 학생보다 신체접촉을 받은 경험이 두 배 정도 많은 것으로 보고되었다. 일본에서는 낯선 사람이 만지는 것을 금기시하기 때문에 일본인들은 충분한 거리를 유지하기 위해 특히 조심한다(Barnlund, 1975).

남유럽과 중동 등은 접촉 문화이며, 북유럽과 일본 등은 비접촉 문화이다. 접촉 문화의 구성원들은 가까운 거리를 유지하고, 대화 중에 서로 접촉하며 보다 직접적으로 얼굴을 마주하고, 눈맞춤을 집중해서 더 길게 한다. 비접촉 문화의 구성원들은 상호작용을 할 때 더 먼 거리를 유지하고, 서로 거의 접촉하지 않으며 직접적으로 얼굴을 마주하는 것을 피하고 똑바로 눈맞추는 행동도 훨씬 적게 한다. 그 결과, 남유럽인은 북유럽인과 일본인을 차갑고 거리감 있고 남에게 관여하지 않는 것으로 인식한다. 반대로 북유럽인은 남유럽인을 강압적이고 공격적이며, 친밀한 행동을 과하게 하는 것으로 인식한다.

유사언어

유사언어(paralanguage)는 음성이지만 언어의 비언어적인 차원이다. 유사언어는 무엇을 말하는가가 아니라 어떻게 말하는가와 관련이 있다. 교사가 학생의 다른 정서, 느낌, 태도에 대한 표현력을 향상시키기 위해 오랫동안 사용해 온 방법은 매번 다른 단어들을 강조하면서 문장을 반복하도록 하는 것이었다. 서로 다른 단어를 강조하게 되면 의미상의 중요한 차이를 쉽게 전달할 수 있다.

다음 문장의 변화에 대해 생각해 보자. "그것이 천 척의 배를 띄운 얼굴입니까?" 볼드체로 된 단어를 강조하면서 각 문장을 소리 내어 읽으시오.

1. **그것이** 천 척의 배를 띄운 얼굴입니까?
2. 그것이 천 척의 배를 띄운 **얼굴**입니까?
3. 그것이 천 척의 배를 **띄운** 얼굴입니까?
4. 그것이 **천 척**의 배를 띄운 얼굴입니까?

당신이 본 것처럼 각 문장은 다른 내용을 전달한다. 사실, 말은 같지만 각기 다른 질문을 하는 것이다. 문장마다 다른 것은 강조된 단어이며, 그것이 유사언어의 한 측면이다.

유사언어에는 강조 외에도 속도, 크기, 리듬과 같은 음성적 특징이 포함된다. 또한 울고 속삭이고 신음하고 트림하며 하품하고 소리 지를 때 내는 발성도 여기에 포함된다(Trager, 1958, 1961; Argyle, 1988). 음성적 특징이 변형되면 전달되는 의미도 달라진다. 예로, 말을 빨리 하면 천천히 말할 때와는 다른 의미를 전달하게 된다. 단어가 동일하더라도 속도(또는 크기, 리듬, 음의 높낮이)가 다르면 사람들이 받아들이는 의미도 다르다.

사람에 대한 판단　사람들은 유사언어적 단서를 바탕으로 그들의 성격을 판단한다. 회의에서 아이디어를 제시할 때 살며시 말하는 동료가 있다면, 사람들은 그 동료가 아이디어에 확신이 없는 것 같다고 생각할 수 있다. 아니면 그가 자기 아이디어에 아무도 귀 기울이지 않을 것이라 믿는다고 판단할지도 모른다. 또는 큰 소리로 말하는 사람은 지나치게 과도한 자부심을 갖고 있다거나, 단조롭게 말하는 사람은 자신이 말하는 것과 어쩌면 인생 전반에 관심이 없다고 생각할 수도 있다. 그러한 판단에는 대부분 증거가 없지만, 여전히 사람들은 그렇게 말한다.

사람들이 60초 음성 샘플에서 전달자의 사회경제적 지위(높음, 중간, 낮음)를 정확하게 판단할 수 있다는 연구 결과가 있다(Davitz, 1964). 참가자들은 또한 중간 등급과 낮은 등급의 사람으로 판단되는 전달자보다 자신이 높은 등급이라고 판단한 전달자를 더 신뢰할 수 있다고 평가했다.

수신자는 또한 음성 표현만으로 전달자의 정서 상태를 정확하게 판단할 수 있다. 이 연구에서 전달자는 정서를 표현하면서 알파벳이나 숫자를 암송한다. 어떤 정서는 다른 정서보다 식별하기 쉽다. 증오와 동정을 구별하기는 쉽지만 두려움과 불안을 구별하기는 더 어렵다(Scherer, 1986).

뷰포인트. 성별 차이와 비언어적 커뮤니케이션
다음은 비언어적 표현의 성별 차이에 대한 연구 결과를 간략히 요약한 것이다(Burgoon, Guerrero, & Floyd, 2010; Guerrero & Hecht, 2006; Pearson, West, & Turner, 1995; DeVito, 2012). (1) 여성은 남성보다 더 많이 웃는다. (2) 여성은 남성보다 서로 더 가까이 선다. (3) 여성은 남성보다 더 가까이 접근한다. (4) 말을 할 때, 남녀 모두 여성보다 남성을 더 바라본다. (5) 여성은 남성보다 더 많이 접촉하고 접촉이 된다. (6) 남성은 여성보다 더 넓은 공간을 차지하면서 몸을 뻗는다.
남녀가 상호 커뮤니케이션을 할 때, 이러한 차이가 어떤 문제를 야기할 수 있겠는가?

커뮤니케이션 효과에 대한 판단   말의 속도는 유사언어의 중요한 요소이다. 일방적 커뮤니케이션, 즉 한 사람이 거의 모든 말을 하고, 나머지 사람들은 대부분 듣고 있는 경우, 빠르게 말하는 사람(평균보다 약 50% 빠른 사람)이 더 설득력이 있다. 사람들은 느리게 말하는 사람보다 빠르게 말하는 사람에게 더 동의하고 빠르게 말하는 사람을 더 지적이고 객관적이라고 생각하게 된다(MacLachlan, 1979).

연구 결과, 대체로 말의 속도가 보통보다 빠를수록 수신자의 이해력이 떨어진다고 나타났다. 그러나 여전히 빠른 속도는 정보를 전달하는 데 유리할 수 있다(MacLachlan, 1979; Jones, Berry, & Stevens, 2007). 예로, 말하기 속도가

50% 증가할 때 이해도는 5%만 감소한다. 이 비율이 두 배로 높아져도 이해도는 10%만 떨어진다. 그러나 말의 속도가 정상보다 두 배 이상 빨라지면 수신자의 이해 수준이 급격히 떨어지게 된다.

이 연구를 커뮤니케이션의 모든 유형에 적용할 때 주의를 기울여야 한다(MacLachlan, 1979). 전달자가 말하는 동안 수신자는 대답할 말을 만들어 내거나 구상을 한다. 전달자가 너무 빨리 말하면 수신자가 답변을 준비할 시간이 충분하지 않아 화가 날 수도 있다. 게다가 빠른 속도가 부자연스러워서 듣는 사람이 전달되는 메시지에 집중하기보다 말하는 속도에 초점을 맞출 수도 있다.

유사언어와 문화   말의 속도에 대한 연구 결과를 평가할 때 문화적 차이를 고려해야 한다. 한 연구에서 빠르게 말하는 한국 남성은 신뢰도에서 부정적인 평가를 받았는데, 이는 빠르게 말하는 미국인이 긍정적인 평가를 받은 것과는 대조적인 것이다(Lee & Boster, 1992). 연구자들은 개인주의 사회에서는 빠른 속도의 전달자가 느린 속도의 전달자보다 더 유능한 것으로

간주되지만, 집단주의 문화에서는 느린 속도를 사용하는 전달자가 더 유능한 것으로 판단된다는 견해를 제시했다.

침묵

말과 몸짓이 의미를 전달하는 것처럼 말이 없는 **침묵**(silence)도 마찬가지이다(Jaworski, 1993). 여기서 우리는 사회 전체에 중요한 영향을 미치는 침묵의 기능과 침묵 이론에 대해 알아보자.

침묵의 기능　침묵은 말하는 사람과 듣는 사람에게 그들이 생각할 시간과 메시지의 의미를 명확히 하고 정리할 시간을 준다. 예로, 변호사는 배심원단에게 최종변론에서 해야 할 복잡한 의견이 많이 있을 수 있다. 숙련된 변호사는 침묵을 이용하여 자신이 이러한 문제를 조직적인 방법으로 제시할 시간을 가질 뿐 아니라 배심원들에게도 제시된 정보를 소화할 시간을 줄 것이다.

침묵은 또한 메시지의 중요성이나 엄숙함을 나타내기도 한다. 격렬한 갈등이나 영원한 사랑 고백의 메시지 전후에는 침묵이 흐르기 일쑤이다. 마찬가지로, 기도 중에나 국기 게양식을 할 때도 침묵이 있을 것이다. 당신은 또한 누군가가 말하고 있는 것에 대한 관심과 존중을 전달하기 위해 침묵을 사용할 수도 있다.

어떤 사람은 타인을 다치게 하는 무기로 침묵을 사용한다. 갈등이 일어난 후에 한 사람 또는 두 사람 모두 일종의 처벌로 계속 침묵할 수도 있다. 우리는 (침묵에 대해) 누군가를 '완전히 무시'하는 것이라고 말하기도 한다. 남을 상하게 하는 데 사용되는 침묵은 또한 부정(제4장 참조)처럼 타인의 존재를 인정하지 않는 형태를 취할 수도 있다. 이 경우 침묵은 한 사람이 상대에게 느끼는 완전한 무관심을 극적으로 보여 주는 것이다.

사람들은 때때로 개인적인 불안이나 수줍음 때문에 또는 위협에 대한 반응으로 침묵을 사용한다. 당신은 새로운 사람들 사이에서 불안해하거나 수줍음을 타고 침묵을 지키는 것을 더 선호할지도 모른다. 침묵을 유지함으로써 거절당할 가능성을 배제하는 것이다. 당신이 침묵을 깨고 타인과 대화를 시도할 때에만 거절당할 위험이 있게 된다.

눈, 얼굴, 손과 마찬가지로 침묵도 정서적 반응을 전달할 수 있다(Ehrenhaus, 1988). 때때로 침묵은 비협조적이거나 반항적이 되려는 결심을 전달하기도 한다. 즉, 언어적 커뮤니케이션에 참여하기를 거부함으로써 상대의 입장에 대한 권위나 정당성을 무시한다. 침묵은 종종 짜

중스러움을 전달한다. 이 경우 대개 삐죽거리는 표정을 짓고 팔짱을 끼며 콧구멍을 벌렁거리게 된다. 침묵은 또한 애정이나 사랑을 표현할 수 있는데, 특히 연인끼리 서로의 눈을 지그시 바라볼 때 그러하다.

물론 그저 할 말이 없을 때, 아무 일도 일어나지 않을 때, 아무 말도 하고 싶지 않을 때 침묵을 사용할 수도 있다.

모든 문화가 침묵을 같은 방식으로 보는 것은 아니다(Vainiomaki, 2004). 미국에서는 침묵이 부정적으로 해석되는 경우가 많다. 비즈니스 미팅에서 또는 비공식적인 사회 집단에서조차 침묵하는 구성원은 대화를 듣지 않거나, 주제에 대해 덧붙여 말할 관심이 없거나 이해하지 못하는 것으로 간주될 수 있다. 그러나 다른 문화권에서는 침묵이 더 긍정적인 것으로 여겨진다. 일본에서는 대부분의 상황에서 침묵이 말보다 더 적절한 반응에 해당한다(Haga, 1988).

침묵의 나선 '침묵의 나선' 이론은 침묵에 대해 다소 다른 관점을 제시하고 있다. 이 이론은 본래 여론에 대한 미디어의 영향력을 설명하기 위해 개발된 것으로 사람들이 이견보다는 동의를 표명할 가능성이 높다고 주장한다(Noelle-Neumann, 1991; Severin & Tankard, 2001; Scheufele & Moy, 2000). 이 이론에 의하면, 사람들은 논쟁의 여지가 있는 문제가 발생할 때 타인의 의견을 추정하여 어떤 견해가 인기 있고, 어떤 견해가 인기가 없는지 파악한다. 또한 대중적이거나 인기 없는 입장을 표명함으로써 얻을 수 있는 보상과 처벌도 추정한다. 그 후에 이 추정치를 사용하여 어떤 의견을 표출할지, 어떤 의견을 표출하지 않을지 결정한다는 것이다.

일반적으로, 당신이 동의하지 않을 때보다 다수 의견과 일치할 때 당신의 의견을 표출할 가능성이 높다. 이는 대다수의 사람으로부터 고립되는 것을 피하기 위해 또는 잘못된 생각이라는 것이 드러나거나 나쁜 평가를 받는 것에 대한 두려움 때문일 수 있다. 아니면 그들이 다수이기 때문에 대다수가 옳아야 한다고 단순히 생각할 수도 있다.

소수 의견을 가진 사람들이 침묵하면서 대다수의 입장은 더 강해진다. 의견에 동의하는 사람만 계속 말을 하기 때문이다. 따라서 다수의 입장이 강해지고 소수의 입장이 약해지면서 침묵은 끊임없이 넓어지는 나선이 된다. 인터넷(특히 블로그와 소셜네트워크 사이트)은 소수의 관점을 표현하고(원한다면 익명으로) 비슷한 생각을 가진 타인을 신속하게 찾을 수 있는 많은 기회를 제공하기 때문에, 어떤 면에서는 침묵의 나선에 대항하는 역할을 할 수 있다(McDevitt, Kiousis, & Wahl-Jorgensen, 2003).

**윤리적
커뮤니케이션:
침묵**

미국의 사법 제도에서는 자신을 유죄로 인정하지 않기 위해 묵비권을 행사할 수 있지만, 자신이 목격한 타인의 범죄 행위에 대해서는 그 정보를 공개할 의무가 있다. 그러나 옳든 그르든 정신과 의사, 변호사, 일부 성직자는 이 일반적인 규칙에서 면제되는 경우가 있다. 마찬가지로 아내는 남편과 자신에게 불리한 증언을 하도록 강요될 수 없고, 남편 또한 아내와 자신에게 불리한 증언을 하도록 강요될 수 없다.

그러나 법 제도와 달리 대부분의 일상적인 커뮤니케이션 상황은 문서화된 규칙이 없기 때문에 침묵이 윤리적인지, 언제 침묵이 윤리적인지가 항상 명확하지는 않다. 모두는 아니더라도 대부분의 사람은 당면한 문제와 아무런 관련이 없는 정보를 보류할 권리가 있다는 데 동의할 것이다. 당신의 과거 연애사, 애정적 지향, 종교에 대해 침묵을 지키는 것이 어떤 상황에서 윤리적일지, 그리고 어떤 상황에서 비윤리적일지 생각해 보라.

윤리적 초이스 포인트

커뮤니케이션에서의 윤리에 대한 이 모든 논의를 통해 당신은 이제 2년간 교제해 온 데이트 상대에게 당신의 과거 연애사와 강도죄로 잠시 감금되었던 사실에 대해 솔직하게 말해야 하는지 궁금할 것이다.
이러한 과거의 행동에 대해 침묵을 지키는 것이 윤리적인가?

시간 커뮤니케이션

기술적으로 **시간개념학**(chronemics)이라고 알려진 **시간 커뮤니케이션**(temporal communication)에 대한 연구는 시간의 사용, 즉 시간의 구성, 시간에 대한 반응, 시간을 통해 메시지를 전달하는 방법에 대한 것이다(Bruneau, 1985, 1990, 2009/2010). 여기서 우리는 심리적, 대인관계적, 문화적 시간을 알아볼 것이다.

심리적 시간　심리적 시간(psychological time)에 대해 알아보기 전에 다음의 자가 점검에서 자신의 시간 성향을 고려해 보자.

다음의 각 문항에 대해, 당신의 일반적인 태도와 행동 측면에서 어떤 것이 참(그렇다, T)이고 어떤 것이 거짓(아니다, F)인지 표시하시오.

___ 1. 나는 현재의 길잡이를 위해 종종 과거로 눈을 돌린다.
___ 2. 노인에게는 내가 배울 수 있는 지혜가 있다.
___ 3. 나는 과거로부터 배우는 것을 즐긴다.
___ 4. 과거에 대해 아는 것은 현재에 도움이 된다.
___ 5. 나는 있는 그대로 인생을 즐긴다.
___ 6. 나는 너무 멀리 앞을 내다보는 것을 피한다.
___ 7. 나는 현재를 즐기기 위해 종종 일을 미룬다.
___ 8. 나는 즉각적인 이익/보상을 찾는다.
___ 9. 나는 기본적으로 내일 예상되는 보상 때문에 오늘 열심히 일한다.
___ 10. 나는 내일과 미래에 대한 계획을 세우는 것을 즐기는 편이다.
___ 11. 마지막에 이익/보상이 있다면 난 기꺼이 어려움을 견뎌 낼 것이다.
___ 12. 나는 상당히 규칙적으로 '할 일' 목록을 준비한다.

이 진술문은 당신이 과거, 현재, 미래 어디에 더 집중하는지 시간 지향에 대한 주제를 제기하기 위해 고안되었다. [이 점검에 대한 아이디어와 심리적 시간에 대한 통찰은 Gonzales와 Zimbardo(1985)의 공식적 기술을 바탕으로 한 것이다.]

• **과거 지향적** 사람은 과거에 대한 특별한 경의를 갖고 있다. 옛 시절을 다시 떠올리고, 옛 방식을 최고로 여긴다. 사건들을 순환적이고 반복적인 것으로 보고 있기 때문에 어제의 지혜는 오늘날과 내일에도 적용된다. 과거 지향적 사람은 (질문에서 알 수 있듯이) 1~4번에 T로 응답하고 나머지에는 T 또는 F로 응답했을 것이다.
• **현재 지향적** 사람은 내일이 아닌 지금을 위해 현재를 살고 있다. 이 성향의 사람은 5~8번에 T, 9~12번에 F, 1~4번에 T 또는 F로 응답했을 것이다.
• **미래 지향적** 사람은 미래를 위해 산다. 오늘은 절약하고, 대학에서 열심히 공부하고, 미래를 준비하기 때문에 사치하지 않는다. 이 성향의 사람은 9~12번에 T, 5~8번에 F, 1~4번에는 T 또는 F로 응답했을 것이다.

이 자가 점검에서 알 수 있듯이, 시간 지향은 대학과 직업 경력에 중요한 영향을 미친다.

개인의 시간 지향은 사회경제적 계층과 개인적 경험에 크게 좌우된다(Gonzalez & Zimbardo, 1985). 미숙련직 및 반숙련직 부모는 자녀에게 현재 지향적인 운명론과 미래에 대한 계획을 세우는 것보다 자기 자신을 즐기는 것이 더 중요하다는 믿음을 가르치는 경향이 있다. 교사, 관리자 또는 그 외 전문직 부모는 자녀에게 성공을 위한 전략과 함께 미래를 계획하고 준비하는 것에 대한 중요성을 가르치는 경향이 있다. 미국에서는 미래 소득이 미래 지향과 관련이 높다. 또한 미래 지향적일수록 수입이 늘어날 가능성이 높다. 시간과 비언어적 커뮤니케이션에 대해 알아 가는 동안 이러한 시간 지향이 당신에게 유익하게 또는 그 반대로 어떻게 영향을 미치는지 생각해 보라. 시간 지향이 당신의 사회적, 직업적 목표를 달성하는 데 도움이 되는가? 만약 그렇지 않다면, 이러한 태도와 행동을 바꾸기 위해 무엇을 할 수 있겠는가?

대인관계적 시간   대인관계적 시간(interpersonal time)은 대인관계의 상호작용에 영향을 미치는 다양한 시간 관련 요소를 말한다. 대인관계 시간의 좀 더 중요한 측면이 몇 가지 있다(Burgoon, Guerrero, & Floyd, 2010; Andersen & Bowman, 1999; DeVito, 2014).

- 시간 엄수란 회사의 회의, 수업, 교사-학생 간 약속, 야구 경기, 영화나 TV 쇼, 과제 완료 등 다양한 경우에 제시간에 맞추는 것을 의미한다.
- 대기 시간은 누군가를 기다리는 것이 적절하다고 간주되는 시간을 말한다. 대개 낮은 지위의 사람보다 높은 지위의 사람을 더 오래 기다리는 것이 일반적이다. 상사가 늦으면 오래 기다리겠지만 동료가 늦으면 몇 분만 기다리게 될 것이다.
- 대화 시간은 누가 대화를 시작하고 끝내는지, 누가 더 많은 이야기를 하는지, 누가 대화 주제를 선택하고 대화를 이끌어 가는지와 관련된다. 이러한 많은 요소와 마찬가지로, 지위는 여기서 중요한 역할을 한다. 결정을 내리는 사람은 지위가 높은 사람이다. 그러나 아마도 높은 지위와 대화 시간의 가장 좋은 예는 말을 중단시키는 특권일 것이다.
- 관계 시간은 당신이 관계를 맺고 있는 다양한 사람에게 제공하는 시간 또는 제공해야 하는 시간을 말한다. 헌신적인 연인은 보통 상당한 시간을 함께 보내고 그 시간이 단축되면 (그리고 파트너 중 한 명이 너무 적다고 간주하게 되면) 관계에 문제가 생길 수도 있다. 보통 장거리 연애도 전화, 주기적인 만남 또는 인터넷 화상 통화를 통해 관계 시간을 갖는다.
- 응답 시간은 당신이 응답하는 데 걸리는 시간을 말한다. 응답 시간은 동기 커뮤니케이션(synchronous communication, 실시간 커뮤니케이션 방식)과 비동기 커뮤니케이션 (asynchronous communication, 공간과 시간이 분리되는 재택근무나 원격근무 같은 언택트 환경

에서 중요한 커뮤니케이션 방식, 여기에는 Twist, Collabee Messenger 등이 있다)에서 모두 관찰된다. 예로, 얼굴을 맞대고 대화를 할 때 어떤 진술과 질문에 대한 응답 시간은 즉각적이어야 한다. 연인 중 한 사람이 "나와 결혼해 줄래요?"라고 할 때 상대의 응답 "네." 사이에는 지연 시간이 거의 없어야 한다. 응답 시간이 부적절하게 길어지면, 당신은 어떠한 의견의 불일치나 확신의 부족을 느낄 수 있다.

문화 지도: 장기 지향 대 단기 지향

장기 지향 문화는 미래의 보상의 중요성을 가르치는 반면, 단기 지향 문화는 구성원들에게 과거와 현재의 보상이 가치 있다고 가르친다.

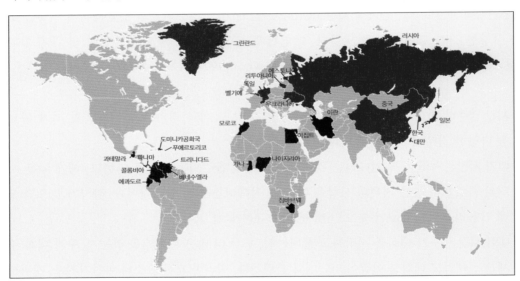

빨간 지도의 국가들은 **장기 지향**과 관련이 있으며, 미래의 보상이 중요하다고 강조한다. 그들이 공유하고 있는 신념은 나중의 이익을 위해 지금 일한다는 것이다. 이 나라에서는 좋은 교육과 미래를 위한 계획이 매우 중요하다.

파란 지도의 국가들은 **단기 지향**과 관련이 있으며, 현재의 보상이 중요하다고 강조한다. 나중에 혜택을 받지 못할 수도 있으므로 지금 혜택을 누리라는 것이다. 이 나라에서는 지금 자원을 소비하고 빠른 성과를 얻는 것이 매우 중요하다.

장기 지향과 단기 지향의 차이는 커뮤니케이션에 어떠한 영향을 미칠 것인가? 장기적, 단기적 문화의 구성원이 소셜미디어를 같은 방식으로 사용할 것이라고 생각하는가? 예로, 그들이 게시한 사진은 비슷한가, 다른가?

문화적 시간 문화적 시간(cultural time)에서 두 가지 측면, 즉 단일시간주의와 복합시간주의 그리고 사회적 시계는 매우 중요하다.

단일시간주의와 복합시간주의 중요한 차이는 **단일시간 지향**(monochronic time orientation) 과 **복합시간 지향**(polychronic time orientation)이다(Hall, 1959, 1976; Hall & Hall, 1987). 미국, 독일, 스칸디나비아, 스위스와 같은 단일시간 지향적 사람이나 문화는 한번에 한 개의 일정을 잡는다. 이 문화에서는 시간이 구분되어 있고 모든 것을 위한 시간이 있다. 반면, 라틴아메리카, 지중해 민족, 아랍인 등 복합시간 지향적 사람이나 문화는 여러 가지 일을 동시에 계획한다. 여러 사람과 함께 식사를 하고, 일을 하고, 가족의 문제를 돌보는 것이 모두 동시에 일어날 수 있다. 물론 어떤 문화도 전적으로 단일시간 지향이거나 복합시간 지향은 아니다. 오히려 이는 문화의 많은 부분에서 발견되는 일반적인 경향이다. 일부 문화권에서는 두 가지 시간 방향을 결합한다. 예로, 두 방향 모두 일본과 일부 미국 문화에서 발견된다. 흥미로운 점은 소셜네트워크 사이트가 트윗이나 생일카드 전송을 예약할 수 있게 해 줌으로써 한번에 더 많은 일을 할 수 있게 해 준다는 사실이다. 따라서 당신은 트윗이 게시되거나 카드가 전송되는 그 시간에 스키를 타고 슬로프를 내려갈 수도 있다.

사회적 시계 문화는 **사회적 시계**(social clock), 즉 데이트를 시작하거나 대학을 마치거나 집을 사거나 아이를 키우는 등 여러 가지 중요한 일을 하기에 적절한 시기에 대한 시간표를 유지하게끔 만든다. 이 사회적 시계는 당신이 또래 친구와 보조를 맞추고 있는지, 그들보다 앞서고 있는지, 아니면 뒤처지고 있는지를 알려 준다. 자라면서 배운 이 사회적 시계를 바탕으로 자신의 사회적, 직업적 발전을 평가한다(Greene, 2003; Neugarten, 1979). 만약 다른 동료와 보조를 맞추고 있다면(예: 당신이 '적절한' 나이에 데이트를 시작했거나 '적절한' 나이에 대학을 마치고 있다면), 당신은 잘 적응하고 유능하며 집단의 일부라고 느낄 것이다. 그러나 당신이 늦는다면 아마 불만을 느끼게 될 것이다. 오늘날 사회적 시계는 지난 수십 년 동안보다 수용 가능한 시간표에서 벗어나는 데 유연해지며 관대해지고 있지만, 여전히 이는 우리 각자에게 또래와 보조를 맞추라는 압력을 가하고 있다(Peterson, 1996).
〈표 5-5〉는 여기서 논의된 아홉 가지 커뮤니케이션 채널을 요약한 것이다.

<표 5-5> 아홉 가지 비언어적 커뮤니케이션 채널

채널	핵심개념
신체 제스처 및 신체 외양 (동작학으로 알려짐)	다섯 가지 제스처 유형(상징, 설명, 감정 표현, 조절, 적응 행위) 및 일반적인 체격, 키, 몸무게
얼굴표정 커뮤니케이션	표정 관리, 안면 피드백
시선 커뮤니케이션 (눈동자언어로 알려짐)	시선 접촉, 시선 회피, 동공 확장
공간 메시지 및 영역성 (공간학으로 알려짐)	근접 거리(친밀한, 개인적, 사회적, 공적) 및 영역(일차, 이차, 공공)
인공물 메시지	사람이 만들거나 장식하는 물건(공간 장식, 색상, 옷, 신체 장식, 향)
접촉 커뮤니케이션 (촉각 커뮤니케이션, 촉각학으로 알려짐)	신체접촉 및 접촉 회피는 다양한 정서를 전달함
유사언어	말하는 속도, 높낮이, 크기
침묵	침묵 또한 커뮤니케이션, 침묵의 나선
시간 커뮤니케이션 (시간개념학으로 알려짐)	심리적, 대인관계적, 문화적 시간

비언어적 커뮤니케이션 역량

5.3 비언어적 메시지를 해독하고 부호화할 수 있는 기술을 향상시키기 위한 지침을 알아본다.

뷰포인트. 관계에서의 비언어적 역량
부부가 비언어적 역량을 향상시킴으로써 얻을 수 있는 이점은 무엇인가? 비언어적 역량 부족으로 야기될 수 있는 문제는 무엇인가?

비언어적 커뮤니케이션에 대한 논의를 통해 당신은 아마도 자신의 비언어적 커뮤니케이션을 개선하기 위한 여러 제안을 생각해 봤을 것이다. 여기서는 비언어적 메시지를 받고 보내는 데 필요한 몇 가지 제안을 함께 제시할 것이다.

송신과 수신 모두에 적용되는 가장 일반적인 기술은 비언어적 메시지, 즉 자신뿐만 아니라 타인의 메시지에도 유념하는 것이다. 비언어적 행동이 특히 효과적이라고 생각하는 사람과 효과가 없다고 생각하는 사람을 관찰하고, 무엇이 효과적이고 무엇이 비효과적인지 정확히 파악하려고 노력하는 것이다.

유념하는 것 외에도 비언어적 메시지를 해독화(또는 해석)하고 부호화(또는 전송)하는 두 가지 주제로 일반적인 제안을 할 수 있다. 이러한 기술을 실천하는 것은 비언어적 커뮤니케이션을 개선하는 데 도움이 될 것이다.

해독화 기술

타인의 비언어적 메시지를 판단할 때 중요한 기술 중 하나는 성급히 결론을 내리지 않는 것이다. 성급한 판단 대신 무슨 일인지 추론(또는 합리적 추측)해 보고, 여러 근거를 바탕으로 추론이 타당한지 확인해 보는 것이 좋다. 이 방법은 타인이 당신의 기대만큼 바로 반응을 보여 주지 않을 수 있기 때문에 그 사람의 의도를 파악하고자 할 때 특히 중요하다.

판단을 내릴 때는 신중히 대안적인 해석을 찾아야 한다. 첫 번째 판단에 오류가 있을 수 있으며, 이를 테스트하는 좋은 방법은 가능한 대안을 고려하는 것이다. 당신의 연애 상대가 당신과의 관계에서 일상적인 거리보다 더 먼 거리를 두는 것은 당신을 곤란하게 만드는 신호일 수 있다. 그러나 거리를 두는 행동은 그 상대가 무언가를 생각할 공간이 필요하다는 신호도 될 수 있다.

당신이 틀렸을 가능성을 고려해야 한다. 특히 타인이 눈을 피하거나 오래 침묵할 때, 그것을 근거로 그가 거짓말을 하고 있다고 판단할 때 더욱 그렇다. 이러한 비언어적 신호는 거짓말의 가능성뿐만 아니라 많은 것을 의미할 수 있다. 커뮤니케이션은 되돌릴 수 없으며 거짓말이라고 하는 비난은 오래 지속될 것이라는 점을 기억해야 한다.

메시지는 여러 채널에서 나오며 여러 채널을 고려할 때만 합리적으로 정확한 판단을 내릴 수 있다. 기준치를 기반으로 행동을 판단해야 한다. 당신이 타인 행동의 의미를 판단할 때는 그 사람이 일상적으로 어떻게 행동하는지 알아야 그의 행동 중 무엇이 정상이고 무엇이 벗어난 것인지 알 수 있다. 예로, Pat은 평소 수줍어하고 말수가 없는데, 그가 파티에서 분위기를 띄우고 있는 것을 당신이 보게 된다면, 이는 Pat이 수줍어하고 말수가 없는

> **JOURNAL** 커뮤니케이션 초이스 포인트
>
> **신뢰성 입증**
> 직장에서 당신이 타인만큼 유능하긴 하지만 사람들은 당신을 신뢰할 만하다고 생각하지 않는다. 당신은 당신이 발산하는 비언어적 신뢰 단서를 늘릴 필요가 있다.
> 당신의 일반적인 능력을 전달하기 위해 어떤 비언어적 단서를 사용할 수 있는가? 어떤 단서가 좋은 인상을 주고 어떤 단서가 부정적인 인상을 줄 수 있는가? 당신의 일상적인 상호작용에서 비언어적 단서를 (통합하여) 적용하는 것에 대해 어떻게 생각하는가?

것을 관찰하는 것보다 더 큰 의미가 있을 것이다. 비언어적 행동은 기준선에서 벗어날 때 가장 잘 드러난다.

문화적 맥락을 배경으로 당신의 판단과 결론을 이해해야 한다. 누군가의 비언어적 행동을 단지 자신의 문화적 의미를 통해서만 해석하고 있는지 생각해 보자. 만약 자신의 문화권의 해석 기준에 따라 다른 문화권 사람의 '지나치게 가까운' 대화거리를 거슬리게 받아들인다면, 이 거리가 그 사람의 문화에서는 표준적인 대화거리일 수 있고 친근함을 나타내는 방법이 될 수도 있다는 점을 놓치게 될 것이다.

비언어적으로 행동하는 방식에 영향을 미칠 수 있는 여러 가지 요소를 고려해야 한다. 신체 상태, 성격 또는 특정 상황이 모두 한 개인의 비언어적 커뮤니케이션에 영향을 미칠 수 있다. 평소 유쾌했던 당신의 룸메이트도 시험성적을 낮게 받으면 찡그리며 투덜거릴 수 있다. 이러한 요소를 알지 못하면, 정확한 판단을 내리기가 어렵다.

부호화 기술

비언어적 커뮤니케이션은 언어적 커뮤니케이션처럼 선택을 수반한다. 그러므로 언어적 메시지를 전달할 때처럼 비언어적 커뮤니케이션을 위한 선택에 대해 신중하게 생각해야 한다. 당신이 Facebook에 사진을 올릴 때 타인에게 자신에 대해 무언가를 말하고 있다는 것을 인식해야 한다. 이 게시물로 당신이 전하고 싶은 것이 무엇인지 스스로에게 물어보는 것이 중요하다.

언어적 메시지를 모니터링하는 것과 같이 주의를 기울여 자신의 비언어적 메시지를 모니터링해야 한다. 만약 식사 자리에서 "이 음식은 형편없다."고 말할 것이 아니라면, 한 그릇 더 원하는지 질문을 받았을 때 인상을 찌푸리는 것은 적절하지 않다.

비언어적 메시지를 언어적 메시지와 일치되게 유지해야 한다. 적어도 당신이 의도한 것이 아니라면, 언어적 메시지와 다른 의미를 표현하는 비언어적 메시지를 보내지 말아야 한다.

상황을 고려해야 한다. 효과적인 비언어적 커뮤니케이션은 상황에 따라 다르다. 그러므로 비언어적 커뮤니케이션을 효과적으로 하기 위해서는 특정한 상황에 맞게 비언어적 메시지를 적용해야 한다. 한 상황에 적합한 비언어적 행동이 다른 상황에서는 전혀 적절하지 않을 수 있다.

회의 중이나 복도, 엘리베이터 어디에서든 전달자와 눈을 맞추도록 한다. 눈맞춤은 예의를 표하는 것이며, 당신이 집중해서 그의 말을 듣고 있다는 것을 의미한다. 너무 집중해서 지나치게 오래 눈을 맞추는 것은 침해적이거나 무례하게 보일 수 있다. 마찬가지로, 사업적이든 사회적이든 대부분의 상황에서 사람들은 긍정적인 얼굴을 선호한다. 그러므로 미소를 짓거나 당신의 관심을 표현하도록 하라.

신체접촉에 주의해야 한다. 상대와의 관계 및 당신이 처한 상황에 따라 접촉이 적절하거나 예의 바른 것으로 간주될 수도 있고, 그렇지 않을 수도 있다. 여기서 최선의 조언은 접촉이 집단이나 조직의 문화의 일부가 아닌 이상 접촉을 피하라는 것이다.

당신은 특정 비언어를 특정한 방식으로 사용하고자 하는 동시에 다양한 비언어적 행동을 피하고 싶을 것이다. 피하고 싶은 한 예로 극단적인 것과 변화가 없는 것을 들 수 있다. 비언어적 커뮤니케이션이 너무 많거나 너무 적으면 부정적인 반응을 얻기 쉽다. 너무 크게 웃고 말할 때마다 계속 웃는 것은 분명 부정적인 인상을 남길 것이다. 마찬가지로 항상 똑같은 비언어적 메시지를 보내는 것, 친구가 길게 얘기하는 것을 듣는 동안 계속 미소 짓고 고개를 끄덕이는 것은 성의 없어 보이기 쉽다.

당신은 또한 특정 비언어적 적응 행위, 머리를 빗거나 이를 쑤시거나 새끼손가락을 귀에 넣는 행동을 하는 사람을 피하고 싶을 것이다. 이런 행동은 예의 없어 보일 것이며, 격식을 더 갖추어야 하는 상황일수록 무례함에 대한 인식도 더 커질 것이다. 두세 명의 친구와 함께 앉아 있는 동안 머리를 빗는 것은 무례하게 보이지 않을 수 있다. 그러나 교실이나 회사 회의에서는 부적절한 것으로 여겨질 것이다.

향이 강한 샤워코롱이나 향수, 또는 타인을 압도하거나 불쾌감을 줄 수 있는 향기는 피하도록 한다. 자신은 향기를 즐길 수 있지만, 주변 사람은 불쾌하고 거슬릴 수도 있다. 타인이 당신의 문자메시지 소리를 듣고 싶어 하지 않는 것처럼, 그들은 아마도 원치 않는 냄새를 맡고 싶어 하지 않을 것이다.

개념 요약

이 장에서는 비언어적 커뮤니케이션, 즉 말없이 하는 커뮤니케이션과 비언어적 메시지가 제공하는 기능, 비언어적 커뮤니케이션의 채널, 비언어적 커뮤니케이션의 문화 및 성별 관련 영향과 차이점에 대해 알아보았다.

비언어적 커뮤니케이션의 원리

5.1 비언어적 커뮤니케이션의 작동방식에 대한 주요 원리를 알아본다.

1. 비언어적 메시지는 강조, 보완, 부정, 제어, 반복, 대체 기능으로 언어적 메시지와 상호작용한다.
2. 비언어적 메시지는 인상관리에 도움이 된다. 우리는 사람들에게 원하는 인상을 주기 위해 비언어적으로 자신을 표현한다.
3. 비언어적 메시지는 관계형성에 도움이 된다.
4. 비언어적 메시지는 대화를 구조화한다.
5. 비언어적 메시지는 영향을 미치고 속일 수 있다.
6. 비언어적 메시지는 정서를 표현하는 데 중요하다.

비언어적 커뮤니케이션의 채널

5.2 비언어적 커뮤니케이션의 채널을 알아본다.

7. 신체 메시지는 제스처와 신체 외양을 통해 전달된다. 신체 제스처는 다섯 가지 범주로 분류된다. 다섯 가지 범주는 상징 행위(단어나 구를 직접 번역하는 것), 설명 행위(언어 메시지에 수반되어 그 의미를 문자 그대로 '설명하는' 것), 감정 표현 행위(정서적 의미를 전달하는 것), 조절 행위(타인의 말을 조절, 감시, 유지 또는 제어하는 것), 적응 행위(가려운 곳을 긁는 것처럼 무의식적으로 필요에 의해 행해지는 것)이다. 신체 외양(예: 키와 일반적인 매력)도 다양한 메시지를 전달한다.
8. 얼굴의 움직임은 다양한 정서를 전달할 수 있다. 가장 많이 연구된 정서는 행복, 놀라움, 두려움, 분노, 슬픔, 혐오, 경멸이다. 표정 관리 기술은 정서를 얼굴에 드러내는 것을 조절할 수 있게 도와준다. 안면 피드백 가설은 정서를 표현하는 얼굴표정이 생리적, 심리적 변화를 일으킬 수 있다고 주장한다.
9. 시선을 통해 반응을 구하거나 타인이 얘기하도록 하거나 관계의 성격을 알리거나 물리적 거리를 보완하는 것이 가능하다.
10. 공간학 연구는 공간과 공간 관계의 커뮤니케이션 기능을 연구한다. 네 가지 주요 근접 거리는 (1) 친밀한 거리(실제 접촉에서부터 45cm까지의 범위), (2) 개인적 거리(45cm에서 1.2m까지의 범위), (3) 사회적 거리(1.2m에서 3.6m까지의 범위), (4) 공적 거리(3.6m에서 7.6m 이상의 범위)이다. 공간을 다루는 것은 지위, 문화, 맥락, 주제, 성별, 연령, 상대에 대한 긍정적이거나 부정적인 평가와 같은 요소에 의해 영향을 받는다. 영역성은 특정

장소나 물체에 대한 사람들의 소유 반응과 관련되어 있다.

11. 인공물 커뮤니케이션은 색상, 옷, 신체장식, 공간장식, 향기의 사용 등과 같이 사람이 만든 물건이나 장식하는 방식에 의해 전달되는 메시지로 이루어진다.

12. 접촉 커뮤니케이션 또는 촉각은 다양한 의미를 전달할 수 있으며, 가장 중요한 것은 긍정적인 감정, 유희성, 통제, 의례, 작업수행 관련성이다. 접촉 회피는 타인을 접촉하는 것과 타인에게 접촉되는 것을 피하려는 욕구이다.

13. 유사언어는 말하는 속도, 높낮이, 크기, 공명, 음질뿐만 아니라 잠시 쉬는 것과 우물쭈물 망설이는 것도 포함한다. 유사언어에 기초하여 사람에 대한 판단을 내리고 말할 차례를 감지하며 신뢰할 만한지 판단한다.

14. 침묵, 즉 말을 하지 않는 것 또한 분노('완전히 무시'하는 경우와 같이)에서부터 깊은 감정적 반응에 이르기까지 다양한 의미를 전달한다.

15. 시간 커뮤니케이션, 즉 시간 언어는 시간의 처리에 의해 전달되는 메시지로 구성된다.

16. 비언어적 커뮤니케이션의 문화적 차이는 크다. 예로, 문화마다 제스처, 얼굴표정, 색상에 다른 의미를 부여한다. 또한 공간에 대한 규칙도 다르며 시간을 다루는 방식도 다르다.

비언어적 커뮤니케이션 역량

5.3 비언어적 메시지를 해독하고 부호화할 수 있는 기술을 향상시키기 위한 지침을 알아본다.

17. 해독화 기술(메시지를 동시에 보내는 여러 비언어 채널을 의식하고 문화적 맥락에서 메시지를 해석하는 것)은 비언어적 신호를 통해 전달되는 의미를 보다 효과적으로 이해할 수 있게 해 줄 것이다.

18. 부호화 기술(예: 눈맞춤을 유지하거나 거슬리는 신체접촉을 피하는 것)은 비언어적 메시지를 더 효과적으로 전달할 수 있게 해 준다.

기술 요약

이 장에서 다양한 비언어적 커뮤니케이션 기술을 알아보았다. 다음에 제시된 내용을 읽어 보고 더 노력할 필요가 있는 항목에 (∨) 체크하시오.

_____ 1. 나는 비언어적 메시지(나 자신과 타인의 메시지)가 제공하는 다양한 기능, 예로 인상을 형성하고 관리하며 관계를 정의하고 대화를 구조화하는 기능을 안다.

_____ 2. 나는 내가 원하는 뜻을 효과적으로 전달하기 위해 몸과 제스처 메시지를 사용하며, 타인에게서도 이러한 메시지를 인식한다.

_____ 3. 나는 시선을 이용해 반응을 구하거나 타인이 얘기하도록 하거나 관계의 성격을 알리거나 물리적 거리

_____ 를 보완한다.

_____ 4. 나는 타인에게 그들이 필요로 하는 공간을 제공한다. 예로, 화가 나있거나 불안해하는 사람에게 별도의 공간을 준다.

_____ 5. 나는 타인의 표식(즉, 중심, 경계, 귀 표식)에 민감하며, 이 표식을 사용하여 나의 영역을 명확히 한다.

_____ 6. 나는 원하는 메시지를 전달하기 위해 신중하게 인공물을 사용한다.

_____ 7. 나는 타인의 신체접촉에 민감하며 긍정적인 정서, 유희성, 통제, 의례, 작업수행과 관련하여 메시지를 전달하는 접촉을 각각 구별한다.

_____ 8. 나는 개개인의 접촉−회피 성향을 인식하고 존중한다. 나는 특히 접촉 선호와 접촉 회피 성향의 문화적, 성별 차이를 이해한다.

_____ 9. 나는 내가 의도하는 의미를 잘 전달하기 위해 유사언어적 요소(예: 속도, 강조, 일시 정지, 크기)를 다양화한다.

_____ 10. 나는 침묵을 통해 다양한 의미(예: 실망, 생각할 시간의 필요성)를 전달하며, 눈의 움직임이나 제스처에 대해서처럼 타인의 침묵에 대해서도 그 의미를 알아본다.

_____ 11. 나는 상호작용하는 사람의 문화적 관점을 인식하여 시간의 단서를 해석한다.

_____ 12. 나는 시간 지향의 균형을 유지하고 과거, 현재, 미래를 소홀히 하지 않는다.

_____ 13. 비언어적 메시지를 해독할 때 잠정적으로 결론을 도출하고 대안적 판단과 다양한 비언어적 채널을 고려하고, 부정확할 가능성을 인식하고 문화적 맥락에서 판단을 해석하며, 다른 요인의 영향을 고려한다.

_____ 14. 비언어적 메시지를 부호화할 때 언어적 메시지와 비언어적 메시지가 일치되도록 하고, 비언어적 메시지를 모니터하며 극단적이지 않도록 하고, 상황을 고려한다.

핵심 용어

이 장에서 논의된 주요 용어이다. 이 용어의 정의는 이 장의 본문에서와 책의 뒷부분에 수록된 용어집에 제시되어 있다.

감정 표현 행위	귀 표식	복합시간 지향
개인적 거리	눈동자 언어	비언어적 커뮤니케이션
경계 표식	단일시간 지향	사회적 거리
공간학	대인관계적 시간	사회적 시계
공적 거리	동작학(키니식스)	상징 행위
공적 영역	문화적 시간	색채 커뮤니케이션
관계 신호	물건 적응 행위	설명 행위

시간개념학

시간 커뮤니케이션

시민적 무관심

심리적 시간

안면 피드백 가설

영역성

유사언어

이모지

이모티콘

이차 영역

인공물 메시지

일차 영역

자기 적응 행위

적응 행위

접촉 커뮤니케이션

접촉 회피

조절 행위

주거지 이점

중심 표식

차례전환신호

촉각학

친밀한 거리

침묵

타자 적응 행위

표식

표정 관리 기술

후각 커뮤니케이션

커뮤니케이션과 대화

"당신은 다양한 방식의 많은
대화에 참여하고 있다."

이 장의 주제

- 커뮤니케이션과 대화
- 대화의 원리
- 일상의 대화

학습 목표

6.1 커뮤니케이션을 정의하고, 대인관계의 연속성과 대화의 단계를 설명한다.

6.2 대화상황에서 협력, 공손성, 차례교환, 다이얼로그, 즉시성의 원리를 설명한다.

6.3 사소한 대화하기, 소개하기, 사과하기, 칭찬에 대한 대안을 제시한다.

이 장은 커뮤니케이션, 즉 커뮤니케이션의 핵심인 '단순한' 대화를 소개한다.

커뮤니케이션과 대화

6.1 커뮤니케이션을 정의하고, 대인관계의 연속성과 대화의 단계를 설명한다.

여기서는 커뮤니케이션, 커뮤니케이션의 연속성, 커뮤니케이션 과정에 대해서 알아볼 것이다.

커뮤니케이션의 정의

커뮤니케이션은 관계를 맺고 있는 두 사람, 즉 서로의 메시지에 영향을 받는 두 사람 사이에서 일어나는 소통을 말한다. 커뮤니케이션은 점원과 고객, 아들과 아버지, 인터뷰 등 두 사람 사이에서 일어나는 일이다. 이러한 정의는 두 사람 사이의 커뮤니케이션이 필연적으로 대인관계적임을 시사한다. 심지어 낯선 사람이 지역 주민에게 길을 묻는 상황에서조차도 대화를 시작함과 동시에 특정한 관계로 정의될 수 있다. 커뮤니케이션의 관계적 또는 '양자적' 정의는 가족 구성원, 3~4명의 친구 집단, 일하는 동료와 같은 소모임으로도 확장할 수 있다.

소셜미디어는 이러한 구분을 다소 모호하게 만들었다. 당신이 누군가의 Facebook 타임라인에 글을 쓸 때, 당신과 친구 사이는 관계적이지만 동시에 집단 내의 타인에게도 보내진다(이는 소집단 커뮤니케이션이 된다). 그리고 당신의 글은 수많은 청중이 보게 되므로 공개적이다.

대인관계 연속성

커뮤니케이션을 보는 또 다른 방식은 다소 비인격적인 커뮤니케이션에서 매우 인격적인 커뮤니케이션에 이르기까지 연속성으로 보는 것이다(Miller, 1978, 1990). 비인격적 커뮤니케이션의 극단에 있는 대화는 점원과 고객의 관계와 같이 서로 모르는 사람 사이에서 발생하는 간단한 커뮤니케이션이다. 인격적 커뮤니케이션의 극단에 있는 대화는 아버지와 아들처럼 친밀하게 상호 연결된 사람 사이에서 일어나는 커뮤니케이션이다([그림 6-1] 참조).

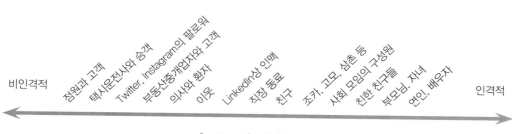

비인격적　　　　　　　　　　　　　　　　　　　　　　　　　　　　　　　인격적

점원과 고객
택시운전사와 승객
Twitter, Instagram의 팔로워
부동산중개업자와 고객
의사와 환자
이웃
LinkedIn상 인맥
직장 동료
친구
조카, 고모, 삼촌 등
사회 모임의 구성원
친한 친구들
부모님, 자녀
연인, 배우자

[그림 6-1] 대인관계 연속성

이는 하나의 가능성 있는 대인관계에서의 연속성이다. 어떤 사람은 관계적 위치를 다르게 설정할 수도 있다. 당신 역시 현재 맺고 있는 대인관계에서의 연속성을 구성해 볼 수 있다.

인격적−비인격적 대인관계를 구분하는 몇 가지 특징이 있다. 첫째, 비인격적 대인관계의 예에서 개인은 현재 자신에게 주어진 역할에 따라 서로 반응할 것이다. 점원은 고객을 독특한 인격체로 대우하지 않으며 수많은 고객 중 한 명으로 대우한다. 고객 역시 점원을 향해 자신이 독특한 인격체가 아닌 한 명의 고객으로서 행동한다. 반면, 아버지와 아들은 서로 독특한 인격체로서 반응한다.

점원과 고객은 점원−고객 커뮤니케이션의 규범에 따라 상호작용한다. 반면, 아버지와 아들은 사적으로 확립된 규칙에 따라 상호작용한다. 예로, 서로를 대하는 방식, 접촉 행동 방식, 신체적 친밀함의 정도는 그들만의 독특성을 반영하며 사회적 규범보다는 특정 관계에 의해서 결정된다.

또 다른 차이점은 점원과 고객이 주고받는 메시지 자체가 비인격적이라는 것이다. 즉, 점원−고객 커뮤니케이션은 자기노출과 감정적 메시지가 거의 없다. 그러나 아버지와 아들 관계에서 메시지는 모든 범위를 포괄한다. 때로는 개인적인 자기노출이 이루어질 수 있고 정서적 메시지를 주고받을 수 있다.

이런 양극단 사이에는 많은 단계적 차이가 있다. 어떤 우정은 평범하고 어떤 우정은 매우 친밀하다. 낭만적인 관계, 가족 역시 그들의 친밀함 수준에 따라 다양하다.

뷰포인트. 대화의 난이도
대화는 지나치게 쉬운 경우부터 너무 어렵고 스트레스를 주는 경우까지 난이도가 다양하다.
당신이 생각할 수 있는 가장 어려운 대화는 무엇인가? 그것이 왜 어렵다고 생각하는가?

대인관계 과정

커뮤니케이션과 대화(conversation)는 일반적으로 행위가 아닌 과정으로 보는 것이 좋다. 이 과정을 단계별로 나누고, 각 단계에서 무엇을 어떻게 말할 것인지에 대한 선택이 필요한 것으로 보는 것이 유용하다. 대인관계의 과정은 총 5단계로 구분된다. (1) 시작, (2) 피드포워드, (3) 비즈니스, (4) 피드백, (5) 종료([그림 6-2] 참조). 이 단계와 이 단계를 따르는 사람의 방식은 커뮤니케이터의 성격, 문화, 대화가 발생하는 맥락, 대화의 목적, 그리고 이 장에서 다루어지는 주요 주제에 따라서 달라질 것이다.

- 1단계 시작. 첫 번째 단계는 보통 "안녕하세요. 잘 지내셨어요?"라는 인사와 함께 대화를 시작하는 것이다. "안녕하세요. Joe입니다."와 같은 인사는 두 사람 사이의 관계를 확고히 하면서 의미 있는 상호작용으로 나아가기 위한 의례적 커뮤니케이션이다. 시작은 언어적이면서도 비언어적이다. 부드러운 미소나 입맞춤은 "안녕하세요."만큼이나 좋은 시작하기이다. 인사말은 너무 흔해서 생략하기도 하지만 인사가 없다면(예: 의사가 "무슨 안 좋은 일 있어요?"라고 시작하는 것) 당신은 불쾌함을 느낄 수 있고, 불필요한 오해를 살 수도 있다.
- 2단계 피드포워드. 두 번째 단계에서 당신은 피드포워드를 제공하게 되는데, 이는 상대에게 대화의 초점에 대한 전반적 아이디어를 제공해 준다. "Jack 말이에요.", "어제 수업 시간에 무슨 일이 있었는지 들었어?", "우리 휴가 계획에 대해서 이야기해야 해요." 등과 같은 대화이다. 피드포워드는 대화의 어조("나 너무 우울해서 이야기하고 싶어.") 또는 필요한 시간("한 1분 정도면 돼.")을 확인하는 것일 수도 있다(Frentz, 1976; Reardon, 1987). 피드포

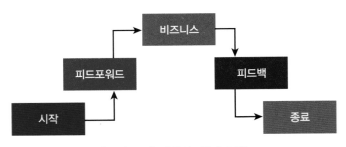

[그림 6-2] 대화의 5단계 모델

대화의 5단계 모델은 대화의 단계를 정확하게 설명해 주는 것처럼 보이지만 모든 대화에 대해 엄격하게 적용될 수는 없다. 당신이 참여했던 대화가 이 모델로 얼마나 정확하게 설명될 수 있는지 생각해 보라.
당신은 좀 더 정확하고 자세한 모델을 개발할 수 있는가?

워드가 부적절하면 대화가 어색해진다. 예로, 피드포워드가 지나치게 길어지는 것, 충격적인 메시지 전에 피드포워드가 생략된 경우가 여기에 해당한다.

- 3단계 비즈니스. 세 번째 단계는 대화의 핵심 또는 초점인 '비즈니스'이다. 비즈니스는 대부분의 대화가 목표지향적임을 강조한다. 우리는 학습, 관계형성, 영향력의 행사, 재미추구, 도움주기와 같은 커뮤니케이션의 일반적 목적 중 한두 가지를 충족시키기 위해서 대화한다(제1장 참조). 비즈니스라는 용어는 모든 종류의 상호작용을 포함하기에 충분히 일반적이다. 일반적으로 전달자와 수신자의 역할 간 교환을 통해 비즈니스가 이루어진다. 이 단계에서 당신은 Jack에 대해서 이야기하고, 수업 시간에 무슨 일이 있었는지에 대해서 이야기하며, 휴가 계획에 대해서 이야기하게 된다. 비즈니스는 대화의 가장 긴 부분을 차지하며 시작하기와 피드포워드를 하는 중요한 이유이기도 하다.

- 4단계 피드백. 네 번째 단계는 피드백으로, 두 번째 단계의 반대 의미를 갖는다. 이 단계에서 당신은 대화에 참여하고 있고 비즈니스가 완료되었다는 신호를 반영한다. "그래서 Jack에게 병문안 카드를 전달하고 싶다는 거죠?", "그 수업이 네가 들어 본 가장 말도 안 되는 수업 아니었어?", "좋아요. 내가 예약해 볼게요. 당신은 필요한 것을 사면 좋겠어요."와 같이 말할 수 있다.

- 5단계 종료. 마지막 단계는 첫 번째 단계의 반대로 대화의 마무리이며 끝인사를 동반한다. 이 대화를 통해 사람들이 이 대화에 얼마나 만족했는지를 알 수 있다. 예로, "빠른 시

끝맺음
당신은 8개월간 사귀어 온 상대와 관계를 끝내고자 한다. 당신은 연인관계를 끝내고 친구 관계로 남기를 원하지만 상대는 전혀 그럴 생각이 없는 것 같다.
당신의 감정을 잘 전달하기 위한 선택사항은 무엇인가? 어떤 선택이 목적 달성에 도움이 될 수 있는가? 이러한 선택은 어떤 문제를 유발할 수 있는가? 당신은 무엇이라고 말할 것인가?

일 내에 다시 연락 주세요.", "저희에게 전화하지 않으셔도 됩니다. 제가 전화 드리겠습니다."와 같이 말할 수 있다. 종료는 미래의 대화 계획을 정하는 데에도 사용될 수 있다. "내일 밤에 전화 주세요." 또는 "내일 12시에 만나서 같이 점심식사 하자."와 같이 말할 수 있다. 대화의 종료가 정확하지 않거나 모호해지면 대화가 어색해질 수 있다. 상대가 대화의 마무리를 하지 않으면 당신은 끝인사를 해야 할지, 아니면 상대가 다른 말을 할 때까지 더 기다려야 하는지 애매모호해질 수 있다.

자신을 소개해야 하는 두 가지 상황이 있다. 타인에게 '나는 어렵지 않은 사람이며, 상호작용을 즐기는 다정한 사람'이라는 것을 어떻게 말할 것인지 생각해 보자.

1. 당신은 친구의 파티에 일찍 도착한 손님 중 한 명이고, 갓 소개받은 타인과 함께 있다. 이 파티의 호스트인 당신의 친구는 다른 일로 매우 바쁘다.
2. Facebook에서 서핑하던 중, 내 이상형에 가까운 사람의 사진을 발견했다. 이 사람은 당신이 관심을 갖지 않았던 친구의 지인이다. 아마도 잘하면 이 사람과 낭만적 관계로 발전할 수도 있을 것 같다. 당신은 이전까지 이 사람과 한 번도 소통해 본 적이 없다.

대화를 마무리하고 싶은 두 가지 상황이 있다. 대화를 끝내면서 상대에게 호감 주는 인상을 남기고, 향후 상호작용을 위한 통로를 열어 두고 싶다. 당신은 어떻게 말할 것인가?

3. 당신은 친구와 한 시간 동안 전화 통화를 하고 있지만, 더 이상 새로운 이야기는 나오지 않고 있다. 당신은 해야 할 일이 많아 대화를 종료하고 싶다. 그러나 친구는 전화를 끊고 싶은 당신의 미묘한 단서를 눈치채지 못하는 것 같다.
4. 당신은 파티에 있고 몇 분 동안 눈이 마주친 사람과 대화하고 싶은 마음이 든다. 문제는 다정하고 수다스러운 사촌이 당신에게 끊임없이 이야기하고 있다. 당신은 사촌에게 모욕감을 주고 싶지는 않다. 그러나 눈이 마주쳤던 그 사람과 대화하고 싶다.

대화의 원리

6.2 대화상황에서 협력, 공손성, 차례교환, 다이얼로그, 즉시성의 원리를 설명한다.

　　대화는 평범한 일상의 일부이므로 이에 대해 심사숙고하지 않는 경향이 있다. 그럼에도 대화는 다른 형태의 커뮤니케이션처럼 적용되는 몇 가지 원리가 있다. 특히 [그림 6-3]에서 제시하고 있는 (1) 협력의 원리, (2) 공손성의 원리, (3) 차례교환의 원리, (4) 다이얼로그의 원리, (5) 즉시성의 원리가 중요하다. 이 원리들은 대화 방식에 대한 우리의 보편적 기대를 보여 준다. 예로, 당신은 대화상황에서 이해하고자 할 때 협력하기를 기대할 것이다.

[그림 6-3] 대화의 다섯 가지 원리

협력의 원리

　　당신은 커뮤니케이션을 할 때 **협력의 원리**, 즉 두 사람이 서로를 이해하기 위해 노력할 것이라는 상호 합의된 가정을 따를 것이다(Grice, 1975).[3] 당신은 네 가지 격률, 즉 미국과 여러 문화권에서 널리 통용되는 전달자와 수신자의 규칙을 지키면서 협력할 것이다. 협력의 원리에 포함된 네 가지 대전제(maxim), 즉 **양의 격률, 질의 격률, 관련성의 격률, 방법의 격률**을 지키는 것은 커뮤니케이션을 효율적으로 하게 도와준다.

- **양의 격률.** 당신이 의도한 의미를 전달하는 데 필요한 만큼의 정보를 말해야 한다. 따라서 의미를 명확히 하는 정보는 포함하고 그렇지 않은 정보는 생략하는 것이다. 양의 격률은 당신이 정보를 너무 적게 주어서도 안 되고, 너무 많이 주어서도 안 된다는 것을 의미한다. 스팸 메시지는 원치 않는 소음이며, 커뮤니케이션을 방해하는 것이다.

---

3) 역자 주: 언어철학자인 폴 그라이스(Herbert Paul Grice, 1975)는 자연스러운 대화가 이루어질 수 있도록 지켜야 하는 네 가지 대전제를 제안했다. 여기서 격률(格率)이란 철학 용어로 행위의 규범 또는 윤리적 원칙을 일컫는다.

뷰포인트. 악수를 할까 아니면 입맞춤을 할까?

언제 악수를 해야 할지 또 언제 포옹을 하고, 언제 에어키스[4]
를 할지, 또는 언제 상대에게 실제 입맞춤을 할지 구분하기
어려울 때가 있다.
언제 누구와 어떤 형태의 인사가 가장 적합해 보이는가? 논의
해 보자.

- **질의 격률.** 당신이 진실로 알고 있거나 그렇게 믿는 것에 대해서 말해야 하며 거짓으로 알고 있는 것에 대해서는 말해선 안 된다. 커뮤니케이션 상황에서 당신은 상대가 말하는 정보가 적어도 그가 아는 한 사실이라고 가정한다. 예로, 친구가 여행에서 무슨 일이 있었는지에 대해서 말할 때 당신은 친구에게 일어난 일이 사실이라고 가정한다.
- **관련성의 격률.** 대화와 관련된 것에 대해서 이야기해야 한다. 주제에서 벗어나거나 적절하지 않은 코멘트를 자주 하는 전달자는 관련성의 격률을 위반하는 사람이다.
- **방법의 격률.** 당신의 생각을 명확하면서도 상대적으로 간결하게 의미 있는 순서로 조직화하여 전달해야 한다. 따라서 당신은 수신자가 이해할 수 있는 용어를 사용하고, 수신자가 이해하지 못할 것 같은 용어를 명확히 해야 한다. 당신이 어린아이와 대화할 때 아이가 이해할 수 있는 쉬운 단어와 짧은 문장을 사용하는 것은 방법의 격률을 따르는 것이다.

공손성의 원리: 대화는 (일반적으로) 공손성을 갖춘다

대화는 적어도 공손성의 원리 또는 정중 어법을 따를 것이라고 예상한다. 언어학자인 Geoffrey Leech(1983)는 공손성의 여섯 가지 일반적 격률에 대해 언급하였는데, 이는 우리가 흔히 말하는 예절의 상당 부분을 포괄하고 있다.

이러한 격률을 읽기 전에 다음 문장에 응답해 봄으로써 당신의 생활에 적용해 볼 수 있다.

---

4) 역자 주: 에어키스(air kiss)란 제스처 중 하나로 입 아래에 손을 올려 키스하는 흉내를 내는 것이다. 서구의 연예인들이 주로 많이 사용한다.

다음의 각 문장을 읽어 본 뒤 당신의 일상적 대화와 관련하여 일반적이라면 '**그렇다**', 일반적이지 않다면 '**아니다**'라고 응답하시오.

___ 1. 나는 대부분 타인에게 부탁하거나 강요하지 않는다.
___ 2. 나는 나보다 남을 우선시하는 경향이 있다.
___ 3. 나는 타인의 의견에 대한 수용을 자주 표현하고 반대는 거의 표현하지 않는다.
___ 4. 나는 자신을 잘 칭찬하지 않지만, 타인은 자주 칭찬한다.
___ 5. 나는 동의는 자주 표현하지만, 다른 의견은 거의 표현하지 않는다.
___ 6. 나는 타인에 대한 공감을 자주 표현하는 반면, 반감은 거의 표현하지 않는다.

여섯 개의 문장은 모두 공손함을 표현하고 있으므로 '**그렇다**'라는 응답은 당신의 커뮤니케이션이 일반적으로 공손하며 무례하지 않음을 의미한다. '**아니다**'라고 응답하는 것은 공손하지 않음을 의미한다.

자가 점검을 통해 당신의 공손성 수준을 점검했다면, 이제 공손성을 갖춘 대화를 하기 위한 여섯 가지 격률 즉, **요령의 격률, 관용의 격률, 찬동의 격률, 겸양의 격률, 동의의 격률, 공감의 격률**을 알아보자.

- **요령의 격률**(1번 문항)은 상대의 자율성(이를 앞에서 소극적 체면으로 언급했다)을 유지시켜 준다. 대화에서 상대의 체면을 지켜 주는 것은 당신이 타인에게 무언가를 강요하거나 그들이 원하는 대로 할 권리에 저항하지 않는 것을 의미한다. 예로, 누군가에게 부탁할 때, 요령의 격률을 이용하여 다음과 같이 말할 수 있다. "당신이 바쁜 줄은 알지만……." 요령의 격률을 이용하지 않는다면 이렇게 말할 수 있다. "당신, 이번 주에 나에게 차를 빌려줘야 해요."
- **관용의 격률**(2번 문항)은 상대가 중요하게 여기는 것, 즉 시간, 통찰력, 재능과 같이 상대에게 중요한 것을 확인하는 데 도움이 된다. 관용의 격률을 이용하면 이렇게 말할 수 있다. "당신 바빠 보여요. 내가 강아지 산책을 시킬게요." 관용의 격률을 위반하는 대화는 다음과 같다. "나 정말 바빠서 그러는데, 당신 바쁜 것 같지 않으니 강아지 산책 좀 시키는 게 어때요?"
- **찬동의 격률**(3번 문항)은 누군가를 칭찬하거나 찬사를 보내는 것이며(예: "당신이 쓴 시, 정말 감동적이에요."), 비판이나 반대의 표현을 최소화하는 것이다(예: "첫 번째 작품치고 나쁘지 않았어요.").

- **겸양의 격률**(4번 문항)은 당신에게 주어지는 찬사 또는 칭찬을 최소화하면서 상대에게 찬사 또는 칭찬을 돌리는 것이다. 겸양의 격률을 활용하여 다음과 같이 말할 수 있다. "정말 고마워요. 당신의 조언이 없었다면 이렇게 할 수 없었을 거예요. 조언이 아주 결정적이었어요." 겸양의 격률을 위반하는 대화는 다음과 같다. "고마워요. 난 정말 최선을 다했어요. 나는 인정받을 만해요."
- **동의의 격률**(5번 문항)은 당신이 동의하는 부분을 표현하는 것이며("당신이 선택한 색깔이 좋네요. 방이 아주 환해졌어요."), 의견이 불일치하는 부분을 표현하지 않거나 최소화하는 것이다("그거 다르면서 되게 흥미 있는 선택인 것 같아요."). 동의의 격률을 위반하는 대화는 다음과 같다. "이 색은 정말 봐줄 수가 없군요."
- **공감의 격률**(6번 문항)은 상대를 이해하고 공감, 격려, 지지하는 것이다. 다음은 공감의 격률을 적용한 대화이다. "당신의 감정을 이해해요. 정말 유감이에요." 다음은 공감의 격률을 위반하는 대화이다. "별일도 아니면서 일을 크게 만드는군요.", "별일 아닌 일로 화를 내는군요. 이번엔 또 무슨 일이에요?"

차례교환의 원리

말하고 듣는 과정 동안, 전달자와 수신자는 **대화차례**(conversational turn)라는 단서를 교환한다(Burgoon, Buller, & Woodall, 1996; Duncan, 1972; Pearson & Spitzberg, 1990).

대화차례단서는 대화에 참여하는 두 사람이 전달자와 수신자의 역할을 교환하기 위한 신호로 사용된다. 즉, 미묘한 단서의 교환을 통해 일종의 **메타 커뮤니케이션**(metacommunication)이 이루어진다. 커뮤니케이션에서 차례교환단서(turn-taking cues)의 사용은 문화마다 다양하다. 여기서 설명하는 내용은 미국과 여타 서구문화에서 더 유효하다(Iizuka, 1993; Lee, 1984; Grossin, 1987; Ng, Loong, He, Liu, & Weatherall, 2000). 다음 설명을 읽으면서 [그림 6-4]를 알아보자. 이는 다양한 차례 신호를 시각적으로 제시하고 있다.

전달자 단서   전달자는 두 가지 주요 단서, 즉 차례유지단서와 차례양보단서를 통해 대화를 조절한다. 이러한 단서를 효과적으로 사용하면 소통의 효율성이 높아질 뿐만 아니라 호감도도 증가한다(Place & Becker, 1991; Heap, 1992).

차례유지단서   차례유지단서(turn-maintaining cues)를 통해서 당신은 계속 전달자의 역할

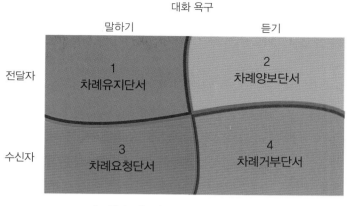

[그림 6-4] 차례교환과 대화 욕구

1은 계속 말을 하고 싶은 전달자가 차례유지단서를 사용함을 나타내며, 2는 듣기를
원하는 전달자가 차례양보단서를, 3은 말하고 싶은 수신자가 차례요청단서를, 4는
계속해서 듣기를 원하는 수신자가 차례거부단서를 사용함을 나타낸다. 백채널링 단
서는 수신자가 계속 듣고자 할 때 사용하는 단서이므로 4에 위치한다.

을 유지하고자 하는 바람을 전달할 수 있다. 아직 더 말할 것이 많이 남았다는 것을 보여 주기
위한 제스처를 사용할 수도 있고, 전달자의 차례를 아직 넘기지 않았다는 것을 알려 주기 위해
수신자와의 눈맞춤을 피하는 것, 또는 계속해서 전달자를 유지하려는 의도를 전달하기 위해
수신자가 말을 하지 못하도록 음성적 일시중지(예: 어……, 또는 음……)를 사용하는 것이다.

　대부분의 대화에서 전달자가 비교적 간결하게 이야기하고 수신자가 신호를 보내면 기꺼이
수신자에게 전달자의 역할을 넘겨줄 것이라고 기대한다. 이 불문율을 따르지 않는 사람들은
부정적으로 평가될 것이다.

차례양보단서　　차례양보단서(turn-yielding cues)는 수신자에게 전달자의 말이 끝났음을 알
리고 전달자와 수신자의 역할을 서로 교환하고자 함을 알린다. 전달자는 수신자에게 전달자
의 역할을 하라고 말한다. 대화 마지막에 "OK?"와 같은 단서를 덧붙이거나, 수신자에게 전달
자의 역할을 부탁하기 위해 "그렇죠?"와 같은 단서를 덧붙이는 것이다. 또한 억양을 낮추는
것, 또는 약간 긴 침묵을 하는 것(Wennerstrom & Siegel, 2003), 수신자와 눈을 맞추는 것, 질문
하는 것, 수신자의 방향으로 고개를 끄덕이는 것 등을 통해 말을 마쳤음을 나타낼 수도 있다.

수신자 단서　　수신자로서 당신은 차례요청단서, 차례거부단서를 이용하여 대화를 조절할
수 있다.

JOURNAL 커뮤니케이션 초이스 포인트

끼어들기 다루기
친구 중 한 명이 당신과 타인의 말에 반복적으로 끼어들면서 대화를 주제를 바꾸고 있다. 친구에게 모욕감을 주지 않으면서 친구의 무례한 행동을 멈추도록 어떻게 말하거나 행동할 수 있는가? 어떤 선택이 가장 효과적인가? 어떤 선택은 친구를 모욕적이게 하는가? 궁극적으로 당신은 어떻게 말할 것인가?

차례요청단서   차례요청단서(turn-requesting cues)는 당신이 무언가 할 말이 있어서 전달자로 전환하고 싶음을 현재의 전달자에게 알려 줄 수 있다. 때로는 단순히 "나 할 말이 있어요."라고 말하는 것으로도 가능하지만, 대부분 현재의 전달자에게 내가 말하고 싶다는 의도를 내포하는 "어" 또는 "음"과 같은 음성 또는 표정을 통해 더 미묘하게 행해진다.

차례거부단서   차례거부단서(turn-denying cues)는 당신이 전달자의 역할을 맡길 원치 않는다는 신호를 보내는 것이다. 불분명한 발음과 조용한 목소리로 "글쎄……. 잘 모르겠어요."라고 얼버무리거나, 할 말이 없다는 신호로서 흥미가 없는 듯한 '끙 소리(grunt)'를 낼 수도 있다. 종종 사람들을 전달자와의 눈맞춤을 피함으로써 차례거부를 하기도 하고, 기침이나 코를 푸는 행동을 통해서 말할 수 없는 상황을 만들기도 한다.

백채널링 단서와 끼어들기   백채널링 단서(back-channeling cues)는 수신자의 역할을 유지한 채, 다양한 유형의 정보를 전달자에게 다시 전달하는 데 사용된다. 어떤 연구자들은 "음…….", "어.", "그래."와 같은 간단한 발성을 통해 전달자에게 당신이 잘 듣고 있다는 수신확인표시를 맞장구(acknowledgment tokens)라고 지칭했다(Schegloff, 1982; Drummond & Hopper, 1993). 한편, 다른 연구자들은 이 단서에 대해 전달자 역할을 가져오려는 의도가 포함된 끼어들기와 구분하기 위해서 협력적 중첩(overlap)[5]이라고 지칭했다(Tannen, 1994a, 1994b).

끼어들기(interruption)는 백채널링 단서와는 반대로 전달자의 역할을 빼앗아 오려는 시도이다. 이는 지지적이지 않으며 종종 거부적이다. 끼어들기는 흔히 자신이 더 잘 알고 있는 주제로 바꾸거나 자신의 권위를 강조하려는 시도로 해석될 수 있다. 또한 끼어들기는 권력을 행사하고 통제하려는 시도로 해석될 수 있다. 연구 결과에 따르면 윗사람(직장 상사 또는 감독관)이나 권위자(경찰관, 인터뷰 진행자)가 낮은 직위에 있는 사람에게 끼어들기를 더 많이 사용하는 경향이 있다(Carroll, 1994; Ashcraft, 1998).

5) 역자 주: 커뮤니케이션에 참여하는 두 사람 모두 전달자로서 한 사람은 주요 메시지를 전달하는 사람, 맞장구를 넣는 사람 역시 상대의 말에 관심을 갖고 맞장구를 전달하는 사람이라는 관점을 바탕으로 사용된다.

다이얼로그의 원리

영어에서 다이얼로그(dialogue)는 대화라는 뜻으로, 종종 conversation과 동의어로 사용된다. 그러나 다이얼로그는 단순한 대화(conversation) 이상의 의미를 갖는다. 다이얼로그는 진정한 양방향 상호작용이 있는 대화로 독백(monologue)에 대응하는 의미를 갖는다(Buber, 1958; Yau-fair Ho, Chan, Peng, & Ng, 2001; McNamee & Gergen, 1999). 다이얼로그형(dialogic) 커뮤니케이터와 대응되는 독백형(monologic) 커뮤니케이터를 구분하는 것은 유용하다. 물론 어느 누구도 항상 대화에 참여하는 것은 아니며 어느 누구도 완전히 독백적이지 않다. 이러한 설명은 커뮤니케이션 유형 간 차이를 명확히 하기 위해 극단적으로 표현한 것이다.

대화(dialogue)하는 동안 각 사람은 전달자와 수신자, 또는 발신자와 수신자가 된다. 다이얼로그는 상대와 그 관계에 대한 깊은 관심을 기반으로 한 대화이다. 대화의 목적은 상호 이해와 공감이다. 상대를 존중하는 것은 그 사람이 무엇을 할 수 있거나 줄 수 있기 때문이 아니다. 오히려 상대는 인격체로서 정직하고 진솔한 대우를 받는 것이 마땅하기 때문이다.

다이얼로그적 커뮤니케이션을 할 때 당신은 상대의 권리를 충분히 인정하며 존중해 준다. 이 과정에서 당신은 상대에게 어떠한 강요나 처벌적 위협 또는 사회적 위협도 하지 않는다. 다이얼로그형 커뮤니케이터는 상대에게 자신이 원하는 결정을 할 수 있음을 알게 해 준다. 또한 상대가 암묵적 또는 명시적으로 어떤 선택을 하든 자신이 여전히 존중받을 것이라는 것을 알게 해 준다.

다이얼로그형 커뮤니케이터는 비판과 부정적인 개인적 판단을 지양하고 대신 긍정적인 비평을 더 사용한다("나는 처음에 제시된 두 가지 설명이 가장 좋았어요. 그 두 가지가 가장 설득적인 것 같아요."). 이러한 사람들은 역기능적인 커뮤니케이션 패턴을 거의 사용하지 않으며 기꺼이 경청하는 자세를 취함으로써 커뮤니케이션 채널을 열어 둔

뷰포인트. 성별 고정관념

커뮤니케이션의 성별 차이에 대해 널리 알려진 고정관념 중 하나는 여성이 남성보다 더 많이 이야기한다는 것이다. 396명의 대학생을 대상으로 한 연구에 의하면, 남성과 여성이 하루에 약 1만 6천 단어 정도를 사용하여 대화하는 것으로 나타났다. 구체적으로 남성은 평균 15,669개의 단어를 사용하고 여성은 평균 16,215개의 단어를 사용했다. 그러나 통계적으로 유의미한 차이는 아니었다(Mehl, Vazire, Ramirez-Esparza, Slatcher, & Pennebaker, 2007).

당신의 경험 가운데 이 연구 결과를 지지하는 경험이 있었는가?

다. 그들은 듣는 동안 자신이 주의를 기울이고 있다는 것을 보여 주는 단서(예: 끄덕임, 동의를 표현하는 짧은 단어, 반영)를 주어서 관심을 표현한다. 다이얼로그형 커뮤니케이터는 불확실한 경우 상대의 의견 또는 관점을 물어봄으로써 명확한 관점이나 의견을 요청한다. 이를 통해 상대와 상대가 하려는 말에 대한 진정한 관심을 나타낸다. 다이얼로그형 커뮤니케이터는 긍정적 코멘트를 얻기 위해 대화를 조작하지 않는다.

독백(monologue) 중심적 커뮤니케이션은 그 반대이다. 그들은 말하고 상대는 들으며, 대화에 참여하는 사람 간 진정한 커뮤니케이션은 발생하지 않는다. 독백형 커뮤니케이터는 자신의 목표에만 초점을 두고 있으며, 수신자의 기분 또는 태도에 진정한 관심을 두지 않는다. 이 전달자는 오직 자신의 목적을 달성할 수 있는 정도까지만 상대에게 관심을 갖는다.

독백형 커뮤니케이터는 비판("나는 그 설명이 마음에 들지 않았어요.")과 부정적인 판단("당신은 잘 듣는 사람이 아닌 것 같아요. 그렇죠?")을 자주 사용한다. 그들은 대화에 계속 참여하고 싶지 않다는 표현을 하거나 타인이 하려는 말에 귀 기울이지 않는 역기능적 커뮤니케이션 패턴을 종종 사용한다. 독백형 커뮤니케이터는 상대를 이해하고 있다는 표현을 거의 하지 않는다. 그들은 듣고 있다는 단서(예: 반영, 상대의 말에 대한 동의적 표현)를 주지 않는다. 또한 자신을 표현하는 것이 상대에 대한 관심보다 중요하기 때문에 상대의 명확한 생각을 물어보지 않는다. 오히려 독백형 커뮤니케이터는 자신에 대해 긍정적인 말을 해 달라고 요청한다("내가 그것을 다루는 방식은 어떤 것 같아요?").

즉시성의 원리

효과적인 커뮤니케이션의 특징 가운데 효과적인 대화를 가장 명확하게 정의하는 것은 즉시성(immediacy)이다. 이는 전달자와 수신자 간 친밀감, 유대감, 친근감을 조성하는 것이다. 당신이 즉시적으로 커뮤니케이션할 때 당신은 상대에 대한 관심과 호감, 매력을 전달하게 된다. 즉시성 전략은 종종 상대가 우리를 좋아하게 만드는 데 사용될 수 있다.

당연히 사람들은 즉시적인 커뮤니케이션에 더 호의적으로 반응한다. 당신은 즉시적인 행동을 통해 타인이 당신을 좋아하게 할 수 있고, 당신의 대인관계적 매력을 증가시킬 수 있다. 또한 즉시적인 행동이 교육 및 의료영역에서 효과적임을 보여 주는 많은 연구 결과가 있다(Richmond, Smith, Heisel, & McCroskey, 2001; Richmond, McCroskey, & Hickson, 2012).

당신은 언어적 메시지와 비언어적 메시지를 통해 즉시성을 표현할 수 있다(Mottet & Richmond, 1998; Richmond, McCroskey, & Hickson, 2012).

- 자기 개방(self-disclose), 즉 자신에 대한 중요한 면을 노출한다.
- 상대의 좋은 자질, 말, 신뢰성, 지적인 특징 등에 대해 언급한다. "당신은 정말 믿음직해요."
- 상대에게 관계에 대한 긍정적 의견을 표현한다. "네가 룸메이트가 되어서 너무 좋아."
- 당신과 상대가 함께 공유하거나 알고 있는 공통점에 대해서 이야기한다.
- 당신이 상대의 말에 흥미를 갖는다는 피드백 단서를 제공하면서 반응성을 보여 준다. "그래서 어떻게 되었어요?"
- 신체적 친밀감을 유지하고 가까이 다가가는 자세를 취함으로써 심리적 가까움과 개방감을 표현한다.
- 미소를 지으면서 상대에게 관심을 표현한다.
- 상대의 말에 집중한다. 당신이 전달자의 말을 잘 듣고 있고 의미를 이해했다는 것을 적절한 언어 및 비언어적으로 피드백한다.

상대에게 즉시성을 전달하고 싶다면, 상대의 말에 끼어드는 것, 사소한 대화를 생략하는 것, 은연중에 불쾌하게 하거나 잘난 체하는 발언을 하는 것, 커뮤니케이션 채널을 차단하는 것("대화할 시간이 없네요."), 상대가 경험하지 않는 것에 대해 이야기하는 것과 같이 비즉시적인 메시지를 전달하지 않기 위해 노력해야 한다.

비언어적인 측면에서는 단조로운 톤으로 이야기하는 것, 대화하는 사람과 눈맞춤을 하지 않는 것, 대화하는 동안 얼굴을 찡그리는 것, 긴장된 자세를 취하는 것을 피해야 한다. 모든 문화 또는 모든 사람이 즉시적인 메시지에 대해 같은 방식으로 반응하는 것은 아니다. 미국과 같은 개인주의적이고 저권력거리의 문화권에서 즉시적인 행동을 하는 것은 친근함을 표현하는 행동이며 적절한 행동으로 여겨진다. 그러나 집단주의적이고 고권력거리 문화권에서 즉시적인 행동을 하는 것은 그 행동을 하는 관계의 친밀한 정도를 보여 주는 상징으로 여겨진다. 이러한 문화에서는 가까운 관계에서만 즉시적으로 행동할 것이라고 가정하기 때문이다 (Axtell, 2007).

어떤 사람은 즉시적인 행동을 친밀감 증진 욕구의 표현으로 해석하기도 한다. 그래서 당신이 다정한 친밀감을 표현했을 때 상대는 그것을 낭만적 신호로 여길 수도 있다. 즉시적인 행동은 깊이 있는 커뮤니케이션을 유도하고 연장시키기 때문에, 커뮤니케이션하는 것을 꺼려하는 사람이거나 가능한 한 빨리 대화를 마무리 지으려는 사람에게는 호의적인 반응을 얻지 못할 수도 있다(Richmond, McCroskey, & Hickson, 2012). 〈표 6-1〉은 이러한 몇 가지 대화 원리에 대한 간략한 요약을 제시하고 있다.

<표 6-1> 대화의 원리 요약

일반 원리	대화의 원리
협력의 원리	대화는 양의 격률, 질의 격률, 관련성의 격률, 방법의 격률에 달려 있다.
공손성의 원리	공손한 대화는 일반적으로 요령의 격률, 관용의 격률, 찬동의 격률, 겸양의 격률, 동의의 격률, 공감의 격률을 따른다.
차례교환의 원리	대화가 효과적으로 이루어지기 위해서 전달자 차례는 상대적으로 짧아야 하며, 전달자와 수신자 간 차례가 쉽게 교환되어야 한다.
다이얼로그의 원리	대화는 말하기뿐만 아니라 듣기와 반응하는 것도 중요하다.
즉시성의 원리	대화는 두 사람 간 연결성의 수준에 의존한다.

일상의 대화

6.3 사소한 대화하기, 소개하기, 사과하기, 칭찬에 대한 대안을 제시한다.

앞에서 대화의 기본 원리를 다루었다. 이제 사소한 대화, 소개하기, 사과하기, 칭찬하기 등과 같은 다양한 일상적 대화상황을 알아볼 것이다. 여기서 다루게 될 일상적 대화를 배우면서 이 책에서 다루어지는 것처럼 모든 사람이 유창하고 쉽게 말하는 것은 아님을 알 필요가 있다. 예로, 언어장애가 있는 사람과의 대화에서 몇 가지 기본적인 규칙이 지켜지지 않는다면 소통에 심각한 지장을 줄 수 있다. 여기 언어장애가 있는 사람과 없는 사람 간 소통을 위한 몇 가지 지침이 있다.

- 상대의 말을 급하게 완성시키려고 하지 않는다. 상대의 말을 급하게 완성시키려는 것은 당신이 대화에서 조급해하고 있으며, 효과적으로 상호작용하기 위해 필요한 시간을 더 이상 내고 싶지 않다는 생각을 전달할 수도 있다. 반대로 당신이 더듬으면서 말하는 사람이라면, 당신의 말을 완성시키려고 하는 사람에게 존중받지 못했다는 생각 때문에 화가 날 수도 있다. 그러나 이러한 순간에 당신은 상대를 위해 감정을 참을 필요가 있다. 상대는 단지 당신에게 도움이 되려고 노력한 것이기 때문이다.
- 필요에 따라 부연설명을 요청한다. 그 사람의 말을 이해하지 못했다면 다시 한번 반복해 줄 것을 부탁한다. 이해하지 못했으면서 이해하는 척하지 않는다.
- 언어적 문제가 있는 사람을 어린아이처럼 대하지 않는다. 실어증(aphasia), 즉 이름 또는 명사를 발화하는 데 어려움을 겪는 사람은 어린아이가 아니다. 또한 말을 더듬는 사람

(stutterer)은 느리게 생각하는 사람이 아니다. 실제 말을 더듬는 사람은 구술의 유창성 측면에서만 말을 더듬는 것이다.

- 상대에게 당신의 특별한 요구가 무엇인지 알려 준다. 당신이 말을 더듬는 사람이라면 특정한 발음을 내는 것이 어렵기 때문에 상대에게 이에 대한 양해를 구할 수 있다.

사소한 대화

엘리베이터 안에서, 복도에서, 또는 Twitter와 같은 소셜미디어 사이트에서 우리는 **사소한 대화(small talk)**를 나눈다. 책을 더 읽기 전에 다음의 자가 점검을 통해 당신의 사소한 대화 행동에 대해 점검해 보자.

다음 질문을 읽고 당신의 행동에 가장 가까운 문항을 선택하시오.

___ 1. 낯선 사람이 서너 명 있는 엘리베이터를 탈 때,
    a. 나는 대화를 피하려고 노력한다.
    b. 나는 타인에게 예의 바르게 반응하지만 먼저 말은 건네지는 않는다.
    c. 내가 제일 먼저 말을 꺼낸다.

___ 2. 친구와 함께 있는 상황에서 나의 다른 친구가 다가오고 있다. 이때,
    a. 나는 다른 친구를 인지하지만, 두 친구를 서로 소개해 주지 않고 계속해서 처음 있었던 친구와 대화를 나눈다.
    b. 나는 그들이 서로 자기소개를 할 때까지 기다린다.
    c. 나는 바로 두 친구를 서로에게 소개해 준다.

___ 3. 처음 보는 사람과 함께하는 파티 장소에서 나는 대부분
    a. 현장을 둘러보면서 누군가가 나에게 말을 걸어올 때까지 기다린다.
    b. 미소를 지으면서 사람들에게 '나는 좋은 대화 상대로 열려 있음'을 드러낸다.
    c. 언어 및 비언어적으로 사람들과 상호작용을 시작한다.

___ 4. 나는 대화를 끝내고 싶지만, 상대는 계속 대화를 이어 나가려고 할 때
    a. 상대의 말을 끝까지 듣는다.
    b. 상대의 말을 대충 들으면서 시간이 빨리 흘러가기를 바란다.
    c. 이만 가 봐야 한다고 양해를 구하면서 대화를 마무리한다.

a에 대한 응답이 가장 많았다면, 사소한 대화 경험에 대해 불만족스러움을 자주 느낀 것이다.
b에 대한 응답이 가장 많았다면, 사소한 대화상황에 따라 만족과 불만족을 모두 경험한 것이다.
c에 대한 응답이 가장 많았다면, 사소한 대화에 대해 자주 편안함과 만족함을 경험한 것이다.

때로 사소한 대화는 '중요한 대화(big talk)'의 서문이 되기도 한다. 예로, 상사와의 회의 또는 취업 면접 전에 잠깐의 사소한 대화를 하게 될 수도 있다. "어떻게 지내셨어요?", "날씨가 맑게 개어서 너무 좋네요."와 같은 대화가 대표적 예이다. 이 대화의 목적은 주요 주제, 즉 중요한 대화로 수월하게 넘어가려는 것이다.

또한 사소한 대화는 예의 있는 행동으로서 복도에서 아는 사람을 지나칠 때 또는 공공장소에서 이웃을 만나 인사를 나눌 때 더 많이 사용한다. "잘되고 있어요? Jack, 회의 준비하느라 고생이 많지요?" 또는 "1시에 있는 지질학 수업 때 봐!"라고 말할 수 있다.

한편, 미용실에서 미용사와, 직장 동료와, 이웃과, 또는 수업 시간에 옆에 앉아 있는 동료와 대부분 사소한 대화만을 나눌 수도 있다. 이러한 관계에서는 어느 누구도 깊은 관계로 나아가기 위해 노력하지 않으며 사소한 대화의 수준을 유지하게 된다.

그러나 사소한 대화는 중요한 기능을 한다. 사소한 대화에서도 예의범절의 규범은 작동한다. 미국에서는 아파트 엘리베이터 안에서 또는 직장 내에서 사람들을 만나면 미소를 지으며 인사를 해야 한다. 나아가 사소한 대화는 주변 사람들에게 당신이 별문제 없이 잘 지내고 있음을 확인시켜 주는 신호이다. 당신이 심각한 얼굴을 하고 눈맞춤을 하지 않는 것은 무언가 안 좋은 일이 있다는 신호를 보내는 것이다.

사소한 대화의 주제와 맥락   사소한 대화의 주제는 상대와 의견이 다르지 않고, 논란의 소지가 없는 주제여야 한다. 어떤 주제가 깊은 감정 또는 다른 관점을 불러일으키게 된다면, 이는 사소한 대화의 적절한 주제가 아니다. 또한 사소한 대화는 비교적 짧은 시간 동안 이루어지며 짧은 상호작용이 이루어지는 맥락에서 발생한다. 영화관에 입장하기 위해 줄 서서 기다릴 때, 엘리베이터를 타고 있을 때, 학교 복도에서 잠깐 마주칠 때 사소한 대화가 발생할 수 있다. 초대받은 손님이 서로 어울리면서 음식을 교환하는 칵테일파티가 가장 고전적인 예일 수 있다.

잠깐의 시간적 여유의 상황을 제외하면, 사소한 대화가 발생할 수 있는 상황은 오랜 시간 동안 비행기 옆자리에 누군가와 함께 가는 것이다. 이 상황에서 사소한 대화를 계속한다면, 몇 시간 동안 지속될 수 있다. 때로는 제2장에서 자기노출에 대해 설명했듯이, 이런 상황은 일종의 '기내 친밀감(in-flight intimacy)'을 만들어 내어 일반적

JOURNAL 커뮤니케이션 초이스 포인트

사소한 대화하기
당신은 직장 내 엘리베이터 안에 세 명의 다른 사람과 함께 타고 있다. 엘리베이터 전원이 꺼졌고 언제 켜질지 아무런 표시도 없다. 당신은 지금이 사소한 대화를 해야 할 때라고 생각한다.
이 상황을 좀 더 편하게 하기 위해서 당신은 어떠한 말을 할 수 있는가? 그 대화의 각각의 장단점은 무엇인가? 궁극적으로 당신은 어떻게 말할 것인가?

으로 숨겼던 비밀을 이야기한다. 대부분 이 사람을 다시는 볼 수 없다는 것을 알기 때문이다.

사소한 대화를 위한 지침   이 대화가 비록 사소할지라도 '중요한 대화'의 커뮤니케이션 스킬을 적용할 필요가 있다. 이미 언급한 바와 같이 가장 좋은 주제는 논란의 여지가 없어야 하며 상대적으로 짧게 이루어져야 한다. 다음은 사소한 대화를 위한 지침이다.

- 긍정적으로 대화한다. 아무도 비관론자를 좋아하지 않는다. 따라서 날씨가 좋으면 좋다는 코멘트를 하고, 날씨가 좋지 않다면 다른 주제로 말하는 것이 좋다.
- 사소한 대화의 의도를 내포하는 정확한 단서를 제공한다. 사소한 대화는 대부분 짧지만, 어떤 사람은 중요한 대화의 전초로 보는 경우도 있고, 어떤 사람은 상호작용의 전부로 보는 경우도 있다.
- 차이보다는 유사점을 강조한다. 이는 논쟁의 여지 없이 사소한 대화를 할 수 있는 좋은 방법이다.
- 상대가 당신과 대화할 때 사용할 수 있도록 구체적인 정보가 담긴 답변을 한다. 보다 구체적인 답변은 당신이 사소한 대화에 참여하고자 하는 의지를 보여 주지만, 간단한 "네."와 같은 반응은 상호작용하고 싶지 않음을 보여 주는 것으로 해석할 수 있다.
- 혼잣말을 피한다. 상대의 말을 잘 듣고 반응한다. 사소한 대화라도 한 사람은 말하고 한 사람은 듣는 양방향 소통이다. 차례교환의 원리와 다이얼로그 원리를 기억한다.
- 당신이 자주 하는 대화의 주제는 당신과 연합되어 기억될 수 있다. 당신의 사소한 대화 상당수가 연예인에 대한 것이라면 당신은 얕은 가십거리에만 관심이 있는 사람으로 여겨질 수 있다.

소개하기

소개하기(introduction)는 매우 중요하다. 일반적으로 첫인상의 효과는 오래 지속되기 때문이다. 그러나 자신 또는 타인을 소개하는 것은 각각의 상황이 다르다는 단순한 사실 때문에 어렵게 여겨진다. 그럼에도 쉽고 편안하게 소개하기 위한 몇 가지 지침이 있다.

자기소개하기   당신이 클럽에서, 대학 구내식당에서 또는 파티 상황에서 타인에게 자신을 소개하는 데 도움이 될 수 있는 몇 가지 지침이 있다. 첫인상은 오래 지속되며 잘 변하지 않는 경향이 있음을 기억해야 한다. 당신이 누군가에게 자기소개를 하는 순간 상대에게 향후 상호작용에 영향을 미치는 첫인상을 주는 것이다. 따라서 자기소개는 여러 측면에서 비인격적이고(impersonal) 단순하지만(brief) 상당히 중요하다.

자기소개를 하는 첫 번째 단계는 상대가 알아차릴 수 있도록 눈을 맞추고 미소를 짓는 것이다. 만약 상대가 눈맞춤을 피한다면 그 사람은 당신과 상호작용할 준비가 안 되어 있거나 마음이 없을 수도 있다. 상대가 눈을 맞추고 미소를 짓는다면 그 사람은 당신과 상호작용할 준비가 되어 있는 것이다.

이러한 비언어적 접촉 이후에 당신은 간단하게 인사를 건네거나 이름을 말하면서 다가가는 언어적 접촉을 시도할 수 있다. 특히 사업상 만나는 경우라면 인사말에 회사 또는 일의 주요 주제와 연결해서 인사할 수도 있다. 예로, "안녕하세요. 커뮤니케이션 팀, Joe DeVito입니다."

어떤 상황에서는 악수를 할 수도 있다. 미국에서 악수는 소개하기의 가장 필수적인 제스처이며 일반적이다. 다른 문화권에서는 다른 규칙이 적용된다. 무슬림 문화에서는 동성 간에는 포옹을 하지만 이성 간에는 포옹하지 않는다. 중남미, 남미, 지중해에서는 북유럽인, 아시아인, 미국인보다 포옹이나 포옹키스(hug-kiss)를 더 많이 한다. 오늘날 히스패닉계가 미국사회에 미치는 영향을 고려하면 포옹과 키스는 일반화될 가능성이 높다. 아시아인은 손 내미는 것을 좀 더 꺼리고 자주 고개 숙여 인사하는 방법을 사용한다. 특히 지위가 낮은 사람은 높은 지위의 사람을 만날 때 고개 숙여 인사를 한다.

악수하면서 상대는 "저는 컴퓨터 공학과 Carol Taylor입니다."라고 응답할 것이다. 이쯤 되면 두 사람은 참석하고 있는 행사에 대해 이야기하게 될 것이다. 또는 잠재적으로 로맨틱한 상황이라면, 이쯤에서 "되게 친근한 얼굴이에요. 제 스타일이에요."와 같이 지나치지 않게 칭찬할 수도 있다. 짧은 소개 동안 계속해서 상대에게 주의를 기울여야 한다. 상대가 말하는 것 이상에 대해 들을 준비를 해야 하고 이 장 전반에서 논의된 다른 커뮤니케이션 기술을 사용할 준비를 해야 한다.

타인 소개하기   또 다른 소개는 타인을 소개하는 것이다. Jack과 함께 있는 도중 Jill을 만났다고 가정해 보자. Jack과 Jill은 모르는 사이이기 때문에 그들을 서로 소개해 주는 것은 소개하는 사람이 해야 할 일이다. 일반적으로 이는 단순하지만, 더 많은 상호작용 맥락을 제공해 줄 정도의 충분한 세부사항을 서로에게 소개해 주는 것이 좋다. 예로, 다음과 같다.

Jill Williams, 이 분은 저와 함께 마케팅 관리 업무를 담당하는 Jack Smith입니다. 저는 Jill

과 같은 대학에 다녔고, 제가 틀리지 않았다면 Jill은 지금 막 하와이에서 귀국했어요.

이 소개를 통해 Jack과 Jill은 이 간략한 소개에 제시된 정보를 바탕으로 서로에게 한마디 할 수 있다. 그들은 XYZ에서 일하는 것, 마케팅 관리에 대한 것, Jill의 전공, Jill이 하와이에서 한 것 등과 같은 이야기를 할 수 있다. 간단하게 "Jill, 이 분은 jack이에요."라고 말한다면 Jack과 Jill은 서로 말할 것이 거의 없을 것이다. 또한 두 사람의 공통점이 있다면 이 점을 언급할 수도 있다. 예로, 두 사람의 공통점인 뉴욕 출신이라는 것, 또는 마라톤을 즐기고 있다는 것 등의 정보를 소개한다면 Jack과 Jill 사이의 소통을 원활하게 하는 데 도움이 될 수 있고, 더 의미 있는 상호작용을 하도록 도울 수 있다. 소개해 줄 때 확실하지 않은 정보라면 이야기하지 않는 것이 좋다. 가장 안전한 방법은 명백한 공적 정보를 바탕으로 소개해 주는 것이다. 그 사람의 비밀에 대해서 이야기해선 안 된다. "Jack은 곧 싱글이 될 거예요."라고 소개하면 Jack이 원하는 것보다 많은 것을 노출한 것이다.

소개받는 사람 중 한 사람이 오른손에 장애가 있을 때 그 사람과도 악수를 하는 것이 일반적이다. 일부 문화권에서는 왼손을 부정적인 것으로 여기지만, 대부분의 문화권은 왼손을 자유롭게 사용할 수 있는 것으로 여긴다.

문화적 차이는 문화 간 어려움과 오해를 불러일으킬 수 있다. 포옹과 키스를 하는 문화에서 악수하는 것은 냉정하게 보일 수도 있다. 악수가 익숙한 문화에서 포옹과 키스를 하면 지나치거나 너무 다정한 것처럼 보일 수도 있다.

일반적으로 여자를 남자에게 소개하기보다 남자를 여자에게 소개한다. 유사하게 지위가 낮은 사람(예: 기업조직, 군, 경찰 등)을 지위가 높은 사람에게 소개한다. 성별이 다른 경우 지위가 더 우선이 된다. 즉, 성별과 상관없이 지위가 낮은 사람을 지위가 높은 사람에게 소개한다.

가장 좋은 조언은 당신이 사는 문화권의 사람이 하는 것을 잘 보고 똑같이 하려고 노력하는 것이다. 동시에 다른 문화권의 사람이 자신도 모르게 당신 문화의 의례를 위반해도 화낼 필요는 없다. 한 문화의 의례가 본질적으로 다른 것보다 더 논리적이거나 정확한 것은 아니기 때문이다.

사과하기

최선을 다했음에도 불구하고 당신이 말실수를 하거나 잘못 행동한 경우가 있었다면, 그 일에 대해서 후회 또는 유감의 표현인 **사과(apology)**를 할 필요가 있다. 모든 사과의 기본은 "미안해요."라고 말하는 것이다. 일반적으로 사과하기에는 사과하는 사람의 잘못에 대한 인정이 포함되어 있다. 그 잘못은 때로는 분명하게 인정하는 경우도 있고("내가 거짓말했어. 미안해.") 때로는 함축적으로 인정하는 경우도 있다("너무 화가 나서 그만……. 미안해."). 대부분, 사과에는 용서를 구하는 것("늦은 것에 대해 양해 부탁해요.")과 다시는 이런 일이 일어나지 않을 것이라는 다짐("늦은 것을 용서해 주세요. 다시는 늦지 않습니다.")도 포함되어 있다.

사과를 효과적으로 하기 위해서는 구체적인 상황을 언급해야 한다. 오랜 연인이나 부모, 또는 새로운 상관에게 효과적으로 사과하는 것은 관계의 규정이 다르기 때문에 제각각일 수 있다. 그래서 효과적인 사과를 위한 첫 번째 규칙은 사과하고 싶은 특정한 상황의 독특성, 예로 사람, 맥락, 문화적 규칙, 관계, 실수 등을 고려하는 것이다. 상황에 따라 다른 사과 메시지가 필요할 것이다. 그럼에도 사과에 대한 몇 가지 일반적인 지침이 있다.

- **실제로 잘못했다면 그 잘못을 인정한다.** 책임을 수용한다. 즉, 당신의 행위에 대한 책임감을 가져야 하며 타인의 탓을 하지 않는다. "Smith가 너무 천천히 운전하는 바람에 내가 30분밖에 안 늦었다는 게 놀라울 정도야."라고 말하는 것보다, "차가 막히는 시간이었는데 걸리는 시간을 생각했어야 했어."라고 말하는 것이 더 좋은 방법이다.
- **정중하게 사과한다.** 진심을 담아 "미안합니다."라고 말한다. "모든 사람이 금요일에는 일찍 퇴근하잖아요."라고 말하는 것처럼 타인도 다 그렇다며 당신의 행동을 합리화하지 않는다. 또한 "당신이 로또를 구입하는 것처럼 나도 카드게임을 하는 것뿐이라고!"라고 말하는 것처럼 상대가 똑같이 잘못을 저질렀다고 해서 자신의 행동을 정당화하지 않는다.
- **구체적으로 말한다.** 일반적 용어가 아닌 구체적으로 당신이 한 것에 대해서 말한다. "내가 그렇게 해서 미안해."라고 말하기보다 "내가 파티에서 추파 던지는 행동을 해서 미안해."라고 말하는 것이 좋다.
- **공감한다.** 상대가 어떻게 느낄 것인지 공감하고 있음을 표현하고 그러한 감정을 느낄 수 있다는 것을 인정한다. "당신이 화날 만하지. 내가 전화했어야 했어."라고 말할 수 있다. 또한 이 일로 상대를 불편하게 한 것에 대해서 "약속을 잊어서 너무 죄송합니다."라고 유감의 뜻을 표현한다. "그래서 일이 조금 늦어졌어. 별일 아니야."와 같이 이번 일로 야기된 문제를 최소화해서는 안 된다.
- **다시는 이러한 일을 만들지 않겠다고 다짐한다.** "다시는 이런 일이 없을 거야."라고 말하거나 더 구체적으로 "다시는 늦지 않을게."라고 말한다. 그리고 가능한 즉시 문제를 해결하겠다는 다짐을 이야기한다. "내가 어지럽혀 놓고 안 치워서 미안해요. 지금 치울게요."라

고 말할 수 있다.

- 변명하지 않는다. 사과에 변명이 포함되지 않도록 주의한다. "늦어져서 미안해. 다른 할 일이 너무 많았어." 변명은 종종 사과를 최소화하는 행위이다. '변명'은 내가 한 일에 대해 정당한 사유가 있기 때문에 사실 미안하지 않다. 그러나 이러한 불편한 상황을 만들고 싶지 않기에 "미안해."라고 말하는 것뿐이라는 의미를 내포할 수 있다.

뷰포인트. 소셜미디어에서 사과하기
소셜미디어 내에서 당신이 목격한 사과의 방식이 있었는가? 온라인에서 사과하는 것과 대면해서 사과하는 것은 어떻게 다른가?

- 메시지 전달을 위한 적절한 방식을 선택한다. 이메일처럼 쉽거나 편리한 방법을 선택하기보다 대면 또는 전화 통화와 같이 더 사적인 커뮤니케이션 방식을 사용하는 것이 어렵지만 더욱 효과적이다. 그러나 이메일이 유일하고 주요한 커뮤니케이션 수단이라면 이메일을 통해 사과할 수 있다.

다음의 자가 점검을 통해 사과하기 기술을 점검해 보자.

다음 제시된 상황에 대해 앞에서 설명한 지침을 활용하여 사과의 뜻을 작성해 보자.

1. 당신은 Facebook에 친구의 우스꽝스러운 동영상을 올렸고, 당신의 친구는 부정적으로 반응했다.
2. 당신은 친구의 비밀을 지켜 주겠다고 약속해 놓고 친구의 비밀을 폭로했다.
3. 당신은 몸이 좋지 않다며 상대의 데이트 신청을 거절했고, 그날 저녁 늦게 다른 사람과 데이트를 하던 중 당신이 거절했던 그 사람과 마주쳤다.

칭찬

칭찬(compliment)은 찬사, 듣기 좋은 말, 축하와 같은 메시지이다. 이는 대면 상호작용에서도 사용되지만, 당신이 누군가의 게시글을 리트윗하거나 '좋아요' 또는 '+1'을 표시하거나 댓글을 다는 것과 같이 소셜미디어에서도 사용될 수 있다. 칭찬은 일종의 관계적 접착제처럼 기능한다. 칭찬하기는 타인과 긍정적이고 즉시적으로 관계를 맺는 방법이다. 칭찬하기는 대화의 시작이 될 수도 있다. "이 시계 너무 마음에 들어요. 어디에서 샀는지 여쭤봐도 될까요?"라고 물어볼 수 있다. 칭찬의 또 다른 목적은 즉시는 아니더라도 타인이 당신을 칭찬하도록 고무시킬 수 있다.

칭찬은 조건부가 될 수도 있고 아닐 수도 있다. 전폭적인 칭찬을 보면 "자네 논문은 정말 훌륭했어. A⁺야."와 같이 순수하게 긍정적인 메시지이다. 반면, 조건부 메시지는 전적으로 긍정적인 것만은 아니다. "자네 논문은 훌륭했어. A야. 몇 가지 한계만 없었다면 A⁺를 받았을 수도 있지." 또한 당신은 자신의 역량을 제한함으로써 조건부 칭찬을 할 수도 있다. "내가 음악에 대해서는 잘 모르지만, 당신이 작곡한 이 노래는 너무 좋네요."

칭찬은 때로는 너무 어렵고 심지어 불편함이나 당황함 없이 반응하기란 더 어려울 수 있다. 칭찬에 대한 몇 가지 지침을 제시하였다.

칭찬하기   칭찬하기에 도움이 되는 몇 가지 지침을 제시하였다.

- **진실하고 솔직하게 말한다.** 당신이 의미하는 바에 대해 이야기하고, 뜻과 다른 칭찬은 하지 않는다. 그런 방식은 진정성을 느낄 수 없게 한다.
- **적당히 칭찬한다.** 지나치게 과도한 칭찬(예: "내 생애 본 가장 멋지게 꾸며진 아파트인 걸!")은 솔직하지 않은 것으로 보일 수 있다. 마찬가지로 가능한 모든 경우를 칭찬하지 않는다. 그럴수록 칭찬은 너무 가벼워 보이고, 의미가 없어 보인다.
- **전적으로 칭찬한다.** 조건부 칭찬을 하지 않는다. 당신이 칭찬하며 덧붙이려는 말이 있었다면, 잠시 멈추어 하려던 말이 무엇인지 다시 생각해야 한다. 많은 사람은 칭찬보다는 조건부를 더 기억할 것이고, 오히려 비판처럼 느껴질 수 있다.
- **구체적으로 칭찬한다.** 일반적인 것보다 구체적인 것에 대해서 직접적으로 칭찬한다. "당신의 이야기가 좋았어요."라고 말하기보다 "당신의 이야기가 좋았어요. 내가 잊고 있었던 것을 깨닫게 해 주었어요."라고 말하는 것이 더 좋다.
- **당신의 느낌을 담아 개인적으로 말한다.** "당신의 노래는 너무 감동적이었어요. 당신의 노래가 나의 좋았던 추억을 기억나게 해 주었어요."라고 말할 수 있다. 그러나 "헤어스타일 너무 자연스러워 보인다. 머리를 이어 붙인 거야, 아니면 부분가발이야?"처럼 상대에 대해 사적인 판단을 하는 것은 조심해야 한다.

칭찬받기　사람들은 칭찬받을 때 일반적으로 두 가지 반응 중 한 가지를 취한다. 칭찬을 부인하거나 수용한다. 많은 사람은 칭찬을 부인하거나("말씀은 감사하지만, 제가 형편없다는 것 알고 있어요.") 최소화하거나("저는 위대한 소설을 썼다고 생각하지 않아요. 아무도 읽지 않을 기사에 불과한걸요."), 화제를 바꾸거나("그럼 어디로 저녁을 먹으러 갈까?"), 또는 응대하지 않는다. 이런 반응은 칭찬의 정당성을 부정한다. 칭찬을 수용하는 것이 훨씬 좋은 대안이다. 수용은 세 가지 방법으로 전달될 수 있다. 첫 번째는 눈을 마주치며 미소를

뷰포인트. 무엇을 칭찬할 것인가?

커뮤니케이션 연구자들은 사람 자체 또는 그들이 통제할 수 없는 것에 대해 칭찬하기보다는 그들이 성취한 것에 대해서 칭찬하라고 권고한다. 또한 그들의 아름다운 녹색 눈동자보다는 그들의 명료한 글에 대해서 칭찬하는 것이 더 적절하다고 말한다.

이러한 면을 고려할 때 직장에서 적절하게 칭찬할 수 있는 것들은 무엇이 있는가? 또 직장에서 부적절한 칭찬은 무엇이 있는가?

짓는 것이다. 두 번째는 간단하게 "감사합니다."라고 말하는 것이다. 세 번째는 칭찬의 의미를 간단하게 설명함으로써 개인적인 생각을 반영하는 것이다("당신의 의견에 정말 감사합니다. 저는 그 프로젝트를 열심히 했고, 훌륭했다고 들었을 때 정말 기뻤습니다.").

개념 요약

이 장에서는 커뮤니케이션과 대화의 원리, 일상적 대화 몇 가지를 설명했다.

커뮤니케이션과 대화

6.1 커뮤니케이션을 정의하고, 대인관계의 연속성과 대화의 단계를 설명한다.

1. 커뮤니케이션은 관계를 맺고 있는 두 사람 간에 발생하는 커뮤니케이션으로, 두 사람 간의 커뮤니케이션 메시지는 서로 영향을 주고받는다.
2. 커뮤니케이션은 비인격적부터 인격적에 이르는 연속성이다.
3. 대화의 단계는 시작, 피드포워드, 비즈니스, 피드백, 종료와 같이 5단계로 구성되어 있다.

대화의 원리

6.2 대화상황에서 협력, 공손성, 차례교환, 다이얼로그, 즉시성의 원리를 설명한다.

4. 협력의 원리는 전달자와 수신자 모두가 서로를 이해하기 위해 노력할 것이라고 기대한다.

5. 우리는 대화에서 공손성의 원리가 지켜질 것이라고 기대한다.

6. 전달자는 두 가지 주요 유형의 단서, 즉 차례유지단서와 차례양보단서를 통해 대화를 조절한다. 수신자는 차례요청단서와 차례거부단서, 백채널링 단서와 끼어들기를 통해서 대화를 조절한다.

7. 다이얼로그는 진정한 양방향 상호작용이 있는 대화이다. 모든 사람은 전달자이자 수신자이다. 독백 중심적 커뮤니케이션은 그 반대이다. 한 사람은 말하고 한 사람은 들을 뿐이다. 그들은 상호 간 참여자로서 진정한 상호작용을 한다고 보기 어렵다.

8. 즉시성은 전달자와 수신자 간의 친밀감, 유대감, 친근감을 조성하는 것이다.

일상의 대화

6.3 사소한 대화하기, 소개하기, 사과하기, 칭찬에 대한 대안을 제시한다.

9. 사소한 대화는 만연하고 논란의 여지가 없는 것이며, 때로는 자기소개 또는 주요 주제를 이야기하기 위한 공손한 방법으로 여겨진다.

10. 첫인상의 효과는 오래 지속되기 때문에 소개하기는 특히 중요하다.

11. 사과하기는 자신이 한 일이나 일어난 일에 대한 후회 또는 유감의 표현이다.

12. 칭찬은 찬사, 듣기 좋은 말, 또는 축하의 메시지로서 자주 당신이 긍정적이고 즉시적으로 상호작용할 수 있도록 한다.

기술 요약

당신은 효과적인 커뮤니케이션과 대화의 기술을 사용하고 있는가? 다음에 제시된 내용을 읽어 보고 더 노력할 필요가 있는 항목에 (∨) 체크하시오.

_____ 1. 대화가 단계적으로 이루어지고 각 단계가 다른 기능을 하는 것에 대해 알고 있다.

_____ 2. 대화에서 차례교환의 원리를 따르고 적절한 전달자와 수신자의 단서를 주며, 상대의 신호에 적절하게 반응한다.

_____ 3. 나는 독백형 커뮤니케이션보다 다이얼로그형 커뮤니케이션을 더 많이 한다.

_____ 4. 나는 대화상황 및 관계에 맞게 즉시적 단서를 조율한다.

_____ 5. 다양한 상황에 맞추어 편하고 쉽게 사소한 대화를 나눌 수 있다.

_____ 6. 나는 자신을 타인에게 편하고 효과적으로 소개할 수 있다.

_____ 7. 나는 효과적인 방법으로 사과를 전달할 수 있고, 대인관계 상황에서 그것을 적절하게 활용할 수 있다.

_____ 8. 나는 호의적으로 칭찬하고 칭찬받을 수 있다.

핵심 용어

이 장에서 논의된 주요 용어이다. 이 용어의 정의는 이 장의 본문에서와 책의 뒷부분에 수록된 용어집에 제시되어 있다.

겸양의 격률	방법의 격률	차례양보단서
공감의 격률	백채널링 단서	차례요청단서
관련성의 격률	사과	차례유지단서
관용의 격률	사소한 대화	찬동의 격률
끼어들기	소개하기	칭찬
다이얼로그	양의 격률	커뮤니케이션
대화차례	요령의 격률	피드백
독백	즉시성	피드포워드
동의의 격률	질의 격률	협력의 원리
메타 커뮤니케이션	차례거부단서	

대인관계

7

"대인관계는
 보편적인 욕구이다."

이 장의 주제

- 대인관계의 장점과 단점
- 대인관계의 단계
- 대인관계의 유형
- 대인관계 이론

학습 목표

7.1 대인관계의 장단점을 설명한다.

7.2 대인관계 및 각 단계에서 발생하는 메시지의 단계를 설명한다.

7.3 우정, 사랑, 가족, 직장 및 온라인 관계를 정의한다.

7.4 매력, 규칙, 사회 교환 및 형평성 이론을 설명한다.

타인과의 접촉은 매우 중요해서 오랫동안 접촉을 박탈당하면 우울증이 생기고, 자기 의심의 대상이 되어 기본적인 일상생활조차 관리하기가 어려워질 수 있다. 연구에 따르면 일상에서 행복의 가장 중요한 기여 부분은 돈, 직업, 성생활보다 타인과의 밀접한 관계라는 것을 분명히 보여 주고 있다(Freedman, 1978; Laroche & deGrace, 1997; Lu & Shih, 1997). 관계에 대한 욕망은 보편적이다. 그렇기에 대인관계는 남성과 여성, 동성애자와 이성애자, 어떤 세대든, 모두에게 중요하다(Huston & Schwartz, 1995). 관계에 대한 욕망은 소셜미디어 커뮤니케이션의 주요 동기로도 보인다.

이 장에서는 대인관계의 장단점, 관계의 단계, 다양한 유형의 관계, 관계를 시작하고 종료하는 이유를 설명하는 이론, 그리고 문화, 기술, 일이 관계에 미치는 영향을 알아볼 것이다.

대인관계의 장점과 단점

7.1 대인관계의 장단점을 설명한다.

대인관계의 연구를 시작하는 좋은 방법은 자신의 관계가 자신에게 어떻게 도움이 되는지 물어봄으로써 자신의 관계(과거, 현재 또는 앞으로 기대되는 관계)를 조사하는 것이다. 대인관계의 장점과 단점은 무엇인가?

5점 척도의 1은 당신의 관계가 이 기능을 전혀 수행하지 않음을 나타내고, 5는 관계가 항상 이 기능을 수행함을 나타내며, 5 사이의 숫자는 이러한 극단 사이의 수준을 나타낸다. 이 문장에 대해 점수를 기입할 때 한 번은 대면 관계로, 다른 한 번은 온라인 관계로 총 두 번 실시할 수도 있다.

___ 1. 나의 관계는 나의 외로움을 줄이는 데 도움이 된다.
___ 2. 나의 관계는 내가 자신에 대한 지식과 자존감을 얻는 데 도움이 된다.
___ 3. 나의 관계는 나의 신체적, 정서적 건강을 향상시키는 데 도움이 된다.
___ 4. 나의 관계는 나의 즐거움을 극대화하고 나의 고통을 최소화한다.
___ 5. 나의 관계는 자극(지적, 신체적, 감정적)을 확보하는 데 도움이 된다.

일반적으로 인정되는 커뮤니케이션의 이점에 대해 간단히 설명할 수 있다.

1. 관계의 주요 이점 중 하나는 외로움을 줄이는 데 도움이 된다(Rokach, 1998; Rokach & Brock, 1995). 관계는 누군가가 당신을 좋아하고, 누군가가 당신을 보호하며, 누군가가 당신을 궁극적으로 사랑할 것이라고 생각하게 만든다. 그들은 누군가가 당신을 아끼고, 누군가가 당신을 좋아하고, 누군가가 당신을 보호할 것이며, 궁극적으로 누군가가 당신을 사랑할 것이라고 느끼게 한다.

2. 타인과의 접촉을 통해 자신에 대해 배우고 다양한 시각과 역할, 부모나 자녀, 동료, 관리자 또는 가장 친한 친구로서 자신을 보게 만든다. 건강한 대인관계는 자부심(자존감)과 자기 가치를 향상시키는 데 도움이 된다. 대부분 친구나 연애 상대를 갖는 것은 당신을 바람직하고 가치 있는 사람으로 느끼게 한다.

3. 연구는 일관되게 대인관계가 신체적, 정서적 건강(Goleman, 1995; Pennebacker, 1991; Rosen, 1998; Rosengren, 1993)과 개인의 행복에 크게 기여한다는 것을 보여 준다(Berscheid & Reis, 1998). 친밀한(가까운) 대인관계가 없다면 우울감에 빠질 가능성이 더 커지고, 우울증은 신체적 질병에 크게 기여한다. 실제로 격리는 고혈압, 높은 콜레스테롤, 비만, 흡연 또는 신체 운동 부족으로 사망에 이르게 한다(Goleman, 1995).

4. 대인관계가 제공하는 가장 일반적인 기능과 다른 모든 기능을 포함하는 기능은 쾌감을 최대화하고 고통을 최소화하는 것이다. 당신의 친구들은 당신에게 좋은 일이 생겼을 때 당신을 더 기분 좋게 하고, 당신이 힘들 때 덜 상처받게 할 것이다.

5. 식물은 헬리오트로픽(굴광성)이 일어나고 빛에 의존하는 반면, 인간은 각성적이고 자극의 원천에 방향을 맞춘다(Davis, 1973). 인간의 접촉은 지적, 신체적, 감정적인 이 자극을 확보하기 위한 가장 좋은 방법 중 하나이다. 심지어 상상 속의 관계조차도 접촉이 없는 것보다는 나은 것처럼 보인다.

이전의 문장은 관계의 이점에 대하여 알아본 것이다. 다음 문장에서 관계의 단점에 대해 알아보자.

이전과 같이 5점 척도를 사용하여 이 문장에 응답하시오.

___ 6. 나의 관계는 내 취약점을 드러내도록 나에게 불편한 압력을 가한다.
___ 7. 나의 관계가 나의 의무를 증가시킨다.
___ 8. 나의 관계는 내가 다른 관계를 발전시키는 것을 방해한다.
___ 9. 나의 관계는 끝내기가 어려울 수 있기 때문에 나를 무섭게 한다.
___ 10. 나의 관계는 나를 아프게 한다.

이러한 서술은 대부분의 사람이 대인관계의 단점이라고 생각하는 것을 표현한다.

JOURNAL   커뮤니케이션 초이스 포인트

장점과 단점
급격하게 빨라지는 만남에서 자신의 입장을 명확히 하라. 당신은 잠재적인 데이트가 좋지만, 서로의 매칭이 잘되는지도 알고 싶다. 당신의 잠재적 매칭에 대한 아이디어를 얻기 위해 할 수 있는 일은 무엇인가? 당신이 원하는 정보를 알기 위해서 무엇을 질문할 것인가? 당신은 무엇을 말할 것인가?

6. 밀접한 관계는 자신을 드러내고 취약점을 드러내도록 압력을 가한다. 비록 그것이 일반적으로 지지적이고 배려적인 관계의 맥락에서 가치가 있지만, 만약 관계가 악화되고 당신의 약점이 악용된다면 역효과를 가져올 수 있다.

7. 밀접한 관계는 때로는 타인에게 의무를 증대시킨다. 당신의 시간은 더 이상 전적으로 당신의 것이 아니다. 그리고 비록 당신이 이러한 특별한 사람과 더 많은 시간을 보내기 위해 관계를 시작하더라도, 당신은 행복하지 않을 수도 있는 시간의 (그리고 재정적인) 의무를 질 수 있다.

8. 밀접한 관계는 다른 관계를 포기하게 만든다. 때때로 다른 관계는 당신이 좋아하는 사람을 포함하지만, 당신의 파트너는 이를 원하지 않는다. 그러나 다른 관계는 시간과 에너지의 문제일 뿐이다. 관계는 두 가지 모두를 필요로 하고, 당신은 다른 관계와 덜 친밀한 관계를 맺을 수 있다.

9. 관계가 가까울수록 그 관계는 감정적으로 끝내기 어려워지기 때문에 일부 사람에게는 불편할 수 있다. 만약 관계가 악화된다면, 당신은 괴로움이나 우울증을 느낄 수 있다. 예로, 어떤 문화권에서는 종교적 압력으로 인해 결혼한 부부의 이혼을 막을 수 있다. 만약 상당한 돈이 연관되어 있다면 관계를 끝내는 것은 당신이 평생 축적해 온 재산을 포기하는 것을 의미할 수 있다.

10. 당신의 파트너는 당신의 마음을 아프게 할 수도 있다. 당신의 파트너는 당신의 모든 요청과 약속을 어기며 당신을 떠날 수도 있다. 당신의 상처는 당신이 파트너를 얼마나 아끼고 필요로 하는가에 비례할 것이다. 당신이 많은 관심을 가지면 큰 상처를 입을 수 있겠지만 당신이 덜 신경 쓰면 상처는 덜할 것이다. 이는 인생의 아이러니 중 하나이다.

대인관계의 단계

7.2 대인관계 및 각 단계에서 발생하는 메시지의 단계를 설명한다.

이 내용의 서문으로 다른 문화에서는 관계를 매우 다르게 바라볼 것이라는 점을 인식해야 한다. 여기서 제시되는 것은 일반적으로 미국에서 행해진 연구로부터 비롯된 것이므로 당신이 자발적으로 관계 파트너를 선택한다는 가정은 의식적으로 타인이 아닌 특정한 관계를 추구하기로 선택한 것을 의미한다. 그러나 일부 문화권에서는 부모님이 당신을 위해 연애상대를 선택하는 경우도 있다. 어떤 경우에는 남편이나 아내가 두 가족을 하나로 묶거나 가족이나 마을에 경제적 이점을 가져다주기 위해 선택하는 경우도 있다.

미국에서 연구자들과 작가들은 관계를 해체하고 관계를 끊을 때 살아남는 방법에 대해 글을 쓴다. 일반적으로 당신은 바람직하지 않은 관계에서 벗어날 권리가 있다고 가정한다. 그러나 일부 문화권에서는 일단 관계가 형성되었거나 아이가 생기면 관계를 쉽게 해체할 수 없다. 이러한 문화권에서는 문제가 있는 관계를 어떻게 유지할 것인가, 불쾌한 관계에서 살아남기 위해 무엇을 할 것인가, 그리고 문제 있는 관계를 어떻게 고칠 것인가와 같은 문제가 중요시된다 (Moghaddam, Taylor, & Wright, 1993).

당신과 처음 만나는 사람은 즉시 친밀한 친구가 되지 않는다. 오히려 일련의 단계를 통해 점차 친밀한 관계를 맺게 된다. 대부분의 관계에서도 마찬가지이다.

[그림 7-1]의 모델은 관계의 주요한 6단계를 설명한다. 접촉, 관여, 친밀감, 악화, 관계 개선, 해체는 각각 초기 및 후기 단계를 가진다. 이러한 단계는 관계를 그대로 묘사한다. 그들은 관계가 어떻게 되어야 하는

뷰포인트. 준사회적 관계

준사회적 관계는 수신자가 매스컴의 유명인과 함께 있다고 생각하는 관계이다(Rubin & McHugh, 1987; Giles, 2001; Giles & Maltby, 2004). 때때로 시청자는 실제 미디어 인물과 이러한 관계를 발전시키고 다른 경우에는 TV 드라마나 소설에서 가상의 인물과 관계를 맺는다.

준사회적 관계에 대한 당신의 견해는 무엇인가?

지 평가하거나 규정하지 않는다. 특정 관계의 경우, 당신은 기본 모델을 수정하려고 할 수 있지만, 이 단계는 상당히 일반적인 것처럼 보인다. 또한 이 단계는 온라인 관계뿐만 아니라 대면에도 적용된다. 이 단계에 대해 읽을 때, 두 사람 모두 동일한 방식으로 그들의 관계를 인식하지 못할 수 있다는 점을 명심해야 한다. 예로, 한 사람은 관계를 친밀한 단계에 도달한 것으로 볼 수 있고 상대는 그렇지 않을 수 있다.

소셜네트워크 사이트는 당신이 당신의 온라인 '친구'를 다르게 대할 수 있게 함으로써 관계의 단계적 성격을 인식하는 것 같다. Google+의 서클과 Facebook의 '친구 목록'은 당신이 그들이 접근할 수 있기를 원하는 정보에 기초하여 사람들을 집단화할 수 있게 해 준다. 이는 가족과 직장 동료의 친구뿐만 아니라 지인과 친한 친구도 쉽게 구별할 수 있게 해 준다.

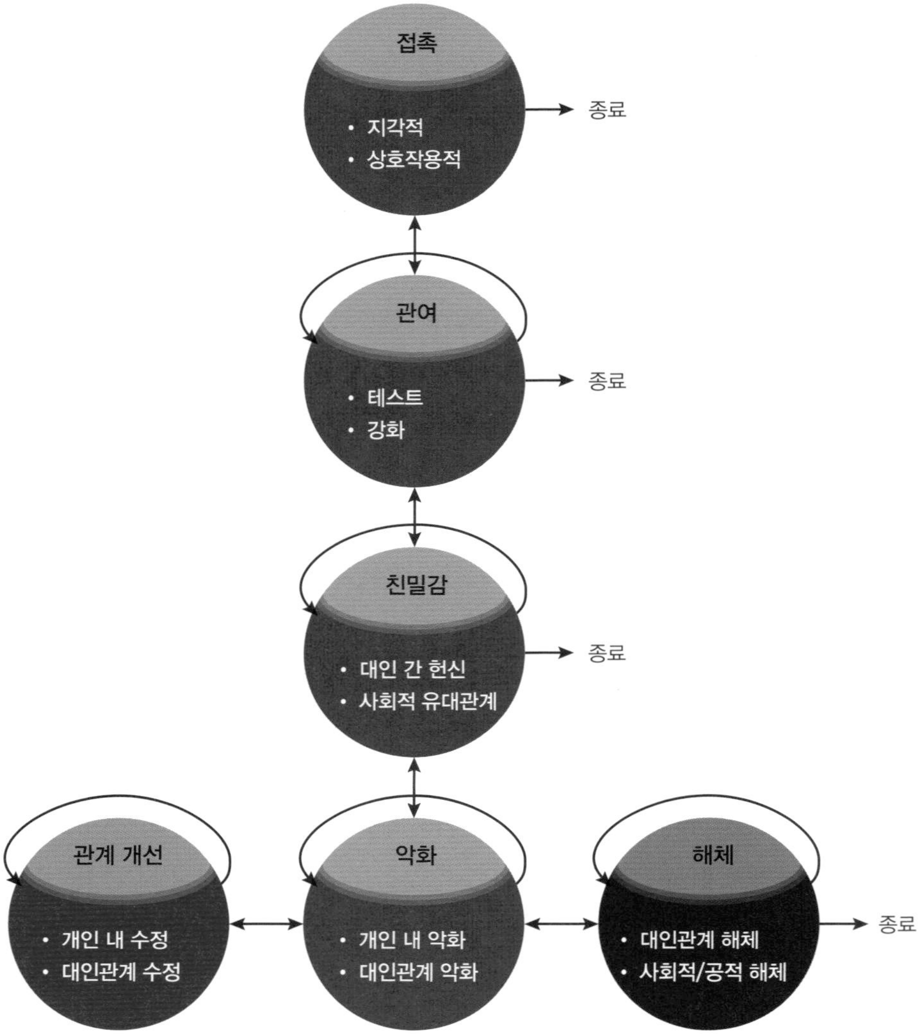

[그림 7-1] 관계의 여섯 단계

각각의 관계는 매우 다르기 때문에 이 도식을 한 단계에서 다른 단계로 이동하는 과정을 나타낸 구체적인 지도라고 생각하기보다 관계에 대해 이야기하기 위한 도구라고 생각하는 것이 가장 좋다.
만약 대인관계에 있는 두 사람이 단계를 다르게 경험한다면 무슨 일이 일어나겠는가? 문학작품 또는 당신의 경험에서 예시를 생각해 보라.

접촉

접촉(contact) 단계의 초기 단계에는 지각적 접촉이 있다. 당신은 사람을 보고 듣고 냄새를 맡는다. 그것으로부터 당신은 성별, 대략적인 나이, 키 등의 물리적 자료를 얻을 수 있다. 또는 온라인 데이트 사이트에서 사진 및 프로필 집단을 찾아볼 수도 있다. 이 인식 후에는 대개 상호작용적인 접촉이 존재한다. 이 단계는 당신이 더 강력한 참여에 대한 예비적인 기본 정보를 교환하는 단계이다("안녕하세요. 제 이름은 Joe입니다."). 당신은 상호작용을 시작하고("동석해도 될까요?"), 초대하고자 커뮤니케이션을 한다("제가 커피를 사도 되겠습니까?"). 온라인 관계에서 당신은 상대의 프로필을 읽게 될 것이고, 당신이 말하기 시작하기 전에 서로에 대해 꽤 많이 알게 될 것이다. 일부 연구자에 따르면, 당신은 이 초기 단계에서 처음 4분 이내에 당신이 관계를 추구하기 원하는지를 결정한다(Zunin & Zunin, 1972). 접촉 단계에서는 신체적인 외모가 특히 중요하다. 왜냐하면 신체적인 외모가 가장 쉽게 볼 수 있는 특성이기 때문이다. 그러나 언어적, 비언어적 행동을 통해 친근감, 따뜻함, 개방성, 역동성 등 개인적 자질도 드러난다. 온라인 관계를 통해 사람들은 자신을 따뜻하거나 개방적이거나 역동적으로 보여 줘서 상대의 관심을 이끌어 낸다.

관여

관여(involvement) 단계에서는 서로 연결되어 있다는 상호관계가 형성된다. 이 단계에서는 타인에 대해 탐색하고 자세히 알아볼 것이다. 관여의 초기 단계에서 일종의 테스트가 진행된다. 당신은 당신의 초기 판단이 타당한지 알고 싶어 한다. 다음과 같은 관여에 대한 질문을 할 수 있다. "당신은 어디서 일하나요?", "당신은 무엇을 전공하시나요?" 만약 당신이 그 사람을 더 잘 알고 싶다면 당신은 당신의 상호작용을 강화하고, 자신을 드러내기 시작함으로써 당신의 관여를 계속 이어 갈 수 있다. 데이트 관계에서 당신은 다음 단계로 나아가기 위해 그리고 친밀감을 얻기 위해 다양한 전략을 사용할 수 있다.

여기서 당신은 누군가를 훨씬 더 잘 알기 위해 노력하고 있으므로 Twitter에서 그 사람을 팔로우하거나 Facebook과 같은 게시물, 사진 및 집단 등을 찾아볼 수 있다. 이 단계에서 당신은 상호작용을 강화하며 참여를 계속한다. 문자 메시지가 더 빈번해지고 Facebook 게시물에 좀 더 칭찬하며 점점 비공개적인 사진이 오가면서 관계는 보다 흥미로워진다.

당신은 파트너와의 연락을 늘릴 수 있다. 선물, 카드 또는 꽃을 통해 파트너에게 애정을 표현하거나, 그 사람의 Facebook에 애정 어린 메시지를 쓰거나, 자신의 개인적인 매력을 높이거나, 파트너를 유혹하거나 질투하는 등 관계를 강화하며 신체적으로 더 친밀해진다(Tolhuizen, 1989).

친밀감

접촉과 관여 단계는 관계 발전(relationship development), 즉 친밀감(intimacy)을 향해 움직인다. 친밀감 단계에서 당신은 여전히 상대에게 자신을 더 많이 헌신하고 이 개인이 당신의 가장 친한 친구, 연인 또는 동료가 되는 관계를 확립한다. 친밀감은 근본적으로 정서적/커뮤니케이션 관계이므로 대면과 온라인 관계에서도 똑같이 발생할 수 있다. 당신이 서로의 소셜네트워크를 공유하는 것처럼 다른 문화권의 구성원 또한 서로의 소셜네트워크를 공유한다(Gao & Gudykunst, 1995). 소셜네트워크 사이트에서는 자체적으로 상호 친구나 관심사를 바탕으로 '친구'가 될 수 있는 사람을 식별해서 알려 주기도 한다. 대인 교류의 양과 질 모두 증가하며(Emmers-Sommer, 2004), 물론 당신은 그 관계에 대해 점점 자세하게 이야기한다(Knobloch, Haunani, & Theiss, 2006). 이 단계로 접어들면서 당신의 관계 만족도 또한 증가한다(Siavelis & Lamke, 1992). 한 연구에서는 친밀감을 자신에 대해 이야기할 때 솔직하고 개방적일 수 있고, 다른 관계에서는 드러나지 않는 생각과 감정을 공유할 수 있다는 느낌이라고 정의했다(Mackey, Diemer, & O'Brien, 2000).

친밀감 단계는 보통 2단계로 나뉜다. 대인 간의 헌신 단계에서는 두 사람이 사적으로 서로에게 헌신한다. 사회적 유대 단계에서의 약속은, 예로 약혼 소식을 가족과 친구에게, 어쩌면 일반 대중에게, 더 나아가 Facebook에서도 공개한다. 여기서 당신과 당신의 파트너는 하나의 단위, 식별 가능한 한 쌍이 된다.

악화

JOURNAL 커뮤니케이션 초이스 포인트

관계 단계를 통한 이동
당신의 현재 애인은 당신의 생각에 비해 너무 빠르게 진도가 나가는 것 같다. 당신은 지금보다 천천히 관계 발전이 되기 바라지만, 이 때문에 이 사람을 잃고 싶지는 않다.
파트너가 지금보다 천천히 관계를 맺어 갈 수 있도록 할 수 있는 사항은 무엇이며 어디에서 어떤 채널을 통해 말할 수 있는가? 그 선택이 다른 선택보다 더 많은 이점을 가질 것인가? 무엇을 말할 것인가?

관계 악화 단계는 친구 또는 연인 사이의 유대가 약해지는 것이 특징이다. 악화(deterioration)의 첫 번째 단계는 보통 내적 불만족에서 나타난다. 당신은 일상적인 상호작용에 대한 개인적인 불만을 경험하기 시작하고 당신의 파트너와 함께하는 미래에 대해 부정적으로 보기 시작한다. 이 불만이 커지면 대인관계의 악화 단계로 넘어가게 된다. 당신은 그 관계에서 점점 철수하고 더 멀어진다. 당신은 파트너와 자유 시간을 덜 공유하고, 메시지를 더 적게 주고받는다. 함께 있는 동안 침묵하는 시간이 길어지고, 신체접촉도 적어지며 심리적인 친밀감 또한 약해진다. 그런 가운데 갈등은 더 흔해지고 해결 또한 더 어려워진다.

관계 악화는 독특한 커뮤니케이션 패턴을 포함한다. 악화 단계에서는 **철수(withdrawal)**를 늘리고, 커뮤니케이션을 덜 하며, Facebook '좋아요'에 대한 요청을 덜 받을 수 있다. 문자 메시지가 드물어지고 대면 만남이 줄어들며 각자 자기 공개의 수준을 줄인다. 이러한 패턴은 악화에 대한 반응이다. 당신은 당신의 관계가 곤경에 빠졌다고 느끼기 때문에 당신이 하는 방식으로 커뮤니케이션한다. 그러나 이러한 커뮤니케이션 패턴도 악화의 원인이 된다. 당신이 사용하는 커뮤니케이션 패턴은 당신 관계의 운명을 크게 결정한다.

관계 개선

관계의 이 단계에서 일부 파트너는 악화 단계 중에 잠깐 멈추고 **관계 개선(repair)**을 시도할 수 있다. 그러나 관계 개선이 아닌 해체(dissolution)로 갈 수도 있다.

첫 번째 관계 개선 단계인 개인 내의 관계 개선에서는 무엇이 잘못되었는지 분석하고 관계의 어려움을 해결하는 방법을 고려한다. 이 단계에서 당신은 행동을 바꾸거나 파트너에 대한 기대를 바꾸는 것을 고려할 수 있다. 당신은 또한 현재와 같이 당신 관계의 보상에 대해 평가하고 당신의 관계가 끝났을 때 얻을 보상에 대해서도 평가할 수 있다.

만약 당신이 당신의 관계를 회복하고 싶다고 결정한다면, 당신은 관계 개선 단계로 이동할 수도 있다. 당신은 당신의 파트너와 관계에서의 문제, 당신이 보고 싶은 변화, 그리고 당신이 기꺼이 할 것과 당신이 파트너에게 무엇을 하기를 원하는지에 대해 토론할 수도 있다. 이는 새로운 합의와 새로운 행동을 협상하는 단계이다. 당신과 당신의 파트너는 스스로 당신의 관계를 회복하려고 할 수도 있고, 당신은 친구, 가족 또는 전문적인 상담사의 조언

뷰포인트. 상대 앞에서 휴대전화를 보는 행위, 퍼빙

대화가 지루해졌을 때 휴대전화를 사용하거나 사회적 상호작용 중에 휴대전화를 쉽게 사용할 수 있게 두거나 휴대전화를 들고 있는 행위인 퍼빙(phubbing)에 대한 연구를 보면, 퍼빙을 한 사람은 안 한 사람보다 덜 효과적인 커뮤니케이션을 했고 관계만족도가 더 낮다는 것을 알 수 있었다(Chotpitaya-sunondh & Douglas, 2018; Dean, 2018; Price, 2018). 퍼빙에 대한 당신의 경험은 어땠는가?

을 구할 수도 있다.

다행히도 소셜미디어 사이트는 당신의 관계 회복에 대한 마음을 표현하는 데 도움을 주기 위해 카드와 선물을 제공함으로써 관계 회복에 상당한 도움을 준다.

상대를 확인하고 호의를 베풀 수 있는, 특히 통찰력 있는 방법은 William Lederer(1984)의 작품에서 나온 개념인 '소중한 행동'이다. 소중한 행동은 파트너로부터 받는 작은 몸짓이다 (예: 미소, 윙크, 짬을 냄, 키스, 전화 통화, '사랑합니다.'라는 말 등). 실제 또는 상상 속의 파트너로 부터 받고 싶은 다섯 가지 소중한 행동의 목록을 준비해 보자. 이러한 행동은 구체적이고 긍 정적이어야 하고(지나치게 일반적이거나 부정적인 것이 아닌), 과거에 논쟁했던 문제보다는 현재 와 미래에 초점을 맞춰야 하며, 매일 수행될 수 있고, 쉽게 실행될 수 있어야 하며 당신이 성취 하기 위해 특별히 애를 써야 하는 것은 아니다. 여기서 아이디어는 당신이 당신의 파트너(함 께 목록을 준비한)와 리스트를 교환하고, 둘 다 중요하게 여기는 행동을 지켜 간다는 것이다. 시간이 지남에 따라 이러한 행동은 당신이 정확히 성취하길 원했던 정상적인 상호작용의 자 연스러운 부분이 될 것이다.

해체

관계 모델의 마지막 단계인 해체(dissolution)는 당신의 유대 관계를 끊는 것을 포함한다. 초 기에는 보통 대인 분리 형태를 취한다. 만약 그것이 온라인에서의 우정이라면, 당신은 친구를 삭제하거나 대개 그냥 대화를 끊을 것이다. 당신은 당신 자신만의 공간(예: 아파트)으로 이사 해서 독립된 삶을 살기 시작할지도 모른다. 분리가 더 잘되면 사회적 또는 공적 분리의 단계 로 들어간다. 서로의 회피와 '단일화' 상태로의 복귀는 관계 해산의 주된 특징에 속한다.

대인관계의 유형

7.3 우정, 사랑, 가족, 직장 및 온라인 관계를 정의한다.

각각의 관계는 고유하다. 그러나 연구에서 확인한 일반적인 유형이 있으며 이러한 범주는 자신의 대인관계에 대한 상당한 통찰력을 제공할 것이다. 여기서 우리는 우정, 사랑, 가족, 직 장 및 온라인 전용 관계에 대해 알아본다.

우정

우정(friendship)의 한 이론은 대면과 온라인 관계에서 쉽게 볼 수 있는 세 가지 주요 유형인 (1) 상호적 우정, (2) 수용적 우정, (3) 연합적 우정으로 식별한다(Reisman, 1979, 1981).

뷰포인트. 우정
어떻게 우정을 분류할 것인가? 당신은 서너 개의 유형으로 당신의 친구를 분류할 수 있는가?

- 이상적인 유형인 **상호**(reciprocity)적 우정은 충성, 자기희생, 상호 애정 및 관대함이 특징이다. 이러한 유형의 우정은 평등을 기반으로 하며, 각 개인은 관계의 이익과 보상을 주고받는 데 동등하게 공유한다.
- 반면에 **수용**(receptivity)적 우정에서 주고받는 것은 불균형적이다. 이는 각 사람이 관계에서 무언가를 얻기 때문에 긍정적인 불균형이다. 이는 교사와 학생 사이 또는 의사와 환자 사이에서 발전할 수 있는 우정이다. 사실 수용적인 우정이 발전하기 위해서는 지위의 차이가 필수적이다.
- **연합**(association)적 우정은 일시적이다. 이는 진정한 우정이라기보다는 우호적인 관계라고 묘사될 수도 있다. 집단우정이란 반 친구, 이웃, 직장 동료와 함께하는 것이다. 큰 의리도, 큰 신뢰도, 크게 주거나 받는 것도 없다. 그 집단은 화기애애하지만 강렬하지는 않다.

사랑

우정과 마찬가지로 사랑(친밀감, 보살핌, 따뜻함 및 흥분을 느끼는 대인관계)도 다른 스타일로 다가온다. 사랑의 여섯 가지 주요 스타일에는 낭만적 사랑, 유희적 사랑, 우애적 사랑, 실용적 사랑, 소유적 사랑, 이타적 사랑이 있다.

- 낭만적 사랑(eros)은 아름다움과 관능미를 추구

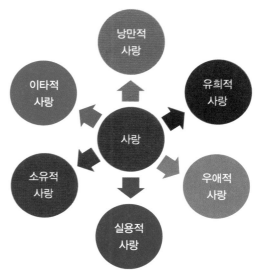

[그림 7-2] **사랑의 유형**

하고 신체적 매력에 중점을 둔다. 낭만적 사랑을 하는 사람은 현실적으로는 달성할 수 없는 이상화된 아름다움의 이미지를 갖고 있다. 결과적으로 이 사랑은 종종 성취되지 않은 느낌이 든다.

- 유희적 사랑(ludus)은 오락과 흥분을 추구하고 사랑을 재미로, 그리고 게임으로 본다. 유희적 사랑을 하는 사람에게는 사랑이 심각하게 받아들여지지 않는다. 이 유형의 사람은 파트너가 자신에게 흥미롭고 즐거울 때까지만 관계를 유지한다. 파트너가 더 이상 흥미롭지 않다면 바뀔 때가 되었다고 본다.

- 우애적 사랑(storge)은 평화롭고 평온한 사랑이다. 유희적 사랑과 마찬가지로 우애적 사랑도 열정과 강렬함이 부족하다. 이 유형의 사람은 연인을 찾는 것이 아니라 자신이 알고 있는 사람이나 관심사 및 활동을 공유할 수 있는 사람과 다정한 관계를 맺는다. 우애적 사랑은 생각과 감정을 전개하는 점진적인 과정이며 때로는 우정과 구별하기 어렵다.

- 실용적 사랑(pragma)은 실용적이고 전통적이며 양립 가능성 및 중요한 요구와 욕구를 충족시킬 관계를 추구한다. 이 사람은 개인적 자질보다 잠재적 배우자의 사회적 자질에 더 관심이 있다. 연인이 될 사람의 가족과 주변 배경 등은 실용주의적 애인에게 중요한 포인트가 된다.

- 소유적 사랑(mania)은 지속적인 관심과 애정을 주고받아야 하는 강박적인 사랑이다. 관심과 애정이 일정하지 않거나 확신의 표현이 돌아오지 않을 때, 우울, 질투, 자기 의심과 같은 반응은 극단적인 우울함을 초래할 수 있다.

- 이타적 사랑(agape)은 자비롭고 이기적이지 않다. 이 사람은 길 위의 낯선 사람과 짜증 내는 이웃 모두를 사랑한다. 예수, 부처, 간디는 영적인 사랑을 실천하고 설교했는데, 이타적 사랑은 개인적인 보상이나 이득에 대한 걱정이 없고, 그 사랑이 보답될 것이라는 어떤 기대도 없는 사랑이다.

남성과 여성은 그들이 선호하는 사랑의 유형이 다르다(Hendrick, Hendrick, Foote, & Slapion-Foote, 1984). 예로, 남성은 낭만적이고 유희적인 사랑을 선호하는 반면, 여성은 소유적, 실용적이며 우애적 사랑을 선호한다. 이타적 사랑에 대한 차이는 발견되지 않았다. 남성과 여성은 비슷한 정도로 사랑을 경험하는 것으로 보인다(Rubin, 1973). 그러나 여성은 남성보다 동성 친구에 더 큰 사랑을 나타낸다. 이는 남녀 간의 실제 차이를 반영할 수도 있고, 남성에 대한 더 큰 사회적 제한의 기능일 수 있다. 남성은 다른 남성에 대한 사랑을 인정해서는 안 되지만, 여성은 다른 여성에 대한 사랑을 허용하는 것으로 보인다.

사랑에 대한 흥미로운 문화적 관점은 자적(낭만적, 유희적, 소유적 사랑 같은)과 자제(우애적, 실용적, 이타적 사랑 같은)의 문화적 차원을 보면 알 수 있다. 첨부된 문화 지도를 참조하라.

가족 관계

가족은 현대 생활의 중심이다. 가족이 다양한 형태가 되어 큰 변화를 겪고 있음을 알아 두는 것은 놀랄 일이 아니다. 〈표 7-1〉은 미국 인구 조사에서 발견된 몇 가지 주요 변경 사항을 보여 준다.

〈표 7-1〉 2010~2011년 미국의 가정

다음은 미국 인구 조사에서 미국 가족에 대한 몇 가지 조사 결과이다. 각 결과에 대해 이러한 변화의 이유와 가능한 추세를 확인하고, 140자 이하의 한 문장으로 미국 가정에서 일어나는 변화를 요약하라.

- 1인 가구 비율은 27%(1990년 25%에서)였다.
- 다세대 가구의 비율은 16%(1990년의 14%에서)였다.
- 미혼 여성의 출산 비율은 41%(1990년의 26%에서)였다.
- 결혼한 여성의 50%가 26세(1990년 24세 이상)에 결혼했다.
- 2%의 사람들이 혼혈인 것으로 나타났다(2000년 1.6%에서 증가).
- 2011년에는 18세에서 24세 사이의 남성 59%와 여성의 50%가 부모와 함께 살고 있다(2005년 남성의 53%와 같은 연령의 여성의 46%와 비교).
- 2010년에는 전체 성인의 51%가 결혼했다(2000년 전체 성인의 57%와 비교).
- 2010년 가족의 평균 규모는 2.59이다. 2000년에는 2.62였다.

전통적인 핵가족(즉, 부모-자녀 가족)에 적용되는 커뮤니케이션 원칙은 모든 가족 구성에게도 적용된다. 이어지는 논의에서 일차적 관계라는 용어는 두 주요 당사자(예: 남편과 아내, 남편과 남편, 아내와 아내, 연인 또는 동거인) 사이의 관계를 나타내며, 가족이라는 용어는 어린이, 친척, 그리고 여러 가지 중요한 다른 것을 포함하는 더 넓은 관계 영역을 나타낼 수 있다.

일차적 관계(primary relationship)는 파트너를 가장 중요한 대인관계로 간주하는 두 사람 간의 관계이다. 일차 관계의 흥미로운 유형론(공유 정도, 공간 필요성, 갈등, 함께 보내는 시간에 대한 1,000쌍 이상의 커플의 응답에 기초함)은 세 가지 기본 유형을 나눈다(Fitzpatrick, 1983, 1988, 1991; Noller & Fitzpatrick, 1993). **전통적 커플, 독립적 커플, 분리된 커플이다.**

문화 지도: 자적과 자제 지향

Hofstede, Hofstede와 Minkoff(2010)의 『세계의 문화와 조직: 정신의 소프트웨어(Cultures and Organizations: Software of the Mind)』에 따르면, 문화는 그 안의 구성원이 특정 활동에 참여할 의지와 가능성에 따라 다르다. 어떤 문화는 현재의 즐거움의 경험과 표현(그리고 그에 따르는 긍정적인 감정)을 강조하고, 어떤 문화는 사람들에게 그러한 경험과 그에 따르는 감정을 미루도록 가르친다. 이는 자적 문화와 자제 문화를 구별하는 근거이다. 자적 문화로 식별된 국가는 개인 욕망의 만족을 강조하는 경향이 있는 반면, 자제가 높은 것으로 식별된 문화는 그러한 즉각적인 만족을 견디는 대신 미래를 위한 계획과 저축에 집중하는 경향이 있다. 당신이 이 지도를 알아볼 때, 이 연구는 오직 문화의 경향만을 인정하는 것이지 확인된 국가의 모든 개인적 경험이 아니라는 것을 기억하라.

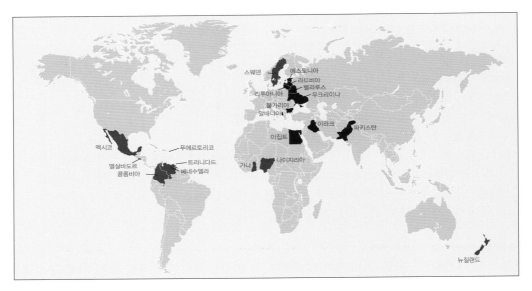

이 지도에서 빨간색으로 표시된 **자적 문화**권의 사람은 욕망의 충족을 강조하며 가장 행복한 문화 중 하나이다. 그들은 자신이 자신의 삶을 통제하고 충분한 여가 시간을 가지고 있다고 본다. 이 문화는 또한 우정과 친밀한 관계의 중요성을 강조한다.

이 지도에서 파란색으로 표시된 **자제 문화**권의 사람은 개인적인 만족을 억제하고, 자적 문화의 사람보다 덜 행복하다. 그들은 자신이 자신의 삶에 대한 통제력이 거의 없고 여가 시간이 거의 없다고 본다. 우정과 친밀한 관계는 덜 중요하다.

당신은 자적 문화의 사람과 자제 문화의 사람이 같은 수의 Facebook 친구를 갖고 있다고 추측할 수 있는가? 그들의 Twitter 행동은 어떻게 다른가? Pinterest 보드 또는 Instagram 사진이 다른가?

- **전통적 커플**은 기본 신념 체계와 삶의 철학을 공유한다. 그들은 스스로를 두 사람이 분리된 두 개인이라기보다는 결합된 한 커플로 본다. 그들은 상호의존적이며, 각 개인의 독립성은 그 관계의 유익을 위해 희생되어야 한다고 믿는다. 그들의 커뮤니케이션에서 전통은 서로에 대한 반응성이 높다는 것이다. 그들은 서로를 향해 몸을 기대고 미소를 짓고 많이 말하고 서로 방해하고 서로의 문장을 끝맺는다.
- **독립적 커플**은 각자의 개성을 강조한다. 관계도 중요하지만 각 개인의 정체성보다 중요하지는 않다. 독립적인 사람은 상대와 많은 시간을 함께 보내지만, 스케줄을 맞추지는 않기 때문에 의례적으로 함께하는 시간을 맞추지 않는다. 각 개인은 외부의 친구와 시간을 보낸다. 독립적인 사람 간의 커뮤니케이션은 반응적이다. 그들은 공공연히 충돌한다. 그들의 사적인 영역은 상당히 광범위하며 일반적으로는 없는 예외적인 영역까지도 포함한다.
- **분리된 커플**은 함께 살지만, 서로의 사랑이나 친밀감의 결과보다는 편의의 문제로 관계를 본다. 그들은 함께하고자 하는 욕구가 거의 없는 것 같으며, 실제로 식사 시간이나 휴일 모임과 같은 의식적인 경우에만 함께 있다. 이 커플에게는 각자 자신의 신체적 공간과 심리적 공간이 있어야 한다. 이 유형의 가장 중요한 특징은 각 개인이 자신을 '우리'의 일부가 아닌 분리된 개인으로 본다는 것이다.

커플과 마찬가지로 가족도 여러 가지 방법으로 가족 수, 애정 지향, 자녀의 유무 또는 대가족 구성원에 따라 분류할 수 있다. 커뮤니케이션 중심의 유형(Koerner & Fitzpatrick, 1997, 2004)에서 가족 유형은 동조와 대화 측면에서 알아볼 수 있다.

동조(conformity)는 가족 구성원이 유사하거나 다른 태도, 가치 및 신념을 표현하는 정도를 나타낸다. 그래서 우리는 동조가 높은 가족을 매우 유사한 태도, 신념, 가치관을 표현하고 충돌을 피하려고 하는 사람이라고 말할 수 있고, 동조가 낮은 가족 구성원을 매우 다른 태도, 신념, 가치관을 표현하고 갈등으로 인해 번번이 충돌이 발생한다고 말할 수 있다. 동조가 높은 가족에서는 자녀가 부모에게 따를 것을 기대하지만, 동조가 낮은 가족에서 부모는 아이의 말이나 행동에 덜 동조할 것이다.

대화(conversation)는 가족 구성원이 그들의 마음을 말할 수 있는 정도를 말한다. 대화 성향이 높은 가정은 가족 구성원이 다양한 이슈와 의견의 목소리를 내도록 장려한다. 대화 지향이 낮은 가정은 토론과 의견 표명을 저하시킨다.

이 두 가지 차원을 염두에 두고 다음과 같은 네 가지 유형의 가족을 식별할 수 있다.

- **합의적(consensual) 가족.** 대화가 많고 동조가 높다. 이 가족은 열린 커뮤니케이션과 동의를 장려한다.
- **보호적(protective) 가족.** 동조가 높고 대화가 적다. 이 가족은 동의를 강조하고 적은 커뮤니케이션으로 갈등을 피하려고 노력한다.
- **다원적(pluralistic) 가족.** 동조가 낮고 대화가 많다. 이러한 가족 구성원은 서로 다른 태도와 관점을 표현하고 서로 지지하면서 열린 커뮤니케이션에 참여하도록 장려한다.
- **자유방임적(laissez-faire) 가족.** 동조가 낮고 대화도 부족하다. 이 가족은 상호작용과 커뮤니케이션을 피하고 프라이버시를 장려하며, "당신이 원하는 일을 하시오."라는 태도를 취한다.

이러한 가족 유형은 가족 유형을 위한 설명일 뿐이다. 한 가족 유형이 다른 가족 유형보다 낮거나 생산적이라는 가정은 없다. 왜냐하면 어떤 사람에게는 효과가 있는 것이 타인에게는 효과가 없기 때문이다.

직장 관계

직장 관계는 다양한 유형으로 이루어진다. 여기서는 네 가지를 알아볼 것이다. 긍정적인 관계(네트워킹, 멘토링, 연애)에서부터 부정적인 괴롭힘까지 다룰 것이다.

뷰포인트. 네트워킹

당신의 성공은 '당신이 아는 것이 아니라 당신을 아는 사람에게 달려 있다.'라는 속담이 있다. 이는 네트워킹의 가치를 증명한다. 그러나 네트워킹에 의존하지 않는 많은 성공 사례가 있다. 한 네트워킹 이론가는 네트워킹과 전혀 상관없는 사례인, George Lucas, Justin Bieber 및 Adele의 사례를 인용했다 (Grant, 2017).

당신의 목표에 비추어 네트워킹이 자신의 전문적인 성공에 얼마나 중요한가?

네트워킹 관계 네트워킹(networking)은 타인을 통해 문제를 해결하거나 최소한 수많은 문제나 내려야 할 결정에 대한 통찰력을 제공하는 과정으로 볼 수 있다. 그러나 네트워킹은 생각보다 훨씬 광범위하여 블로그를 설정하는 방법, 저렴한 자동차 보험을 찾을 수 있는 곳, 적정한 아파트를 찾는 방법,

또는 정중하게 Facebook에서 친구 신청을 거부하는 방법까지 포함한다. 물론 네트워킹의 큰 가치는 다양하고 전문적인 정보에 대한 액세스를 제공한다는 것이다. 동시에 이는 당신이 혼자서 모든 정보를 찾아야 하는 경우보다 훨씬 쉽게 그 정보에 접근할 수 있게 해 준다.

네트워킹에서는 상호이익이 되는 관계를 구축하는 것이 좋다. 결국 타인이 당신에게 유용한 정보의 원천인 만큼 당신도 타인에게 유용한 정보의 원천이 될 가능성이 높다. 만약 당신이 타인에게 도움이 되는 정보를 제공할 수 있다면, 그들도 당신에게 도움이 되는 정보를 제공할 가능성이 높을 것이다. 이렇게 하여 상호 만족스럽고 생산적인 네트워크가 구축된다.

멘토링 관계 멘토링(mentoring)은 경험이 많은 개인(멘토)이 도움이 필요한 사람(멘티)에게 자신의 목표를 달성하는 방법을 배우도록 돕는 파트너십이다(Mullen, 2005; Caproni, 2012). 일부 조직 전문가는 멘토를 갖는 것이 계층 구조를 높이고 자신의 스킬을 개발하는 데 중요하다고 주장한다(Dahle, 2004). 예로, 숙련된 교사는 새로 왔거나 전에 배운 적 없는 젊은 교사를 지도할 수 있다(Nelson, Pearson, & Kurylo, 2008). 멘토는 조직에서 새로운 사람을 안내하고 성공을 위한 전략과 기술을 가르치며 축적된 지식과 경험을 멘티에게 전달한다.

멘토링은 온라인에서 자주 행해진다. e-멘토링의 가장 큰 장점 중 하나는 커뮤니케이션을 가능하게 하는 유연성이다. 예로, 이메일은 관련된 개인에게 편리한 시간에 서로 주고받을 수 있다(Stewart, 2006). 또한 개인이 지리적으로 분리되어 있기 때문에 온라인 커뮤니케이션 없이는 불가능한 관계인 해외 및 다양한 문화의 사람과 멘토-멘티 관계를 가질 수 없다. 또 다른 장점은 쉽게 이동할 수 없는 장애인(멘토 또는 멘티)이 e-멘토링으로 이익을 얻을 수 있다는 것이다(Burgstahler, 2007).

사람들이 새로운 친구를 사귀고 관계를 유지해 온 사람과 연락을 유지할 수 있는 장소로 설계된 소셜네트워킹 사이트는 멘토링과 네트워킹을 점점 더 많이 사용하고 있다. 일부 사이트는 '초대에 의해서만' 연결되며 이는 폐쇄적 커뮤니티나 회원제 골프장과 유사하다. 이 사이트들은 우정을 위해서가 아니라 멘토링과 네트워킹을 위해서만 고안된 것 같다(MacMillan & Lehman, 2007). 예로, Reuters Space는 헤지펀드 관리자가 네트워크에 연결하기 위한 전용 온라인 커뮤니티이다.

사내 연애 사내 연애에 대한 의견은 매우 다양하다. 긍정적인 측면에서 직장은 잠재적 연애상대를 만나기에 완벽한 장소인 것으로 보인다. 같은 사무실에서 일하고 있다는 사실 때문에 같은 분야에 관심이 있고, 유사한 교육과 야망을 갖고 있으며, 함께 상당한 시간을 보내고

JOURNAL   커뮤니케이션 초이스 포인트

어색한 선물

당신과 친해지는 과정에서 동료가 당신에게 사적인 선물을 주었다. 생각보다 지나치다 싶을 정도의 사적인 선물이었다.

선물을 거절하면서도 데이트 가능성을 배제하지 않는 말에는 어떤 것이 있는가? 원하는 효과를 얻을 가능성이 가장 높은 것은 무엇인가? 어떤 선택이 데이트 가능성을 없앨 것인가? 당신은 무엇을 말할 것인가?

있다고 생각한다. 이 모든 요소가 성공적인 대인관계의 발전을 촉진시킨다. 또 다른 장점은 사내 연애가 업무 만족도를 높일 수 있다는 것이다. 다른 직원에게 낭만적인 관심으로 끌리는 경우 함께 일하며 연장 근무를 더 즐거워하거나 만족스럽게 생각할 수 있다.

그러나 이 관계는 승진이나 부서 이동 등이 필요한 경우 문제가 발생할 수 있다. 사내 연애가 나빠지거나 일방적일 때, 특히 어려울 수 있다. 한 가지 분명한 문제는 전 애인을 정기적으로 서로 봐야 하고, 계속 같이 일하는 것 자체가 스트레스가 될 수 있다. 다른 직원은 한 파트너를 지지하고 다른 파트너를 비판하면서 어느 한 편에 서야 한다는 느낌을 받을 수 있으며, 이는 조직 전체에 마찰을 일으킬 수 있다. 더 심각한 또 다른 문제는 성희롱 혐의가 발생할 수 있는데, 특히 그 연애가 관리자와 직원 사이에 이루어질 경우 더욱 그러하다.

일반적인 직장 내 스트레스(명시적 정책, 규정, 규칙 등)와 연애의 정상적인 스트레스를 함께 처리하는 과정에서 발생하는 문제가 사내 연애의 장점보다 크다. 그러므로 직원은 일반적으로 사내 연애를 하지 말라는 충고를 받는다. 우정이 훨씬 안전한 과정으로 보인다.

뷰포인트. 사이버 왕따

학교폭력에 대한 연구에서, 학생의 73%(12~17세)는 학교에서 따돌림을 당했다고 응답했고, 44%는 그것이 지난 30일 동안 발생했다고 언급했다(Cyberbullying Research Center, 2016). 괴롭힘의 대표적인 폭력 형태는 수치스러운 이름을 짓거나 농담의 대상이 되도록 만들기(88%), 집단에서 소외시키기(77%)였다. 사이버 폭력에 대한 연구에서 남성의 31%와 여성의 36%가 사이버 괴롭힘을 당했다고 답했다. 이러한 괴롭힘의 가장 일반적인 형태는 소셜미디어 사이트에 대한 악플을 다는 것이고(80%), 70%는 루머를 퍼뜨리는 것이다.

당신의 학교나 직장 또는 사이버에서의 괴롭힘에 대한 경험은 무엇인가? 이 행동은 어떤 방법으로 사용되는가? 어떤 방법으로 막을 수 있는가?

왕따(괴롭힘)   직장 내에서 특히 두드러진 **괴롭힘**(bullying, 친밀한 관계, 놀이터 또는 가족에서도 괴롭힘은 일어난다)은 한 사람(또는 집단)이 다른 누군가를 상대로 반복적으로 학대하는 것이다. 괴롭힘은 하나의 패턴이 된 행동이고, 직장 내에서 드문 예라기보다는 빈번히 일어난다. 놀이터에서 괴롭힘은 대개 신체적 학대를 수반한다면, 직장에서의 (적어도 대부분의 문명화된 국가에서는) 괴롭힘은 언어적인 괴롭힘이다. 이 괴롭힘은 다른 직원에 대한 험담, 농담의 대상으로 만드는 것, 그들을 열등하다고 평가하는 것으로 그들을 자주 방해하거나 그들의 생각에 적절한 관심을 주지 않는 것 등 다양한 형태를 취할 수 있다. 사회적 기능, 언어적 모욕, 험담, 부정적 표정, 비웃음, 시선을 피하는 것, 지나친 비난, 남들보다 더 가까이에서 감시(관찰), 종종 고함치고 공공장소에서 불필요하게 비난하기 등이 여기에 해당한다. 윤리적 관점에서 볼 때, 괴롭힘은 개인의 존엄성에 대한 권리와 자유로운 직장을 파괴하므로 비윤리적이다.

괴롭힘의 특별한 유형은 사이버 왕따로 Facebook, Twitter, 이메일, 인스턴트 메시지, 블로그 게시물 등 어떤 전자 통신 시스템을 통해서도 일어날 수 있으며, 위협적인 메시지나 이미지를 보내거나, 부정적인 댓글을 올리거나, 비밀을 폭로하거나, 타인에 대해 거짓말을 하는 형태를 취할 수 있다. 사이버 왕따가 중요한 이유 중 하나는 언제든지 일어날 수 있기 때문이다. 메시지, 사진, 비디오는 빠르고 광범위하게 배포될 수 있고 괴롭히는 사람은 거짓 이름이나 익명성 뒤에 숨을 수 있다. 이 공격은 전자통신망을 통해 발생하기 때문에 종종 대면 공격에서 이루어지는 것보다 더 잔인하다(Hinduja & Patchin, 2008).

온라인 관계

대면과 온라인 경험을 모두 포함하는 우정, 연애, 가족, 직장 관계 외에도 **온라인 전용 관계**(online-only relationship)라고 불리는 또 다른 집단이 있다. 이러한 관계의 예로, Twitter와 팔로워, 블로거와 독자, Facebook 친구나 LinkedIn의 연락자 사이에 존재하는 관계이다. 더욱 효과적인 관계에 대한 제안은 효과적인 커뮤니케이션에 대한 제안과 동일하다. 모든 관계에서 강조되는 것은 (독백보다는) 대화이다. 실제로 Web2.0의 본질적인 의미를 규정하는 특성은 온라인 경험을 독백(예: 온라인 신문을 읽는 것)에서 대화(코멘트/리뷰/좋아요 누르기/+1-ing가 통신 경험의 필수적인 부분인)로 옮기는 것이다.

트위팅 다른 소셜네트워크 사이트와 달리, 사람들은 당신이 좋아하든 그렇지 않든 Twitter에서 당신을 팔로우할 수 있다. 그러나 당신과 당신을 따르는 사람 사이에 어떤 종류의 관계를 원한다고 가정하면, 다음의 제안을 고려해야 한다. 이러한 모든 제안 목록에서 권고사항은 일반적으로 모든 소셜네트워크에 적용 가능하지만, 일부는 다른 SNS보다는 Twitter와 같은 특정 SNS에 맞는 것으로 보인다.

- 리트윗을 위한 공간을 남겨 두라(리트윗을 원할 경우).
- '빠른 추적' 도구를 피하라. 이는 문제를 일으킬 것이다.
- 자신에게 관심 있는 항목을 트윗하고 독자도 염두에 두어야 한다.
- 비판을 개인적 공격이라기보다는 대화의 시작으로 취급한다.
- 알맞게 트윗하라. 발생하는 모든 것이 트윗될 필요는 없다.
- 긍정적으로 트윗을 하고, 불쾌한 트윗을 피하라.
- 원하는 것을 공개하고, 원하지 않는 것을 숨기는 완전한 프로파일을 만들라.
- 홍보 자료를 제한하라. Twitter는 개인적이다.
- 리트윗을 받고 싶은 경우 리트윗하라.

블로깅   많은 사람이 블로그를 독백적이라고 보고 있지만, 블로그는 대화식이라고 보는 것이 가장 좋다. 블로그의 큰 가치는 대화를 만드는 것이다. 그래서 블로그 포스트는 적어도 전통적인 블로그의 경우, 블로그에 자주 방문하는 특정 청중을 위한 개인적인 생각과 정보를 제공하는 것이 이상적이다. 개인적인 생각과 정보제공이 당신의 목표라고 가정하거나 이에 가까운 것이라고 가정하면, 여기에 보다 효과적인 상호작용을 위한 몇 가지 제안이 있다.

- 신디케이션(syndication, 공동의 목적을 달성하기 위해 만든 잠정적인 조직을 만들어 활동)을 제공하라. RSS 피드(Rich Site Summary Feed, 사용자가 원하는 웹사이트의 정보 목록을 사용자의 SNS에서 구독할 수 있도록 하는 기능)는 블로그 게시물의 확산에 큰 도움이 된다.
- 정보적이고 개인적이어야 한다. 블로그 게시물은 보다 순수하게 정보를 제공하는 기사나 웹사이트보다 본질적으로 더 개인적이다.
- 스타일과 형식이 일관되어야 한다. 이는 당신의 블로그를 독특한 것으로 브랜딩하는 데 도움이 될 것이다.
- 테마를 중심으로 블로그와 게시물을 작성하라. 주제와 무관한 게시물은 일반적으로 소음으로 인식되며 독자를 잃을 수 있다.
- 댓글에 회신하고 대화하라.
- 자주 읽는 게시물과 그렇지 않은 게시물에 대한 통찰력을 얻을 수 있도록 통계를 추적한다.
- 매력적인 제목 및 관련 식별 라벨을 작성한다. 타인이 당신의 자료를 최대한 쉽게 찾을 수 있도록 하라.

소셜/직장 네트워킹   가장 먼저 떠오르는 소셜미디어는 Facebook일 것이다. Google+와 Myspace는 여러 소셜미디어와 유사한 목적으로 사용된다. 반면, LinkedIn과 Plaxo는 주로 비즈니스 목적(예: 구직 또는 승진, 구인, 네트워킹 또는 멘토링 후보 찾기)을 제공한다. 이러한 차이에도 불구하고, 일부 유사한 제안은 이러한 유형의 사이트에서 효과적인 관계와 커뮤니케이션에 도움을 준다.

- **사진을 게시할 때 조심해야 한다.** 부정적인 영향을 줄 수 있는 사진, 특히 알코올이나 약물과 함께 사진을 업로드할 때는 주의하라. 흥미롭게도, 한 연구자에 의해 조사된 225개의 프로필 중 85%(평균 19.9세)가 알코올을 언급했다는 것을 발견했다(Egan & Moreno, 2011).
- **현재 위치에 대해 긍정적으로 생각한다.** 온라인에서 모든 사람이 볼 수 있는 가운데 당신의 직업에 대해 불평하는 것은 경영진에게 당신에 대해 덜 긍정적이게끔 만들 수 있고, 미래의 고용주가 당신을 불평꾼으로 그리고 새로운 조직에 대해 비판적일 수 있는 사람으로 보이게 할 수도 있다.
- **업무 관련 유머에 주의해야 한다.** 비록 당신은 재미있다고 생각하더라도 부정적인 업무 습관을 드러내거나 부적절한 직장 행동을 논의하지 말아야 한다.
- **친구 목록 또는 Google+ 서클을 사용하라.** 당신이 특정 정보를 보고자 하는 사람과 그렇지 않은 사람을 선택적으로 구분해야 한다. 다시 말하지만, 당신의 메시지를 받는 사람은 아무에게나 그 메시지를 공유할 수 있다는 것을 기억하라.
- **게시물은 남아 있음을 기억해야 한다.** 오랫동안 기대했던 데이트를 위해 옷을 입는 것보다 소셜네트워크 프로필에 더 많은 관심을 기울여야 한다. 결국, 온라인 프로필은 외출할 때 복장보다 더 강력한 힘을 유지한다.
- **동료에게 판매하지 않는다.** 게시물(적어도 Facebook 및 Google+)은 개인적이고 유익한 정보를 유지한다.
- **동료를 적당히 태그한다.** 먼저, 당신이 소통하고 있는 집단의 규범을 배우라.
- **동료와 친구 관계를 고려하라.** 개인적인 면을 보이는 데 어려움이 있다고 생각되는 사람과는 친구가 되는 것을 피하라.

대중 매체로 표현되는 대인관계는 우리 문화가 관계를 보는 방식과 관계 커뮤니케이션의 원칙에 대한 흥미로운 관점을 제공한다. 다음 활동을 통해 종일 노출되는 모든 미디어를 생각하고 관계에 대한 메시지를 고려해 보라.

텔레비전(드라마, 시트콤, 광고, 토크쇼, 리얼리티 쇼), 신문, 잡지, 블로그, 웹사이트, 음악 및 영화 등 모든 형태의 미디어를 보고 대인관계에 대한 커뮤니케이션의 가치와 태도를 파악하시오. 그런 다음 질문에 응답하시오.

- 대중 매체가 특정 유형의 관계를 승인하고 다른 관계를 승인하지 않는가?
- 미디어는 어떻게 우정, 사랑 및 가족을 정의하는가?
- 관계 규정에 대해 언론에서는 뭐라고 하는가?
- 미디어는 관계 폭력 및 배우자 학대와 같은 대인관계의 어두운 면을 어떻게 다루고 있는가?

대인관계 이론

7.4 매력, 규칙, 사회 교환 및 형평성 이론을 설명한다.

몇몇 이론은 사람들이 왜, 그리고 어떻게 관계를 발전시키고 끝내는지에 대한 통찰력을 제공한다. 여기서는 네 가지 매력, 관계 규칙, 사회 교환, 형평성 이론을 알아볼 것이다.

매력 이론

매력 이론(attraction theory)은 사람들이 매력을 바탕으로 관계를 형성한다고 주장한다. 당신은 틀림없이 어떤 사람에게는 끌리고 다른 사람에게 끌리지 않는다. 반대로 어떤 사람은 당신에게 끌리지만 누군가는 당신에게 끌리지 않을 것이다. 대부분 여섯 가지 주요 요인인 **매력, 유사성, 사회경제적 및 교육적 지위, 근접성, 강화, 호감의 상호성**에 따라 타인에게 매력을 느낀다.

- **신체적 매력 및 성격.** 사람들은 신체적으로 매력적이지 않은 사람보다 신체적으로 매력적인 사람을 좋아한다는 것을 쉽게 알 수 있다. 그런데 분명하지 않은 것은 우리가 덜 매력적인 사람보다 더 매력적인 사람에게 더 친숙하다는 느낌을 준다는 것이다. 즉, 우리는 그 사람이 매력적이라면 사람을 만나 본 적이 있다고 생각할 가능성이 더 높다고 판단한다(Monin, 2003). 비록 사람들은 그들에게 매력적인 성격과 그렇지 않은 성격에 대해서는 서로 다르지만, 당신은 불쾌한 성격보다는 유쾌한 성격을 가진 사람을 좋아하는 경향이 있을 것이다. 여러 사람이 다양한 성격의 특징을 매력적이라고 생각하는 사실은 모든 사

람에게는 누군가가 있는 것처럼 보이고 이는 위로가 되는 생각일 것이다.

- **유사성.** 유사성(similarity)의 원리에 따르면, 만약 당신이 배우자를 만날 수 있다면, 당신의 파트너는 당신과 매우 비슷하게 닮고, 행동하고, 생각할 가능성이 있다(Burleson, Samter, & Luccetti, 1992; Burleson, Kunkel, & Birch, 1994). 일반적으로 사람들은 국적, 인종, 능력, 신체적 특징, 지능, 태도에서 자신과 비슷한 사람을 좋아한다(Pornpitakpan, 2003). 때때로 사람들은 **상보성(complementarity)**이라는 패턴으로 반대편에 끌린다. 예로, 지배적인 사람은 더 복종적인 사람에게 끌릴 수 있다. 그러나 일반적으로 사람들은 비슷한 사람을 선호한다.

- **사회경제적 및 교육적 지위.** 여기에는 대중적인 믿음이 있다. 사람들 사이에서 남성은 그녀의 사회경제적 지위(socioeconomic status)보다 여성의 신체적 특성에 더 관심이 있다. 실제로 연구에 따르면 여성은 신체적 속성을 강조하고 남성은 사회경제적 지위를 강조하며 인터넷에서 이성을 유혹한다(Whitty, 2003a, 2003b). 남성도 연애를 시작할 때 여성의 사회경제적 지위를 고려한다는 근거가 있지만, 여성은 사회경제적 지위가 더 매력적이라 생각하고 남성은 반대라고 생각한다. 남성은 자신보다 사회경제적 지위가 낮은 여성과 연애 관계를 맺을 가능성이 더 크다고 보고한다. 또한 남성은 교육 수준이 높은 여성(종종 사회경제적 지위가 높은 여성)의 선호도가 낮고, 그러한 여성과의 연애 관계 가능성이 낮아진다(Greitemeyer, 2007).

- **근접성.** 당신이 매력적이라고 생각하는 사람들을 둘러보면 근접성(proximity)이 적용되어 있을 것이다. 당신은 그들이 당신 가까이에 살거나 일하는 사람임을 알게 될 것이다. 친구가 되는 사람은 상호작용할 수 있는 가장 큰 기회를 가진 사람이다.

- **강화.** 당신은 간단한 칭찬에서 비싼 크루즈까지 보상이나 강화(reinforcement)를 제공하는 사람에게 마음이 끌린다. 반대로 당신은 당신이 보상하는 사람에게 끌

뷰포인트. 매력적인 성격

한 연구에서 가장 인기 있는 성격 특성을 조사하고 다섯 가지를 발견했다. 이는 친절과 이해, 지능, 유머감각, 재미추구, 흥미로움이다(Proyer & Wagner, 2015; Dean, 2017).

당신이 생각하는 잠재적 연인이 될 수 있는 다섯 가지 특성은 무엇인가? 이 중 어느 것을 소유하고 있는가?

린다(Jeker & Landy, 1969; Aronson, Wilson, & Akert, 2013). 즉, 당신은 호의를 베푸는 사람을 좋아하게 된다.

- **호감의 상호성.** 당신은 당신에게 끌린다고 생각하는 사람에게 끌리는 경향이 있고 당신을 좋아하는 것처럼 보이는 사람을 좋아하게 된다. 우리는 잠재적인 우정과 연애관계를 보면, 우리를 좋아한다고 생각하는 사람과 관계를 시작하지만, 확실히 우리를 싫어한다고 생각하는 사람과는 관계를 시작하지 않는다. 우리는 웃는 사람을 좋아한다. 왜냐하면 그 미소가 우리를 좋아한다는 것을 말해 주기 때문이다. 심지어 사람들은 일반적으로 좋아한다고 표현하는 사람(선호자)을 그렇지 않은 사람보다 더 좋아한다는 증거도 있다(Eastwick & Finkel, 2009).

관계 규칙 이론

JOURNAL 커뮤니케이션 초이스 포인트

가상현실에서의 외도
당신은 당신의 파트너가 지난 15년간 살아오면서 무언의 관계 규칙을 깨면서 온라인(또는 다른 나라)에서 누군가와 바람을 피웠다는 것을 발견했다. 당신은 일반적으로 바람피운 행위는 커뮤니케이션의 실패로 인해 나타난다는 것을 알 것이다(Young, Griffin Shelley, Cooper, O'Mara, & Buchanan, 2000). 당신은 이 온라인 관계의 정도와 이 불륜에 대한 상대의 의도를 알고 싶다.
원하는 정보를 얻기 위해서 당신이 할 수 있는 말은 무엇인가? 각 전략의 장단점은 무엇인가? 뭐라고 말할 것인가?

대인관계를 지배하는 규칙의 관점에서 알아보면 대인관계에 대한 흥미로운 관점을 얻을 수 있다(Shimanoff, 1980). **규칙 이론**(rules theory)의 일반적인 가정은 우정, 사랑, 가족 그리고 일과 같은 관계가 특정 규칙을 준수함으로써 함께 유지된다는 것이다. 그러한 규칙이 깨졌을 때, 그 관계는 악화되고 심지어 끝날 수도 있다.

관계 규칙 이론은 관계의 여러 측면을 명확히 하는 데 도움이 된다. 첫째, 이러한 규칙은 성공적 관계와 파괴적 관계 행동을 구별하는 데 도움이 된다. 관계의 규칙을 알아보면 관계에 문제가 있는 이유(예: 규칙이 깨짐) 및 복구 방법(즉, 어떤 규칙이 강화되고 준수되어야 하는지)을 더 잘 알 수 있다. 둘째, 규칙이 무엇인지 안다면 관계를 발전시키고 유지하는 데 관련된 사회적 기술을 더 잘 습득할 수 있다.

우정 규칙 우정 규칙에 따르면, 우정을 유지하는 것은 규칙을 알고, 우정이 요구하는 적절한 대인관계 기술을 적용할 수 있는 능력에 달려 있다(Trower, 1981; Blieszner & Adams, 1992). 우정 규칙에는 친구를 위해 성공에 대한 정보와 느낌을 공유하고 친구를 위한 정서적 지원을 보여 주며 필요할 때 친구를 돕고 신뢰하고, 같이 있을 때 친구를 행복하게 하려고 노력하는 등의 행동이 포함된다(Argyle & Henderson, 1984; Argyle, 1986). 이러한 규칙을 준수하면 우정은 강력하고 상호 만족하는 관계가 형성된다. 그러나 규칙을 어기면 우정이 끝날 수 있다.

연애 규칙　연애 관계 또한 규칙의 관점에서 볼 수 있다. 한 연구에서는 연애 관계를 확립하고 따르는 규칙을 연구했다(Baxter, 1986). 이 규칙은 그 관계를 유지하거나, 또는 깨졌을 때는 악화되어 결국 헤어짐을 초래한다. 여기서 일반적인 가정은 만약 친밀한 연애 관계에 있다면 이러한 규칙을 따라야 한다는 것이다.

- 서로의 개별적인 정체성과 관계를 넘어서는 삶을 인정하라.
- 유사한 태도, 신념, 가치 및 관심사를 표현하라.
- 서로의 자존감과 자부심을 높이라.
- 서로 개방적이고 진심 어린 마음과 진실한 태도를 보이라.
- 서로에게 충성하고 충실하라.
- 함께 많은 시간을 공유하라.
- 실질적인 시간을 함께 보내라.
- 타인과 비교해 투자에 상응하는 보상을 취하라.
- 서로의 존재에서 신비하고 설명할 수 없는 '마법'을 경험하라.

가족 규칙　가족 커뮤니케이션 연구는 또한 가족을 정의하고 유지하는 데 있어서 규칙의 중요성을 지적한다(Galvin, Braithwaite, & Bylund, 2015). 친구나 연인의 규칙과 마찬가지로, 가족 규칙은 어떤 행동에 대해 보상받을 것인지(따라서 해야 할 일), 어떤 행동에 대해 처벌할 것인지(하지 말아야 할 것)를 알려 준다. 규칙은 또한 가족을 응집력 있는 단위로 정의하고 다른 유사한 가정과 구별하는 일종의 구조를 제공한다. 가족 규칙은 세 가지 주요 커뮤니케이션 문제를 포함한다(Satir, 1983).

- 무슨 이야기를 할 수 있는가? 가족 재정에 대해 이야기할 수 있는가? 할아버지의 음주? 가족의 라이프 스타일?
- 어떤 것에 대해 어떻게 말할 수 있는가? 동생의 운동 능력이 부족하다고 농담할 수 있는가? 가족 역사 및 집안의 비밀에 대한 질문을 직접적으로 다룰 수 있는가?
- 누구에게 말할 수 있는가? 삼촌이나 숙모와 같은 대가족에게 공개적으로 이야기할 수 있

는가? 가족 건강 문제에 대해 이웃과 대화할 수 있는가?

직장 규칙   규칙은 또한 당신의 직장 관계를 지배한다. 이러한 규칙은 대개 직원이 복장, 성희롱 등에 대한 공식 규정뿐만 아니라 다른 직원(특히 승진하는 직원)을 관찰함으로써 배울 수 있는 기업 문화를 포함한다. 물론 각 조직마다 규칙이 다르므로 어떤 상황에서 어떤 규칙이 작동하는지 확인하는 것이 중요하다. 다음은 직장에서 적용되는 규칙이다.

- 매우 열심히 일하라.
- 팀별로 협력하라. 회사의 이익이 우선이다.
- 경쟁 회사의 직원에게 회사 정책과 계획을 공개하지 말라.
- 사내 연애하지 말라.
- 성희롱은 애초부터 생각조차 하지 말라.

윤리적 커뮤니케이션: 관계 윤리

우정 또는 연애, 가족 또는 직장 관계 내에서 작동하는 윤리적 문제와 지침을 고려하기 위한 출발점은 ETHICS로 시작한다. 이는 공감(Cheney & Tompkins, 1987), 대화(강제보다는), 정직(Krebs, 1989), 상호작용관리, 기밀유지 및 지지(Johannesen, 2001)이다.

- 공감(Empathy). 사람들은 관계 파트너와 공감해야 할 윤리적 의무가 있다.
- 대화(Talk). 관계에 대한 결정은 강제가 아니라 설득에 의한 것이 아니라 대화에 의해 이루어져야 한다.
- 정직(Honesty). 관계에서 커뮤니케이션은 정직하고 진실해야 한다.
- 상호작용관리(Interaction management). 관계에서 커뮤니케이션은 만족스럽고 편안해야 하며 이는 개인의 책임이다.
- 기밀유지(Confidentiality). 사람들은 가까운 관계에서 말하는 내용이 타인에게 공개되지 않을 것이라고 기대할 권리가 있다.
- 지지(Supportiveness). 지지적이고 협력적인 분위기는 관계에 있는 사람들의 대인관계를 특성화해야 한다.

윤리적 초이스 포인트
일반적으로 친한 동료는 당신에게 마치 Twitter 독백과 같이 그녀가 종일 있었던 모든 것을 듣기를 원했다. 그런데 더 이상 듣고 싶지 않다.
이 경우 동료와 자신의 윤리적 의무는 무엇인가?

사회 교환 이론

사회 교환 이론(social exchange theory)은 당신이 이윤을 극대화할 수 있는 관계를 발전시킨다고 주장한다(Thibaut & Kelley, 1986; Stafford, 2008). 비록 이 이론이 소셜미디어 이전에 공식화되었지만, 소셜미디어 관계에도 똑같이 잘 적용된다는 것을 알게 될 것이다. 이 이론은 단순한 방정식으로 설명 가능하다(이윤=보상−비용). 보상은 당신이 얻어야 할 모든 것이다. 연구에서는 여섯 가지 유형의 보상, 즉 관계상 금전, 지위, 사랑, 정보, 상품, 서비스에 대해 확인했다(Baron, Branscombe, & Byrne, 2009). 예로, 돈의 보상을 받으려면 놀기보다는 일을 해야할지도 모른다. 커뮤니케이션 강좌에서 A학점을 받으려면 당신이 원하는 것보다 더 많은 학기말 보고서를 쓰거나 공부해야 할지도 모른다.

비용은 당신이 보통 피하려고 하는 것, 당신이 불쾌하거나 어렵다고 생각하는 것이다. 예로, 초과근무, 설거지, 다림질하는 일, 당신의 파트너가 좋아하는데 당신이 지루하다고 생각하는 TV 쇼를 시청하는 일, 또는 당신이 싫어하는 사람을 위해 호의를 베풀기 등이 있다.

형평성 이론

형평성 이론(equity theory)은 당신이 당신의 비용에 대한 보상비율이 당신의 파트너와 거의 같은 수준이 되길 원한다고 주장한다(Walster, Walster, & Berscheid, 1978; Messick & Cook, 1983; Stafford, 2008). 만약 당신과 친구가 사업을 시작해서 당신이 수익의 2/3를 올리고, 당신의 친구가 1/3의 수익을 올린다면, 형평은 당신이 수익의 2/3를 얻고 당신의 친구는 1/3을 얻도록 요구할 것이다. 그러므로 형평한 관계는 각 당사자가 자신의 비용에 비례하는 보상을 얻는 것이다. 파트너보다 관계에 더 많이 기여한다면, 형평성을 위해서는 더 큰 보상을 받아야 한다. 만약 둘 다 똑같이 열심히 일한다면, 형평성은 대략적으로 동등한 보상을 받아야 한다고 요구한다. 당신은 또한 온라인 관계에서의 형평성에 대한 요구를 볼 수 있다. 만약 당신이 친구의 사진이나 게시물에 '좋아요' 또는 '+1'을 표시한다면, 당신은 상호성을 기대하고, 당신은 형평성을 기대한다. 실제로 소셜미디어는 합의되어 있지 않더라도 엄격한 형평성을 갖고 있다.

형평성 이론은 매일 보는 관계적 불만의 근원에 초점을 맞춘다. 예로, 관계에서는 두 파트너 모두 일을 하는 맞벌이가 될 수 있지만, 한 파트너가 가사일 대부분을 맡아서 할 수도 있다. 따라서 둘 다 똑같이 좋은 차를 갖고 있고, 방 세 개짜리 집에 같이 살고 있기 때문에 동등한 보상을 받을 수도 있겠지만, 여기서 보면 한 파트너만 더 많은 비용을 지불하고 있음을 알 수 있다. 이는 형평성 이론에 따르면, 이 관계에서는 한 파트너만 더 많은 비용을 지불하기 때문에 불만족스러울 것이다.

형평성 이론은 형평한 관계를 발전시키고 유지하며 만족하게 될 것이라고 주장한다. 그렇지 않은 관계는 불만족스러울 것이며, 이는 관계의 파국으로 이어진다. 형평하지 못할수록 불만족도 커지며 관계가 끝날 가능성도 커진다.

〈표 7-2〉는 이러한 대인관계의 네 가지 이론과 그들이 관계 발전과 악화에 대해 내리는 예측에 대해 간략한 요약을 제시한다.

〈표 7-2〉 관계 이론에 의해 예측된 단계 간 이동

당신은 이럴 때 친밀해진다	관계 단계	당신은 이럴 때 멀어진다
매력 이론 매력이 증가한다. 당신은 매력적이라고 생각하는 사람에게 매력을 느끼고, 자신과 비슷하며, 원하는 사회경제적 지위에 있고, 근처에 있고, 당신을 강화하고, 당신을 좋아하는 사람에게 끌린다.	접촉 / 관여	**매력 이론** 매력이 감소
규칙 이론 규칙은 편안하고 기꺼이 따른다.	친밀감	**규칙 이론** 규칙 위반, 무시 또는 불만족
사회 교환 이론 보상 증가, 비용 감소, 이익 증가 보상이 비용을 초과하면 관계가 형성되고 유지된다.	악화	**사회 교환 이론** 보상 감소, 비용 증가, 이익 감소
형평성 이론 형평성이 우세하다. 각 자본은 지급된 비용에 비례하여 보상을 얻는다. 관계는 각 개인의 보상이 그들의 비용에 비례할 때 만족한다.	해체	**형평성 이론** 불평등이 존재하고 더 커진다. 한 사람이 혜택을 적게 받고 한 사람이 이익을 남긴다.

개념 요약

이 장은 대인관계의 단계와 유형, 그것이 형성되는 이유, 그리고 문화, 기술, 대인관계 이론에 대해 알아보았다.

대인관계의 장점과 단점

7.1 대인관계의 장단점을 설명한다.

1. 대인관계는 외로움을 줄이고 자존감을 높인다는 장점이 있다.
2. 대인관계의 단점 중 하나는 관계에서의 약점을 드러내고 관계 의무를 늘리기 위해 당신에게 압력을 가하는 것이다.

대인관계의 단계

7.2 대인관계 및 각 단계에서 발생하는 메시지의 단계를 설명한다.

3. 관계는 접촉, 개입, 친밀감, 악화, 관계 개선, 해체의 여섯 단계로 볼 수 있다. 각 단계는 초기 단계와 후기 단계로 세분화할 수 있다.
4. 관계 악화의 주요 원인으로는 관계 설정의 이유, 관계자의 변화, 성적 어려움, 일과 재정 문제 등이 있다.

대인관계의 유형

7.3 우정, 사랑, 가족, 직장 및 온라인 관계를 정의한다.

5. 우정은 상호, 수용, 연합의 관계로 분류될 수 있다.
6. 여섯 가지 사랑 스타일, 낭만적 사랑, 유희적 사랑, 우애적 사랑, 소유적 사랑, 실용적 사랑, 이타적 사랑이 확인되었다.
7. 일차 관계는 전통, 독립, 분리로 분류될 수 있다. 가족은 합의, 보호, 다원주의, 자유방임주의로 분류할 수 있다.
8. 업무 관계는 생산적(네트워킹과 멘토링), 파괴적이거나(왕따), 긍정적일 수 있고 부정적일 수 있다.
9. 온라인 관계는 더 효과적인 상호작용을 촉진하기 위해 그들만의 규칙을 갖고 있다.

대인관계 이론

7.4 매력, 규칙, 사회 교환 및 형평성 이론을 설명한다.

10. 매력은 신체 및 성격 매력, 유사성(특히 태도), 사회경제적 및 교육적 지위, 근접성, 강화, 호감의 상호성과 같은 요인에 달려 있다.

11. 관계 규칙 이론은 합의된 일련의 규칙을 고수함으로써 함께 유지되는 관계로 본다.

12. 사회 교환 이론은 당신이 가장 큰 이익을 내는 관계를 발전시켜야 한다고 주장한다. 보상이 비용을 초과하는 관계는 추구하고, 비용이 보상을 초과하면 관계가 끝날 수 있다.

13. 형평성 이론은 당신이 비용에 비례하여 보상이 분배되는 관계를 발전시키고 유지한다고 주장한다. 만약 당신이 그 보상에 대한 몫이 자본에 의해 요구되는 것보다 적을 때, 당신은 불만을 경험하고 관계를 끝내기 쉽다.

기술 요약

대인관계에서의 다양한 관계 기술이 논의되었다. 다음에 제시된 내용을 읽어 보고 더 노력할 필요가 있는 항목에 (∨) 체크하시오.

_____ 1.   나는 관계의 친밀감에 기초하여 나의 의사 전달 패턴을 조정한다.

_____ 2.   나는 관계 악화를 만드는 커뮤니케이션 패턴의 변화를 확인할 수 있다.

_____ 3.   나는 악화된 관계를 치유하기 위해 허용된 관계 개선 전략을 사용할 수 있다. 예로, 부정적인 커뮤니케이션 패턴을 바꾸는 것, 소중히 여기는 행동을 사용하는 것, 긍정적인 행동 프로그램을 채택하는 것 등이다.

_____ 4.   나는 관계 해체를 다룰 수 있고, 외로움–우울증 주기를 깨고 자존심을 강화하며 도움을 찾는 것과 같은 기술을 적용할 수 있다.

_____ 5.   나는 다양한 유형의 우정을 이해하고 각 유형이 제공하는 목표를 식별할 수 있다.

_____ 6.   나는 다양한 유형의 사랑을 이해하고 사람들이 사랑할 수 있는 다양한 방법을 이해할 수 있다.

_____ 7.   나는 다양한 유형의 일차 관계와 가족을 이해하고, 그들 사이의 유사점과 차이점을 볼 수 있다.

_____ 8.   나는 직장에서 효과적으로 커뮤니케이션을 할 수 있다.

_____ 9.   나는 효과적인 온라인 커뮤니케이션을 위한 규칙을 따른다.

_____ 10. 대인관계 매력을 높이는 방법으로서 신체적 근접성, 강화, 유사성을 효과적으로 관리할 수 있다.

_____ 11. 우정, 연애, 가족관계, 직장관계 등의 규칙을 적절하게 적용할 수 있다.

_____ 12. 나는 내 관계의 보상과 비용을 어느 정도 파악할 수 있다.

_____ 13. 관계 형평성에 대한 상대의 인식을 높이 평가할 수 있고 관계를 보다 생산적이고 만족스럽게 만들기 위해 나 자신의 행동을 수정할 수 있다.

_____ 14. 나는 대면과 온라인 관계의 차이점을 이해하고 적절하게 행동을 수정할 수 있다.

_____ 15. 사내 연애의 장단점을 고려한다.

핵심 용어

이 장에서 논의된 주요 용어이다. 이 용어의 정의는 이 장의 본문에서와 책의 뒷부분에 수록된 용어집에 제시되어 있다.

강화	매력	유사성
개입	매력 이론	유희적 사랑(ludus)
관계 개선	멘토링	이타적 사랑(agape)
관계 발전	분리된 커플	일차적 관계
관여	사랑	전통적 커플
괴롭힘, 왕따	사회 교환 이론	접촉
규칙 이론	사회경제적 및 교육적 지위	준사회적 관계
근접	상보성	철수
끌어당기는 힘	소유적 사랑(mania)	친밀감
낭만적 사랑(eros)	실용적 사랑(pragma)	해체
네트워킹	악화	형평성 이론
대화 방향	온라인 전용 관계	호감의 상호성
독립적 커플	우애적 사랑(storge)	
동조 방향	우정	

대인 갈등 관리하기

8

"온라인에서의 갈등은 종종
온라인에서 해결하기 어렵다."

이 장의 주제

• 대인 갈등에 대한 소개
• 대인 갈등의 원리
• 갈등 관리 전략

학습 목표

8.1 대인 갈등을 정의하고 주요 갈등 이슈를 제시하며, 대인 갈등에 대한 근거 없는 미신에 대해 설명한다.

8.2 세 가지 갈등 원리에 대해 설명하고, 각각에 대한 예를 제시한다.

8.3 효과적인 그리고 비효과적인 갈등 관리 전략을 구분하고 기술한다.

다양한 대인관계에서 우리는 종종 갈등을 경험하고 이는 우리 삶에 상당한 영향을 미친다. 대인 갈등은 때때로 부정적 의도, 불안 및 관계 문제를 야기한다. 그러나 모두 알겠지만 갈등은 관계를 개선하고 강화할 수 있는 기회를 창출하기도 한다.

대인 갈등에 대한 소개

8.1 대인 갈등을 정의하고 주요 갈등 이슈를 제시하며, 대인 갈등에 대한 근거 없는 미신에 대해 설명한다.

우선, 대인 갈등의 의미를 명확히 정의한 후 대인 갈등을 일으키는 주요 문제와 갈등에 대한 오해를 알아볼 것이다.

대인 갈등의 정의

배우자와 함께 영화를 보러 가고 싶다. 그러나 배우자는 집에 있고 싶어 한다. 영화를 보러 가면 배우자가 원하는 것을 충족시킬 수 없고, 집에 있으면 내가 원하는 것을 이룰 수 없다. 모든 목표를 달성할 수 없기 때문에 갈등이 발생한다.

이 예에서 알 수 있듯이, 대인 갈등(interpersonal conflict)은 목표가 공존할 수 없다고 인식한 사람(예: 친한 친구, 연인, 가족 구성원) 간의 불일치로 정의할 수 있다(Hocker & Wilmot, 2018; Cahn & Abigail, 2014; Jandt, 2017; Folger, Poole, & Stutman, 2018). 구체적으로, 대인 갈등은 다음과 같은 경우에 발생한다.

- 상호의존적일 때. 상호의존적인 사람은 의미 있는 영향을 주는 방식으로 연결되어 있다. 한 사람의 행동이 타인에게 영향을 미친다.
- 목표가 양립할 수 없다는 것을 서로 알았을 때. 만약 한 사람의 목표가 달성된다면 상대의 목표는 성취될 수 없다. 예로, 돈이 충분치 않은 상황에서 한 사람은 차를 사고 싶어 하고 한 사람은 빚을 갚고 싶어 한다면 갈등이 발생한다.
- 한 사람의 목표 달성이 타인의 목표를 방해한다고 서로 인식했을 때. 예로, 나는 공부하고 싶

지만 룸메이트는 파티를 원한다. 한 가지 목표 달성은 다른 목표 달성을 방해하게 된다.

중요한 함의점은 상호의존성이 커질수록 (1) 갈등을 유발할 수 있는 문제의 수가 증가하고, (2) 갈등 자체와 갈등 관리 방식이 개인과 관계에 더 큰 영향을 미친다는 것이다([그림 8-1] 참조). 이를 통해 대인 갈등에 대해 이해하고 효과적인 갈등 관리 전략을 학습하는 것이 얼마나 중요한지 쉽게 인식할 수 있다.

대인 갈등의 주요 문제

eHarmony.com 웹사이트에 따르면 커플 간의 주요 갈등은 아홉 가지라고 한다. 이 외에 동성애자, 이성애자 부부를 대상으로 그들이 논쟁하는 이슈에 대한 연구에서 모든 부부에게 해당하는 여섯 가지 주요 갈등 쟁점(자유 시간, 돈, 가계 책임, 정치, 성, 자녀 및 애완동물, 종교, 질투 및 스트레스)을 발견했다(Kurdek, 1994). 가장 많이 언급되었던 순서대로 이 쟁점들이 나열되어 있다. 이 쟁점 중 몇 가지가 본인에게 해당하는지 확인해 보자.

- **친밀감 이슈.** 애정과 섹스
- **권력 이슈.** 과도한 요구와 소유욕, 관계, 친구들 그리고 여가 시간에서의 불평등
- **개인적 기호.** 음주, 흡연, 치장, 운전 스타일
- **몰입 부족/과다.** 빈번한 부재, 학교나 일에 과도한 몰입
- **사회적 이슈.** 정치나 사회 정책, 부모, 개인적 가치관
- **신뢰.** 과거 애인 또는 재정에 대한 거짓말

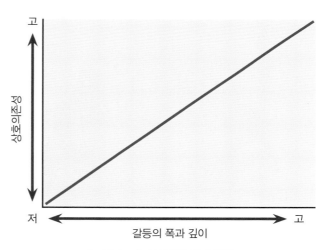

[그림 8-1] **상호의존성과 갈등**

잘 모르는 사람과의 갈등보다는 우리 삶에서 중요한 사람인 친한 친구, 가족, 애인, 회사 동료와의 갈등이 더 중요하다. 이 그림은 상호의존성과 친밀함이 증가함에 따라 갈등의 가능성과 그 갈등의 중요성도 증가한다는 것을 보여 주고 있다.
자신의 경험 중에서 이러한 관계성을 설명할 수 있는 구체적인 예를 들 수 있는가?

JOURNAL   커뮤니케이션 초이스 포인트

관계 갈등 증폭시키기
개인의 대인 갈등은 내용 충돌로 시작되지만, 종종 관계 충돌로 변한다(예: 상대가 생일을 깜빡했을 때 "나를 사랑하지 않는구나."라고 말한다). 이때 문제가 커진다.
갈등이 계속되게 하는 말과 행동의 유형은 어떤 것들이 있는가? 그리고 갈등의 해결책이 관계가 아니라 내용에 초점을 맞추는 것이라고 생각하는가? 각각의 장단점은 무엇인가? 당신이라면 어떻게 말하겠는가?

사회적 알레르기   갈등을 야기하는 특수한 문제를 사회적 알레르기(social allergen)[6]라 하는데, 짜증나게 하거나 개념 없이 행동한다는 생각이 들게 하는 친구나 배우자의 개인 습관이 이에 해당한다. 각 개인은 나름대로 알레르기 목록을 갖고 있지만, 남녀 간의 공통적인 알레르기는 말을 하지 않거나, 지나치게 비판적이거나, 생일이나 기념일과 같은 중요한 날을 잊거나, 다른 이성에게 관심을 두는 것 등이다(Cunningham, 2009; Eccles, 2009). 많은 웹사이트에서 언급된 내용을 보면, 보다 구체적인 알레르기로 욕실 바닥에 젖은 수건을 그대로 두는 것, 치약 뚜껑을 닫지 않는 것, 식탁에서 코 풀기, 깎은 손/발톱을 바닥에 그대로 두는 것, 과도한 흡연, 과음, Facebook을 너무 많이 하거나, 전화로 너무 많이 이야기하는 것 등이 있다.

내용과 관계 갈등   갈등이 어떻게 전개되느냐에 따라 내용 문제(휴가 계획 또는 예산) 또는 관계 문제(누가 담당하고 또는 누가 최종 결정을 내릴지)에 더 집중하게 된다. 때로는 내용과 관계 문제가 혼합되기도 한다. 종종 갈등은 내용 충돌(예: 예산 분배)로 시작되지만, 관계 충돌(누가 예산 결정 권한이 있는 것인지)로 확대되기도 한다.

직장에서의 갈등 역시 내용과 관계 갈등이 중심에 있다. 직장에서 갈등은 이직(신규 고용과 재교육이 필요하다), 낮은 사기, 저조한 수행과 같이 다양한 부정적 결과를 가져올 수 있기 때문에 특히 더 중요하다. 한 연구에 따르면 (Psychometrics, 2010), 일터에서의 갈등은 다음과 같이 내용과 관계 갈등이 혼합된 것이다.

뷰포인트. 갈등의 주제
당신은 주로 어떤 문제 때문에 싸우는가? 친구들과 친척들도 비슷한 문제로 싸우는가? 당신의 갈등은 어떤 면에서 독특한가? 또는 어떤 면에서 유사한가?

---

6) 역자 주: 원어는 알레르겐(원인)이지만, 용어의 편의성을 위해 알레르기로 사용함.

- 성격 차이와 이로 인한 충돌 86%

- 비효과적인 리더십 73%

- 개방성 부족 67%

- 신체적, 정서적 스트레스 64%

- 가치관 차이로 인한 충돌 59%

이 책에서는 내용과 관계 갈등의 구분을 쉽게 하지만 현실에서는 그렇지 않다. 많은 갈등에는 두 요소가 모두 포함되어 있다. 앞서 언급된 각 문제에서 내용과 관계 차원 모두를 생각해 볼 수 있다. 그러나 어떤 갈등은 쉽게 구분할 수 있다. 예로, 정치적 및 사회적 이슈에 대한 의견 불일치는 내용 갈등인 반면, 친밀감 및 권력 문제는 대부분 관계 갈등이다.

대인 갈등에 대한 오해

많은 사람이 갈등의 정의와 의미에 대해 잘못된 가정을 하고 있어 갈등을 다루는 데 어려움을 경험한다. 자가 점검을 통해 가족과 사회 관계에서 경험을 통해 형성된 대인 갈등에 대한 자신의 가정을 파악해 보자.

다음 문장을 읽고 ○, ×로 표기하시오.

1. 갈등은 피하는 것이 최선이다. 시간이 지나면 문제가 해결될 것이고 갈등은 잔잔해질 것이다.
2. 두 사람이 서로 갈등을 겪는다면 그들의 관계에 문제가 있다는 것을 의미한다.
3. 갈등은 대인관계를 손상시킨다.
4. 갈등은 우리 자신의 부정적인 모습, 즉 가치 없음, 불합리한 기대, 자기 통제의 어려움을 드러내는 것이기 때문에 파괴적인 것이다.
5. 모든 갈등에는 승자와 패자가 있다. 목표가 양립될 수 없기 때문에 누군가가 이기고 누군가는 지게 된다.

이 문항들은 갈등에 대한 오해이며, 이 장을 통해 알 수 있겠지만, 이러한 오해는 갈등을 효율적으로 다룰 수 없게 한다.

대인 갈등의 원리

8.2 세 가지 갈등 원리에 대해 설명하고, 각각에 대한 예를 제시한다.

세 가지 일반적인 원리를 통해 대인 갈등에 대한 이해를 높일 수 있다. 이 세 가지 원리는 (1) 갈등은 긍정적일 수도 부정적일 수도 있다, (2) 갈등은 문화와 성의 영향을 받는다, (3) 갈등 유형에 따라 결과는 달라진다.

갈등은 긍정적일 수도 부정적일 수도 있다

대인 갈등은 항상 힘들지만, 대인 갈등은 긍정적 측면과 부정적 측면 모두를 갖고 있다는 것을 인식하는 것이 중요하다.

부정적인 측면　갈등(conflict)은 종종 상대에 대한 부정적인 관점을 증가시킨다. 그 이유 중 하나는 갈등 과정에서 부적절한 방법으로 싸우거나, 상대에게 상처를 주는 것에 초점을 맞추기 때문이다. 한 사람이 타인에게 상처를 입힐 때 부정적 느낌이 커지는 것은 불가피하고 심지어 친밀한 관계에서도 그렇다.

때로는 갈등으로 인해 타인에게 본인의 솔직한 모습을 숨기게 된다. 친한 사람에게 솔직한 자신의 모습을 숨길 때 의미 있는 커뮤니케이션이 일어나지 않는다. 친밀감 욕구가 너무 강하면 한쪽 또는 양쪽 당사자는 다른 곳에서 친밀감을 추구할 수 있다. 이는 관계에서 더 큰 손실을 가져오는 더 큰 갈등과 상처 및 분노로 이어지고, 상호 보상을 교환하기가 어려워진다. 이런 상황에서는 전체 손실이 증가하고 보상이 줄어들어 관계가 악화되며 결국 관계가 종료된다.

긍정적 측면　대인 갈등의 주된 가치는 문제를 검토하고 잠재적인 해결책을 강구하게 만든다는 것이다. 나와 상대방 모두 생산적인 갈등 전략(이 장에서 설명)을 사용한다면, 그 관계는 이전보다 더 강하고 건강하고 만족스러워질 수 있다. 그리고 스스로 더 강해지며, 자신감을 갖고 자립할 수 있다(Bedford, 1996).

갈등 해결을 통해 분노가 증가하는 것을 막을 수 있고 서로의 욕구를 알릴 수 있다. 예로, 퇴근한 후 배우자는 자신에게 더 많은 관심을 두길 원하지만, 그날 작업을 검토하고 종료해야 한다. 이러한 각각의 욕구가 모두 충족될 필요성을 인식할 수 있다면 해결책을 찾을 수 있다. 배우자와 충분히 시간을 보낸 후에 업무에 중요한 전화를 할 수도 있다. 또는 배우자는 업무가 마무리될 때까지 다른 일을 하면서 배우자와 함께할 시간을 기다릴 수도 있다. 또한 함께 각자의 욕구를 충족시킬 수 있는 방법을 발견할 수 있다. 더 나아가 하루를 마무리할 때 서로 포옹해 주고 대화를 하면서 상호 관심을 충족시킬 수 있다. 이러한 상황은 윈-윈(win-win)으로 간주된다.

또한 대인 갈등을 해결하려고 하는 것은 그 관계를 유지하려는 노력이 가치 있다는 것을 표현하는 것이다. 일반적으로 갈등에 직면한다는 것은 관계를 유지하고 몰입하고 싶다는 욕구가 발현된 것이다.

갈등은 문화와 성의 영향을 받는다

대인관계의 다른 분야와 마찬가지로 갈등에도 문화와 성이 영향을 미친다는 것을 고려할 필요가 있다. 문화와 성(gender)은 사람들이 갈등을 어떻게 보는지와 이를 해결하는 방법에 강력한 영향을 미친다.

문화와 갈등   문화는 사람들이 싸우는 주제 그리고 어떤 갈등 해결 방법이 적절 또는 부적절하다고 생각하는지에 영향을 미친다. 예로, 십대 청소년의 경우, 미국 청소년은 부모와 함께 사는 것을 자연스럽게 받아들이지만, 스웨덴에 거주하는 청소년보다 부모와 갈등을 겪을 가능성이 높다. 마찬가지로 남성의 부정이 다른 국가보다 미국인 부부 간의 갈등을 야기할 가능성이 높다. 미국 출신 학생은 다른 문화권 출신 학생보다 미국 출신 학생과 갈등을 많이 경험한다. 반면에 중국 학생은 비중국인이 학생과 갈등을 겪을 가능성이 더 크다(Leung, 1988).

자주 발생하는 대인 갈등 유형은 개인의 문화적 지향에 따라 달라진다. 예로, **집단주의 문화**(예: 에콰도르, 인도네시아, 한국)의 경우 갈등은 주로 가족 부양의 역할을 못하거나 공개적으로 상사의 의견을 반대하는 것과 같이 사회적 지위를 침해하는 것, 그리고 집단의 규범과 가치에 위배되는 경우에 발생한다. 반대로 **개인주의 문화**(예: 미국, 캐나다 및 서유럽의 문화)에서는 예측된 규범을 위반할 때 갈등 발생 가능성이 커진다(예: 불일치한 상황에서 자신의 입장을 지키지 않는 경우)(Ting-Toomey, 1985).

성과 갈등   연구를 통해 밝혀진 몇 가지 고정관념 중 하나는 갈등 상황 시 남성은 뒤로 물러

뷰포인트. 문화와 갈등

우리는 자신이 속한 문화에서 갈등과 이에 대처하는 법을 배운다. 예로, 특정 갈등 관리 전략은 수용되지만, 다른 전략은 부정적으로 평가될 수 있다. 그리고 아마도 특정 갈등 해결 전략은 일부 사람과 상황에서는 수용되지만, 다른 사람이나 상황에서는 사용되어서는 안 된다는 것을 배운다. 성에 따라 다른 전략을 사용하도록 배웠을 수도 있다.

당신이 속한 문화에서 갈등과 대처 방법에 대해 배운 것은 무엇인가? 어떤 전략이 금지되어 있는가? 특정 사람(예: 부모님)에게만 수용되고 타인(예: 친구)에게는 수용되지 않는 갈등 해결 전략은? 내가 속한 문화권에서 특정 갈등 관리 방법을 사용하도록 규정되어 있는가? 남성과 여성에 따라 서로 다른 전략을 기대하는가? 이렇게 배운 것이 실제 갈등 행동에 영향을 미치는가?

나거나 때로는 공격적이라는 것이다. 이에 대해 갈등하는 동안 남성이 심리적으로나 생리적으로 더 각성되기 때문이라고 주장되어 왔다(그리고 높은 수준의 각성이 여성보다 훨씬 더 오래 유지된다). 결과적으로, 남성들은 더 높아지는 각성을 방지하기 위해 거리를 두고 철회하는 행동을 할 수 있다. 남성의 철회 경향에 대한 또 다른 설명은 문화가 남성들에게 갈등을 피하도록 가르쳤다는 것이다. 또 다른 설명은 철회가 권력의 표현이라는 것이다(Gottman & Carrere, 1994; Canary, Cupach, & Messman, 1995; Goleman, 1995; Noller, 1993).

반면에 여성은 갈등을 더 적극적으로 해결하려고 한다. 즉, 여성은 갈등에 대해 이야기하고 해결하려고 한다는 것이다. 청소년에서도 이러한 차이가 나타난다. 11세에서 17세 사이의 남녀 학생을 대상으로 한 연구에서 소년은 소녀보다 더 많은 철회 행동을 보였고, 철회하지 않는 경우에는 더 공격적이었다(Lindeman, Harakka, & Keltikangas-Jarvinen, 1997). 유사하게, 모욕적인 언어에 대한 연구에 따르면 소녀는 소년보다 언어로 인해 더 쉽게 불쾌감을 경험하였지만, 소년은 사용된 단어에 불쾌감을 느낄 때 싸우는 경향이 더 컸다(Heasley, Babbitt, & Burbach, 1995a, 1995b). 또 다른 연구에 따르면 어린 소녀가 소년보다 친사회적 전략(즉, 자신보다 타인을 돕는 행동)을 더 많이 사용했다(Rose & Asher, 1999).

만화, 상황극, 영화에 대한 일부 연구에서는 앞서 언급한 남녀 간 갈등 대응 방식에 차이가 없었다. 예로, 대학생과 일하는 남녀 학생을 대상으로 한 연구에서도 남녀가 갈등에 대응하는 방식에 큰 차이가 없었다(Wilkins & Andersen, 1991; Canary & Hause, 1993; Gottman & Levenson, 1999).

권력도 갈등에 영향을 미친다. 더 큰 권력을 가진 사람은 종종 갈등 상황에서 이기고, 그들의 방식을 고수한다. 권력 차이의 정도는 문화에 크게 영향을 받는다. 일부 문화권에서는 지위에 따라 권력에 큰 차이가 있다. 이를 고권력거리 문화라고 한다. 다른 문화권에서는 사람 사이에 권력 차이가 적다. 이를 저권력거리 문화라고 한다.

갈등 유형에 따라 결과는 달라진다

갈등을 겪을 때 누군가는 이기고 누군가는 지는 결과를 갖는가? 갈등이 해소될 때 궁극적으로 관계 전체에 영향을 미치는가? 제시된 갈등 대응 유형을 읽으면서(Blake & Mouton, 1984), 자신과 가까운 사람의 갈등 대응 유형을 알아보자.

문화 지도: 고권력거리와 저권력거리

권력이 있는 사람과 없는 사람 간의 차이 정도인 권력거리는 문화에 따라 매우 다르다(Hofstede, Hofstede & Minkoff, 2010).

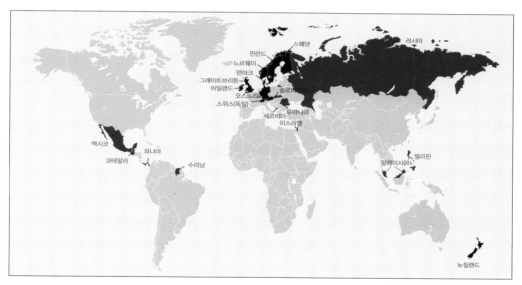

■ **고권력거리** 나라에서는 권력이 강한 사람과 약한 사람 간에 매우 큰 차이가 있다. 직장에서 관리자는 할 일을 결정할 때 그들의 상급자의 지시나 정식 규칙을 따른다. 화이트와 블루 칼라 근로자 간에 매우 분명한 구분이 있다. 사무직 근로자가 생산직 근로자보다 중요한 것으로 간주된다.

■ **저권력거리** 나라에서는 권력이 강한 사람과 약한 사람 간에 차이가 거의 없다. 직장에서 관리자는 할 일을 결정할 때 그들의 경험을 활용하거나 직원과 논의를 거친다. 화이트와 블루 칼라 근로자 간에 차이가 없고, 둘 다 중요하게 생각한다.

당신이 다니는 대학, 일하는 직장, 가족에서의 권력거리는 어떠한가?

경쟁 유형: 나 승, 상대 패   경쟁 유형(competing style)은 자신의 욕구와 바람에 큰 관심을 갖지만, 타인에게는 거의 관심을 두지 않는다. 자신의 욕구가 충족되면 갈등이 성공적으로 처리된 것으로 생각한다. 갈등 상황에서 경쟁 유형은 상대를 탓하고 공격적으로 말한다.

이 유형은 '나는 이기고, 상대는 패한다.'는 입장을 보여 주고, 상대에게 자신의 의지를 강요하는 사람의 갈등 유형이다. '돈을 벌면 우리는 해변에서 휴가를 보낼 것이다. 아니면 휴가는 없다.' 그러나 이러한 유형은 상대에게 종종 분노를 일으키고 추가적인 갈등을 초래할 수 있다. 게다가 이러한 유형은 지금 결론을 내린 것이지 사실은 그 갈등이 정말로 해결된 것은 아니다.

회피 유형: 나 패, 상대 패   회피 유형(avoiding style)은 상대적으로 자신이나 상대방의 욕구와 바람에 관심이 없다. 그들은 문제에 대한 진정한 커뮤니케이션을 피하고, 문제 제기 시 주제를 변경하며, 대개 심리적, 물리적으로 철회한다.

회피 유형은 갈등 해결에 별로 도움이 되지 않고 '나 패, 상대 패'로 간주될 수 있다. 부부가 어디서 휴가를 보낼지 의견 일치가 되지 않은 상황에서 모두 협상을 거부하는 경우 부부는 휴가를 갈 수 없게 된다. 둘 다 지게 되는 것이다. 대인관계의 문제는 혼자 해결하기 어렵다. 오히려, 갈등이 존재할 때 이에 직면하고 효과적으로 해결할 수 있어야 한다. 회피는 단지 갈등을 더 증폭시킬 뿐이며, 또 다른 갈등이 나타나게 된다.

타협 유형: 나 승과 패, 상대 승과 패   타협 유형(compromising style)은 '서로 절반씩 충족시키는 것', '현실적 타협' 또는 주고받기라고 불린다. 나와 상대의 일부 욕구를 고려하는 유형이다. 이 유형은 평화를 유지시킬 수 있지만, 각각 불가피한 손실에 대한 불만이 있을 수 있다.

타협은 '나 승과 패, 상대 승과 패'로 간주될 수 있다. 따라서 바다와 산에서 모두 휴가를 보낼 수 없다면, 주말 여행으로 대신하거나 욕조를 구매하는 방법을 사용할 수 있다. 이는 최선의 선택은 아니지만 나쁘지는 않으면서 적어도 어느 정도는 만족시킬 수 있다.

수용 유형: 나 패, 상대 승   수용 유형(accommodating style)은 상대의 욕구를 위해 자신의 욕구를 희생한다. 주요 목표는 관계에서 조화와 평화를 유지하는 것이다. 이 유형은 평온을

유지하는 데 도움이 될 수도 있고 상대를 만족시킬 수도 있지만, 자신의 욕구가 충족되지 않기 때문에 이 욕구는 사라지지 않는다.

수용 유형은 '나 패, 상대 승'으로 간주될 수 있다. 상대가 산에서 나는 해변에서 휴가를 보내고 싶다면, 서로 만족할 만한 대안에 대해 협상하기보다 내 욕구를 포기하고 상대의 욕구를 수용하면 상대는 승 나는 패가 된다. 이 유형은 상대를 행복하게 만들지만(적어도 이번 경우에는), 대인 갈등에 대한 지속적인 해결책을 제공하지는 않는다. 결국 불공평함과 불평등을 느끼게 되고 상대와 자신을 원망하게 될 수 있다.

협력 유형: 나 승, 상대 승   협력 유형(collaborating style)은 자신과 상대의 욕구를 모두 반영한다. 종종 이상적으로 여겨지는 이 유형은 특히 타인의 관점과 욕구를 경청하려는 커뮤니케이션에 대한 의지와 시간이 필요하다.

협력을 통해 각각의 요구 사항을 충족시킬 수 있고 '나와 상대 모두 승리'로 간주된다. 예로, 휴가를 산에서 1주, 해변에서 1주로 나눌 수 있다. 아니면 해변에서 올해 휴가를 보내고 내년에는 산에서 휴가를 보내기로 동의할 수도 있다. 이는 대인 갈등에서 대부분의 사람이 원하는 이상적인 유형이다. 다음에 제시된 자기 진단을 통해 협력 유형을 사용하여 각 갈등에 대한 해결책을 제시해 보자.

다음 갈등 상황에서 합리적으로 받아들일 수 있다고 생각되는 원-윈 해결책을 제시해 보자.

1. Jessie와 Johnnie는 애완동물을 사기로 결정했다. Jessie는 고양이를, Johnnie는 개를 원한다.
2. Devon과 12년 동안 함께한 Casey는 최근에 $10,000 보너스를 받았고 이 돈을 새 차 계약금으로 사용했다. Devon은 보너스를 공유하기를 기대하고 있다.
3. Pat은 담배를 피우고 아파트에서는 냄새가 난다. Chris는 이를 싫어하고 거의 매일 논쟁한다.

〈표 8-1〉에는 다섯 가지 갈등 유형과 이에 따른 결과가 제시되어 있다(Blake & Mouton, 1984).

<표 8-1> 다섯 가지 갈등 유형과 결과

	나		상대	
경쟁: 나의 욕구에는 관심이 많지만, 상대의 욕구는 고려하지 않는다.	승	☺	패	☹
회피: 나와 상대의 욕구 모두에 관심이 없다.	패	☹	패	☹
타협: 나와 상대의 욕구에 어느 정도 관심이 있다.	승과 패	☺ ☹	승과 패	☺ ☹
수용: 타인의 욕구에는 관심이 많지만, 내 욕구는 고려하지 않는다.	패	☹	승	☺
협력: 나와 상대의 욕구에 모두 큰 관심을 갖는다.	승	☺	승	☺

갈등 관리 전략

8.3 효과적인 그리고 비효과적인 갈등 관리 전략을 구분하고 기술한다.

갈등을 관리할 때 다양한 생산적 또는 비생산적인 전략이 사용될 수 있다([그림 8-2] 참조). 자신이 선택한 전략은 수많은 요소(예: 달성하고자 하는 목표, 감정 상태, 성격 및 커뮤니케이션 기술)에 영향을 받는다는 것을 인식할 필요가 있다(Koerner & Fitzpatrick, 2002).

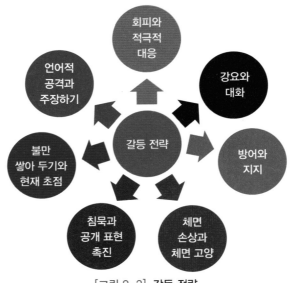

[그림 8-2] 갈등 전략

이러한 다양한 전략을 알아보기 전에 다음의 자가 점검을 통해 자신만의 갈등 관리 전략을 알아보자.

다음에 제시된 문장이 본인의 대인관계에 대해 대체로 정확하게 설명했다고 판단된다면 ○, 부적절한 설명이라면 × 표시하시오.

___ 1. 나는 우리 모두에게 유익한 해결책을 찾으려고 노력한다.
___ 2. 나는 내가 원하는 것을 충족시켜 줄 수 있는 해결책을 찾는다.
___ 3. 나는 갈등이 발생하면 그 상황에 직면한다.
___ 4. 가능하다면 갈등 상황을 피하려고 한다.
___ 5. 나의 메시지는 기본적으로 갈등을 일으키는 사건을 기술하고 있다.
___ 6. 나의 메시지는 종종 판단적이다.
___ 7. 나는 타인의 체면을 고려한다.
___ 8. 나는 비록 상대에게 공격적일 수 있더라도 내가 할 수 있는 가장 강력한 주장을 한다.
___ 9. 나는 인격보다는 문제에 초점을 두고 이야기한다.
___ 10. 내가 이기는 데 도움이 된다면 상대의 이미지를 손상시킬 수 있는 메시지를 사용한다.

갈등 관리 전략에 대한 이 문항들은 이 장에서 논의된 일부 갈등 전략에 대한 이해를 증진시키기 위해 고안되었다. 특정 점수를 확인하기 위한 것은 아니다. 그러나 일반적으로 홀수 문항(1, 3, 5, 7, 9)에 ○, 짝수 문항(2, 4, 6, 8, 10)에 ×로 답한 경우, 효과적인 대인 갈등 관리를 하고 있는 것이다. 자신의 답변에 대해 생각해 보고 교재 내용을 읽으면서 자신의 갈등 관리 기술을 향상시키기 위해 할 수 있는 것이 무엇인지 확인해 보자.

회피와 적극적 대응

갈등 **회피**(avoidance)는 실제 물리적으로 멀리하는 것을 포함할 수 있다. 갈등 장면을 벗어나거나(예: 아파트에서 나가거나 사무실의 다른 공간으로 이동), 잠을 자거나 또는 대화가 전혀 들리지 않도록 음악을 크게 틀 수 있다. 회피는 또한 제기된 논쟁이나 문제를 전혀 언급하지 않는, 그리고 심리적으로 멀리하는 정서적 또는 지적(intellectual) 회피의 형태를 취할 수도 있다.

때로 요구에 대한 대응으로 회피하는 것은 요구-철회(demand-withdrawal)로 알려진 갈등 패턴이다. 한 사람이 요구하면(예: "오늘 밤에 다시 나갈 거야."), 상대는 이 요구에 동의하지 않고, 더 이상 상호작용을 하지 않는다(Canary, Cupach, & Messman, 1995; Sagrestano, Heavey, &

Christensen, 2006; Guerrero, Andersen, & Afifi, 2007). 이 패턴은 분명히 비생산적이지만, 한 사람이 요구하지 않거나 철회 대신 적극적으로 갈등 관리를 하면 이 패턴은 금방 깰 수 있다.

비협상(nonnegotiation)은 특별한 회피 유형이다. 갈등에 대한 논의를 거부하거나 상대의 주장을 경청하지 않는 것이다. 때때로 상대가 밀어붙이기(steamrolling)라는 기술을 사용할 때까지 자신의 입장을 꾸준히 유지하는 방법으로도 사용된다.

갈등 문제를 회피하는 대신, 대인 갈등에서 적극적인 역할을 취할 필요가 있다.

- 커뮤니케이션에서 전달자와 수신자의 역할을 해야 한다. 자신의 감정을 말하고 상대의 감정을 주의 깊게 경청하는 적극적인 참여자가 되어야 한다. 비록 반복적으로 대화가 중단될 수도 있지만, 일반적으로 커뮤니케이션을 기꺼이 할 필요가 있다.
- 생각과 느낌을 주체적으로 표현하라. 상대에게 동의하지 않거나 상대의 행동에 잘못이 있다고 생각되면, 이러한 생각과 느낌에 대해 스스로 책임을 지는 것이 필요하다. 예로, "나는 …에 동의하지 않는다.", 또는 "나는 네가 …하는 것을 좋아하지 않는다." 그러나 "타인도 당신이 틀렸다고 생각한다." 또는 "Chris는 네가 그렇게 해서는 안 된다고 생각한다." 와 같이 내가 생각하고 느낀 것이 아니라는 진술은 피해야 한다.
- 현재에 초점을 맞추라. 2개월 전에 발생한 문제보다는 현재에 집중해야 한다. 마찬가지로, 갈등의 대상이 되는 사람과의 갈등에 그 사람의 부모, 자녀 또는 친구와 관련된 문제로 싸우는 것은 적절치 않다.

뷰포인트. 갈등에 대해 이야기하기

대화하는 것은 분명히 바람직한 방법이지만 모든 이야기를 하는 것이 생산적인 갈등 관리는 아니다.
비생산적인 것으로 판단되는 내용은 어떤 종류인가? 자신의 경험 중 이야기가 갈등을 심화시킨 상황이 있었는가?

- 주의 깊게 경청하라. 수신자로서 생각하고 행동하는 것이 필요하다. TV, 오디오, 컴퓨터를 끄고 상대와 마주하는 것이 좋다. 이는 상대에게 내가 충분히 관심을 갖고 있다는 것을 알려 준다. 그리고 상대가 말할 내용과 감정을 이해했는지 확인한다. 확인을 위해 지각 확인(제2장)과 경청 기술(제3장)을 사용하는 것이 좋다. 그리고 나의 진술에 대한 상대의 반응에 경청할 준비를 해야 한다.

강요와 대화

갈등에 직면했을 때 사람들은 문제에 대해 대화하지 않고 상대에게 자신의 입장을 강요한다. 감정적이거나 물리적인 방식의 **강요(force)**는 비생산적인 갈등 전략이다. 감정적이든, 물리적이든 모두 문제에서 벗어나, 가장 힘이 센 사람이 '승자'가 된다. 이런 방식을 국가 간, 또래 간, 심지어 정상적이고 합리적이며 성숙한 성인도 사용한다.

한 연구에서 독신자와 결혼한 부부의 50% 이상이 대인관계에서 신체적 폭력을 경험했다고 보고했다. 간접적인 폭력까지 포함하면(예: 타인을 폭행하려는 위협이나 무언가를 던지는 것), 그 비율은 독신의 경우 60% 이상, 기혼자의 경우 70%를 넘는다(Marshall & Rose, 1987). 410명의 대학생을 대상으로 한 다른 연구에서, 47%가 데이트 폭력을 경험했다고 보고했다(Deal & Wampler, 1986). 대부분의 경우 폭력은 상호적이었다. 즉, 서로에게 폭력을 행사한 것이다. 일방적인 폭력에 대한 연구 결과는 일관적이지 않다. 예로, 일부 조사(Deal & Wampler, 1986; Cate, Henton, Koval, Christopher, & Lloyd, 1982)에서는 여성이 더 많이 공격한 것으로, 그러나 다른 연구에서는 남성이 무력을 더 많이 사용한 것으로 확인되었다(DeTurck, 1987).

윤리적 커뮤니케이션: 윤리적 경청

커뮤니케이션에서는 윤리적 측면도 고려될 필요가 있다. 다음 질문은 이 장에서 논의된 갈등 전략을 생각할 때 고려해야 할 내용이다.

- 갈등 회피는 윤리적 차원을 갖고 있는가? 예로, 상대가 의견 차이를 논의하는 것을 거부하거나 논쟁하는 곳에서 벗어나는 것이 비윤리적인가?
- 육체적 힘을 사용하여 타인에게 영향을 미치는 것이 가능한가? 힘이 센 사람이 상대에게 자신의 견해를 받아들이도록 강요하는 것이 적절한가?
- 체면을 손상시키는 전략은 본질적으로 비윤리적인가, 아니면 특정 상황에서 사용하는 것은 적절한가? 각 상황을 구분할 수 있는가?
- 언어적 공격은 비윤리적인가? 논쟁은 항상 윤리적인가?

윤리적 초이스 포인트

늦은 밤까지 도박을 했다(그리고 돈을 많이 잃었다). 이로 인해 큰 갈등이 발생하면 배우자에게 부정적 영향을 미칠 것 같다.

늦게까지 야근을 했다고 말하는 것이 윤리적인가?

강요 대신 말하고 듣는 것의 중요성을 상기하는 것이 좋다.

- 문제가 무엇이라고 생각하는지 설명하고 상대가 그 문제에 대해 말하는 것을 듣는다.
- 내가 원하는 것을 이야기하고 상대가 원하는 것을 듣는다.
- 가능한 해결책에 대해 이야기하고 상대의 해결책을 듣는다.
- 갈등의 성격과 원인을 이해하는 것부터 해결책까지 논리적 순서를 통해 갈등에 대해 이야기한다.

방어와 지지

　강요보다 대화하는 것이 더 좋지만, 갈등 상황에서 모든 대화가 생산적이지는 않다. 파괴적인 대화인지, 생산적인 대화인지 판단할 수 있는 가장 좋은 방법 중 하나는 Jack Gibb(1961)이 개발한 커뮤니케이션 스타일 중 비생산적인 방어가 나타나는지 또는 생산적인 지지를 창출하는지를 확인하는 것이다. 일반적으로 파괴적인 커뮤니케이션은 평가적이고, 통제하려 하며, 기만하거나, 무관심하거나 중립적이고, 우월성을 드러내거나, 확정적으로 이야기하는 대화로 상대의 방어 반응을 일으킨다.

　평가　타인이나 그 사람이 한 일을 평가하거나 판단하면, 상대는 화내고 방어적인 태도를 보일 수 있고, 동시에 그 상대도 평가적이고 판단적으로 대응할 수 있다. 반면, 무슨 일이 있었는지 또는 원하는 것을 설명하면 방어보다는 지지적인 모습을 보일 가능성이 높다. 평가와 기술(description)의 차이는 너 메시지(you message)와 나 메시지(I message) 간의 차이점에서도 확인할 수 있다.

평가적인 너 메시지	기술적인 나 메시지
당신은 전혀 감정을 드러내지 않는다.	나는 당신이 이에 대해 어떻게 생각하는지 듣고 싶다.
당신은 전혀 계획을 세우지 않는다.	나는 앞으로의 계획에 대해 알고 싶다.
당신은 전혀 전화하지 않는다.	나는 당신에게 더 자주 전화를 받았으면 좋겠다.

수신자의 입장에서 평가 메시지(너 메시지)를 들으면 분노 또는 방어를 경험하지만, 기술 메시지(나 메시지)에서는 지지를 경험할 수 있다. 예로, 다음의 메시지에는 대인관계 갈등을 시작하게 하는 비난적인 너 메시지가 제시되어 있다.

각각의 너 메시지를 나 메시지로 바꾸고 둘 간의 주요 차이점을 확인해 보자.

1. 너 또 늦었어. 너는 항상 늦어. 정말 생각이 없구나!
2. 너는 기념일을 또 잊어버렸어.
3. 너는 내가 원하는 것은 전혀 하지 않으면서, 나는 늘 네가 원하는 것을 해야 해.

통제　당신이 상대의 행동을 통제하려 할 때, 즉 어떤 일을 하도록 명령할 때 또는 토론이나 동의 없이 결정을 내릴 때 방어적인 반응이 나타난다. 통제 메시지는 그 사람이 기여한 점을 부정하는 것이고, 상대의 중요성을 부인하는 것이다. 반면에 문제에 집중할 때(상황을 통제하거나 본인만의 방식을 취하는 것이 아니라) 방어적인 반응은 훨씬 더 감소한다. 문제에 집중할 때 상호 참여를 유도할 수 있고 각자 노력한 점에 대한 중요성을 인식할 수 있다.

기만　속이거나 **조작**(manipulation)을 통해 상대나 갈등 상황을 피하려고 할 때, 특히 자신의 목적을 은폐할 때 상대는 화를 내고 이에 대해 방어적으로 대응한다. **자발적으로**(spontaneity) 솔직하게 대할 때 평등하고 진술한 분위기를 조성할 가능성이 크다.

중립　**중립적**(neutrality)인 모습, 즉 무관심하거나 상대를 고려하지 않은 태도를 보일 때 방어적인 반응이 나타날 수 있다. 중립은 상대에게 관심이 없거나 상대의 생각이나 감정에 공감하지 않는 것처럼 보이게 한다. 친밀한 사람과 갈등을 겪을 때 중립적인 모습은 부정적인 결과를 가져온다. 중립적인 대화는 사실상 "당신은 중요하지도 않고 관심을 갖고 배려할 가치가 없다."는 의미로 해석된다. 반면에 공감을 나타낼 때 방어는 감소한다. 갈등 상황에서 특히 어려울 수 있지만, 상대가 어떤 어려움을 겪고 있는지 이해하고 공감한다는 것을 보여 줄 필요가 있다.

우월　자신이 상대보다 우월하다고 생각할 때, 상대를 열등한 입장으로 간주하게 된다. 이는 상대를 화나게 할 수 있다. 우월 메시지는 사실상 상대가 부적절하거나 또는 낮은 지위라는 의미로 해석된다. 우월한 태도는 친밀한 사람이 갖고 있는 암묵적인 평등 계약을 위반하는 것이다. 상대가 우월함을 표현하는 말이나 행동을 공격할 수 있다. 이 경우 갈등은 누가 더 우위에 있는지에 대한 갈등으로 변질되고, 상호 공격하는 양상으로 변할 수 있다.

확정   확정적(certainty)인 모습을 보이는 사람(모든 것을 알고 있는 것처럼 보이는 사람)에게 분개할 가능성이 높고, 방어적인 분위기가 조성된다. 결국 한 사람이 이미 답을 갖고 있다면 협상이나 상호 문제 해결의 여지는 거의 없어진다. **열린 태도**("이 문제를 함께 고민하고 해결책을 찾아보자.")가 **완고함**("내가 말한 대로 해야 한다. 이는 유일한 방법이다.")보다 훨씬 생산적이다.

다음에 제시된 제안 사항을 사용하면 방어보다는 지지를 증진시키는 데 도움이 된다.

- 평가보다는 설명적으로 말하기
- 성격보다는 문제에 집중하기
- 기만하지 않고 정직하고 자발적으로 행동하고 반응하기
- 상대와 공감하기
- 동등한 입장에서 갈등 해결 과정에 접근하고 상대를 평등하게 대우하기
- 요구보다는 제안으로 잠정적인 자세 취하기

체면 손상과 체면 고양

공손함에 대해 제2장에서 논의할 때 체면과 체면 손상 행동의 개념을 소개했다. 이러한 개념은 특히 대인 갈등과 관련성이 높다. **체면 손상 갈등 전략**(face-attacking conflict strategies)은 상대의 긍정적인 모습을 공격하거나(예: 관계에 있어서 상대의 공헌이나 상대의 능력을 비판하는 말) 상대의 부정적인 모습(예: 상대의 자율성을 공격하기 위해 상대의 시간이나 자원을 무리하게 요구하기)을 드러내는 것이다. 한편, **체면 고양 갈등 전략**(face-enhancing conflict strategies)은 상대의 긍정적인 모습을 확인, 지지하거나(예: 칭찬, 등을 가볍게 두드려 주기, 진실한 미소), 부정적인 모습(예: 무리한 요구보다는 상대에게 여유를 주는 것)을 감춰 주는 것이다.

자주 사용되지만 파괴적인 체면 손상 전략은 **치부 들춰 내기**(beltlining)이다(Bach & Wyden, 1968). 우리는 각자 감정적으로 폭발하게 하는 기준선(beltline)이 있다. 권투 선수의 반칙과 같이 그 선 밑을 가격하면 심각한 상해를 입을 수 있다. 그러나 선 위를 가격하는 것은 수용되는 것처럼 기준선을 넘지 않으면 그 충격을 어느 정도 이겨 내고 대처할 수 있다. 대부분의 오래

된 대인관계에서는 상대의 치부를 알고 있다. 예로, Pat이 불임이라고 공격하는 것이나 Chris가 실업자라고 말하는 것은 기준선에서 벗어난 것이다.

또 하나의 체면 손상 전략은 비난(blame)이다. 어떤 사람은 문제 해결에 초점을 두기보다 타인에게 책임을 전가시킨다. 사실 여부를 떠나서 비난은 일반적으로 적어도 두 가지 이유로 비생산적이다. 첫째, 비난은 문제와 잠재적 해결 방안으로부터 주의가 다른 곳으로 향하게 한다. 둘째, 상대의 분노를 유발한다. 갈등은 공격으로 이어지게 되고 갈등 이전보다 관계가 더욱 악화된다.

뷰포인트. 온라인 갈등

한 연구에 따르면 일반적으로 사람들은 온라인보다 대면 소통 상황에서 갈등을 더 잘 다루는 것으로 나타났다(Zornoza, Ripoll, & Peiró, 2002). 지금까지 이러한 경험을 한 적이 있는가? 그렇다면 왜 이런 현상이 발생한다고 생각하는가?

체면 고양 전략은 상대가 유능하고, 신뢰할 수 있고, 좋은 사람이라는 긍정적인 이미지를 유지하도록 도와준다. 비록 협상을 통해 원하는 것을 얻었을지라도 상대의 체면을 유지해 주는 것이 현명한 방법이다. 이는 미래의 갈등 발생 가능성을 낮추고 관계 회복 가능성을 증가시킨다(Donahue, 1992).

체면 손상보다는 다음과 같은 체면 고양 전략을 사용해야 한다.

- 상대의 자존감을 깎아내리지 않는다.
- 적극적으로 경청하고 지지 또는 공감을 표현한다. 나는 당신이 어떻게 느끼는지를 이해할 수 있다. 나는 예산 사용에 있어서 공정하지 않다는 생각이 들 수 있다는 것을 알고 있다.
- 상대를 탓하는 생각이 들지 않도록 나 메시지를 사용한다.
- 이유를 제시하고 사과를 적절하게 사용한다.
- 상대의 체면이 손상되지 않도록 적절한 요구를 하고 상대의 시간(특히 시간 압박), 공간 그리고 관점을 존중한다.

침묵과 공개 표현 촉진

침묵 유발 요인(silencer)은 말 그대로 상대를 침묵시키는 다양한 비생산적인 갈등 기술이다. 자주 사용되는 요인은 우는 것이다. 갈등을 해결할 수 없거나 승리할 가능성이 낮을 때 울음을 터뜨려 상대의 침묵을 유발한다.

또 다른 요인은 극도의 감정적인 행동으로 고함이나 비명을 질러 제어력을 상실한 것처럼 보이는 것이다. 또 다른 '신체적' 반응인 두통과 호흡 곤란을 보이는 것은 가장 많이 사용되는 요인이다. 이러한 침묵 유발 요인의 주요 문제점 중 하나는 상대의 반응이 진실한 것인지 확신할 수 없다는 것이다. 어떻게 판단하고 반응하든 갈등이 확인되거나 해결되지 않은 상태로 남게 된다.

침묵 유발 요인을 피하는 것 외에도 표현의 자유를 억압하거나 금지하는 강압 전술(예: 목소리를 높이거나 신체적 위협을 가하는 것) 역시 사용하지 않는 것이 좋다. 이런 전술은 상대를 아래에 두는 것이고 진정한 대인 간 평등 관계를 파괴한다.

침묵 유발 요인을 사용하는 대신 개방된 표현을 촉진하는 것이 좋다.

- 적극적으로 듣고 적절하고 긍정적인 피드백을 제공한다.
- 상대가 그 갈등을 어떻게 생각하는지 말하는 것에 감사를 표현한다(그리고 갈등 사건을 서로 다르게 생각하는 것 같다고 이야기한다).
- 대화하고 있는 상대가 관심과 호감을 느낄 수 있도록 **즉시성(immediacy)**을 증가시킨다(제6장 참조).
- 상대에게 공개적이고 정직하게 자신의 의견이나 감정을 표현할 수 있는 기회를 제공한다.

불만 쌓아 두기와 현재 초점

불만 쌓아 두기(gunnysacking) 과정은 불만을 쌓아 놓고 논쟁이 발생했을 때 과거의 불만을 토로하는 비생산적인 갈등 관리 전략이다(Bach & Wyden, 1968). 쌓아 둔 불만을 해소하기 위한 기회는 상대적으로 쉽게 발생할 수 있다(처음에는 그렇게 보일 수도 있다). 예로, 당신이 어느 날 연락 없이 밤 늦게 귀가했다고 가정해 보자. 배우자가 이 문제가 아닌 과거의 불만들을 쏟아 낼 수 있다. 불만 쌓아 두기는 갈등 해결에 도움이 되지 않으며 오히려 불만이 더 쌓일 수 있다. 그리고 원래의 문제는 해결되지 않고 분노와 적개심이 증가한다.

쌓아 둔 불만을 토로하기보다는 현재에 집중할 필요가 있다.

- 두 달 전에 발생한 문제보다는 지금 여기에 집중하는 것이 필요하다.
- 상대의 어머니, 자녀 또는 친구가 아닌, 갈등을 겪고 있는 사람에게 집중할 필요가 있다.

언어적 공격과 주장하기

갈등 관리 전략과 관련하여 커뮤니케이션 연구자들로부터 시작된 언어적 공격과 주장하기에 대한 관심과 연구는 심리학, 교육 및 경영과 같은 다른 분야로 빠르게 확장되었다(Infante, 1988; Rancer, 1998; Wigley, 1998; Rancer & Avtgis, 2006). 이 두 가지 개념을 이해하면 일이 잘못되는 이유와 관계 손상이 아닌 증진 방법을 이해하는 데 도움이 된다(〈표 8-2〉 참조).

〈표 8-2〉 언어적 공격과 주장하기의 차이

언어적 공격과 주장하기 간의 몇 가지 차이점이 제시되어 있다(Avtgis & Rancer, 2010; Infante & Rancer, 1995; Rancer & Avtgis, 2006). 이를 읽고, 스스로가 어디에 속하는지 생각해 보자.

언어적 공격	주장하기
다양한 커뮤니케이션 상황에서 부정적인 결과를 가져오는 **파괴적인** 방식이다.	다양한 커뮤니케이션 상황에서 긍정적인 결과를 가져오는 **건설적인** 방식이다.
상대의 자기개념을 공격하는 전략을 사용하기 때문에 관계 **불만족**을 가져온다.	관계에 대한 **만족**을 가져온다.
가족 관계에서 **폭력**이 발생할 수 있다.	가족 관계에서 **폭력**을 예방할 수 있다.
조직 생활의 질을 손상시키고, 직원의 사기를 떨어뜨린다.	**조직 생활의 질**이 향상된다. 예로, 부하 직원은 의견을 이야기할 수 있게 해 주는 상사를 선호한다.
부모 자녀 간의 의미 있는 소통을 방해하고 처벌을 더 많이 사용하게 된다.	부모 자녀 간 커뮤니케이션을 향상시키고 자녀가 부모의 말을 더 잘 따르게 된다.
전달자의 신뢰도를 감소시킨다. 주장이 강조되기보다는 전달자를 믿을 수 없는 사람으로 보이게 한다.	**전달자의 신뢰도**를 증가시킨다. 토론하고 주장하는 것은 신뢰할 만하고 몰입되고 역동적이다.
전달자의 설득력을 떨어뜨린다.	전달자의 설득력이 증가한다. 주장을 잘하는 것은 리더로 보일 가능성을 높인다.

언어적 공격(verbal aggressiveness)은 상대의 자기개념을 공격하여 심리적 고통을 야기하고 논쟁에서 승리하는 방법이다. 이는 자기개념을 손상시키기 때문에 논쟁 시 일반적으로 수용되지 않는 방식이다. **주장하기**(argumentativeness)는 회피하기보다 육성해야 하는 자질로 중요한 이슈에 대한 본인의 생각이나 관점을 자발적으로 주장하는 것을 말한다. 언어적 공격보다 의견 불일치를 해결하는 바람직한 대안이다(Infante & Rancer, 1995).

주장하기는 언어적 공격과 특성이 크게 다르다(Rancer & Avtgis, 2006). 주장하기는 다양한 커뮤니케이션 상황에서 건설적이며 관계에 대한 만족을 이끌어 낸다. 조직에서는 부하 직원과 상사 간의 관계를 향상시킨다. 언어적 공격은 파괴적이며 관계에 대한 불만을 낳는다. 조직에서는 직원의 사기를 떨어뜨린다.

주장을 잘하는 개인은 일반적으로 신뢰롭게 보인다. 공격적인 사람보다 신뢰할 수 있고, 헌신적이며 역동적으로 보인다. 또한 적절한 주장은 설득력을 높이고 리더가 될 가능성을 높인다. 반면에 공격은 권위를 떨어뜨리고 리더가 될 가능성을 감소시킨다.

따라서 언어적 공격 대신 주장하는 법을 연습할 필요가 있다(Infante, 1988; Rancer & Avtgis, 2006).

- **의견 불일치를 가능한 한 객관적으로 다룬다.** 의견 불일치가 발생하면 누군가 나의 입장이나 해석에 문제가 있다고 생각하는 것이지 인격 모독을 하고 있다고 가정하지 않아야 한다.
- **인격보다는 그 문제에 논점을 집중한다.** 주장하기보다 언어적 공격으로 원하는 결과를 얻는다고 할지라도 인격에 대한 공격을 피해야 한다. 시간이 지난 후에 관계형성과 집단 참여에 역효과를 가져올 수 있다.
- **상대의 능력을 재확인해 준다.** 상대를 적절하게 칭찬한다.

뷰포인트. 갈등 유형
친한 지인에게 자신의 갈등 유형을 경쟁-회피-타협-수용-협력을 기준으로 어떻게 설명하겠는가? 직장에서도 같은 유형을 보이는가?

- 상대가 자신의 입장을 온전히 진술할 수 있게 해 준다. 응답하기 전에 진술할 기회를 주고, 중간에 끼어들지 않는다.
- 평등함을 강조한다. 나도 타인과 비슷하다는 것을 강조하고 불일치에 대해 언급하기 전에 동의하는 부분에 대해 강조한다.
- 상대의 입장, 태도 및 견해에 대해 관심을 표명한다. 너무 큰 목소리로 반응하거나 저속한 표현을 사용하는 것은 공격적으로 인식되고 궁극적으로 비효과적이다.
- 상대의 체면을 유지해 준다. 절대로 상대를 모욕하면 안 된다.

개념 요약

이 장에서는 대인 갈등의 본질과 갈등을 다루는 최선의 방법에 대해 알아보았다.

대인 갈등에 대한 소개

8.1 대인 갈등을 정의하고 주요 갈등 이슈를 제시하며, 대인 갈등에 대한 근거 없는 미신에 대해 설명한다.

1. 대인 갈등(대면 상황 또는 온라인 상황)은 연결된 개인 간에 상호의존적이면서도 양립할 수 없는 입장을 가질 때 발생하는 불일치이다.
2. 갈등은 친밀감, 권력, 사회적 이슈로 인해 발생할 수 있다.
3. 갈등에 대한 일반적인 오해로 인해 효과적인 갈등 관리가 지연될 수 있다.

대인 갈등의 원리

8.2 세 가지 갈등 원리에 대해 설명하고, 각각에 대한 예를 제시한다.

4. 갈등은 부정적이거나 긍정적인 효과를 보일 수 있다.
5. 갈등은 문화와 성에 의해 많은 영향을 받고, 효과적인 갈등 관리를 위해서는 이에 대한 고려가 필요하다.
6. 갈등 유형(경쟁 또는 승-패, 회피 또는 패-패, 수용 또는 패-승, 협력 또는 승-승, 타협 또는 승/패-승/패)에 따라 다른 결과가 도출된다.

갈등 관리 전략

8.3 효과적인 그리고 비효과적인 갈등 관리 전략을 구분하고 기술한다.

7. 갈등 관리 전략에는 회피와 적극적 대응, 강요와 대화, 방어와 지지, 체면 손상과 체면 고양, 침묵과 공개 표현 촉진, 불만 쌓아 두기와 현재 초점, 그리고 언어적 공격과 주장하기 간의 의사결정이 포함되어 있다.

기술 요약

이 장에서 언급한 기술은 대인 갈등 관리에 필수적인 것이다. 다음에 제시된 내용을 읽어 보고 더 노력할 필요가 있는 항목에 (∨) 체크하시오.

_____ 1. 나는 대인 갈등으로 인한 부정적인 결과는 피하고 가능한 긍정적 이익을 얻기 위해 노력한다.

_____ 2. 나는 갈등 발생 시 문화 및 성(gender)이 미치는 영향을 이해하려고 한다.

_____ 3. 나는 다양한 갈등 유형에 따른 결과를 이해하고 있고 구체적인 상황에 따라 갈등 유형을 조정하려고 한다.

_____ 4. 나는 승-패 전략보다는 승-승 전략을 찾는다.

_____ 5. 나는 문제를 피하기보다는 적극적으로 해결하려고 한다.

_____ 6. 나는 상대에게 내 생각을 강요하기보다는 차이가 있다는 점을 이야기한다.

_____ 7. 나는 방어보다는 지지를 표현한다.

_____ 8. 나는 (너 메시지가 아닌) 나 메시지를 사용하고 내 생각과 느낌에 대해 이야기한다.

_____ 9. 나는 체면 손상 기술보다는 체면 고양 기술을 사용한다.

_____ 10. 나는 상대를 탓하기보다는 공감을 표현한다.

_____ 11. 나는 상대를 침묵하게 하기보다 공개적인 표현을 장려한다.

_____ 12. 나는 불만을 쌓아 두기보다는 현재에 집중한다.

_____ 13. 나는 언어적 공격보다는 적절하게 주장한다.

핵심 용어

이 장에서 논의된 주요 용어이다. 이 용어의 정의는 이 장의 본문에서와 책의 뒷부분에 수록된 용어집에 제시되어 있다.

강요	비난	지원/지지
개인주의 문화	사회적 알레르기	집단주의 문화
경쟁 유형	수용 유형	체면 고양 갈등 전략
나 메시지	언어적 공격	체면 손상 갈등 전략
너 메시지	열린 태도	치부 들춰 내기
논쟁적임	완고함	타협 불가능
대인 갈등	자발성	타협 유형
명확성	조작	협력 유형
방어	중립	회피
불만 쌓아 두기	즉시성	회피 유형

소집단 커뮤니케이션

9

"세상에는 매우 다양한
집단(온라인 또는 오프라인)이 존재한다."

이 장의 주제

- 소집단과 팀
- 소집단 단계, 형태 그리고 문화
- 브레인스토밍과 포커스 집단
- 문제 해결 집단

학습 목표

9.1 소집단과 팀을 정의하고 각각의 장단점을 확인한다.

9.2 소집단 커뮤니케이션의 단계, 형태 그리고 집단 문화에 대해 설명한다.

9.3 브레인스토밍과 포커스 집단을 정의하고 각각 어떻게 작동하는지 기술한다.

9.4 문제 해결 순서, 의사결정 방법, 조직규범 집단, 델파이 방법과 품질 분임 조에 대해 기술한다.

본인이 소속된 집단의 수를 생각해 보자. 가족 외에도 팀, 동아리, 조직, 학급, 협회, 사교 클럽, Facebook 또는 Google의 친구 모임, 회사에서 작업 집단, LinkedIn의 전문가 집단, 밴드 등이 있다. 이 중 가장 중요하게 여겨지거나, 커뮤니케이션이 만족스러운 집단이 있을 것이다.

이번 장과 다음 장에서는 '소집단 커뮤니케이션'에 대해 주로 다루고, 집단의 종류와 효과적인 참여 그리고 리더십에 필요한 기술에 대해 알아볼 것이다. 이러한 기술을 습득한다면 우리는 다양한 집단에서 좀 더 생산적이고 효과적이며, 창의적인 활동을 할 수 있게 될 것이다. 구성원이나 리더로서 집단 내에서 발휘하는 소통 능력은 최근 조직에서 요구되는 핵심 직무 기술이다(Morreale & Pearson, 2008).

대중 연설(제11장에서 논의)에 대한 불안감과 마찬가지로, 집단 토론에서도 어느 정도 불안감이 있을 수 있다. 소집단은 매우 다양하고 집단의 특성에 따라 다른 수준의 불안을 경험한다. 예로, 친구 집단보다 작업 집단의 토론에서, 그리고 부하 직원이나 동료 간의 상호작용보다 상사와의 상호작용에서 더 큰 불안을 경험한다. 마찬가지로 본인이 생각하는 집단 구성원과의 친밀도와 자신을 그 집단의 내부 구성원(반대는 외부인)으로 인식하는 정도도 불안 수준에 영향을 미친다. 소집단 커뮤니케이션 상황에서 본인이 얼마나 불안을 경험하는지를 다음의 자가 점검을 통해 알아볼 수 있다.

다음 여섯 문항은 집단 토론에 참여할 때 경험하는 느낌에 대한 것들이다. 각 문장에 대해 '1=매우 그렇다, 2=그렇다, 3=보통이다, 4=그렇지 않다, 5=전혀 그렇지 않다'로 본인의 경험을 표시해 보자(각각의 응답은 각 항목의 '점수'가 된다). 정답이 있는 것은 아니다. 그리고 진술 중 일부가 본인과 유사하다고 걱정할 필요는 없다. 빠르게 응답하는 것이 좋다. 즉, 읽고 나서 바로 드는 느낌에 해당하는 점수를 기록한다.

____ 1. 나는 집단 토론에 참여하는 것을 싫어한다.
____ 2. 일반적으로 집단 토론에 참여하는 동안 나는 편안하다.
____ 3. 집단 토론에 참여하는 동안 나는 긴장되고 불안해한다.
____ 4. 나는 집단 토론에 참여하는 것을 좋아한다.
____ 5. 새로운 사람과 집단 토론을 하게 되면 나는 긴장되고 불안해한다.
____ 6. 나는 집단 토론에 참여하는 동안 차분하고 편안하다.

다음 공식을 사용하여 점수를 확인한다. 18점에 2, 4 및 6번 문항의 점수를 더한다. 그리고 1, 3 및 5번의 점수를 뺀다. 18점을 넘으면 어느 정도의 불안감을 보인다고 할 수 있다. 점수보다 더 중요한 것은 가장 불안한 집단을 생각해 보는 것이다. 이 집단의 주요 특성은 무엇인가? 이 집단은 다른 집단과 어떻게 다른가? 소집단의 불안에 영향을 줄 수 있는 다른 요소는 무엇인가? 제11장에 있는 대중 연설 불안을 줄이기 위한 제언을 읽으면서 이를 다양한 집단에 어떻게 사용할지 고민해 보자.

소집단과 팀

9.1 소집단과 팀을 정의하고 각각의 장단점을 확인한다.

우선, 주요 용어에 대한 정의에 대해 알아보자.

소집단

소집단(small group)은 (1) 일부 공통된 목적에 의해 타인과 연결된, (2) 개인의 집합으로, (3) 상호의존적이고, (4) 그들 간에 어느 정도 조직화된 규칙이 형성되어 있으며, (5) 그들 스스로를 집단 구성원으로 본다.

공통의 목적   집단 구성원은 공통된 목적을 통해 서로 연결되어 있어야 한다. 버스 안에 있는 사람들은 공통의 목표를 향해 일하지 않기 때문에 집단이 아니다. 그러나 버스가 도랑에 빠지게 되면 승객들은 집단이 되어 버스를 빼내기 위해 함께 노력할 수 있다. 집

뷰포인트. 용도와 만족

한 연구에 따르면 가상 커뮤니티에서 정보 탐색, 미적 경험, 재정적 보상, 기분 전환, 개인적 지위 및 관계 유지 등 온라인 커뮤니케이션에서 얻은 일곱 가지 만족감이 확인되었다(Song, LaRose, Eastin, & Lin, 2004).
온라인 집단에서 얻은 만족감을 어떻게 설명할 수 있는가? 가장 중요한 것은 무엇인가?

단의 모든 구성원이 정확히 동일한 목적을 가져야 하는 것은 아니지만 일반적으로 개인이 집단 구성원과 상호작용하는 이유에는 어느 정도 유사성이 존재한다. LinkedIn, Facebook과 같은 소셜미디어에서는 사용자가 원하는 주제와 관련된 집단을 구성할 수 있다. 만약 내가 뭔가에 관심이 있다면 같은 일에 관심이 있는 다른 사람이 있고, 가상 공간에서 함께할 수 있을 것이다.

개인들의 집합　일반적으로 소집단은 약 3~12명으로 구성된다. 인원수는 모든 구성원이 상대적으로 쉽게 커뮤니케이션할 수 있도록 충분히 적어야 한다. 직접 대면하는 상황에서는 사용 가능한 공간에 따라 인원수가 제한되지만, 온라인 집단에서는 이러한 공간으로 인한 제한이 없다. 그러나 집단이 12명보다 훨씬 커지면 온라인에서의 커뮤니케이션도 어려워진다. Facebook 및 다양한 SNS 집단의 구성원 수는 수백 명 이상이 될 수 있다.

상호의존성　소집단에서 구성원은 상호의존적이다. 즉, 한 구성원의 행동이 다른 구성원에게 중대한 영향을 미친다. 한 구성원이 다른 구성원의 아이디어를 비판하거나 또는 지지하면 그 행동은 다른 구성원과 집단 전체에 영향을 미친다. 한 구성원이 훌륭한 아이디어, 견적, 사진 등을 제시하면 그 행동은 집단의 다른 구성원에게 영향을 미친다.

규칙의 체계화　소집단의 구성원은 어느 정도 체계화된 규칙이나 구조로 연결된다. 정해진 규칙을 따라 발언을 하는 의회와 같이 구조가 엄격한 경우도 있고, 친목 모임이나 온라인 집단과 같은 경우에는 그 구조와 규칙이 느슨하다. 여기에는 다양한 체계와 구조가 있음에 주목하자. 예로, 한 구성원의 의견이나 질문이 무시되지 않고 대응이 되기도 하지만, 그렇지 않기도 한다.

뷰포인트. 집단
이미 언급했듯이, 다양한 형태의 집단이 있고 목적 역시 다양하다.
'집단'을 생각할 때 먼저 떠오르는 것은 무엇인가? 대면 집단과 온라인 집단 중에 더 중요한 집단은 어느 것인가?

집단으로 지각　소집단의 구성원은 실제로 그들이 더 큰 전체, 즉 집단의 구성원이라고 느낀다. 이는 개성이 무시되거나 구성원이 자신을 개인으로 보지 않는다는 것은 아니다. 각 구성원이 집단의 일부로 생각하고 느끼며 행동하는 것을 의미한다. 더 많은 구성원이 집단의 일부로서 자신을 간주하게 될수록 집단 응집력[또는 집단감(groupness)]은 커진다. 집단에서 분리된 개인으로 더 많이 지각할수록 집단 응집력은 줄어든다. 응집력이 높은 집단의 구성원이 보통 응집력이 낮은 집단의 구성원보다 더 만족스럽고 생산적이다.

팀

팀(team)은 특별한 종류의 소집단이다. 따라서 소집단의 모든 특성뿐만 아니라 몇 가지 특성을 더 갖고 있다. 커뮤니케이션과 조직 이론 분야의 소집단 연구자들은 팀을 (1) 특정 작업을 위해 구성된, (2) 구성원은 명확하게 정의된 역할을 하는, (3) 같은 목표를 성취하기 위해 몰입하고, (4) 내용 중심적인 소집단으로 정의한다(Beebe & Masterson, 2012; Kelly, 2006; Hofstrand, 2006).

- **특수한 목적.** 팀은 종종 특정 목적이나 업무를 위해 구성된다. 목적이 완료되면 구성원은 다른 팀에 배정되거나 해체될 수 있다. 예로, 야구팀 선수는 연습과 실제 게임을 위해 함께하지만 경기가 끝나면 그들은 각자의 생활을 한다.
- **명확하게 정의된 역할.** 팀에서 각 구성원은 명확하게 정의된 역할이 있다. 스포츠 팀이 좋은 예이다. 각 선수는 독특한 역할이 있다. 야구에서 유격수의 역할은 투수나 포수와 매우 다르다.
- **목표 지향.** 팀에서 모든 구성원은 명확하게 확립된 동일한 목표 달성을 위해 최선을 다한다. 스포츠 팀에서 모든 구성원은 게임에서 이기기 위해 최선을 다한다.
- **내용 중심.** 팀은 일반적으로 내용 중심적이다. 팀은 대개 내용 메시지(content message, 게임에서 이기는 것에 대한)에 대한 커뮤니케이션을 많이 하고 구성원의 대인관계에 대한 관계 메시지(relationship message)에 대한 커뮤니케이션은 적다.

가상 집단과 팀

소집단과 팀은 다양한 소통 채널을 사용한다. 상호작용은 대면으로도 발생하지만, 지역적으로 떨어져 있는 구성원 간에 Skype, LinkedIn 또는 Facebook을 통한 온라인 소통이 증가하고 있다. 이러한 **가상 집단**(virtual groups)과 팀은 관계 및 사회적 목적을 가지기도 하지만 다른 한편으로는 비즈니스 및 전문적인 목적을 가지기도 한다.

아마도 관계 목적을 위한 가상 집단의 가장 좋은 예는 사람들이 큰 집단(예: 취미)으로 상호작용도 하지만 학급(classroom)이나 지역을 기준으로 구분할 수도 있는 SNS일 것이다. 물론 이러한 SNS는 구직, 직무 수행, 조직 문제 해결 그리고 대면 집단에서 할 수 있는 모든 종류의 기능을 수행하는 데 사용될 수 있다.

가상 팀도 비즈니스 및 전문적인 목적을 가질 수 있다. 그리고 점점 더 많은 가상 팀은 서로 다른 건물(재택 근무도 포함)이나 국가에서 일하는 직원으로 구성되고 있다.

효과적인 집단 커뮤니케이션의 원칙은 사회적 관계 또는 비즈니스 목적을 가진 그리고 대면과 가상 집단 및 팀에 상관없이 적용된다(모든 유형의 집단을 앞으로 '소집단'으로 지칭할 것이다). 다른 나라의 동료와 팀 프로젝트를 진행하든, Facebook에서 새로운 친구와 대화를 하든, 또는 가족과 얼굴을 마주 보면서 상호작용을 하든 간에 여기에 제시된 원칙은 유용할 것이다.

집단의 장점과 단점

집단에는 장단점이 있다. 특히 구성원의 지식이 풍부하고 효과적으로 상호작용하는 경우, 소집단 상호작용에서 발생하는 일부 문제와 쟁점들은 큰 이익을 가져다줄 수 있다. 실제로 일부 프로젝트는 한 개인이 다 할 수 없기 때문에 집단 작업이 필수적이다. 다른 문제와 쟁점은 혼자서도 잘 해결할 수 있다. 종종 한 전문가가 한 집단 또는 여러 명의 비전문가 집단보다 더 나은 결정을 내리기도 한다.

아마도 가장 중요한 이점은 문제에 대해 집단 구성원이 다른 관점, 자원 및 지식을 제공할 수 있다는 것이다. 이와 관련하여 집단은 타인에게 배우기도, 알려 주기도 하는 완벽한 학습 환경이 될 수 있다. 문제 해결 집단에서 구성원은 자신이 해결책의 일부를 책임진다고 느낄 것이다. 비즈니스 상황에서 새로운 회사 정책에 대한 직원의 몰입은 해결책 작동 여부에 중요하다.

집단의 단점 중 하나는 전화 또는 Skype를 통해 회의하기 어려울 때도 많다는 것이다. 6명 이상이 상호작용할 수 있는 적절한 시간을 정하는 것은 쉽지 않다. 또 다른 잠재적인 단점은 구성원이 대다수 또는 집단의 상급자나 고위관리자의 의견에 동의해야 하고 다른 의견이나 대안을 말하지 못하게 하는 압박감을 경험할 수 있다는 것이다. 너무 다양한 의견이나 선택안이 제시될 수 있고 이는 효과적인 의사결정에 방해가 된다(Iyengar, 2010).

문화 지도: 개인주의와 집단주의

Hofstede, Hofstede와 Minkoff(2010)에 따르면, 모든 소집단에서 가장 중요한 차이점 중 하나는 개인주의와 집단주의 문화라는 개념으로, 개인이 집단의 구성원으로 일하는 정도 대 독립적인 개인으로 일하는 정도에 차이가 있다.

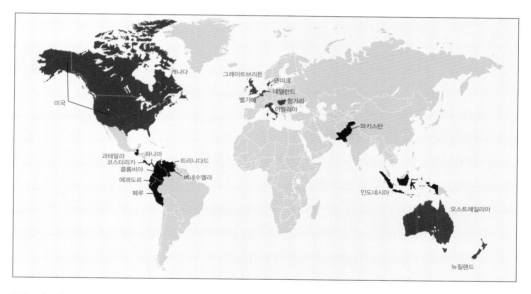

■ 지도의 빨간색 국가들은 **개인주의**가 매우 강하다. 고개인주의 문화에서는 개인의 목표가 최우선이 되고, 성공은 집단의 다른 구성원을 능가하는 정도에 의해 측정된다.

■ 지도의 파란색 국가들은 **집단주의**가 매우 강하다. 고집단주의 문화에서는 집단의 목표가 최우선이 되고, 성공은 집단 전체에 대한 기여 정도로 측정된다.

집단에 있을 때 본인의 행동을 어떻게 기술하겠는가?

소집단 단계, 형태 그리고 문화

9.2 소집단 커뮤니케이션의 단계, 형태 그리고 집단 문화에 대해 설명한다.

소집단 및 팀의 특성과 함께, 소집단 발전 과정의 단계, 몇 가지 형태, 그리고 소집단 커뮤니케이션에 중요한 몇 가지 문화적 차원에 대해 알아볼 것이다.

소집단 단계

다양한 소집단 형태와 집단 구성원이 실제로 어떻게 상호작용하는지 알아볼 것이다. 소집단 상호작용은 커뮤니케이션과 거의 동일한 방식으로 발달한다. 시작, 피드포워드, 업무, 피드백, 종결의 5단계가 있다.

- **시작.** 시작(opening) 시기는 보통 알아 가는 시기로 자기소개나 "주말 잘 보냈나요?", "커피 원하시는 분?"과 같은 간단한 대화를 하는 시기이다. 이 시기에는 집단 구성원이 서로 편안함을 경험하는 것이 필요하다.
- **피드포워드.** 대체로 초기 모임 이후에 어떤 일을 해야 하고, 누가 할지를 확인하는 피드포워드 단계로 진입한다. 공식적인 집단에서는 의제가 논의되고, 집단의 직무를 확인한다. 이는 수행해야 할 일의 목록을 만드는 단계이다.
- **업무.** 이 단계에서는 문제 해결, 정보 공유, 집단이 성취해야 하는 것과 같은 구체적인 업무에 대한 실질적인 논의가 이루어진다.
- **피드백.** 이 단계에서는 집단 구성원이 한 일과 아직 남아 있는 일에 대해 확인한다. 일부 집단은 이 단계에서 "우리는 재정적인 측면에 더 집중할 필요가 있다. 또는 추가적인 대안을 고려할 필요가 있다."와 같이 그들의 수행을 평가하기도 한다.
- **종결.** 이 단계에서 집단은 일보다는 다시 구성원에게 관심을 갖게 되고 헤어지는 인사인 "다음에 봬요.", "다시 볼 때까지 잘 지내세요." 등을 교환한다.

집단은 구성원에게 관심을 갖다가 일로 관심이 변환된 후 다시 구성원에게 관심을 가진다. 전형적인 패턴이 [그림 9-1]에 제시되어 있다. 그러나 집단마다 패턴은 다를 수 있다. 예로,

문제 해결을 위해 모인 작업 집단은 서로에게 관심을 보이기보다는 과업에 더 많은 초점을 맞추지만, 저녁을 위해 함께 모인 2~3커플과 같은 비공식적인 사교 집단은 개인에 대한 관심에 더 많은 시간을 할애한다. 비슷하게 시작과 종결에 소비하는 시간 역시 집단의 형태와 목적에 따라 달라진다.

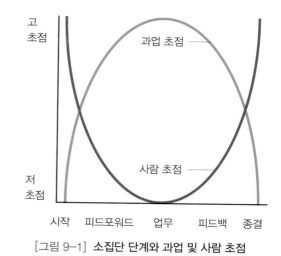

[그림 9-1] 소집단 단계와 과업 및 사람 초점

소집단 형태

　소집단은 그 기능에 따라 형태도 다양하다. 가장 대중적인 형태 중에 상대적으로 일반적인 형태는 원탁, 패널, 심포지엄, 심포지엄-포럼이다([그림 9-2] 참조).

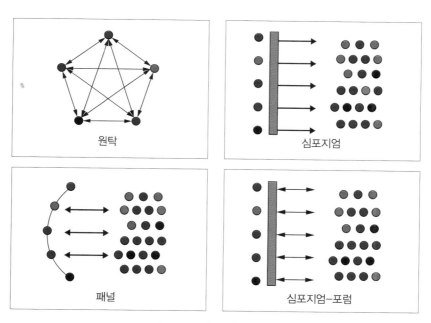

[그림 9-2] 소집단 형태

당신은 이 중 얼마나 많은 형태를 경험했는가?

- **원탁**에서는 집단 구성원이 반원이나 원 형태를 구성한다(주로 의자에 앉아서). 그들은 누가 언제 발언할지에 대한 정해진 규칙 없이 정보를 공유하거나 문제를 해결한다. 집단 상호 작용은 비공식적이고, 구성원은 그들이 적합하다고 생각하는 만큼 기여한다. 리더 또는 사회자 역할을 하는 인원이 참석할 때도 있다. 리더나 사회자는 특정 주제에 대한 토론을 계속하게 하거나 발언이 적은 구성원이 말하도록 유도할 수 있다.
- **패널**에서 집단 구성원은 전문가이지만 원탁처럼 자유롭게 발언하고 형식에 구애받지 않고 참여한다. 원탁과의 차이점은 대개 청중 앞에 앉아서 진행하고 중간에 첨언을 하거나 질의응답을 할 수 있다.
- **심포지엄**에서는 각 구성원이 공개적으로 준비된 발표를 한다. 모든 발표자는 한 주제의 다양한 측면을 강조한다. 심포지엄 리더는 각 발표자를 소개하고, 발표를 진행하며, 주기적으로 요약한 내용을 제공할 수도 있다.
- **심포지엄-포럼**은 준비된 발표를 하는 심포지엄과 청중과 질의응답을 하는 포럼으로 구성된다. 리더는 발표자를 소개하고 질의응답 세션을 진행, 조정한다.

이러한 네 가지 형태는 다양한 집단을 기술하는 일반적인 패턴이다. 각 형태는 다양하게 변형될 수 있다. 예로, 심포지엄-포럼에서 심포지엄과 포럼에 할애하는 시간은 변화될 수 있다. 각 형태의 조합도 가능하다. 각 구성원은 심포지엄처럼 발표하고 원탁 토론에 참여할 수 있다.

소집단 문화

많은 집단, 특히 오랜 기간 지속된 집단은 문화적 규범을 발전시키고, 고맥락 또는 저맥락 지향이 집단 문화에 큰 영향을 미친다. 이러한 문화적 차원은 집단, 구성원 및 그들의 커뮤니케이션에 영향을 미친다.

집단 규범   규칙 또는 기준으로 알려진 **집단 규범**(group norm)은 어떤 행동이 적절한지(추가 업무를 자발적으로 수용하는 것, 사람이 아닌 주제에 대해 논하는 것), 그리고 어떤 행동이 부적절한지(지각, 수동적인 태도)를 알려 준다. 이러한 규범은 때때로 기업의 정책이나 계약에 외현적으로 명시되기도 한다. 예로, '모든 구성원은 부서 미팅에 참여한다.' 또는 '미팅 중 휴대전화 사용 금지'가 있다. 그렇지만 어떤 규범은 명시되지 않는다. 예로, '모든 구성원은 예의를 갖춘다.' 또는 '소셜미디어에 음란한 사진은 올리지 않는다.'가 있다.

온라인 집단은 규범 측면에서 매우 다양하며, 모든 집단과 마찬가지로 온라인 집단에 참여하기 전에 규범에 익숙해지는 것이 좋다. 소셜미디어는 자기 홍보 및 상업화에 대한 허용 정도에 차이가 크다. LinkedIn과 다른 사이트는 자기 홍보(self-promotion)를 부정적으로 평가하고 관련 게시물을 모니터링하여 삭제하기도 한다. Facebook의 경우 삭제되지는 않겠지만, 자기 홍보에 대해 사용자들은 상당히 부정적인 반응을 보일 수 있다. 때로는 집단이 공식적으로 자기 홍보를 용인할 수 있지만, 개별 구성원은 그 게시물을 매우 부정적으로 볼 수도 있다.

규범은 개인뿐만 아니라 집단 전체에 적용될 수 있고, 집단이 속한 문화마다 다를 수 있다(Axtell, 1990, 1993). 예로, 미국 기업가들은 사업 관계자와 바로 업무에 착수하기를 원하지만, 일본 사업가들은 당면한 비즈니스를 처리하기 전에 친분을 쌓는 것을 선호한다. 미국에서 남성과 여성은 사교뿐만 아니라 업무에 대한 의사결정을 할 때도 상호작용하지만, 일부 무슬림 및 불교 사회에서는 종교적 제약으로 인해 남녀가 함께하는 것을 금지한다.

일부 문화권(예: 미국, 방글라데시, 오스트레일리아, 독일, 핀란드 및 홍콩)에서는 업무 회의에 대한 시간 엄수가 매우 중요하다. 그러나 모로코, 이탈리아, 브라질, 잠비아, 아일랜드 및 파나마 등의 다른 국가에서는 시간 엄수를 덜 중요시한다. 늦는 것은 큰 모욕이 아니며 어떤 상황에서는 늦을 것을 예상하기도 한다. 이런 차이가 존재하는 가운데 미국과 아시아와 유럽의 많은 국가는 서로 회의를 한다.

많은 페르시아만 국가에서는 경영진이 여러 집단과 회의(때로는 완전히 다른 문제를 동시에 다루는 회의)를 동시에 진행할 때가 있다. 미국에서는 비즈니스 미팅을 하는 동안 상호 신체접촉을 하지 않지만, 아랍 국가에서는 우정의 제스처와 같이 서로 손을 잡는 행동이 일반적이다.

뷰포인트. 집단 규범
규범은 모든 유형의 집단에 상당한 영향력을 발휘한다.
당신이 속한 집단의 커뮤니케이션에 영향을 미치는 규범은 무엇인가? 가족 혹은 직장에서의 규범은? 이 규범을 지키는 것이 얼마나 어려운가?

고맥락, 저맥락 문화   소집단 커뮤니케이션과 특별한 관련이 있는 문화적 차이는 고맥락 문화와 저맥락 문화이다(Hall, 1976; Singh & Pereira, 2005). 일본, 중국, 한국, 말레이시아 및 인도네시아와 같은 **고맥락 문화(high-context**

팀 규범 위반?

당신은 팀과 떨어져 외근을 하고 있고, 모든 비용은 경비처리가 된다. 그런데 동료들이 그들의 경비를 당신의 계산서 항목에 추가하고 있다. 당신은 이를 원치 않지만, 이러한 중요한 팀 규범 위반 사실이 밝혀지는 것을 원치 않기 때문에, 당신의 경비 내역을 밝히고 싶지 않다.

당신이 할 수 있는 일에는 어떤 것들이 있는가? 각 방법의 장단점은 무엇인가? 당신이라면 어떻게 하겠는가?

culture)에서 정보의 대부분은 명시적인(명확한) 언어적 메시지로 전달되지 않고 맥락 또는 사람에 의해 전달된다. 이러한 문화권에서는 보통 개인이 많은 정보를 갖고 있으며, 공유된 지식을 명시할 필요가 없다. **저맥락 문화**(low-context culture, 덴마크, 독일, 미국, 캐나다, 호주 및 뉴질랜드 등)에서 대부분의 정보는 명시된 언어 메시지를 통해 전달된다. 이러한 문화권에서 사람들은 특정 정보를 공유하고 있다고 가정하지 않기 때문에 중요한 모든 세부 사항은 명시된다.

고맥락 문화의 구성원은 소집단으로 작업하기 전에 서로를 알기 위해 많은 시간을 보낸다. 이렇게 개인에 대한 지식이 사전에 많이 공유되기 때문에 명시적으로 밝힐 필요가 없다. 반면, 저맥락 문화 구성원은 서로를 알아 가는 시간을 덜 가지기 때문에 공유된 지식이 없다. 따라서 모든 내용이 명시적으로 진술되어야 한다. 이러한 차이가 고려되지 않으면 오해가 발생할 수 있다. 예로, 저맥락 문화의 특징인 직접성과 명확성은 고맥락 문화 구성원에게 모욕적이거나, 눈치가 없으며 불필요한 것으로 간주된다. 반대로 저맥락 문화의 구성원에게 명확한 표현을 하지 않고, 저맥락 문화의 개방되고 직접적인 커뮤니케이션을 거부하는 고맥락 문화의 구성원은 모호하고, 비밀스럽고, 심지어 정직하지 않게 보일 수 있다. 이 장에 제시된 문화 지도를 참조해 보자.

브레인스토밍과 포커스 집단

9.3 브레인스토밍과 포커스 집단을 정의하고 각각 어떻게 작동하는지 기술한다.

많은 소집단은 아이디어를 창출하고, 정보를 공유한다. 이러한 대표적인 집단이 브레인스토밍 집단과 포커스 집단이다.

브레인스토밍 집단

많은 소집단은 가능한 한 많은 아이디어를 제시하여 문제를 해결하는 브레인스토밍

(brainstorming)을 위해 존재하기도 한다(Osborn, 1957; Beebe & Masterson, 2012). 연설이나 학기말 논문 아이디어, 재미있는 휴가 계획 또는 돈을 벌 수 있는 아이디어 등을 혼자 생각하는 것도 괜찮지만 소집단에서 브레인스토밍을 통해 더 많은 아이디어가 도출될 수 있다. 많은 조직은 구성원이 자신의 창의력을 발휘하고 참여할 수 있도록 권장하기 때문에 브레인스토밍을 사용한다. 브레인스토밍은 협력 팀워크를 촉진한다. 구성원들은 자신의 아이디어와 창의력이 타인이 제시한 아이디어로부터 촉발되는 것을 알 수 있다. 브레인스토밍을 통해 모든 구성원이 해결책에 기여하기 때문에 최종 해결방안(또는 제품 또는 서비스)에 대한 구성원의 자긍심과 주인의식이 높아진다.

브레인스토밍은 (1) 아이디어 도출, (2) 평가의 2단계로 이뤄진다. 절차는 간단하다. 먼저, 문제를 선택한다. 가능한 많은 해결책이나 아이디어가 도출될 수 있는 모든 유형의 문제가 가능하다. 예로, 조직에 신입 직원을 모집하는 방법 또는 신제품을 시장에 판매하는 방법이 될 수 있다. 시작 전에 집단 구성원에게 문제를 알리고 이에 대해 생각해 보게 한다. 구성원들이 만날 때, 각 구성원은 가능한 많은 아이디어를 제공한다. 회사에서는 종종 모든 아이디어를 기록하기 위해 칠판, 화이트보드 또는 이젤(easel)을 사용한다. 브레인스토밍 집단은 한 사람을 서기로 지명할 수도 있다. 서기는 도출된 내용을 노트북에 입력하여 회의를 마친 후 이메일을 통해 다른 구성원에게 즉시 회람한다. 초기 아이디어 도출 기간 중에는 네 가지 규칙을 따른다.

- 규칙 1. 그 어떤 평가도 하지 않는다. 모든 아이디어는 집단 구성원이 볼 수 있도록 기록된다. 구성원은 자유롭게 참여하고 언어적, 비언어적 평가는 금지된다. 이 첫 번째 규칙을 지키기가 가장 어렵기 때문에 '아이디어 킬러'들에 대응하는 훈련이 필요하다. 예로, 다른 사람이 아이디어에 대해 다음과 같이 비판한다면 어떻게 반응할 것 같은가?

이전에 해 봤는데 효과가 없어요.	비용이 너무 많이 들어요.
아무도 찬성하지 않을 것 같네요.	우리는 그럴 만한 능력이 없어요.
너무 복잡하네요.	이미 우리는 충분히 하고 있어요.
너무 단순하네요.	우리와는 안 맞는 것 같아요.
너무 오래 걸려요.	불가능합니다.

- 규칙 2. 아이디어는 많을수록 좋다. 많은 아이디어가 도출될수록 더 유용한 해결책이 도출될 가능성이 높다.

뷰포인트. 혼자 브레인스토밍하기

브레인스토밍은 한 사람의 아이디어가 타인의 아이디어를 자극하는 집단 활동으로 설계되었지만, 혼자서도 사용할 수 있기 때문에 다양한 상황에서 선택에 도움이 된다.

브레인스토밍은 어떤 면에서 당신에게 유용한가?

- 규칙 3. 아이디어의 통합과 확산을 장려한다. 비록 구성원들이 특정 아이디어를 비판하지는 않지만, 구성원들은 아이디어를 통합하거나 확장할 수 있다. 어떤 아이디어는 다른 아이디어를 자극할 수도 있다.

- 규칙 4. 자유분방함(가능한 모든 아이디어를 도출)이 장려된다. 덜 다듬어진 아이디어는 쉽게 정교화할 수 있지만, 너무 단순한 아이디어를 정교화하는 것은 쉽지 않다. 모든 아이디어가 도출된 후에 (약 15분 또는 20분 정도) 집단은 전체 아이디어를 평가한다. 실행 불가능한 아이디어는 목록에서 제외한다. 가능성 있는 아이디어는 그대로 유지되고 평가된다. 이 단계에서는 비판이 허용된다.

앞서 제시한 규칙을 사용하여 다음의 예를 동료들과 함께 브레인스토밍해 보자.

소집단 또는 반 학생 전체와 함께 원으로 둘러앉아 다음 주제 중 하나에 대해 브레인스토밍 해 보자. 한 사람을 임명하여 모든 아이디어를 적고 토론 내용을 기록하게 한다.

a. 노숙자들을 어떻게 해야 하는가?
b. 대학 웹사이트를 개선하기 위해 우리가 해야 할 일은 무엇인가?
c. 취업 시장에 대비하기 위해 무엇을 해야 하는가?
d. 어떻게 SNS를 보다 효과적으로 사용할 수 있을까?
e. 학생과 교수진의 커뮤니케이션을 어떻게 개선할 수 있을까?

브레인스토밍 후에 다음 질문을 고려해 보자.

1. 부정적인 비판이(비언어적으로도) 있었는가?
2. 구성원들은 거친 아이디어를 이야기하는 것을 주저했는가? 왜?
3. 구성원을 어떤 시점에 다시 자극하는 것이 필요했는가? 이것이 도움이 되었는가?
4. 집단 상호작용 없이는 생각할 수 없었던 가능한 해결책이 등장했는가?

포커스 집단

정보를 공유하는 집단의 또 다른 형태는 **포커스 집단**(focus group)으로 종종 시장 조사에서 심층 인터뷰를 위해 모이는 소집단이다. 포커스 집단의 목적은 일부 사람들의 특정 이슈나 제품에 대한 일반적인 생각을 파악하기 위한 것이다. 예로, 18~25세 남성들이 면도 후 사용하는 로션 제품과 포장에 대해 어떻게 생각하는지를 알기 위해 포커스 집단을 할 수 있다. 포커스 집단에서 인터뷰 진행자는 향기를 바꿀 것인지, 포장을 바꿀 것인지와 같은 의사결정을 위해 구성원의 신념, 태도, 생각, 사용 후 느낌에 대해 파악하려고 노력한다. 진행자는 포커스 집단 구성원의 적극적 참여를 유도하여 그들의 사고와 감정을 더 깊은 수준에서 분석하고 한 구성원의 의견에 대한 다른 구성원의 의견을 요청하기도 한다.

일반적으로 포커스 집단 진행자는 모집인이 아닌 전문 촉진자이고 집단은 평균적인 사람을 대표하는 12명 정도로 구성된다. 진행자는 포커스 집단의 일반적인 목표, 과정, 시간 제한 등에 대해 설명한다. 이 12명에게 XYZ 건강 보험에 대한 정보를 물어보고 다른 회사의 보험을 선택한 이유를 알아본다. 그런 다음 진행자는 다양한 질문을 한다. 예로, "XYZ 건강 보험에 대해 어떻게 알게 되었습니까? 실제 가입하기 전에 어떤 다른 건강 보험을 비교했습니까? 보험 가입을 결정하는 데 가장 큰 영향을 준 것은 무엇입니까? 타인이

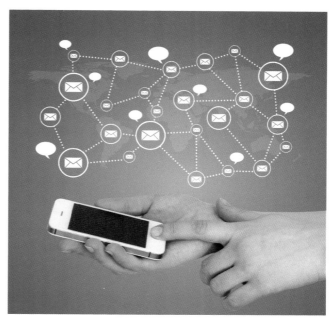

뷰포인트. 채팅

온라인 메시지 연구에서 사람들은 긍정적인 메시지보다 부정적인 메시지에 대해 반응을 더 크게 보이는 것으로 나타났다(Rollman, Krug, & Parente, 2000).

소셜네트워크 메시지에서도 동일하게 적용되는가? 그렇다면 왜 그런가? 자신의 경험에 비추어 볼 때 SNS보다 대면 상황에서 더 긍정적인 커뮤니케이션이 이뤄지는가?

당신의 결정에 큰 영향을 미쳤습니까?" 이와 같은 질문을 통해 진행자와 기업 담당자(일방경 뒤에서 토론을 관찰하는 사람)는 더 나은 건강 보험 또는 보다 효과적인 광고 전략을 모색한다.

윤리적 커뮤니케이션: 험담의 윤리

험담(gossip)은 사회적 대화로 대화에 참석하지 않는 사람에 대한 평가를 말한다. 험담은 두 사람 사이 또는 소집단에서 발생할 수 있다(Eder & Enke, 1991; Wert & Salovey, 2004). 그리고 미디어에서 매일 보는 것처럼 대중 연설에서도 발생할 수 있다. 한 연구는 사람들의 대화 시간의 약 2/3가 사회적 주제에 집중되어 있고, 이러한 주제의 대부분은 험담으로 간주될 수 있다(Dunbar, 2004). 험담은 사람들의 관계를 확고히 하고 유대감을 만들어 내기도 한다(Greengard, 2001; Hafen, 2004). 동시에, 내집단(in-group, 험담을 하는 사람)과 외집단(out-group, 험담을 당하는 사람)을 만들어 낸다.

예상할 수 있듯이, 험담은 비윤리적인 것으로 간주된다. 다음에 제시된 사항에 해당된다면 비윤리적인 것으로 평가한다(Bok, 1983).

- 험담이 타인에게 불공정한 피해를 주는 경우—예: 사내 연애 또는 강사의 과거 경솔한 행동에 대한 소문을 퍼뜨리는 경우
- 말하는 것이 사실이 아니라는 것을 알고 있을 때 – 예: 타인을 부정적으로 보이게 하거나 거짓 소문을 퍼트리기 위해 거짓말을 하는 경우
- 누구도 그러한 개인 정보에 대한 권리가 없는 경우 – 예: 이웃 사람의 수입을 타인에게 공개하거나 다른 학생의 좋지 않은 성적을 친구에게 밝히는 경우
- 비밀 보장을 약속했을 때 – 예: 타인에게 이야기하지 않기로 약속한 것을 드러냈을 때

윤리적 초이스 포인트

당신은 새로운 인턴 집단을 관리하고 있고, 인턴들에게 그들의 상사가 될 분이 이전 인턴들에게 매우 좋은 사람이었다고 이야기를 해야 하는지 고민하고 있다.

좋게 이야기하는 것이 비윤리적인 행동인가? 아니면 윤리적이며, 당신의 임무를 잘하는 것인가?

특정 단계를 두고 아이디어를 분석하는 것이 더 쉽기도 하다. 단계별로 진행하는 것이 중요한 요소를 누락할 가능성이 적다. 다음 실습을 통해 분석을 실시해 보자.

새로운 아이디어를 듣기 위한 유용한 기술(상반되는 메시지를 포함하여)인 PIP'N은 Carl Rogers(1970)가 이해 증진을 위해 강조한 재진술(paraphrasing)과 Edward deBono(1976)의 PMI(+, −, 흥미로운) 기법에서 파생되었다. PIP'N은 총 4단계로 구성된다.

- **P=재진술(paraphrase)**. 타인이 말하는 것을 자신의 말로 재진술한다. 이를 통해 당신과 아이디어를 제안한 사람이 같은 것을 말하고 있는지 확인할 수 있다. 또한 타인에게 아이디어를 자세히 설명하거나 명확히 할 수 있는 기회가 되기도 한다.
- **I=흥미로운(interesting)**. 아이디어에서 발견한 흥미로운 점을 이야기한다. 이 아이디어가 당신, 타인, 조직에 흥미로운 이유가 무엇인지에 대해 이야기한다.
- **P=긍정적인(positive)**. 아이디어의 긍정적인 면을 이야기한다. 그 아이디어가 좋은 점은 무엇인가? 이 아이디어가 어떻게 문제를 해결하거나 상황을 개선시킬 수 있는가?
- **N=부정적인(negative)**. 아이디어에 수반될 수 있는 부정적인 면을 언급한다. 비용이 너무 많이 소요되는가? 실행하기 어렵지는 않은가? 사소한 면에 초점을 둔 것은 아닌가?

새로운 생각을 듣고 PIP'N을 대화 또는 소집단에서 사용해 보자. 연습을 위해서, PIP'N 기술 자체에 대해 PIP'N을 시도해 볼 수 있다. (1) PIP'N 기술을 재진술해 본다. (2) 이 기술이 흥미로운 이유를 이야기한다. (3) 긍정적인 측면에 대해 진술한다. 그리고 (4) 부정적인 측면에 대해 진술한다.

문제 해결 집단

9.4 문제 해결 순서, 의사결정 방법, 조직규범 집단, 델파이 방법과 품질 분임 조에 대해 기술한다.

문제 해결 집단(problem−solving group)은 특정 문제를 해결하거나 어떤 문제에 대한 결정을 내리기 위해 구성된 집단이다. 어떤 면에서 가장 어려운 집단이다. 소집단 커뮤니케이션 기술에 대한 지식뿐만 아니라 모든 집단 구성원이 특정 문제에 대한 심오한 지식을 갖고 있어야 하기 때문이다. 가장 성공적인 결과를 얻으려면 일련의 절차를 충실히 준수해야 한다.

문제 해결 순서

문제 해결 순서는 6단계로 되어 있고 사람들이 어떻게 생각하는지([그림 9−3] 참조)에 대한 철학자 John Dewey(1910)의 통찰에 기반하고 있다. 이 단계는 보다 효과적이고 효율적인 문

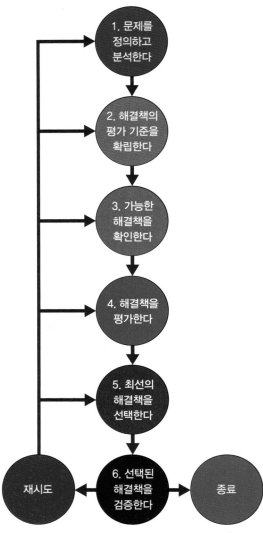

[그림 9-3] 문제 해결 순서

대부분의 소집단 이론가들은 여기에 제시된 문제 해결 순서를 따르라고 조언하지만 어떤 이론가는 일부 변경해서 사용한다. 예로, 2, 3단계를 역으로 진행하도록 권장하기도 한다. 먼저, 가능한 해결책을 확인한 후 평가 기준을 고려하는 것이다. 이 방법의 장점은 평가 기준에 의해 제한되지 않기 때문에 더 창의적인 해결책을 더 많이 도출할 가능성이 크다는 것이다. 단점은 기준을 충족시키지 못하는 비실용적인 해결책을 만드는 데 많은 시간이 소요될 수 있다는 점이다.

제 해결을 수행할 수 있게 설계되었다.

1단계: 문제를 정의하고 분석한다   어떤 경우에는 문제의 본질이 구체적이다. 예로, 작업 팀은 밸런타인데이를 위한 태블릿이나 스마트폰을 새롭게 포장하는 방법을 논의할 수 있다. 그러나 다른 경우에는 문제가 모호할 수 있고, 이를 정의하는 것은 집단에 달려 있다. 캠퍼스 내 빈약한 커뮤니케이션과 같은 일반적인 주제를 해결해야 할 경우 대학 웹사이트 내 소통을 어떻게 향상시킬 수 있을지와 같이 주제가 보다 명확하게 정의되고 제한되어야 한다. 진술문("웹사이트 개선이 필요하다.") 또는 예/아니요 질문("웹사이트 개선이 필요합니까?")이 아닌 개방형 질문("소통 증진을 위해 대학 웹사이트를 어떻게 개선할 수 있습니까?")으로 문제를 정의하는 것이 좋다.

2단계: 해결책의 평가 기준을 확립한다   해결책을 제시하기 전에 어떻게 평가할지를 결정해야 한다. 더 선호하는 해결책 또는 각 해결책을 평가할 수 있는 준거와 기준을 확인해야 한다. 예로, 해결책이 웹사이트 방문자를 10% 증가시키고, 예산 증액은 안 되며, 개인 정보를 침해해서는 안 되고, 모든 대학 구성원이 의견을 제시할 수 있도록 해야 한다고 결정할 수도 있다. 사실, 현실적이고 달성 가능한 기준을 확립해야 한다. 그렇지 않으면 모든 해결책이 적합하지 않게 된다.

3단계: 가능한 해결책을 확인한다 가능한 많은 해결책을 확인한다. 우선 해결책의 질보다는 양에 초점을 맞춘다. 특히 브레인스토밍이 유용할 수 있다. 웹사이트 개선 문제에 대한 해결책으로는 교수 기고문, 특정 과목에 대한 학생 평가, 캠퍼스 내 레스토랑 리뷰, 새로운 과목 소개 그리고 고용 정보 등이 제시될 수 있다.

4단계: 해결책을 평가한다 모든 해결책이 제안된 후, 각 해결책을 평가한다. 예로, '캠퍼스 지역 식당 리뷰를 통합하는 것이 기준을 충족하는가? 예산이 증가하는가? 성적 공개가 학생들의 사생활 보호 권리를 침해하는가?'와 같이 기준에 근거하여 평가한다. 각 잠재적 해결책은 평가 기준에 부합해야 한다.

5단계: 최선의 해결책을 선택한다 최선의 해결책을 선택하고 실행한다. 교수 기고문과 새로운 과목 소개가 평가 기준을 가장 잘 충족하는 해결책이라고 가정해 보자. 이 두 가지 새로운 항목을 웹사이트에 통합할 수 있다.

집단은 수용할 해결책을 결정할 때 다양한 의사결정 방법을 사용한다. 사용될 방법은 당연히 집단 토론의 시작 때 명시하는 것이 좋다. 세 가지 주요 의사결정 방법이 있다.

- **권위.** 권위(authority)에 의한 의사결정에서는 각 개인의 감정과 의견을 말하지만, 지도자 또는 상사가 최종 결정을 한다. 이 방법은 경험 많은 구성원의 의견을 더 중요하게 고려하기 때문에 효율적인 의사결정이 가능하다는 장점이 있다. 단점은 개별 구성원의 기여도가 너무 적기 때문에 열정적으로 의사결정에 참여하지 않을 수 있다는 것이다.
- **다수결.** 집단이 다수결(majority rule)에 동의하고, 문제 해결을 위해 여러 가지 문제에 투표할 수 있다. 권위와 같이 다수결도 효율적이다. 단점은 과반수가 동의하면 투표를 요구하여 토론 기회가 제한될 수 있다는 점이다. 또한 투표하지 않은 구성원 중 대부분은 권리가 박탈되었다고 생각하고, 소외되었다고 느낄 수 있다.
- **합의.** 소집단 의사결정에서 합의(consensus)는 의견 일치에 도달한다는 것을 의미한다. 합의는 만장일치가 될 필요는 없지만, 해결안이 무엇이든지 함께하고 그들에게 요구되는 것을 수행하는 것에 동의가 필요하다(Kelly, 1994). 이는 각 개별 구성원이 해결책에 동의하지는 않지만, 현 시점에서 해당 구성원이 이 해결책을 채택하고 따른다는 것에 동의하는 것을 의미한다. 합의는 의사결정 방법 중 가장 많은 시간이 소요된다. 그러나 집단의 결정을 이행하는 데 있어 모든 구성원의 협력과 참여를 가장 잘 보장할 수 있는 방법이다.

뷰포인트. 기준 개발

비누 판매 광고를 평가할 때 광고 대행사가 사용할 수 있는 기준은 무엇인가? 대학은 어떤 기준으로 새로운 다문화 교과 과정을 평가하는가? 부모는 자녀의 유치원을 어떤 기준으로 평가하는가? 항의 표시를 위한 슬로건을 만드는 기준은?

집단의 구성원이 결정에 만족하고 헌신하기를 원한다면 합의가 가장 좋은 방법이다(Beebe & Masterson, 2012).

6단계: 선택된 해결책을 검증한다
해결책을 실행한 후 그 효과를 검증한다. 예로, 학생이나 대학 직원에게 새 웹사이트에 대해 설문조사를 실시할 수 있다. 또는 방문자 수를 분석할 수도 있다. 웹사이트 방문자 수가 10% 이상 증가했는지 확인할 수 있다. 선택한 해결책이 효과가 없다고 판단되면 이전 단계로 돌아가 해당 과정을 반복한다. 이전 해결책 중 일부를 선택해서 실행하고 검증할 수도 있지만, 문제의 재분석, 다른 해결책의 확인 또는 기준의 재정립 등의 초기 단계에서 다시 시작해야 할 수도 있다.

다음 실습을 통해 앞서 제시된 단계를 연습해 보자.

4~6명의 구성원(온라인 또는 오프라인)과 함께 이전 연습에서 제시했던 다음 문제 중 하나를 해결해 보자.

a. 노숙자들을 어떻게 해야 하는가?

b. 대학 웹사이트를 개선하기 위해 우리가 해야 할 일은 무엇인가?

c. 취업 시장에 대비하기 위해 무엇을 해야 하는가?

d. 어떻게 SNS를 보다 효과적으로 사용할 수 있을까?

e. 학생과 교수진의 커뮤니케이션을 어떻게 개선할 수 있을까?

주제에 대한 토론을 시작하기 전에 토론 개요를 준비하고 다음 질문에 대답해 보자.

1. 문제가 무엇인가? 그 원인은 무엇인가? 이로 인한 부정적인 결과에는 어떤 것이 있는가?

2. 해결책은 어떤 기준을 만족시켜야 하는가?

3. 가능한 해결책은 무엇인가?

4. 각 해결책의 장단점은 무엇인가?

5. 장단점을 고려했을 때 가장 좋은 해결책은 무엇인가?

6. 이 해결책을 어떻게 검증할 수 있는가?

직장에서 문제 해결 집단

이 장에서 논의된 문제 해결 순서는 여러 유형의 비즈니스 집단에서도 광범위하게 사용된다. 가장 많이 사용되는 접근 방법은 (1) 명목 집단 기법과 (2) 델파이 방법이다.

이 내용을 읽으면, 이 방법들이 집단에서 어떻게 작동하는지 알게 될 것이다. 화이트보드만 갖고 있어도 많은 것을 기록할 수 있다. 모든 직원이 회사 웹사이트에 연결된 컴퓨터를 보유하고 있으면 대부분의 기록이 웹사이트와 컴퓨터에 저장된다.

명목 집단 기법　명목 집단(nominal group) 기법은 제한된 토론과 기밀 투표를 사용하여 집단 의사결정을 하는 문제 해결 방법이다. 문제 해결 집단에서 의견 말하기를 꺼리거나 문제가 논쟁의 여지가 있거나 민감한 경우 특히 유용한 방법이다.

미국 보건복지부(Department of Health and Human Services, 2006)에 따르면 명목 집단 기법은 크게 4단계를 거친다.

1. 문제가 제공되고 각자 아이디어를 적어서 제출한다.
2. 각 아이디어는 토론이나 논의 없이 기록된다.
3. 기록된 각각의 아이디어에 대해 모든 구성원이 논의한다.
4. 구성원들은 아이디어에 대해 투표를 하고 우선순위대로 나열한다. 가장 높은 순위의 아이디어가 실행에 들어간다.

출처: Department of Health and Human Services (2006).

델파이 방법　델파이 방법(Delphi method)에서는 '전문가' 집단이 있지만, 그들 간 상호작용은 없다. 대신 설문지에 반복적으로 응답함으로써 커뮤니케이션한다(Kelly, 1994; Tersine & Riggs, 1980; Hsu & Sanford, 2007). 델파이 방법은 지리적으로 멀리 떨어져 있는 사람을 참여시키고 싶을 때, 모든 구성원이 해결책에 지속적으로 기여하기를 원할 때, 또는 영향력 있는 구성원의 영향을 최소화하고자 할 때 유용하다(Yousuf, 2007; Linstone & Turoff, 1975/2002). 이 방법은 일련의 8단계로 진행된다(Kelly, 1994).

1. 문제를 정의한다(예: '우리는 부서 내 커뮤니케이션을 개선해야 한다.'). 각 구성원이 해야 할 일이 구체화된다(예: 각 구성원은 이 문제에 대해 다섯 가지 아이디어를 제공한다).

2. 각 구성원은 익명으로 다섯 가지 아이디어를 작성하여 제출한다.

3. 모든 아이디어를 정리하여 작성한 후 모두에게 배포한다.

4. 이 정리된 목록에서 서너 가지의 가장 훌륭한 아이디어를 선택하여 제출한다.

5. 이 응답을 다시 정리한 후 모든 구성원에게 배포한다.

6. 새로운 목록에서 하나 또는 두 개의 가장 좋은 아이디어를 선택하여 제출한다.

7. 다시 정리하여 배포된다. 이 절차는 여러 번 반복될 수 있지만 세 번 정도면 적절한 합의에 도달하기 충분하다.

8. '최종' 해결책이 결정되고 모든 구성원에게 전달된다.

JOURNAL 커뮤니케이션 초이스 포인트

비판적 사고

새로운 휴대전화 포장재 설계 팀(조직 내 다른 팀의 지위와 동등한 팀)에 재직하고 있고 의사결정 방법을 정해야 한다.

의사결정 방법에는 어떤 것이 있는가? 각 의사결정 방법의 장단점은 무엇인가? 어떤 방법을 선택하겠는가?

품질 분임 조   품질 분임 조(quality circle, 품질 서클 관리)는 일부 조직에서 품질 향상을 위한 조사 및 권장 사항을 수행하는 직원 집단(보통 약 6~12명)이다. 구성원은 향상이 필요한 분야의 직원이 된다. 예로, 문제가 인터넷 광고를 개선하는 방법이라면 품질 분임 조의 구성원은 광고 및 기술 부서의 직원이 된다. 기본 가정은 유사한 업무를 수행하는 직원의 통찰력을 모아 그들이 공유하는 문제를 해결함으로써 자신의 부서 또는 직무를 개선할 수 있다는 것이다.

품질 분임 조는 도움이 될 만한 모든 방법을 사용하여 문제를 조사한다. 예로, 대면 문제 해결 집단을 형성하거나 명목 집단이나 델파이 방법을 사용할 수 있다. 그런 다음 해결안을 구현할 수 있는 직원에게 결과 및 해결안을 알려 준다.

이 장에서 알 수 있듯이 소집단은 각각 고유한 규칙과 목표를 가진 다양한 형태 또는 유형으로 존재한다. 각 집단이 어떻게 가장 효과적으로 사용될 수 있는지에 대해 아는 것은 삶의 여러 영역, 특히 직장에서 큰 자산이 될 수 있다. 소집단 역량의 또 다른 필수적인 부분은 구성원과 리더가 각자의 역할을 수행하는 방법을 아는 것으로 다음 장에서 논의할 것이다.

〈표 9-1〉에는 이러한 소집단들에 대한 요약이 제시되어 있다.

<표 9-1> 소집단 형태

집단	기본 사용
브레인스토밍 집단	• 아이디어 창출 • 새로운 관점 획득
포커스 집단	• 학습 • 교육
문제 해결(명목, 델파이, 품질 분임 조)	• 문제 해결 • 갈등 관리 • 의견 차이 해결/정렬

개념 요약

이 장에서는 소집단의 특성과 커뮤니케이션, 주요 유형에 대해 알아보았다.

소집단과 팀

9.1 소집단과 팀을 정의하고 각각의 장단점을 확인한다.

1. 소집단은 공통의 목적을 공유하는 개인들의 집합으로, 상호의존적이며, 조직 규칙에 따라 운영하고, 스스로를 집단 구성원으로 간주한다. 팀은 소규모 집단이지만 일반적으로 특정 작업을 위해 존재하고 구성원의 역할이 구체적으로 정의되어 있다. 구성원들은 그 일을 성취하기 위해 최선을 다한다. 팀의 대화는 주로 내용 중심적이다.

2. 가상 집단 및 팀은 비즈니스 및 소셜네트워킹에서 급격히 증가하고 있다.

3. 집단은 문제에 대한 다양한 시각을 학습할 기회를 제공하지만, 효과적인 결정을 내릴 때 문제가 발생할 수도 있다.

소집단 단계, 형태 그리고 문화

9.2 소집단 커뮤니케이션의 단계, 형태 그리고 집단 문화에 대해 설명한다.

4. 소집단 상호작용은 일반적으로 시작, 피드포워드, 업무, 피드백, 종결의 5단계를 따른다.

5. 대중적인 소집단 형태로는 원탁, 패널, 심포지엄, 심포지엄-포럼이 있다.

6. 소집단은 규범(즉, 규칙 또는 행동 기준)을 개발하고 집단이 속한 더 큰 문화에 크게 영향을 받는다.

브레인스토밍과 포커스 집단

9.3 브레인스토밍과 포커스 집단을 정의하고 각각 어떻게 작동하는지 기술한다.

7. 브레인스토밍 집단은 비판적 평가를 피하면서 아이디어 장려, 아이디어의 조합과 확장, 자유분방한 분위기를 형성하여 가능한 많은 아이디어를 창출하려고 한다.

8. 포커스 집단은 지식이나 통찰력의 상호 공유를 통해 사람들이 제품이나 서비스에서 원하는 것을 이해하려고 한다.

문제 해결 집단

9.4 문제 해결 순서, 의사결정 방법, 조직규범 집단, 델파이 방법과 품질 분임 조에 대해 기술한다.

9. 문제 해결 집단은 권위, 다수결 또는 합의를 통해 특정 문제 해결을 시도하거나 적어도 문제 해결 직전 단계에 도달하려고 한다.

10. 문제 해결 접근법의 단계는 (1) 문제 정의 및 분석, (2) 해결책의 평가 기준 확립, (3) 가능한 해결책 확인, (4) 해결책 평가, (5) 최선의 해결책 선택, (6) 선택된 해결책 검증으로 구성된다.

11. 오늘날 비즈니스에서 널리 사용되는 소집단 접근법들은 명목 집단, 델파이 방법과 품질 분임 조이다.

기술 요약

이 장에서 언급한 내용은 다양한 소집단을 효과적으로 운영하는 데 필수적인 것이다. 다음에 제시된 내용을 읽어 보고 더 노력할 필요가 있는 항목에 (∨) 체크하시오.

_____ 1. 나는 집단 구성원과 상호작용할 때 집단 규범을 찾고 이러한 규범을 지키려고 적극적으로 노력한다.

_____ 2. 가상 집단인 소셜네트워킹 집단에서 커뮤니케이션할 수 있다.

_____ 3. 나는 고맥락 문화와 저맥락 문화의 차이에 따라 대화 내용을 조절할 수 있다.

_____ 4. 나는 브레인스토밍 할 때 일반적인 규칙을 따른다. 나는 부정적인 비판을 하지 않고, 많은 아이디어를 내기 위해 노력하고, 다른 구성원의 아이디어를 결합하고 확장하며, 최대한 폭넓은 아이디어를 내려고 한다.

_____ 5. 나는 활력을 잃은 브레인스토밍 집단을 적절하게 다시 자극한다.

_____ 6. 집단 문제 해결 상황에서 6단계를 수행할 수 있다. 문제 정의 및 분석, 해결안 평가 기준 설정, 가능한 해결안 변별, 해결안 평가, 최상의 해결안 선택 및 선택한 해결안 검증.

_____ 7. 나는 명목 집단이나 델파이 방법과 같은 기술을 사용할 수 있다.

핵심 용어

이 장에서 논의된 주요 용어이다. 이 용어의 정의는 이 장의 본문에서와 책의 뒷부분에 수록된 용어집에 제시되어 있다.

가상 집단	소집단	패널
고맥락 문화	심포지엄	포럼
델파이 방법	심포지엄-포럼	포커스 집단
명목 집단	원탁	품질 분임 조
문제 해결 순서	저맥락 문화	합의
문제 해결 집단	집단 규범	험담
브레인스토밍	팀	

소집단 커뮤니케이션에서 구성원과 리더

10

"리더십은 다양한 사람에게
여러 의미를 제공한다."

이 장의 주제

- 소집단 커뮤니케이션에서 구성원
- 소집단 커뮤니케이션에서 리더
- 멤버십, 리더십 그리고 문화

학습 목표

10.1 집단 구성원의 세 가지 주요 형태를 기술하고 중요한 멤버십 기술을 확인한다.

10.2 리더십을 정의하고, 리더십 이론과 중요한 리더십 기술을 확인한다.

10.3 고–저권력거리와 개인주의–집단주의 지향을 정의하고 구분한다. 그리고 소집단 커뮤니케이션에서 문화의 역할을 설명한다.

제9장에서 언급했듯이, 우리는 많은 집단의 일부이고, 이 집단에서 다양한 역할과 기능을 한다. 이 장은 소집단에서의 멤버십과 리더십에 초점을 맞추고 있지만, 다양한 종류와 크기의 집단에도 적용 가능하다. 집단에서의 역할과 기능에 대한 통찰을 통해 집단 구성원과 리더의 효과성을 증진시킬 수 있다.

소집단 커뮤니케이션에서 구성원

10.1 집단 구성원의 세 가지 주요 형태를 기술하고 중요한 멤버십 기술을 확인한다.

배우가 영화에서 역할을 연기하듯이 집단 구성원도 상호작용할 때 다양한 역할을 한다. 종종 이러한 역할은 행동 양식이 되기도 한다. 예로, Pat은 대개 타인을 격려하기 위해 노력하고 Chris는 항상 타협을 추구하려고 노력한다.

어떤 집단(또는 많은 집단)에서 수행하는 역할은 집단의 성격, 집단 구성원의 직책, 성격, 타인이 나에게 무엇을 기대하는지에 대한 인식에 따라 달라진다.

이러한 역할에 대해 읽어 보기 전에 다음의 자가 점검을 실시해 보자.

집단 내에서 본인의 행동이 다음 진술문에 해당되는 경우 T(참)로 응답하고, 해당 진술에 해당하지 않는 경우 F(거짓)로 응답하시오.

___ 1. 나는 새로운 아이디어나 전략을 제안한다.
___ 2. 나는 사실과 의견을 요구한다.
___ 3. 나는 소속된 집단을 자극한다.
___ 4. 예를 제시하고 긍정적인 해결책을 찾으려고 노력한다.
___ 5. 나는 집단 구성원을 칭찬한다.
___ 6. 나는 차이점을 조화시키기 위해 노력한다.
___ 7. 나는 다른 구성원과 함께한다.
___ 8. 나는 분쟁을 해결하는 방법으로 타협점을 제시한다.
___ 9. 집단 구성원의 행동과 감정에 대한 부정적인 평가를 표현한다.
___ 10. 집단을 운영하려고 한다.

_____ 11. 나는 개인적인 관점과 감정을 표현한다.
_____ 12. 나는 혼란스러움과 반대 의견을 표현한다.

쉽게 파악할 수 있듯이 이러한 행동은 세 가지 유형의 집단 구성원 역할의 특징에 대한 진술문들이다. 1~4번은 집단 작업 역할을 의미한다. 5~8번은 집단 구축 및 유지 역할을 의미한다. 이러한 유형의 역할은 모두 생산적이다. 9~12번은 집단이 아닌 개인에 초점을 둔 행동이다. 이 행동은 집단의 목표 달성에 반하는 행동이다. 구성원의 역할에 대한 진술문을 읽으면서 자신의 행동과 집단 구성원의 행동이 어느 유형에 해당하는지 생각해 보자. 그런 다음 어떤 유형이 효과가 있고 효과가 없는지 파악해 보자. **어떤 역할이 생산적이었고 어떤 역할이 비생산적이었는가?**

구성원 역할

집단 구성원 역할은 크게 세 가지, 집단 작업 역할, 집단 구축 및 유지 역할 그리고 개인 역할로 나뉜다. Benne와 Sheats(1948)의 연구에 소개된 이 분류는 여전히 널리 사용되고 있다(Engleberg & Wynn, 2017; Beebe & Masterson, 2016). [그림 10-1]에 제시된 이러한 역할은 리더에 의해 할당된다.

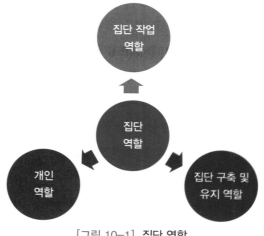

[그림 10-1] **집단 역할**

집단 작업 역할 집단 작업 역할은 집단이 목표 달성에 집중하는 데 도움이 된다. 효과적인 집단 구성원은 여러 역할을 수행한다. 어떤 사람은 몇 가지 특정 역할만을 수행하지만, 단일한 역할만 하는 것은 비생산적이다. 역할이 구성원들에게 균등하게 분배되고 역할이 빈번히 교대로 전환되는 것이 좋다. 다음은 집단 작업 역할의 몇 가지 예이다.

• **정보/의견 탐색자 또는 제공자.** 이 구성원은 사실 또는 의견을 요구하거나 설명하고, 논의되는 문제를 명확히 하며, 구성원에게 사실 또는 의견을 제시한다. "5월 매출은 10% 증가했습니다. 6월 판매량은 어떻게 되죠?"

- **창안자–공헌자.** 창안자–공헌자는 기존 아이디어에 대해 새로운 관점이나 새로운 아이디어를 제시하거나, 새로운 목표, 절차 또는 전략을 제안한다. "새로운 사이트 방문자가 얼마나 머무는지 알아볼 필요가 있는 것 같습니다."
- **향상자.** 이 구성원은 사례를 제시하고 가능한 해결책을 찾아내며 타인이 말한 것을 토대로 실행한다. "ABC사의 3부서에서 근무했기 때문에 여기서도 그렇게 해야 합니다."
- **평가자–평론가.** 평가자–평론가는 집단의 결정, 제안의 논리 또는 실용성에 대한 질문, 긍정적, 부정적 피드백을 모두 제공한다. "그건 좋은 생각이지만 비용이 너무 많이 듭니다."
- **절차 기술자 또는 기록자.** 이 구성원은 자료 배포, 좌석 배치와 같은 다양한 반복적인 일을 담당한다. 집단 활동, 제안, 결정에 대해 기록하기도 한다. "우리는 이 문제에 대해 논의할 별도의 스케줄이 있어, 오늘은 생략해도 괜찮을 것 같아."

뷰포인트. 대인관계에서 집단 역할

정기적으로 자주 봉사하는 특정 집단에서는 어떤 역할이 있는가? 직장에서의 관계와 마찬가지로 친밀한 대인관계에서 동일한 역할을 하는가?

집단 구축 및 유지 역할 모든 집단 구성원이 항상 작업 역할만 할 수는 없다. 집단 구성원은 다양한 대인관계가 있고, 집단이 효과적으로 기능하기 위해서는 양질의 대인관계가 필요하다. 집단 구성원이 만족할 때 생산성을 높일 수 있다. **집단 구축 및 유지 역할**은 이러한 관계 욕구와 관련이 있다. 이 역할에 대한 몇 가지 예가 제시되어 있다.

- **격려자나 조화자**는 사회적 승인이나 아이디어에 대한 칭찬을 통해 구성원에게 긍정적 강화를 제공하고 구성원 간의 다양한 차이점을 중재한다. "Pat. 또 다른 좋은 아이디어야."
- **중재자**는 구성원 간의 의견 갈등을 해소하려고 노력하며 타협한다. "각 부서에서 10%씩 줄일 수 있다면 효과가 있을 것입니다."
- **지킴이(게이트키퍼)–촉진자**는 타인의 노력을 강화함으로써 커뮤니케이션 채널을 유지한다. "모두 정말 좋은 아이디어입니다. 우리는 잘해 내고 있습니다."
- **기준 설정자**는 집단의 기능 또는 해결책에 대한 기준을 제안한다. "우리는 하루 방문 횟수를 수천 명으로 증가시킬 필요가 있습니다."

- **추종자**는 구성원들과 함께하고, 타인의 생각을 능동적이기보다는 수동적으로 받아들이는 추종자의 역할을 한다. "모두 동의한다면, 저도 좋습니다."

개인 역할　집단 작업 역할과 구축 및 유지 역할은 생산적이고 집단 목표 달성에 도움이 되는 반면, **개인 역할**은 집단의 목표 달성을 방해한다. 이는 집단 지향적이기보다는 개인 지향적이다. 이러한 역할은 역기능적으로 생산성과 개인의 만족 측면에서 집단의 효과성을 방해한다. 개인 역할의 예가 제시되어 있다.

- **공격자**는 구성원에게 부정적인 평가를 하고 집단을 공격한다. "이는 아무 의미도 없고, 끔찍한 생각입니다."
- **인정 추구자와 자기 고백자**는 자신에게 주의 집중하고, 목표 달성보다는 자신의 업적에 대해 자랑하고, 타인을 배려하기보다 자신의 감정을 표현한다. "내가 고안한 B&B 시스템은 큰 성공을 거두었고 모두가 좋아했습니다. 이 시스템으로 해야 합니다."
- **방해자**는 부정적인 피드백을 제공하고 동의하지 않으며 다른 구성원이 제안한 것의 장점에 상관없이 반대한다. "당신이 그게 실현 가능하다고 생각한다면 꿈꾸고 있는 것입니다."
- **특정 이익 추구자**는 전체 집단의 목표를 무시하고 특정 집단의 이익을 호소하거나 대변한다. "이 해결책은 적절하지 않습니다. XYZ의 요구 사항을 해결하지 못합니다."
- **지배자**는 자기 지위를 이용하여 강요하거나 다른 구성원에게 아부하여 집단을 운영하려고 하고 보스의 역할을 하려고 한다. "내가 여기서 오래 있었기 때문에, 어떤 것이 효과가 있고 어떤 것이 효과가 없는지 파악이 됩니다."

인터넷에서 가장 많이 발생하는 개인적인 역할은 조롱(trolling)으로 당신은 틀렸고, 터무니없다는 내용의 메시지를 통해 상대를 비난하고 화나게 하는 글을 올리는 것이다. 어떤 집단과 마찬가지로 조롱이나 비난은 집단의 목적에서 벗어난 시간과 에너지를 낭비하는 행동이다.

> **JOURNAL** 커뮤니케이션 초이스 포인트
>
> **개인 역할**
> 집단 회의에서 한 구성원은 일관되게 모든 사람이 말하는 것에 반대하여 방해자의 역할을 한다. 다른 구성원은 아무도 듣고 싶어 하지 않는 자신의 감정을 드러낸다.
> 이 같은 개인 역할자를 다루기 위한 방법에는 몇 가지가 있는가? 각 방법의 장단점은 무엇인가? 어떤 것을 해 볼 것인가?

구성원 기술

참여를 통해 더 효과적이고 즐거운 소집단 커뮤니케이션이 될 수 있도록 도와주는 몇 가지 지침이 있다.

집단 지향적이 되라   소집단에 참여하게 되면 구성원이 된다. 공통된 목표를 다른 구성원과 나누고 공유하는 것이 목표 달성에 도움이 된다. 팀 상황에서 최상의 해결책을 도출해 내기 위해서는 재능, 지식 및 통찰력을 모으는 것이 필요하다. 집단 지향을 위해서는 모든 구성원의 참여와 협력이 필요하지만, 이러한 참여와 협력이 개인의 개성, 가치 또는 신념을 포기하라는 것은 아니다. 효과적인 집단 지향을 위해서는 오히려 구성원의 개성이 필요하다. 그리고 가장 효과적이고 창의적인 해결책은 아이디어의 결합에서 나오기 때문에 소집단 상황에서는 융통성 있게 접근해야 한다. 공식적인 결론 없이 다양한 아이디어와 정보가 집단에서 도출될 수 있어야 한다. 집단 지향의 중요성은 네티켓(netiquette) 규칙 중 하나에서 볼 수 있다. 집단 지향적인 네티켓 규칙은 메일링 리스트에 포함되는 것, 채팅 집단에 초대되는 것에 대해 항의하지 않는 것이다. 집단 지향을 원치 않고 집단 토론을 원치 않으면 메일링 리스트에서 제외되거나 집단에서 탈퇴하게 될 것이다.

갈등의 문제에만 집중하라   소집단에서 갈등은 피할 수 없고, 아이디어를 주고받는 자연스러운 과정이며 더 나은 결과를 촉진시키기도 한다. 그러나 갈등을 효과적으로 관리하기 위해 개인의 성격보다는 그 주제에 집중해야 한다. 동의하지 않을 때 그 사람보다는 그 제시된 아이디어에 대해 동의하기 어렵다는 것을 명확히 밝히는 것이 좋다. 예로, 사회 보장 기관의 예산을 증가시켜야 한다는 동료의 의견이 비현실적이고 근시안적이라고 생각한다면 동료의 성격을 공격하기보다는 동료가 제안한 계획에 대한 비판에 집중하고, 더 나은 방안을 제시하는 것이 필요하다. 유사하게 누군가 당신의 의견에 동의하지 않는다면, 개인적인 측면을 부정하는 것으로 간주하지 않고 감정적으로 대응하지 않기 위해 노력해야 한다. 이보다는 대안을 알아보고 토론할 수 있는 기회로 바라보는 것이 좋다. 인터넷에서도 사람을 비난하거나 공격하는 언어(말이나 글)를 사용해서는 안 된다. 상대의 공격에 반응하여 갈등을 키우거나, 개인적 공격을 더욱 자극하는 말은 하지 않아야 한다.

열린 마음으로 비평하라　개인적이고 역기능적인 역할을 하는 구성원이 사전에 결정하고 온 경우 각자의 의견을 주장하는 일련의 토론을 하기는 어렵다. 집단 목표는 거부되고 집단 과정은 진행되지 못한다. 회사의 매출 감소를 해결하는 데 가장 효과적이고 효율적인 광고 캠페인을 개발하는 데 몇 시간을 투자했다고 가정해 보자. 그러나 집단 회의에서 다른 구성원의 반응 역시 매우 중요하다. 방어적이기보다는 비판을 경청하고 회사를 위해 가장 효율적인 캠페인으로 변경될 수 있는 기회로 생각하는 것이 좋다. 앞으로 이러한 상황을 피하려면 최종 결정보다는 집단 목표와 토론에 기여할 수 있는 제안이나 아이디어를 갖고 회의에 참석할 필요가 있다. 토론에서 다른 구성원의 제안을 수용하고 자신의 의견을 수정할 수 있어야 한다. 모든 구성원의 의견에 열린 마음으로 그렇지만 비판적으로 들어야 한다.

사회적 태만을 주의하라　줄다리기 대회에 참여하고 있다고 생각해 보자. 상대편을 성공적으로 우리 팀 쪽으로 당겨야 한다. 이런 장면을 떠올렸을 때, 혼자 있는 경우에 더 많은 노력을 기울이는지, 아니면 집단에 5~6명의 구성원이 있는 경우에 더 많은 노력을 기울이는지 생각해 보자. **사회적 태만**(social loafing)이라는 개념은 혼자일 때보다 집단 구성원이 될 때 노력을 감소시킨다는 이론으로 실제 노력의 양을 측정한 실험을 통해 검증되었다(Latané, Williams, & Harkins, 2006). 이러한 경향을 인식하는 것이 사회적 태만을 감소시키는 첫 번째 단계이다. 사회적 태만이 자주 발생한다는 것은 비효율적인 상호작용 및 의사결정을 하는 비생산적 집단임을 나타내는 신호이다. 그리고 한 구성원이 사회적 태만을 보이면 타인 역시 태만할 가능성이 높다. 자신만 손해 본다는 생각으로 개인의 노력을 줄일 가능성이 높아 직업 장면에서는 전체적인 손실이 발생할 수 있다. 사회적 태만에 영향을 미치는 몇 가지 요인과 이에 상응하는 대처 방안이 〈표 10−1〉(Kenrick, Neuberg, & Cialdini, 2007)에 제시되어 있다.

〈표 10-1〉 사회적 태만

사회적 태만이 발생하기 쉬울 때	대처 방안
집단에서 구성원의 공헌이 쉽게 확인되지 않는다.	공헌이 쉽게 확인되도록 하고 이를 구성원들이 알게 한다.
잘못한 수행에 따르는 처벌이 거의 없다.	우수한 수행에 대해 보상하고, 잘못한 수행은 처벌한다.
집단 응집력이 부족하다.	집단 또는 팀의 일부가 되는 것을 강조하고, 집단 멤버십과 리더십이 도움이 된다는 것을 제안한다.
개인의 과업이 더 중요하다.	집단 구성원과 그 과업 간의 개인적 관련성을 강조한다.

뷰포인트. 사회적 촉진

사회적 태만의 반대는 **사회적 촉진**(social facilitation)으로 혼자일 때보다 집단에서 더 노력하는 것이다. 타인이 보고 있거나, 평가되고 있다는 것을 경험할 때 사회적 촉진이 발생한다.
어떤 조건에서 평소보다 낮은 수행을 보이는가? 어떤 조건에서 평소보다 더 나은 수행을 보이는가?

이해했는지 확인하라   사람들이 당신의 아이디어와 정보를 이해했는지 확인해야 한다. 논의할 가치가 있는 내용이 있다면 무엇인지 확실히 해야 한다. 의심스러울 때는 "확실히 이해했나요?", "내가 명확히 설명했나요?"와 같이 질문을 하는 것이 좋다. 또한 당신이 다른 구성원에 동의하지 않을 때도 다른 구성원의 공헌은 명확히 할 필요가 있다. 실제로, 의견의 불일치에 대해 재진술하여 표현하는 것이 현명한 경우가 많다. 예로, "내가 올바르게 이해했다면, 당신은 마케팅팀이 제품 데이터베이스 업데이트를 전적으로 책임져야 한다고 생각하는 것 같습니다."라고 재진술한 후 응답을 듣고 생각을 말하는 것이 좋다.

집단 사고를 주의하라   일부 집단에서는 구성원 간 합의를 더 중요시하여 **집단 사고**(group think), 즉 문제와 가능한 대안에 대한 현실적이고 논리적인 분석을 차단하는 경향(Janis, 1983; Mullen, Tara, Salas, & Driskell, 1994)을 보이기도 한다.

집단 사고에서 구성원이 고려하는 정보는 매우 선택적이다. 집단의 입장과 반대되는 사실과 의견을 무시하고 집단의 입장을 지지하는 의견은 쉽게 무비판적으로 받아들인다. 집단 사고가 발생하고 있다고 인식된다면 다음에 제시된 사항을 시도할 필요가 있다.

- 문제에 대해 너무 단순한 해결책이 제시된다면 집단 구성원에게 제시된 해결책만으로는 복잡한 문제가 해결될 수 없다는 것을 구체적으로 설명한다(가능하면 구체적인 예를 갖고).
- 구성원들이 집단 의사결정에 대해 의심을 표명하지 않는다고 생각할 때, 반대자(devil's advocate)의 역할을 두고, 동의하지 않은 의견을 제시하도록 하여 해결책의 타당성을 검증해 본다. 반대 의견이 표출되지 않는다고 생각되면 누군가 동의하지 않는 사람은 없는지 구체적으로 질문한다.
- 동의를 요구하는 집단 압력에 대처하기 위해서 불일치하는 의견을 내거나 기존 의견에

이의를 제기한 구성원들을 강화한다. 예로, "좋은 주장입니다. 이 제안의 잠재적 문제에 대해 더 많이 듣고 싶습니다. 타인은 이 문제에 대해 어떻게 볼까요?"

다음 사항을 통해 본인이 소속된 집단에서 다른 구성원이 역기능적인 역할을 하는지 확인해 볼 수 있다.

다음에 제시된 개인적이고, 역기능적인 역할에 대해 어떻게 대응하고 말할지 작성해 보자.

개인적, 역기능적 역할	개인적 역할에 대한 반응
공격자	_____
인정 추구자	_____
방해자	_____
특정 이익 추구자	_____
지배자	_____

소집단 커뮤니케이션에서 리더

10.2 리더십을 정의하고, 리더십 이론과 중요한 리더십 기술을 확인한다.

리더십(leadership)은 연구와 이론에서 두 가지 다른 방식으로 정의된다.

- 리더십은 집단 구성원의 생각, 감정 및 행동에 영향을 주고 구성원들이 따르는 방향을 확립하는 과정이다. 리더십과 영향력은 같은 기술의 일부분이다.
- 리더십은 타인에게 권한을 부여하는 과정이다. 리더는 타인이 자신의 잠재력을 극대화하고 삶을 통제할 수 있도록 돕는 사람이다.

영향력과 권한위임, 두 개념은 상호 배타적이지 않다. 가장 효과적인 리더는 이 두 가지를 모두 실천한다. 리더십에 대한 글을 읽을 때, 영향력과 권한위임을 고려할 필요가 있다. 리더십에 대한 상식적인 여러 신념 중에는 잘못된 것이 많다. 다음은 소집단 이론가들로부터 언급된 리더십에 대한 세 가지 미신에 대한 예이다(Bennis & Nanus, 2003).

- 미신 1: 전문적인 리더십 기술을 가진 사람은 거의 없다. 사실은 우리 모두가 리더십 잠재력을 갖고 있다. 정부, 비즈니스, 교육 및 수많은 다른 분야에서 훌륭한 리더십을 보이는 전 세계 수백만 명의 사람이 있다.
- 미신 2: 리더는 선천적으로 타고난다. 사실은 주요 리더십 기술은 모든 사람에게 배울 수 있다. 특별한 유전적 요소는 필요하지 않다. 모든 사람은 리더십 능력을 향상시킬 수 있다.
- 미신 3: 지도자는 모두 카리스마적이다. 실제로 몇몇 지도자만 카리스마적이다. 지도자에 대한 한 설문조사에 따르면, 그들의 키, 말하는 것, 옷 입는 것 모두 다양했다(Bennis & Nanus, 2003).

많은 소집단에서 한 사람이 지도자 역할을 한다. 일부 집단에서는 리더십을 여러 사람이 공유하기도 한다. 경우에 따라 회사 또는 계층 구조 내에서 부여받은 지위 때문에 리더로 임명되거나 역할을 할 수도 있다. 다른 경우, 리더는 집단 내에서 그 역할을 수행함에 따라 리더가 되기도 하고 집단 구성원이 선출할 수도 있다. 두 가지 중요한 요소가 누가 집단 리더로 출현할지에 큰 영향을 미친다. 하나는 능동적 참여의 정도이다. 가장 많이 말하는 사람이 리더가 될 가능성이 더 크다(Mullen, Salas, & Driskell, 1989; Shaw & Gouran, 1990). 두 번째는 효과적인 경청이다. 경청하는 구성원은 그렇지 않은 구성원보다 자주 리더로 부상한다(Johnson & Bechler, 1998; Bechler & Johnson, 1995).

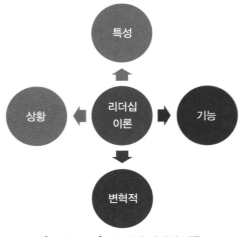

[그림 10-2] 네 개의 리더십 이론

리더십 이론

리더십에 대한 상당한 연구가 이뤄져 왔다. 연구자들은 리더십에 다양한 관점으로 접근해 왔다. 몇 가지 접근법을 알아보면 리더십이 무엇이고, 어떻게 성취할 수 있는지에 대해 더 잘 이해할 수 있을 것이다. [그림 10-2]에 네 가지 이론이 제시되어 있다.

각각의 이론을 알아보기 전에 자신의 리더십에 대해 분석해 볼 필요가 있고, 이는 네 가지 리더십 접근법에 대한 논의를 이해하는 데 도움이 될 것이다.

다음 각 진술문을 읽고 당신의 리더십 행동과 항상 또는 종종 일치한다고 생각하면 그렇다(○), 일치하지 않는다고 생각하면 아니다(×)로 표시하시오.

___ 1. 집단 구성원에게 인기가 있다.

___ 2. 토론되는 주제에 대해 잘 알고 있다.

___ 3. 믿을 만하다.

___ 4. 집단 목표를 효과적으로 확립할 수 있다.

___ 5. 방향성을 잘 제시해 준다.

___ 6. 집단 구성원을 동기부여할 수 있다.

___ 7. 카리스마적이다(예: 역동적이고, 몰입하고, 강하다).

___ 8. 집단 구성원에게 권한위임을 한다.

___ 9. 도덕적이고 정직하다.

___ 10. 과업과 관계의 욕구를 충족시키는 데 능숙하다.

___ 11. 상황에 따라 리더십 스타일을 잘 조정할 수 있다.

___ 12. 책임질 수 있다.

이 검사 문항은 이 장에서 소개할 네 가지 리더십에 근거하여 개발되었다. 1~3번은 리더십에 대한 특성적 접근으로 리더는 특정 자질을 가진 어떤 사람이라고 정의한다. 이 세 문항에 ○라고 응답을 했다면 리더십의 특성이론과 관련된 자질을 갖고 있는 것이다. ×라고 응답을 했다면 이러한 특성을 지니지 않았다고 스스로를 평가한 것이다.

4~6번은 기능적 접근으로, 리더를 특정 기능을 수행하는 어떤 사람이라고 정의한다. ○라고 응답을 했다면 일반적으로 알려진 리더의 기능을 수행하고 있다고 할 수 있다.

7~9번 문항은 변혁적 접근으로 리더를 다른 구성원이 최고가 될 수 있게 해 주는 어떤 사람이라고 정의한다. ○로 응답을 했다면 변혁적 리더십 스타일이라는 것을 의미한다.

10~12번 문항은 상황적 접근으로, 리더를 특정 상황의 요구에 맞춰 개인의 스타일을 조절할 수 있는 사람으로 정의한다. ○로 응답을 했다면 변화하는 환경에 잘 적응하는 융통성을 가졌다고 할 수 있다. 이 장을 읽으면서 12개의 진술문에 모두 ○라고 응답할 수 있도록 구체적인 기술과 역량을 확인하고 학습할 수 있어야 한다.

특성적 접근법   이 접근법은 리더를 리더십에 기여하는 기술 또는 특성을 소유한 사람으로 보는 것이다. 이 접근법은 리더와 리더가 아닌 사람을 구분하는 특징을 강조한다. 예로, 일부 세계 선도 기업은 공학 기술, 팀 빌딩 기술, 대인관계 기술을 가진 사람을 공학기술 프로젝트의 관리자나 리더로 고용한다(Crowley, 1999). 연구를 통해 밝혀진 리더십과 가장 빈번하게 연합된 특성은 지능, 자신감, 결정력, 정직성 그리고 사회성이었다(Northouse, 1997). 특성 접근법의 단점은 리더에게 요구되는 자질이 집단 형태, 다른 구성원의 성격과 역할, 집단의 문화적 맥락과 같은 상황에 따라 달라진다는 것이다. 따라서 어떤 집단(예: 새로운 컴퓨터 게임 회사)에서는 젊고, 열정적이고, 유머 감각이 있는 리더가 가장 효과적이겠지만, 다른 집단(예: 의료 진단 팀)에서는 나이가 있고, 경험이 많고 신중한 리더가 가장 효과적일 수 있다.

기능적 접근법   이 접근법은 주어진 상황에서 리더가 무엇을 해야 하는지에 초점을 맞추고 있다. 집단 역할에 대한 부분에서 이러한 기능적인 측면을 설명했다. 리더십과 관련된 다른 기능에는 집단 목표를 설정하고, 집단 구성원에게 방향을 제공해 주고, 집단 과정을 개괄하는 것이다(Schultz, 1996). 추가적인 기능은 이 장의 후반부인 '리더십 기술'에 제시되어 있다.

변혁적 접근법   이 접근법에서 변혁적인 리더(비전을 제시하는 또는 카리스마적인)는 집단의 구성원이 과업을 성취하게 하는 것과 동시에 역량 있는 개인이 되도록 향상시키는 사람이다(Hersey, Blanchard, & Johnson, 2001). 변혁적 리더십의 중심에는 그 사람을 믿고 따르게 하는 개인 특성인 카리스마라는 개념이 자리 잡고 있다. Gandhi, Martin Luther King, Jr. 그리고 John F. Kennedy 등이 변혁적 리더의 예로 자주 언급된다. 이 리더들은 대표적인 롤모델로 매우 유능하고 능력 있고 도덕적인 목표를 가진 사람으로 간주된다(Northouse, 1997). 제14장 신뢰성 부분에서 카리스마의 개념과 자질에 대해 다시 언급할 것이다.

뷰포인트. 일반적인 리더십 유형
소집단 이론가들은 일련의 대안 행동을 지시하거나 제시하지도 않는 자발성이 없는 **자유 방임형 리더**(laissez-faire leader), 방향은 제공하지만 구성원이 원하는 방식으로 개발하고 진행하도록 하는 **민주형 리더**(democratic leader), 다른 구성원의 동의나 자문 없이 의사결정을 하는 **권위적 리더**(authoritarian leader)로 구분한다(Bennis & Nanus, 2003; Hackman & Johnson, 1991; Gamble & Gamble, 2013).
작업 팀에서 어떤 리더십 유형에 대해 가장 편안함을 느끼는가?

상황적 접근법   이 접근법에서 효과적인 리더는 집단이 처한 구체적인 상황에 따라 과업 성취(집단이 해결해야 할 구체적인 문제를 확인하고 집중하게 하는 것)와 구성원 만족(집단 구성원의 심리적 그리고 관계적 욕구를 충족시켜 주는 것) 사이에서 무엇을 강조할지 적절한 변화를 시행할 줄 아는 사람이다. 이 두 가지 기능은 제9장에서 언급된 관계와 작업 집단의 구분과 동일하다. 어떤 집단은 관계적 만족보다는 작업 관련 이슈에 더 집중할 필요가 있다. AIDS 치료를 위한 과학자 연구 집단을 예로 들 수 있다. 반대로 알코올 의존 치료를 위한 집단에서 리더는 구성원의 정서적 욕구를 강조할 필요가 있다. 상황적 리더십의 일반적인 생각은 모든 상황에 적합한 단일한 리더십 스타일은 없고, 각 상황별로 과업과 구성원 만족을 강조하는 비율이 달라진다는 것이다(Fielder, 1967).

이 접근법에 따르면 효과적인 리더십은 그 과업을 수행할 수 있는 집단의 능력에 대한 리더의 평가, 구성원의 헌신과 자발성에 따라 달라진다. 이 접근법은 네 가지 리더십 유형을 제시했다.

- **말하는 유형**(telling style). 리더는 높은 수준의 작업 안내를 하고, 집단 구성원이 언제, 어디서, 무엇을 어떻게 하는지에 대해 알려 준다. 이러한 유형은 집단이 현재 관여된 문제에 대해 지식이 부족할 때 적절하고, 어떻게 과업을 완수해야 하는지 직접적으로 안내해 줄 필요가 있다.
- **판매하는 유형**(selling style). 리더는 작업 안내와 관계 지지 모두에서 높은 수준을 제공한다. 리더는 구성원에게 무엇을 해야 하는지 말하지만, 그 이유도 설명하며 구성원에게서 심리적 지지를 얻기 위해 노력한다(예: 구성원이 믿고 그 업무를 하는 것).
- **참여하는 유형**(participating style). 리더는 높은 수준의 관계 지지를 제공하지만, 작업 지시는 거의 하지 않는다. 이러한 리더십 유형은 구성원들이 무엇을 해야 하는지 알고 있어 작업 지시가 거의 필요 없지만, 과업 성취를 위한 동기와 자발성이 없을 때 적절하다.
- **위임하는 유형**(delegating style). 리더는 작업 지시와 정서적 지지 모두를 거의 제공하지 않는다. 이러한 리더십 유형은 집단 구성원이 무엇을 어떻게 해야 하는지 알고 있고, 업무 완수를 위한 동기와 몰입, 자신감이 있을 때 적절하다. 이때 리더의 기능은 집단 목표가 성취될 수 있도록 작업을 위임하는 것이다.

리더십 기술

다양한 리더십 관점을 잘 알고 있을 필요가 있다. 특히 과업과 사람을 모두 고려하는 상황적 접근법과 관련하여 리더가 해야 하는 주요 기능과 이에 상응하는 리더십 기술에 대해 알아보자. 이러한 기능/기술은 리더에게만 해당되는 것은 아니고 집단 구성원 전체에 공유되어야 하며 그들에게도 필요한 것이다. 그러나 특정 리더가 있는 경우, 리더가 이 기능들을 수행하고 이 목표를 성취할 수 있는 기술을 보이기를 기대한다.

구성원을 준비시키고 상호작용을 시작하라   집단은 점진적으로 형성되고 의미 있는 토론에 익숙해질 필요가 있다. 리더는 구성원을 소집단 상호작용에 참여하게 하고, 특정 주제나 문제에 대한 토론을 준비시킬 필요가 있다. 여러 구성원이 서로 친밀하지 않은 상황에서 문제 해결을 위해 응집력 있게 함께 일하는 것을 기대하기는 어렵다. 마찬가지로 구성원이 특정 문제를 논의할 경우 적절한 브리핑이 필요할 수도 있다. 자료를 배포해야 하는 경우 논의 전에 구성원에게 메일로 보내 줄 필요가 있다. 또는 구성원이 특정 영상이나 TV 프로그램을 보고 와야 할 때도 있다. 준비해야 할 것이 무엇이든 구성원을 조직화하고 협력하도록 해야 한다. 집단이 모이게 되면 구성원이 상호작용하도록 자극해야 한다.

집단 응집력을 확립하라   집단 응집력(cohesiveness), 즉 구성원 간의 친밀감과 좋아하는 정도는 매우 다양하다. 일반적으로 응집력은 긍정적으로 보고 응집력 있는 집단이 효과적인 것으로 간주된다. 예로, 응집력 있는 구성원은 제시간에 모임에 오고, 상호작용을 즐기며 끝날 때까지 자리를 지킨다. 집단 내에서 보내는 시간에 만족할 가능성이 높아지고, 집단을 하나의 단위로 보는 우리성(we-ness)을 발전시키게 된다. 구성원들은 상호 편안함을 느끼기 때문에 처음에는 불가능해 보이지만 궁극적으로는 실행 가능한 해결책 도출에 도움이 되는 제안이나 아이디어를 쉽게 제시하게 된다.

반대로 응집력이 과도한 집단에서는 구성원들이 다른 구성원에게 반대하기 어려워지고, 이에 따라 제안된 아이디어에 대해 비판을 하지 않게 된다. 응집력은 긍정적인 것을 강조하고, 구성원을 자주 보상하며, 전체 집단 경험을 가능한 즐겁고 개인적인 보람을 느끼게 하는 리더에 의해 형성된다. 간단한 칭찬과 호감의 표현은 응집력 있는 집단을 구축하는 데 도움이 된다. 집단의 성취 또한 응집력을 향상시킨다.

JOURNAL 커뮤니케이션 초이스 포인트

리더 가이던스
현재 구성원들이 논의에 동등하게 참여하지 않고 있다. 8명 중 3명이 토론을 독점하고 있고 다른 5명은 거의 말하고 있지 않다. 균형을 유지하기 위해 해 줄 수 있는 말은 무엇인가? 어떤 말이 효과가 있고 효과가 없는 말은 무엇인가? 당신은 어떤 말을 할 것인가?

윤리적 커뮤니케이션: 리더의 윤리적 책임

리더로서 효과적이고 효율적인 리더십 기술을 습득하는 것 외에도 집단 리더로서의 윤리적 문제를 고려해야 한다. 리더는 종종 '의장(chair)'으로 불리고, 이 의장이라는 단어는 적어도 윤리적 리더의 일부 특성을 유추하는 데 도움을 줄 수 있다. 다음에 제시된 리더의 윤리적 자질 외에 다른 자질을 생각해 볼 수 있다.

- **관심(concern)**. 리더는 집단 작업, 또는 구성원의 대인관계 욕구에 따라 구성원들의 복지에 관심을 표명해야 한다.
- **정직(honesty)**. 리더는 구성원에게 정직해야 한다. 예로, 숨겨진 의제를 밝히고 정보를 공정하게 제시해야 한다.
- **책임(accountability)**. 리더는 자신의 행동과 결정에 책임을 지고, 실수를 인정하며, 필요한 경우 시정 조치를 취해야 한다.
- **진실성(integrity)**. 리더는 가장 적극적으로 진실성을 추구해야 한다. 거짓말을 하거나 기만하지 않아야 한다. 그리고 타인의 권리를 침해하는 행동을 피해야 한다.
- **반응성(responsiveness)**. 리더는 모든 구성원에게 적절한 대응이나 반응을 해야 한다.

윤리적 초이스 포인트

당신은 멘토링 중인 고등학교 신입생 집단의 토론을 이끌고 있다. 화제가 시험에서의 부정행위로 바뀌었고, 학생들은 시험에서 부정행위를 한 적이 있는지 물어보고 있다. 과거에 부정행위를 한 적이 있지만, 솔직히 이야기하면 신뢰를 파괴하고 학생들이 부정행위를 해도 된다고 생각하게 할 수 있다는 생각이 들었다. 동시에 윤리적인 측면에서 부정행위를 하지 않았다고 거짓말을 하는 것에 대한 걱정도 생겼다.

이 상황에서 윤리적 의무는 무엇인가? 자신이 이 상황의 당사자라면 어떻게 할 것인가?

효과적인 상호작용을 유지하라   집단이 상호작용을 시작한 후에도 구성원이 상호작용을 효과적으로 하는지 모니터링할 필요가 있다. 토론이 시작되면 리더는 집단에 참여하도록 동기를 부여해야 한다. "필수 과목을 제거하자는 제안에 추가 의견이 있습니까?", "당신은 대학의 커리큘럼 구성원으로서 이 제안에 대해 어떻게 생각합니까?" 또한 모든 구성원이 자신의 의견을 표현할 수 있는 기회를 확보해 줄 필요가 있다.

의제 합의를 위한 구성원 안내   리더로서 집단 토의 내용을 정기적으로 요약해 주고, 관련 질문을 하거나, 적절한 단계 전환을 하면서 토의를 지속할 필요가 있다. 그리고 회의 의제 중 집단이 성취해야 할 작업 목록의 개요를 제시하고 이에 따라 회의를 진행하는데, 목록별로 시간 할당을 효율적으로 할 수 있어야 한다.

구성원의 만족 증진   많은 사람은 서로 다른 심리적 욕구와 기대를 갖고 집단에 가입한다. 예로, 집단이 정치적 문제를 다룰지라도 구성원은 정치적 이유뿐만 아니라 심리적인 이유로 함께 모였을 수도 있다. 집단이 효과적이기 위해서는, 많은 구성원이 함께 추구하는 목표 또는 심리적 욕구를 부정하지 않으면서 집단 목표(이 경우 정치적 목표)를 달성해야 한다. 이러한 욕구를 충족시키는 한 가지 방법은 리더가 지나치게 자주 또는 길지 않게, 구성원과 사담이나 개인적인 이야기를 하는 것이다. 또 다른 방법은 지지하고 강화하는 것이다.

구성원의 역량 강화   리더의 중요한 기능은 다른 구성원의 역량을 강화시키는 것으로 구성원 자신과 환경에 미치는 영향력을 증진시키도록 도와주는 것이다. 리더로서 다음의 지침을 활용한다면 구성원의 역량이 증진될 것이다.

- 구성원의 자존감을 키워 준다. 잘못한 점을 찾기보다는 잘한 점을 칭찬, 강화한다.
- 기술을 공유하고 의사결정 권한을 공유한다.
- 건설적으로 비판한다. 리더의 관점을 기꺼이 제공하고 높은 직책에 있는 사람뿐만 아니라 모든 집단 구성원의 제안에 정직하게 반응한다.
- 경청한다. 적절하게 끄덕이거나 최소한의 반응(알았다, 이해했다)을 사용하여 이해했다는 것을 알리고, 명확하지 않은 것이 있으면 질문하고, 눈을 마주치며, 적절하게 몸을 앞으로 기울인다.
- 주제나 논의 내용을 변경하려 할 때 방해하지 않는다. 리더가 이야기하는 것을 방해하는 것은 사실상 다른 구성원의 발언이 리더의 발언보다 덜 중요하다는 것을 의미한다.
- 지지적인 반응을 보낸다. 다른 구성원에게 그들의 의견을 제시해 주는 것에 감사하다는 표현을 할 필요가 있다.

다음 예시를 통해 언급된 기술을 연습해 보자.

다음 각 상황에 대해, 다음과 같은 전략을 사용하여 타인의 역량을 증가시키는 데 도움이 되는 말을 제시해 보자.

(a) 타인의 자존감을 키우라. (b) 경청하라. (c) 개방적이고, 긍정적이며, 공감한다. (d) 언어적 공격성 또는 불공정한 갈등 전략은 피한다.

1. 당신은 회사의 웹사이트를 재설계하는 4명의 대학 인턴, 3명의 남학생과 1명의 여학생을 관리하고 있다. 남학생들은 서로를 지지하며 정기적으로 아이디어를 제공하고 있다. 동등한 역량을 가졌음에도 여학생은 기여하지 못하고 있고 자신감이 부족해 보인다. 이 재설계의 목적은 여학생 방문객의 수를 늘리는 것이므로 실제로 여성 인턴의 기여가 필요하고 그녀의 역량을 키워 줄 필요가 있다.
2. 당신은 3학년 교사이다. 대다수 학생은 같은 민족-종교 집단 출신이다. 그러나 3명은 다른 집단 출신이다. 이 셋은 다른 학생과 친하게 지내지 못하고 외부인으로 취급받고 있다. 결과적으로, 이 학생들은 다른 학생들 앞에서 책을 읽을 때 더듬거리고 교실 앞으로 나와 문제를 풀 때 많은 실수를 한다(물론 개인적으로는 잘하지만). 이 학생들의 역량을 증진시켜 주고 싶다.

지속적인 평가와 향상을 장려한다　　모든 집단은 문제를 해결하고, 결정하며 아이디어를 창출할 때 장애물을 만나게 된다. 어떤 집단도 완전히 효과적이지는 않고 개선의 여지가 있다. 개선을 위해 집단은 향상에 집중해야 한다. 외부 문제 외에도 개인적인 갈등, 약속 시간을 지키지 않거나 사전 준비를 하지 않는 구성원과 같은 내부 문제 해결을 위해 노력해야 한다. 리더가 집단에 심각한 문제가 있다는 것을 알게 되면, 해결해야 할 특정 문제(예: 구성원 지각)가 있음을 제안할 필요가 있다.

갈등을 관리한다　　대인관계에서와 마찬가지로 갈등은 소집단 상호작용에서도 발생할 수 있다. 그리고 이를 효과적으로 처리하는 것이 리더의 책임이다. 소집단에서 유용한 갈등 관리 기술은 대인 커뮤니케이션 맥락에서 논의된 기술과 동일하다(제8장 참조).

멘토가 된다　　리더십의 또 다른 기능은 경험이 풍부한 개인이 경험이 부족한 구성원을 양성하는 데 도움이 되는 **멘토링**(mentoring)으로 소집단 외에도 직장과 개인 관계에서 광범위하게 사용된다. 예로, 전문 음악가는 음악 교육을 시작한 젊은 음악가를 멘토링할 수 있다. 집단 리더가 관리자이면서 직원의 멘토일 수도 있다. 멘토는 새로운 사람들에게 성공을 위한 전략과 기술을 가르치며, 자신의 축적된 지식과 경험을 '멘티(mentee)' 또는 '프로테게(protege)'에게 전수한다. 동시에 멘토는 신입 직원의 관점에서 직무를 보고 그들의 다양한 질문에 대한 답을 고려하고 공식화함으로써 자신의 생각을 명확히 할 수 있는 이익을 얻게 된다. 구성원이 리더를 통해 학습하지만, 리더도 구성원을 통해 학습하게 된다.

멤버십, 리더십 그리고 문화

10.3 고-저권력거리와 개인주의-집단주의 지향을 정의하고 구분한다. 그리고 소집단 커뮤니케이션에서 문화의 역할을 설명한다.

소집단 커뮤니케이션, 멤버십 그리고 리더십에 대한 대부분의 연구가 미국 문화를 반영하는 미국 내 대학에서 진행되었기 때문에, 다른 문화의 관점에서 멤버십과 리더십을 이해하는 것이 중요하다.

모든 문화는 자신의 신념 체계를 유지하고 있고, 이는 구성원의 행동에 영향을 미친다. 유교의 원리에 영향을 받은 많은 아시아 문화권의 구성원은 '모난 돌이 정 맞는다.'라고 믿기 때문에 다수에 반대하는 의견을 제시하지 않으려 한다. 반면에 미국 문화 구성원은 '삐걱거리는 바퀴에 기름칠을 한다.'는 격언에 영향을 받아 원하는 것을 얻기 위해 다른 집단 구성원과 의견을 달리하거나 다르게 행동할 가능성이 있다(Hofstede, Hofstede, & Minkov, 2010).

뷰포인트. 교실 리더십 유형
모든 문화권에는 선호되고 예상되는 리더십 스타일에 대한 그들만의 규칙이 있듯이, 대학 강의실에서도 그렇다.
강의실의 다른 구성원과 토론을 하고 있다고 가정했을 때, 어떤 리더십 유형을 기대하는가? 어떤 유형은 거부되는가? 왜 그런가?

모든 문화권에는 선호되고 예상되는 리더십 스타일에 대한 그들만의 규칙이 있다. 미국에서 일반적으로 예상되는 리더십 스타일은 민주적 스타일이다. 미국 정치 지도자들은 민주적 과정에 의해 선출되고, 마찬가지로 회사 대표 이사는 주주에 의해 선출된다. 물론 다른 상황에서는 리더가 권위가 높은 사람에 의해 선택되기도 한다. 회사의 사장이 누가 관리자가 될지를 결정하는 것이다. 그러나 이러한 상황에서도 관리자는 직원의 아이디어를 경청하는 것, 의사결정 시 직원의 의견을 반영하는 것, 회사 변경 사항에 대해 알려 주는 것, 성, 인종, 성적 지향에 따라 차별하지 않는 것 등에 대해 민주적으로 행동할 것이라고 기대한다. 미국 사람들은 정기적으로 정치 지도자를 바꿀 때 조직 및 집단 리더가 공정하게 바뀔 것으로 기대한다. 다른 문화권에서는 리더가 출생 신분에 따라 결정된다. 그들은 선출되지 않으며 민주적 행동이 기대되지도 않는다.

다른 문화권의 경영 간부들도 리더로서 다른 강점과 약점을 갖고 있다(Bains, 2015). 예로, 중국과 라틴아메리카의 지도자들은 인도나 미국 지도자보다 '호감' 있고 '매력적'이다. 사하라 사막 이남의 지도자들은 전략적 사고는 뛰어나지만 '상업적' 사고는 뛰어나지 않다.

개인주의-집단주의 지향

소집단 문화와 일반적 문화는 개인주의 가치(예: 권력, 성취감, 쾌락주의 및 자극)와 집단주의 가치(예: 소속, 전통 및 순응)를 고취하는 정도에 따라서 다르다.

개인주의 지향(individual orientation)과 집단주의 지향(collective orientation)의 주요 차이점 중 하나(제9장의 문화 지도 참조)는 개인 목표 또는 집단 목표를 우선시하는 정도이다. 개인주의 및 집단주의 지향은 물론 상호 배타적이지 않다. 즉, 둘 중의 하나가 아니라 무엇을 강조하느냐이다. 아마도 당신은 두 가지 지향을 모두 갖고 있을 것이다. 예로, 농구팀의 다른 선수와 경쟁하여 가장 많은 골을 넣으려고 하지만 게임에서는 팀 전체에 도움이 되는 방식으로 행동할 가능성이 높다(따라서 집단 목표를 강조). 실제로 개인주의 및 집단주의 지향은 당신과 팀이 목표를 달성하는 데 도움이 된다. 그렇지만 여전히 대부분의 사람과 문화에서는 지배적인 지향이 있다.

개인주의 문화에서는 자신의 양심에 대한 책임을 강조한다. 책임은 주로 개인적인 문제이다. 개인주의 문화의 예로는 미국, 호주, 영국, 네덜란드, 캐나다, 뉴질랜드, 이탈리아, 벨기에, 덴마크, 스웨덴을 들 수 있다(Hofstede, Hofstede, & Minkov, 2010; Singh & Pereira, 2005). 집단주의 문화에서는 집단의 책임을 강조한다. 모든 구성원은 실패뿐만 아니라 성공에 대한 책임도 공유한다. 예로, 과테말라, 에콰도르, 파나마, 베네수엘라, 콜롬비아, 인도네시아, 파키스탄, 중국, 코스타리카 및 페루가 집단주의 문화의 국가이다(Hofstede, Hofstede, & Minkov, 2010). 개인주의 문화는 경쟁을 촉진하는 반면 집단주의 문화는 협력을 장려한다.

지향 차이로 인한 명백한 결과 중 하나는 심각한 잘못

> **JOURNAL** 커뮤니케이션 초이스 포인트
>
> **집단에서 자기 주장하기**
> 직장 회의에서 관리자는 당신이 말하고 싶은 이야기를 꺼내면 일관적으로 무시하며, 말할 때 아무도 반응하지 않고 있다. 이 상황을 바꾸기로 결정했다.
> 이 상황을 해결하기 위한 방법은 무엇인가? 각 방법의 장단점은 무엇인가? 어떤 방법을 사용할 것인가?

을 한 구성원에 대한 대응 방식이 다르다는 것이다. 개인주의 문화에서의 집단은 잘못한 구성원을 찾아내어, 견책하거나 해고할 가능성이 높다. 또한 리더 또는 관리자는 그 구성원의 잘못이 자신의 리더십에 부정적으로 반영될 것을 두려워하여 이 구성원과 거리를 둔다. 집단주의 문화에서는 집단의 잘못으로 간주할 가능성이 크다. 이 집단은 책임질 구성원을 찾아낼 가능성이 낮고, 리더 역시 그 책임을 일부 감수할 가능성이 높다. 한 구성원이 훌륭한 아이디어를 내놓을 때도 마찬가지이다. 개인주의 문화에서는 그 노력이 집단의 이익을 위한 것이었지만, 그 구성원이 선별되고 칭찬과 보상을 받을 가능성이 높다. 집단주의 문화에서 집단이 그 아이디어를 인정받고 보상을 받는다.

고–저권력거리

고권력거리 문화에서 권력은 소수에 집중되어 있고, 그들의 권력과 일반 시민이 지닌 권력 간에 큰 차이가 있다(제8장의 문화 지도 참조). 예로, 말레이시아, 파나마, 과테말라, 필리핀, 베네수엘라, 멕시코, 중국, 아랍, 인도네시아, 에콰도르 등이 있다(Hofstede, Hofstede, & Minkov, 2010; Singh & Pereira, 2005). 저권력거리 문화에서는 권력이 시민에게 보다 균등하게 배분되어 있고, 오스트리아, 이스라엘, 덴마크, 뉴질랜드, 아일랜드, 노르웨이, 스웨덴, 핀란드, 스위스, 코스타리카가 그 예이다(Hofstede, Hofstede, & Minkov, 2010).

권력거리의 차이에 따라서 자신이 만날 수 있는 사람과 친구 집단도 달라질 수 있다(Andersen, 1991). 예로, 인도의 경우(고권력거리) 친구 집단은 문화권 계층 내의 사람(애인도 마찬가지)으로 구성될 가능성이 높다. 스웨덴(저권력거리)에서는 계층이나 문화가 아니라, 성격, 외모 등과 같은 개인적인 요소에 기초하여 친구 또는 연인관계를 형성한다.

고권력거리 문화에서는 권위에 대한 존경심을 배운다. 이 문화권의 사람은

뷰포인트. 권력거리

저권력거리 문화에서는 동등성을 기반으로 항상 적극적으로 대응한다는 일반적인 감정을 공유하기 때문에 친구, 파트너 또는 감독자와 적극적으로 대면한다(Borden, 1991). 고권력거리 문화에서 상급자에게 직접 대면하고 적극적으로 대응하는 것은 부정적으로 보일 수 있다.

당신이 소속된 집단의 권력 거리에 대해 어떻게 기술하겠는가? 즉, 직접 대면과 온라인 상황에서 어떤 행동을 하는가?

권위를 바람직하고 유익한 것으로 간주하며 일반적으로 권위에 대한 도전을 환영하지 않는다 (Westwood, Tang, & Kirkbride, 1992; Bochner & Hesketh, 1994). 저권력거리 문화에서는 권력에 대한 불신이 있어 가능한 한 많이 제한되어야 하는 일종의 악으로 간주한다. 권위에 대한 태도 차이는 교실에서 볼 수 있다. 고권력거리 문화에서는 학생과 교사 사이에 큰 권력 차이가 있다. 학생은 겸손하고 예의 바르고 존경심이 있어야 한다. 저권력거리 문화권에서는 학생들이 주제에 대한 지식을 표현하고 질문하며 교사와 토론에 참여하고, 심지어 고권력거리 문화에서는 생각하지 못할 정도로 교사에게 도전적이기도 하다.

고권력거리 문화는 권력의 상징에 의존한다. 예로, 호칭(예: 박사, 교수, 요리사, 검사관)은 고권력거리 문화에서 더 중요시된다. 이러한 존중의 호칭을 사용하지 않는 것은 예의에 위반된다. 저권력거리 문화에서는 권력의 상징을 덜 중요시하기 때문에 정중한 호칭을 사용하지 않아도 문제가 거의 없다(Victor, 1992). 그럼에도 의사, 경찰 서장, 군인 또는 교수에게 ~씨(Ms. 또는 Mr.)로 호칭하면 문제가 발생할 수도 있다.

구성원 또는 리더로 참여할 집단의 권력거리가 다를 수 있다. 일부는 권력거리가 높지만, 다른 집단은 낮을 것이다. 문화적 규칙을 일반적으로 따르기 때문에 어떤 행동이 어떤 결과를 만들어 낼지에 대해 인식할 필요가 있다.

개념 요약

이 장에서는 소집단에서의 멤버십, 리더십에 대해 알아보았다. 구체적으로 소집단 내에서 구성원의 역할—생산적인 그리고 비생산적인—과 리더십 이론, 리더십 유형, 리더십 기능, 그리고 문화적 요인에 대해 알아보았다.

소집단 커뮤니케이션에서 구성원

10.1 집단 구성원의 세 가지 주요 형태를 기술하고 중요한 멤버십 기술을 확인한다.

1. 소집단 구성원 역할은 일반적으로 세 가지 유형, 즉 집단 작업 역할, 집단 구축 및 유지 역할, 그리고 개인 역할로 구분된다.

2. 집단 작업 역할에는 정보/의견 탐색자와 제공자, 평가자—평론가, 절차 기술자 또는 기록자가 있다. 집단 구축 및 유지 역할에는 격려자/조화자, 중재자, 지킴이—촉진자, 기준 설정자 그리고 추종자가 있다. 개인 역할(역기능적)에는 공격자, 인정 추구자, 방해자, 특정 이익 추구자, 지배자가 있다.

3. 집단 구성원은 집단 지향적이어야 하고, 갈등의 문제에만 집중하고, 열린 마음으로 대하며, 사회적 태만을 주의

하고, 이해했는지 확인하고, 구성원 간 합의를 더 중요시하여 비판적인 생각이나 가능한 대안 탐색을 차단하는 집단 사고를 주의해야 한다.

소집단 커뮤니케이션에서 리더

10.2 리더십을 정의하고, 리더십 이론과 중요한 리더십 기술을 확인한다.

4. 많은 리더십 이론이 리더십의 측면을 명확히 하는 데 도움을 주고 있다. 특성적 접근법은 리더십에 기여하는 특성으로 지능, 자신감과 같은 특성을 확인했다. 기능적 접근법은 리더가 무엇을 해야 하는지 검증했다. 변혁적 접근법은 리더를 집단 구성원이 과업을 성취하게 하는 것과 동시에 역량 있는 개인이 되도록 향상시키는 사람임을 강조했다. 상황적 접근법은 집단이 처한 구체적인 상황에 따라 과업 성취와 구성원의 사회적, 정서적 욕구를 만족시키는 것 사이에서 리더십에 변화를 주는 것을 강조했다.

5. 리더십에 필요한 기능과 기술에는 구성원을 준비시키고 상호작용을 시작시키기, 집단 응집력 확립, 효과적인 상호작용 유지, 합의된 의제를 통한 구성원 안내, 구성원 만족 증진, 구성원의 역량 강화, 지속적인 평가와 향상 장려, 갈등 관리와 멘토링이 있다.

멤버십, 리더십 그리고 문화

10.3 고−저권력거리와 개인주의-집단주의 지향을 정의하고 구분한다. 그리고 소집단 커뮤니케이션에서 문화의 역할을 설명한다.

6. 집단 멤버십, 리더십 태도와 행동들은 개인주의−집단주의 지향과 고−저권력거리와 같은 문화에 많은 영향을 받는다.

기술 요약

이 장에서 언급한 기술은 소집단 구성원과 리더로서 효과적으로 기능하는 데 필요한 능력을 증가시켜 줄 수 있다. 다음에 제시된 내용을 읽어 보고 더 노력할 필요가 있는 항목에 (∨) 체크하시오.

_____ 1. 나는 사람들이 보이는 집단 멤버십 및 리더십에 대한 문화적 차이를 인정하고 감사하게 생각한다.

_____ 2. 나는 역기능적인 소집단에서의 개인 역할−공격자, 차단자, 인정 추구자, 자기 고백자 및 지배자−을 하지 않는다.

_____ 3. 소집단에 참여할 때 나는 개인 지향적이기보다 집단 지향적이며, 성격보다는 문제에 초점을 맞추며, 마음을 열고, 나와 타인의 의미가 분명히 이해되었는지를 확인한다.

_____ 4. 나는 집단 사고의 증상을 인식하고 집단 내에서 발생하는, 그리고 내 자신의 집단 사고 경향에 적극적으로 대처한다.

_____ 5. 나는 당면 과제와 집단 구성원의 필요에 따라 리더십 스타일을 조정한다.

_____ 6. 소집단 리더로서 나는 집단 상호작용을 시작하고, 순조로운 진행, 구성원 만족 보장, 지속적인 평가와 개선 권장, 필요시 구성원들의 토론 준비시키기 등을 통해 토론 동안 효과적인 상호작용을 유지한다.

핵심 용어

이 장에서 논의된 주요 용어이다. 이 용어의 정의는 이 장의 본문에서와 책의 뒷부분에 수록된 용어집에 제시되어 있다.

개인 역할	민주형 리더	집단 구축과 유지 역할
개인주의 지향	사회적 촉진	집단 사고
고권력거리 문화	사회적 태만	집단 작업 역할
권위적 리더	응집력	집단주의 지향
리더십	자유 방임형 리더	
멘토링	저권력거리 문화	

대중 연설 준비 (1~6단계)

"오늘날의 청중은 대부분 연설을 하거나
듣는 사람 또는 그들의 일부이다."

이 장의 주제

대중 연설의 특성
- 1단계: 연설의 주제, 목적 그리고 논점을 선택하라
- 2단계: 청중을 분석하라
- 3단계: 주제를 연구하라
- 4단계: 지지 자료를 수집하라
- 5단계: 주요 요점을 발전시키라
- 6단계: 연설 자료를 구성하라

학습 목표

11.1 대중 연설과 커뮤니케이션에서의 불안에 대한 특성을 설명하고, 대중 연설에서의 불안감을 관리하고 미루는 버릇을 극복하는 방안에 대해 이해한다.

11.2 대중 연설의 주제, 목적, 논점을 선택하고 제약하는 방법에 대해서 알아본다.

11.3 청중의 사회학적, 심리학적 특성을 설명하고, 온라인 강연의 청중을 위해 준비해야 할 일을 알아본다.

11.4 연설 주제와 관련된 자료 조사, 자료 평가 기준 그리고 자료를 통합하고 인용하기에 대한 기본 원칙을 학습한다.

11.5 정보적 연설과 설득적 연설의 지지 자료 유형을 구분한다.

11.6 논점에서 주요 요점이 어떻게 생성되는지 이해한다.

11.7 연설 구성의 주요 패턴을 설명한다.

연설 준비와 발표를 위한 단계를 알아보기 전에, 연설을 정의하고 연설을 위해 투자한 노력으로 얻을 수 있는 이점에 대해 알아볼 것이다. 또한 대부분이 경험하는 가장 큰 문제인 연설에 대한 두려움을 알아볼 것이다.

대중 연설의 특성

11.1 대중 연설과 커뮤니케이션에서의 불안에 대한 특성을 설명하고, 대중 연설에서의 불안감을 관리하고 미루는 버릇을 극복하는 방안에 대해 이해한다.

대중 연설(public speaking)은 전달자가 주로 대면 상황에서 비교적 많은 청중(audience)에게, 비교적 지속적인 담론을 연설하는 커뮤니케이션의 한 형태이다. 정치학 수업에서 발표하는 학생, DNA 구조를 강의하는 교사, 설교하는 목사, 그리고 선거운동 연설을 하는 정치인 모두 대중 연설의 예시이다. 텔레비전 카메라를 통해 전국으로 송출되거나 라디오를 통해 수천만 명의 사람에게 연설하는 것 또한 전통적인 대중 연설과 유사하다. 한 가지 다른 점은 청중의 피드백 특성이다. 대면 상황의 대중 연설에서는 주로 얼굴표정, 고개 끄덕임 그리고 자세 등을 통해 청중은 직접적인 피드백을 제공한다. 반면, 언론 매체를 통한 대중 연설 상황에서는 연설 후 얼마 뒤 피드백이 온다. 정치적 논평을 예로 들 수 있다. 그러나 점점 더 많은 온라인 및 직접적 청중 모두 대면과 더불어 Twitter와 같은 소셜네트워크를 통해 대중과 소통한다. 연설가가 연설하는 동안 (그리고 그 후에도) 수신자는 연설가뿐만 아니라 다른 수신자에게도 찬성/반대 의사를 전달하거나 연설가가 답해 줬으면 하는 질문을 하기도 한다. 단순한 해시태그(#)는 이미 대중 연설에 극적인 변화를 가져왔으며 앞으로도 계속 그럴 것이다(Atkinson, 2010).

대중 연설의 이점과 기술

대중 연설은 다양한 종류의 사회적, 학문적, 직업적 기술을 필요로 한다. 이러한 기술은 대중 연설에서 중요하지만, 다른 역량도 함께 증진한다. 여기에는 자신감과 자기 확신을 갖고 타인에게 자신을 내세우기, 효율적이고 효과적으로 자료를 조사하기, 인간의 동기 이해하기,

설득력 있는 주장인지를 분석하고 평가하기, 그리고 효과적으로 설득하기 등이 포함된다.

강한 설득력이 있는 대중 연설의 예시로 2018년 2월, 플로리다주 Parkland의 학교에서 난 총기사건으로 인해 17명의 사상자가 발생한 이후 진행된 고등학생 집단의 연설을 들 수 있다. 총격사건 3주 후, 생존 학생들은 공개 석상에서 일련의 열정적인 연설을 통해 Rick Scott 플로리다 주지사를 설득하여 미국 연방총기협회(National Rifle Association: NRA)에 저항함으로써 플로리다주의 총기법을 바꾸도록 했

뷰포인트. 정치적으로 다루어지는 주제

총기 규제와 학교의 안전성은 미국 사회 담론의 새로운 주제는 아니다. 그러나 2018년 2월, 플로리다 총기 난사 이후, 중심적인 쟁점이 되었고 수백만 명의 참여를 촉발했다.

다른 총기 사고 생존자, 교사, 정치인 등 많은 사람이 설득에 실패했을 때 Parkland 학생들이 다양한 국가와 다양한 미디어 매체가 듣고 행동하도록 설득할 수 있었던 이유는 무엇인가?

다. 전국의 많은 사람이 필요하다고 생각한 안전한 총기 규제에 대한 목소리를 낸 것은 다름 아닌 학생들 사이의 뛰어난 연설가들이었다. 이렇게 유능한 설득자가 없었다면, 특정 주제에 대한 효과적인 항의와 연대, 그리고 대중의 인식은 훨씬 낮았을 것이다.

대중 연설 기술을 숙달하게 되면 복잡한 개념의 설명, 명확성과 설득을 위한 다양한 메시지 정리, 논쟁을 뒷받침하는 논리적이고 감정적이며 윤리적인 주장, 그리고 듣고 전달하는 기술 향상을 통해 전반적인 커뮤니케이션 능력을 발전, 정교화시킬 수 있다.

여기서 중요한 것은 효과적인 대중 연설가는 태어나는 것이 아니라 만들어진다는 것이다. 교육, 다양한 연설 청취, 피드백 그리고 개별학습 경험을 통해 효과적인 연설가가 될 수 있다. 현재의 실력과 상관없이 적절한 훈련을 통해 대중 연설 능력을 향상시킬 수 있다.

지금까지 대중 연설이 무엇이고 이를 공부함으로써 얻을 수 있는 이점에 대해 알아보았다. 이제 커뮤니케이션 불안/무대 공포증/공공장소에서 말하는 것의 두려움에 대해 알아보자.

커뮤니케이션 불안

사람들은 **커뮤니케이션 불안**(communication apprehension)을 여러 상황에서 느낄 수 있지만, 가장 일반적이고 심각한 불안감을 느끼는 상황은 바로 대중 연설 상황이다(Richmond,

Wrench, & McCroskey, 2013; Wrench, McCroskey, & Richmond, 2008). 다음의 불안감 자가 점검을 통해 공공장소에서 말하는 것에 대한 두려움을 측정해 보자.

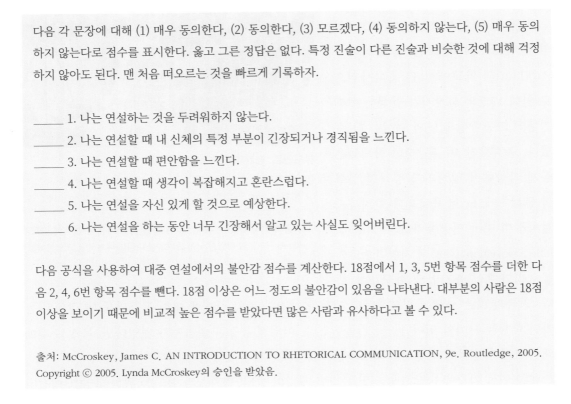

다음 각 문장에 대해 (1) 매우 동의한다, (2) 동의한다, (3) 모르겠다, (4) 동의하지 않는다, (5) 매우 동의하지 않는다로 점수를 표시한다. 옳고 그른 정답은 없다. 특정 진술이 다른 진술과 비슷한 것에 대해 걱정하지 않아도 된다. 맨 처음 떠오르는 것을 빠르게 기록하자.

_____ 1. 나는 연설하는 것을 두려워하지 않는다.
_____ 2. 나는 연설할 때 내 신체의 특정 부분이 긴장되거나 경직됨을 느낀다.
_____ 3. 나는 연설할 때 편안함을 느낀다.
_____ 4. 나는 연설할 때 생각이 복잡해지고 혼란스럽다.
_____ 5. 나는 연설을 자신 있게 할 것으로 예상한다.
_____ 6. 나는 연설을 하는 동안 너무 긴장해서 알고 있는 사실도 잊어버린다.

다음 공식을 사용하여 대중 연설에서의 불안감 점수를 계산한다. 18점에서 1, 3, 5번 항목 점수를 더한 다음 2, 4, 6번 항목 점수를 뺀다. 18점 이상은 어느 정도의 불안감이 있음을 나타낸다. 대부분의 사람은 18점 이상을 보이기 때문에 비교적 높은 점수를 받았다면 많은 사람과 유사하다고 볼 수 있다.

출처: McCroskey, James C. AN INTRODUCTION TO RHETORICAL COMMUNICATION, 9e. Routledge, 2005. Copyright ⓒ 2005. Lynda McCroskey의 승인을 받았음.

만약 대중 연설에 대한 불안을 느끼는 사람이 있다면, 다음 열 가지 제안이 불안을 감소시켜 줄 것이다. 또한 소집단이나 대인관계 커뮤니케이션 상황에서의 불안감을 줄이는 데도 도움이 될 것이다(Beatty, 1988; Wrench, McCroskey, & Richmond, 2008).

- **경험 쌓기.** 대중 연설과 같은 새로운 상황은 불안을 증가시킬 가능성이 높기 때문에 새로움을 줄이도록 노력한다. 가장 좋은 방법은 대중 연설을 많이 접해 보는 것이다. 경험을 통해 기존의 두려움과 불안감이 통제감, 편안함 그리고 즐거움으로 대체될 것이다. 대중 연설에서 경험한 성취감은 초기의 불안감을 능가하는 보상으로 다가올 것이다.
- **긍정적으로 생각하기.** 스스로 열등하다고 느낄 때, 타인이 자신보다 연설을 더 잘한다거나 자신보다 더 많은 것을 알고 있다고 느낄 때 불안감은 증가한다. 자신감을 얻기 위해서는 긍정적인 생각을 하고 준비를 철저히 해야 한다. 성공하는 모습을 상상하고 실패에

대한 상상은 떨쳐 버린다.

- **현실적인 기대하기.** 비현실적으로 높은 기대감은 불안감을 조성하며 대중 연설 상황을 더 두려워할 수 있다(Ayres, 1986). 완벽할 필요는 없다. 수업에서 최고의 연설을 할 필요가 없다는 것이다. 최선을 다하는 것을 목표로 한다. 동시에 재앙 같은 일어날 수 있는 최악의 상황에 대한 상상을 하지 않는다.

- **대중 연설을 대화로 보기.** 대중 연설에서 연설가는 주목의 대상이 되면서 눈에 띄는 것을 느끼게 된다. 이는 종종 불안감을 증가시킨다. 그러므로 대중 연설을 하나의 대화로 생각하는 것이 도움이 될 수 있다(일부 이론가들은 이를 '확장된 대화'라고 부른다).

- **파워 프라이밍 시도하기.** 파워 프라이밍(power priming)은 자신감과 권력감을 주기 위해 고안된 기술이다(Cuddy, 2015; Galinsky & Kilduff, 2013). 파워 프라이밍의 효능에 대해 상당한 논쟁이 있지만 시도해 볼 만하다(Dominus, 2017). 연설하기 전 파워 프라이밍을 해 볼 수 있다. 예로, 당신이 타인에 대해 권력을 가졌을 때를 회상하거나, 권력을 가진 위치에 있다고 가정하거나(권력이 있어 보이는 자세를 1~2분 동안 취해 보는 식으로), 아니면 권력 있는 사람에 대한 책, 심지어 힘 있는 단어를 읽는 것도 여기에 포함된다.

- **청중에게 집중하기.** 청중에게 집중하면 자신의 퍼포먼스에 덜 집착하게 되고 덜 염려하게 된다. 연설 주제에 대해 청중에게 알리고 다르게 생각하거나 어떤 행동을 하도록 설득하는 것에 집중한다. 청중에게 관심을 기울일수록 퍼포먼스에 대한 걱정은 덜 하게 된다.

- **유사성 강조하기.** 청중과 자신이 (다르지 않고) 비슷하다고 느낄 때, 불안감이 줄어들 수 있다. 모든 청중에게, 특히 다양한 문화권의 청중일 때, 경험, 태도 그리고 가치의 유사성에 대해 강조하면 청중과 더욱 하나가 됨을 느끼게 해 준다.

- **자신감 나타내기.** 당당하게 서서 청중과 눈맞춤을 유지한다. 자신감 있게 행동하는 것이 신체 피드백을 통해 실제로 자신감을 느끼게 해 줄 것이다. 자신감을 연기하는 것은 청중의 긍정적인 반응을 증가시킬 수 있으며 이는 자신을 안심시키는 데에도 도움이 된다.

- **철저히 준비하고 연습하기.** 사람들이 경험하는 두려움은 대부분 실패에 대한 것이다. 충분한 준비를 한다면 실패의 가능성과 이에 따라오는 불안감을 감소시킬 수 있다. 연설 도입 부분에서 불안감이 가장 크기 때문에, 처음 몇 문장은 외우는 것이 좋다. 만약 복잡한 사실이나 수치가 있다면, 이를 반드시 써 놓고 읽을 계획을 세워야 한다. 이를 통해 잊어버리는 것에 대한 걱정을 제거할 수 있다.

- **움직임과 심호흡.** 신체적 활동, 즉 전반적인 움직임뿐만 아니라 손, 얼굴 그리고 머리의 작은 움직임도 불안감을 감소시킨다. 예로, 시각 자료를 사용하면 청중의 관심을 일시적

JOURNAL **커뮤니케이션 초이스 포인트**

불안 관리
이번 연설은 당신의 첫 연설이고, 당신은 매우 긴장해 있다. 당신은 연설 내용을 잊어버리고 실패할 것을 두려워하고 있다. 그래서 청중에게 당신의 초조함을 알리는 것이 좋은 생각인지 고민하고 있다.
만약 알리기로 했다면, 할 수 있는 말은 무엇인가? 언급한 것의 장단점이 있는가? 뭐라고 말할 것인가? 알리지 않는 것이 좋은 이유는 무엇인가?

으로 돌려 불필요한 에너지 소비를 없앨 수 있다. 연설을 시작하기 전 심호흡을 하면 몸이 이완된다. 이는 연설을 하기 직전에 느끼는 두려움을 극복하는 데 도움이 된다.

• **긴장 이완을 위해 화학물질 사용하지 않기.** 의사가 처방하지 않는 한, 불안을 줄이기 위한 화학적 수단을 피해야 한다. 알코올은 대중 연설에 대한 불안 감소에 효과가 없고(Himle, Abelson, & Haghightgou, 1999) 신경안정제, 대마초, 인위적인 각성제(흥분제)는 불안을 줄이기보다 오히려 문제를 일으킬 가능성이 있다. 이런 물질은 연설 내용을 기억하고, 청중의 피드백을 정확하게 읽고, 말의 타이밍을 조절하는 능력을 훼손시킨다.

당신이 청중으로서 연설가가 불안해하고 있다는 것을 느낀다면 적어도 다음 세 가지 방법으로 그를 도울 수 있다.

뷰포인트. 일찍 시작하기
불안감을 줄이고 어느 정도의 효과를 위한 최선의 방법 중 하나는 준비를 일찍 시작하는 것이다. 이는 피할 수 없는 예상치 못한 문제를 극복하는 데 필요한 시간을 제공하고, 연설을 세밀하게 조율할 수 있게 해 준다. 더 자신감 있고 덜 걱정스럽게 느낄 수 있도록 연설 연습을 할 수 있는 충분한 시간을 제공할 것이다.
일찍 시작함으로써 생길 수 있는 다른 이점에는 무엇이 있는가?

- **연설가를 긍정적으로 강화하기.** 고개 끄덕임, 웃음, 집중하는 모습(특히 눈맞춤을 유지하는 것)은 연설가를 편안하게 하는 데 도움이 된다. 문자 확인, 친구와의 잡담과 같은 부주의한 행동은 자제한다.
- **건설적인 질문하기.** 질문할 시간이 있는 경우, 도전적인 질문보다는 정보를 요구하는 질문을 한다. 그리고 상대의 방어적인 태도를 조장하지 않는 질문을 한다. "헤비메탈 음악에 대한 당신의 비판은 터무니없다."라고 하기보다 "왜 헤비메탈의 가사가 해롭다고 생각하는가?"라고 질문하라.
- **실수에 집중하지 않기.** 연설가가 말을 더듬을 때 머리를 숙이거나 눈을 가리는 행위, 또는 전달자의 말 더듬거림을 인식하고 있다는 것을 전달하지 않는 것이 좋다. 대신 연설 내용을 계속 경청하는 모습을 유지하여 연설가가 말하는 것에 집중하고 있다는 것을 알려야 한다.

이 장에서 다음 부분은 [그림 11-1]에 나와 있는 효과적인 대중 연설을 준비하기 위한 10단계 중 첫 6개를 다룰 것이다. 마지막 4단계는 다음 장에서 소개할 것이다.

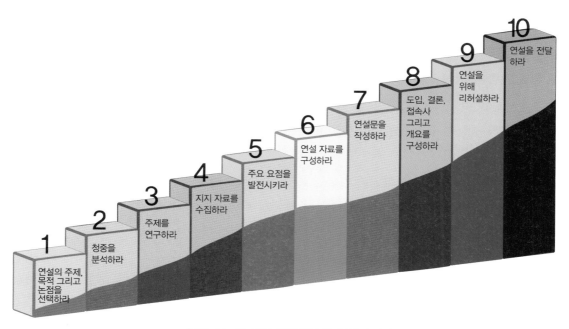

[그림 11-1] 대중 연설 준비 및 전달의 단계

연설가마다 단계를 따르는 순서가 다르다. 일부 연설가들은 청중 분석하기를 시작하여 청중이 무엇에 관심이 있는지 자문한 뒤 주제와 목적을 선택하는 것을 선호한다. 일부는 방대한 연구를 시작하기 전 요점을 파악하는 것을 선호한다. 다른 연설가는 연구를 통해 주요 요점이 드러나는 것을 선호한다. 여기에 제시된 단계는 대부분의 상황에서 유용하지만, 당신의 목적에 따라 그 순서가 바뀔 수 있다. 모든 단계를 다룬다면 좋은 연설을 할 수 있을 것이다.

1단계: 연설의 주제, 목적 그리고 논점을 선택하라

11.2 대중 연설의 주제, 목적, 논점을 선택하고 제약하는 방법에 대해서 알아본다.

효과적인 대중 연설 준비의 첫 단계는 연설 주제, 성취하고자 하는 일반적이고 **구체적 목적** (specific purpose), 그리고 논점이나 중심내용을 선택하는 것이다. 이러한 선택에 있어서 다른 교재에서는 다른 지침을 제시할 수도 있기 때문에 여기에 설명된 내용을 다른 지침과 함께 사용하는 것이 좋다.

주제

청중이 흥미로워할 주제를 선정한다. 만약 첫 연설이 정보적 연설이라면, 청중은 그 내용을 잘 모르지만, 호기심을 갖고 배우고 싶어 할 만한 주제를 고르는 것이 좋다. 만약 첫 연설이 설득적 연설이라면, 당신과 청중이 동의하는 주제를 선택하여 그들의 태도를 강화하는 것을 목표로 할 수 있다. 아니면 청중이 동의하지 않는 주제를 선택한 경우에는 청중의 태도 변화를 목표로 할 수 있다.

당연한 이야기이지만, 연설 주제의 적절성은 청중이 속한 문화권에 따라 다르다. 예로, 문화에 따라 갈등을 유발하는 주제가 있고 이러한 주제는 특히 다른 문화권의 청중을 대상으로 할 때 피해야 한다. 금기시되는 주제(문화적으로 용인되지 않는 행동)는 문화와 시기마다 다르지만, 일반적으로 해당 문화권의 청중이 굳게 믿고 있는 종교나 정치, 자녀 양육에 대한 비판은 피하는 것이 좋다. 만약 다른 문화권의 청중에게 연설하게 된다면, 금기시되는 주제를 알아보고 피하거나 적어도 수용될 수 있는 방법으로 주제를 제시해야 한다.

주제 찾기 대중 연설의 주제는 주변에서 쉽게 찾을 수 있다. 관심 있고, 알고 있는 주제를 선정하라. 물론, 청중이 흥미로워하고 가치 있다고 생각할 만한 주제를 선택하라. 주제를 찾을 수 있는 몇 가지 방법을 알아보자.

- 자기 자신을 염두에 두라. 당신은 무엇에 관심 있는가? 어떤 뉴스 기사나 블로그를 읽고, 어떤 자료를 구독하는가? 어떤 제목의 기사에 흥미를 갖고 읽어 보는가? 만약 관심 있는 주

제에 대한 연설을 계획한다면, 해당 주제에 대한 당신의 관심과 열정이 연설을 더 흥미롭게 하고, 불안감을 감소시키며, 청중에게 매력적으로 다가오게 할 것이다.

- **브레인스토밍해 보라.** 브레인스토밍 기술을 사용하여 연설 주제를 생성할 수 있다. 자신의 '문제'로, 즉 무슨 이야기를 할지에 대해 결정하고 떠오르는 모든 생각을 적는다. 몇 분 안에 상당히 많은 가능한 주제 목록을 얻을 수 있을 것이다.

뷰포인트. 금기

청중에 따라 금기(taboo)시되는 주제는 다를 것이다. 수업 중인 클래스를 생각해 보자.
어떤 대중 연설 주제가 금기시되는가?

- **주제 목록을 사용하라.** 다양한 교육 및 도서관 웹사이트에서(예: Rutgers University 또는 Kirtland Community College와 같은) 다양한 주제를 확인해 볼 수 있다. 더 많은 '대중 연설 주제'를 찾으려면, edu가 들어간 도메인을 검색해 보면 된다.

- **설문(여론)조사 결과를 읽고, 청중이 중요하다고 생각하는 사항을 확인하라.** 국가 및 지역 여론조사를 통해 사람들이 가장 중요하다고 생각하는 이슈를 알아보라. 선호하는 검색 엔진을 사용해 설문 사이트를 검색하거나 갤럽 여론조사(Gallup Poll), 마리스트 여론조사(Marist Poll) 또는 퓨 리서치 센터(Pew Research Center)와 같이 널리 알려진 사이트도 좋다. 아니면 다양한 소셜미디어 사이트나 학교 관리 시스템을 통해 직접 설문조사를 실시할 수도 있다.

- **뉴스 사이트를 확인하라.** 중요한 국제, 국내, 금융 및 사회 문제에 대해 쉽게 접근할 수 있는 온라인 뉴스 페이지도 주제를 잡는 데 유용하다. 물론 Twitter, 블로그와 같은 다양한 소셜미디어 사이트에서도 뉴스를 볼 수 있다.

- **소셜미디어에서 트렌드를 확인하라.** 소셜미디어에서 사람들이 무슨 말을 하는지 확인해 보라. 사람들이 무엇을 트윗하는가? 무슨 게시물을 올리는가? 무엇이 트렌디한가? 만약 청중이 주로 사용하는 소셜미디어를 안다면, 유행하는 주제나 사람들이 작성하는 글을 확인하여 그들의 관심사를 추측할 수 있다.

주제 제한하기   아마도 연설가들이 초기에 저지르는 가장 큰 실수는 너무 짧은 시간에 큰 주제를 다루려고 하는 것이다. 결과적으로 이는 깊이 없는 피상적인 연설로 이어지게 된다. 대중 연설에 적합하려면 주제가 어느 정도 제한되어야 한다. 주어진 시간에 맞도록 주제를 좁히고 어느 정도 깊이 있게 다뤄야 한다.

주제를 좁혀야 하는 또 다른 이유는 연구자료 수집을 효과적으로 하는 데 도움이 되기 때문이다. 주제가 너무 광범위하다면, 필요 이상으로 좀 더 많은 연구자료를 검토할 수밖에 없게 된다. 반대로 주제를 좁힌다면, 정보를 보다 효율적으로 검색할 수 있게 된다. 주제의 범위를 좁히는 세 가지 방법으로 토포이, 세분화, 트리 다이어그램이 있다.

토포이, 주제의 체계   토포이(topoi)는 고대 그리스와 로마의 고전적 수사학에서 유래한 기법이지만 오늘날에는 창의적 사고를 자극하는 용도로 널리 사용되고 있다(DeVito, 1996). 토포이 방법을 사용할 때, 주제에 대한 일련의 질문을 자신에게 던진다. 이 과정은 선정하려는 전반적인 주제를 세분화하는 데 도움이 된다. 〈표 11-1〉에 예시가 제시되어 있다. 왼쪽 열에는 7개의 일반적인 질문(누가? 무엇을? 왜? 언제? 어디서? 어떻게? 그리고 그래서?)이, 우측 열에는 (주제에 따른) 일련의 하위 질문이 있다. 하위 질문은 어떻게 '노숙자(homelessness)'라는 일반적인 주제에서부터 세부 주제를 끌어낼 수 있는지를 보여 준다.

세분화   주제를 세부적으로 나누는 것은 주제를 제한하는 또 다른 방법이다. 모든 주제는 하위 주제로 나눌 수 있고 하위 주제는 다시 추가적인 하위 항목으로 세분화될 수 있다. 즉, 관심이 있는 일반적인 주제에서 시작하여 이를 자연스럽게 나누는 것이다. 물론, 세분화 방법은 주제에 따라 달라진다. 여기 몇 가지 예시가 있다.

- **시간.** 역사적 주제와 사건은 일반적으로 그 시기에 따라 나눌 수 있다. 예로, 우주탐사라는 아주 일반적인 주제로부터, 공상 과학, 초기 러시아의 탐사, 미국의 인공위성 발사 등으로 나눌 수 있다. 우주탐사는 연설에서 다루기엔 너무 방대하지만, 이렇게 세분화하면 훨씬 가능성이 커진다.
- **공간.** 대부분의 물리적 사물은 공간이나 지리적 영역별로 쉽게 나눌 수 있다. 예로, 만약 주제가 집 꾸미기(home decoration)라면, 부엌 꾸미기, 서재 정리와 같이 한 장소를 정해 다룰 수 있다. 또는 주제가 조경(landscaping)이라면, 통로, 정원, 진입로 등으로 나눌 수 있다.

<표 11-1> 토포이, 주제의 체계

다음 질문은 연설을 위한 일반적인 주제로부터 더욱 구체적인 아이디어를 창출할 수 있게 해 줄 것이다. 단순하면서 오랜 역사를 가진 기법으로 많은 주제를 찾을 수 있다.

주제: 노숙자	
일반적인 질문	**하위 질문**
누가? 그들은 누구인가? 누구에게 책임이 있는가? 누가 돌보는가?	노숙자는 누구인가? 어떤 사람이 전형적인 노숙자인가? 노숙자 증가의 책임은 누구에게 있는가? 누가 노숙자를 돌보는가?
무엇을? 정의는 무엇인가? 어떤 효과가 있는가? 어떤 느낌인가? 무엇이 다른가? 어떤 예가 있는가?	노숙자가 된다는 것은 무엇을 의미하는가? 집이 없다는 것은 사람들에게 어떤 점을 야기하는가? 노숙은 사회에 어떤 영향을 미치는가? 노숙은 당신에게 어떤 의미가 있는가?
왜? 이런 일이 왜 일어나는가? 왜 이런 일이 일어나지 않는가?	왜 이렇게 많은 사람이 집을 잃는 것일까? 왜 작은 도시보다 큰 도시에서 더 많이 발생하는 것일까? 왜 특정 나라에서 더 만연한 것일까?
언제? 언제 발생했는가? 언제 발생할 것인가? 언제 끝날 것인가?	언제부터 노숙자가 만연했는가? 사람의 일생 중 언제 이런 일이 일어나는가?
어디서? 어디서 오는가? 어디로 가는가? 지금은 어디 있는가?	노숙자가 가장 많은 곳은 어디인가? 노숙자가 없는 곳은 어디인가?
어떻게? 어떻게 진행되는가? 어떻게 관리하는가? 어떻게 할 수 있는가? 어떻게 다룰 것인가? 어떻게 구성되어 있는가?	한 개인이 어떻게 노숙자가 되는가? 어떻게 하면 노숙자를 도울 수 있을까? 어떻게 하면 노숙자가 되는 것을 막을 수 있을까?
그래서? 무엇을 의미하는가? 무엇이 중요한가? 내가 왜 그것에 관심을 가져야 하는가? 누가 관심 있어 하는가?	노숙자는 왜 중요한 사회 문제인가? 우리는 왜 노숙자를 걱정해야 하는가? 이 모든 것이 나에게 어떤 영향을 미치는가?

- 유형. 다양한 주제는 유형으로 쉽게 구분될 수 있다. 만약 TV에 대해 이야기한다면, 코미디, 드라마, 토크쇼, 게임, 스포츠 등 종류별로 주제를 제한할 수 있다. 주제가 음식이라면 건강에 좋은 것과 해로운 것, 단백질, 지방, 섬유질, 그리고 조리된 음식과 신선한 음식 등 여러 가지 방법으로 쉽게 나눌 수 있다. 책은 쉽게 소설과 비소설로 나눌 수 있고 이를 추가적으로 세분화할 수 있다. 예로, 소설은 로맨스, 추리, 성장기 등으로 나눌 수 있다. 더 나아가 로맨스 소설은 역사, 판타지 그리고 현대 로맨스로 나눌 수도 있다.

- 대중. 주제를 좁히는 또 다른 유용한 범주는 관련된 사람을 제한하는 것이다. 시민권에 대해 대화를 원한다면(너무 넓은 주제이다), 대상이 되는 청중을 구체적으로 좁히고 특정 시민권 운동가나 집단의 기여에 대해 집중적으로 연설을 할 수 있다. 특정 정당의 기여도

를 이야기할 땐, 한 사람에 대해 집중적으로 이야기할 수도 있다.

트리 다이어그램   세분화와 마찬가지로 주제를 제한하는 또 다른 방법으로 트리 다이어그램(tree diagram)이 있다. 트리 다이어그램은 일반적인 주제부터 시작하여 하위 항목으로 나뉜다. [그림 11-2]에 간단한 예시가 제시되어 있고 이 예시에서는 일반적인 주제, 성희롱으로 시작한다. 그런 다음 성희롱을 적대적 환경에서의 성희롱(다른 직원을 불편하게 만드는 성적 행위)과 보상적 성희롱(성적 부탁의 대가로 업무와 관련된 기회가 주어지는 성희롱)의 주요 유형으로 나눈다. 이 중 하나를 고른다. 보상적 성희롱을 선택했다면 성희롱이 일어날 수 있는 곳, 즉 군대, 학교, 기업 조직, 할리우드와 같은 장소로 나눈다. 그리고 남성에 대한 성희롱과 여성에 대한 성희롱으로 나눌 수 있다. 이 단계에서 미국 할리우드에서의 여성에 대한 보상적 성희롱과 같은 특정한 주제를 선정할 수 있다. 여기서도 다시 관심사에 따라 세분화할 수 있다. 예로, 여성에 대한 성희롱을 과거 사례와 현대 사례로 또는 가해자 유형으로 세분화할 수 있다. 다음 자가 점검을 통해 지나치게 일반적인 주제를 제한하는 방법에 대해 생각해 보자.

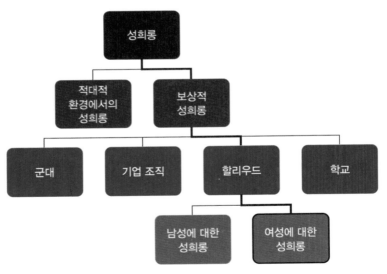

[그림 11-2] **연설 주제 제한을 위한 트리 다이어그램: 성희롱**
이 트리 다이어그램은 주제를 어떻게 하면 짧은 연설을 할 정도의 주제로 나눌 수 있는지를 보여 준다.

이 장에서 논의된 방법 중 하나(또는 자신에게 익숙한 방법)를 사용하여 다음에 제시된 주제를 5분에서 10분 정도의 정보적 연설에 적합하도록 제한해 보자. 주제를 좁힌 후, 연설문을 정리하는 데 어떤 패턴을 사용할지 생각해 보자.

괴롭힘 또는 왕따	영양섭취
시민 불복종	정치부패
만화책	감시
마약 관련 법	무인자동차

목적

주제와 목적을 동시에 선택하는 경우도 있고, 주제를 선택하고 목적을 나중에 정하는 경우도 있다. 대중 연설을 준비할 때 일반적 목적과 구체적 목적을 모두 세울 필요가 있다.

일반적 목적　대중 연설의 두 가지 **일반적 목적**(주요 목표 또는 목적)은 정보제공과 설득이다. **정보적 연설**은 이해시키는 것이 목적이다. 명확하게 하거나, 깨달음을 주거나, 오해를 수정하고, 특정한 것이 어떻게 작동하는지를 보여 주거나 어떻게 구조화되어 있는지를 설명하기도 한다(제13장 참조). 반면, **설득적 연설**은 태도나 행동에 영향을 미친다. 기존의 태도를 강화하거나 청중의 신념을 바꾸기도 한다. 또는 청중을 특정 방식으로 행동하게 할 수 있다(제14장 참조). 〈표 11-2〉는 정보적 연설과 설득적 연설 사이의 주요 차이점을 보여 주고 있다. 다음을 읽을 때 해당 차이점을 염두에 두자.

〈표 11-2〉 정보적 연설과 설득적 연설의 차이

연설 요소	정보적 연설	설득적 연설
예시	클래스 강의, 사물 작동 방법에 대한 시연 등을 예로 들 수 있다.	정치 연설, 종교 설교 등을 예로 들 수 있다.
주제	주로 의미 있는 주제이지만 일반적으로 논쟁을 일으키는 주제는 아니다.	주로 의미 있는 주제이며 논쟁적이거나 논쟁의 여지가 있는 주제이다.
목적	청중에게 새로운 정보 전달을 목적으로 한다.	청중의 태도, 신념 또는 행동을 바꾸는 것을 목적으로 한다.
논점	논점은 해당 연설의 중심내용을 명시한다.	논점은 논쟁의 여지가 있는 입장을 명시한다.
지지 자료	지지 자료는 주로 예제, 정의, 수치 데이터 및 프레젠테이션 자료들이다.	필수적인 정보 외에도 논리적, 감정적, 신뢰성 있는 자료에 크게 의존한다.

구체적 목적　구체적 목적은 소통하고자 하는 정보(정보적 연설에서) 또는 바꾸고 싶은 태도나 행동을 (설득적 연설에서) 확인하는 것이다. 예로, 정보적 연설의 구체적 목적의 예는 다음과 같다.

- 인터넷을 사용하여 조사 시간을 절약할 수 있는 세 가지 방법을 청중에게 알려 주기
- 새로운 사내 전자우편 시스템이 어떻게 작동하는지 청중에게 알려 주기
- 통합된 사업팀의 이점을 청중에게 알리기

설득적 연설의 구체적 목적은 다음과 같을 수 있다.

- 청중에게 모든 담배 광고가 폐지되어야 한다고 설득하기
- 청중에게 대학에서 AIDS와 다른 성병 예방 강좌를 개설해야 한다는 것을 설득하기
- 청중에게 장애 학생과 함께 일할 시간을 내도록 설득하기

일반적 목적이 정보제공이든 설득이든 간에 목적을 구체화하여 어느 정도 깊이 있게 주제를 다룰 수 있도록 해야 한다. 청중은 넓은 주제를 피상적으로 다루는 연설보다 작은 영역을 깊게 다루는 연설로부터 더 많은 도움을 받을 수 있다.

논점

논점(thesis)은 청중에게 전달될 주요 요점이다. 실제로 논점 대신 '핵심 생각'이나 '제안된 생각'으로 사용되기도 한다. 이는 한 문장에 담긴 연설의 요약과 같다. Lincoln의 두 번째 취임 연설의 논점은 북부 지방과 남부 지방의 사람들이 함께 국가 전체의 이익을 위해 협력해야 한다는 것이었다. 많은 공상과학 영화의 논점은 서로 다른 문화와 삶을 살아온 사람들이 협력한다면 어떠한 지배 세력의 힘도 이겨 낼 수 있고 많은 것을 성취할 수 있다는 것이다. 예로 윈터스(Winters) 상원의원의 당선을 위한 설득적 연설을 계획한다고 해 보자. 논점은 '윈터스(Winters)가 최고의 후보이다.'일 것이다. 이는 청중이 다른 모든 것을 잊어버린다 해도 청중이 기억하고 믿길 바라는 부분이다.

때때로 연설에서 당신의 논점을 직접적으로 말하고 싶을 것이다. 또는 당신의 논점을 암시하여 청중이 발견하도록 하고 싶을 것이다. 여기 한 예시로, Kevin King이라는 학생이 알츠하

이머병 연구에 대한 기금의 필요성을 자신의 연설에서 어떻게 표현했는지를 제시하였다(King, 2015).

> 우리는 더 늦기 전에, 이 질병에 대한 침묵을 끝내고, 알츠하이머 연구를 재정 투자의 우선 과제로 삼아야 합니다.[7]

뷰포인트. 목적 정의하기

Maddie는 다음 목적 중 하나를 중심으로 10분 정도의 설득적 연설을 준비하고 있다. 연설의 주제는 (1) 다가오는 선거에서 낙태 반대 후보자에게 투표하도록 설득하는 것, (2) 대학 장학 기금에 250달러 기부하기, (3) 수신자 본인의 종교와 다른 종교의식에 참석하기 등을 생각하고 있다.
청중이 커뮤니케이션 수업의 수강생이라고 가정했을 때, 각 목적의 장단점은 무엇인가?

반면, 정보적 연설에서의 논점은 청중이 무엇을 배우길 원하는가에 초점을 맞춘다. 예로, 질투에 대한 연설의 경우 적절한 논점으로 '두 가지 주요한 질투 이론이 존재한다.'가 될 수 있다. 이 장 뒷부분에 추가적인 논점의 예시가 제시되어 있다.

연설의 논점과 목적 모두 자료 선택 및 정리의 지침이 된다는 점에서 유사하지만 크게 두 가지 면에서 다르다.

- **표현형식** 논점과 목적은 표현되는 방식이 다르다. 논점은 완전하고 선언적인 문장으로 표현된다. 목적은 '…를 알려 주기 위해', '…를 설득하기 위해'로 표현된다.
- **초점** 논점은 메시지에 초점을 맞추고, 목적은 청중에게 초점을 맞춘다. 논점은 연설의 중심 사상을 간결하게 보여 준다. 목적은 청중이 변화하길 원하는 어떤 것이다(예로, 정보를 배우거나, 태도를 바꾸거나 아니면 특정한 방식으로 행동하도록 영향을 주는 것).

---

7) 발췌된 알츠하이머 연구 기금(Funding Alzheimer's Research)이란 제목의 연설은 텍사스 대학교의 Kevin King이 오스틴에서 발표한 것이다. 이 훌륭한 연설의 발췌문은 한 연설가가 다양한 목표를 달성하기 위해 연설 원칙을 어떻게 적용했는지를 잘 보여 주고 있어서 본문에서 논의된 원칙을 설명하기 위해 이 장 전반에 걸쳐 인용된다. Kevin에게 왜 이 주제에 관심을 갖게 되었는지 묻자 "나는 많은 친척과 가족의 친구들이 알츠하이머병과 싸우는 것을 지켜보았다. 기본적인 조사를 한 후, 나는 좌절감을 주는 문제를 발견했다. 우리는 이 병의 치료법을 찾기 위해 충분히 노력하고 있지 않다."라고 했다. 연설문을 만드는 데 있어서 Kevin의 가장 큰 도전은 '가장 엄격한 구조를 만드는 것, 그리고 청중에게 매우 가시적인 해결책을 제공하는 것'이었다.

2단계: 청중을 분석하라

11.3 청중의 사회학적, 심리학적 특성을 설명하고, 온라인 강연의 청중을 위해 준비해야 할 일을 알아본다.

JOURNAL 커뮤니케이션 초이스 포인트

비인기 명제

당신은 대중 연설에서 '인종 평등의 가치를 공개적으로 지지하지만, 사적으로는 인종차별적 태도를 표현하는 학우의 위선'을 다루기로 결정했다. 그러나 이러한 명제를 제시하자마자 청중이 떠나가는 것을 두려워하고 있다.

청중이 떠나는 것을 막기 위해 무엇을 할 수 있는가? 무엇이 효과적이고 무엇이 당신에게 불리하게 작용하겠는가? 비평을 계속 듣게끔 하기 위해 당신은 (특히 도입부에) 무엇을 말하겠는가?

예전에는 대중 연설에서의 청중은 실제 연설 행사에 참석한 사람만으로 한정시켰다. 그러나 오늘날 대중 연설에서의 청중은 직접 참석한 사람뿐만 아니라, 연설이 끝난 후 온라인으로 보거나 다른 매체를 통해 연설에 대해 읽는 사람도 포함된다. [그림 11-3]에 묘사된 것처럼 연설할 때 듣는 즉각적인 청중과 간접적으로 듣거나 읽는 원격 청중도 있다.

만약 즉석 청중과 원격 청중 모두에게 알리거나 설득할 것이 있다면, 그들이 누구인지 알아야 한다. 그들이 지닌 신념, 태도, 가치는 무엇인가? 그들의 관심사는 무엇인가? 그들이 이미 알고 있는 것이 무엇인가? 그들은 무엇을 더 알고 싶어 하는가? 그들은 연설에서 다룰 문제에 어떤 입장을 취하고 있는가? 이러한 다양한 질문을 사회학적 특성과 심리학적 특성의 범주로 분류할 수 있다. 연설 중에 청중을 분석하고 무대에 적응할 수 있도록 도와줄 수 있는 몇 가지 사항을 알아보자.

청중에 대한 사회학적 접근

청중을 분석할 때, 같은 집단 구성원이 모두 비슷할 것이라 가정하지 않아야 한다. '전부'와 같은 표현 또는 암시를 사회적 특성에 사용한다면 그 즉시 고정관념을 가진 것은 아닌지 확인해야 한다. 모든 여성이나 노인 또는 고학력자들이 같은 생각이나 믿음을 갖고 있다고 가정하지 말아야 한다. 실제로 그렇지 않다. 그런데도 다른 집단에 비해서 집단 내에서만 흔하게 보이는 더 흔하게 보이는 특성이 있으며, 청중을 분석할 때 바로 이러한 특성을 탐구해야 한다. 몇몇 중요한 특성은 다음과 같다.

- **문화 요인.** 당신의 주제와 목적은 청중의 문화적 믿음과 가치에 적절한가? 청중의 문화적 특성이 주제를 보는 방식에 영향을 줄 수 있는가? 청중 사이에 중요한 문화적 차이가 있는가?

- **연령.** 청중의 연령이 연설 주제와 목적을 보는 방식에 영향을 미칠 것인가? 청중은 당신이 말하는 내용을 현재 그리고 가까운 미래에 자신과 관련된 것으로 볼 것인가?

- **성별.** 두 성별 모두 주제와 자료를 흥미롭고 적절하다고 생각할 것인가? 주제에 따라 남녀가 다른 태도를 보일 것인가? 아니면 주제에 대해 서로 다른 경험을 할 것인가?

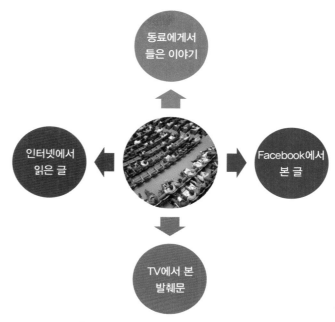

[그림 11-3] 현장의 청중과 원격 청중

원격에서의 청중엔 끝이 없다. 예로, Anna의 친구가 블로그에 댓글을 달 수 있고, 세계 어딘가의 누군가가 그 블로그 게시물을 읽고, 수업 중에 언급할 수 있으며 학생들이 그와 관련된 글을 올리거나 이야기하는 등 계속 이어질 수 있다.

- **종교와 종교성.** 청중의 종교와 종교성이 연설에 대한 반응에 영향을 줄 것인가? 주제나 목적이 청중의 종교적 신념에 대한 공격으로 보일 수 있는가?

- **교육수준.** 청중의 교육수준에 따라 말투의 변화가 필요한가? 기술적 용어의 정의를 내려 줘야 하는가? 교육수준에 따라 다른 설득전략이나 지지 자료를 제시해야 하는가?

- **직업 및 수입.** 청중의 직업 안정성과 직업적 자부심이 강연 주제, 목적 또는 예시와 관련이 있는가? 청중은 경제 수준에 따라 강연 주제와 목적을 다른 방식으로 바라볼 것인가?

- **관계 상태.** 미혼인 사람이 유치원 선택 관련 강연에 관심이 있을까? 장기연애 중인 사람이 친밀한 관계를 갖지 않아 우울증을 겪는 사람의 이야기에 관심이 있을까?

- **가치.** 청중은 무엇을 중요하게 생각하는가? 그들이 현재와 미래의 삶에 있어 중요하게 생각하는 것은 무엇인가? 그들은 무엇을 신성하게 여기는가? 반대로 그들은 무엇을 신성하지 않다고 생각하는가?

- **특별한 관심.** 청중은 어떤 특별한 관심사를 지니고 있는가? 그들은 여가 시간에 무엇을 하는가? 이러한 관심사를 예시나 인용문을 선택할 때 어떻게 활용할 수 있는가?

- **정치 신념.** 청중의 정치적 소속이 강연 주제나 목적을 바라보는 데 영향을 미칠 것인가? 그들은 정치적으로 진보인가 보수인가? 그것이 연설 내용 개발에 영향을 미칠 것인가?
- **조직 구성원.** 청중의 소속이 그들이 가진 신념과 가치에 대한 단서를 줄 수 있는가? 연설할 때 해당 조직에 대한 참조를 예시나 그림으로 사용할 수 있는가?

문화적 신념은 종종 대중 연설에서 기본적 가정으로 사용된다.

다음 각 문장을 생각해 보자. 대중 연설 수업에서 다음의 문화적 신념을 기본적인 가정으로 사용하는 것이 연설에 얼마나 효과적인가? 만약 당신이 이를 기본 가정으로 제시한다면 청중 대다수가 어떻게 반응할 것인가?

___ 1. 종교적인 차이가 전쟁의 주요 원인이다.
___ 2. 집단이 개인보다 더 중요하다.
___ 3. 부자(나라 또는 개인)는 도덕적으로 가난한 사람에게 베풀 의무가 있다.
___ 4. 남성과 여성은 각각 생물학적으로 적합한 직업을 가져야 한다.
___ 5. 쾌락만이 인생의 유일하고 진정한 목표이다.

청중에 대한 심리학적 접근

뷰포인트. 청중 분석하기
Sophia는 무신론이 지닌 가치에 대해 연설을 하고자 한다.
만약 이 연설이 당신의 수업에서 진행된다면, 소피아는 청중의 어떠한 점을 알아야 하는가?

청중의 심리분석을 위해 다음 세 가지 질문에 초점을 맞춰야 한다. 청중의 의향은 어느 정도인가? 청중의 식견은 어느 정도인가? 그리고 청중이 얼마나 호의적인가?

청중의 의향은 어느 정도인가   만약 당신의 연설을 듣고 싶어 하는 청중 앞에 선다면, 연설을 편안하게 할 수 있을 것이다. 반대로 마지못해 듣고 있는 청중이라면 다음 제안을 고려하라.

- 지지 자료를 통해 가능한 초기에 청중의 강연 참여 동기, 관심사, 고민거리를 확보하고 지속적으로 유념하라.
- 당신의 주제 및 근거자료와 청중의 필요와 요구를 직접 연관짓는다. 당신이 말하는 것이 그들이 원하는 것을 성취하는 데 어떤 도움이 될지 보여 주라.
- 청중이 왜 당신의 연설을 들어야 하는지를 청중의 목적과 강연 목적이 연결되어 있다는 것을 통해 보여 주라.
- 당신이 청중의 관점을 이해하고 있다는 것을 보여 주고, 수사적인 질문을 하며, 그들의 경험과 관심사를 언급함으로써 청중의 직접적인 참여를 유도하라.

청중의 식견은 어느 정도인가   만약 청중이 주제에 대해 거의 알지 못한다면, 다음 제안을 고려하라.

- 청중에게 얕보듯 말하지 말라.
- 지식의 부족과 지성의 부족을 혼동하지 말라.

청중이 주제에 대해 많이 알고 있다면, 다음 제안을 고려하라.

- 청중에게 그들의 지식과 전문성을 알고 있으며 당신의 연설이 그들이 이미 알고 있는 것을 단순히 반복하는 것이 아닌 그 이상의 것임을 알게 하라.
- 당신이 해당 주제에 있어 전문성을 갖고 있음을 강조하라.

청중이 얼마나 호의적인가   만약 강연의 주제나 목적, 또는 심지어 당신에 대한 부정적인 태도를 지닌 청중과 대면한다면, 다음 제안을 고려하라.

- 공통점을 발판으로 삼으라. 청중과의 차이점이 아닌 당신과 청중의 유사성을 강조하라.
- 합의된 영역에서 약간의 이견이 있는 영역으로 그리고 주요 차이점이 있는 영역으로 연설을 이어 가라.
- 작은 성과들을 위해 노력하라.
- 공정하게 들어 주기를 요구하라.

온라인 청중을 위한 준비 및 적응

WebEx나 Google Hangouts과 같은 온라인 플랫폼을 통해 청중에게 말하는 것은 같은 공간에서 직접 소통하는 것과 비슷하지만, 연설가와 청중 모두 기술적인 준비가 필요하다. 온라인 연설이나 프레젠테이션을 발표하거나 듣기 전에 다음 지침을 고려하라.

- **미팅 준비하기.** 만약 당신이 연설가라면, 당신은 진행자(host)이기도 하다. 연설하기에 앞서 접근 방법에 대한 명확한 지침을 청중에게 전달해야 한다. 일부 청중이 접근할 수 없는 경우를 대비하여 영상과 전화 지침을 모두 제공하라. 만약 당신이 청중이라면, 무엇을 해야 하는지 확실히 이해하기 위해 미리 지침을 검토하라. 접근 방법에 대한 궁금증이 있다면 프레젠테이션이 시작되기 전에 연설가에게 질문을 보내라.
- **발표하기에 조용한 공간 물색하기.** 연설가로서 주변 소음이나 산만함을 최소화할 수 있는 공간을 물색하라. 주변 소음과 산만함이 많은 카페는 온라인 프레젠테이션을 하기에 가장 나쁜 장소 중 하나이다. 만약 당신이 기숙사에 있다면, 룸메이트에게 발표 시간 동안만 방을 내어 달라고 요청하라. 또는 학교 교실이나 도서관의 회의실을 예약할 수도 있다.
- **장비 확인하기.** 당신이 연설가인 경우, 연설에 앞서 오디오나 비디오 기능을 검사하여 작동하는지 확인하라. 청중으로서 미팅에 접근하는 데 어려움이 있으면, 가능한 겸손한 방식으로 문제를 전달하라. 대부분의 온라인 미팅 플랫폼에는 프레젠테이션 접근에 문제가 있을 때 연설가에게 연락할 수 있는 '채팅창'이 있다.

온라인 프레젠테이션을 시작하면서, 당신은 혼자 조용한 화면을 바라보며 발표하는 것처럼 느낄 수 있다. 그러나 보이지 않는다고 청중이 없는 것은 아님을 기억하라. 그리고 청중은 옆에 있는 친구와 동료, 이메일, 불쑥 나타나는 페이스북 메시지 등 다양한 방해물에 노출된다는 것을 명심하라. 따라서 연설하는 동안 청중의 주의를 계속 유지해야 한다.

- **연설가는 대면 상황처럼 발표하라.** 분명하게 말하라. '으음'과 같은 불필요한 언어를 최소한으로 사용하고, 카메라와의 눈맞춤을 유지하며 몸의 움직임을 최소화하라. 만약 카메라를 사용하고 있다면 당신을 바라보는 것이 청중인 것처럼 행동하라.
- **청중은 가능할 때마다 피드백을 제공하라.** 만약 발표 초기에 연설가의 말이 잘 들리는지 묻는다면, 연설가가 알 수 있도록 반응을 해 줘야 한다.

- 연설가는 방해 요소 앞에서 냉정함을 유지하라. 청중은 여러 장소에 분산되어 있기 때문에 소음의 문제가 자주 발생할 수 있다. 만약 당신의 주변 환경(예: 길거리 소음이나 짖는 개)에서 소음이 발생한다면 재빨리 그 소음을 인식하고, 소음이 멈추길 기다리거나 제거하기 위해 최선을 다하라. 만약 청중으로부터 소음이 발생한다면 정중히 청중에게 음소거(mute)로 해 주길 요청하라.

> **JOURNAL** 커뮤니케이션 초이스 포인트
>
> **청중의 지식**
> 청중의 표정으로부터 그들의 혼란스러워함을 인식할 수 있다. 청중은 당신이 말하는 것에 대한 충분한 배경지식이 없다.
> 지식이 부족한 청중과 대면했을 때 당신이 할 수 있는 것으로는 무엇이 있는가? 각각의 장단점은 무엇인가? 뭐라고 말할 수 있는가?

- 청중은 '음소거' 기능을 사용하라. 온라인 연설 중 음소거를 하는 것은 여러 면에서 사려 깊은 행동이다. 플랫폼과 연결상태에 따라 다르지만, '음소거'는 다른 청중에게 메아리나 불필요한 피드백을 감소시킬 수 있다. 연설가에게 질문이나 의견이 있을 경우 '음소거'를 해제하는 것이 좋다.

- 연설가는 정기적으로 청중과 '확인 절차'를 실시하라. 다시 말하지만 대면 상황에서의 연설처럼 청중과 최대한 상호작용하며 교감하라. 때때로 채팅창이나 투표 도구의 사용은 청중과 상호작용하며 그들의 주의를 유지하는 데 도움이 될 수 있다. 청중은 짧지만 분명한 응답으로 연설가의 확인 절차에 응답한다.

- 읽지 말고 발표하라. 대면 연설에서도 해당하듯 슬라이드를 그저 읽기만 하지 말라. 청중도 슬라이드를 읽을 수 있다. 대신 슬라이드에 제시된 것 이상을 말하라. 물론 청중은 슬라이드를 읽으면서 연설을 들을 필요가 있다. 따라서 연설가는 청중이 내용을 읽을 수 있도록 슬라이드 화면을 충분히 유지해야 한다.

3단계: 주제를 연구하라

11.4 연설 주제와 관련된 자료 조사, 자료 평가 기준 그리고 자료를 통합하고 인용하기에 대한 기본 원칙을 학습한다.

자료 조사는 정보를 체계적으로 찾는 것이다. 즉, 주제와 연관된 정보를 조사하는 것이다. 이는 대중 연설에 필수적이다. 대중 연설을 준비하는 과정 내내, 청중의 이해에 도움이 될 예시, 삽화와 정의 등을 찾을 것이다. 연설의 주요 내용을 뒷받침하는 증언, 통계, 주장 그리고 주제에 생동감을 불어넣어 줄 개인적인 일화, 인용문, 이야기 등도 찾을 것이다. 이런 조사 과정 중 몇 가지 일반적인 조사 원칙, 출처에 대한 정보, 찾은 자료 평가 방법, 그리고 조사 자료와 연설을 통합하기 위한 제안을 고려할 필요가 있다.

조사 원칙

연설을 위해 더 효과적이고 효율적으로 자료 조사를 할 수 있도록 도와줄 몇 가지 원칙을 제시한다.

- 당신이 이미 알고 있는 것부터 조사를 시작하라. 예로, 주제 관련 서적, 기사 또는 웹사이트를 알고 있는지 또는 해당 주제를 알 수 있는 사람을 적어 본다.
- 주제에 대한 일반적인 개요를 확인하며 검색을 진행하라. 백과사전, 책 또는 잡지 기사가 도움이 될 것이다. 일반적인 개요는 연설 주제와 그 하위 요소들이 어떻게 연결되는지를 확인하는 데 도움이 된다. 검색 엔진에서 자료를 검색하다 보면 Wikipedia가 가장 많이 나온다. 이는 종종 초반에 유용하게 사용되지만, Wikipedia의 글이 반드시 전문가에 의해 작성되는 것은 아닐 수 있다. Encyclopaedia Britannica처럼 사실이 확인된 정보가 아닐 수 있다는 점을 알아야 한다.
- 일반적인 개요에 대한 보다 구체적인 출처 자료를 참고하라. 다행히 많은 일반적 자료는 전문적 출처에 대한 참조나 링크를 포함하고 있다.
- 다양한 종류의 관련 자료를 수집하라. 비록 무엇이 적절한 자료인지는 주제에 달려 있으나, 다양한 종류의 자료는 일반적으로 연설을 흥미롭고 설득력 있게 해 줄 것이다.

여기 조사해 볼 만한 몇 가지 출처가 있다.

- 뉴스는 특히 정치적 연설, 금융 소식, 자연재해, 의회 활동, 국제적 상황의 전개에 대한 소식 또는 다른 주요 주제를 다룰 때 유용하다.
- 일대기를 다루는 전기적 자료는 연설에서 언급하는 사람의 역량과 배경을 설명하는 데 도움이 된다. 청중에게 그들의 신뢰성을 제시하고, 그들에 대한 청중의 질문에 답한다.
- 학술자료는 당신이 이용할 수 있는 가장 신뢰할 수 있고 유효한 연구를 확보할 수 있게 해 줄 것이다.

조사에 있어 일차적 자료와 이차적 자료를 구분할 필요가 있다. 일차적 자료는 주제나 사건에 대한 원 정보로 학술지 연구, 기업의 연간 보고서 또는 사고 목격자의 보고서 등을 예로 들 수 있다. 반면, 이차적 자료는 다른 곳에서 제시된 원자료를 다룬다. 유명한 잡지에 기재된 연구의 요약, 기업 수익에 대한 뉴스 기사, 또는 사고 목격자와 이야기한 누군가의 보고서 등을 예로 들 수 있다.

조사 자료 평가

모든 조사 자료는 반드시 검토되어야 한다. 이는 누구나 인터넷에 글을 게시할 수 있으므로 온라인 자료에서 특히 요구되는 것이다. 따라서 온라인에서 발견한 모든 자료를 비판적 분석 대상으로 삼아야 한다. 인터넷의 글은 세계적인 과학자가 작성한 것일 수도 있지만, 초등학생이 작성했을 수도 있다. 공정하고 객관적인 기자 또는 자신의 정치적, 종교적, 사회적 목적을 위해 이슈를 왜곡하는 사람이 작성했을 수도 있다. 무엇이 적합한지 구별하는 것은 쉬운 일이 아니다. 여기 인터넷이나 다른 곳의 자료를 평가할 때 사용할 수 있는 기준, 질문, 취해야 할 주의사항이 있다.

JOURNAL 커뮤니케이션 초이스 포인트

부탁하기
독립영화 산업의 성장에 대한 연설을 준비하고자 몇몇 감독에게 했던 질문을 당신의 연설에 포함시키고자 한다.
이를 위해 고려할 수 있는 선택사항은 무엇인가? 어느 것이 가장 성공적일 것으로 생각하는가? 당신은 무엇을 하겠는가?

- **자격 요건.** 글의 저자는 충분한 자격을 지니고 있는가? 예로, 저자는 건강 문제에 대해 정확하게 작성할 수 있는 과학적, 의학적 배경을 충분히 지니고 있는가? 인터넷 검색을 통해 필자의 전문 지식 및 자격을 확인해 보라.
- **최신성.** 언제 출판된 정보인가? 글에 인용된 출처는 언제 쓰인 글인가? 최신성을 보장하기 위해 최근 연감이나 100개 이상의 정부 기관의 통계를 제공하는 FedStats와 같이 자주 업데이트되는 자료를 확인하는 것이 좋다.
- **공정성.** 자료의 작성자는 정보를 공정하고 객관적으로 제시하고 있는가? 아니면 한 가지 입장을 옹호하는 편견을 지니고 있는가? 일부 웹사이트는 겉보기에 객관적이지만 사실 정치, 종교, 사회단체의 도구이기도 하다. 홈페이지에서 웹사이트를 후원하는 집단에 대한 정보를 찾는 것이 유용할 수 있다. 다양한 범위로 연구를 검토하다 보면 다른 전문가는 이 문제를 어떻게 바라보는지 알 수 있을 것이다.

- **충족성**. 제시된 정보가 주장이나 결론을 확립하는 데 충분한가? 한 영양사의 의견은 특정 식단의 유용성을 뒷받침하기에 불충분하다. 5개 명문 사립대학의 등록금 인상 통계는 국가적 등록금 추세를 설명하기에 불충분하다. 결론이 다루는 범위가 넓어질수록 당신의 주장을 충족시킬 수 있는 더 많은 정보가 필요할 것이다. 만약 모든 사람을 위한 식단의 유용성을 주장하려 한다면 남성과 여성, 노인과 청년, 건강한 사람과 병든 사람 등의 다양한 인구분포의 정보가 필요할 것이다.
- **정확성**. 제시된 정보는 정확한가? 정확성을 판단하는 것이 쉬운 것은 아니지만 주제를 연구할수록 정확성을 판단할 수 있을 것이다. 일차적 정보인가 이차적 정보인가? 이차적 정보인 경우, 원자료(보통 인터넷 기사의 링크 또는 맨 끝에 있는 참조)를 찾을 수 있다. 정보가 다른 출처에서 발견된 정보와 일치하는지, 그 분야의 권위자가 해당 정보를 수용하는지를 확인하라.

자료 통합 및 인용

연설에서 사용된 정보의 출처를 통합하고 제시하는 것은 정보를 제공한 사람들의 공로를 인정하는 것이며, 동시에 책임 있는 연구자로서 자신의 명성을 확립하는 데 도움이 된다.

연설에서 적어도 글의 저자, 그리고 도움이 된다면 출판 제목과 날짜를 언급해야 한다. 연설 개요에서 온전한 참고문헌이 작성될 필요가 있다. 여기 출처 인용의 예가 제시되어 있다.

이번 달 『U.S. News & World Report』에 따르면, 2016년 최고의 진로 분야는 보건분야(health care)와 테크놀로지(technology) 분야입니다.

또는

미 달러 가치를 추정하는 방법에 대한 나의 논의는 이번 주 초에 접속한 measuringworth.com에서 제공된 분석자료에 기초합니다.

여기 Kevin King의 알츠하이머병에 대한 연설을 예로 들어 보자(King, 2015).

알츠하이머병에 대한 담론은 잘못 알려지거나 또는 낙인 우려로 숨겨져 왔습니다. 2015년 2월 5일 『휴스턴 크로니클(Houston Chronicle)』은 많은 환자가 그들의 진단명에 너무 당황하여 병을 숨기기 급급함을 보이고 있습니다. 이는 2014년 9월 4일자 『의학일보(Medical

Daily)』 기사에서 나왔듯이, 환자의 60%는 사람들이 병든 자를 대수롭지 않게 여기거나 사회 적으로 배제할 것이라 우려하기 때문입니다.

비록 연설에서의 인용이 무리일 수 있지만, 청중이 정말로 필요로 하는 정보를 많이 제공하는 것이 유용한 정보를 빼는 것보다 낫다. 이 책과 함께 연설해 보는 것은 연습이기 때문에, 적은 정보제공으로 인한 실수보단 많은 정보제공으로 인한 실수가 낫다.

'인용구가 하나 있다.' 또는 '예시를 하나 인용하고 싶다.' 등의 표현은 피하는 것이 좋다. 청중에게 당신이 특정 정보를 인용한다는 것을 알게끔 하기 위해서 인용 전 잠시 멈추기, 한 걸음 앞으로 나가기, 또는 메모장을 언급하는 것이 좋다.

구술 인용문 외에도 교과서 끝에 제시된 전형적인 참고문헌 형태인 서면 인용문도 필요하다. bibme.com과 easybib.com과 같은 수많은 웹사이트는 재학 중인 학교에서 사용하는 형식에 따라 자료를 정리하는 데 도움이 될 것이다.

4단계: 지지 자료를 수집하라

11.5 정보적 연설과 설득적 연설의 지지 자료 유형을 구분한다.

연설의 목적과 논점을 분명히 하고 주제를 연구한 이후, 논점을 강화(amplify)하고 지지 자료를 모을 필요가 있다. 정보적 연설에서, 지지 자료는 논의하는 개념을 강화시킨다. 구체적으로 다음과 같은 형태의 지지 자료를 사용할 수 있다.

뷰포인트. 대학 도서관
자료 수집을 위한 두 가지 주요 자원은 컴퓨터와 대학 도서관이다. 온라인에서는 쉽게 찾을 수 없지만 대학 도서관에서는 찾을 수 있는 연설과 관련된 자료는 무엇이 있는가? (연구자료 취급에 대한 특별한 훈련을 받은 도서관 사서와 이야기를 나눠 보자.)

- 추상적이거나 모호한 개념에 생명을 불어넣을 수 있는 예제, 삽화, 다양한 권위 있는 증언
- 특정 과정이나 사건을 다양한 관

점에서 볼 수 있도록 복잡한 용어를 명확하게 정의

- 다양한 주제에 대한 추세를 설명하는 데이터 수치
- 개념을 명확하게 하는 데 도움이 되는 연설 지지 자료(차트, 지도, 물체, 슬라이드, 필름, 테이프, DVD 등)

앞에 언급된 형식은 제13장에서 더 자세히 다룬다.

설득적 연설에서 지지 자료는 증거이다(근거, 주장 그리고 동기부여적 호소를 제공하며 발표자의 신뢰와 평판을 확립하는 자료). 몇 가지 유형의 지지 자료로 청중을 설득할 수 있다.

JOURNAL 커뮤니케이션 초이스 포인트

지지 자료
당신의 클래스에서 전 세계의 최저임금에 대한 7분간의 정보적 연설을 준비한다고 상상해 보라.
당신이 사용할 수 있는 지지 자료는 무엇인가? 어느 것이 가장 효과적일 것이라 생각하는가? 당신은 어떤 지지 자료를 사용하겠는가?

- **논리적 지지**는 특정 사례와 일반적 원칙, 인과관계, 기호를 통한 추론이 포함된다.
- **동기적 지지**는 청중의 지위, 금전적 이득 또는 자존감을 향한 감정적 욕구에 대한 호소가 포함된다.
- **신뢰성 호소**는 개인적 명성이나 신뢰, 특히 당신의 역량, 높은 도덕성, 그리고 카리스마를 밝히는 것을 포함한다.

이러한 지지 형태는 제14장에서 심층적으로 다룰 것이다.

윤리적 커뮤니케이션: 표절

표절은 대중 연설에 있어 매우 중요한 문제이기 때문에 이번 '윤리적 커뮤니케이션'에서는 다른 장에 비해 내용이 비교적 길다. 표절의 본질과 표절은 왜 용납할 수 없는 것인지, 그리고 이 문제를 피하기 위해서 무엇을 해야 하는지 알아보자.

표절의 본질

표절(plagiarism)은 타인의 것(예: 생각, 단어 또는 삽화)을 자신의 것처럼 사칭하는 과정이다. 다음에 제시된 표절의 몇 가지 동의어는 표절의 명시적 의미와 함축적 의미를 알게 해 준다. 이는 위조, 사기, 절도, 저작권 침해 그리고 위변조에 해당한다.

표절은 타인의 생각을 이용하는 행위 자체는 아니다. 우리는 모두 타인의 생각을 활용한다. 표절은 타인의 생각을 그 사람의 생각이라 인정하지 않고, 그것이 자신의 것처럼 사용하는 행위이다. 표절은 타인이 작성한 학기 말 보고서나 연설문 전체를 차용하는 것에서부터 저자를 밝히지 않고 인용문이나 연구 결과를 사용하는 것까지 포함된다.

표절은 친구의 도움을 인정하지 않는 상황도 포함한다. 몇몇 문화권, 특히 집단주의 문화에서는 팀워크가 강력히 권장된다. 한 학생에게 다른 학생의 학업을 돕도록 권장하기도 한다. 그러나 미국과 같은 개인주의 문화에서는 타인의 공로에 대한 인정이 없는 팀워크는 표절로 여겨진다.

미국의 고등 교육 기관에서 표절은 학문적 정직성의 규칙을 심하게 위반한 것이기에 때로는 제명과 같은 심각한 처벌을 받게 된다. 더 나아가 모든 범죄와 마찬가지로 법에 대한 무지는 표절 혐의에 대한 변호로 사용될 수 없다. 특히 이 점이 중요하다. 왜냐하면 많은 사람이 표절에 대해 무엇이 표절인지 모르는 상태에서 표절을 저지르기 때문이다.

표절이 용납될 수 없는 최소 세 가지 이유가 있다.

- 표절은 타인의 지적 재산권을 침해하는 것이다. 허락 없이 남의 시계를 빼앗는 것이 잘못된 일인 것처럼, 정당한 기여를 인정하지 않고 남의 생각을 빼앗는 것 또한 잘못된 일이다.
- 우리가 대학에 온 목적은 자신의 생각과 이를 표현하는 방법을 개발하기 위함이다. 표절은 이 근본적인 목적을 좌절시킨다.
- 평가자(학교 성적부터 직장 내 승진에 이르기까지)는 당신이 제시하는 것이 실제 당신의 연구라고 가정하기 때문이다.

표절 방지

단순한 것부터 시작해 보자. 연설문이나 학기 말 보고서에서 쉽게 이용할 수 있고, 논쟁 가능성이 없는 정보의 출처는 인용할 필요가 없다. 예로, 태국의 인구, 미국 헌법의 개정, 유엔의 활동, 그리고 심장이 피를 뿜어내는 방식은 모두 상식이다. 이러한 정보를 얻은 연감이나 책을 인용할 필요는 없다. 반면, 만약 태국 사람의 태도나 개헌이 채택된 이유에 대해 이야기한다면 출처를 인용해야 한다. 이러한 정보는 일반적인 지식이 아니므로 논쟁거리가 될 수 있기 때문이다.

상식적이지 않은 정보 역시 출처를 밝혀야 한다. 여기 표절을 피하는 데 도움이 될 간단한 규칙이 있다 (Stern, 2007). 이와 더불어, 타 대학에 의해 설립된 몇몇 표절 웹사이트를 알아보자. 이 사이트에는 다양한 예시가 제시되어 있다. Indiana University와 Purdue University의 웹사이트는 좀 더 도움이 될 것이다.

- **자신의 것이 아닌 모든 자료를 표명하라.** 역사 수업에서 얻은 지식이라면 역사 강사나 역사 교과서를 인용하라. 기사에서 읽은 지식이라면 그 기사를 인용하라.
- **타인의 말임을 인정하고 표명하라.** 누군가를 인용할 때는 인용하는 사람을 정확히 표명할 필요가 있다. 또한 타인의 말을 다른 말로 바꿔서 비유할 때도 그 사람의 생각을 사용하는 것이기에 인용을 해야 한다.

- 타인의 도움을 표명하라. 만약 당신의 룸메이트가 사례나 아이디어를 제공하거나, 연설 준비에 도움을 주었다면 그/그녀를 언급하라.
- 의문이 들 때는 인용을 하는 것이 안 하는 것보다 낫다.

윤리적 초이스 포인트

당신은 현대 사회 문제에 대한 설득적 연설을 해야 하지만, 이에 대해 충분히 준비할 시간이 없다. 다행히도, 다른 학교의 한 친구가 자신의 사회학 수업의 학기 말 보고서를 작성했는데, 이를 당신의 연설에 적용해 사용할 수 있을 것 같다.

여기서 당신의 윤리적 의무는 무엇인가? 당신은 어떤 선택을 내릴 것인가?

5단계: 주요 요점을 발전시키라

11.6 논점에서 주요 요점이 어떻게 생성되는지 이해한다.

이 단계에서는 (1단계에서 작성된) 논점을 사용하여 주요 요점이나 아이디어를 생성한다. 논점이 정해지면, 연설의 주요 부분이 보이게 될 것이다. 예로, 대학 복학을 고민 중인 30~40대 집단에게 대학교육의 가치를 연설해야 한다고 하자. 논점은 '대학교육은 가치가 있다.'이다. 주된 요점을 생성하기 위해 '왜 가치 있는가?'라는 질문을 하게 된다. 이에 대한 답변으로 주요 요점을 구성할 수 있으며 다음과 같이 제시해 볼 수 있다.

다음은 대학교육이 가치 있는 이유이다.

1. 취직에 도움이 된다.
2. 좋은 급여를 받을 수 있는 잠재성을 증가시킨다.
3. 더 나은 직업 이동성을 제공한다.
4. 더 많은 창의적인 작업을 확보하는 데 도움이 된다.
5. 예술을 좀 더 충분히 감상할 수 있도록 도와준다.
6. 점점 더 복잡해지는 세상을 이해하는 데 도움이 된다.
7. 다른 문화를 이해하는 데 도움이 된다.
8. 몇 년 동안 일을 하지 않아도 된다.

9. 많은 사람을 만날 수 있으며 새로운 친구를 사귀는 데 도움이 된다.
10. 자기개발에 도움이 된다.

　여기서 멈춰 보자. 이제 열 가지 주요 요점을 얻었다. 짧은 연설로 다루기에는 너무 많다. 또한 모든 것이 이 청중에게 동일한 가치가 있거나 관련이 있는 것도 아니다. 따라서 목록을 더 짧고 적합하게 만들어야 한다. 이를 위한 몇 가지 지침이 있다.

요점을 제거하거나 통합하기

　1~10번에서 8번을 제거할 수 있다. 이는 연설의 논점인 대학의 긍정적인 가치와 모순되고 30~40대 청중은 대학을 위해 일을 완전히 멈추긴 힘들기 때문이다.
　또한 첫 네 가지 주요 요점(1~4번)은 일자리에 집중되어 있어 이를 하나의 일반적 요점으로 묶을 수 있다.

　　　대학교육은 당신이 더 좋은 직업을 갖는 데 도움이 될 것이다.

　여기서 '더 좋은 직업'을 구체적으로 정의함으로써 요점을 발전시킬 수 있으며, 이는 주된 주장 중 하나가 될 수 있다. 이 요점을 구체화하면 다음과 같이 될 수 있다.

　　Ⅰ. 대학교육은 당신이 더 좋은 직업을 갖는 데 도움이 된다.
　　　A. 대학 졸업자는 더 높은 급여를 받는다.
　　　B. 대학 졸업자는 더 창의적인 업무에 배정받는다.
　　　C. 대학 졸업자는 직업 이동이 더 편리하다.

　A, B, C는 모두 '더 좋은 직업'의 세분화라는 점을 유의하자.

가장 연관성 있는 요점 선택하기

　청중이 좀 더 실용적인 결과에 관심을 가질 것이라는 가정하에 5번을 배제할 수도 있다. 그리고 청중이 친구를 사귀기 위해 대학을 찾는 것이 아니라는 가정하에 9번을 배제할 수도 있다. 아마도 청중은 이미 많은 시간을 함께하는 친구와 가족이 있을 수 있기 때문이다. 또한 청중이 자기개발에 큰 관심을 갖고 있다고 생각할 수 있다. 이를 두 번째 주요 주장으로 삼을 수 있다.

첫 번째 주장에서 '좋은 직업'을 구체적으로 정의한 것 같이, '자기개발'이 무엇을 의미하는지 정의할 수 있다.

> II. 대학교육은 당신의 자기개발에 도움이 된다.
>   A. 대학교육은 커뮤니케이션 능력 향상에 도움이 될 것이다.
>   B. 대학교육은 학습능력을 습득하는 데 도움이 될 것이다.
>   C. 대학교육은 대처능력을 습득하는 데 도움이 될 것이다.

그런 다음 이러한 하위 요점(A, B, C)을 생성한 것처럼 부제를 개발하라. 예로, A를 두 개의 주요 부제로 나눌 수 있다.

> A. 대학교육은 커뮤니케이션 능력 향상에 도움이 될 것이다.
>   1. 대학교육에서는 글쓰기 기술을 가르친다.
>   2. 대학교육에서는 연설 기술을 가르친다.

목표는 주제의 모든 측면을 다루는 것이 아니라 선택된 부분을 강조하는 것임을 유념하자. 당신은 제시한 요점을 증폭시키고 뒷받침할 수 있는 충분한 강연 시간을 가져야 한다. 그러나 주장이 너무 많다면 이는 불가능해진다. 안타깝게도 너무 많은 정보를 제시하면 청중이 다 기억하지 못한다. 이상적으로 둘에서 네 가지 요점을 사용하는 것이 좋다.

주장을 병렬적으로 제시한다

청중이 연설을 더 쉽게 따라오고 기억할 수 있도록, 그리고 주요 주장을 표현하는 데 있어서 병렬 문법 구조를 사용하라.

잘못된 예시:
> I. 소셜미디어의 기능

A. 소셜미디어는 즐거움을 제공한다.

B. 소셜미디어는 정보를 제공하는 기능을 한다.

C. 친구를 사귀고 타인과의 관계를 확립하는 것을 도와주는 기능을 한다.

옳은 예시:

Ⅰ. 소셜미디어의 기능

A. 소셜미디어는 즐거움을 제공한다.

B. 소셜미디어는 정보를 제공한다.

C. 타인과의 관계 확립을 도와준다.

JOURNAL 커뮤니케이션 초이스 포인트

주요 요점 생성하기

인터넷이 검열되지 않아야 한다는 논점에서 얻을 수 있는 주요 요점은 무엇인가? 어느 요점이 가장 효과적일 것으로 생각하는가? 어느 요점이 효과가 없을 것으로 생각하는가? 어떤 요점을 사용하겠는가?

주요 요점을 구분하여 명확하게 발전시키라

주요 요점을 겹치게 하지 말라. 겹치거나 중복된 요점은 명확하기보단 혼란을 야기할 가능성이 높다.

잘못된 예시:

Ⅰ. 옷 선택에 있어 색과 스타일은 중요하다.

옳은 예시:

Ⅰ. 옷 선택에 있어 색은 중요하다.

Ⅱ. 옷 선택에 있어 스타일은 중요하다.

〈표 11-3〉에는 주요 요점 개발하기 지침이 요약되어 있다.

〈표 11-3〉 주요 요점 개발하기

전반적 과제	구체적 과제
목록 삭제하기	중요하지 않은 점은 제거하고 비슷한 점을 결합하라.
관련성 강조하기	당신의 논점 중 청중과 가장 관련 있는 점을 선택하라.
명확성을 위한 요점 표현하기	청중이 주요 요점 간의 관계를 쉽게 이해할 수 있도록 병렬식으로 제시하라.
겹치는 요점을 분리하기	요점이 겹치지 않도록 하라. 요점에 '그리고/및'이 있을 경우, 분리되고 구별되어야 할 점을 결합하고 있는지 주의 깊게 확인하라.

6단계: 연설 자료를 구성하라

11.7 연설 구성의 주요 패턴을 설명한다.

청중이 당신의 말을 이해하고 기억할 수 있도록 자료를 구성하라. 선택할 수 있는 방법은 다양하다. 중요한 것은 주제에 적합하며 청중이 당신의 생각을 따르도록 도울 수 있는 구성 패턴을 사용하는 것이다. 여기에서는 대부분의 정보적 또는 설득적 연설 주제를 다룰 때 사용할 수 있는 열두 가지 패턴을 제시하고 있다. 주로 동기부여와 같은 설득적 연설과 관련이 있는 또 다른 패턴은 제14장에서 다루고 있다.

시간 패턴

시간 또는 연대순으로 주제를 정리할 때, 일반적으로 연설을 2~4개의 주요 부분으로 나눈다. 과거부터 시작하여 현재나 미래로 거슬러 올라가거나, 현재나 미래부터 시작하여 과거로 향해 갈 수도 있다. 대부분의 역사적 주제는 시간 패턴에 의해 구성된다. 남북전쟁으로 이어지는 사건, 채소밭 가꾸기, 인터넷의 역사는 모두 시간적 패턴화의 대상이다. 예로, 시간적 패턴에 따라 아이의 발화와 언어 발달에 대한 연설을 구성할 수 있다.

일반적 목적: 정보 전달

구체적 목적: 아동 언어 획득의 4단계를 청중에게 알리기

논점: 아이는 언어를 배우는 데 있어 4단계를 거친다.

    I. 옹알이가 가장 먼저 발생한다.

    II. 서툰 말은 두 번째로 발생한다.

    III. 음성 모방은 세 번째로 발생한다.

    IV. 커뮤니케이션은 네 번째로 발생한다.

공간 패턴

연설의 주요 요점을 공간 패턴으로 구성하는 것은 시간적 패턴과 유사하다. 대부분의 물리

적 물체에 대한 논의는 공간 패턴에 잘 들어맞는다. 예로, 병원, 학교, 고층 건물, 심지어 공룡의 구조에 대한 발표는 이 패턴에 적합하다. 중앙아메리카에 가면 방문해야 할 장소에 대한 연설에서 공간적 패턴을 사용했다.

> 일반적 목적: 정보 전달
>
> 구체적 목적: 중앙아메리카를 방문하는 좋은 방법을 청중에게 알리기
>
> 논점: 당신은 네 개의 국가를 방문함으로써 중앙아메리카에서 멋진 여행을 할 수 있다.
>
>   Ⅰ. 우선 과테말라를 방문한다.
>
>   Ⅱ. 두 번째로 온두라스를 방문한다.
>
>   Ⅲ. 세 번째로 니카라과를 방문한다.
>
>   Ⅳ. 네 번째로 코스타리카를 방문한다.

주제 패턴

주제 패턴은 연설 주제를 하위 주제 또는 구성요소로 나눈다. 세계의 주요 종교, 위대한 문학 작품, 대학 졸업자가 직면하고 있는 문제들은 주제 구성 패턴에 적합한 연설 주제의 예시이다. 이런 패턴은 '정부 부처'와 같은 주제 구성에도 사용되는 패턴이다.

> 일반적 목적: 정보 전달
>
> 구체적 목적: 정부의 3부처가 일하는 방식을 청중에게 알리기
>
> 논점: 세 부처가 미국을 운영한다.
>
>   Ⅰ. 입법부는 의회의 통제를 받는다.
>
>   Ⅱ. 집행부는 대통령의 통제를 받는다.
>
>   Ⅲ. 사법부는 법원의 통제를 받는다.

문제-해결 패턴

이름에서도 알 수 있듯이, 문제-해결 패턴은 요점을 문제와 해결책의 두 가지 주요 요점으로 나눈다. 가정 의료 보조원에게 더 높은 봉급과 혜택을 줘야 한다고 청중을 설득하고 있다고 해 보자. 연설의 첫 부분에서 가정 의료 보조원이 직면하고 있는 몇 가지 문제점을 논의할

수 있다. 두 번째 부분에서는 이러한 문제점의 가능한 해결책을 논의할 수 있다. 이러한 연설의 윤곽은 다음과 같을 수 있다.

일반적 목적: 설득하기

구체적 목적: 가정 의료 서비스 산업의 세 가지 주요 문제에 대한 해결책을 청중에게 설득시키기

논점: 가정 의료 서비스는 세 가지 변화로 개선될 수 있다.

  Ⅰ. 가정 의료 서비스가 직면한 세 가지 주요 문제점

    A. 기업은 가장 유능한 졸업생을 유치한다.

    B. 수많은 뛰어난 의료 보조자가 그 분야를 금방 떠난다.

    C. 가정 의료 서비스는 현재 낮은 신분의 직업으로 분류된다.

  Ⅱ. 이러한 문제에 대한 세 가지 주요 해결책이 존재한다.

    A. 가정 의료 보조원의 급여 인상하기

    B. 가정 의료 보조에 더 매력적인 혜택 제공하기

    C. 가정 의료 분야의 위상 높이기

경우에 따라 (주요 머리말에) 주제 패턴과 (하위 개요에) 문제-해결 패턴을 함께 사용할 수 있다. 여기, Kevin King(2015)이 알츠하이머병에 대한 기금을 늘려야 한다는 그의 연설에서 이를 어떻게 구성했는지에 대한 예를 들 수 있다. 낙인, 실질적인 난제, 지지는 주제 패턴에 속하지만, 각각의 하위 개요는 문제-해결 패턴으로 제시된다.

  Ⅰ. 낙인

    A. 문제로서의 낙인

    B. 낙인에 대한 해결책

  Ⅱ. 실질적인 난제[연구주제 부족]

    A. 문제로서의 실질적인 난제

    B. 난제에 대한 실질적인 해결책

  Ⅲ. 지지

    A. 문제로서의 지지 부족

    B. 지지 부족에 대한 해결책

흥미롭게도 전국 연설 협회(Interstate Oratorical Association)에서 수상한 연설에서 가장 많이 사용되는 구성 패턴(Schonoor, 2013, 2014, 2015)은 문제-해결 패턴의 변형으로서 연설을 두 부분으로 나누는 대신 문제, 원인, 해결의 세 부분으로 나눈다. 여기 한 학생이 미국 식량 원조 프로그램의 변화 필요성에 대한 연설을 어떻게 구성했는지에 대한 예시가 있다 (Djietror, 2013). 다음 발췌문은 학생의 도입 부분이다.

> 비효율적인 식량 지원이 계속되는 이유를 알기 위해서 우리는 먼저 문제를 제기하고, 원인을 규명하며 마지막으로 비효율적인 미국의 식량 지원 시스템을 고칠 수 있는 해결책을 제시해야 합니다.

뷰포인트. 문제-해결 패턴 사용하기

만약 당신이 성희롱에 대한 연설을 한다면, 문제-해결 패턴을 이용하여 연설을 어떻게 구성하겠는가? 당신의 주요 요점은 무엇인가?

여기, 스파이웨어 스토킹에 대한 연설의 또 다른 예가 있다(Boyle, 2015). 이 발췌문은 그녀의 결론에 나온 것이다.

오늘 우리는 진화된 사이버 스토킹 문제, 충격적인 현 상황의 원인, 피해자를 보호하기 위한 해결책을 논의했다.

이 연설의 본문 구성은 다음과 같을 것이다.

    Ⅰ. 문제점

      A. 지지 자료

      B. 지지 자료

    Ⅱ. 문제의 원인

      A. 지지 자료

      B. 지지 자료

    Ⅲ. 해결책

      A. 지지 자료

      B. 지지 자료

원인–결과/결과–원인 패턴

문제–해결 패턴과 유사한 패턴으로 원인–결과 또는 결과–원인(때론 인과관계라고도 한다) 패턴이 있다. 이 패턴을 사용하여 연설문을 (1) 원인과 (2) 결과로 나눌 수 있다. 예로, 고속도로 사고, 질병 또는 낮은 자존감은 원인–결과 패턴을 사용하여 설명할 수 있다. 낮은 자존감의 원인과 영향에 대한 개요는 다음과 같을 수 있다.

일반적 목적: 정보 전달

구체적 목적: 청중에게 낮은 자존감의 원인과 결과 알리기

논점: 낮은 자존감은 비판을 받아 본 경험과 비현실적인 목표에 의해 야기되며, 이는 우울증과 사회 부적응을 초래한다.

  Ⅰ. 낮은 자존감에는 두 가지 주요 원인이 있다.

    A. 비판받는 경험은 낮은 자존감의 원인이 될 수 있다.

    B. 비현실적 목표는 낮은 자존감의 원인이 될 수 있다.

  Ⅱ. 낮은 자존감에는 두 가지 주요 결과가 있다.

    A. 자주 일어나는 결과 중 하나는 우울증이다.

    B. 또 다른 빈번한 결과는 사회 부적응이다.

원인과 결과를 중심으로 설득력 있는 연설을 구성할 수도 있다. 예로, 청중에게 비판받아 본 자신의 경험과 비현실적인 목표가 실제로 낮은 자존감에 원인이 된다는 것을 설득적 연설에 포함하여 구성할 수 있다. 여기에는 두 가지 요점이 있다.

  Ⅰ. 비판받는 경험은 낮은 자존감으로 이어진다.

    A. 이중맹검 연구(double blind studies)에 따르면…

    B. 최근 설문조사에 의하면…

    C. 하버드 대학교의 심리학자 John Smith에 의하면…

  Ⅱ. 비현실적 목표는 낮은 자존감으로 이어진다.

    A. 나 자신의 경험에 비추어 볼 때…

    B. 한 연구가 수행되었는데…

    C. 교육 이론가들은 오랫동안…

구조–기능 패턴

구조–기능 패턴에서는 일반적으로 구조와 기능, 두 가지 요점이 있다. 이 패턴은 특정한 것이 어떻게 만들어졌고(구성되고) 무엇을 할 수 있는지(기능이 무엇인지)를 논의하고자 하는 정보적 연설에 유용하다. 예로, 기업 조직이 무엇이고 무엇을 하는지, 대학의 구성과 대학이 어떻게 운영되는지, 또는 살아 있는 유기체의 성질인 해부학(그들의 구조)과 생리학(그들의 기능)을 기술하는 연설에 유용할 수 있다.

일반적 목적: 정보 전달

구체적 목적: 청중에게 뇌의 구조와 기능을 알리기

논점: 뇌를 이해하기 위해서는 뇌의 구조와 기능을 이해해야 한다.
　Ⅰ. 뇌는 크게 두 부분으로 이루어져 있다. [구조에 대한 설명]
　　A. 대뇌는 …으로 이루어져 있다.
　　B. 소뇌는 …으로 이루어져 있다.
　Ⅱ. 뇌는 우리가 다양한 일을 할 수 있게 해 준다. [기능에 대한 설명]
　　A. 대뇌는 우리가 …할 수 있게 해 준다.
　　B. 소뇌는 우리가 …할 수 있게 해 준다.

비교–대조 패턴

비교–대조 패턴에서는 주요 요점이 주제의 주된 부분일 수 있다. 이 패턴은 종종 두 가지 서로 다른 이론, 제안, 부서 또는 제품의 유사성과 차이점을 분석하고자 하는 정보적 연설에 유용하다. 이런 종류의 연설에서는 각각의 이론이나 제안을 설명하는 것뿐만 아니라, 어떻게 비슷하고 다른지를 명확히 하는 것에 중점을 두어야 한다.

일반적 목적: 정보 전달

구체적 목적: 진보와 보수의 정치철학의 두 가지 주요 차이점을 청중에게 알리기

논점: 진보와 보수의 정치철학에는 중요한 차이점이 있다.
　Ⅰ. 정부의 규정…
　　A. 진보주의자의 태도는…

          B. 보수주의자의 태도는…
    Ⅱ. 소득의 재분배…
          A. 진보주의자는 이를…
          B. 보수주의자는 이를…

찬반양론 패턴

때로는 장점−단점 패턴이라고 불리는 **찬반양론 패턴** 연설은 두 가지 주요 사항, 즉 계획 A의 장점과 단점으로 구성된다(또는 계획 B). 이 패턴은 계획, 방법 또는 제품의 장단점을 객관적으로 설명하고자 하는 정보적 연설에 유용하다. 또는 계획 A(장점을 확인)가 B(단점을 확인)보다 우월하다는 것을 보여 주는 설득적 연설에서도 이 패턴을 사용할 수 있다. 다음은 설득적 연설에서의 예시이다.

   일반적 목적: 설득하기
   구체적 목적: 계획 A가 계획 B보다 낮다는 점을 청중에게 설득
   논점: 두 건강계획안은 공동급여, 병원 혜택 그리고 병가에서 다르다.
       Ⅰ. 공동급여…
           A. 계획안 A는 더 낮은 공동급여를 제공한다.
           B. 계획안 B는 더 높은 공동급여를 제공한다.
       Ⅱ. 병원 혜택…
           A. 계획안 A는 더 많은 병원 혜택을 제공한다.
           B. 계획안 B는 더 적은 병원 혜택을 제공한다.
       Ⅲ. 병가
           A. 계획안 A는 더 많은 병가를 제공한다.
           B. 계획안 B는 더 적은 병가를 제공한다.

주장–증명 패턴

주장–증명 패턴에서는 논점이 주장이 되고, 각각의 주요 요점은 주장에 대한 지지 자료가 된다. 이 패턴은 특히 주장에 대한 진실이나 유용성을 증명하고자 하는 설득적 연설에 유용하다.

이는 재판에서 자주 보는 패턴으로 검찰이 주장하는 것은 피고인이 유죄라는 것이며 그 요점은 피고에게 동기와 기회가 있었고 알리바이는 없다는 것을 보여 주기 위한 다양한 증거이다.

> 일반적 목적: 설득하기
>
> 구체적 목적: 청중에게 시(city)가 적극적으로 마약과 싸워야 한다는 것을 설득하기
>
> 논점/주장: 시는 적극적으로 마약 중독자를 대처해야 한다.
>
>   Ⅰ. 마약 사용이 증가하고 있다. [증거 1]
>
>   A. 특히 생생한 증거로…
>
>   B. 최근 통계에 따르면…
>
>   Ⅱ. 마약 관련 범죄가 증가하고 있다. [증거 2]
>
>   A. 노상 범죄가 증가하고 있다…
>
>   B. 영업 침입…

다중—정의 패턴

다중—정의 패턴에서 각 주요 요점은 다른 유형의 정의로 구성된다. 이 패턴은 개념의 특성을 설명하고자 하는 정보적 연설에 유용하다.

> 일반적 목적: 정보 전달
>
> 구체적 목적: 청중에게 창의적 사고의 의미를 전달하기
>
> 논점: 창의적 사고의 본질은 종종 오해되곤 한다.
>
>   Ⅰ. 창의적 사고는 …가 아니다. [부정에 의한 정의]
>
>   Ⅱ. 웹스터 사전(Webster's dictionary)에 따르면… [사전 정의]
>
>   Ⅲ. Edward deBono는 다음과 같이 정의한다… [창의적 사고 이론가의 견해]
>
>   Ⅳ. 창의적 사고의 좋은 예시는… [예시의 의한 정의]

누가? 무엇을? 왜? 어디서? 언제? 패턴

이 패턴에서 요점은 누가, 무엇을, 왜, 어디서, 그리고/또는 언제에 대한 설명이다. 이는 기자가 전통적으로 사용하는 패턴이며 특정 사건(예: 강도, 정치적 쿠데타, 전쟁 또는 재판과 같은)

을 보도하거나 설명하고자 할 때 유용하다.

일반적 목적: 정보 전달

구체적 목적: 시민의 의무인 미국 헌법의 본질을 청중에게 알리기

논점: 헌법을 이해하는 것은 책임 있는 시민권을 향한 첫걸음이다.

    I. 헌법은 …을 규정하는 문서이다. [헌법이 무엇인가에 대한 답]

    II. 헌법이 필요한 이유는… [헌법이 왜 만들어졌는지에 대한 답]

    III. 헌법이 작성된 시기는… [헌법이 언제 만들어졌는지에 대한 답]

    IV. 헌법은 …에 의해 작성되었다. [누가 헌법을 만들었는지에 대한 답]

사실-허구 패턴

JOURNAL 커뮤니케이션 초이스 포인트

연설 구성하기
소셜미디어가 개인정보 보안방안을 개선할 필요가 있다고 주장하는 연설을 생각해 보자. 어떤 구성 패턴이 통할까? 어느 것이 가장 효과적인가? 어느 것이 덜 효과적인가? 어떤 구성 패턴을 사용하겠는가?

사실-허구 패턴에서 주요 요점은 허구에 대한 것이고 그 아래 사실이 나열된다. 이 패턴은 사람들이 갖고 있는 다양한 주제에 대한 오해를 명확히 하고자 하는 정보적 연설에 유용할 수 있다. 설득적 연설에서는 이 패턴을 제안, 신념 또는 사람을 방어하거나 공격할 때 사용할 수 있다.

일반적 목적: 정보 전달

구체적 목적: 청중에게 독감 예방주사에 대한 세 가지 잘못된 인식을 알리기

논점: 독감 주사에 대한 세 가지 주요한 오해가 존재한다.

    I. 첫 번째 오해는 독감 주사로 독감에 걸릴 수 있다는 것이다.

        A. 연구에 따르면…

        B. 독감 주사 안에는…

    II. 두 번째 오해는 항생제가 독감을 돕는다는 것이다.

        A. 사실 항생제는…

        B. 하지만 독감 같은 바이러스는…

    III. 세 번째 오해는 나이 든 사람들이 독감을 퍼뜨렸다는 것이다.

        A. 사실 아이들은…

B. 수행된 연구에서는…

〈표 11-4〉는 여기서 논의된 다양한 구성 패턴에 대한 간략한 요약을 제시하고 있다.

〈표 11-4〉 열두 가지 구성 패턴

패턴	용도
시간 패턴	과거, 현재 및 미래의 분할 또는 시간적 관계에 도움이 되는 주제
공간 패턴	공간적 측면에서 논의할 수 있는 주제(위에서 아래, 오른쪽에서 왼쪽, 동쪽에서 서쪽)
주제 패턴	주제를 분할했을 시, 상대적으로 동일한 주제
문제-해결 패턴	문제를 식별하고 해결책을 제안해 주는 주제
원인-결과/결과-원인 패턴	인과관계를 설명하고자 하는 주제
구조-기능 패턴	특정 대상이 무엇(구조)이고 어떻게 작동(기능)하는지 나눌 수 있는 주제
비교-대조 패턴	유사점과 차이점을 식별하기 위한 주제
찬반양론 패턴	장단점을 설명하고자 하는 주제
주장-증명 패턴	주장한 뒤 주장을 뒷받침하는 증거를 제공하는 주제
다중-정의 패턴	다양한 의미를 설명하고자 하는 주제
누가? 무엇을? 왜? 어디서? 언제? 패턴	사건을 설명하거나 보고하려는 주제
사실-허구 패턴	오해를 명확히 하고 보다 논리적인 설명을 제공하고자 하는 주제

개념 요약

이 장에서는 대중 연설의 특성을 설명하고 효과적인 대중 연설을 준비하기 위한 첫 6단계를 설명했다.

대중 연설의 특성

11.1 대중 연설과 커뮤니케이션에서의 불안에 대한 특성을 설명하고, 대중 연설에서의 불안감을 관리하고 미루는 버릇을 극복하는 방안에 대해 이해한다.

1. 대중 연설에서 연설가는 보통 대면 상황에서 비교적 많은 청중과 비교적 연속적인 담론을 전달한다.

2. 효과적인 대중 연설은 다양한 개인적, 사회적, 학문적, 직업적 이익을 줄 것이다.

3. 경험 쌓기, 긍정적으로 생각하기, 현실적인 기대하기, 대중 연설을 대화로 보기, 청중에게 집중하기, 유사성 강

조하기, 자신감 나타내기, 철저히 준비하고 연습하기, 움직임과 심호흡, 그리고 (의사에게 처방을 받지 않는 한) 긴장 이완 약물 사용하지 않기를 통해 연설 불안감을 관리할 수 있다.

4. 대중 연설은 문화적 맥락 안에서 이루어지며, 연설 준비와 전달에 앞서 그 맥락을 고려해야 한다.

5. 일찍 시작하는 것이 예기치 못한 문제를 다룰 시간을 확보하는 가장 좋은 방법이다.

대중 연설 준비에는 10단계가 있다. 이 중 첫 6단계는 이 장에서 논의되었으며, 나머지 4단계는 제12장에서 논의 될 것이다.

1단계: 연설의 주제, 목적 그리고 논점을 선택하라

11.2 대중 연설의 주제, 목적, 논점을 선택하고 제약하는 방법에 대해서 알아본다.

6. 연설 주제는 청중의 관심을 끄는 중요한 문제를 다루어야 한다. 논점은 완전한 문장으로 명시되어야 한다.

7. 주제와 목적은 범위 내에서 제한되어야 한다. 우리는 일반적인 연설 주제 제한을 위한 세 가지 방법, 즉 토포 이, 세분화 그리고 트리 다이어그램을 논의했다.

2단계: 청중을 분석하라

11.3 청중의 사회학적, 심리학적 특성을 설명하고, 온라인 강연의 청중을 위해 준비해야 할 일을 알아본다.

8. 청중을 분석할 때, 청중의 사회적 특성, 즉 나이, 성, 문화적 요인, 직업, 소득, 지위, 종교 그리고 종교성을 고려 하라. 청중의 심리적 특성, 즉 청중이 당신의 연설을 듣고자 하는 정도, 주제와 논점에 대한 그들의 태도, 그리 고 그들이 주제에 대해 갖고 있는 지식 또한 고려하라.

9. 온라인 청중을 위한 준비는 비교적 많은 생각과 고려가 필요하다. 연설 전, 청중에게 프레젠테이션의 오디오 및/또는 영상에 접근하는 방법에 대한 명확한 지침을 제공하고 자신의 장비가 작동하는지 확인하라. 방해가 되 지 않을 조용한 공간을 찾으라. 그리고 청중 앞에서 하는 것처럼 연설하라.

3단계: 주제를 연구하라

11.4 연설 주제와 관련된 자료 조사, 자료 평가 기준 그리고 자료를 통합하고 인용하기에 대한 기본 원칙을 학습한다.

10. 주제를 연구하라. 일반적인 출처에서 시작하여 점차 구체적이고 전문화된 출처를 탐구하라.

11. 연구자료(특히 인터넷의 자료)를 평가할 때, 저자의 자격, 정보의 최신성, 공평성, 충족성 그리고 정확성을 고려 하라.

4단계: 지지 자료를 수집하라

11.5 정보적 연설과 설득적 연설의 지지 자료 유형을 구분한다.

12. 증거를 확대하고 제공할 다양한 자료를 통해 주요 요점을 지지하라.

5단계: 주요 요점을 발전시키라

11.6 논점에서 주요 요점이 어떻게 생성되는지 이해한다.

13. 연설의 논점을 정하라. 논점과 관련된 질문을 함으로써 당신의 요점을 발전시키라.

6단계: 연설 자료를 구성하라

11.7 연설 구성의 주요 패턴을 설명한다.

14. 연설 자료를 명확하고 쉽게 식별될 수 있는 패턴으로 구성하라. 유용한 예로는 시간 패턴, 공간 패턴, 주제 패턴, 문제−해결 패턴, 원인−결과/결과−원인 패턴, 구조−기능 패턴, 비교−대조 패턴, 찬반양론 패턴, 주장−증명 패턴, 다중−정의 패턴, 5W(누가, 무엇을, 왜, 어디서, 언제) 그리고 사실−허구 패턴이 있다.

기술 요약

대중 연설을 준비하기 위한 첫 6단계는 다양한 기술이 요구된다. 다음에 제시된 내용을 읽어 보고 더 노력할 필요가 있는 항목에 (∨) 체크하시오.

_____ 1. 나는 대중 연설을 준비할 때 여기에 명시된 순서와 같은 논리적 단계를 따른다.

_____ 2. 나는 적절할 주제, 목적, 논점을 선택하고 이를 관리 가능한 수준으로 좁힌다.

_____ 3. 나는 청중의 사회학적, 심리학적 특성을 분석하고 이를 바탕으로 연설을 조율한다.

_____ 4. 나는 주제를 효과적이고 효율적으로 연구하며 조사 자료의 신뢰성을 비판적으로 평가한다.

_____ 5. 나는 예시, 통계 및 시각적 보조도구 그리고 논리적이고 감정적이며 윤리적인 증거 등의 주제, 목적, 논점과 관련된 자료를 수집한다.

_____ 6. 나는 명시된 논점에서 나의 주요 주장을 확인한다.

_____ 7. 나는 연설의 주요 요점을 정리할 때, 주제 목적 그리고 청중에 적합한 패턴을 선택한다.

핵심 용어

이 장에서 논의된 주요 용어이다. 이 용어의 정의는 이 장의 본문에서와 책의 뒷부분에 수록된 용어집에 제시되어 있다.

구체적 목적	설득적 연설	찬반양론 패턴
금기(터부)	일반적 목적	청중
논점	정보적 연설	커뮤니케이션 불안
다중—정의 패턴	조사	토포이
대중 연설	주장—증명 패턴	파워 프라이밍
사실—허구 패턴	지지 자료	표절

대중 연설의 준비와 강연(7~10단계)

12

"조직에서의 위계가 높아질수록
대중 연설 능력은 더 중요해진다."

이 장의 주제

- 7단계: 연설문을 작성하라
- 8단계: 도입, 결론, 접속사 그리고 개요를 구성하라
- 9단계: 연설을 위해 리허설하라
- 10단계: 연설을 전달하라
- 비평적으로 연설을 평가하라

학습 목표

12.1 연설문에서의 명료성, 생동감, 적절함, 본인의 문체 그리고 적절한 문장구성을 정의한다.

12.2 도입, 결론, 접속어의 기능과 개요의 준비 및 강연의 성격을 설명한다.

12.3 연설 방법과 리허설을 설명한다.

12.4 효과적인 목소리와 신체 동작의 원리를 설명한다.

12.5 연설 비판에 대한 표현과 수용에 대한 가이드라인을 서술한다.

이쯤 되면 당신은 아마 연설 준비에 몰두하고 있을 것이다. 당신은 주제를 선정하고 제한하고, 목적을 정의하고, 논제를 결정했다. 청중을 분석하고 특정 청중의 특성에 기초하여 당신이 만들 수 있는 연설문을 각색했다. 당신은 주제를 연구하고 요점도 파악했다. 그뿐만 아니라 포인트를 정리하고 적절한 보충 자료도 선택했다.

이 장에서 우리는 연설문을 작성(7단계), 도입, 결론, 접속어 및 개요 구성(8단계), 연설을 위한 리허설(9단계), 마지막으로 완성된 연설 전달(10단계)에 대한 제안과 함께 연설을 준비하는 과정을 계속 소개할 것이다.

7단계: 연설문을 작성하라

12.1 연설문에서의 명료성, 생동감, 적절함, 본인의 문체 그리고 적절한 문장구성을 정의한다.

당신이 이 책을 읽을 때 낯선 단어를 찾아볼 수도 있고, 어려운 부분이 있으면 다시 읽거나 참고문헌(부록) 등을 확인할 것이다. 만약 당신이 연설을 듣는 상황이라면 이런 사치를 부릴 시간이 없다. 읽는 것과 듣는 것에는 분명한 차이가 있다. 수신자는 당신의 연설을 단 한 번만 듣는 것이기에 당신의 연설은 즉각적으로 이해하기 쉬워야 한다.

많은 양의 연설과 글을 검토했던 연구자들은 구어체와 문어체 사이에서 몇 가지 중요한 차이점을 발견했다(DeVito, 1981; Akinnaso, 1982). 일반적으로, 말로 전달하는 구어체는 문어체보다 짧고 간단하며 친숙한 말로 구성되어 있었다. 대부분의 연설은 **구어체 스타일(oral style)**이 적절하다. 전반적으로 이번 절에서 제공되는 구체적인 제안과 [그림 12-1]은 당신이 이해와 설득을 극대화하면서 가장 좋은 구어체 스타일을 유지하는 연설 스타일을 만드는 데 도움이 될 것이다.

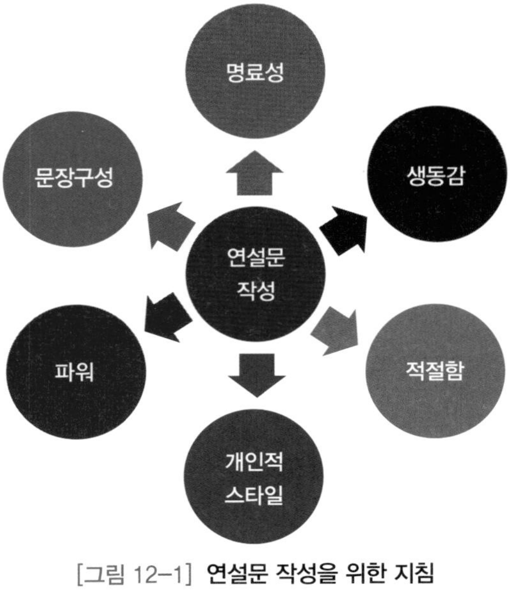

[그림 12-1] **연설문 작성을 위한 지침**

명료성

말하는 스타일에서의 명료성은 당신의 주된 목표여야 한다. 여기에 몇 가지 지침이 있다.

- **경제적이어야 한다.** 단어들을 낭비하지 말라. '오전 9시, 아침에', '우리는 처음으로 우선 논의를 시작했다.', '개인적으로 나 자신은', '파란색으로 된 색깔(색깔이 파란색인)'과 같은 표현 속에 들어 있는 불필요한 단어를 주의하라. 우리는 불필요한 단어를 없애고, 보다 경제적이고 명료한 스타일로 다가갈 수 있다.

- **구체적인 용어와 숫자를 사용하라.** 좀 더 명확하고 상세한 그림이 되도록 구체화해야 한다. 만약 당신이 수신자에게 '세인트버나드 종'을 떠올리게 하고 싶다면, '개'라는 단어를 사용하지 말라. 그들에게 '리무진'을 떠올리게 하고 싶을 때 '자동차'라는 단어를 사용하지 말라. 숫자의 경우도 마찬가지이다. '연간 9만 달러를 벌었다.'는 의미를 '봉급을 많이 받았다.'로 말하지 말라. '세금이 7% 증가할 것'이라는 뜻을 '세금이 오를 것'이라고 말하지 말라.

- **짧고 친숙한 용어를 사용하라.** 일반적으로 긴 단어보다 짧은 단어, 낯선 단어보다 친숙한 단어, 그리고 거의 사용되지 않는 용어보다 더 자주 사용되는 단어를 선호하라. 무해하다(innocuous) 대신 해롭지 않은(harmless)을, 설파하다(elucidate) 대신 설명하다(clarify)를, 활용하다(utilize) 대신 사용하다(use)를, 빙거하다(ascertain) 대신 확인하다(find out)를, 지출(expenditure) 대신 비용(expense)이란 단어를 선택하라.

- **관용어구를 주의 깊게 평가한다.** 관용어구(idioms)는 특정 언어에만 고유하게 존재하는 표현이다. 이러한 관용어구의 의미는 사용된 개별 단어에서 연역할 수 없는 표현이다. '죽다 또는 자살하다(양동이를 차다—kick the bucket)', '독립하다(기댈 다리가 없다—doesn't have a leg to stand on)'와 같은 표현이 관용어구이다. 당신이 그 표현의 의미를 알고 있든 또는 그렇지 않든 간에 우리는 개별 단어의 정의만으로는 의미를 알 수 없다. 관용어구는 당신의 연설이 에세이가 아니라 연설처럼 들리도록 만들며, 당신의 연설이 일상적이고 형식에 얽매이지 않은 듯한(비공식적인) 스타일을 만들어 줄 것이다. 그러나 관용어구는 현재 당신이 사용하는 언어를 모국어로 사용하지 않는 청중에게 문제가 될 수 있다.

- **가끔은 약어(두음문자)를 사용한다.** 널리 사용되는 NATO(North Atlantic Treaty Organization), UN(United Nations), ASAP(as soon as possible) 같은 약어를 공개 연설에서 사용하는 것도 적절하다. 그러나 당신의 모든 청취자가 이 약어를 알지는 못할 수도 있다. 그런 의심이

생긴다면 약어를 처음 사용할 때 풀어서 설명하라.

- **추상적인 단어의 수준 변화를 주라.** 높은 수준의 **추상화**(즉, 매우 개략적인 것)와 낮은 수준의 추상화, 즉 매우 구체적인 것을 결합하는 것이 가장 잘 어울리는 것 같다. 너무 지나친 일반화는 청중이 이해하기가 애매하고 어려울 수 있으며, 너무 많은 세부 사항은 청중에게 큰 그림이 과연 무엇인지 궁금하게 만들기 때문이다.

문화 지도: 불확실성/모호함의 관용

모호함의 관용은 한 문화에서 구성원이 불확실성을 받아들이는 정도를 말한다. 높은 수준의 모호함의 관용을 가진 문화는 다음에 정확히 어떤 일이 일어날지 모르는 것에 대해 불편해하지 않는다. 반면에 낮은 수준의 모호함의 관용을 가진 문화는 불확실성에 저항하고 많은 경우에 그것에 의해 스트레스를 받는다.

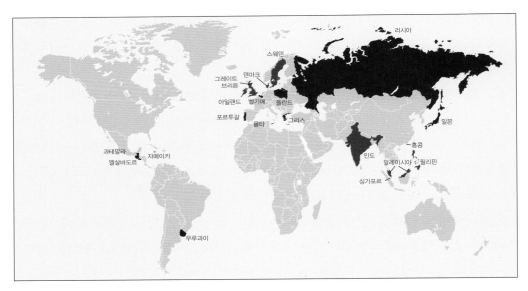

이러한 **높은 수준의 모호함**에 대해 관용적인 문화에서 (일반적으로, 여기서는 문화 지도에 상위 10개국만 강조한다) 불확실성은 보편적인 것으로 간주된다. 높은 수준으로 모호함에 관용적인 사람은 불확실한 상황은 물론 익숙하지 않은 업무와 임무에 불편함을 느끼지 않는다. 그들은 또한 인종적 차이와 다양성에 대해 관대하고 일반적으로 외국인에게 긍정적이다.

이러한 **낮은 수준의 모호함**에 대해 관용적인 문화의 경우 구성원은 불확실성을 회피한다. 왜냐하면 불확실성은 전형적으로 불편한 원인이 되고 불안함은 그들을 자극시키기 때문이다. 이러한 문화의 구성원은 또한 다른 인종 집단에 대해 더 편견을 갖고 있으며 이민자를 환영하지 않는다.

당신은 모호한 과제를 받았을 때 어떤 느낌이 드는가? 당신은 특정한 지시가 부족할 때 스트레스를 받는가? 아니면 창의적으로 과제에 접근할 수 있는 다른 방법을 생각할 수 있는 기회로 인식하는가?

생동감

당신의 생각을 생생하게 하는 단어, 듣는 이의 마음에 당신의 생각이 살아나게 하는 단어를 선택하라. 활동적인 동사, 형상화, 그리고 **두운, 과장, 은유, 의인화, 직유, 수사적 질문** 같은 비유적 표현은 당신이 생동감 있게 연설하도록 돕는 귀중한 도구가 될 것이다.

- **활동적인 동사를 사용한다.** 행동/활동을 커뮤니케이션할 수 있는 동사를 선호하라. 예로, '춤추다', '등산하다', '달리다'와 같이 듣는 사람이 동작을 시각화할 수 있는 동사를 선택한다.
- **형상화한다.** 청중의 시각적, 청각적, 촉각적 감각에 호소하는 단어를 사용하여 생동감을 연설에 주입한다. 청중이 광부의 얼룩지고 피곤한 얼굴에 쏟아져 내리는 땀을 상상하고, 분노한 시위대의 귀청이 터질 듯한 함성을 경험하거나 권투선수의 갑작스러운 펀치의 놀라움을 느끼도록 하라.
- **비유적 표현을 사용한다.** 비유적 표현은 단어 그 자체, 즉 문자 그대로의 의미를 넘어 사용되는 문체의 장치이다. 생동감을 얻는 가장 좋은 방법 중 하나는 비유적 표현의 사용에 있다. 〈표 12-1〉은 당신에게 도움이 될 수 있는 표현을 제시하고 있다.

적절함

적절한 언어는 당신의 주제, 청중 그리고 자아상과 일치한다. 이는 그 누구의 기분도 상하게 하지 않고, 그 누구도 불편하게 하지 않는 언어이다. 이 상황을 생각하면 당연한 일인 것이다. 적절한 언어를 선택하는 데 도움이 되는 몇 가지 지침은 다음과 같다.

- **적절한 형식의 수준에서 이야기한다.** 비록 대중 연설이 다소 형식적인 상황에서 이루어지지만, 상대적으로 비공식적인 언어는 상황 대부분에서 잘 맞는 것 같다. 좀 더 비공식적인 스타일을 이루는 한 가지 방법은 do not 대신에 don't, 그리고 would not 대신에 wouldn't와 같이 줄임말(축약)을 사용하는 것이다. 줄임말은 일반적으로 수신자가 선호하는 소리와 리듬감을 제공한다.
- **문어체 형식의 표현은 피한다.** '위에서 제시한 주장처럼'은 물론 '전자' 또는 '후자'와 같은 문어체에 더 친숙한 표현은 피한다. 이러한 표현은 당신이 청중과 대화하기보다는 그들

<표 12-1> 비유적 표현

비유적 표현은 당신이 연설할 때 사용할 수 있는 많은 연설의 일부에 불과하다. 너무 많은 비유적 표현이 당신의 연설을 부자연스럽고 지나치게 형식적으로 들리게 할 가능성이 있으므로, 이러한 표현을 조심해서 사용하라. 반면에 훌륭한 비유적 표현은 당신의 연설을 기억에 남도록 만드는 데 큰 도움이 된다. 여기에서 당신은 확인된 각 유형에 대한 추가적인 예를 생각할 수 있는가?

비유적 표현	예
두운: 똑같은 처음의 자음 소리를 두 번 내지 세 번 이상의 단어를 서로 유사하게 반복	예: 한국어에서는 간장공장공장장 철수책상철책상, 갈래 갈래 갈린 길 / 길이라도 / 내게 바이 갈 길은 하나 없소. (김소월, '길') → 첫소리에 'ㄱ'을 반복하여 두운의 효과를 거두고 있다. (영어에서는 Choose from our fifty famous flavors! The basement was dirty, dingy, dark, and dank.)
과장: 극단적인 과장의 표현을 사용	예: 너무 배고파서 말(horse)도 먹을 수 있다. 그녀는 몇 톤의 돈을 갖고 있다.
은유: 유사하지 않은 사물의 비교	예: 봄은 고양이로다. (이장희, '봄은 고양이로다') (영어에서는 She was feeling blue and totally torn apart. His heart was broken.)
의인화: 무생물의 대상에 인간의 성격을 귀속(부여)	예: 눈이 도시 전체를 덮어 버렸다. 나의 차는 전문가의 관심을 필요로 한다.
직유: like(~같이)나 as(~처럼)와 같은 단어를 사용하여 유사하지 않은 두 개의 대상을 비교	예: 그의 악수는 눈뭉치처럼 차가웠다. 그들은 전사처럼 서로를 공격했다.
수사적 질문: 분명한 답을 보장하기보다는 진술을 하거나 어떤 바라는 효과를 만들기 위해 사용하는 질문	예: 대중의 인기를 얻고 싶은가요? 승진하고 싶으세요?

에게 책을 읽어 주는 것처럼 느끼게 한다.

- **속어와 저속하고 공격적인 표현은 피한다.** 청중을 당황하게 하거나 당신이 그들을 거의 존경을 표하지 않는다고 생각하게 만드는 언어로 당신의 청중을 불쾌하게 하지 않도록 조심해야 한다. 비록 당신의 청취자가 그러한 표현을 사용할지 모르지만, 그들은 일반적으로 대중 연설가가 비속어 등을 사용하는 것에 대해 분개한다. 무엇보다도 동성차별주의자, 이성애자, 노인차별주의자 또는 인종차별주의자로 해석될 수 있는 용어는 피하는 것이 좋다.

개인적 스타일

청중은 인간미 없는 스타일을 사용하는 것보다 개인만의 개성 넘치는 스타일을 사용하고, 청중에게 발표하는 것보다 청중과 함께 이야기를 나누는 전달자를 선호한다. 개인적 스타일은 청중이 전달자와 연설의 주제에 개입되는 것을 느끼게 한다.

JOURNAL 커뮤니케이션 초이스 포인트

속어

당신은 지역단과대학(Regional Community College)에 가는 것에 대해 고등학교 2학년 학생 청중에게 말할 준비를 하고 있다. 당신은 이 학생들과 관계를 맺는 데 도움을 주기 위해 어떻게 언어를 사용할 수 있는지 궁금하다. 예로, **속어**(slang) 사용에 대한 일반적인 규칙을 어기고 속어가 학생들의 언어라고 생각하고 이를 사용하면 학생들이 당신과 동일시할 가능성이 더 높다고 생각해야 하는지 궁금해한다. 적절한 스타일을 선택할 때 어떤 선택이 있는가? 어떤 스타일이 효과적인가? 또는 효과적이지 않은 것인가? 당신이 사용할 스타일을 어떻게 묘사하겠는가?

- **인칭대명사를 사용하라.** 비인칭(인간미 없는) 표현('누군가는 that 이하를 믿게 된다.'의 문장처럼)인 누군가(one), 이 전달자, 당신(보편적 입장에서), 수신자 같은 표현보다는 나, 내, 그/그녀 그리고 당신(직접적으로 마주 보는 상태)과 같은 인칭대명사를 선택한다. 비인칭 표현은 지나치게 형식적이고 청중과 거리를 두고 있어 연결다리보다는 장벽을 만든다.
- **질문은 청중에게 해야 한다.** 청중에게 질문을 함으로써 청중을 끌어들이라. 청중이 적으면 당신이 간단한 대답을 할 수도 있다. 더 많은 청중과 함께 있다면 당신은 질문을 할 수 있고 청중이 대답을 생각할 시간을 주기 위해 잠시 멈추고 다음으로 넘어갈 수도 있다. 직접적으로 청취자에게 질문하는 것은 청취자들이 동참하고 있다는 경험을 느끼게 할 것이다.
- **직접적 관계를 만들라.** 당신의 청취자에게 '당신'이라는 말을 직접적으로 언급함으로써 직접성(청중과의 친밀감)을 만들어야 한다. '누구나 독서를 즐깁니다.' 대신에 '당신은 독서를 즐길 것입니다.'라고 말한다. 더 나아가 당신과 청중 사이의 공통점을 언급하여 경험과 목표를 공유한다. 예로, '우리는 모두 좀 더 교감할 수 있는 사친회(Parent-Teacher Association: PTA)가 필요합니다.'가 여기에 해당하는 예시이다.

파워

어쩌면 대인관계나 소집단 커뮤니케이션 이상의 의미가 있는 대중 연설은 종종 강력한 스타일, 즉 확실하고 명확하며 설득력 있는 스타일을 요구한다. 강력한 연설 스타일을 달성하기 위한 첫 번째 단계는 당신이 지금 불필요한 형식을 제거하는 것이다. 다음의 약점은 연설에서의 부정적인 모습과 관련이 있다(Molloy, 1981; Kleinke, 1986; Johnson, 1987; Dillard & Marshall,

2003; Lakoff, 1975; Timmerman, 2002).

- 말 더듬기는 당신이 준비되어 있지 않고 불확실한 것처럼 보이게 만든다. "저는, 어, 다음 과 같이 말하고 싶어요. 어, 그것이 음, 아시다시피 가장 좋지요. 그렇지 않습니까?"
- 지나친 강조의 말은 당신의 연설을 단조롭게 만들고 당신이 강조하고 싶은 것을 강조하지 못하게 한다. "정말, 이는 가장 위대한 것이었습니다. 왜냐하면 정말로 놀랍고 굉장한 것 이었으니까요."
- 불확실한 점은 능력 부족과 불확실성의 느낌을 나타낸다. 예로, "제가 기사를 다 읽지는 않았지만", "사실 저는 사고를 보지는 못했지만"
- 자기비판적 진술은 자신감의 부족을 나타내며 대중에게 자신의 부족함을 드러내게 할 수 있다. "저는 이걸 잘하지 못합니다.", "이번이 저의 첫 번째 대중 연설입니다."
- 비속하고 저속한 언어는 낮은 사회계층 출신으로 보이게 한다. 그러므로 힘이 없는 것처 럼 보인다.

당신의 연설을 강력하게 만들고 싶으면서도 동시에 신체 행동과 비슷하게 하기를 원할 것이다. 〈표 12-2〉는 당신이 연설할 때 힘을 보여 주는 데 도움이 되는 몇 가지 지침이다 (Burgoon, Guerrero, & Floyd, 2010; DeVito, 2014).

〈표 12-2〉 강력한 신체 행동

신체 행동으로 힘을 전달하기 위한 제안	이유
자기 정돈 행위(self-manipulations)를 피하라(예: 머리를 만지거나 얼굴을 만지는 것). 또 뒤로 몸을 기대는 것을 피하라.	이러한 신호는 편하지 않다는 불편한 감정을 전달하며 자신의 전달력에 치명적일 수 있다.
강단으로 다가가고 나갈 때 천천히 그리고 의도적으로 걸으라.	서두르는 것처럼 보이는 것은 힘이 없어 보인다. 이는 마치 자신보다 힘이 있는 자의 기대치에 맞추려고 노력하는 것으로 보인다.
적절한 표정과 제스처를 사용하라.	이러한 행동은 당신이 청중에게 관심이 있고, 그들에 대한 호응을 표현하는 것이며 자신의 편안함과 상황을 통제할 수 있다는 의사를 표현하는 것이다.
일관된 이야기를 사용한다. 당신이 사용하는 언어적이고 비언어적인 메시지는 서로 모순이 되지 않게끔 조심하라.	언어적인 것과 비언어적인 메시지 사이의 불일치는 불확정적이고 확신이 없는 것처럼 보인다.

출처: Burgoon, J., Guerrero, L., & Floyd, K. (2010). Nonverbal communication. Boston, MA: Allyn & Bacon. DeVito, 2014.

문장구성

효과적인 대중 연설의 스타일을 위해서 문장구성을 꼼꼼하게 할 필요가 있다. 다음은 깔끔하고, 명확하고, 적절하며, 개인적이고, 강렬한 연설 스타일을 달성하기 위한 몇 가지 지침이다.

뷰포인트. 서로 다른 청중을 위한 연설의 구성

당신은 서로 다른 청중에게 연설을 하게 되었다. 한 집단은 의료계 분야에서 일하는 여성이 많은 청중이고, 또 하나의 집단은 작은 사업을 하고 있는 남성이 많은 청중이다. 당신이 두 집단의 청중에게 연설할 주제는 '이웃의 폭력과 대체 방법'으로 동일하다.

이 연설은 크게 어떤 방식(2~3개)에서 달라야 하는가?

- 긴 문장보다는 짧은 문장을 사용한다. 짧은 문장이 더 힘 있고 경제적이다. 그러한 문장은 외우기도 이해하기도 쉽다. 청중에게는 길고 복잡한 문장을 풀어 볼 시간이나 의향이 없다. 짧은 문장을 많이 이용하여 청중의 이해를 도모한다.

- 간접적인 문장보다 직접적인 문장을 사용한다. 직접적인 문장이 이해가 더 빠르다. 또한 이러한 문장은 강렬하기도 하다. "베넷(Bennett) 제안서를 받아들이면 안 되는 세 가지 중요한 이유에 대해 말하고 싶습니다." 보다는 "베넷 제안서를 받아들이면 안 됩니다. 이와 관련된 세 가지 이유를 들어 보겠습니다."로 말한다.

- 수동태보다는 능동태를 사용한다. 능동적인 문장은 이해하기가 쉽다. 또한 이러한 문장은 연설의 분위기를 더욱 생생하고 생동감 있게 한다. "하급법원에서 내린 원심은 대법원에 의해 뒤집히게 되었다."보다는 "대법원이 하급법원의 판결을 뒤집었다."라고 하는 것이 낫다. "그 변화는 관리직에 의해 더 선호된다."보다는 "관리직은 변화를 선호했다."로 표현한다.

- 부정적인 문장보다 긍정적인 문장을 사용한다. 긍정적인 문장은 이해하기도 쉽고 기억하기도 쉽다(DeVito, 1976; Clark, 1974). 문장 A와 C가 B와 D보다 이해하기 쉽다.

긍정적인 문장

    A. 위원회는 제안서를 거절했다.

    C. 본 위원회는 일반 회사의 계급구조와 관계없이 일한다.

부정적인 문장

    B. 위원회는 제안서를 받아들이지 않았다.

    D. 본 위원회는 일반 회사의 계급구조 안에서 일하지 않는다.

- 문장의 유형과 길이에 변화를 준다. 짧고, 직설적이며, 능동적이고 긍정적인 문장을 사용하라는 제안은 타당하다. 그러나 같은 유형과 길이의 문장이 너무 많아지면 연설의 내용이 지루해지기 쉽다. 다른 스타일의 문장을 사용하지만, 일반적으로 앞서 제시한 지침을 따르면 좋다.

8단계: 도입, 결론, 접속사 그리고 개요를 구성하라

12.2 도입, 결론, 접속어의 기능과 개요의 준비 및 강연의 성격을 설명한다.

도입(introduction)과 결론(conclusion)은 대부분 연설의 효과를 결정하기 때문에 특별한 주의가 필요하다. 방금 당신은 연설의 본문을 마쳤고, 결론의 주요 기능은 요약하는 것이기 때문에 먼저 결론을 작성한 다음 도입을 마지막에 작성하는 것이 쉬울 것이다.

결론

이 짧지만 중요한 연설 부분에 특별한 주의를 기울여야 하고, 결론에서 주요 요점을 요약하고 끝맺음하라.

요약   당신은 다양한 방법으로 당신의 연설을 요약할 수 있다.

- 논제를 다시 언급한다. 당신의 연설에 들어 있는 필수적인 요지인 논제 또는 성취하고자 했던 목적을 다시 한번 제시한다.
- 논제의 중요성을 다시 언급한다. 청중에게 당신의 주제나 논제가 왜 중요한지 다시 한번

말한다.
- 요점을 다시 언급한다. 2개, 3개 또는 4개의 요점을 반복한다.

맺음말 결론의 두 번째 기능은 연설의 뚜렷하고 확실한 마무리를 위해 종결 부분을 제공하는 것이다. 청중이 당신의 연설이 끝냈는지 아닌지를 궁금한 상태로 두어서는 안 된다.

- 인용 부분을 개괄적으로 요약한다. 논제를 명확하고 직접적으로 요약하거나 당신의 관점에 대한 흥미로운 관점을 제공하는 인용문은 효과적으로 마무리하는 데 도움이 된다.
- 이의나 질문을 제기한다. 당신은 "회사가 임금 인상을 거부한 것에 대해 당신은 어떻게 할 생각입니까?", "집에 가서 냉장고에서 콜레스테롤이 높은 음식을 깨끗이 치우세요.", "이 탄원서에 서명하세요. 이는 경험이 풍부한 사람을 공직에 앉히는 데 도움이 될 것입니다."처럼 자극적인 질문이나 이의제기로 연설을 끝낸다.
- 청중에게 감사를 표시한다. 일부 전달자는 청중에게 감사하고 다른 전달자는 그러지 않는다. 이 글에서 예로 등장하는 대회 연설은 청중에게 감사를 표하지 않는다. TED 강연자 중 많은 이는 청중에게 감사를 표시한다(Donovan, 2014; Gallo, 2014). "감사합니다."라고 말하는 것의 문제는 바로 그것이 당신이 정말로 깔끔한 마무리를 발전시키고 제시하는 것을 방해할 수 있다는 것이다. 이는 결론의 힘을 희석시킬 수 있다. 여기서 가장 좋은 조언은 무엇이 허용된 관행인지 알아내는 것이다. 만약 당신이 정말 청중에게 감사를 표한다면, 논제에 감사하는 마음과 관련지어 말한다. "당신의 관심에 정말 감사하고 일요일의 시위에 우리와 함께하기를 바란다." 아니면 "대학 온라인 웹사이트를 확장하기 위한 학생회의 탄원서에 기꺼이 서명해 준 것에 대해 감사드린다."
라고 말할 수도 있다.
- 청중에게 무엇인가를 하려는 동기를 부여한다. 청중에게 지금 무엇을 해야 하는지 상기시킨다. "다음번 온라인에 접속할 때는 내가 언급한 웹사이트 중 하나를 방문하십시오.", "학생회의 책상에서 자원봉사 신청 가능합니다." 아니면 "이 유인물에 실린 기사를 읽으세요. 그것이 당신의 삶을 바꿀 수 있을 것입니다."

JOURNAL 커뮤니케이션 초이스 포인트

결론
당신은 토요일에 Career Day에 참석해야 하는 고등학생을 대상으로 컴퓨터 기술 분야의 직업에 대한 연설을 할 예정이다. 당신은 그러한 직업의 즐거움, 높은 연봉, 고용 기회에 초점을 맞출 계획이며 당신의 결론이 궁금해진다. 당신이 연설을 끝맺을 수 있는 방법에 어떤 것이 있는가? 어떤 결론의 유형이 가장 효과적인가? 가장 덜 효과적인 것은? 당신의 마지막 문장은 무엇인가?

여기서 Kevin King(2015년)은 자신의 강연을 간략하게 요약하지만, 주로 청중이 알츠하이머 질병 기금에 대해 뭔가를 하도록 동기를 부여하는 것으로 알츠하이머병에 대한 연설을 마무리한다.

> 오늘 우리는 알츠하이머에 대한 연구 자금의 부족에 대한 세 가지 독자적인 원인을 알아보았고, 각각에 대한 가시적인 해결책을 제공했습니다. 작년 봄, 나의 할아버지는 알츠하이머병을 찾아내기 위한 초기 도구인 시계 테스트(clock test)에서 제대로 된 평가를 받지 못했습니다. 할아버지는 정확한 진단을 받지 못했지만, 할아버지께서 살아 계실 때 나는 내가 이 잔인한 병을 끝내도록 돕기 위해 할 수 있는 모든 것을 했다는 것을 알고 싶습니다. 나는 각자가 당신의 상황에서 나와 함께 참여하기를 권장하는 바입니다.

도입

도입 부분에서 두 개의 목표를 달성하도록 한다. (1) 청중의 관심 얻기, (2) 청중이 연설 내용에 익숙하게 만들기 위해 어떤 말을 할 것인지에 대해 간단하게 언급해 주기이다.

관심 얻기   도입 부분에서 주제에 대한 청중의 관심을 집중시킨다. 그런 다음 연설 내내 그 주의를 유지하도록 노력한다.

- **질문한다.** 질문은 일반적인 진술로부터의 변화이기도 하고 청중을 개입시키기 때문에 효과적이다. 질문은 청중에게 당신이 직접적으로 이야기하고 있다는 점과 청중의 반응에 관심을 갖는 점을 말한다. 질문은 또한 무엇이 뒤따를지에 대한 단계를 설정하는 데 유용하다.
- **특정한 문맥에 참조한다.** 예로, Hillary Clinton 국무장관(1995)이 유엔 세계여성회의에서 발언한 맥락을 언급한다.

> 베이징에 모임으로써, 우리는 여성과 가족의 삶, 즉 교육, 의료, 직업, 신용에 대한 접근, 기본적인 법률과 인권을 누릴 수 있는 기회, 그리고 우리나라에서 정치 생활에 완전히 참여할 수 있는 문제에 대해 세계적 관심을 집중하고 있습니다.

• **실례 또는 극적이고 유머가 있는 이야기를 사용한다.** 우리는 누구나 사람에 대한 실례와 이야기에 끌린다. 실례와 이야기는 연설문을 생생하고 구체적으로 만든다. 도입부에 청중의 관심을 확보하고, 이를 전체적으로 유지하기 위해서 사용한다. 예로, 여기서 한 전달자는 왕따에 대한 연설을 시작할 때 극적인 실례를 사용했다 (Bacon, 2011).

뷰포인트. 도입부 구성

임신중절을 반대하는 청중에게 하는 임신중절 합법화를 지지하는 연설의 도입부분에 어떠한 것을 포함시켜야 하는가? (아니면, 임신중절 합법화를 지지하는 청중에게 임신중절 반대하는 연설을 할 것인가?) 그러한 도입부를 구성해 본다.

　　평범한 9학년 여학생은 하루의 긴 수업 후에 노트를 찾기 위해 사물함에 갑니다. 그녀가 노트를 열자, 그녀의 하루는 평범함에서 끔찍함으로 변했습니다. 그 쪽지에는 "새로 머리를 잘라라, 너는 꼭 레즈비언처럼 보인다.", "몸에 맞는 옷을 입고 집에 가서 죽어라."라고 적혀 있었습니다.

　주의를 끌기 위한 다른 방법으로는 시각적 도움, 짧은 음악 또는 비디오 클립, 극적이면서 유머가 있거나 흥미로운 인용문, 놀랄 만한 통계나 거의 알려지지 않은 일련의 사실, 또는 진심 어린 칭찬 등을 사용할 수 있다.

　청중을 연설 내용에 익숙하게 만들기　당신이 할 말을 미리 보는 것은 듣는 사람으로 하여금 당신의 생각을 더 잘 따르도록 도울 것이다. 여기서 당신은 청중을 익숙하게 만드는 두 가지 일반적인 방법을 소개한다.

• **청중에게 주제에 대한 아이디어를 제공한다.** 알츠하이머병에 대한 연설에서 전달자는 자신의 주요 사항을 간단히 소개하고 동시에 자신의 조직 패턴을 미리 보았다(King, 2015).

　　알츠하이머 연구비 부족의 세 가지 원인(오명, 실제적인 도전, 옹호 부족)에 대해 논의하고 각 원인을 직접 해결해 보겠습니다.

- **달성하고자 하는 목표를 확인한다.** 다음과 같은 목표를 설명함으로써 청중을 익숙하게 했다. "앞으로 몇 분 동안 주의를 기울이면 당신은 새로운 터치스크린 컴퓨터 액세스 시스템을 사용하여 도서관에 있는 모든 것을 찾을 수 있습니다." 또 다른 예로, Barack Obama(2009) 대통령은 '갱신 요청(Call to Renewal)' 연설에서 이러한 목적 중 일부를 결합했다.

> 오늘 저는 종교와 정치 사이의 연관성과 아마도 지난 몇 년 동안 우리가 자주 보아 왔던 몇 가지 쓰라린 논쟁을 어떻게 정리할 수 있는지에 대해 몇 가지 제 생각을 제시하고자 합니다.

다음 연습문제에 나열된 주제 중 하나를 선택해서, 가상 연설을 위한 결론과 도입을 준비하기 위한 능력을 발휘해 보자.

다음의 주제 중 하나를 선택하고 정교하게 결론과 도입 부분을 다듬어 본다. 결론 부분에서는 반드시 (1) 연설의 요점을 재검토하고, (2) 마무리를 준비한다. 도입 부분에서는 반드시 (1) 관심을 집중시키고, (2) 청중이 내용에 익숙해지는 것을 분명히 한다.

1. 고등학교와 대학의 경쟁력 있는 스포츠 프로그램은 폐지되어야 한다.
2. 성전환자도 군대에 머물 수 있도록 허용되어야 한다.
3. 종교기관이 소유한 재산에 세금을 부과해야 한다.
4. 조력 자살은 합법화되어야 한다.
5. 도박은 모든 주에서 불법으로 선언되어야 한다.

접속어와 중간 요약

접속어(때로는 '연결어'라고 불린다)는 연설의 다양한 부분을 연결하는 단어, 구 또는 문장들이다. 청중은 당신의 연설을 단 한 번만 들을 것이기 때문에, 청중이 인식하기를 원하는 연관성을 보지 못할 수도 있다. 접속어를 사용함으로써 당신은 수신자가 한 요점이 어떻게 다른 요점으로 이어지는지 또는 한 논쟁이 끝나고 또 다른 것이 시작되는 곳을 볼 수 있도록 도울 수 있다. 여기 몇 가지 주요한 접속어의 기능과 이를 말로 표현할 수 있는 방법이 있다.

- **연설의 본문에 도입 부분을 연결하려면(첫 번째 요점)**
  - ABC의 3대 원인을 파악했으니, 첫 번째 원인을 좀 더 자세히 알아본다.

- 첫 번째 논쟁/원인/쟁점…
- 다른 부분과 중요 요점을 연결하려면
  - X에 의해 야기된 ABC뿐만 아니라 Y에 의해 일어난 것
  - X는 단 하나뿐인 원인이다. 두 번째 원인이 더욱 중요하다.
- 결론을 도출하고 있다고 알리려면
  - 따라서…
  - 그러므로…
  - 당신이 그렇게 알고 있듯이…
- 요점의 시작을 공지하려면
  - 우선…
  - 두 번째 논쟁은…
  - 밀접하게 관련된 문제는…
  - 좀 더 구체적인 증거를 원하면, 여기를 주목하시오.
  - 다음의 요점은…
  - 더욱 흥미로운 논쟁은…
- 조건과 예외 조항을 표시하려면
  - 하지만…
  - 그렇지만, 또한 주의를 기울인다.
  - 반대로…
- 다른 쟁점과 연관성을 표시하려면
  - 대조적으로…
  - …역시 숙고한다.
  - 이뿐만 아니라, 또한…
  - 게다가, … 또한 들여다볼 필요가 있다.
- 연설의 다음 부분을 표시하려면
  - 서론으로…
  - 결론은…
  - 자, 왜 우리가 오늘날 이러한 상황이 되었는지 논의를 합시다.
  - 그럼 해결책은 뭔가요? 무엇을 해야 합니까?

접속어와 밀접한 관련이 있는 것은 **중간 요약**(internal summary), 즉 이미 논의한 내용을 요약한 진술이다. 보통 진술은 연설의 몇 가지 주요한 세부 사항을 요약한다. 연설에 몇 가지 중간 요약을 통합해 본다. 예로, 중요한 논쟁이나 쟁점을 요약으로 연결하는 접속어로 삽입하는 것이다. 접속어를 활용한 중간 요약은 다음과 같이 보일 수 있다.

> 여기서 이미 언급한 세 가지 논쟁은, 첫째, … 둘째, … 셋째, …이었습니다. 자, 그러면 우리는 그것에 대해 어떻게 논의할까요? 제 생각에는 두 가지 사항을 논의할 수 있습니다. 우선…

개요

이제 연설을 완성했으니 개요의 형식에 맞추어 이미 논의된 요점과 일치시키고 실례와 정의로 부연 설명하였던 것을 모두 정리할 시간이다. 세 가지 종류의 연설 개요인 (1) 준비 개요, (2) 템플릿 개요, (3) 강연 개요가 여기에 있다.

대중 연설의 보조 샘플

준비 개요

다음은 연설을 구성할 때 준비할 수 있는 개요와 유사한 상대적으로 상세한 준비 개요이다. 보조 노트는 준비 개요의 내용과 형식을 모두 명확히 해야 한다.

문화충격을 경험해 본 적이 있습니까?
총괄적인 목적: 정보의 전달
세부 목적: 문화충격의 4단계를 청중에게 전달
논제: 문화충격은 4단계로 기술될 수 있다.

연설의 제목, 목적, 논제는 개요 앞에 있어야 한다.

도입

I. 문화충격을 경험한 사람이 얼마나 될까?
  A. 많은 사람은 문화충격을 경험하는데, 이는 그들이 익숙했던 것과는 매우 다른 문화에 대한 반응이다.
  B. 문화적 충격을 이해함으로써, 만약 그것이 일어났을 때, 당신은 그것에 대처하기에 더 좋은 입장에 있게 될 것이다.

도입, 본문 및 결론이 명확하게 분류되어 있고 시각적으로 떨어져야 한다는 것을 유의하시오.

II. 문화충격은 4단계로 일어난다(Oberg, 1960).
  A. 첫째 초기 단계 발생
  B. 둘째 위기상황 발생

참조사항이 용어 문서에 있는 것과 똑같이 개요 전체를 통해 통합되어 있어야 한다는 점에 유의한다. 실제 연설의 경우 전달자는 "문화충격이라는 용어를 만든 인류학

C. 셋째 회복 단계 발생

D. 넷째 조정 단계 발생

[첫 번째 초기 단계로 시작되는 4단계의 발생 순서를 추적해 본다.]

자 Kalervo Oberg를 언급하면서 문화충격은 4단계에 걸쳐 일어난다."고 말할 수도 있다. 이러한 도입은 다음과 같은 두 가지 기능을 제공한다. 문화충격은 청중을 포함시킴으로써 관심을 끌었고 청중이 연설이 무슨 내용인지를 알도록 방향을 알려 준다. 도입부의 끝부분에서 접속어는 청중에게 네 개의 부분으로 된 발표를 예상하도록 한다. 또한 개요 전반에 걸쳐 반복된 숫자는 청중이 연설 중 어느 방향으로 진행되는지를 추적하는 데 더욱 도움이 될 것이다. 가장 중요한 것은 접속어가 청중에게 연설이 일시적인 사고패턴을 따르고 있다는 것을 알려 준다는 점이다.

본문

I. 우선 초기 단계의 도입

A. 초기 단계는 새로운 사람과 문화에 매력을 갖게 하는 시기이다.

B. 당신은 사람들과 문화를 즐긴다.

1. 당신은 사람들을 사랑한다.

a. 예로 Zaire에 살고 있는 사람은 New York에 살고 있는 사람의 방식과 매우 다른 시간을 보낸다.

b. 예로, 농장에서 생활한 나의 18년은 대학 기숙사의 생활과 매우 다르다.

2. 당신은 문화를 사랑한다.

a. India의 천차만별인 종교의 엄청난 숫자는 나를 사로잡았다.

b. 거기서의 식사는 특별하게도 대단한 경험이었다.

[하지만 많은 관계가 그렇듯이 새로운 문화의 접촉은 모두 초기 단계에 있지는 않다. 곧 위기가 들이닥친다.]

II. 위기상황은 두 번째에서 발생한다.

A. 위기상황은 당신이 문제를 경험하기 시작하는 시기이다.

1. 해외에서 일하는 미국인의 1/3은 문화충격 때문에 적응하는 데 실패한다(Samovar, Porter, & McDaniel, 2008).

2. 개인의 차이 역시 심각하다.

B. 삶은 새로운 문화에서 어렵다.

개요 전체에서 걸쳐 있는 평행한 구조를 관찰한다. 예로, 본문의 I, II, III, IV 부분은 모두 정확히 같은 방식으로 진술되고 있다는 점에 유의하시오. 이는 청중이 당신의 연설을 더 가까이 따르도록 도울 것이며 또한 당신의 생각을 논리적으로 구조화하는 데 도움을 줄 것이다.

여기서 주목할 많은 연설의 예가 있다. 이 예는 잠시 동안 개요와 일치되고 자연스럽게 연설에 일치되도록 정교하게 조정된다.

　　1. 커뮤니케이션이 어렵다.
　　2. 알지 못하는 사이 타인의 감정을 상하게 만들기
　　　쉽다.
[다양한 위기상황에 대한 통제의 능력을 얻음으로써
당신은 회복의 단계에 접어든다.]

Ⅲ. 셋째 회복 단계의 발생
　A. 회복 단계는 당신이 어떻게 대처할 수 있는지를 배우
　　는 시기이다.
　B. 당신은 문화 간의 능숙함을 얻기 시작한다(Jandt,
　　2018; Lustig & Koester, 2016).
　　1. 당신은 어떻게 커뮤니케이션하는지를 배운다.
　　　a. 시장에 가서 내가 원하는 것을 알려 줄 수 있다
　　　　는 것은 나에게 특별한 날이었다.
　　　b. 나는 데이트를 신청할 수 있었다.
　　2. 당신은 문화의 규칙을 배운다.
　　　a. 각각 다른 종교적 의식은 그들만의 규칙이 있다.
　　　b. 식사는 Africa 전역의 많은 장소에서는 의식의
　　　　경험이다.
[당신의 회복 단계는 다음 단계인 최종 조정 단계로 자
연스럽게 이어진다.]

Ⅳ. 네 번째 조정 단계 발생
　A. 조정 단계는 당신이 새로운 문화를 즐기는 시기이다.
　B. 당신은 사람들과 문화를 이해한다.
[요약하자면, 당신이 문화충격을 경험하면서 조정 단계
가 실현된다.]

각각의 요점을 구성하는 내부적인 구성에 주목한다. 본문에 들어 있는 중요한 각각의 주장에는 단계를 설명하는 각각의 단계(I.A, II.A, III.A, and IV.A)와 예(I.B, II.B, III.B, and IV.B)들의 정의를 포함한다.

개요에 들어 있는 각각의 진술은 하나의 완전한 문장이라는 점에 유의한다. 당신은 이러한 개요를 구문 또는 키워드 개요로 쉽게 변환하여 강연에 사용할 수 있다. 그러나 전체 문장은 항목 간의 관계를 보다 명확하게 인식할 수 있도록 도와줄 것이다. 연설의 모든 주요한 부분 사이에 접속어들을 끼워 넣는다. 이러한 축약된 개요 속에는 접속어가 많아 보일 수 있다. 그러나 접속어는 청중이 당신의 연설을 따라가도록 도와줄 것이기 때문에 필요하다.

결론

I. 문화충격은 4번째 단계에서도 기술될 수 있다.
　A. 첫째 초기 단계
　B. 둘째 위기상황
　C. 셋째 회복 단계
　D. 넷째 조정 단계
II. 4단계를 알게 됨으로써 당신이 지금 직장, 학교 또는
　개인의 사생활에서 경험할 수 있는 문화충격을 보다
　잘 이해할 수 있다.

이러한 네 개의 지점은 도입 부분의 II의 A, B, C 그리고 D와 일치하며 본문 부분의 I, II, III 그리고 IV와 일치한다는 점을 주목한다. 어떻게 이렇게 유사한 본문 구성에 명료성이 첨가되는지에 주목한다.

이번 단계는 마무리를 규정한다. 즉, 연설이 끝났다는 것을 분명히 해야 한다. 이는 또한 청중 자신의 문화충격 경험과 마찬가지로 청중의 입장에서 반영을 권장하는 역할을 한다.

References

Jandt, F. E. (2018). *An introduction to intercultural communication: Identifies in a global community* (9th ed.). Los Angeles, CA: Sage.

Lustig, M. W., & Koester, J. (2016). *Intercultural competence: Interpersonal communication across cultures* (8th ed.). Boston: Allyn & Bacon.

Oberg, K. (1960). Culture shock: Adjustment to new cultural environments. *Practical Anthropology, 7,* 177–182.

Samovar, L. A., Porter, R. E., & McDaniel, E. R. (2008). *Communication between cultures* (6th ed.). Belmont, CA: Cengage.

이곳에 수록된 참고문헌 목록은 완결된 연설로 제시하는 출처만을 포함한다.

준비 개요   '대중 연설의 보조 샘플' 상자에 들어 있는 것과 같은 준비 개요는 (다음 장에서 논의되는 템플릿 및 강연 개요와 함께) 당신의 생각을 좀 더 조리 있게 정리할 뿐만 아니라 연설을 더 효과적으로 전달하는 데 도움이 될 것이다.

템플릿 개요   템플릿 개요(template outline)는 조직적으로 도구를 유용하게 사용할 수 있는 또 다른 유형이다. 파워포인트(PowerPoint)의 템플릿이 특정 위치에서 특정 정보를 입력하도록 안내하는 것과 마찬가지로 템플릿 개요는 유사한 기능을 제공한다. 따라서 모든 관련 자료를 합리적인 순서로 포함시킬 수 있도록 확신을 준다. 동시에 연설을 전체적으로 볼 수 있도록 도와주고, 채워야 할 간극이나 너무 길게 논의된 항목을 드러낼 수 있다. 대중 연설 과정에 익숙해지면 당신은 곧 어떠한 템플릿의 개요 없이도 당신의 연설을 발전시킬 수 있을 것이다. 여기에 포함된 대중 연설 보조 샘플에 들어 있는 샘플 템플릿 개요는 시간, 공간 또는 주제 구성의 패턴을 사용하는 연설에 적합할 것이다. 이 개요에는 세 가지 주요 포인트(본문의 I, II 그리고 III)가 들어 있음을 알아야 한다. 그들은 도입 부분 항목 II의 A, B, C(당신이 청중이 연설 내용에 익숙하도록 방향을 잡은 곳) 그리고 결론 부분 항목 I의 A, B, C(당신의 중요한 명제를 요약하는 곳)와 일치된다. 접속어 부분은 대괄호로 표시한다. 이러한 개요를 검토하면 문제−해결, 원인−결과 또는 동기가 부여된 결과처럼 다른 조직 패턴과 함께 사용할 수 있는 방법을 어떻게 적용할 수 있는지를 확인할 수 있다.

강연 개요   강연 개요(delivery outline)는 연설을 프레젠테이션하는 동안에 도움이 되며, 준비 개요 대신 사용해야 한다. 비록 당신이 준비 개요 부분을 읽고 싶은 마음이 들 수도 있지만,

그렇게 연설하는 것은 효과적인 방법이 아니다. 대신 (문화충격의 준비 개요에서 작성된) 대중 연설 보조 샘플 상자에 다음에 제시된 것과 같이 간단하게 강연 개요를 작성한다.

일부 대중 연설 지도자와 강사는 당신의 강연 개요를 3×5 또는 4×6의 색인 카드에 넣을 것을 권고한다. 색인 카드의 장점은 강연 개요를 주요 단어와 구절로 간단하게 축약할 수 있다는 것이다. 이는 당신이 연설문을 읽지 않도록 보호를 해 주며 청중과 더 자유롭게 소통할 수 있도록 도와준다. 메모가 너무 많을 경우, 전달자는 청중에게 말하기보다는 오히려 그들에게 메모를 읽듯이 얘기하는 경향이 있다. 색인 카드의 또 다른 이점은 $8\frac{1}{2} \times 11$ 크기의 종이처럼 구부러지지 않는다는 것이다. 여분의 색인 카드는 한 개의 카드 위에 기록하기가 힘든 인용이나 통계를 위해 사용할 수 있다. 또는 세 가지 주요 부분에 하나씩, 세 개의 카드를 사용하는 것이 도움이 될 수 있다. 만약 하나 이상의 카드를 사용한다면 (하지만 네 장 이상의 카드 사용은 피하라), 반드시 카드에 번호를 매기고 분류해야 한다. 특정한 인용이나 통계를 찾기 위해 카드를 더듬거리며 찾는 것은 바람직하지 않기 때문이다.

다음 장에서 자세히 설명될 파워포인트(아니면 유사한 프레젠테이션 소프트웨어)를 사용하는 경우 당신의 강연 개요는 파워포인트 슬라이드에 있거나 아니면 파워포인트 프레젠테이션(이번 장 후반부의 '노트 활용하기'에서 논의될 것임)과 병행하는 연설자의 노트에 수록될 것이다. 여기에 강연 개요를 위한 지침들이 제시되어 있다.

- **간략해야 한다.** 개요는 직접적으로 전달자–청중의 접촉에 방해가 되지 않도록 해야 한다. 서로 토론하고자 하는 주요 아이디어를 촉발시킬 수 있는 핵심어를 사용한다. 얼마나 간단하게 샘플 전달 개요가 준비 개요와 비교되는지를 주시한다. 그러나 그것이 연설의 필수 부분 모두(접속어 부분이라도)가 포함되도록 세부적이다.
- **강연 전달을 염두에 둔다.** 연설하는 동안 기억하고 싶은 어떠한 강연 지침, 예로 잠깐 동작을 멈추거나 시각적인 보조물을 보여 주는 연설 지침들을 포함한다.
- **이러한 강연 개요와 더불어 연설에 대한 리허설을 한다.** 가능하면 실제적인 것과 유사하게 리허설을 한다.

대중 연설의 보조 샘플

템플릿 개요

논제:

당신의 중요 강조사항, 즉 연설의 핵심

구체적 목적:

이번 연설을 통해 성취하기를 원하는 것

도입

I. 관심집중

II. 청중이 내용을 미리 맛보기

  A. 첫 번째 요점, 본문 I과 같게

  B. 두 번째 요점, 본문 II와 같게

  C. 세 번째 요점, 본문 III과 같게

[접속어]:

본문과 도입 부분을 본문과 연결한다.

본문

I. 첫 번째 요점

  A. (첫 번째 요점) I을 뒷받침

  B. I을 더욱 지지

[접속어]

첫 번째 요점을 두 번째에 연결

II. 두 번째 요점

  A. 두 번째 요점에 대한 뒷받침

  B. 두 번째 요점에 대한 기타 뒷받침

[접속어]

두 번째 요점을 세 번째에 연결

III. 세 번째 요점

  A. 세 번째 요점에 대한 뒷받침

  B. 세 번째 요점에 대한 기타 뒷받침

[접속어]

세 번째 요점을 (또는 모든 요점을) 결론과 연결

결론

I. 요약

  A. 첫 번째 요점: 본문 I과 같게

  B. 두 번째 요점: 본문 II와 같게

  C. 세 번째 요점: 본문 III과 같게

II. 끝맺음

대중 연설의 보조 샘플

강연 개요

청중 바라보기!

I. 많은 경험 문화충격

　A. 문화충격: 자신과는 매우 다른 문화에 있음에 대한 반응

　B. 문화충격을 이해함으로써, 당신은 더 잘 해결 가능

일시 정지–청중 스캔

II. 문화충격은 4단계로 발생(보드에 쓰기)

　A. 첫째 초기 단계

　B. 둘째 위기상황

　C. 셋째 회복 단계

　D. 넷째 조정 단계

[문화충격의 단계를 알아보자.]

일시 정지/한 발 앞으로 간다

I. 첫째 초기 단계

　A. 새로운 사람과 문화에 매력

　B. 사람들과 문화의 즐거움

　　1. Zaire 예시

　　2. 농장에서 대학 기숙사

[하지만 인생이 다 허니문은 아니다. 위기이다.]

II. 둘째 위기상황

　A. 문제 발생

　　1. 1/3은 해외근무 실패

　　2. 개인적 어려움

　B. 삶이 어려워짐

　　1.소통

　　2. 타인 기분 나쁨

[위기 극복할수록 대처하는 법을 안다.]

일시 정지

III. 셋째 회복 단계

　A. 대처법 배우는 기간

　B. 문화 간 능숙도 상승

　　1. 소통이 쉬워짐

　　2. 그 문화의 규칙 배움

[회복하면, 익숙하다.]

IV. 넷째 조정 단계

　　A. 새 문화를 즐기는 법 배우기(다시)

　　B. 사람들과 문화를 환영

[4단계 끝. 요약하기]

일시 정지

결론

I. 문화충격은 4단계로 발생: 첫째 초기 단계, 둘째 위기상황, 셋째 회복 단계, 넷째 조정 단계

II. 4단계를 알면 직장, 학교 또는 사생활에서 경험할 수 있는 문화충격을 더 잘 이해할 수 있다.

일시 정지

질의응답

9단계: 연설을 위해 리허설하라

12.3 연설 방법과 리허설을 설명한다.

당신은 리허설 전에 어떤 방법으로 메시지를 전달할지 결정해야 한다. 일반적으로 즉석 연설 방법이 당신의 요구에 가장 잘 부합하며 당신의 강좌에서 사용될 전달 방법임을 알게 될 것이다. 그런데도 다른 전달 방법 역시 가치가 있다. 리허설을 효율적이고 효과적으로 진행하기 위한 몇 가지 제안이 여기에 있다.

전달 방법

연설가의 연설 전달 방법은 매우 다양하다. 어떤 사람은 겉으로 보이는 준비 없이 즉석에서 연설한다. 어떤 사람은 원고를 읽는다. 그리고 어떤 사람은 자세한 개요를 구성한 뒤 발표 순간에 연설을 구성한다. 이러한 방식은 일반적인 세 가지 강연, (1) 즉흥 연설, (2) 원고 연설, (3) 즉석 연설 방법이라고 한다.

즉흥 연설 방법   즉흥 연설(impromptu speech)은 준비 없이 말하는 것이다. 어떤 경우에는 불가피하게 즉석에서 말할 수밖에 없다. 교실에서 당신은 방금 들은 연설가와 연설에 대해 의견을 말하도록 요청받을 수 있다. 실제로 당신은 즉석에서 평가하는 발언을 한다. 회의에서 사람들은 종종 다양한 문제에 대한 즉석 논평을 요구받는다. 아니면 나오지 않은 사람을 대신해야 할 수도 있다. 일반적으로 대중 연설 능력을 키우면 즉흥 연설 능력을 크게 향상시킬 수 있다. 연설가로서의 능숙함이 강해질수록 즉석에서 더 잘할 수 있다.

원고 연설 방법   원고 연설(manuscript speech)은 연설문을 쓰고 읽는 것이다. 정확한 타이밍과 문구가 필요하며 가장 안전한 방법이다. 예로, 정치 지도자가 민감한 문제에 대해 원고를 작성해서 말하지 않으면 곤란해질 수 있다. 모욕적이거나 호전적이거나 또는 회유적인 모호한 단어, 문구 또는 문장은 심각한 문제를 일으킬 수 있다. 원고 연설을 통해 스타일, 내용, 조직 및 기타 모든 요소를 통제할 수 있다. 원고 방법의 변형은 연설문을 쓰고 암기하는 것이다. 배우가 연극에서 한 부분을 암송하는 것처럼 전체 연설문을 기억하여 암송한다. 원고와 암기된 방법의 큰 단점은 연설이 자연스럽지 않고 눈맞춤을 제한하며 청중의 피드백을 토대로 연설을 조율할 기회를 거의 갖지 못한다는 것이다.

즉석 연설 방법   즉석 연설(extemporaneous speech)은 정확한 타이밍과 문구가 필요하지 않을 때 유용하다. 대학 교수의 훌륭한 강의는 즉석에서 이루어진다. 교수는 강의를 위해서 철저히 준비하고, 자신이 무엇을 말하고 싶어 하는지 알고, 강의 구성안을 명확하게 염두에 둔다. 그러나 똑같은 어휘만을 고집하지 않는다. 이 방법은 피드백의 유연성을 높인다. 예로, 즉석에서 말하면서 명확성이 필요한 경우 그 점을 명확히 할 수 있다. 또한 당신 자신이 될 수 있기 때문에 자연스럽다.

이 방법의 가장 큰 단점은 당신이 말을 더듬거나 적절한 단어를 찾기 위해 머뭇거릴 수 있다는 것이다. 연설을 여러 번 연습함으로써 이러한 단점을 해결할 수 있다. 원고를 기억하는 스타일에 대해서는 정확한 주의를 기울이지 않겠지만, 어떤 핵심 구절을 외울 수는 있다.

준비를 동반한 즉석 연설 방법은 대부분의 상황, 특히 대중 연설의 기술을 배우는 것이 목적인 교실 연설에서 권장된다. 전반적으로 이 연설은 가장 적은 단점과 더불어 가장 큰 이점을 제공한다. 여기서 논의된 즉석 연설의 원리는 원고 연설을 할 때도 도움이 될 것이다. 즉석 연설 방법을 사용할 때도 연설의 특정 부분을 암기하여서 얻을 수 있는 이점을 고려하는 것이 좋다.

뷰포인트. 당신의 연설을 알리기

John Kerry는 Twitter를 통해 과학자인 Bill Nye와 소통한다.
소셜미디어 사이트에서 다가올 당신의 연설을 알릴 수 있는 몇 가지 방법은 무엇인가?

- 시작과 마지막 몇 줄을 기억하라. 아마도 첫 번째와 마지막 두세 문장일 것이다. 이러한 기억은 연설에서 가장 중요한 시작과 마지막 순간 청중에게 집중하는 데 도움이 될 것이다.
- 주요 포인트와 그 포인트를 제시하는 순서를 기억하라. 결국 당신은 주요 포인트 지점을 청중이 기억하기를 기대한다면, 청중 또한 당신이 주요 포인트에 대해 기억하기를 기대할 것이다.

효과적인 리허설

리허설을 통해 연설이 전체적으로 어떻게 흘러갈지 볼 수 있고, 필요한 변화와 개선을 이룰 수 있도록 한다. 그리고 할당된 시간 내에 마칠 수 있도록 연설 시간을 정할 수 있다. 다음의 절차는 리허설 시간을 가장 효과적으로 사용하는 데 도움이 될 것이다.

> **JOURNAL** **커뮤니케이션 초이스 포인트**
>
> **전달 방법**
> 당신은 새로운 의료 옵션에 대해 직장 동료에게 10분 동안 연설해야 한다. 당신은 커뮤니케이션에 대해 우려함을 갖고 있고, 그 영향을 최소화하고 싶다.
> 전달 방법에 대한 선택은 무엇인가? 각 방법의 장단점은 무엇인가? 염려에 대처하는 데 도움이 될 수 있는 방법은 무엇인가?

- 전체 연설을 연습한다. 연설을 처음부터 끝까지 연습하라. 리허설 때 예제와 실례(그리고 있다면 시청각 보조)를 모두 포함시켜야 한다.

- 연설의 길이를 정한다. 연습할 때마다 연설 시간을 정하라. 이 시간을 기준으로 연설을 조정하고, 당신이 말하려는 내용과 전달 속도를 조정한다.

- 당신이 어떤 조건에서 말을 할 것인지 생각해 본다. 가능한 실제 연설을 하는 조건과 비슷한 조건에서 연습하는 것이 필요하다. 가능하다면 실제 연설하는 장소에서, 그리고 지지적인 청중 앞에서 연습해 본다.

- 당신이 말하는 것을 알아본다. 충분한 길이의 거울 앞에서 연설을 연습해 청중에게 어떻게 보일지 확인하라. 연설할 때 (물론 큰 소리로) 거울 앞에서 눈맞춤, 동작, 몸짓을 연습한다.

- 연설을 통째로 연습한다. 메모하거나 변화를 주기 위해 리허설을 중단하지 말라. 메모나 변화는 리허설과 리허설 사이에서 할 수 있다. 가능하다면, 연설을 녹화해 청취자가 듣고 볼 수 있는 것에 대해 정확히 듣고 볼 수 있도록 한다.

- 연설을 한 번 이상 연습한다. 최소한 3~4번, 또는 리허설을 통해 개선되는 한 계속한다. 연설을 전달할 때의 최대한 가까운 조건에서 연설을 연습한다.

10단계: 연설을 전달하라

12.4 효과적인 목소리와 신체 동작의 원리를 설명한다.

음성

대중 연설에서는 음성적이지만 비언어적 측면인 **준언어(paralanguage)**에 주의를 기울이는 것이 중요하다. 음량, 속도, 조음과 발음 그리고 일시 정지 등의 차원을 적절히 사용하면 음성을 사용하여 메시지를 보완하고 강화하는 데 도움이 된다.

JOURNAL **커뮤니케이션 초이스 포인트**

말하기 음량(말하기 크기)
두 차례의 연설을 끝까지 앉아서 본 뒤, 교실에서 평상시보다 큰 소리—일반 방송보다 큰 소리로 말하는 텔레비전 광고에서의 말하기 음량—로 연설하는 것이 준비되어 있지 않은지 궁금하다.
음량 사용과 관련하여 어떤 옵션이 있는가? 각각의 장단점은 무엇인가? 당신은 무엇을 하겠는가?

음량   음량(volume)은 음성의 상대적 소리의 세기 또는 부드러움을 나타낸다. 음성이 적절하게 조절될 때, 당신은 청중과의 거리, 방해하는 소음, 그리고 어떤 아이디어를 제시하고자 하는 강조점과 같은 요소에 따라 음량을 조정한다. 당신의 아이디어를 가장 잘 반영할 수 있도록 음량을 다양하게 한다. 아마도 핵심 단어나 문구의 양이 늘어나고, 매우 심각한 것에 대해 이야기할 때는 음량이 작아질 것이다. 단, 문장의 끝에서 흐지부지되지 않도록 조심해야 한다.

속도   말하는 것과 소리 내어 읽기에 대해 분당 평균 약 140단어의 '**속도(rate)**'라고 한다. 속도가 너무 빠르면 청취자로 하여금 당신이 말하는 것을 소화할 시간을 빼앗는다. 반대로 너무 느리면 청취자의 생각이 다른 곳으로 빠지게 된다. 따라서 지루하지 않고 청중이 숙고할 시간을 허용하는 속도로 이야기한다.

조음과 발음   조음(articulation)은 폐에서 나오는 공기의 흐름을 바꾸고 방해하는 언어기관의 생리적 움직임의 결과이다. 혀, 입술, 치아, 입천장 및 성대의 다른 움직임은 다른 소리를 생성한다. 발음(pronunciation)은 사전의 기준과 같이, 정해진 어떤 기준에 따라 음절이나 단어를 생산하는 것이다. 잘못된 조음 및 발음과 관련된 가장 일반적인 문제는 다음과 같은 것이다.

- **생략의 오류(조음).** 소리나 음절을 생략하는 것은 집중력과 연습으로 쉽게 극복할 수 있는 일반적인 조음의 문제이다. 몇 가지 예로는 gov-ern-ment, study-ing, going to, have to, comp-a-ny라고 정확하게 말하지 않고, 대신 gov-a-ment, studyin, gonna, hafta 또는 comp-ny라고 말하는 것이다.

- **대체의 오류(조음).** 올바른 소리를 잘못 대체하는 대체의 오류(어음)도 쉽게 고칠 수 있다. t를 d, th를 d, sk를 x로 대체하는 것이 가장 일반적이다. 예로, waiter, these, better, ask 대신, wader, dese, bedder, ax로 대체하는 것이다. 다른 일반적인 대체 오류로는 정확한 조음인 et cetera, congratulations, length 대신 ekcetera, congradulations, lenth 가 있다.

- **추가 오류(조음).** 이런 오류는 속하지 않는 곳에 소리를 추가하는 것이다. 정확한 조음인 across, athlete, America 대신 acrost, athalete, Americar로 말하는 것이다.

- **악센트(강음 부호)의 오류(발음).** 모든 단어는 악센트나 스트레스 패턴이 있다. 종종 악센트 가 잘못 표시되는 단어의 예로는 정확한 New Órleans, insúrance, cómparable, órator 대 신 New Orleáns, ínsurance, compárable, and orátor로 발음하는 경우이다.

- **소리 추가의 오류(발음).** 소리를 추가하는 오류가 있는 경우, 많은 사람이 표준 발음이 아 닌 소리를 추가한다. 대부분의 경우 그것은 쓰인(written) 단어의 일부이기 때문이다. 이 러한 오류에는 Illinois에서 Illinoi 에 s를 추가하거나 evning 대신 음절을 추가하여 evening으로 발 음하는 경우이다.

뷰포인트. 대중 연설을 위한 복장

정치적으로 영향력 있는 한 여성 리더가 세계 지도자들 앞에서 괴롭힘에 대 해 연설했는데, 그녀가 연설할 때 입은 옷 때문에 비난을 받았다. 그녀는 2,950달러의 형광빛 네온 핑크색 드레스를 입고 있었으며, 이로 인해 연설 의 존재감이 감소되고 훼손되었다는 비평이 있다.

당신이 정치 컨설턴트였다면 그녀에게 중요한 연설을 할 때 어떻게 옷을 입으라 고 조언하겠는가?

일시 정지　　일시 정지는 말의 흐름 에 있어 중지이다. 채워진 일시 정지는 '어', '음', '아'와 같은 발성으로 채워지 는 틈이다. 심지어 그저 침묵을 채우기 위해 사용되는 표현(음, 아시다시피)조 차도 채워진 일시 정지이다. 이러한 일 시 정지는 메시지의 영향력을 손상시 키며 비효율적이다. 이로 인해 당신은 머뭇거리고, 준비되어 있지 않으며, 확신하지 못하는 것처럼 보일 것이다.

연설의 흐름에 삽입된 침묵으로서 일시 정지는 올바르게 사용하면 효과적일 수 있다. 다음은 채워지지 않은 일시 정지인 1~2초간의 침묵이 연설을 향상시킬 수 있는 지점의 예이다.

- 접속어가 나오는 지점에서 일시 정지한다. 일시 정지는 당신이 연설의 한 부분에서 다른 부분으로 옮겨 가고 있음을 알린다. 청중이 당신이 논의하고 있는 주요 쟁점을 분리하는 데 도움이 될 것이다.
- 중요한 주장 말미에서 일시 정지한다. 청중이 중요성에 대해 생각할 수 있게 한다.
- 수사적인 질문 이후 일시 정지한다. 청중에게 어떻게 대답할 것인지 생각할 시간을 준다.
- 중요한 아이디어 전에 일시 정지한다. 다음에 오는 것이, 특히 중요하다는 신호를 보내는 데 도움이 된다.
- 연설의 시작과 종료 전후의 일시 정지, 즉 연설을 시작하기 전과 연설을 마친 후에 잠시 멈춘다. 연설 전에는 청중을 알아보고 평가하여 생각을 정리하도록 하고, 연설 후에는 생각이 차분해지고 당신이 자리에서 벗어나고 싶다는 인상을 없애 줄 것이다.

신체 동작

당신은 입뿐만 아니라 신체 동작으로도 이야기를 나눈다. 이는 제5장에서 소개한 여러 비언어적 채널에 대해 설명한 부분이다. 대중 연설에서 중요한 신체 행동의 네 가지 측면은 (1) 눈맞춤, (2) 얼굴표정, (3) 몸짓 및 자세, (4) 움직임이다. 이런 유형의 행동에 대해 읽으면서 가장 중요하고 일반적인 규칙을 따르도록 한다. 일관된 외관을 유지하고 언어적 메시지와 비언어적 메시지가 서로 모순되지 않도록 주의해야 한다. 예로, 오늘 이야기하게 되어 기쁘다고 말한다면 비언어적 표현(얼굴표정, 일반적인 열의, 자세, 눈맞춤 등)도 그 감정을 반영한다. 연설가는 청중에게 상충되는 신호를 주고 싶지 않을 것이다. 이처럼 언어적 메시지와 비언어적 메시지 사이의 일관성은 또한 자신감과 확신을 전달할 것이다.

눈맞춤   신체 커뮤니케이션의 가장 중요한 단 하나의 측면을 고르라면 눈맞춤일 것이다. 이 신체 활동과 관련된 두 가지 주요한 문제는 충분하지 못한 눈맞춤과 청중을 정당하게 대접하지 않는 눈맞춤이다. 만약 당신이 충분한 눈맞춤을 유지하지 못한다면, 당신은 청중을 직접적으로 바라보는 연설가보다 무심하고, 무관심하며, 신뢰감이 떨어지는 것처럼 보일 수 있다.

시선을 마주치지 않고서는 청중으로부터의 중요한 피드백을 확보할 수 없을 것이다. 청중 전체와 눈을 맞추어야 한다. 왼쪽과 오른쪽의 청중과 똑같이 앞쪽과 뒤쪽 청중 모두와 소통한다. 그러나 문화에 따라 적절한 것으로 간주되는 눈맞춤의 양과 강도가 크게 다르다는 것을 명심하라. 일부 문화권에서는 너무 강렬한 눈맞춤은 공격적인 것으로 간주될 수 있기 때문이다.

얼굴표정   적절한 얼굴표정은 대중 연설에서의 상호작용에 대한 관심을 표현하는 데 도움이 되며 대중 연설에 대한 당신의 편안함과 조절 능력을 전달하는 데 도움이 된다. 그러나 불안과 걱정은 긴장을 완화시키지 못하며 긍정적인 감정이 나타나지 못하게 된다. 시간과 연습은 당신으로 하여금 긴장을 풀 수 있게 해 주고, 당신의 감정이 적절하고 자동적으로 드러나게 할 것이다.

제스처와 자세   자발적이고 자연스러운 동작은 당신의 언어적 메시지를 설명하는 데 도움이 될 것이다. 당신이 자신과 청중에게 편안하다고 느낀다면, 의식하거나 궁리하지 않아도 자연스러운 신체 행동이 일어날 것이다. 연설할 때, 똑바로 서되 뻣뻣하게 서 있지 않는 것이 좋다. 긴장하기보다는 상황에 대한 당신의 지휘를 전달하도록 노력하라. 주머니에 손을 넣는다거나 책상이나 칠판에 기대지 않는 것이 좋다. 자기 정돈 행위(예: 머리카락을 만지거나 얼굴을 만지는 것)와 뒤쪽으로 몸이 기울어지는 것을 피하라. 이는 편하지 않다는 신호를 보낼 수 있다.

움직임   접속어가 시작되는 전환 부분을 강조하고 중요한 주장을 소개하기 위해 움직임을 이용한다. 예로, 전환할 때 새로운 것이 올 것을 알리는 신호로 한 발짝 앞으로 갈 수 있다. 마찬가지로 움직임을 통해 중요한 가정, 증거 또는 엄밀하게 추론된 주장이 있음을 알린다. 천천히 그리고 의도적으로(물론 너무 천천히는 아니다) 연단을 오가는 것이다. 가능한 한 빨리 연설을 끝내고 싶다는 듯, 서두르는 모습을 보여서는 안 된다. 천천히 걷는 것은 통제의 분위기를 전달하는 데 도움이 될 것이다.

노트(메모) 활용하기

프레젠테이션 소프트웨어 패키지 중 하나(예로, PowerPoint 또는 Corel Presentations)로 만든 일련의 슬라이드를 중심으로 연설을 준비하는 전달자는 슬라이드를 그들의 노트로 사용할 수 있다. 대부분의 대중 연설 수업에서 노트는 강연 개요와 시청각 보조 장치로 구성된다. 효과 적인 연설은 연설 중에 [무엇이 되었건, 슬라이드나 투명 필름(OPH필름), 또는 $8\frac{1}{2}$×11인치 크기의 종이 또는 색인 카드 한 개/두 개이건] 노트를 유연하게 사용하는 것에 달려 있다. 간단한 지침 몇 가지는 공통적인 오류를 피하는 데 도움이 될 것이다(McCroskey, 2006).

- **개요를 활용한다.** 연설할 때 강연 개요만 사용하라. 준비 개요는 사용하지 말라. 대부분 의 연설에 대해 $8\frac{1}{2}$×11인치 크기의 한 장 또는 4개 이하의 색인 카드로 충분하다. 이러한 보조수단은 연설을 잊어버리는 것에 대한 불안감을 완화시킬 것이지만, 의미 있는 연설 가-청중 간의 상호작용에 방해가 될 만큼 크지 않아야 한다.
- **당신의 노트를 자세히 알아야 한다.** 강연 무대에 가져갈 것과 똑같은 메모로 적어도 두 번 연습한다.
- **노트를 '개방된 교묘함'으로 활용한다.** 메모를 필요 이상으로 노골적으로 만들지 말아야 하 며, 그렇다고 굳이 메모를 숨기려고 하지 않는다. 메모를 들고 행동하지 말고, 청중을 등 지고 메모를 보지도 않는다. 텔레비전 토크쇼 인물이 메모를 사용하는 방식을 응용한다. 미디어 호스트 중 많은 사람이 모방에 유용한 모델을 제공한다.

출처: McCroskey, J. C. (2006). An introduction to rhetorical communication (9th ed.). Boston, MA: Allyn & Bacon.

비평적으로 연설을 평가하라

12.5 연설 비판에 대한 표현과 수용에 대한 가이드라인을 서술한다.

대중 연설을 배우는 것은 비평을 표현하는 방법, 즉 완결되고 전달된 연설을 평가하고 명확 하고 적극적인 방식으로 평가를 표현하는 것이다. 먼저, 고려해 볼 몇 가지 질문을 살펴본 다 음 이러한 평가를 표현하기 위한 몇 가지 제안을 알아볼 것이다.

고려할 질문

이 장과 앞의 제11장에서 다룬 주제에 대한 다음 질문은 연설 평가의 기초 가이드가 될 수 있다. 다음 질문을 통해서 타인의 연설을 평가하듯이 자신의 연설을 확인하는 데 사용해 보

라. 다음 질문은 제11장과 제12장에서 다루고 있는 단계를 따르고 있다. 리허설에서는 그 단계를 관찰할 수 없으므로 리허설은 제외했다.

주제, 목적, 논점

1. 주제가 가치 있는가? 관련성이 있는가? 전달자와 청중에게 흥미가 있는가?

2. 주어진 연설의 일반적 목적이 정보 전달인가, 설득인가?

3. 주제가 어느 정도 깊이까지 다루어질 정도로 충분히 한정적인가?

4. 구체적 목적이 청중에게 명확한가?

5. 연설의 논제는 분명하고 하나의 주요 아이디어로 제한되어 있는가?

청중

6. 연설가는 문화, 나이, 성별, 직업, 소득, 지위 및 종교와 같은 관련된 잠재적인 청중의 변수 등을 고려했는가? 연설가는 이런 요인을 어떻게 고려해야 할까?

7. 연설가는 청중의 의지, 호의 및 지식에 대해 고려하고 조절했는가?

연구

8. 연설이 적절하게 조사되었는가? 출처는 신뢰할 수 있고 최신의 것인가?

9. 연설가가 그 주제를 완전히 이해하는 것 같은가?

보충 자료

10. 각 주요 명제는 충분하고 적절하게 뒷받침되는가?

11. 보충 자료가 확대하기로 의도된 바를 확대하는가? 증명하기로 의도된 것을 증명하는가?

주요 명제

12. 연설의 요점은 논제와 분명히 관련이 있는가?

13. 연설에서 적절한 숫자의 요점이 있는가(너무 많지도, 너무 적지도 않은가)?

구성

14. 연설의 본문은 어떻게 구성되어 있는가? 구성 패턴은 무엇인가?

15. 구성 패턴이 연설과 청중에게 적절한가?

16. 청중이 연설을 따라가도록 돕고 있는가?

도입, 결론 그리고 전환

17. 결론이 연설을 효과적으로 요약하고 끝맺음하는가?

18. 도입은 청중의 관심을 얻고 명확한 방향을 제시하는가?

19. 적절한 전환(접속어)이 있는가?

단어 선택

20. 언어가 명확하고, 생생하며, 적절하고, 개인적이며, 강력한가?

21. 문장이 짧고, 직접적이고, 적극적이며, 긍정적이고, 다양한가?

전달

22. 연설가가 청중과 눈맞춤을 유지하는가?

23. 음량, 속도, 일시 정지가 청중, 상황, 주제에 적절한가?

24. 연설가의 조음과 발음이 명확성과 전반적인 효율성에 기여하는가?

25. 신체 행동(즉, 제스처 및 시선, 얼굴 및 신체 움직임)이 연설가, 주제 및 청중에게 적절한가?

비평의 표현과 경청

교실 평가의 주요 목적은 각 수업 구성원의 대중 연설 기술을 향상시키는 것이다. 적극적인 비평을 통해 당신은 연설가로서, 그리고 청취자−비평가로서 대중 연설의 원칙을 보다 효과적으로 배울 수 있다. 당신은 자신이 잘하는 것과 개선할 수 있는 것을 발견할 것이다. 그러나 평가의 모든 이점에도 불구하고 많은 사람은 이 과정을 거부하며 종종 개선에 대한 평가와 제안을 개인적인 인신공격으로 인식하곤 한다. 비평을 위한 구체적인 제안을 읽기 전에 다음의 응답을 생각해 보자.

이는 연설에 대한 샘플 응답이다. 다음 각 언급에 대해 무엇이 잘못되었다고 생각하는지 표시하시오. 이어지는 토론에서는 이러한 각 유형의 언급에 대해 자세히 설명한다.

___ 1. 나는 연설을 좋아했다. 이는 훌륭했다. 정말 좋았다.

___ 2. 도입부가 내 관심을 끌지 않았다.

___ 3. 자신의 주제에 관심이 없었다. 우리가 어떻게 관심을 가지기를 기대하는가?

___ 4. 아무도 당신을 이해할 수 없었다.

___ 5. 연설이 약했다.

___ 6. 연설이 전혀 와닿지 않았다.

___ 7. 운동 장학금에 대한 당신의 견해는 우리의 상황과는 맞지 않는다. 우리는 그 장학금을 받았다.

___ 8. 당신의 연설에서 네 가지 잘못된 점을 발견했다. 첫 번째는…

___ 9. 더 나은 연구가 필요했다.

___ 10. 나는 연설을 좋아했다. 캠퍼스에 경찰이 더 필요하다.

비평의 표현   다음은 당신의 평가와 비평을 표현하기 위한 몇 가지 제안이다.

> **JOURNAL** **커뮤니케이션 초이스 포인트**
>
> **연설에 대한 비평**
> 야생마 길들이기의 경이로움에 대한 연설을 듣고, 당신은 그것을 동물학대라고 생각했지만, 연설가의 문화에서는 야생마 길들이기가 가능한 행위라는 것을 알고 있다. 사회자는 당신에게 연설에 대한 비평을 하라고 요청하였다.
> **당신은 이 상황에서 무엇을 선택할 것인가?**

- **긍정적인 말을 한다.** 긍정적인 것으로부터 비평을 시작한다. 앞의 응답에서와 같이 "연설이 전혀 와닿지 않았다."라고 말하는 대신 먼저 연설가에게 당신이 좋아하는 것을 말한 다음에 약점을 말하고 어떻게 수정할 수 있는지 제안하라. "많은 대학이 캠퍼스 폭력에 문제가 있다는 것을 깨달았지만, 여기 Andrews가 있다는 것을 일찍부터 납득하지 못했습니다. 연설이 끝날 무렵에 들려주신 예를(그나저나, 그건 훌륭했습니다.) 도입부에서 들었더라면 좋겠어요."

- **구체적으로 비평한다.** 비평은 구체적일 때 가장 효과적이다. "당신의 전달이 나쁘다고 생각해요." 또는 "당신의 예가 좋았다고 생각해요."(또는 앞서 제시한 응답에서처럼 "나는 연설을 좋아했다. 이는 훌륭했다. 정말 좋았다."와 "연설이 약했다.")와 같은 진술은 연설가가 전달을 개선하거나 사용된 사례를 활용하기 위해 무엇을 할 것인지를 명시하지 않는다. 사용된 증거, 언어 선택, 전달/강연 스타일 또는 그 밖의 다른 것과 같은 구체적인 사항을 언급하라.

뷰포인트. 실수 기록하기
연설을 들으면서, 연설가가 중요한 통계를 잘못 작성했다는 것을 알아차린다.
당신이 할 수 있는 말은 무엇인가? 부적절한 말은 무엇인가?

- **문화적으로 민감해야 한다.** 비평과 관련하여 적절한 것으로 간주되는 것에는 엄청난 문화적 차이가 있다. 매우 개인주의적이고 경쟁적인 문화권의 사람(예: 미국, 독일, 스웨덴)은 대중의 비평을 학습 과정의 정상적인 일부분으로 볼 수 있다. 따라서 그들은 타인을 쉽게 비평할 수 있으며 다른 청취자로부터 동일한 예의를 기대할 수 있다. 개인보다는 집단을 강조하는 문화권의 사람(예: 일본, 멕시코, 한국)은 대중적 비평을 주고받기에 대해 불편하게 여기는 경향이 있다. 그들은 누군가가 기술을 배우도록 도움을 주는 것보다 예의 바르고 정중하게 행동하는 것이 더 중요하다고 느낄지도 모른다.

- **비평을 제한한다.** "당신의 연설에서 네 가지 문제점이 발견되었다."와 같이 연설가의 약점을 목록화하는 것은 도움이 아니라 억압하는 것이다. 특히 좋은 것을 발견하거나 개선되었을 수도 있는 한두 가지 항목을 언급하는 것이 연설가를 돕는 데 더 효과적일 수 있다.

- **적극적이어야 한다.** 연설가에게 앞으로 대중 연설을 할 때 도움이 될 것으로 생각하는 통찰력을 제공하라. 예로, "도입 부분은 관심을 끌지 못했다."는 말은 연설가가 어떻게 당신의 관심을 끌 수 있을지 말해 주지 않는다. 대신 "컴퓨터 충돌에 대한 예가 도입 부분에서 효과적으로 관심을 끌었다."와 같이 말할 수 있다.

- **행동에 대한 비평에 초점을 맞춘다.** 실제 연설 장면에서 연설가가 말을 하며 행동하는 것을 생각해 보자. 연설가가 다른 행동이 아닌 그러한 말과 행동을 하는 이유에 대한 마음 읽기나 가정하기를 피하라. "당신은 당신의 주제에 관심이 없었다."(연설가를 공격하는 논평)

라고 말하는 대신 "당신의 전달 과정에서 다양한 것을 보고 싶었다. 그랬다면 당신이 더 관련이 있다고 느꼈을 것이다."로 말한다.

비평하며 경청하기　　당신은 비평을 효과적으로 표현하는 동시에 비평에 귀를 기울이고 싶어질 것이다. 비평에 귀를 기울이는 것을 덜 어렵고 더욱 생산적인 경험으로 만들기 위한 몇 가지 제안이 있다. 이 지침은 비평이 학습 도구로 사용되는 대중 연설 수업과 같은 학습 환경에서 적합하다. 반면에 비즈니스 및 전문적인 대중 연설에서는 청취자가 개선에 대해 제안하지 않는다. 오히려 그들은 당신이 제기한 문제에 초점을 맞춘다.

- **열린 마음으로 듣는다.** 당신이 이미 당신의 첫 연설을 했다면, 당신은 대중 연설이 매우 자아(ego)와 관련된 것임을 알 것이다. 이 때문에 비평을 차단하려는 유혹이 있을 수 있다. 특히 동료로 가득 찬 강의실에서처럼 공공장소에서 비평을 듣는 것은 쉽지 않다. 그러나 당신이 정말 그런 비평을 차단한다면 개선에 도움이 될 만한 제안을 잃게 될 확률이 높다. 열린 마음으로 귀를 기울이려는 당신의 의지를 보여 줌으로써 비평가들이 자신의 통찰력을 공유하도록 장려하라. 비평을 너무 개인적으로 받아들이지 말고, 가능한 객관적으로 보라.
- **비평가의 관점을 받아들인다.** 비평가가 당신의 증거가 설득력이 없었다고 말하면, 당신이 당신의 연설에서 사용한 12개의 참고문헌을 확인하는 것은 도움이 되지 않는다. 이 비평가는 단지 설득되지 못했을 뿐이다. 대신, 왜 당신의 증거가 이 사람에게 설득력이 없었는지 생각한다.
- **설명을 요청한다.** 비평을 이해하지 못한다면 설명을 요청하라. 만약 당신이 구체적 목적이 너무 광범위하다고 들었는데 그것을 어떻게 개선할 수 있을지가 불분명하다면, 비평가에게 구체적 목적을 어떻게 좁힐 수 있는지 물어본다.

윤리적 커뮤니케이션: 윤리적 비평

말하는 사람과 듣는 사람이 윤리적 의무가 있는 것처럼 비평가도 마찬가지이다. 여기 세 가지 의무가 있다.

• 윤리적인 비평가는 발표자에 대한 개인적인 감정과 연설에 대한 평가를 분리한다. 전달자에 대한 호감이 비평가로 하여금 연설에 대해 긍정적인 평가를 하도록 해서는 안 되며, 또 전달자를 싫어하는 것이 부정적인 평가로 이어져서도 안 된다. 마찬가지로, 발표자의 논제에 대한 태도가 공정하고 객관적인 평가를 방해해서는 안 된다. 윤리적인 비평가는 깊숙이 박혀 있는 신념과 주장이 모순되더라도 그 주장의 타당성을 인정하는 동시에, 깊숙이 박힌 신념을 지지하더라도 주장의 오류를 인정한다.

• 윤리적인 비평가는 자신의 생각에 대해 책임진다. 이러한 소유권을 표현하는 가장 좋은 방법은 나-메시지를 사용하는 것이다. "더 나은 연구가 필요했습니다."라고 말하는 대신 "나는 최근 연구를 이용했다면 더 설득되었을 것입니다."라고 말한다.

• 윤리적인 비평가는 민족중심적 성향을 거부하고 단순히 자신과 다르다는 이유로 관습과 신념을 부정적으로 평가하지 않는다. 윤리적 비평가는 단순히 특정 성별, 인종, 애정 지향, 국적, 종교 또는 연령 집단이라는 이유로 연설가를 차별하거나 선호하지 않는다.

윤리적 초이스 포인트

당신과 당신의 가장 친한 친구가 함께 커뮤니케이션 과정을 수강하고 있다. 친구가 방금 끔찍한 연설을 했는데 안타깝게도 교수가 당신에게 비평을 해 달라고 요청했다. 여기서 생각할 점은 교수의 성적이 학생 비평가의 말에 크게 영향을 받는 것 같다는 것이다. 따라서 사실상 당신의 비판이 친구의 성적을 결정짓게 될 것이다. 당신은 친구가 절실히 필요로 하는 좋은 점수를 받을 수 있도록 긍정적인 비평을 주고 싶을 것이다. 나중에 언제든지 진실을 말하고 개선하는 데 도움을 줄 수 있다.

이 상황에서 당신의 윤리적 의무는 무엇인가? 당신은 무엇을 하겠는가?

개념 요약

이 장에서는 대중 연설 과정의 마지막 4단계인 연설 구성하기, 도입, 결론, 전환, 그리고 개요 구성하기, 연설의 리허설과 전달하기를 알아보았다.

7단계: 연설문을 작성하라

12.1 연설문에서의 명료성, 생동감, 적절함, 본인의 문체 그리고 적절한 문장구성을 정의한다.

1. 문어체 스타일과 비교할 때 구술 스타일은 짧고 단순하며 친숙한 단어, 더 많은 자격, 더 많은 자기 참조적 용어를 포함한다.
2. 효과적인 대중 연설 스타일은 명확하고(경제적이고 구체적이며 접속어를 사용하고 짧고 친숙하며 일반적으로 사용되는 용어를 사용한다), 생생하다(활동을 나타내는 동사, 강한 동사, 비유 및 형상화를 사용한다). 그리고 청중에게 적합(적절한 수준의 형식성에 근거한다. 문어체 스타일의 표현을 피한다. 속어, 저속한 표현, 공격적인 용어를 피한다)하며, 개인적이다(인칭대명사를 사용한다. 질문을 한다. 직접성을 만든다). 또한 강력하다(주저함, 지나친 과장어, 불확실어, 자기비판적 진술, 속어와 저속한 언어를 피한다).
3. 대중 연설에 대한 효과적인 문장은 일반적으로 짧고, 직접적이며, 적극적이고, 긍정적으로 표현되며, 유형과 길이에 있어 다양하다.

8단계: 도입, 결론, 접속사 그리고 개요를 구성하라

12.2 도입, 결론, 접속어의 기능과 개요의 준비 및 강연의 성격을 설명한다.

4. 결론은 연설을 요약하고 끝맺는다.
5. 도입은 청중의 관심을 얻고, 그들에게 연설의 방향을 알려 준다.
6. 접속사와 중간 요약은 연설의 부분을 연결하고 청취자가 연설을 더 잘 기억하도록 도와준다.
7. 준비, 템플릿 및 강연 개요는 모두 다른 기능을 제공하며 효과적인 연설을 준비하고, 발표하는 데 있어 모든 연설가, 특히 초보 연설가를 도울 것이다.

9단계: 연설을 위해 리허설하라

12.3 연설 방법과 리허설을 설명한다.

8. 대중 연설을 전달하는 데는 세 가지 기본 방법이 있다. (1) 즉흥 연설 방법, 특정 준비 없이 말하기를 포함, (2) 원고 연설 방법, 전체 연설문을 작성하고 청중에게 읽는 것을 포함, (3) 즉석 연설 방법, 철저한 준비와 주요 아이디어 및 그것의 등장 순서를 암기하지만, 정확한 구성에 얽매이지는 않는다.

9. 리허설을 사용하여 처음부터 끝까지 연설을 완성한다. 현실적인 조건에서 연습하고 가능하다면 청중 앞에서 연습하라.

10단계: 연설을 전달하라

12.4 효과적인 목소리와 신체 동작의 원리를 설명한다.

10. 연설할 때, 목소리를 최대한 효과적으로 조절하라. 예로, 청중과의 거리와 특정 아이디어를 제시하고자 하는 강조점을 기준으로 음량을 조정한다. 시간 제약, 연설 내용, 청취 조건을 토대로 속도를 조정한다.

11. 조음과 발음의 주요 문제인 누락, 대체, 추가 및 악센트의 오류를 피한다.

12. 채워지지 않은 일시 정지를 사용하여 연설의 주요 부분 사이의 전환을 알리고, 청중이 생각할 시간을 허용한다. 청중이 수사학적인 질문을 숙고하고, 특히 중요한 아이디어의 접근 방식을 알릴 수 있도록 한다. 꽉 찬 일시 정지를 피하라. 당신의 메시지를 약화시킨다.

13. 효과적인 신체 행동은 전체 청중과의 눈맞춤을 유지하고, 얼굴표정이 감정을 전달하도록 하며, 자세를 사용하여 대중 연설 상호작용의 조절 능력을 전달하고, 약간씩 돌아다니며, 메모를 효과적으로 사용하는 것을 포함한다.

비평적으로 연설을 평가하라

12.5 연설 비판에 대한 표현과 수용에 대한 가이드라인을 서술한다.

14. 비평할 때는 긍정적인 말을 하고, 구체적이고, 문화적으로 민감하고, 비판을 제한하고, 적극적이며, 행동에 집중하려고 노력하라. 비평을 받을 때는 열린 마음으로 듣고 비평가의 관점을 받아들이고 필요에 따라 설명을 구한다.

기술 요약

이 장에서 스타일과 전달에 대한 몇 가지 중요한 기술을 강조했다. 다음에 제시된 내용을 읽어 보고 더 노력할 필요가 있는 항목에 (∨) 체크하시오.

_____ 1. 나는 내 연설을 분명하고, 생생하며, 적절하고, 개인적(개성적)인 것으로 표현한다.

_____ 2. 나는 짧고, 직접적이고, 능동태이며, 긍정적인 문장을 구성하고, 문장의 유형과 길이를 다양하게 사용한다.

_____ 3. 나는 연설의 주요 아이디어를 요약하고 연설을 선명하게 마무리하는 결론을 도출한다.

_____ 4. 나는 주의를 끌고 다음에 올 것을 미리 보여 주는 소개를 만든다.

_____ 5. 나는 연설의 여러 부분을 연결하고 청취자가 내가 말하는 것을 기억하도록 돕기 위해 접속어와 내부 요약을 사용한다.

_____ 6. 일반적으로 나는 (준비한) 즉석 연설 전달 방법을 사용한다.

_____ 7. 나는 연설을 처음부터 끝까지 연습하고, 시간을 정해 실제 전달과 비슷한 조건에서 연습하고, 거울 앞에서도 연습하며, 자주 연습한다.

_____ 8. 나는 나의 언어 메시지를 최대한 반영하고 강화하며 음량과 속도의 일반적인 문제를 피하기 위해 음량과 속도를 다양하게 사용한다.

_____ 9. 나는 생략, 대체, 추가, 악센트 및 침묵해야 하는 발음 소리의 조음 및 발음 오류를 피한다.

_____ 10. 나는 일시 정지를 사용하여 전환신호를 보내고, 청취자가 생각할 시간을 허용하며, 중요한 아이디어의 접근을 알린다.

_____ 11. 연설하는 동안 나는 청중 전체와 눈을 맞추고, 얼굴표정이 내 감정을 전달하게 하고, 자연스럽게 몸짓하며, 목적에 맞도록 몸의 움직임을 통합한다.

_____ 12. 타인의 연설에 대해 비평할 때, 나는 긍정적인 말을 하고, 구체적이며, 문화적으로 민감하고, 비판을 제한하고, 적극적이며, 행동에 대한 비판에 집중하려고 노력한다.

핵심 용어

이 장에서 논의된 주요 용어이다. 이 용어의 정의는 이 장의 본문에서와 책의 뒷부분에 수록된 용어집에 제시되어 있다.

강연 개요	속도	조음
과장	수사적 질문	준언어
관용어구	원고 연설	중간 요약
구술/구어체 스타일	은유	즉석 연설
두운	음량	즉흥 연설
발음	의인화	직유
비유적 표현	일시 정지	추상화
비평	접속사	템플릿 개요

정보적 연설

13

"정보를 전달할 때 당신 자신 또한
잘 드러내야 한다."

이 장의 주제

- 정보적 연설의 가이드라인
- 정보적 연설의 세 가지 유형
- 지지 자료
- 발표 보조도구

학습 목표

13.1 정보적 연설의 가이드라인을 이해하기 쉽게 재진술한다.

13.2 설명, 개념정의, 시연 연설을 정의하고, 각 연설의 예를 제시한다.

13.3 정보적 연설을 지지하는 자료로 예시, 삽화, 내러티브(이야기), 증언, 수치 데이터 및 정의를 규정한다.

13.4 다양한 종류의 발표 보조도구의 사용과 남용에 대해 설명한다.

이 장은 전달자가 수신자에게 알지 못했던 것을 말해 주는 정보적 연설을 담고 있다. 제14장에서는 전달자가 수신자의 태도나 신념을 변화시키거나 수신자가 무엇인가를 하도록 만드는 설득적 연설을 소개한다.

정보적 연설의 가이드라인

13.1 정보적 연설의 가이드라인을 이해하기 쉽게 재진술한다.

연설에서 정보(information)를 전달할 때, 당신은 수신자에게 그들이 모르고 있거나 새로운 무언가를 말하게 된다. 당신은 옛것을 참신한 시각으로 바라보거나 새것을 전통적인 시각으로 바라보는 방법을 수신자에게 알려 줄 것이다. 당신은 이전에 들어 본 적이 없는 이론이나 충분히 이해되지 않는 친숙한 개념을 논의할 것이다. 당신은 청중이 의식하지 못하는 사건에 대해 이야기하거나 그들이 오해하고 있는 현상에 대해 설명할 것이다. 당신이 전달하려는 정보적 연설의 유형과 상관없이 [그림 13-1]에 제시된 가이드라인이 도움이 될 것이다.

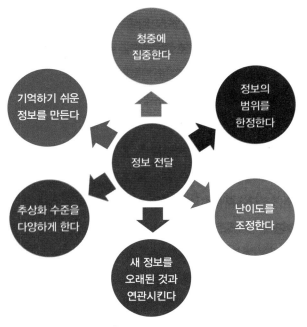

[그림 13-1] **정보적 연설의 가이드라인**

청중에 집중한다

정보적 연설에서 당신이 전달하려는 정보는 청중의 요구와 관심에 중점을 두고 집중해야 한다. 당신이 말하는 것을 청중이 듣고 싶어 해야 한다. 연설의 초반에 청중의 궁금증(경청해야 하는 이유는 무엇인가, 왜 이 정보에 관심을 가져야 하는가?)에 답해야 한다. 예로, 연설에서 당신이 하는 말이 청중의 돈과 시간을 절약시켜 주거나, 현재의 금융시장을 이해하도록 돕거나, 좀 더 자기개발할 수 있다는 점을 강조할 필요가 있다. 청중의 목적과 이익에 유용하고 관련된 정보를 당신이 갖고 있다는 것을 보여 줌으로써 당신은 청중의 주의를 끌고 유지시킬 수 있다.

정보의 범위를 한정한다

수신자가 한번에 받아들일 수 있는 정보의 양은 한계가 있다. 너무 많은 정보를 주고자 하는 유혹을 참아야 한다. 정보의 폭을 넓히는 대신 전달하려는 정보의 깊이를 확장하도록 한다. 두 가지의 새로운 정보를 제시하고 예시와 삽화, 묘사를 통해 깊이 있게 설명하는 것이 깊이를 확장시키지 못하는 다섯 가지 정보를 제시하는 것보다 낫다. 남성과 여성의 생리, 심리, 사회 및 언어적 성차를 말하고자 할 때, 예로 너무 많은 주제를 다루면 각 주제는 어쩔 수 없이 피상적인 수준에 그치게 된다. 대신, 한 영역의 세부 분야(언어발달 또는 언어문제의 차이점)를 선택하여 깊이 있게 발전시켜야 한다. 제11장에서 다룬 주제를 한정하는 기법을 활용하면 된다.

난이도를 조정한다

학교 수업을 들어 봐서 알겠지만 정보는 매우 간단하거나 또는 매우 복잡한 형태로 제시될 수 있다. 당신이 전달하는 정보의 난이도는 이 책에서 다루는 다양한 요인, 즉 청중의 기본 지식 정도, 연설의 시간, 연설의 목적, 연설의 주제 등에 따라 달라져야 한다. 만약 당신이 주제를 너무 단순하게 다루면 청중은 지루해지고 좀 더 심하게 말하면 청중을 모욕하게 된다. 만약 당신의 이야기가 너무 난해하다면 청중은 혼란스럽고 당신의 메시지는 전달되지 않는다. 적어도 연설의 시작은 이해하기 쉽게 간결하도록 노력해야 한다. 당신이 사용하는 용어가 청중에게 친숙한지와 생소한 용어를 명확하게 설명하고 있는지를 잘 확인해야 한다.

새 정보를 오래된 것과 연관시킨다

수신자는 어떤 정보를 자신이 이미 알고 있는 것과 연관시킬 때 정보를 쉽게 배우고 오래 기억할 것이다. 새로운 것을 오래된 것, 생소한 것을 친숙한 것, 미지의 것을 이미 본 것, 그리고 맛보지 않은 것을 먹어 본 맛과 연관시킨다. 예로, Ohio 주립대학교 학생인 Teresa Jacob(Schnoor, 1997, p. 97)은 약물 상호작용(즉, 새로운 것)의 문제점을 교내 실험실의 혼합 화학물의 위험성(즉, 오래된 또는 익숙한 것)과 관련시켰다.

고등학교 시절, 우리는 무해한 화학물을 함께 섞는 것의 위험성을 화학 수업시간에 배웠습니다. 화학물 한 방울을 잘못 떨어뜨리면 악취를 풍기는 폭발, 또는 그보다 더 심한 폭발을 만들어 냅니다. 이와 같은 위험한 일이 많은 미국인의 몸 안에서 매일 발생하고 있는데, 바로 건강을 위해 복용하는 여러 약을 혼합시킴으로써 같은 일이 벌어지고 있습니다.

윤리적 커뮤니케이션: 윤리적으로 말하기

대중 연설과 특히 관련 있는 윤리에 대한 흥미로운 접근법으로 네 가지 가이드라인이나 원칙이 있다(Wallace, 1955; Johannesen, Valde, & Whedbee, 2007).

- **지식을 갖추고 발표한다.** 윤리적인 전달자는 주제에 대한 철저한 지식, 관련 질문에 대답하는 능력, 주제와 관련된 중요한 사실 및 의견에 대해 인식한다.
- **편견 없이 사실과 의견을 제시한다.** 윤리적인 전달자는 사실과 의견을 모두 공평하게 제시하며 개인적인 이익을 위해 방향을 바꾸거나 굽히지 않는다. 최종 판단은 수신자가 한다.
- **출처를 밝힌다.** 윤리적인 전달자는 인용된 사실과 의견의 출처를 밝히고 출처에 있는 편견과 선입견을 수신자가 평가하도록 돕는다.
- **반대 주장을 인정한다.** 윤리적인 전달자는 반대되는 주장과 증거를 인정하고 존중하며 청중의 타당한 반대 주장을 숨기지 않는다.

윤리적 초이스 포인트

당신은 캠퍼스에서 건강에 좋은 음식을 새롭게 설명하기 위해 정보적 연설을 하고 있다. 논리적으로 다루어야 할 중요한 요소는 변화에 따른 비용으로, 곧 학생들이 부담해야 하는 비용 증가와 관련된다. 당신은 이 계획에 찬성하지만, 학생들이 학비가 인상될 것을 알게 되면 이 계획에 반대표를 던질 수도 있기 때문에 비용에 대한 논의를 생략하고 싶다. 당신은 모든 이슈를 포함할 시간이 없다는 것, 비용의 출처를 묻는 것은 청중의 책임이라는 것, 그리고 이 계획은 정말로 모두에게 이익이 된다는 것을 알고 있다.

이 상황에서 당신의 윤리적 의무는 무엇인가? 당신은 어떻게 할 것인가?

추상화 수준을 다양하게 한다

당신은 언론의 자유에 대해 추상적으로 이야기할 수 있다. 대중으로부터 정보를 얻는 것의 중요성과 권리장전을 언급하고 언론의 자유와 민주주의의 수호를 연관지음으로써 그렇게 할 수 있다. 그러나 당신은 언론의 자유에 대해 추상적이지 않은 수준에서 구체적이고 분명하게 여기서 전달자는 비교적 일반적이거나 추상적인 진술로 시작한다.

여기서 전달자는 냉장고 박스, 담요, 플라스틱 병을 예를 들어 구체적인 사항을 언급한다.

노숙자는 전국의 모든 대도시 곳곳에서 심각한 문제입니다. 현재 뉴욕시에만 노숙자가 20만 명이 넘는 것으로 추산됩니다. 실제 이게 무슨 일인지 그 내용을 이야기하겠습니다.

이는 한 젊은이에 대한 이야기입니다. 그는 많이 나이 들어 보이지만 25세나 30세쯤 됩니다. 그는 제가 살고 있는 아파트 옆 판자 상자에서 살고 있습니다. 비록 그의 이름은 모르지만 우리는 그를 Tom이라 부릅니다. 그의 모든 소유물은 큰 상자에 보관되어 있습니다. 상자는 냉장고에서 나온 상자 같아 보입니다. 실제로, 그는 많은 것을 갖고 있지 않고 그가 갖고 있는 것은 이 상자 안에 쉽게 들어맞는 것들입니다. 상자에는 이웃이 내다 버린 담요, Tom이 물을 담을 때 쓰는 플라스틱 병, 버거킹 쓰레기통에서 주워 온 스티로폼 용기들이 있습니다. 이것들은 그가 구한 여러 종류의 음식을 보관하기 위해 사용됩니다.

노숙자란 누구인가요? 바로 Tom과 뉴욕에 있는 20만 명의 또 다른 'Tom' 그리고 미국 전역의 수천 명의 사람에 대한 것입니다. 그리고 그들 모두가 살아가는 데 필요한 상자를 갖고 있는 것은 아닙니다.

첫 번째 단락에서 노숙자에 대한 비교적 추상적인 설명을 언급하고 있다. 두 번째 단락에서 구체적인 사항들을 언급한다. 마지막 단락에서는 추상적인 것과 구체적인 것이 연결되어 있다.

결론은 구체적인 사항(Tom)과 좀 더 일반적인 사항(20만 명의 노숙자와 미국 전역의 노숙자에 대한 생각) 그리고 또 다시 상자라는 구체적인 사항을 결합하고 있다.

[그림 13-2] **다양한 추상화의 표본**

말할 수도 있다. 예로, 지역 신문이 어떻게 시의회에 비판적인 기사를 싣지 못하게 되었는지 또는 Lucy Rinaldo가 시장에게 비판적인 기사를 쓴 후에 지역 감시단에서 어떻게 해고되었는지 설명할 수 있다.

높은 추상화(매우 일반적인)와 낮은 추상화(매우 구체적인)를 결합한 **추상화 수준**을 다양하게 하는 것이 가장 적절하다. 구체성이 없는 너무 많은 일반화 또는 일반화가 없는 너무 많은 구체성은 추상화와 구체화의 결합보다 덜 효과적이라는 것이 입증될 것이다.

[그림 13-2]는 추상화의 수준이 어떻게 변화할 수 있는지에 대한 예를 보여 준다.

기억하기 쉬운 정보를 만든다

대중 연설의 원칙(예: 언어, 전달, 지지 자료)은 모두 수신자가 당신의 연설을 기억하도록 돕는 것이다. 여기에 몇 가지 추가적인 제안사항이 있다.

JOURNAL 커뮤니케이션 초이스 포인트

정보적 연설의 원칙
당신이 수업 시간에 최저 임금에 대한 연설을 준비하고 있다고 상상해 보자.
정보적 연설의 원칙을 사용하여 이 연설을 의미 있게 만드는 방법에는 어떤 것이 있는가? 어떤 원칙이 가장 효과적일 것인가? 어떤 원칙을 포함할 것인가?

- 중요한 점을 반복하거나 재진술한다. 청중이 기억하기를 원하는 것을 기억하도록 돕는다.
- 안내 문구를 사용한다. 예로, "기억해야 할 첫 번째 요점은…"이라고 말함으로써, 청중의 주의를 당신이 말하고자 하는 가장 중요한 요점으로 직접 이끈다.
- 내부적인 요약 전환을 사용한다. 청중에게 "이제 문제점을 알게 되었으니 해결책도 알아보도록 합시다."와 같이 당신이 말한 것과 이후에 언급될 내용이 어떻게 관련되어 있는지 상기시켜 준다.
- 메시지의 형태를 일정하게 유지한다. 만약 청중이 당신의 연설이 조직화되어 있고 그것의 논리를 알게 된다면, 그들은 마음속으로 당신이 하는 말을 더 잘 정리하고 기억할 수 있게 될 것이다.
- 청중의 주의를 집중시킨다. 수신자의 주의를 집중시키는 가장 좋은 방법은 그들에게 집중하라고 말하는 것이다. 간단히 말해서, "나는 이번 연설에서 당신이 세 가지 요점에 집중해 주기를 바란다. 첫 번째는…" 또는 "당신이 기억했으면 하는 것은 …이다."

정보적 연설의 세 가지 유형

13.2 설명, 개념정의, 시연 연설을 정의하고, 각 연설의 예를 제시한다.

정보적 연설의 원리, 지지 자료의 종류 및 발표 보조도구를 알아보고 있으므로 이제 정보적 연설의 세 가지 유형, 즉 [그림 13–3]에 제시되어 있는 설명 연설, 개념정의 연설, 시연 연설에 대해 알아볼 것이다.

설명 연설

설명 연설(speech of description)에서 당신은 어떤 대상, 인물, 사건 또는 과정을 설명하는 데 관심이 있다. 당신은 연설에서 대상과 인물에 대해 예로, 뇌의 구조, Thomas Edison의 공헌, 전화의 부품, Philadelphia의 배치도, 기업의 위계 구조, 또는 컴퓨터 체계의 구성요소에 대해 설명할 것이다.

당신은 연설에서 사건과 과정에 대한 예로, 보디빌딩 대회를 조직하는 과정, 블로그를 만드는 방법, 아동이 언어를 습득하는 방법, 사람들이 온라인에서 주식을 구입하는 방법, 또는 Arab

Spring(아랍의 봄, 2010년 튀니지에서 일어나 대규모 시위를 시작으로 아랍 세계로 번진 민주화 운동을 뜻함)을 이끌어 낸 사건에 대해 기술할 것이다.

뷰포인트. **정보적 말하기 가이드**

당신이 들은 모든 정보적 연설(특히 학교와 직장에서)을 떠올려 보면, 어떤 가이드라인이 자주 위반된 것을 알 수 있는가? 전달자가 따라야 할 추가적인 가이드라인은 무엇이 있는가?

논지와 주요 요점　제11장에서 설명한 바와 같이 연설의 논지는 가장 중요한 하나의 개념으로 당신의 중심 생각이다. 설명 연설의 논지는 곧 당신이 연설에서 설명하고자 하는 것을 간단히 말하는 것이다.

> 아동은 4단계로 언어를 습득한다.
> 온라인에서 주식을 구매하는 3단계가 있다.
> 4개의 주요 사건들이 미국과 쿠바 관계의 변화를 이끌었다.

설명 연설의 주요 요점은 논지를 크게 세분화한 것이다. 전략적인 질문을 통해 당신은 논지로부터 주요 요점을 도출한다.

> 아동의 언어 습득 4단계는 무엇인가?
> 온라인으로 주식을 구매하는 3단계는 무엇인가?
> 어떤 사건이 미국과 쿠바 관계의 변화를 이끌어 냈는가?

지지　주요 요점을 단순히 열거하는 대신 당신은 주요 요점을 상세하게 설명하여 이 요점을 기억할 만한 흥미로운 것으로 만들어야 하며, 무엇보다 명료화시켜야 한다. 이를 위해 설명 연설에서는 당신의 중심 생각을 확장시키고 지지하는 다양한 자료를 사용한다. 설명 연설을 할 때, 설명의 다양성과 관련된 뒷받침 자료로 예시, 삽화, 내러티브(이야기), 증언, 수치 데이터, 발표 보조도구를 사용하

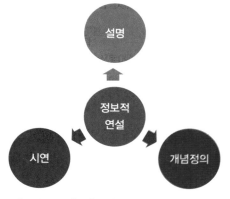

[그림 13-3] **정보적 연설의 세 가지 유형**

여 추가적으로 고려해야 할 자료를 제공해야 한다.

구조   대상과 인물을 설명할 때 공간적 또는 주제적인 구조화를 사용하는 것을 고려해야
한다. 예로, Philadelphia 중심부의 도로 배치도에 대해 설명해야 한다면 당신은 북쪽에서 시
작하여 남쪽까지 내려가는 기술을 할 수 있다(공간적 패턴을 사용). 만약 Steve Jobs가 기여한
점을 설명한다고 할 때, 당신은 3~4개의 주요 공헌한 바를 선택하고 각각을 동등하게 논의할
수 있다(주제적 패턴을 사용).

사건과 과정을 설명할 때 시간적 패턴을 사용하는 것을 고려해야 한다. 만약 Arab
Spring(아랍의 봄)으로 이어지는 사건을 기술한다면 당신은 가장 초기의 것부터 시작해서 가
장 최근의 사건까지 발전시킬 수 있다. 시간적 패턴은 허리케인이 어떻게 발달하는지 또는 퍼
레이드가 어떻게 함께 행진하는지를 설명하는 데 적합하다. '누가, 무엇을, 어디서, 언제 그리
고 왜(5w)'라는 구조의 패턴은 사건이나 과정을 설명하는 데 유용할 것이다. 예로, 집을 어떻
게 구입하는지를 설명해야 할 때 당신은 다음과 같은 사항을 고려할 것이다. 관련된 사람(누
가), 거쳐야 할 단계(무엇을), 가야 할 장소(어디서), 각 단계의 시기나 순서(언제), 집 구입의 장
단점(왜)이다.

여기에 설명 연설의 골자가 어떻게 표현되는지 예시가 있다. 전달자는 논지에 대해 질문함
으로써 주요 요점을 도출하고 있다는 점을 주목하라.

> **일반적 목적** 정보 전달
> **구체적 목적** 문화 간의 커뮤니케이션에서 두려움이 작용하는 방식을 설명한다.
> **논지** 두려움은 문화 간의 커뮤니케이션에 영향을 미친다. (어떤 두려움이 문화 간 커뮤니케
> 이션에 영향을 미치는가?)
> I. 우리는 거부를 두려워한다.
> II. 우리는 우리 자신을 당황하게 만드는 것을 두려워한다.
> III. 우리는 해를 입는 것을 두려워한다.

연설할 때 전달자는 이 정보로 시작할 수 있다. 그런 다음 전달자는 거부의 두려움을 지지
하고 확장시키는 예, 즉 전달자의 경험에 근거한 거부의 현상, 그러한 두려움의 중요성에 대
한 커뮤니케이션 이론가들의 증언, 그러한 두려움이 문화 간 커뮤니케이션에 미칠 수 있는 영
향에 대한 연구 결과 등을 제공할 것이다.

개념정의 연설

리더십이란 무엇인가? 구원받은 개신교인이란 누구인가? 심리학과 사회학의 차이는 무엇인가? 문화인류학자란? 안전한 성관계란? 이것 모두 **개념정의 연설**(speech of definition)에 적합한 주제이다.

개념정의 연설을 할 때 당신은 용어를 정의내리고, 체계나 이론을 정의하거나 또는 용어나 체계 간의 유사점과 차이점을 정확히 찾아내어 기술하는 데 초점을 맞추게 된다. 예로, 용어를 정의하는 연설의 주제는 무한하다. 즉, 스마트 카드란 무엇인가? 마초(남성다움의 과시)란 무엇인가? 정치적인 올바름은 무엇인가?

연설은 또한 체계나 이론을 정의 내릴 수 있다. 즉, 유교의 주요 신념은 무엇인가? 표현주의란 무엇인가? 대중 커뮤니케이션의 '플레이 이론'은 무엇인가?

어떤 연설의 주제는 유사하고 이질적인 용어나 체계를 정의하는 것을 포함할 수 있다. 즉, '축구를 의미하는 football과 soccer는 무엇이 다른가? 개신교인과 이슬람교인의 공통점은 무엇인가? Facebook은 Twitter와 어떻게 다른가?'이다.

논지와 주요 요점　개념정의 연설의 논지는 용어나 체계를 확인하고 그것을 정의 내리거나 다른 용어와 대조하여 의도를 진술하는 것이다.

> 개신교와 이슬람교는 공통점이 많다.
> 텍스트와 온라인 사전은 유사하지만 다르다.

당신은 논지의 주요 요점을 다음과 같이 질문하면서 도출할 수 있다. 개신교와 이슬람교의 공통점은 무엇인가? 텍스트와 온라인 사전은 어떻게 비슷하고 다른가?

지지　일단 개념정의 연설에서 각각의 주요 요점을 갖게 되면 이 요점에 필요한 예시, 증언, 그리고 이와 유사한 정보로 요점을 지지하라. 예로, 개신교–이슬람교의 예시에서 주요 요점 중 하나는 두 종교 모두 선행의 가치를 믿는다는 것일 수 있다. 그런 다음 신약성서와 코란을 인용하여 이 믿음을 설명하고, 이러한 모습을 잘 보여 주는 개신교인과 이슬람교인의 예시를 언급하거나 선행의 중요성을 이야기한 종교 지도자의 증언을 인용할 수도 있다.

개념정의 연설이기 때문에 앞에서 논의한 바와 같이 모든 정의에 특별한 주의를 기울여야 할 것이다.

구조   개념정의 연설의 경우 분명한 구조적 패턴은 다양한(복합적인) 정의의 패턴이다(제11장 참조). 대안으로 각 중심 생각이 동등하게 취급되는 주제별 순서를 사용하는 것을 고려해볼 수 있다. 그러나 어떤 경우든 알려진 것에서 알려지지 않은(미지) 것으로 진행한다. 당신의 청중이 알고 있는 것에서 시작하여 새롭거나 낯선 것까지 발전시키도록 한다.

여기에 개념정의 연설을 구성하는 방법에 대한 예가 있다. 이 특별한 예에서 전달자는 연설 주제로 거짓말의 세 가지 주요 유형을 선택하고 주제별 패턴으로 그것을 배열한다.

일반적 목적 정보 전달

구체적 목적 거짓말의 주요 유형을 설명하여 거짓말을 정의한다.

논지 거짓말에는 세 가지 유형이 있다. (거짓말의 주요 세 가지 유형은 무엇인가?)

I. 은폐(concealment)는 진실을 숨기는 과정이다.

II. 위조(falsification)는 거짓 정보를 진실인 것처럼 제시하는 과정이다.

III. 오해(misdirection)는 심증에 이끌려 그 원인을 잘못 파악하는 과정이다.

이러한 연설을 할 때, 전달자는 다음과 같이 시작할 수 있다.

JOURNAL 커뮤니케이션 초이스 포인트

개념정의 연설
당신은 기본적인 종교적 신념을 정의하는 연설을 하고 싶다. 청중의 대부분은 당신이 걱정하는 바와 같이 당신의 믿음에 대해 부정적인 견해를, 일부는 중립적이거나 약간 긍정적인 견해를 가질 수 있다. 이러한 태도에 대해 이해하고 있음을 당신은 인정하고 싶다.
당신이 이 요점을 파악하는 데 도움이 되도록 할 수 있는 말은 무엇인가? 각 접근방식의 장단점은 무엇인가? 당신은 뭐라고 말할 것인가?

거짓말은 거짓을 말하는 것입니다. 사실인가요? 글쎄요. 꼭 그렇지는 않습니다. 실제로, 우리가 거짓말을 할 수 있는 방법은 많습니다. 우리는 진실을 숨김으로써 거짓말을 할 수 있습니다. 우리는 거짓 정보를 진실인 것처럼 위조하여 거짓말을 할 수 있습니다. 그리고 우리는 심증에 이끌려 그 원인을 잘못 파악함으로써 오해로 거짓말을 할 수 있습니다.

이제 거짓말의 첫 번째 유형부터 알아보겠습니다. 은폐의 거짓말은…

시연 연설

시연 연설(speech of demonstration)에서 당신은 청중에게 무엇을 어떻게 하는지 또는 어떻게 작동하는지를 보여 준다. 어떻게 하는지 시연하는 연설의 예로는 인공호흡법, 방어 운전법, 색깔을 섞는 법, 급여 인상을 요구하는 법, 주택 침입 절도 예방법, 비즈니스 회의에서 Prezi를 사용하는 방법이 있다. 무언가가 어떻게 작동하는지를 보여 주는 예로는 신체가 항상성을 어떻게 유지하는지, 어떻게 주변을 지각하는지, 이혼 법률이 어떻게 처리되는지, 이메일이 어떻게 작동하는지, 허리케인이 어떻게 발생하는지, 심혈관 우회 수술이 어떻게 진행되는지가 있다.

논지와 주요 요점　시연 연설의 논지는 청중에게 무엇을 어떻게 하는지 또는 어떻게 작동하는지를 알려 주는 것이다.

이메일은 컴퓨터에서 서버로 그리고 다른 컴퓨터로 이어지는 일련의 전자 연결을 통해 작동합니다.

당신은 세 가지 다른 방법으로 침입 절도로부터 당신의 집을 지킬 수 있습니다.

이 가이드라인은 당신의 급여를 인상하는 데 도움이 될 것입니다.

당신은 논지와 관련된 어떻게 또는 무엇이라는 간단한 질문을 통해 주요 요점을 도출하게 된다.

전자 연결은 어떻게 작동하는가?

당신의 집을 침입 절도로부터 보호하기 위해 할 수 있는 일은 무엇인가?

급여 인상을 요구하기 위한 가이드라인은 무엇인가?

지지　시연 연설에서 각각의 중심 생각을 지지하기 위해 다양한 자료를 사용한다. 예로, 집의 침입 절도를 예방하는 방법을 시연하기 위해 당신은 다양한 방범 장치를 갖춘 집의 도표를 보여 주거나, 다양한 자물쇠가 어떻게 작동하는지 보여 주거나, 어떻게 각기 다른 보안 시스템이 설치되어 있는지 보여 준다.

발표 보조도구는 시연 연설에 도움이 된다. 예로, 하임리히 응급법(Heimlich maneuver)을 시연하는 레스토랑의 표지판은 글과 그림으로 그 순서를 보여 준다. 언어와 그래픽 정보의 결합은 중요한 과정을 쉽게 이해할 수 있게 해 준다. 그러나 이 주제에 대한 연설에서는 글이 당신의 구두 설명으로부터 청중의 주의를 흐트러뜨리지 않도록 그림만을 보조자료로 사용하는 것이 좋을 것이다.

뷰포인트. 설명, 개념정의, 시연

연설은 종종 설명, 개념정의, 시연이라는 세 가지 일반적인 목적 중 하나를 갖고 있다.
수업 강의, 홈쇼핑 방송 프로그램, 요리 프로그램 또는 소셜 미디어 사이트에서 당신은 정보적 연설의 요소를 발견해 낼 수 있는가?

구조   대부분의 경우 시연 연설에서는 시간적 패턴을 사용하는 것이 적합할 것이다. 수행할 순서대로 각 단계를 시연하라. 이렇게 하면 시연 과정에서 가장 큰 어려움 중 하나인 역추적(backtracking)을 피할 수 있다. 청중에게 익숙하다고 생각되더라도 단계를 건너뛰지 말아야 한다. 사실 청중은 그렇지 않을 수 있기 때문이다. 적절한 전환으로 각 단계를 다음 단계에 연결해야 한다. 예로, 하임리히 응급법을 설명하면서 당신은 '질식 중인 피해자의 가슴 주위에 팔을 대고', 그다음으로는 '첫 번째 단계', '두 번째 단계' 등과 같이 각 단계에 명확하게 이름을 붙이며 수신자의 이해를 돕는다.

개요부터 시작하라. 폭넓은 일반적인 그림을 보여 주고 각 단계를 차례로 제시하는 것이 시연에 종종 도움이 된다. 예로, 당신이 페인트칠을 위한 벽을 준비하는 방법에 대해 이야기한다고 가정해 보자. 수신자에게 그 과정에 대한 일반적인 아이디어를 제공하기 위해 다음의 말을 하면서 일반적인 개요를 시작한다.

벽에 페인트를 칠하고자 할 때 벽은 매끄럽고, 모래가 없고, 먼지가 없으며, 건조해야 합니다. 벽을 매끈하게 하는 것은 목재 토막을 연마하는 것과는 다릅니다. 먼저, 벽을 연마하는 올바른 방법을 알아보겠습니다.

여기 시간적 구조화를 사용한 시연 연설의 예가 있다. 이 예에서 전달자는 적극적 경청의 단계를 이해시키고 시연한다.

일반적 목적 정보 전달

구체적 목적 적극적 경청의 세 가지 기술을 보여 주기 위함이다.

논지 우리는 세 가지 기술을 통해 적극적인 경청을 할 수 있다. (이 기술들은 무엇인가?)

    I. 전달자의 의미를 다른 말로 바꾸어 표현해 본다.

    II. 전달자의 감정을 이해하고 있음을 표현한다.

    III. 질문을 한다.

연설할 때 전달자는 이렇게 시작할 수도 있다.

적극적 경청은 특별한 종류의 경청입니다. 전달자에 대한 관심과 전적으로 몰두하는 자세로 듣는 것입니다. 아마도 당신이 할 수 있는 가장 중요한 유형의 경청입니다. 적극적 경청은 세 가지 단계로 구성되어 있습니다. 즉, 전달자의 의미를 다른 말로 바꾸어 표현하기, 전달자의 감정을 이해하고 있음을 표현하기, 질문하기입니다. 적극적 경청에서 당신이 첫 번째로 해 볼 것은 전달자의 의미를 다른 말로 바꾸어 표현하는 것입니다.

대중 연설의 보조 샘플

특별 행사 연설

유용한 정보

설명, 개념정의 및 시연 연설 외에도 특별한 행사 연설이 있다. 이 연설은 연설의 맥락과 상황에 의해 좌우된다. 꼭 정보적이지는 않지만 유사한 연설 몇 가지가 여기에 있다.

발표 또는 수락 연설

발표 연설에서 당신은 (1) 어떤 맥락에서 상이나 명예를 수여하고, (2) 그 시상에 위엄이나 지위를 제공하게 된다. 발표 연설은 중요한 업적에 대해 동료에게 상을 주거나(올해의 교사로 지명됨) 인상적인 연기를 인정하는 것(아카데미상 수상)에 초점이 맞춰질 수 있다. 회사를 위한 직원의 봉사 또는 학생의 뛰어난 성적이나 운동 능력을 기릴 수도 있다.

수락 연설은 표창식의 다른 측면이다. 여기서 수상자는 상을 수락하고 어떤 맥락에서는 상을 놓아 두도록 시도한다. 발표 연설에서는 다음의 세 가지 원칙을 따른다.

- 발표의 이유를 설명한다. 특별한 상이 이 특정인에게 수여되는 이유를 분명히 한다.
- 수상의 중요성을 말한다.
- 간결하게 말한다.

수락 연설을 준비하고 발표할 때 다음의 지침을 따른다.

- 당신에게 상을 준 사람에게 감사를 표현한다.
- 당신이 상을 받을 수 있도록 도와준 사람을 인정한다.
- 개인적인 견해로 상을 바라본다.

추도 연설

고인을 기념하는 추도 연설은 그 사람의 삶과 공헌을 긍정적으로 평가한다. 이 유형의 연설은 종종 장례식이나 그 사람의 탄생 기념일 또는 추모일에 행해진다. 지금은 개인의 삶에 대해 균형 잡힌 평가를 하는 시간이 아니다. 오히려 칭찬할 때이다. 추도 연설을 계획할 때 다음 사항을 고려하라.

- 당신이 기념하고 있는 그 사람을 당신 자신과 청중에게 소개한다.
- 구체적으로, 당신이 정말로 그 사람을 알고 있거나 그 사람에 대해 많은 것을 알고 있다는 것을 보여 준다.
- 이 사람을 당신이 베푸는 기념을 받을 자격이 있는 사람으로 청중이 바라보게 만든다.
- 이 사람의 삶에서 무엇을 배울 수 있는지를 청중에게 보여 준다.

축배 연설

축배 연설은 어떤 사람이나 사건을 축하하기 위해 고안된 짧은 연설이다. 예로, 당신의 회사 차기 최고경영자, 명문 대학원에 갓 입학한 친구, 또는 승진할 때 동료에게 축하를 할 수 있다. 종종 축배 연설은 결혼식이나 새로운 사업을 시작할 때 한다. 축배 연설은 비교적 형식적인 의미로 '축하' 또는 '행운'을 말하는 것으로 설계되었다. 축배 연설을 계획할 때 다음 사항을 고려하라.

- 간결하게 말한다. 사람들이 축제를 즐기고 싶어 한다는 것을 알아차리도록 한다.
- 당신 자신이 아니라 당신이 축배를 드는 사람에게 주의를 집중한다.
- 당신과 축배를 드는 사람만이 이해하는 농담은 피하도록 한다.
- 축배에서 잔을 들어 올릴 때(거의 의무적으로 건배하는 부분) 청중은 술을 마셔야 한다는 것과 당신의 연설이 끝났다는 것을 알게 된다.

지지 자료

13.3 정보적 연설을 지지하는 자료로 예시, 삽화, 내러티브(이야기), 증언, 수치 데이터 및 정의를 규정한다.

연설을 구성할 때 당신은 수치 데이터와 삽화 같은 다양한 지지 자료를 사용하기를 원할 것이다. 이러한 지지 자료는 다양한 기능을 제공하며 아이디어를 구체화하고 설명한다. 즉, 아이디어를 생생하고 흥미로우며 주의를 끌게 만들고 당신의 아이디어를 기억하도록 강화한다.

적절한 지지 자료를 선택할 때 청중의 특성과 성향을 명심해야 한다. 예로, 연령과 학력 수준, 관심사에 적합한 자료를 선택해야 한다. 또한 문화적 민감성을 고려하여 자료를 선택한다. 종교적 신념의 다양성에 대해 말할 때, 단 하나의 종교(당신의 종교)의 예를 사용하는 것은 청중을 끌어들이기보다는 청중과 멀어질 가능성이 있다.

여기에서는 네 가지의 주요한 자료 유형, (1) 예시, 삽화 및 내러티브, (2) 증언, (3) 수치 데이터, (4) 정의를 자세히 알아본다. 몇 가지 추가적인 형태도 간략하게 알아볼 것이다.

예시, 삽화 및 내러티브

예시, 삽화 및 내러티브는 당신의 생각을 설명하는 데 도움이 되는 구체적인 예이다. 예시(example)는 비교적 간단한 구체적인 예이다.

Pat은 대학 대표팀의 선수이고, 학점은 4.0을 받았습니다.

삽화(illustration)는 더 길고 더욱 상세한 예이다.

Pat은 줄곧 운동선수였지만 동시에 항상 우수한 학업성적을 유지해 왔다. 대학 대표팀에는 운동과 공부를 모두 잘해 내는 많은 학생이 있으므로 사실상 운동선수를 멍청이로 빗대는 고정관념은 깨뜨렸다고 생각한다.

여기 알츠하이머병에 대한 연설의 또 다른 예시가 있다(King, 2015).

Carol Harrison은 2015년 3월 18일 *Philadelphia Inquirer* 조간신문과의 인터뷰에서 이렇게 말했습니다. 그녀의 어머니와 이모가 앓고 있는 알츠하이머병의 가장 최악의 모습을 보게 되었습니다. 어느 날 아침 그녀가 방문하여 두 자매가 옆에 나란히 앉아 있는 것을 발견하기 전까지, 그 둘은 상대가 옆에 있었다는 것을 전혀 알지 못했습니다.

내러티브(narrative)는 일화 또는 짧은 이야기의 형태로 더 길게 제시된다. 많은 종교 작품에 나오는 우화는 그들의 일반적인 원리를 설명하기 위해서 내러티브를 사용한다.

예시, 삽화 및 내러티브는 사실에 입각하거나 가상일 수 있다. 그러므로 우정을 설명할 때 당신은 실제 친구의 행동에 대해 말하거나 이상적인 친구의 모습을 만들어 내고, 이 사람이 특정 상황에서 어떻게 행동할 것인지를 설명할 수도 있다. 이러한 형태의 지지를 사용할 때, 당신은 말하고자 하는 요점을 청중이 이해할 수 있도록 세부 사항을 포함시켜야 한다. 불필요한 세부 사항으로 명확한 예시를 어지럽혀서는 안 된다. 또한 수신자는 예시, 삽화, 내러티브를 통해 가장 잘 기억할 수 있으므로 당신의 연설에서 주장하고자 하는 바를 지지 자료와 확실히 연결시켜야 한다.

증언

JOURNAL 커뮤니케이션 초이스 포인트

증언
당신은 보호 관찰이 야기하는 문제점을 설명하기 위해 은퇴한 한 판사의 증언을 제시하려고 한다.
당신의 목적을 위해 판사의 이상적인 자격요건에는 어떤 것이 있는가? 판사의 신뢰성을 높일 수 있는 자격요건은 무엇인가? 당신은 무슨 말을 할 것인가?

증언(testimony)은 전문가의 의견이나 증인의 진술로 구성된 지지 자료의 한 형태이다. 증언은 권위자가 언급한 것을 덧붙임으로써 당신의 생각을 뒷받침한다. 예로, 만약 당신의 주요 요점 중 하나가 적자가 증가하고 있다는 것이라면 적자의 증가 규모에 대한 경제학자의 예측을 인용할 수 있다. 그리고 당신의 주요 요점 중 하나가 오늘날의 교도소가 비인간적이라는 점이라면, 전직 수감자나 교도관의 목격자 증언을 인용할 수 있다. 누군가가 한 말을 바꿔 표현하거나 직접 인용함으로써 증언을 제시할 수 있다.

흔히 당신은 직접 또는 이메일이나 전화를 통해서 누군가를 인터뷰하길 원할 것이다. 〈표 13-1〉에는 인터뷰를 위한 몇 가지 제안이 있다(DeVito, 2010).

<표 13-1> 인터뷰를 위한 가이드라인

일반 지침	예시
인터뷰할 사람을 선택하라.	예로, 당신은 대학교 안내 책자를 통해 당신의 주제와 관련된 강좌를 가르치는 교수를 찾을 수 있다. 또는 블로그를 방문하여 당신의 주제에 대한 기사를 게시한 사람을 찾을 수도 있다. 만약 책 저자에게 연락하고 싶다면 책에 저자의 이메일 주소를 확인하거나, 이메일 주소가 없다면 출판사나 편집자(저작권 페이지에 있는)를 통해서도 저자에게 언제든지 연락할 수 있다.
약속을 정하라.	그 사람에게 전화를 하거나 인터뷰를 요청하는 이메일을 보낸다. 당신이 요청하는 목적을 말하고 전화로 간단한 인터뷰를 하길 원하거나 당신이 이 사람에게 이메일로 일련의 질문을 보내고 싶다고 말한다.
참고 기록지를 만들라.	참고 기록지(cheat sheet)는 당신이 인터뷰 때 하고 싶은 말의 목록이다. 전화나 채팅 인터뷰라면 참고 기록지를 앞에 두고 볼 수 있고, 대면 인터뷰라면 인터뷰 직전에 참고 기록지를 빠르게 검토할 수 있다.
개방형으로 질문하라.	일반적으로 인터뷰 대상자에게 제기하고 싶은 이슈에 대해 논의할 수 있는 여지를 제공하는 질문을 한다. '예' 또는 '아니요'로 대답할 수 있는 질문은 피한다.
인터뷰를 녹음하거나 기록할 수 있는지 허락을 요청하라.	인터뷰를 정확하게 기록하는 것이 좋으므로 직접 또는 전화로 인터뷰 내용을 녹음할 수 있도록 허락을 요청한다.
인터뷰를 마친 후에는 감사표현을 하라.	인터뷰를 마치고 그 사람에게 감사 인사를 하더라도 그날 늦게 또는 다음날에 감사 편지를 전달하는 것이 예의이다. 또는 인터뷰한 사람에게 감사의 말과 함께 연설문 사본(이 경우는 이메일이 효과적일 수 있음)을 보낼 수 있다.

출처: Based on DeVito, 2010. The Interviewing Guidebook.

증언을 제시할 때 그 사람의 신뢰성을 강조하여야 한다. 당신이 어떤 권위를 인용할 때 그 사람이 실제 권위자인지를 확인해야 한다. 청중에게 권위자가 누구인지를 알리고 개인의 전문 지식에 기초하여 진술해야 한다. 당신의 청중이 그 사람을 경청할 가치가 있다고 확신할 때 증언은 훨씬 더 효과적일 것이다. 다음의 연습에서 전문가와 이슈의 목록을 고려하라.

만약 당신이 다음 이슈 중 하나에 대해 누군가의 증언을 제시한다면, 당신의 청중이 그/그녀가 말한 것을 수용하도록 하기 위해 그 사람의 자격을 어떻게 정할 것인가?

- 영양사, 적절한 식이요법에 대해
- 부동산 중개사, 콘도와 협동조합의 장단점에 대해
- 정신과 의사, 양극성 장애의 특성에 대해
- 생물학자, 애완동물에게 먹이를 주는 방법에 대해
- 연극 교사, 희곡을 쓰는 방법에 대해

수치 데이터

수치 데이터(numerical data)는 다양한 진술을 뒷받침하는 데 유용하다. 예로, 만약 많은 사람이 현재 인터넷에서 뉴스를 접하고 있다는 것을 보여 주고 싶다면, 당신은 지난 10년 동안 온라인 사용자의 전체 수를 같은 기간의 신문 독자 및 TV 뉴스 시청자의 수와 비교하여 제시한다. 수치 데이터를 통해 당신은 신문과 TV에서 뉴스를 접하는 사람의 수는 감소하고 있는 반면, 인터넷에서 뉴스를 접하는 사람의 수는 증가하고 있다는 것을 보여 줄 수 있다. 또는 당신의 학교 등록금 인상률을 전국 평균 또는 물가 상승률과 비교할 수도 있다. 커뮤니케이션 수단으로 인스턴트 메신저나 소셜네트워킹의 성장을 설명하기 위해 지난 5년 동안 각각의 증가한 사용률을 말할 것이다.

모든 종류의 수치 데이터를 사용할 때 다음의 제안사항을 고려하라.

- **기억하기 쉽게 숫자를 만든다.** 청중은 수치를 단 한 번만 듣게 될 것이다. 대부분의 목적을 위해 어떤 수치를 보다 쉽게 처리하고 기억할 수 있도록 반올림하는 것이 가장 좋다. 예로, 중국의 인구가 많은 유럽 국가를 왜소하게 만든다는 점을 강조하려고 한다면, 중국의 인구가 1,336,718,015명이라고 말하는 것보다 '10억 명 이상' 또는 대략 '13억 명'으로 반올림하는 것이 더 낫다.
- **숫자를 사용하는 것에 대한 당신의 의미를 명확히 한다.** 예로, 건강가정 조무사의 평균 연봉이 3만 달러 미만이라고 진술한다면 당신은 이 수치를 다른 근로자의 급여와 비교하여 급여를 인상할 필요가 있다고 제안할 수 있다.
- **숫자를 친숙한 것에 연결한다.** 비교와 유추는 당신의 수치를 청중에게 더 관련 있고 의미 있게 만드는 데 유용할 것이다. 새로운 전시장을 750×350피트라고 말하는 것은 시각화하기 어려울 수 있으므로 대신 프로 축구장의 두 배, 우리 카페테리아의 40배 크기처럼 비슷한 형태로 자세히 기술한다.
- **수치 데이터를 보강한다.** 시각적으로 보강된 수치 데이터와 함께 발표 보조도구(그래프 또는 차트)를 사용한다.
- **수치를 적당히 사용한다.** 연설 중에 제시되는 수치 데이터를 수용하는 수신자의 능력은 한계가 있다.
- **신빙성을 강조한다.** 청중이 당신의 수치를 받아들이기를 원한다면 당신은 신뢰할 수 있는 출처에서 온 자료임을 보여 줄 필요가 있다.

- 현재의 흐름을 강조한다. 숫자로 설명된 대부분은 빠르게 변한다. 그러므로 당신이 찾을 수 있는 가장 최신의 수치를 사용하고 청중에게 현재의 흐름을 강조한다.

정의

정의(definition)는 수신자에게 익숙하지 않을 수 있는 용어와 개념에 대한 설명이다. 많은 종류의 연설에서 지지의 한 형태로 유용하다. 연설에 정의를 포함시키는 몇 가지 방법이 있다.

- 어원 또는 언어발달로 정의한다. 커뮤니케이션(communication)을 정의할 때 그것이 '공통, 공동'을 의미하는 라틴어 'communis'에서 나온 것을 말할 수 있다. '커뮤니케이션'에서 당신은 다른 개인과의 유사성, 동질성, 공통성을 확립하려 할 것이다.
- 권위를 인용하여 정의한다. 당신은 저명한 경제학자의 정의를 인용하여 '인플레이션'을 정의하거나 존경받는 엔지니어의 말로 '금속 피로(metal fatigue)'를 정의할 수 있다.
- 부정을 사용하여 정의한다. "선생님은 당신이 배워야 하는 것을 가르치는 사람이 아니라 배우는 법을 가르치는 사람이다."라고 말할 수 있다.
- 실물 또는 그림이나 모형으로 정의한다. 잡지의 지면 배치도나 직물 유형에 대한 연설에서는 실제 배치도 페이지나 직물의 견본이 포함될 수 있다.
- 조작적 정의를 내린다. 조작적 정의(operational definition)는 당신이 특정 대상을 어떤 방식으로 구성하는지를 기술하는 것이다. 예로, 초콜릿 케이크를 정의 내릴 때 당신은 케이크를 굽는 방법에 대해 기술할 수 있다.

추가적인 지지 형태

당신이 고려할 수 있는 몇 가지 다른 유용한 지지 형태가 있다.

- 인용문. 전문가 또는 흥미롭거나 저명한 사람의 말을 인용하여 당신의 연설에 권위와 흥미, 재치를 더한다. 간결하며 쉽게 이해되고 기억할 수 있는 인용문이 효과적이다. 중요한 것은 당신이 말하려는 요점에 인용문이 직접 연결되고, 가능한 한 매끄럽게 표현되어야 한다("내가 인용하려는 것은…"을 너무 자주 사용하지 않는다).
- 비교와 대조. 두 가지 생각, 사건 또는 개념 간의 주요 유사점과 차이점에 초점을 맞추되

뷰포인트. 지지 자료

영화를 보지 못한 청중에게 Black Panther(또는 다른 영화)의 주요 주제를 설명하는 목적의 정보적 연설에서 당신은 어떤 유형의 지지 자료를 사용할 것인가?

모두를 항목별로 분류하는 것은 피한다. 가장 중요한 정보를 시각화하는 발표 보조도구를 사용할 것을 염두에 둔다.

• **사실 또는 일련의 사실을 진술.** 사실을 당신의 주요 요점과 연결시킴으로써 당신의 입장을 설명하고 지지하도록 한다. 사실을 소개할 때와 사실들을 확인하고 끝마칠 때에도 주요 요점과 연결시켜 말한다.

• **반복과 재진술.** 연설 도중 전략적인 장소에서 아이디어를 같은 단어로 반복하거나 다른 단어로 아이디어를 재진술하는 것은 명확성과 강조점을 알려 주고 청중의 불가피한 주의력 상실을 보완하는 데 도움이 된다.

지금까지 알아본 다양한 지지 형태를 다음에서 사용해 보라.

다음의 진술 중 하나를 선택하고 세 가지 이상의 다른 유형의 지지 자료를 사용해 보라. 이 연습의 목적은 지지 자료에 대한 더 큰 통찰을 제공하기 위한 것이므로 당신은 사실, 그림, 삽화, 예시 등을 만들어 낼 수 있다.

• 이민자는 미국 경제에 크게 기여한다.
• 이 수필의 저자는 진정한 권위자이다.
• 80세 이상의 사람들이 사회에 상당한 기여를 해 왔다.
• Williams 후보는 사람들을 잘 보살핀다.

발표 보조도구

13.4 다양한 종류의 발표 보조도구의 사용과 남용에 대해 설명한다.

발표 보조도구는 현대의 대중 연설에서 필수적인 요소이다. 보조도구를 현명하게 사용하는 법을 배우는 것은 연설의 효과를 증가시킨다.

연설을 계획할 때 아이디어를 명확히 하기 위해 시각적 또는 청각적 수단의 **발표 보조도구**(presentation aid)를 사용하는 것을 고려한다. 청중이 기억하기를 원하는 것을 시각적으로 어떻게 표현할 수 있는지 스스로에게 물어본다. 예로, 청중에게 판매세가 증가하고 있음을 말해 주려면 지난 10년 동안 판매세 인상을 나타내는 선그래프를 보여 줄 수 있다. 브랜드 A가 브랜드 X보다 우수하다는 것을 청중에게 보여 주기 위해 브랜드 A의 우수성을 식별해 주는 막대그래프를 제시할 수 있다. 발표 보조도구는 장식으로 덧붙이는 것이 아니라 당신 연설의 필수적인 요소로 연설의 효과를 높여 줄 것이다. 발표 보조도구는 다음의 기능을 한다.

- **주의를 얻고 흥미를 유지하도록 도와준다.** 우리는 멀티미디어 세계에 살고 있으며, 그 세계에 익숙하고 즐긴다. 그렇다면 우리가 청중의 일원으로서 전달자가 시각이나 오디오 보조도구를 사용할 때 그 점을 감사해한다는 것은 놀라운 일이 아니다.
- **명확성을 더해 준다.** 지난 10년간 인터넷 사용자의 수를 나열하는 것은 증가를 보여 주는 간단한 차트나 그래프만큼 명확하지 않았다.
- **메시지를 강화한다.** 발표 보조도구는 동일한 정보를 두 가지 다른 방식으로 제시할 수 있도록 도와준다. 즉, 청중은 차트, 지도나 모형을 시각적으로 보며 언어적으로는 당신의 설명을 듣게 된다.
- **신뢰감과 자신감을 돕는다.** 만약 당신이 적절하고 전문적으로 보이는 발표 보조도구(이 장의 뒷부분에서 다룰 내용)를 사용한다면, 수신자는 당신을 신뢰할 수 있는 전달자로 볼 것이다. 즉, 청중과 그리고 추가 활동을 할 주제에 대해 충분히 관심을 쏟고 있는 사람으로 전달자를 바라볼 것이다.
- **불안을 줄인다.** 당신이 발표 보조도구로 연설을 진행

하는 데 집중할 때 스스로에게는 덜 집중하게 된다. 종종 자기초점화는 불안을 증가시킨다. 이와 함께, 발표 보조도구 사용에 따른 움직임은 많은 전달자를 편안하게 해 주고 긴장을 풀리게 하여 자신감은 증가하고 불안감은 줄어든다.

- 증거를 제시한다. 발표 보조도구는 언어적 메시지만으로는 전달할 수 없는 증거를 종종 설득력 있는 방식으로 제시한다. 예로, 음식점의 비위생적인 상태나 노숙자 쉼터의 혼잡함에 대한 짧은 영상은 많은 경우 말보다 당신의 주장을 입증하는 데 도움이 될 것이다.

발표 보조도구의 종류

당신은 발표 보조도구를 다양하게 선택할 수 있다. 예로, 차트, 사진 또는 지도 등 대부분을 컴퓨터 프레젠테이션 프로그램에서 만든 슬라이드를 통해 제시한다. 그러나 대부분의 경우, 첨단기술이 아닌 단순한 보조도구를 사용하게 된다. 예로, 화이트보드는 주요 용어나 이름, 중요한 수치 데이터 또는 연설의 주요 요점(매우 축약된 형태)을 기록하는 데 사용될 수 있다. 차트 보드(chart board)는 다양한 색과 크기로 제공되는 견고한 대형판인 도표판으로 연설 중 표시할 비교적 간단한 1~2개의 그래프, 몇 개의 표 또는 도표가 있을 때 유용하다. 플립 차트(flip chart)는 스탠드나 이젤에 장착된 대형 용지(보통 약 24×24인치)를 사용하며, 주요 개념이나 요점과 같은 다양한 정보를 기록하는 데 사용된다. 연설하기 전에 차트 보드나 플립 차트 등을 작성하면 연설 중에 글 쓰는 시간이 절약된다. 차트 보드와 플립 차트는 종종 기술 장비에 이상이 있을 경우 백업용의 보존 자료로 유용하다.

대상 자체   (많은 예외가 있지만) 일반적으로 가장 최선의 발표 보조도구는 그 대상 자체이다. 할 수 있다면 발표의 대상이나 물체를 당신의 연설에 가져오는 것이 좋다. 인포머셜(infomercials)은 제품에 대해 이야기할 뿐만 아니라 잠재적인 구매자에게 제품을 보여 주면서 판매한다는 점을 주목해야 한다. 당신은 옥시클린을 어떻게 사용하는지, 새로운 조리기구의 외형이 어떤지, 보석, 의류 또는 새로 나온 대걸레를 다양한 각도와 위치에서 볼 수 있다.

모형   모형(model)은 실제 대상의 복제품으로 여러 가지 목적에 유용하다. 예로, 인간의 청각이나 발성의 메커니즘, 뇌, DNA의 구조와 같은 복잡한 구조물을 설명하고자 한다면 모형이 유용하다.

도표   개요 형태의 단순화된 도안인 **도표**(diagram)는 종종 복잡한 구조를 설명하는 데 유용하다. [그림 13-4]는 전달자가 귀(ear)와 관련된 다양한 주제를 설명하기 위해 사용 가능한 귀의 도표를 보여 주고 있다.

그래프   관계성을 보여 주는 도표인 **그래프**(graph)는 전체가 어떤 요소로 구성되어 있는지를 밝히고, 시간의 흐름에 따른 추이를 보여 주며, 다양한 크기와 양을 비교하는 데 유용하다. 알고 있듯이, 당신이 사용할 수 있는 다양한 종류의 그래프가 있다. 당신의 데이터에 가장 적합한 그래프를 선택하면 당신의 의미를 가장 명확하게 전달하는 데 도움이 될 것이다. 그래프는 손으로 그려지거나 워드프로세서 또는 프레젠테이션 소프트웨어의 그래픽 기능으로 생성될 수 있다. 가장 인기 있는 몇 가지를 알아보자.

원그래프(pie graph)는 원 형태의 그래프로 합계가 100%일 때 상대적인 비율을 보여 주는 데 유용하다. 예로, [그림 13-5]는 미국에서 공부하는 외국인 학생의 문화적 다양성을 보여 준다(DeSilver, 2015). 원그래프는 상대적인 비율을 나타내는 데 특히 유용하다.

막대그래프(bar graph)는 수치 값이 막대의 높이나 크기로 표시되는 도표의 일종으로, 상대적인 비율을 알 수 있어 널리 사용되는 그래프이다. 예로, [그림 13-6]은 2000년의 인구 수와 2050년의 예상 수치를 나타낸다. 이 그래프는 2050년에 발생할 것으로 예측되는 인구통계학적 변화를 한눈에 볼 수 있게 해 준다.

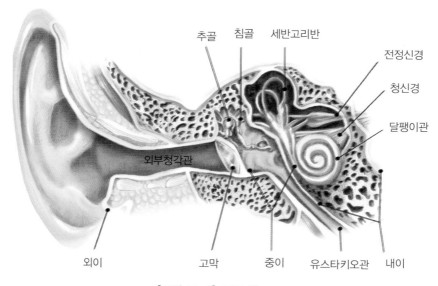

[그림 13-4] **도표 예**

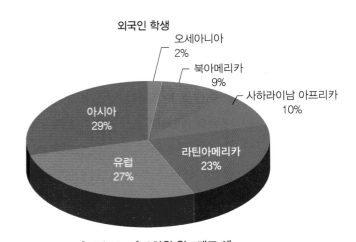

[그림 13-5] 3차원 원그래프 예

출처: DeSilver, D. (2015). Growth from Asia drives surge in U.S. foreign students. (Pew Research Cen-ter 9www. pewresearch.org). Accessed January 9, 2016.

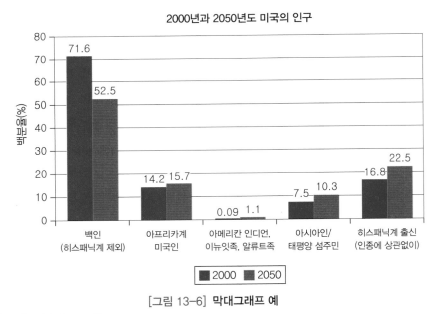

[그림 13-6] 막대그래프 예

출처: Data from the U.S. Census Bureau.

선그래프(line graph)는 수치 값이 선과 연결되어 있는 도표로 일정 기간의 변화를 보여 주는 데 유용하며, 둘 이상 집단의 상대적인 변화를 비교할 수 있다. 예로, [그림 13-7]에는 아프리카계 미국인과 히스패닉계의 인구수가 네 개의 각기 다른 연도마다 백분율로 표시되어 있다. 즉, 1990년과 2000년에는 조사된 실제 백분율이고 2025년과 2050년은 예상 백분율이다. 집

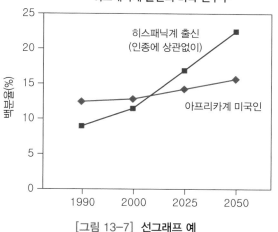

1990년, 2000년, 2025년, 2050년 아프리카계 미국인과
히스패닉계 출신의 미국 인구수

[그림 13-7] 선그래프 예

출처: Data from the U.S. Census Bureau.

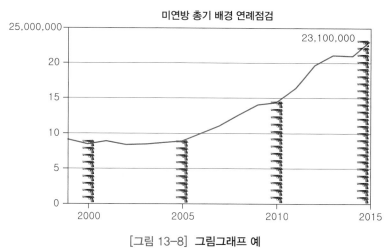

미연방 총기 배경 연례점검

[그림 13-8] 그림그래프 예

출처: FBI National Instant Criminal Background Check System. [https://www. washingtonpost.com/news/wonk/ wp/2016/01/05/gun-sales-hit-new-record-ahead-of-new-obama-gun-restrictions/, accessed March 3, 2016.]

단이 더 추가될 수도 있지만, 그러면 그래프 읽기가 어려워질 것이다.

그림그래프(picture graph)는 수치 값을 나타내기 위해 이미지(아이콘, 기호 또는 사진)를 사용하는 도표로 단어 및 숫자 전용 차트보다 좀 더 많은 흥미가 더해진다. 당신이 말하고 있는 항목의 이미지를 사용함으로써 당신의 메시지에 대한 청중의 관심과 기억을 증가시킬 것이다. [그림 13-8]은 지난 15년 동안 총기의 증가를 보여 주는 데 사용된 그림그래프로서 각 총은

연간 평균 유급휴가 일수

국가	휴가일수
이탈리아	42
프랑스	37
브라질	34
영국	28
캐나다	26
일본	25
미국	13

[그림 13–9] **표 예**

출처: Based on "Paid Vacation Around the World" from http://www.infoplease.com/world/travel-statistics/paid-vacation-around-world. Source: Expedia.com, 2015 Vacation Deprivation Study.

1,000,000개의 구매와 허가를 나타내며 전달자는 이를 설명하면서 보조도구에 기록할 수도 있다. 그림그래프는 총기의 증가가 엄청나다는 점을 단순한 막대나 말보다 청중의 마음에 분명히 각인시킨다.

표　데이터 또는 아이디어를 요약하거나 비교하려는 경우 표에 정보를 표시한다. 표는 당신이 다루고 있는 순서대로 당신의 명제 중 하나 또는 연설 전체에서 핵심 요점을 파악하는 데 유용하다. 스마트 스피커의 설정, 성희롱의 처리 또는 최신 버전의 Windows 운영체제 프로그램 다운로드와 같은 과정의 단계를 확인하기 위해 당신은 표를 사용할 수 있다. 표의 또 다른 용도는 청중이 기록하기를 원하는 정보를 보여 주는 것이다. 추천서나 웹사이트의 긴급 전화번호, 주소 또는 권장 도서나 웹사이트의 제목은 수신자가 원하는 서면으로 된 정보의 한 유형이다. 표는 주장을 뒷받침하는 증거가 있는 진술의 시각적 설명을 위해 종종 수치를 보여 준다. [그림 13–9]가 예시이다. 이러한 유형의 시각 자료는 미국 근로자의 휴가 일수가 다른 나라와 비교했을 때 얼마나 적은지를 설명하는 데 유용하다.

인포그래픽　다양한 컴퓨터 프로그램의 편리함과 정교함이 증가함에 따라 **인포그래픽** (infographics), 숫자와 단어를 통해 정보를 시각적으로 표현하는 방식이 점점 더 인기를 끌고 있다. 이는 언어와 비언어를 효과적으로 결합하고 메시지를 명확하고 간결하게 전달하기 때문에 유용하다. [그림 13–10]은 성공적인 노화와 건강한 삶을 위한 국립보건원(National Institutes of Health)의 인포그래픽이다.

지도　도시, 호수, 강 또는 산맥과 같은 지리적 특징의 위치를 설명하고 싶다면 발표 보조도구로 지도가 분명 유용하다. 지도는 이 책의 문화 지도(cultural map) 특징에 설명된 바와 같이 인구 밀도, 이민 패턴, 세계 문맹률, 다양한 경제 상황, 질병의 분포, 다양한 문화적 방향성을 설명하는 데 유용하다.

사람　만약 당신이 춤 동작을 시연하거나 신체의 여러 다른 근육을 언급하고 싶다면 사람들을 당신의 보조도구로 사용하는 것을 고려해 볼 수 있다. 사람들이 그들의 근육이나 목소리의 특징을 시연함으로써 제공하는 분명한 보조 외에도, 사람은 청중의 주의와 관심을 확보하고 유지하는 데 도움이 된다.

사진   예술의 이미지 또는 전쟁의 참상과 같은 주제는 사진을 통해 더욱 의미 있게 전달될 수 있다. 전쟁의 폐허 또는 예술가와 그들의 작품 사이의 차이를 사진의 구체적인 부분을 지목하면서 설명할 수 있다. 사진을 연설장에서 돌려보는 것은 대개 좋은 방법이 아니므로 프레젠테이션 소프트웨어를 통해 이미지를 보여 준다. 수신자는 사진이 자신에게 전달되기를 기다리는 동안 사진 속 내용을 궁금해할 것이기 때문에 당신의 연설 내용을 많이 놓치게 된다.

오디오 자료   많은 연설에서 오디오 보조도구를 사용하는 것이 도움이 될 것이다. 예로, 억양에 대한 연설, 남성과 여성의 목소리 차이 또는 음악의 최신 경향에서 오디오 보조도구는 필수적이다. 오디오 자료를 사용할 때 오디오를 연설의 서두에 배치한 다음 오디오를 따라가면서 당신이 전달하고자 하는 메시지와 연결하여 간략히 설명하는 것이 종종 도움이 된다.

비디오   비디오는 (오디오와 마찬가지로) 당신의 프레젠테이션에 다양성을 더하고 청중의 주의를 유지시키는 데 도움이 된다. 여러 연설은 비디오를 사용함으로써 이점이 많다. 예로, 문화권에 따른 각기 다른 무용, 박물관의 배치 또는 지붕에 지붕널을 놓는 방법에 대한 연설은 짧은 관련 동영상이 매우 효과적이다.

프레젠테이션 소프트웨어   다양한 프레젠테이션 소프트웨어 패키지를 이용할 수 있으며 각각 고유한 기능을 갖추고 있다. PowerPoint, Prezi,

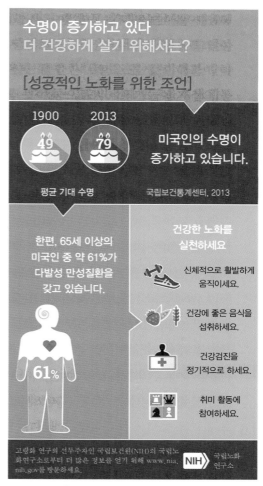

[그림 13-10] **인포그래픽 예**
출처: National Institute on Aging (NIA).

Keynote 또는 Google Slides를 사용할 가능성이 높지만, 당신의 기술적 정교함에 따라 탐구하고 싶은 특징을 가진 다른 많은 것이 있다.

대부분의 프레젠테이션 소프트웨어는 비교적 선형적이다. 즉, 슬라이드가 하나씩 순차적으로 이어진다. 다수의 패키지는 템플릿과 개요가 함께 제공된다. 예로, Google Slides에서 '일반 프레젠테이션' 템플릿은 제목 슬라이드로 시작하고 목차, 서문, 첫 번째 요점, 두 번째 요점, 마지막으로 '전하고 싶은 요점' 및 '감사합니다!' 슬라이드로 이어진다. Prezi는 당신의 모든 슬라이드를 하나의 캔버스에 표시한다는 점에서 약간 다르다. 그런 다음 토론할 때 각 슬라이드를 확대 및 축소한다. 이 모두가 당신이 그림을 가져오고 다양한 서체, 색상 및 배경의 텍스트를 추가할 수 있게 해 준다. 컴퓨터 기반 프레젠테이션은 이미 언급된 보조도구(예: 주의와 흥미의 유지, 명확성의 보완, 당신의 전달 메시지를 강화)의 모든 장점을 갖고 있다. 더욱이 여러 보조도구는 나름대로의 장점이 있다. 보조도구는 당신의 연설을 전문적이고 최신의 것으로 만들어 주며 그 과정에서 당신의 신뢰성을 높여 준다. 보조도구는 당신이 주제와 청중에 대한 관심이 많고 연설 준비가 잘되어 있음을 보여 준다.

발표 보조도구의 제작과 사용 가이드라인

당신의 발표 보조도구가 연설에서 유용하게 사용되기 위해서는 몇 가지 가이드라인을 따라야 한다. 다음에 컴퓨터 기반의 프레젠테이션에 도움이 되는 지침이 제시되어 있다.

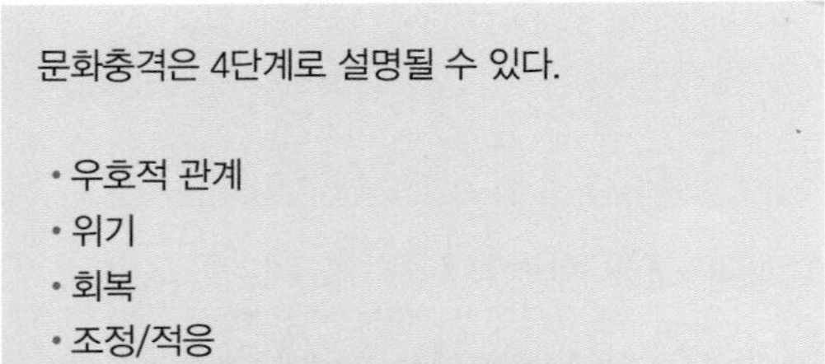

문화충격은 4단계로 설명될 수 있다.

• 우호적 관계
• 위기
• 회복
• 조정/적응

[그림 13-11] 간단한 슬라이드

예로, 문화충격에 대한 연설의 네 가지 요소를 알려 주는 간단한 슬라이드가 있다. 주제를 소개하고 연설을 요약하는 데 유용하다. 프레젠테이션 소프트웨어는 전달자가 피해 갈 수 없는 부분이다. 가능한 한 효과적으로 사용하는 법을 배우고 새롭게 발전시켜 나가야 한다.

출처: Microsoft PowerPoint, Microsoft Office 365.

프레젠테이션 소프트웨어를 이용한 발표 보조도구의 제작 가이드라인   프레젠테이션 소프트웨어를 사용하여 슬라이드를 보여 주면 유인물(handout) 제공의 문제점을 줄일 수 있다. 당신이 청중에게 유인물을 배포하면 복잡한 것을 설명하고 연설의 기록지나 중요한 자료의 제공으로 청중이 메모하는 데 유용할 수 있지만, 당신이 말하는 것에는 주의를 덜 기울이게 된다. 유인물을 사용하는 경우, 당신이 청중에게 원하는 시점에 각각 당신의 말에 귀를 기울이고, 유인물을 보도록 안내해야 한다. 연설이 끝날 때 유인물을 배포하는 경우, 청중에게 추가 자료가 포함된 유인물을 읽어 보도록 독려해야 한다.

　프레젠테이션 슬라이드를 사용할 경우([그림 13-11] 참조), 슬라이드 작성 시 다음의 지침을 고려해야 한다.

- **소프트웨어에서 제공하는 템플릿을 사용한다.** Prezi 또는 PowerPoint와 같은 컴퓨터 프레젠테이션을 사용하는 경우 해당 템플릿을 사용하도록 한다. 디자인 마법사를 활용하면 색상과 서체를 선택하는 데 도움이 된다. 템플릿은 색상, 글꼴 및 디자인을 선명하고 매력적인 표현으로 혼합하는 전문 설계자에 의해 만들어진다. 이 템플릿은 당신의 보조도구를 전문적으로 보이게 할 것이며 당신의 신뢰도를 높여 줄 것이다.

- **일관된 서체, 크기 및 색상을 사용한다.** 개요에서 주요 요점과 같은 강조점을 동일한 수준으로, 동일한 서체와 크기, 색상으로 각 항목을 지정한다. 이는 당신의 연설에서 수신자가 연설의 구조를 따르는 데 도움이 된다. 미리 작성된 템플릿 중 하나를 사용하는 경우 이 작업은 되어 있을 것이다.

- **단순하고 간결해야 한다.** 연설에서 당신의 목표는 말하고자 하는 것을 강화시키는 아이디어와 핵심 용어를 청중에게 전달하는 것이다. 당신은 청중이 듣기보다 읽는 데 시간을 보내는 것에 대해 원치 않는다. 일반적으로 하나의 완성된 생각을 슬라이드에 넣고 한 슬라이드에 너무 많은 단어를 포함시켜서는 안 된다. 너무 자세하거나 길며 지나치게 복잡한 보조도구는 당신에게 도움이 안 된다. 이 지침은 오디오와 비디오 자료를 사용할 때 특히 중요하다. 오디오와 비디오는 매우 간결해야 한다. 6~7분의 연설에서 동영상은 20~30초 분량이 적당하다.

- **대조를 위해 색을 사용한다.** 많은 사람이 녹색으로부터 빨간색을 구별하는 것을 어려워하므로 만약 당신이 연설에서 핵심 아이디어를 돋보이게 하고 싶다면 이 색상의 조합은 피하는 것이 좋다. 마찬가지로 회색 음영으로 슬라이드를 인쇄하려는 경우, 선택한 색조가 명암 대비를 이루는지를 확인해야 한다. 다양한 색상에 대한 문화적 태도도 기억해야 한다. 예로, 일부 아시아 문화권에서 빨간색으로 사람의 이름을 쓰는 것은 그 사람이 사망했음을 의미한다.

- **꼭 필요한 보조도구만 사용한다.** 프레젠테이션 소프트웨어 패키지는 시각 자료의 삽입을 쉽게 해 주기 때문에 때때로 많은 시각 자료를 포함하도록 권장할 수 있다. 시각 자료는 연설의 논지와 목적에 직접적으로 관련이 있을 때만 사용한다. 시각 자료를 포함시킬지를 결정할 때 그래프나 그림이 연설의 목적을 달성하는 데 도움이 되는지를 스스로에게

물어본다. 만약 그렇다면 보조도구를 사용하고, 그렇지 않다면 사용하지 말아야 한다.

- **차트와 표를 적절히 사용한다.** 차트와 표는 앞서 언급한 것처럼 하나의 슬라이드에 설명하기에는 너무 많은 내용이 필요한 복잡한 정보를 전달하고자 할 때 유용하다. 당신이 선택할 수 있는 다양한 차트와 그래프의 종류(예: 원, 막대, 누적 차트) 그리고 표가 있다.

- **질문을 예상한다.** 연설 후 질의응답 시간이 있는 경우, 예상되는 질문에 대한 답변을 위해 몇 개의 추가 슬라이드를 준비하는 것을 고려해 보자. 그러면 누군가가 예상 질문을 할 때 다음과 같이 말할 수 있다. "누군가가 그 질문을 할 것으로 예상했다. 이는 중요한 이슈를 제기해 준다. 자료는 이 차트에 제시되어 있다."라고 말할 수 있다. 이는 당신의 연설을 정말 돋보이도록 도움을 주지만 그러기 위해 확실히 한층 더 노력해야 한다.

발표 보조도구를 만들었으므로 이제 연설 중에 효과적으로 사용할 수 있는 몇 가지 제안을 고려하라.

발표 보조도구의 사용 가이드라인

- **보조도구를 상세히 파악한다.** 당신의 보조도구가 어떤 순서로 제시되어야 하는지와 그것을 어떻게 소개할 것인지를 확실히 알고 있어야 한다. 노트의 기능을 사용하고 언제, 어디서, 무엇을 진행하는지를 정확히 파악해야 한다([그림 13-12] 참조). 발표 보조도구로 모든 리허설을 수행함으로써 당신은 보조도구를 순조롭고 효과적으로 소개하고 사용할 수 있게 된다.

- **보조도구를 보며 말하지 않는다.** 이는 당신이 해야 하는 자연스러운 행동과는 비록 어긋나 보일지라도 보조도구를 보지 않는 것에 익숙해질 필요가 있다. 당신은 보조도구를 잘 알고 있어서 청중과의 시선 접촉은 그대로 유지하면서 당신이 원하는 것을 가리킬 수 있어야 한다.

- **관련성을 강조한다.** 발표 보조도구는 당신의 메시지를 더 명확하게 또는 설득력 있게 만드는 데 도움을 준다. 당신이 전달하려는 메시지와 관련이 있고 메시지에 보완이 될 것만 사용한다. 동시에 청중이 보조도구의 관련성을 분명히 알 수 있도록 한다. 당신에게 보조도구는 당연하지만, 청중은 보조도구를 단 한 번만 보기 때문에 자세한 설명 없이는 분명하지 않을 수 있다.

- **관련이 있는 경우에만 보조도구를 제시한다.** 청중이 보조도구에 집중하기를 원할 때 각각

의 보조도구를 보여 주고 나서 도구를 없앤다. 만약 제거하지 않으면, 청중의 주의는 여전히 보조도구에 머물러 있으므로 당신이 다음으로 말할 것에 청중은 집중하지 못한다. 이와 동시에 보조도구를 너무 일찍 제거하지 않도록 주의한다. 보조도구를 제거하기 전에 당신이 충분히 설명했는지 그리고 청중이 보조도구를 완전히 이해했는지를 확인해야 한다.

[그림 13-12] 발표자 노트가 있는 슬라이드

이 소프트웨어를 사용하면 발표 중에 가이드로 사용할 수 있는 노트를 쉽게 만들 수 있다.

출처: Microsoft PowerPoint. Microsoft Office 365.

- 청중을 위해 명확한지 확인한다. 당신의 보조도구가 연설장 안의 모든 곳에서 쉽게 볼 수 있는지를 확인한다. 예로, 연설장 뒤쪽에 있는 사람이 보조도구의 글자를 읽거나 사진을 보려면 얼마나 커야 하는지를 확인해야 한다.

- 프레젠테이션에 포함된 발표 보조도구로 연설을 리허설한다. 사용할 보조도구로 실제 동작을 연습한다. 차트를 사용할 거라면 그것을 어떻게 사용할 것인가? 그것이 혼자 서 있겠는가? 다른 학생에게 붙들고 있도록 부탁하겠는가? 이러한 경우를 미리 알면 당신이 느끼는 불안감은 줄어들고 보다 순조로운 연설이 가능하다.

- 연설 전에 장비를 점검한다. 리허설의 다른 유형은 연설할 방에서 사용 가능한 장비와 당신이 사용하는 프레젠테이션 소프트웨어와의 호환성을 점검하는 것이다. 가능하다면, 당신이 연설하는 날에 사용할 수 있는 바로 그 장비를 갖고 리허설한다. 리허설로 비호환성이나 특이성이 발견되면 이를 조정하거나 해결할 수 있다.

- 기술적 문제를 예측한다. 예로, 슬라이드 쇼를 사용할 때 컴퓨터가 오작동하거나 전기가 공급되지 않을 경우 어떻게 할지 생각해 봐야 한다. 유용한 백업 절차는 문제가 발생할 경우를 대비하여 유인물을 준비하는 것이다. 그다음 대안으로 화이트보드, 차트 보드, 플립 차트를 사용할 수 있도록 준비한다.

발표 보조도구의 제작과 사용 방법을 알아보았고 지금까지 배운 내용을 바탕으로 다음을 구성해 보자.

연설의 준비 과정을 반복해서 수행하는 것은 궁극적으로 그 과정을 좀 더 쉽고 효율적이며 효과적으로 만들어 준다.

1. 당신이 관심 있는 주제(또는 온라인 아이디어 생성기를 참조)를 선택한 후 다음 단계를 진행한다.
2. 약 10분간의 정보적 연설에 적합한 논지와 구체적 목적을 편성한다.
3. 당신의 잠재적 청중으로 본 수업의 수강생을 분석하고, 이 주제를 청중의 관심사와 필요성에 관련시킬 수 있는 방법을 알아본다.
4. 당신의 논지에서 적어도 두 개의 주요 요점을 만들어 낸다. 예시, 삽화, 정의, 증언 등으로 주요 요점을 뒷받침한다.
5. 당신의 핵심 아이디어를 요약하고 연설을 확실하게 마무리하는 결론을 구성한다.
6. 청중을 향해 주의를 끌 수 있는 서론을 구성한다.

이 개요에 대해 소집단 또는 클래스 전체와 함께 토의해 보라. 당신의 개요를 개선할 수 있는 방법에 대한 다른 집단구성원의 피드백을 얻기 위해 노력해 보라.

효과적인 대중 연설의 원리를 설명해 주는 논평이 달린 정보적 연설이 여기에 있다.

대중 연설의 보조 샘플

정보적 연설

Ashley Burdick

Western Connecticut State University

연설	논평
정신 질환(Mental Illness)	연설의 제목은 보통 말하지 않는다.

서론

오늘 이 방에 있는 우리 중 적어도 네 명이 어떤 정신 질환을 앓고 있다면 다들 믿으시겠습니까? 이는 사실이기 때문에 믿어야 합니다.	전달자는 청중을 참여시키고, 그들이 귀 기울이게 하는 것을 목표로 연설을 시작한다. 연설의 서론은 개략적으로 이런 모습이다.

I. 정신 질환

  A. 주의 끌기: 4명 중 1명꼴

  B. 놀라운 사실:

    1. 4,300만 명

    2. 1/2 미만이 도움을 받는다.

    3. 정신 질환이 일찍 발병한다.

    4. 자살의 발생률

C. 방향성
    1. 정신 질환의 유형
    2. 부정적인 낙인
    3. 해야 할 일

미국 성인 4명 중 1명은 어떤 종류의 정신 질환을 앓고 있습니다. 총 4,300만 명입니다. 4,300만 명 중 절반이 만약 꼭 필요한 도움을 받지 못하고 있다면 어떻겠습니까? 정신 질환은 매년 9천 3백억 달러의 손실을 끼치고 있습니다. 모든 만성 정신 질환의 절반은 14세에, 3/4은 24세 이전에 발병합니다. 정신건강 문제로 인한 자살은 미국 내 주요 사망 원인 10위 중 하나로 살인보다 더 흔합니다.

여기서 전달자는 청중을 놀라게 하고 청중의 관심을 불러일으키며 주의를 얻고 유지할 수 있는 정신 질환에 대한 몇 가지 사실을 밝히고 있다.

자. 아직 짐작하지 못하셨을 수도 있겠지만 저는 당신과 함께 만연되어 있는 정신 질환에 대해 이야기하려고 합니다. 개인적인 경험이 있기 때문만이 아니라 많은 사람에게 영향을 미치기 때문에 저에게 의미 있는 주제입니다.

여기에서는 연설의 주제를 일반적인 용어로 소개하고 또한 개인적인 관여를 강조하여 전달자의 주제와의 연관성을 확립하는 전환이 있다.

가장 먼저, 흔한 정신 질환에 대해 이야기하겠습니다. 그런 다음 정신건강이 왜 그렇게 부정적인 낙인을 동반하는지에 대해 알아보겠습니다. 마지막으로, 만약 당신이 도움이 필요하거나 당신이 알고 있는 누군가가 도움이 필요한 경우 어떻게 해야 할지를 다루겠습니다.

여기서 전달자는 좀 더 자세한 방향을 제시한다. 이 방향을 통해 당신은 연설의 본론이 다음과 같은 주제 형식으로 구성될 것임을 알 수 있다.
I. 흔한 정신 질환
II. 부정적인 낙인의 이유
III. 도울 수 있는 방법

제 말을 왜 경청해야 하는지를 말씀드리겠습니다. 그 이유는 당신이 알고 있는 그리고 사랑하는 누군가가 정신 질환을 갖고 살아가고 있기 때문입니다. 이런 참, 당신도 질환을 앓을 수 있습니다. 그리고 정신 질환이 항상 나쁜 것만은 아닙니다. 많은 질환은 치료될 수 있고 거의 눈에 띄지 않기 때문에 당신이 병에 걸렸다는 사실조차 모를 수 있습니다. 그러나 걱정하지 마십시오. 당신은 말 그대로 미친 게 아닙니다. 지금은 정신건강의 이슈들에 대해 알려 드려야 할 때입니다. 이슈들은 계속 문제가 되고 증가하고 있습니다. 우리 사회뿐만 아니라 전 세계적으로.

수신자에게 연설을 들어야 하는 이유를 말해 준다. 일반적으로 우리는 어떤 것이 개인적으로 관련이 있을 때 활기를 띠게 되는데 전달자는 여기서 그것을 시도한다.

지금부터… 시작하겠습니다.

소개에서 연설의 본론 첫 번째 요점으로 향하는 간단한 전환이 여기에 있다.

본론

정신 질환의 가장 흔한 유형 중 하나는 불안입니다. 여러 가지 다른 형태의 불안이 존재하지만, 핵심개념과 증상은 전반적으로 동일합니다. 불안은 어떤 사물이나 상황을 몹시 두려워하는 반응으로 보통 일련의 신체적 증상을 동반합니다. 불안 증상은 다음을 포함합니다.

- 메스꺼움/구토
- 떨림
- 빠른 심장박동
- 과도한 발한
- 곧 죽을 것 같은 느낌
- 공황 발작

불안은 우리 몸의 자연스러운 생물학적인 반응입니다. 시험이나 발표 전 또는 사회적 상황에서 불안감을 느끼는 것은 우리로 하여금 주위를 경계하도록 해 주므로 건강한 것입니다. 불안은 또한 무엇이 옳고 그른지를 우리가 잘 파악하도록 도와줍니다.

또 다른 흔한 정신 질환은 우울증입니다. 우울증은 지속적인 슬픔과 흥미의 상실을 초래하는 기분장애입니다. 우울증 증상에는 다음이 포함됩니다.

- 무가치감
- 수면 장애
- 일상 활동에 대한 흥미의 상실(성, 취미, 운동, 학교)
- 식욕부진 또는 과식
- 설명될 수 없는 신체적 문제
- 빈번하고 반복된 자살생각 또는 자살시도

사랑하는 사람의 상실 전과 후, 이별 후 또는 시험에 실패한 후에도 누구나 우울해집니다. 우울증은 불안과 마찬가지로 일생 동안 느끼는 정상적인 감정입니다.

그러나 이런 감정이 일상생활에 지장을 주기 시작하면 문제가 됩니다. 우울증이 너무 심해져서 더 이상 살 가치가 없다고 느껴져 침대에서 나올 수 없게 되거나, 불안이 너무 강렬하여 분당 1마일을 달리는 것과 같은 심장박동

이것이 연설의 첫 번째 주요 요점인 흔한 정신 질환의 유형 첫 번째 부분이다. 여기서는 첫 번째 질환인 불안의 일반적인 증상을 밝힘으로써 불안을 생생하게 다루고 있다.

이 부분의 연설 개요는 이런 모습이다.

I. 흔한 정신 질환
  A. 불안
  B. 우울증

전달자가 증상을 열거하며 두 번째 질환을 설명하고 있다.

여기서 전달자는 우울증이 만연해 있음을 강조하고 우울할 때의 느낌을 극적으로 표현함으로써 청중을 끌어들이려고 시도한다.

과 욕실에서 헛구역질하면서 현실감을 상실한다면 무엇인가 변화가 필요합니다.

두 가지 정신 질환이 10대 중반~20대 연령층에서 매우 빈번하게 발병한다는 점이 최근 연구에서 밝혀졌습니다. 오늘 청중 중 많은 사람이 아마도 여기에 포함될 것입니다. 기억하십시오. 앞서 말한 정신 질환이나 다른 어떤 장애로 고통받는다면 이는 나쁜 것이 아닙니다.

또 다시 전달자는 연설의 주제를 청중과 직접적으로 연관시킨다.

대부분의 사람은 '정신 질환'이라는 말을 들으면 즉각적으로 '아픈', '정신이 나간', '엉망진창인 마음' 등을 떠올립니다. 비록 정신 질환이 의학적인 상태일지라도 당신에게 문제가 있다는 뜻은 아닙니다. 이는 연설 초반에 언급한 부정적인 낙인을 말합니다. 사람들은 정신 질환을 부정적인 것과 연관시킵니다. Crisp와 그의 동료들이 수행한 연구에 따르면, 대다수의 사람이 정신건강의 문제가 있는 사람을 알고 있는지 또는 스스로 정신건강의 이슈들을 갖고 있는지와 상관없이 정신 질환에 대해 부정적인 낙인 신념을 갖고 있다고 합니다. 부정적인 낙인은 정신 질환이 처음 이슈로 인식되었을 때 발생합니다. 정신 질환자는 배제되고 조롱당했으며 심지어 잔혹하게 취급받았습니다. 초기에, 정신 질환을 악마가 씐 것이라 믿었습니다. 이후의 신념은 정신 질환자가 사회에서 정상적으로 기능할 수 없기 때문에 자연스럽게 외면된다고 이야기합니다. 낙인은 이제 공공연하게 다뤄지고 있으며 정신 질환을 없애기 위한 진전이 이루어지고 있습니다. 그러나 모든 사람이 오랫동안 그렇게 믿어 왔기 때문에 완전히 지우는 것은 매우 어렵습니다.

두 번째 주요 요점인 부정적인 낙인이다. 전달자는 사람들이 정신 질환을 '광기'와 잘못 연관시키는 이유에 대해 다양한 근거를 제시한다.

이 부분의 연설 개요는 이런 모습이다.

II. 부정적인 낙인
  A. 사람들은 정신 질환을 광기와 연관 짓는다.
  B. 낙인은 다양한 믿음에서 나온다.
    1. 악마에 씐 것
    2. 기능의 불능
  C. 낙인은 현재도 언급되고 있다.

만약 당신이 또는 당신이 아는 누군가가 도움을 필요로 한다면, 당신은 무엇을 하시겠습니까? 만약 어떤 종류의 정신 질환을 앓고 있는지 모른다면, 가능한 한 빨리 전문가의 도움을 구하십시오. 정신 질환을 부인하고 나아질 것이라고 방치하는 대신, 진단을 정확히 받고 치료를 시작하는 것이 더 바람직합니다.

여기서 전달자는 세 번째 주요 요점인 당신이 돕기 위해 할 수 있는 일들을 소개한다.

이 부분의 연설 개요는 이런 모습이다.

III. 해야 할 일
  A. 전문가의 도움을 구한다.
  B. 증상을 무시하지 않는다.

당신이 쉽게 만날 수 있는 좋은 정보원은 일차 진료의사입니다. 의사는 당신에게 치료사가 필요한지, 약물치료 또는 단지 털어놓고 말할 상대가 필요한지를 알고 정확한 처방으로 당신에게 도움을 줍니다. 즉, 치료의 첫 단계는 무언가 잘못되었다는 것을 인정하는 것입니다. 자신의 증상을 무시하는 사람은 여러 자해 행동을 할 가능성이 높다는 연구 결과가 밝혀졌습니다. 부정하지 마십시오!

결론

여러 유형의 정신 질환과 사람들이 부정적인 낙인에 집착하는 이유, 그리고 당신 또는 당신이 아는 사람이 도움을 필요로 하는 상황에서 어떻게 대처해야 하는지에 대해 충분히 알게 되었기를 바랍니다. 어쩌면 이제 우리 사회에서 정신건강의 이슈를 다루기 시작할 수 있겠습니다.

여기서 전달자는 자신의 세 가지 주요 내용을 요약하여 결론을 내리기 시작한다. 개요는 이런 모습이다.
I. 요약
　A. 정신 질환의 유형
　B. 부정적인 낙인
　C. 해야 할 일
II. 개인화
III. 끝맺음

얼마 전까지만 해도 많은 사람이 앓고 있는 우울과 불안으로 저 역시 어려움을 겪었습니다. 우울과 불안은 상황이 나아질 것이라고 생각할 수 없도록 제 삶에 여러 가지 방식으로 부정적인 영향을 끼쳤습니다. 그러나 스스로 배우고 치료방법을 익히며 지지체계를 찾아냄으로써 저는 우울과 불안을 극복해 냈습니다.

결론의 일부로 전달자는 자신의 경험을 연결시켜 주제를 개인화한다.

정신건강은 쉽게 이야기 꺼낼 수 없는 주제라는 것을 알지만, 끝까지 저와 함께해 준 점에 대해 감사드립니다. 정신건강은 좀 더 공개적으로 논의되어야 할 주제이고 오늘, 우리는 이제 막 실행에 옮겼습니다.

정신 질환이라는 단순한 두 단어를 넘어서서 이것에 대해 말하는 것의 중요성을 되풀이하는 감사의 표현이다.

Gandhi가 품위 있게 말했듯이, 당신이 세상에서 보고 싶은 변화가 되도록 하십시오.

Gandhi에 대한 언급이 연설의 마무리를 분명히 알려 준다.

참고문헌

당신의 교수 또는 대학이 참고문헌 인용 방식과 선호하는 양식에 대한 구체적인 지침을 갖고 있을 수 있다. 따라서 필요한 모든 정보를 기록할 수 있도록 작업 초기에 확인해 보는 것이 가장 좋다.

●분석 및 논의를 위한 질문●

연설과 논평을 읽었으므로 효과적인 연설을 만들고 전달하기 위한 10단계를 중심으로 구축된 다음 질문을 고려하라(당신이 관찰할 수 없는 리허설은 제외시키고 '최종 평가'는 추가한다).

1. **주제, 목적, 논지**. 주제가 적절했는가? 목적이 분명했는가? 연설의 논지 또는 중심 생각은 흔히 부정적이지 않은 정신 질환의 증상에 주의를 기울여야 한다. 중심 생각이 당신에게 명확했는가? 만약 그렇지 않다면 당신은 어떻게 하겠는가?

2. **청중**. 전달자는 주제를 청중과 연관시키기 위해 여러 번 시도했다. 이 주제를 당신의 특정 커뮤니케이션 수업과 연관시키기 위해 당신은 무엇을 하겠는가?

3. **연구**. 여러 예시에서 전달자는 연구를 인용했다. 전달자가 말하는 것의 진실성이 당신이 믿기에 충분했는가? 다른 어떤 방법으로 연구가 인용되었을 수 있겠는가?

4. **지지 자료**. 전달자의 지지 자료 사용에 대해 어떻게 생각하는가? 추가적인 지지를 원하는가? 그렇다면 구체적으로 무엇을 원하는가?

5. **주요 요점**. 만약 당신이 정신 질환에 대해 연설을 한다면, 어떤 주요 요점을 사용하겠는가?

6. **구조**. 전달자는 주제적 패턴의 구조화를 사용했다. 어떤 다른 구조 패턴이 사용될 수 있는가? 주요 요점은 무엇인가?

7. **연설문 단어**. 사용된 언어를 어떻게 묘사하겠는가? 적당히 명확하고 생생하며 적절하고 개인적이며 강력했는가? 문장이 적절하게 다양했는가?

8. **소개, 결론, 전환 및 제목**. 전달자가 자신의 주제를 소개하기 위해 어떤 다른 선택을 했는가? 당신이라면 어떻게 소개하겠는가? 전달자는 Gandhi의 말을 비유하며 연설을 끝맺었다. 연설의 종결을 위해 전달자는 어떤 선택을 하겠는가? 전환이 적절하다는 것을 발견했는가? 그렇지 않다면 당신은 어떻게 하겠는가? 연설의 제목에 대해 어떻게 생각하는가? 이 연설을 듣고 싶은가? 이 제목은 어떤 기대를 갖게 해 주는가?

9. **전달**. 이 연설의 영상을 볼 기회가 있었다면, 전달에 대해 어떻게 생각하는가?

10. **최종 평가**. 전달자는 자신의 목적을 달성하는 데 효과적이었는가?

개념 요약

이 장에서는 정보적 연설의 특성과 가장 효과적으로 정보를 전달할 수 있는 방법을 다루었다.

정보적 연설의 가이드라인

13.1 정보적 연설의 가이드라인을 이해하기 쉽게 재진술한다.

1. 정보적 연설을 준비할 때, 정보적 연설의 가이드라인을 준수한다. 청중에게 정보를 집중시키고, 정보의 범위를 한정하고, 난이도를 조정하고, 정보의 관련성과 유용성을 강조하고, 새로운 정보를 청중이 이미 알고 있는 정보와 관련시키고, 추상화 수준을 다양하게 하고 정보를 쉽게 기억할 수 있도록 한다.

정보적 연설의 세 가지 유형

13.2 설명, 개념정의, 시연 연설을 정의하고, 각 연설의 예를 제시한다.

2. 설명 연설은 사물, 사람, 사건 또는 과정에 초점을 맞추거나 설명한다.

3. 개념정의 연설은 중요한 개념과 개념 간의 유사점과 차이점을 정의한다.

4. 시연 연설은 어떤 것의 작동방법 또는 어떻게 해야 하는지를 설명한다.

지지 자료

13.3 정보적 연설을 지지하는 자료로 예시, 삽화, 내러티브(이야기), 증언, 수치 데이터 및 정의를 규정한다.

5. 아이디어를 청중에게 명확하게 전달하기 위해, 예시, 삽화, 내러티브(이야기), 증언, 수치 데이터, 정의, 그리고 발표 보조도구와 같은 확장 자료를 사용한다.

발표 보조도구

13.4 다양한 종류의 발표 보조도구의 사용과 남용에 대해 설명한다.

6. 발표 보조도구에는 아이디어를 전달하고 관심과 주의를 유지하는 데 도움이 되는 다양한 오디오와 시각적 도구가 포함된다.

기술 요약

효과적인 대중 전달자는 다양한 정보 전달 기술을 익혀야 한다. 다음에 제시된 내용을 읽어 보고 더 노력할 필요가 있는 항목에 (∨) 체크하시오.

_____ 1. 정보적 연설에서 나는 지침을 따른다. 나는 정보의 유용성을 강조하고, 새로운 정보를 청중이 이미 알고 있는 정보와 관련시키며, 여러 가지 감각을 통해 정보를 제시하고, 난이도를 조정하고, 제시하는 정보의 범위를 한정하고, 추상화의 수준을 다양화하고, 문화적 다양성을 인식한다.

_____ 2. 정보적 연설을 위해 나는 예시, 삽화, 내러티브(이야기), 증언, 수치 데이터, 정의와 같은 다양한 확장 자료를 선택한다.

_____ 3. 정보적 연설을 개발할 때 설명 연설, 개념정의 및 시연 연설을 구성하기 위한 지침을 따른다.

핵심 용어

이 장에서 논의된 주요 용어이다. 이 용어의 정의는 이 장의 본문에서와 책의 뒷부분에 수록된 용어집에 제시되어 있다.

개념정의 연설	삽화	조작적 정의
그래프	선그래프	증언
그림그래프	설명 연설	차트 보드
내러티브(이야기)	시연 연설	참고 기록지
도표	예시	추도 연설
수락 연설	원그래프	추상화 수준
막대그래프	유인물	축배 연설
모형	인포그래픽	플립 차트
발표 보조도구	정보	
발표 연설	정의	

설득력 있는 연설

"대면하거나 대중 매체를 통해서든 온라인에서든 설득력 있는 말의 힘은 막강하다."

이 장의 주제

- 설득의 목표
- 설득력 있는 말하기의 가이드라인
- 설득력 있는 연설의 세 가지 유형
- 지지 자료

학습 목표

14.1 설득력 있는 연설의 목표를 설명한다.

14.2 설득력 있는 말하기의 가이드라인을 이해하기 쉽게 재진술한다.

14.3 사실, 가치, 정책 문제에 대한 설득력 있는 연설을 정의하고 구분한다.

14.4 논리적, 감정적, 신뢰성 호소의 유형과 오류에 대해 설명한다.

당신은 타인을 설득해야 하는 여러 상황에 처해 있다는 것을 알고 있다. 몇 가지 예를 제시하면, 노조 제안을 수락 또는 거부하거나, 회사 웹사이트를 다시 디자인하거나, 사업 거래를 협상하거나, 헌혈 또는 돈이나 시간을 기부할 것을 설득하기 위해서이다. 정보를 제공해야 하는 것과 마찬가지로 조직의 위계 구조에서 더 높은 위치로 올라갈수록 타인을 설득해야 하는 자신을 발견하게 될 것이다.

설득의 목표

14.1 설득력 있는 연설의 목표를 설명한다.

연속성에 따라 설득(persuasion)을 바라보는 것이 유용하다. 당신이 대학 운동선수에게 비용을 지불하는 것에 찬성하는 연설을 하고 싶다면, [그림 14-1]에 제시된 바와 같이 강한 찬성에서부터 강한 반대에 이르기까지 그 연속성 범위에 청중이 존재하고 있음을 알아야 한다. 연속성에서의 어떤 움직임이 곧 설득의 결과이다.

당신의 임무는 설득 목표의 방향으로 연속성을 따라 당신의 청중을 움직이도록 하는 것인데 (설득 목표에 대응하는) 세 가지 방법을 선택할 수 있다.

- 태도, 신념 또는 가치를 강화하거나 약화시킨다. 설득은 종종 청중의 관점을 강화하는 것을 목표로 한다. 예로, 종교적인 설교와 공공 서비스 발표는 대개 수신자의 기존 신념을 강화하기 위한 것이다. 그러나 때때로 청중의 기존 신념을 약화시켜 그들이 현재 믿고 있는 것이 전적으로 사실이 아닐 수도 있음을 제안한다.
- 태도, 신념 또는 가치를 변화시킨다. 때때로 당신은 청중의 감정을 변화시키길 원한다. 당신은 청중의 대학 내 금연 규정에 태도, TV가 시청자의 폭력에 미치는 영향에 대한 믿음, 또는 전쟁의 효력에 대한 가치를 바꾸고 싶을 것이다.
- 청중이 행동을 취하도록 동기를 부여한다. 궁극적으로 당신의 목표는 사람들에게 무언가를

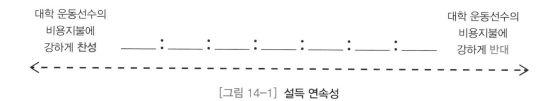

대학 운동선수의
비용지불에
강하게 **찬성**

대학 운동선수의
비용지불에
강하게 **반대**

[그림 14-1] **설득 연속성**

하도록 하는 것이다. 예로, 특정인에게 투표하도록 하거나, 노숙자를 위한 기금에 돈을 기부하거나, 개인 금융 강좌를 수강하도록 하는 것이다.

만약 당신의 목적이 대학 운동선수에게 돈을 지불하는 것에 반대하도록 청중을 설득하는 것이라면, [그림 14-1]의 연속성에서 오른쪽 방향으로의 움직임은 성공적인 설득이 될 것이다. 그러나 당신의 목적이 대학 운동선수에게 돈을 지불하는 것에 지지하도록 설득하는 것이라면, 연속성의 왼쪽으로의 움직임이 성공적인 설득이 될 것이다. 당신은 수신자를 한 방향으로 움직이려고 시도하지만 실제로 다른 방향으로 움직이도록 하는 데 성공적인 연설을 하는 것이 꽤 가능하다는 것에 주목해야 한다. 이러한 '부정적인 설득'은 청중이 당신을 부정직하거나 자기-홍보하는 모습으로 지각하거나 또는 편향된 증거나 잘못된 추론을 제시했다고 느끼는 경우에 발생할 수 있다.

설득력 있는 말하기의 가이드라인

14.2 설득력 있는 말하기의 가이드라인을 이해하기 쉽게 재진술한다.

[그림 14-2]에 제시된 설득력 있는 말하기의 가이드라인을 따르면, 성공적으로 태도나 믿음을 강화하고 변화시키며 수신자가 행동으로 옮기도록 할 수 있다.

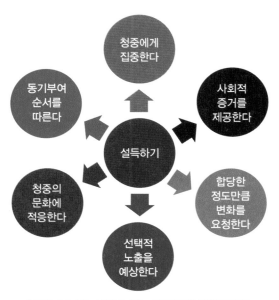

[그림 14-2] **설득력 있는 말하기의 가이드라인**

청중에게 집중한다

당신은 특정 청중에 대한 지식을 갖고 설득력 있는 연설을 구성하기 시작한다. 어떤 청중에게 효과적인 것이 다른 청중에게는 그렇지 않을 수 있다. 즉, 교원의 급여 인상을 위한 호소가 교사에게는 효과가 있지만 과중한 세금을 느끼는 주택 소유자에게는 효과적이지 않다.

당신이 중요한 태도와 신념, 가치를 청중과 공유한다는 것을 보여 주면 설득 목표를 발전시킬 수 있다. 예로, 당신의 수신자가 노숙자를 돕는 데 관심 있다는 것을 알고 있다면, 노숙자 보호소에서 일했던 당신의 경험을 공유할 수 있다. 문화적, 교육적 또는 사회적 배경의 유사성 또한 청중과 당신을 동일시하는 데 도움이 될 것이다. 그러나 동일시하는 데 있어 진실되지 않거나 부정직한 시도를 주의해야 한다. 즉, 이는 역효과를 불러오고 문제를 일으킬 가능성이 높으므로 당신과 청중 사이에 존재하지 않는 유사점을 암시하는 것을 피해야 한다.

사회적 증거를 제공한다

당신은 수신자가 실행하기를 원하는 것에 대해 타인이 하였거나 하지 않았던 것의 예시를 제시할 때 **사회적 증거**(social proof)를 사용한다(Cialdini, 2013; Goldstein, Martin, & Cialdini, 2008; Surowiecki, 2005). 예로, 당신은 수업시간에 학생들이 휴대전화를 꺼 주기를 바란다면, 당신은 어떻게 할 것인가? 다음 두 가지 대안이 있다.

1. 많은 사람이 휴대전화를 갖고 자리에서 일어나기 때문에 타인에게 방해가 된다. 이는 타인의 권리를 배려하지 않는 행동이다.
2. 많은 사람이 휴대전화를 끄고 타인을 배려하며 행동하고 있다.

어떤 방법이 더 효과적일 것인가? 부정적인 **사회적 증거**라고 불리는 첫 번째는 많은 사람이 해서는 안 되는 것을 하고 있음을 수신자에게 보여 주고 있다. 그렇게 되면 수신자는 모두가 그렇게 하고 있다면, 해서는 안 되는 이유를 추론할 것이다. 두 번째는 긍정적인 **사회적 증거**로, 당신이 원하는 행동을 많은 사람이 하고 있음을 수신자에게 보여 준다. 그렇게 되면 수신자는 타인이 하는 대로 할 가능성이 높다. '군중 본능(herd instinct)'은 강력한 원동력이 된다.

합당한 정도만큼 변화를 요청한다

설득은 작은 변화를 위해 노력하고 일정 기간 지속될 때 효과적이다. [그림 14-1]에 제시된 설득의 연속성의 관점에서 이 가이드라인은 당신이 (큰 것보다는) 작은 움직임을 요청하면 성공적일 수 있다. 청중에게 변화하기를 원하는 것이 더 크고 중요할수록 당신의 설득 작업은 더 어려워진다. 이유는 간단하다. 수신자는 직업을 바꾸거나 다른 도시로 이사하는 것 또는 투자전략에 전념하는 것과 같은 큰 변화를 결정하기 전에 많은 이유와 증거를 요구한다.

뷰포인트. 성별과 설득

당신은 서로 다른 청중에게 양심적인 재활용을 촉구하는 연설을 계획하고 있다. 한 청중은 여성, 다른 청중은 남성으로만 구성될 것이다. 성별을 제외하고는 청중의 구성원은 대졸 학력의 30세 전문직 종사자로 동일하다.
어떤 방식으로 두 연설을 다르게 할 것인가? 두 연설을 차별화하기 위해 성별에 대한 일반적인 원칙이나 가정은 무엇인가?

당신의 입장에 반대하는 청중을 대상으로 태도, 신념 또는 가치관을 변화시키는 것이 연설의 목표일 때, 작은 변화에 집중하는 것이 중요하다. 예로, 당신의 궁극적인 목표는 낙태 합법화에 반대하는 단체를 대상으로 낙태를 찬성하도록 만드는 것이다. 한 번의 연설로 달성하기에는 목표가 매우 크다. 따라서 작은 변화를 위한 노력을 기울일 필요가 있다. 낙태를 반대하는 청중을 대상으로 합법적 낙태에 동의하도록 설득하는 방법에 대한 예시는 다음과 같다. 전달자는 낙태 찬성에 대한 입장을 연설하지 않고 대신 낙태가 합법적일 수밖에 없는 어떤 한 가지 상황에 초점을 맞춰 청중이 낙태에 동의하도록 시도한다.

제가 대학에서 배운 큰 교훈 중 하나는 지나치게 극단적인 관점은 잘못되었다는 것입니다. 가장 중요한 진실은 반대되는 양쪽 극단 사이에 존재합니다. 그리고 오늘 이 진실 중 하나에 대해 당신과 이야기 나누고자 합니다. 나는 강간과 가장 폭력적인 범죄의 피해로 임신하게 된 아이를 낳게 된 여성이 직면한 문제에 대해 이야기하고자 합니다.

선택적 노출을 예상한다

제2장에서 논의된 바와 같이, 지각은 선택적 노출(selective exposure)의 원리를 따른다. 원리는 (1) 수신자는 그들의 기존 의견, 신념, 가치관, 결정, 행동 등을 지지하는 정보를 적극적으로 찾는다. (2) 수신자는 그들의 기존 의견, 신념, 태도, 가치관, 결정, 행동과 상반되는 정보를 적극적으로 회피한다는 것이다.

대학 운동 프로그램에 대한 지출을 줄일 필요성에 대해 연설을 한다고 가정해 보자. 청중이 당신에게 동의하는 사람으로 대부분 구성되어 있다면 논지를 주도하고 당신이 같은 편이라는 것을 청중에게 보여 줄 수 있다. 당신의 도입부는 이렇게 진행될 것이다.

우리 대학의 운동부 프로그램은 우리가 유익하게 사용할 수 있는 도서관과 컴퓨터 실습실의 비용마저 사용하고 있습니다. 운동부 프로그램에 들어가는 과도한 비용이 다른 분야에서 더 잘 사용될 수 있는 방법에 대해 설명하고자 합니다.

그러나 당신의 주장과 상반되는 태도를 가진 청중을 설득하려면 선택적 노출을 예상하고 귀납적으로 진행해야 할 것이다. 즉, 당신의 증거와 주장을 제시할 때까지 논지를 보류한 다음에 증거와 주장을 당신의 논지와 연관시킨다. 만약 당신이 청중에게 논지를 먼저 제시한다면 그들은 당신의 입장을 타당하게 듣지 않고 무시할지도 모른다.

청중의 문화에 적응한다

문화적 차이는 설득에서 특히 중요하다. 즉, 어떤 문화 집단에 영향을 주기 위해 사용하는 호소는 다른 집단에 사용하는 것과 같지 않을 것이다(Singh & Pereira, 2005; Hofstede, Hofstede, & Minkov, 2010). 당신이 고려해야 할 유용한 문화 적응의 예가 있다.

- **집단주의 문화.** 집단주의 문화(집단이 개인보다 더 중요한 과테말라, 파나마, 베네수엘라, 파키스탄, 중국과 같은)의 구성원에게 연설하는 경우, 당신은 가족의 중요성, (상표명 또는 지역 단체에 대한) 충성심 그리고 국가 정체성과 자부심을 강조할 필요가 있다. 한편, 개인주의

문화(개인이 집단보다 더 중요한 미국, 캐나다, 뉴질랜드, 이탈리아, 스웨덴과 같은)의 구성원에게 연설하는 경우, 독립성, 비동조성, 독특성과 같은 주제를 강조할 것이다. 제9장의 문화 지도를 참조하라.

- **고권력거리 문화.** 고권력거리 문화(인구 집단 간 권력의 차이가 큰 말레이시아, 필리핀, 러시아, 수리남, 멕시코와 같은) 출신의 청중에게는 중요하고 저명한 사람과 그들이 믿고 옹호하는 것에 대한 언급이 효과적이다. 반대로, 저권력거리 문화(사람들 사이에 권력의 거리가 거의 없는 오스트리아, 덴마크, 아일랜드, 노르웨이, 영국과 같은)에서는 당신이 영향을 주고 싶어 하는 사람과 매우 유사한 사람으로부터의 증언이나 언급이 효과적이다. 제8장의 문화 지도를 참조하라.

- **불확실성 회피 문화.** 불확실성 회피가 높은 문화권(모호함과 불확실성을 불편하게 여기는 그리스, 포르투갈, 러시아, 폴란드, 일본과 같은)의 청중에게는 누구나 정보와 안내를 받을 수 있는 출처를 명확히 설명하는 전문가(또는 전문가에 의해 지지되는) 정보를 제시해야 한다. 그들은 전통을 중시하기 때문에 과거에 대한 호소가 효과적이다. 불확실성 회피가 낮은 청중(싱가포르, 자메이카, 덴마크, 홍콩, 인도와 같은)은 더 많은 모호성을 용인할 수 있고, 새롭고 다른 것에 대한 호소가 효과적일 것이다. 제12장의 문화 지도를 참조하라.

- **장기 지향 문화.** 장기 지향(미래의 보상을 중요시하는 한국, 중국, 우크라이나, 독일, 러시아와 같은)의 청중에게는 지연된 보상(예로, 승진을 위해 열심히 일하는 것의 가치)에 대한 호소가 단기 지향 문화(즉각적인 보상이 가치 있는 푸에르토리코, 가나, 이집트, 도미니카 공화국, 이란과 같은)보다 더 효과적일 것이다. 제5장의 문화 지도를 참조하라.

동기부여 순서를 따른다

설득의 원칙 중 하나는 **동기부여 순서**(motivated sequence)이다. 즉, 당신이 하는 다섯 가지의 조직화된 패턴인 (1) 주의를 얻고, (2) 변화의 필요성을 확립하고, (3) 변화를 충족시키기 위한 제안을 발전시키고, (4) 당신이 제안한 것을 어떻게 해야 하는지를 청중이 이해할 수 있게 시각화하며, (5) 그들이 행동으로 옮길 수 있도록 한다(German, Gronbeck, Ehninger, & Monroe, 2013). 각각에 대해 좀 더 자세히 설명해 보기로 한다.

1. **주의.** 당신의 첫 단계는 청중의 주의가 당신을 향하도록 설득하는 것이다. 당신이 이 단계를 효과적으로 실행한다면 청중은 당신이 해야 하는 말을 듣고 싶어 할 것이다. 예로,

수사 의문문으로 질문하거나 특정한 청중을 언급 또는 극적이거나 유머러스한 이야기를 사용함으로써 당신은 청중의 주의를 얻을 수 있다. 주의를 얻는 다른 방법은 제13장에 더 자세히 논의되어 있다.

2. **필요성.** 둘째, 청중에게 그들이 배우거나 무언가를 해야 한다는 것을 증명한다. 당신은 세 가지 방법으로 필요성을 설정할 수 있다.

- 필요성이나 문제가 현재 존재하거나 또는 존재할 것이라고 말한다.
- 구체적인 예시, 삽화, 통계, 증언 및 기타 지지 자료 형태로 필요성을 설명한다.
- 이 필요성이 특정한 수신자에게 어떤 영향을 끼치는지, 예로 그들의 재정 상태, 직업 목표 또는 개인의 행복을 보여 준다.

예로, 당신은 60~70대 사람들이 가정용 컴퓨터를 구매하도록 설득하는 연설에서 다음과 같이 말할 수 있다.

　　60~70대를 대상으로 한 설문조사에 따르면, 그들이 가장 필요로 하는 것 중 하나가 의료 정보에 쉽고 빠르게 접근하는 것으로 밝혀졌습니다. 만약 당신이 이 조사 대상자와 같은 연령이라면 가정용 컴퓨터가 해답이 될 수 있습니다.

3. **충족.** 셋째, 2단계에서 제시한 필요성을 충족시키는 '해결책'을 보여 준다. 이 단계는 청중의 욕구를 충족시킬 수 있는 것을 알려 주거나 설득하려 한다는 점을 청중에게 확신시킨다. 당신은 "전달자가 청중에게 배우거나 믿거나 또는 행하도록 요구함으로써 그 필요성이 어떻게 충족될 수 있을까?"라는 질문에 대답하게 된다. 이 단계에서는 보통 두 가지 유형의 정보가 포함된다. (1) 청중이 배우거나 믿거나 또는 행하는 것에 대한 명확한 진술(필요한 경우 예시 및 삽화와 함께), 그리고 (2) 청중이 배우거나 믿거나 또는 행하는 것의 방법과 이유에 대한 진술은 2단계에서 밝힌 필요성을 충족시켜 줄 것이다. 예로, 당신은 이렇게 말할 수 있다.

　　가정용 컴퓨터를 사용하면, 당신은 수천 개의 잠재적 약물 상호작용에 대한 정보를 몇 초 안에 얻을 수 있습니다.

그런 다음, 당신은 컴퓨터로 정보를 검색하는 방법을 실제로 수신자에게 보여 준다.

4. **시각화.** 넷째, 청중의 감정이나 신념을 강화시킨다. 만약 그 필요성이 (3단계에서 제안된 해결책으로) 충족되었을 경우, 어떻게 될지를 현재의 장소와 시간을 초월하여 청중이 상상하도록 돕는다. 당신은 (1) 옹호하는 제안이 시행되는 경우 도출될 긍정적인 이점을 입증함으로써 또는 (2) 당신의 계획을 따르지 않을 경우, 발생할 부정적인 결과를 입증함으로써 이를 달성한다. 당신은 두 가지 방법을 결합하여 당신 계획의 긍정적인 이점 그리고 기존 상황이나 경쟁 제안의 부정적인 효과 모두를 입증할 수 있다. 예로, 이렇게 말할 수 있다.

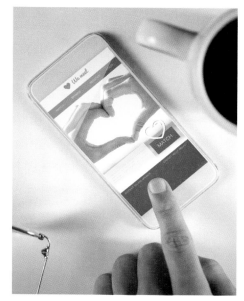

뷰포인트. 연설 구성하기

Sean은 인터넷으로 데이트 상대를 찾는 방법에 대해 연설하고자 한다.
Sean은 동기부여 순서를 어떻게 사용할 수 있겠는가?
Sean은 각 다섯 단계를 어떻게 간략히 달성할 수 있겠는가?

　한 번의 쉬운 클릭만으로 당신은 교통체증과 시간낭비 대신 집에 머물면서 귀중한 의료 정보를 얻을 수 있습니다.

그런 다음 당신은 특정 예시를 통해 청중이 어떻게 정보를 찾을 수 있는지를 보여 준다.

5. **행동화.** 당신이 밝힌 필요성을 충족시키기 위해 청중이 무엇을 해야 하는지를 이야기한다. 당신의 목표는 청중을 특정한 방향으로 움직이게 하는 것이다. 이 단계를 수행하기 위한 몇 가지 방법이 여기에 있다.

- 청중이 해야 할 일을 정확하게 말한다.
- 그들의 감정에 호소한다.
- 향후 취해야 할 행동의 지침을 그들에게 제공한다.

예시:

'60세 이후의 컴퓨터 생활'이라는 팸플릿을 읽고, 근처 컴퓨터 매장을 방문해 영업직원과 상담하세요.

또는 당신은 그들이 지역 내 대학에서 적합한 교육과정을 수강하는 것에 대해 고려하도록 제안할 수 있다.

만약 당신의 설득 목적이 태도나 신념의 강화 또는 변화시키는 데 한정된다면, 최소한 시각화까지는 진행해야 한다. 만약 수신자가 특정 방식으로 행동하도록 하는 것이 당신의 목표라면, 당신은 행동화 단계까지 모두 거쳐야 할 필요가 있다.

〈표 14-1〉은 청중의 반응 측면에서 동기부여의 순서와 사용 시 알아야 할 몇 가지 주의사항이 제시되어 있다.

〈표 14-1〉 설득력 있는 전략으로서의 동기부여 순서

단계와 목적	전달자가 답해야 하는 청중의 궁금증	이상적인 청중의 반응	주의사항
주의. 수신자의 주의를 당신과 당신의 메시지에 집중시킨다.	내가 왜 경청해야 합니까? 내 시간을 들일 만한 가치가 있는 것입니까?	• 이거 재미있겠다. • 좀 더 알려 주세요.	연설 주제와 관련하여 주의를 기울인다.
필요성. 그들에게 영향을 미치는 문제가 있다는 것을 설명한다.	내가 알아야 하거나 무엇을 해야 할 이유가 있습니까?	• 네, 이해됩니다. 문제가 있네요. • 무엇인가 해야 할 필요가 있다.	필요성을 지나치게 과장하지 않는다.
충족. 수신자에게 그 필요성을 충족시킬 수 있는 방법을 보여 준다.	그것에 대해 내가 어떻게 해야 합니까?	• 나는 변화시킬 수 있다. • 나는 내가 무엇을 할 수 있는지 알고 있다. • 나는 역량이 있다.	당신의 계획에 대해 가질 수 있는 수신자의 반대의견에 대답한다.
시각화. 필요성이 충족되면 상황이 어떻게 될지를 수신자에게 보여 준다.	어떤 점이 달라지거나 개선됩니까?	• 이 방식으로 하니 결과가 더 좋았다. • 그 변화는 정말로 필요했었다.	현실적이어야 한다. 즉, 상황을 완벽한 것으로 시각화하지 않는다.
행동화. 수신자에게 행동을 촉구한다.	변화를 위해 내가 무엇을 해야 합니까?	• 서명하겠습니다. • 여기 나의 기부금이 있습니다. • 참여하겠습니다.	구체적이어야 한다. 작은 변화와 행동을 요청한다.

대중 연설의 보조 샘플

특별 행사 연설

가장 설득력 있는 연설

때때로 특별한 행사는 전달자가 설득력 있는 메시지를 갖고 연설할 수 있는 기회를 제공한다. 여기 세 가지 유형의 특별 행사 연설이 있으며, 설득을 효과적으로 하는 데 도움이 되는 아이디어가 있다. 특별 행사 연설의 다른 유형과 구체적인 예시에 대해서 YouTube 또는 검색 엔진에서 영상을 검색해 볼 수 있다.

친선과 협정을 다지기 위한 연설

친선/협정 연설은 정보와 설득으로 나뉜다. 표면적으로 연설은 청중에게 제품, 회사, 직업, 기관 또는 사람에 대해 알려 준다. 그러나 이러한 표면 아래에는 보다 설득력 있는 목적이 있다. 즉, 사람, 제품 또는 회사의 이미지를 높여서 사람이나 사물에 대해 보다 긍정적인 태도를 만드는 것이다. 많은 협정 연설을 보면, 궁극적으로 사람, 제품, 회사에 대한 청중의 행동을 바꾸도록 하는 더욱 설득력 있는 목적을 갖고 있다.

친선/협정 연설의 특별한 유형은 전달자가 자신의 행동을 청중에게 정당화하려고 하는 자기 정당화의 연설이다. 자신을 위한 것이든 타인을 위한 것이든 간에, 친선/협정을 확보하는 데 있어 다음의 제안을 고려하라.

• 친선/협정을 받을 만한 공헌점을 입증한다.
• 신뢰성을 확립한다.
• 뻔히 알 만한 사항은 삼간다. 효과적인 친선/협정 연설은 표면적으로는 객관적인 정보적 연설처럼 보인다. 면밀한 분석을 제외하고는 친선/협정을 바라는 것처럼 보이지 않는다.

졸업 연설

졸업 연설은 최근 졸업생을 축하하고 격려하기 위해 만들어졌고, 종종 학교로부터 인생의 다음 단계로의 전환을 기념하기 위한 것이다. 졸업 연설을 할 때 다음 사항을 고려하라.

• 과거부터 시작하여 현재에 대해 논하고 미래를 예견하는 시간적 패턴으로 연설을 구성한다.
• 연구한다. 학교, 학생회, 졸업생의 목표와 야망에 대해 배우고 이를 당신의 연설에 통합시킨다.
• 간략하게 말한다. 청중의 마음은 다를 수 있음을 인식한다.
• 졸업생, 학부모 및 교사를 축하해 준다.
• 졸업생에게 동기부여 메시지와 지침을 제공한다.
• 졸업생의 성공을 기원한다.

영감을 주는 연설

영감을 주는 연설은 청중의 정신을 고양시키고 영감을 주기 위해 고안되었다. 많은 종교 연설이 이런 유형이다. 비슷한 예로, 기업의 총수가 새로운 상품이나 새로운 최고 경영자를 소개할 때 주주들에게 하는 연설은 투자자에게 영감을 주기 위해 고안된 것이다. 영감을 주는 연설의 가이드라인을 따르라.

• 청중과의 일체감을 보여 준다. 당신과 수신자가 상당한 유사점을 갖고 있음을 어떤 식으로든 보여 주려고 노력한다.

- 당신의 청중이 실제 보였으면 하는 만큼 당신 스스로 영감의 강렬함을 몸소 보여 준다.
- 감정적인 호소를 강조한다. 청중에게 영감을 주는 것은 논리보다는 감정에 더 치중해야 한다.
- 긍정적인 면을 강조한다. 특히 연설의 끝은 긍정적인 말로 마무리되어야 한다. 감동적인 연설은 항상 긍정적이다.

설득력 있는 연설의 세 가지 유형

14.3 사실, 가치, 정책 문제에 대한 설득력 있는 연설을 정의하고 구분한다.

여기서는 [그림 14-3]에 제시된 사실, 가치 및 정책의 문제에 대한 설득력 있는 연설을 알아보고, 이러한 연설에 대한 적절한 주제와 주요 요점, 지지 자료 및 구조 패턴을 어떻게 발전시킬 수 있는지 살펴볼 것이다. 또한 여기에 수록된 대중 연설의 보조 샘플인 특별 행사 연설(가장 설득력 있는)을 참조하라.

사실의 문제에 대한 설득력 있는 연설

사실의 문제(question of fact)는 무엇이 진실인지 또는 아닌지, 무엇이 존재하는지 또는 존재하지 않는지, 무엇이 발생했는지 또는 발생하지 않았는지에 대한 것이다. 사실에 대한 몇 가지 문제는 쉽게 대답할 수 있다. 당신에게 친숙한 많은 학문적 질문이 여기에 포함된다. Nostradamus는 누구입니까? 첫 인공위성은 언제 발사되었습니까? 사실의 문제는 평범한 질문을 포함하고 있다. TV에서 무엇이 방송되고 있습니까? Jenny의 이메일 주소가 무엇입니까? 당신은 온라인이나 책에서 정보를 찾거나 또는 답할 수 있는 누군가에게 물어봄으로써 이러한 문제에 쉽게 답을 찾을 수 있다.

그러나 설득력 있는 연설에서 다루는 사실의 문제들은 다르다. 이 문제에는 답이 있지만, 그 답을 찾기가 쉽지 않으며 실제로 답을 찾을 수 없을지도 모른다. 그 문제는 다양한 사람이 서로 다른 답을 갖고 있는 논쟁이 되는 이슈에 대한 것이다. 매일 진행되는

[그림 14-3] 설득력 있는 연설의 세 가지 유형

뉴스 보도에는 사실에 대한 문제로 가득하다. 예로, 2018년 봄 온라인 뉴스 사이트에는 다음과 같은 사실의 문제를 다루는 뉴스 항목이 있었다. 즉, Morgan Freeman, Mario Batali, Tom Brokaw 또는 Charlie Rose는 성희롱의 유죄가 인정되는가? 복음주의자들은 왜 Donald Trump를 지지하는가? 북한과 미국의 정상회담 취소로 전 세계가 전쟁에 더 가까워질 수 있겠는가? 이스라엘은 미국 대사관 이전 중 팔레스타인 사람에게 과잉 무력을 행사한 죄가 있는가?

논지와 주요 요점　사실의 문제에 대한 설득력 있는 연설을 하려면 당신은 사실적 진술을 바탕으로 논지를 작성한다.

- 이 회사는 여성에게 유리 천장이다.
- 원고는 명예 훼손을 당했다.
- 그 사망은 안락사한 사례였다.
- 동성애 남성과 레즈비언은 유능한 군 병력을 만든다.
- TV 폭력은 시청자의 폭력적인 행동으로 이어진다.

앞서 제시된 첫 번째 예시에 대해 설득력 있는 연설을 준비한다고 가정하면, 당신은 '회사가 여성을 차별한다.'는 논지를 정한다. 회사가 차별하는지의 여부는 사실의 문제이다. 즉, 분명히 회사는 차별하거나 하지 않는다. 그러나 당신이 이 중 하나를 선택하여 입증할 수 있는지의 여부는 또 다른 문제이자 연설의 주제가 된다.

일단 논지를 정하고 나면 '그것을 어떻게 알 수 있는가?' 또는 '그것이 사실이라고 믿는 이유는 무엇인가?'를 질문함으로써 요점을 도출한다. 두 질문 중 하나에 답변함으로써 당신은 주요 요점을 발전시킬 수 있다. 연설의 기본 뼈대는 다음과 같다.

일반적 목적 설득하기
구체적 목적 회사가 여성을 차별한다는 것을 수신자들에게 설득하기 위함
논지 회사가 여성을 차별한다. (회사가 여성을 차별한다고 어떻게 말할 수 있을까?)
　I. 여성은 남성보다 수입이 적다.
　II. 여성은 남성보다 덜 자주 고용된다.
　III. 여성은 남성보다 관리직을 덜 차지한다.

각 요점을 소개할 때와 다시 요약할 때 당신의 주요 요점을 논지에 명확하게 연결해야 한다. 여성이 남성보다 낮은 급여를 받는 것이 회사가 여성을 차별한다는 논지를 직접적으로 지지한다는 사실을 청중이 잊지 않도록 해야 한다.

지지 요점을 파악한 후에는 수집한 지지 자료를 사용하여 주요 요점을 발전시키고 구체화할 수 있다. 첫 번째 요점에서 이런 것을 발전시킬 수 있다.

> I. 여성은 남성보다 수입이 적다.
>   A. 지난 5년간 편집 보조원의 평균 연봉은 여성이 남성보다 $6,000 적었다.
>   B. 지난 5년간 여성의 초봉은 남성보다 평균 $4,500 적었다.
>   C. 지난 5년간 여성의 보너스는 남성보다 20% 낮았다.

당신은 사실의 문제에 대한 연설에서 논리적인 지지를 강조하고 싶을 것이다. 당신에게 사실은 최고의 지지 자료이다. 당신이 더 많은 사실을 가질수록 더욱 설득력 있게 사실의 문제를 다룰 것이다. 예로, 여성이 남성보다 더 적게 번다는 증거를 더 많이 발견할수록 여성이 실제로 수입이 적다는 것과 궁극적으로 여성이 차별을 받는다는 것을 증명하는 데 설득력이 있을 것이다.

가능한 가장 최신 자료를 사용한다. 최신 자료일수록 현재와의 관련성이 높고 더욱 설득력이 있다. 이 예시에서 1980년에 여성이 남성보다 평균 $13,000 적게 벌었다고 말한다면, 회사가 현재 여성을 차별한다는 것을 증명하는 것은 무의미할 것이다.

구조 사실의 문제에 대한 연설은 주제적 구조 형태에 명확하게 부합하며 당신 논지의 각 근거는 대략 동일한 가중치가 부여

뷰포인트. 직장 내 설득적 메시지
당신이 일하거나 관찰한 장소를 어떤 식으로든 떠올려 본다.
설득은 어떤 방법으로 사용되었는가? 설득력 있는 메시지는 어떤 형태를 취하고 있는가?
누가 사용했는가? 그 메시지는 어떤 영향을 미쳤는가?

된다. 예로, 이 '차별'의 개요는 주제의 순서를 사용한다는 점에 주목해야 한다. 차별을 지적하는 세 가지 사실(여성의 수입이 적고, 여성은 남성보다 덜 자주 고용되며, 여성이 더 적은 관리직을 차지하고 있음)은 모두 주요 요점으로 동등하게 다뤄지고 있다(I, II, III).

가치의 문제에 대한 설득력 있는 연설

가치의 문제(question of value)는 사람이 선하거나 악하거나, 도덕적이거나 비도덕적이거나, 정당하거나 부당하다고 여기는 것에 대한 것이다. 2018년 봄, 온라인 뉴스 사이트는 다음과 같은 가치의 문제를 다루는 항목을 게시했다. 2020년 인구 조사는 시민권 지위에 대한 질문을 포함해야 하는가? NFL(미국 프로 미식축구 연맹) 경기장의 선수는 애국가 제창을 위해 기립해야 한다는 판결은 정당한가? Facebook을 탈퇴해야 하는가? 이민자보호 도시(sanctuary city)에 대한 연방 기금을 삭감하는 것이 정당한가?

가치의 문제에 대한 연설은 일반적으로 청중의 기존 태도, 신념 또는 가치를 강화하려고 할 것이다. 많은 종교 및 정치적 연설이 그렇다. 예로, 종교 연설을 듣는 사람은 대개 이미 신자이며 경청할 것이다. 이 연설은 사람들이 이미 갖고 있는 믿음과 가치를 강화하기 위해 노력한다. 대부분의 사람은 변화에 저항하기 때문에 청중의 가치를 변화시키려는 연설은 구성하기가 훨씬 더 어렵다. 당신이 사람의 가치나 신념을 변화시키기 위해 노력할 때, (꼭 불가능한 것은 아니지만) 당신은 힘겨운 싸움을 치러야 한다.

당신이 초점을 맞추고 있는 특정 가치를 명확하게 정의해야 한다. 예로, 고등학생이 대학에 진학하도록 설득하는 연설을 만든다고 가정해 보자. 당신은 대학의 가치를 강조하고 싶지만 어떤 유형의 가치에 초점을 맞출 것인가? 재정적 가치(예: 대학 졸업자가 고등학교 졸업자보다 더 많은 돈을 번다), 사회적 가치(예: 대학은 많은 재미가 있고 친구를 사귈 수 있는 좋은 곳이다), 지적 가치(예: 대학은 세상을 보는 시야를 넓히고 당신을 더욱 비판적이고 창의적으로 사고하는 사람으로 만들어 줄 것이다) 등이 있다. 일단 당신이 초점을 맞출 가치의 유형을 명확히 하면, 관련된 요점을 발전시키는 것이 쉬워질 것이다. 적합한 지지 자료 또한 찾기가 더 쉽다는 것을 알게 될 것이다.

논지와 주요 요점   가치에 대한 문제는 다음과 같다.

- 사형제도는 정당화될 수 없다.
- 투우는 비인간적이다.

- 특정 애정지향을 갖는다는 이유로 차별하는 것은 잘못되었다.
- 인간 복제는 도덕적으로 정당화된다.
- 대학 운동 경기는 학업의 중요성을 축소시킨다.

사실의 문제에 대한 연설과 마찬가지로 당신의 논지에 '그것이 왜 좋은가?' 또는 '그것이 왜 부도덕한가?'와 같은 전략적인 질문을 함으로써 가치의 문제에 대한 연설의 주요 요점을 만들어 낼 수 있다. 예로, 위에 제시된 첫 번째 논지를 갖고 '사형이 왜 정당화될 수 없는가?'라고 물을 수 있다. 이 질문의 대답은 곧 연설의 주요 요점이 된다. 연설의 본문은 이렇게 보일 수 있다.

일반적 목적 설득하기
구체적 목적 사형제도는 정당화될 수 없음을 수신자에게 설득하기 위함이다.
논지 사형제도는 정당화될 수 없다. (사형제도는 왜 정당화될 수 없는가?)
  I. 형사 사법 제도는 오류를 범할 수 있다.
  II. 사형은 잔인하고 이례적인 처벌이다.
  III. 어느 누구도 타인의 생명을 빼앗을 권리는 없다.

지지   주요 요점을 파악한 후에는 수집한 지지 자료를 사용하여 주요 요점을 발전시킬 수 있다. 예로, (당신의 첫 번째 요점인) 실수를 범할 수 있다는 점을 보여 주기 위해서 사람들이 사형에 처해진 이후에 DNA를 통해 무죄로 밝혀진 3~4개의 사건 사례를 항목화할 수 있다.

간혹 특정한 주제와 관련하여 어떤 것을 도덕적, 정당한, 공정한 또는 선한 것이라고 판단하는 데 사용할 기준을 확립하는 것이 유용할 수 있다. 예로, '투우는 비인간적이다.'라는 연설에서 어떤 행위가 비인간적이라고 여겨질 수 있는지를 정의내리는 것에 첫 번째 주요 요점을 할애할 수 있다. 이 경우 당신의 주요 요점과 하위 요점은 다음과 같을 수 있다.

  I. 비인간적인 행위에는 두 가지 특징이 있다.
    A. 잔인함과 고통이다.
    B. 이는 인간에게 불필요한 것이다.
  II. 투우는 비인간적이다
    A. 이는 잔인하고 고통스럽다.

B. 이는 불필요하다.

사형제도의 예시에서 전달자는 사형에 대한 수신자의 믿음을 강화하거나 변화시키는 것을 목표로 한다. 전달자는 청중에게 사형제도에 대해 어떤 것을 해 달라고 요청하는 것이 아니라 단지 사형제도가 정당화될 수 없음을 믿게끔 하고 있다. 그러나 당신은 그들이 어떤 행동을 취하도록 설득함으로써, 예로 사형을 반대하는 정치인을 지지하거나 특정 법안에 반대하는 투표를 하거나 사형제도에 반대하는 단체에 가입하도록 설득함으로써 그들의 믿음을 바꾸는 목표를 이룰 수도 있다.

구조　사실의 문제에 대한 연설과 마찬가지로 가치의 문제에 대한 연설은 종종 주제적 구조에 적합하다. 예로, 앞에서 설명한 사형제도에 대한 연설은 주제의 순서를 사용한다. 그러나 이 주제의 순서 안에는 최소한의 의견 불일치나 반대에서 시작하여 수신자가 다르게 볼 수 있는 항목으로 옮겨 가는 구조의 또 다른 수준이 있다. 사형제도에 찬성하는 사람조차도 실수가 발생할 수 있다는 데 동의할 것이다. 즉, 실제로 신뢰할 만한 통계적 증거와 전문가의 증언을 인용할 경우 실수가 있다는 증거를 기꺼이 받아들일 것이다. 이 이슈로 시작하면 당신은 초기에 동의를 확보하고 당신과 청중이 비동의하는 측면에 접근하기 위한 근거로 사용할 수 있다.

정책의 문제에 대한 설득력 있는 연설

사람들이 가치에 초점을 맞추는 것에서 청중에게 어떤 이슈에 대해 무언가를 하도록 촉구하는 것으로 나아갈 때 당신은 **정책의 문제**(question of policy)를 꺼내게 된다. 예로, 투우는 비인간적이라는 것을 청중에게 확신시키기 위한 연설에서 당신은 가치의 문제에 초점을 맞출 것이다. 그러나 투우가 불법으로 선언되어야 한다고 강력

뷰포인트. 뉴스 속 사실, 가치 및 정책

국내외의 온라인 뉴스 사이트 몇 개를 조사하라(Google이 번역을 도와줄 것이다).
뉴스 사이트가 갖고 있는 사실, 가치 및 정책의 문제는 무엇인가?

히 주장한다면 당신은 정책의 문제에 초점을 맞출 것이다. 2018년 봄 온라인 뉴스 사이트의 정책 문제에 초점을 둔 내용은 다음과 같다. 교사는 총기를 소지해야 하는가? 기후변화에 대한 미국의 정책은 무엇이어야 하는가? 교사-학생 간 연애에 대한 국가 정책은 무엇이어야 하는가? 아편제 마약의 유행을 다루기 위해 미국의 정책은 어떠해야 하는가? 미국의 이민 정책은 어떠해야 하는가? 미국은 관세에 대해 어떻게 해야 하는가?

정책의 문제는 무엇을 해야 하는지, 어떤 절차를 채택해야 하는지, 어떤 법을 개정해야 하는지에 대한 것이다. 즉, 어떤 정책을 따라야 하는가이다. 어떤 연설에서 당신은 특정 정책을 옹호할 수 있고, 다른 경우에는 현 정책이 중단되어야 한다고 주장할 수도 있다.

논지와 주요 요점 설득력 있는 연설은 종종 정책의 문제와 관련이 있으며 다음과 같은 논지를 사용할 수 있다.

- 시립 공원에서 흡연은 금지되어야 한다.
- Facebook의 개인정보 설정이 변경되어야 한다.
- 대학은 교내에서 총기를 허용해서는 안 된다.
- 낙태는 필요에 따라 시행할 수 있어야 한다.
- 의료용 마리화나는 합법화되어야 한다.

예에서 알 수 있듯이 정책의 문제는 거의 항상 가치에 대한 문제를 포함한다. 예로, 대학에서 혐오 발언을 금지해야 한다는 주장은 혐오 발언이 잘못됐다는 가치 판단에 근거한 것이다. 학교에서 총기에 대한 무관용 정책을 주장하는 것은 학생이나 교직원이 학교에서 총을 소지하는 것이 잘못되었다고 생각하는 것을 의미한다.

당신은 논지에 전략적 질문을 함으로써 정책 문제에 대한 주요 요점을 발전시킬 수 있다. 정책의 이슈에 대한 문제는 '이 정책이 채택되어야 하는 이유는 무엇인가?' 또는 '이 정책을 중단해야 하는 이유는 무엇인가?' 또는 '이 정책이 현재의 것보다 나은 이유는 무엇인가?'이다. 첫 번째의 예로, 우리는 '시립 공원에서 흡연을 금지해야 하는 이유는 무엇입니까?'라고 물을 수 있다. 이 질문에 대한 답으로부터 당신은 당신의 주요 요점을 발전시킬 것이며 다음과 같을 것이다.

일반적 목적 설득하기
구체적 목적 금연을 지지하도록 청중을 설득하기 위함

논지 시립 공원에서 흡연은 금지되어야 한다.

    I. 흡연은 공원에서 위험하다.

    II. 흡연은 공원 이용자의 건강을 해친다.

    III. 흡연은 쓰레기 문제를 일으킨다.

지지　주요 요점을 파악하면 이 요점을 발전시키기 위해 당신이 수집한 지지 자료를 통합할 준비를 하게 된다. 예로, 흡연이 시립 공원에서 금지되어야 한다는 것을 청중에게 납득시킬 수 있는 지지 자료를 갖고 각 주요 요점을 더욱 발전시킨다. 첫 번째 요점을 예로, 다음과 같이 발전시킬 수 있다.

    I. 흡연은 공원에서 위험을 초래한다.

    A. Montana주에서 발생한 산불은 담배에 의한 것이었다.

    B. Wisconsin에 있는 일본의 벚꽃나무는 부주의한 흡연자에 의해 파괴되었다.

    C. 공원에 있는 많은 동물이 흡연에 의한 화재로 집을 잃었다.

정책 문제에 대한 연설에서 당신은 당신이 옹호하는 정책이 좋은 것임을 청중이 그저 동의하기를 바란다. 또는 정책과 관련하여 청중이 무엇인가 하길 바란다. 즉, 특정 후보에게 투표하는 것, 비타민 C를 복용하는 것, 선출된 공직자에게 서신을 작성하는 것, 시위행진에 참가하는 것, AIDS 인식의 상징 리본을 착용하는 것, 다가오는 국민 투표에서 공원 내 흡연 반대에 투표하는 것 등이다.

구조　정책 문제에 대한 연설은 다양한 방법으로 구성될 수 있다. 예로, 두 정책을 비교하는 경우 비교 및 대조 방법을 고려해 본다. 기존의 정책이 해를 끼치는 경우 원인-결과의 형태를 사용하는 것을 고려해 본다. 제안된 정책이 문제를 해결하도록 설계된 경우 문제-해결 형태를 고려한다. 공원에서의 흡연 예시는 간단한 주제적 형태가 사용되었다.

〈표 14-2〉에 사실, 가치 및 정책의 문제가 간략히 요약되어 있다.

JOURNAL　커뮤니케이션 초이스 포인트

주장의 선정

당신은 심령술 서비스를 제공하는 사람들이 사기죄로 기소되어야 한다는 주장을 위해서 정책 문제에 대한 설득력 있는 연설을 하려고 한다.

청중이 당신의 논지를 받아들이도록 설득하기 위해 어떤 유형의 주장을 사용하겠는가? 각각의 장단점은 무엇인가? 어떤 종류의 증거에 초점을 맞추겠는가?

<표 14-2> 사실, 가치 및 정책의 문제

문제와 목적	예시	청중이 궁금해하는 질문
사실의 문제 수신자에게 어떤 것이 진실인지 거짓인지 설득하기 위해	• Higgins는 유죄(무죄)이다. • 그가 한 일은 범죄였다(합법적이었다). • 주식시장은 훨씬 더 오를(하락할) 것이다.	• 그것이 그 문제에 대한 가장 가능한 해석인가? • 조금 더 가능한 다른 설명이 있는가? • 그것이 사실인지 또는 거짓인지 어떻게 알 수 있는가?
가치의 문제 수신자에게 어떤 것이 좋거나 도덕적인 또는 공정한지 가치를 설득하기 위해	• Higgins는 사형해야(석방되어야) 한다. • 무상 의료는 필요하다(불필요하다). • 전쟁은 옳다(옳지 않다).	• 그것이 좋거나 공정하거나 또는 옳은 일이라는 근거는 무엇인가? • 좀 더 공정하거나 공평한 대안이 있는가?
정책의 문제 수신자에게 정책의 채택 여부를 설득하기 위해	• 판결은 반드시 유죄(무죄)가 되어야 한다. • 대안적인 계획은 제정될(폐기될) 필요가 있다. • 전쟁은 계속(중단)되어야 한다.	• 따라야 할 더 나은 행동 방침이 있는가? • 이 행동 방침에 단점이 있는가?

지지 자료

14.4 논리적, 감정적, 신뢰성 호소의 유형과 오류에 대해 설명한다.

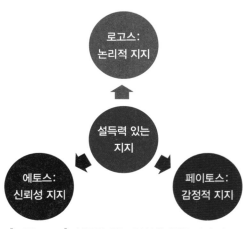

[그림 14-4] 설득력 있는 연설을 위한 지지 자료

제13장에 기술된 예시, 증언, 수치 데이터 및 개념 정의의 지지 자료 외에도 [그림 14-4]에 제시된 논리적 호소, 감정적 호소, 신뢰성 호소라는 세 가지 형태의 지지가 설득력 있는 연설에 중요하다. 이 지지 형태는 2,000년 이상 대중 연설에서 필수적인 부분이었으며, 그리스와 로마의 수사학에서는 로고스(logos), 페이토스(pathos), 에토스(ethos)로 알려져 있다. 안타깝게도 그들은 오용될 수 있는데 오류는 지지의 세 가지 형태에 기술되어 있다.

논리적 호소

논리적 호소(logical appeals)는 신뢰할 수 있는 사실과 증거가 뒷받침되는 논리에 근거하여 주장하는 것이다. 논리적 호소를 사용할 때 수신자는 시간이 지남에 따라 계속 설득되고 미래에 제기될지 모르는 반론에 저항할 가능성이 높아진다(Petty & Wegener, 1998). 논리적 호소를 사용하는 세 가지 주요한 방법으로 (1) 특정 사례, (2) 원인과 결과, (3) 징후가 있다.

특정 사례로부터의 추론과 일반화 당신은 특정 사례(또는 예시)로부터 추론(reasoning from specific instances)할 때 몇 개의 구체적인 사례를 검토한 후 전체에 대한 결론을 내린다. 귀납법으로 알려진 이 형태의 추론은 일반적인 원리나 결론을 발전시키고 싶지만, 전체를 조사할 수 없을 때 유용하다. 예로, 당신은 몇 개의 통신 과정을 표집하고 통신 과정에 대해 일반적으로 결론을 내리게 된다. 당신은 Scandinavia의 여러 도시를 방문하고 Scandinavia 전체에 대한 결론을 내린다. 특정 사례로부터 추론할 때는 사례의 수가 충분한지를 검토해야 한다. 충분한지를 결정하는 데 도움이 되는 세 가지 일반적인 가이드라인이 있다.

- 당신이 결론 내리고자 하는 집단의 크기가 클수록 검토해야 할 구체적인 사례 수가 더 많아진다. 만약 당신이 한 국가나 문화의 구성원에 대한 결론을 내리려면 잠정적인 결론을 도출하기 전에 많은 사람을 조사해야 한다.
- 부류에서 항목의 다양성이 많을수록 더 많은 구체적 사례를 검토해야 한다. 물속에 끓고 있는 파스타의 조각은 모두가 거의 같다. 즉, 하나의 표본이 일반적으로 다른 모든 것에 대해 말해 준다. 한편, 대학의 교육과정은 서로 매우 달라서 대학 교육과정의 전체 범위에 대한 타당한 결론은 훨씬 더 큰 표본이 필요하다.
- 일화적인 증거를 주의해야 한다. 종종 사람들이 일화를 사용하여 요점을 '증명'하는 것을 들을 수 있다. '여성은 그렇다. 나는 여동생이 세 명이다.', '그것이 일본인 관리자의 방식이다. 나는 그런 것을 자주 보았다.' 이러한 유형의 '증거'가 불충분한 이유는 매우 적은 관찰과 경험에 근거하여 과잉 일반화하기 때문이다. 또 다른 이유는 한 사람의 관찰은 개인의 태도와 신념에 의해 객관성이 흐려질 수 있다.

원인과 결과로부터의 추론 당신은 원인과 결과로부터 추론(reasoning from causes and effects)할 때 두 방향 중 어느 것이든 사용할 수 있다. (1) '흡연(원인)이 폐암(결과)을 유발한다.'와 같이 원인으로부터 결과를 추론한다. 또는 (2) 결론으로부터 원인을 추론한다. 예로, 초등학교 아동의 낮은 읽기 점수(결과)는 빈곤(원인) 때문이다. 원인-결과의 연결을 확립하기 위해서는 당신이 가정하고 있는 것 이외의 가능한 원인이 결과를 만들어 내지 않았음을 증명할 필요가 있다. 그래서 흡연 이외의 다른 원인이 폐암에 영향을 미치는지 또는 빈곤 이외의 요인이 낮은 읽기 점수에 기여하는지의 여부를 결정해야 한다. 일반적으로 다른 모든 요인을 배제할 수는 없지만, 당신이 밝히고자 하는 요인이 주요한 원인임을 입증하는 것이 중요하다. 과학적 연구는 흡연이 암 발생률에 미치는 효과와 빈곤이 읽기 점수에 미치는 영향에 대한 인과관계를 확립할 수 있게 해 준다.

당신은 원인이 당신이 말한 방향에 있다는 것을 증명하고 싶을 것이다. 두 가지가 함께 발생하면 원인과 결과를 결정하기 어려운 경우가 종종 있다. 예로, 자신감의 부족과 대인관계에 대한 친밀감의 결여는 종종 한 사람에게서 발생하지만, 어떤 것이 원인이고 결과인지 밝히기 어렵거나 인과관계가 존재하더라도 명확하지 않은 경우를 주의해야 한다.

징후로부터의 추론   당신은 **징후로부터 추론**(resoning from sign)할 때 자주 함께 발생하는 단서나 증상의 유무를 근거로 하여 결론을 도출할 수 있다. 의학적 진단은 징후로부터 추론하는 좋은 예이다. 일반적인 절차는 간단하다. 징후와 현상, 사건 또는 조건이 자주 짝지어질 때 징후의 존재는 어떤 현상, 사건 또는 조건의 출현 증거로 간주된다. 예로, 피로, 극심한 갈증과 과식은 갑상선 기능 항진증의 징후로 작용하는데 그 조건을 자주 동반하기 때문이다.

당신은 다른 징후가 논리적으로 같은 결론을 가리킬 수 없다는 것을 보여 주려고 한다. 갑상선 예에서 극심한 갈증은 여러 가지 요인에 의해 유발될 수 있다. 마찬가지로 피로와 과식은 다른 원인에 의한 것일 수 있다. 그러나 종합해 보면 이 세 가지 징후는 타당한 진단으로서 갑상선의 문제를 시사하고 있다. 일반적으로 결론을 가리키는 징후가 많을수록 그것이 타당하다는 확신을 가질 수 있다.

논리적 호소의 오류 경청하기   당신은 특정 사례, 원인과 결과, 징후로부터 논리적으로 추론하기를 원하는 동시에 논거의 오류, 즉 현실에서 논쟁이 되고 논리적 추론을 수반하는 것처럼 보이지만 실제로는 논리가 없고 오해의 소지가 있는 설득 전략을 피하고 싶을 것이다. 논거의 오류는 문제를 다루는 것처럼 보이지만 실제로는 그렇지 않다. 당신이 전달자 입장에서 피해야 하는, 그리고 수신자로서는 인지해야 하는 오류가 있다(Lee & Lee, 1972, 1995; Pratkanis & Aronson, 1991; Herrick, 2004).

- 증거로서 권위에 호소하는 것은 종종 논의 중인 주제에 대한 권위, 전문가 또는 지식이 실제로 거의 없을 때 어떤 사람을 권위자로 추대하는 형태를 취한다. 때때로 이 오류는 전문가가 누구인지 말하지 않고 당신에게 '…전문가의 말이다.'라는 형태를 취한다. 또 다른 형태로 사실과 증거를 대신하여 권위의 의견을 사용하는 것으로 구성된다. 권위에 대한 호소를 들을 때 스스로에게 다음과 같이 물어봐야 한다. 권위자가 증거나 믿을 만한 근거를 제시하고 있는가? 만약 그렇다면, 잘못된 추론은 아니다. 이것은 순수한 의견인가? 만약 그렇다면, 이 사람은 관련 분야에서 인정받는 권위자인가를 묻고, 그렇다면 그 주장은 경청할 가치가 있다. 만약 그렇지 않다면, 그 주장은 논리적이지 않기에 의심해야 한다.

- 진실을 숫자에 호소하는 것(ad numerum, 라틴어로 숫자, ad populum, 라틴어로 사람들)은 다수가 생각하는 방향으로 따라가는 bandwagon 오류(악단의 마차를 쫓아가는 사람들의 모습에서 유래하여 유행에 동조하는 심리)라고 알려져 있으며, 진실은 어떤 발상의 인기에 의해 결정된다고 주장한다. 가장 좋은 예는 콜럼버스 이전과 갈릴레오 시대에 세계가 평평하고 태양이 지구를 중심으로 돌아가고 있다는 보편적인 믿음이다. 대다수가 그 믿음을 증명하지 못했고 틀렸다. 숫자로 주장하는 것을 들을 때 스스로에게 물어봐야 한다. 사람들이 생각하는 것에 대한 증거를 갖고 있는가? 만약 그들이 갖고 있다면 그 증거를 검토해야 한다. 만약 그들이 대신 타당한 이유를 갖고 있다면 그들의 추론 논리를 알아보고 이치에 맞는지 자문해야 한다.

- 미끄러운 경사면을 내려가는 것은 하나의 사건(즉, 한 사람이 주장하고 있는 것)이 모든 사람이 동의하는 또 다른 사건이 바람직하지 않다는 것으로 이끌 수 있는 가정을 포함한다. 어떤 경우에는 한 사건과 다른 사건의 연관성이 직접적인 것으로 가정한다(예: 마리화나를 피우는 것은 마약으로 이어질 것이다). 다른 경우, 근원적인 사건과 불쾌한 최종적인 사건의 연관성은 일련의 연결을 통해 이루어진다(예: 마리화나를 피우는 것은 마약으로 이어질 것이고, 이는 더 많은 강도 사건으로 이어질 것이며, 이는 일반적인 무법상태로 이어질 것이다). 미끄러운 경사면을 암시하는 주장을 들을 때 스스로에게 물어봐야 한다. 한 사건이 다른 사건에 미치는 영향력의 증거는 무엇인가? 근원이 되는 사건이 파국적인 결말을 일으킬 가능성은 얼마나 되는가? 시작과 결말의 측면에서 사건의 연쇄성이 멀어질수록 그 연관성은 더욱 모호해진다.

감정적 호소

감정적 호소는 **동기적 호소(motivation appeals)**라고도 불린다. 수신자의 감정, 필요, 욕구, 원하는 것에 호소하는 것이며 설득에 있어 매우 강력하다. 당신은 감정적 호소를 사용할 때 사람들의 태도나 행동 방식을 발전시키거나 변경 또는 강화하도록 동기를 부여는 힘에 호소한다. 인간의 동기를 가장 유용하게 분석한 것 중 하나는 [그림 14-5]에서 제시된 Abraham Maslow의 욕구 위계이다(Maslow, 1970; Benson & Dundis, 2003; Hanley & Abell, 2002; Kiel, 1999). 청중이 충족하길 원하는 욕구에 호소할 수 있다면 당신은 설득력이 있을 것이다.

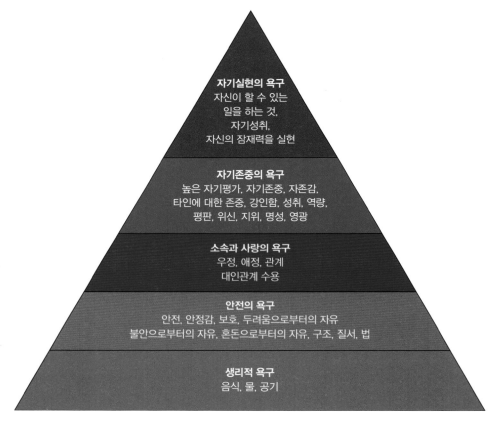

[그림 14-5] Maslow의 욕구 위계

당신의 학급 동료가 교내 폭력이 정말 문제라는 것을 확신하게 만드는 동기는 무엇인가? 어떤 동기가 중고 서적을 살 형편이 안 되는 학생을 위해 책을 기증하도록 만드는가?

출처: From Abraham Maslow, *Motivation and Personality*, 3rd ed., edited by Robert D. Frager and James Fadiman. Copyright ⓒ 1987. Printed and Electronically reproduced by permission of Pearson Education, Inc., Hoboken, New Jersey.

- **생리적 욕구.** 사람들의 기본적인 생리적 욕구는 세계의 많은 지역과 심지어 미국의 일부 지역에서 충분히 충족되지 못하고 있으므로 강력한 동기를 부여하는 힘이 된다. 욕구가 충족되지 못한 상황에서 사람들은 기본적인 생리적 욕구를 충족시켜 주겠다고 약속하는 전달자를 따를 것이다.
- **안전의 욕구.** 두려움으로부터 벗어나고자 하는 욕구와 기본적인 안전이 충족되지 않은 사람들은 안전과 보호, 신체 및 정신적 피해로부터 자유로워지는 것에 대한 호소에 의해 동기부여될 것이다. 당신은 이 욕구가 집과 자동차의 도난 방지 장치 광고와 학교 내 경찰의 보호를 약속하는 정치적 연설에서 언급되는 것을 알 수 있다.
- **소속과 사랑의 욕구.** 우정과 사랑 관계는 대부분의 사람, 특히 대학생 사이에서 상당한 시간과 에너지를 차지한다. 만약 당신이 청중에게 사랑을 받는 방법, 파트너를 찾는 방법 또는 인기를 얻는 방법을 가르칠 수 있다면 그들은 주의 집중할 뿐만 아니라 감사해할 것이다.
- **자기존중의 욕구.** 우리 모두는 스스로를 자신감 있고 가치 있으며 인류에 기여하는 존재이고 싶어 한다. '당신은 대단하다.'라는 연설은 수용적이고 피암시성이 높은 청중에게 적합하다. 자기존중감은 성공(예: 좋은 학점 또는 직장에서의 승진)에 의해 고양된다. 만약 당신의 연설이 사람들에게 계획한 일을 성공시키는 방법을 알려 주는 것이라면 당신은 적극적이고 수용적인 청중을 만나게 될 것이다.
- **자기실현의 욕구.** 우리 각자는 자기실현과 만족감을 느끼고자 하는 욕구가 있다. 만약 당신이 자신을 시인으로 여긴다면 시를 써야 한다. 만약 자신을 교사라고 여긴다면 가르쳐야 한다. 자기실현의 욕구에 대한 호소는 '가능한 최선을 다하고자' 하는 사람의 열망, 즉 높은 이상을 향해 노력하는 수신자를 격려하는 것이고, 많은 청중으로부터 환영을 받는다.

감정적 호소의 오류 경청하기　감정적 호소는 당신 주변에 항상 있으며 보통 어떤 상품을 구매하거나 또는 어떤 지위나 명분을 지지하는 것처럼 당신에게 여러 가지를 하도록 촉구한다. 이러한 피할 수 없는 호소를 들을 때 다음의 사항을 고려해야 한다.

- **증거로서의 감정.** 전달자의 목소리나 신체 움직임이 아무리 열정적이고 언어적으로 설득력이 있더라도 열정은 전달자가 제시하는 사례를 증명하지 못한다.
- **기분 전환에 따른 감정적 호소.** 만약 감정적 호소가 기분 전환으로 사용되어 주장과 증거가 배제되거나 또는 증거가 없다는 사실에 대해 당신이 잊게끔 전달자가 당신의 감정을

자극한다는 의심이 든다면 그 이유를 물어봐야 한다.

- **동정심에 호소.** 동정심에 대한 호소를 특히 경계해야 한다. 이는 논리학자가 동정심을 유발하는 논증(argumentum ad misericordiam)이라고 부르는 것으로, '당신의 도움이 정말 필요합니다.', '그 일을 하려고 노력했지만, 나는 심각한 우울증을 겪고 있어서 집중할 수 없습니다.'와 같다.

감정적 호소는 주변에 항상 존재한다. 인터넷 검열을 찬성하는 사람은 자녀가 인터넷 음란물 매체에 접속하는 것을 걱정하는 부모의 감정에 호소한다. 폭력에 대한 언론의 묘사를 제한하려는 사람은 그들의 지역사회 내에서 증가하는 폭력에 대한 두려움에 호소할 수 있다. 감정적 호소를 사용하기 위한 당신의 윤리적 지침을 개발할 때 고려해야 할 몇 가지 질문이 있다.

- 당신의 지위에 대한 욕구에 호소하는 부동산 중개인이 윤리적인가?
- 당신에게 호의를 베풀길 원하고, 당신을 칭찬함으로써 당신의 사회적 승인에 대한 욕구에 호소하는 친구의 행위는 윤리적인가?
- 당신의 성적인 보상 욕구에 호소하는 자동차 영업사원이 윤리적인가?
- 부모가 자녀의 성관계 또는 약물복용을 막기 위해 이 행동의 위험을 과장하는 공포의 호소를 사용하는 것이 윤리적인가?
- 부모가 공포의 호소를 사용하여 자녀가 다른 인종이나 국적 또는 성적 지향을 지닌 사람과 교류하는 것을 막는 것이 윤리적인가?

윤리적 초이스 포인트

당신은 학부모회로부터 모교 초등학교 학생에게 성적인 관계 맺기를 늦추도록 하는 가치에 대해 연설해 달라는 요청을 받았다.
감정적 호소를 사용해 그들을 겁먹게 하여 성적 관계를 피하게 만드는 것이 윤리적인가? 이러한 상황에서 감정적 호소 사용 시 어떤 윤리적 의무를 가져야 하는가? 당신은 어떻게 하겠는가?

신뢰성 호소

신뢰성(credibility)은 청중이 당신을 믿을 만한 대변인으로 여기는 정도이다. 당신의 신뢰성은 청중의 마음에 있다. 수신자가 당신을 유능하고 박식하며 좋은 인격과 카리스마 있거나 역동적인 사람으로 본다면, 청중은 당신을 신뢰할 것이다. 결과적으로 당신은 그들의 태도를 바꾸거나 그들이 무엇인가를 하도록 움직이는 데 효과적일 것이다.

전달자를 신뢰하게 만드는 요소는 문화마다 다양하다. 어떤 문화권에서는 유치원 교사의 자질로 역량을 가장 중요하게 본다. 한편, 다른 문화권에서는 선량함이나 교육자로서의 기품, 교육자 집안의 명성을 가장 중요한 요소로 본다. 모든 문화권은 신뢰성의 각 요인을 다르게 정의할 수 있다. 예로, '인격'은 일부 문화에서는 특정 종교의 규칙을 따르지만 다른 문화에서는 개인의 양심을 따르는 것을 의미할 수도 있다. 코란, 구약성서, 신약성서는 청중의 종교적 믿음에 따라 매우 다른 수준의 신뢰성으로 간주될 것이다. 그리고 신뢰성 수준은 세 권의 책이 모두 본질적으로 같은 말을 할 때도 마찬가지일 것이다.

신뢰성을 확립하는 방법에 대한 자세한 내용을 읽기 전에, 당신은 수록된 자가 점검을 통해 자신의 신뢰도를 점검해 볼 수 있다.

당신이 연설할 때 청중이 당신을 어떻게 평가하는지를 다음 척도를 사용하여 각 문항에 응답하시오.
5=매우 그렇다, 4=대개 그렇다, 3=보통이다, 2=그렇지 않다, 1=전혀 그렇지 않다
청중/수신자는 대체로 나를 다음과 같은 사람으로 볼 것이다.

___ 1. 지식이 풍부한

___ 2. 철저한 연구자

___ 3. 그 문제에 대해 박식한

___ 4. 자료 제시에 공정한(예: 증거와 주장)

___ 5. 청중의 요구에 관심을 갖는

___ 6. 정직: 진실을 왜곡하지 않을 것 같은

___ 7. 주장적인 스타일

___ 8. 주제에 대해 그리고 일반적으로 열정적인

___ 9. 소극적이기보다는 적극적

이 점검은 '역량', '인격', '카리스마'라는 세 가지 신뢰성의 자질에 중점을 두고 있으며 많은 연구에 기초하고 있다(McCroskey, 2006; Riggio, 1987). 1~3번 문항은 인지된 역량을 나타내며 '청중에게 당신이 얼마나 능력이 있어 보이는지'이다. 4~6번 문항은 인격을 나타내며 '청중이 당신을 선량하고 도덕적인 사람으로 보는지'이다. 7~9번 문항은 카리스마를 나타내며 '청중이 당신을 역동적이고 적극적인 사람으로 보는지'이다. 총점의 범위는 최저 9점에서 최고 45점이다. 만약 비교적 높은 점수(32점 또는 그 이상)라면, 당신은 청중이 당신을 신뢰할 만한 사람으로 본다고 느끼고 있는 것이다. 낮은 점수(27점 이하)라면, 당신은 청중이 당신을 신뢰가 부족한 사람으로 평가한다고 느끼고 있는 것이다.

역량   당신의 **역량**(competence)을 증명하기 위해 당신은 해당 주제에 대해 박식하고 잘 알고 있다는 것을 청중에게 보여야 한다. 교사나 의사가 당면한 주제에 대해 잘 알고 있다고 생각한다면 당신이 그 사람을 믿을 가능성이 더 높아지듯이, 청중이 당신을 더 많은 지식과 전문성이 있다고 볼수록 청중은 당신을 더 많이 신뢰할 것이다.

역량을 입증하는 가장 간단한 방법은 수신자에게 역량에 대해 말하는 것이다. 당신이 어떤 주제에 대해 연설할 자격이 있음을 말해 주는 특별한 훈련이나 경험을 청중에게 알려 준다. 또 다른 방법은 다양한 연구자료를 인용하는 것이다. 당신의 주제를 철저히 연구했다는 사실을 청중에게 분명히 한다. 읽은 책 중 일부, 인터뷰한 사람 그리고 논의된 기사를 언급하도록 한다.

인격   청중은 당신이 정직하고 신뢰할 만한 **인격**(character)을 갖췄는지를 보고 당신의 신뢰성을 판단할 것이다. 도덕적인 인격을 갖추는 한 가지 방법은 공정함을 강조하는 것이다. 예로, (만약 있다면) 주제의 양쪽 관점을 모두 검토했다는 것을 강조한다. 당신이 자기 이익 추구보다는 청중의 복지에 관심이 있다는 것을 분명히 한다. 만약 청중이 당신을 '자기 이익을 위해 나왔다.'고 느낀다면 청중은 당신의 신뢰성을 의심할 것이다. 청중에게 새로운 법안이 그들의 세금을 어떻게 줄일 것인지, 재활용이 그들의 지역사회를 어떻게 향상시킬 것인지, 성희롱에 대한 지식이 그들의 직장을 어떻게 더욱 편안하게 만들 것인지를 이야기한다. 높은 도덕적 인격은 재정적으로도 이득이 되는 것으로 밝혀졌다. 예로, 완전성과 책임감, 용서, 동정심을 표현하는 데 '항상 그렇다.'로 평가받은 최고 경영자가 그렇지 않거나 또는 단지 '절반 정도 그렇다.'라는 최고 경영자보다 더 나은 재정적 성과를 이루어 냈다(Kiel, 2015).

뷰포인트. 블로그의 설득력
몇 개의 블로그를 방문하여 논리적 그리고 감정적 지지의 사용 측면에서 분석해 본다.
어떤 지지 방식이 지배적인가? 아니면, 블로그의 종류에 따라 다른 유형의 지지를 사용하는가? 설득력 있는 연설의 블로그는 어떠한가? 어떻게 다른가?

카리스마   신뢰성을 확립하는 또 다른 자질은 청중이 보는 당신의 성격과 역동성이 결합된 **카리스마**(charisma)이다. 만약 청중이 당신을 냉담하고 조용하기보다는 친근하고 유쾌한 사람으로 보고 좋아한다면, 그들은 당신을 신뢰할 만한 사람으로 인식할 것이다. 마찬가지로 청중은 주저하고 비주장적인 전달자보다 역동적인 전달자를 선호한다.

카리스마를 입증하는 한 가지 방법은 긍정적인 전망을 보여 주는 것이다. 대중 연설 상황과 전달자-청중의 만남에 대해 당신의 긍정적인 방향을 청중에게 보여 준다. 청중에게 연설하는 즐거움을 강조한다. 절망보다는 희망을, 슬픔보다는 행복을 강조한다. 열정을 보여 준다. 단호함을 보인다. 재미없고 모호하기보다는 생생하고 구체적인 언어를 사용한다. 두서없고 망설이기보다는 분명하고 결단력 있는 몸짓을 사용한다. 당신이 옹호하는 입장에 대해 확고한 의지를 보여 준다.

> **JOURNAL 커뮤니케이션 초이스 포인트**
>
> **신뢰성의 확립**
> 당신은 프로 스포츠의 자유계약을 반대하는 연설을 계획 중이다. 문제는 당신이 여성이고 이 방에 있는 다른 어떤 사람보다 프로 스포츠에 대한 전문지식을 잘 알고 있음에도 불구하고, 일부 남성 청중은 당신의 전문성을 신뢰하지 않는 것 같다.
> 당신의 신뢰성을 확립을 위해 어떤 선택이 있는가? 어떤 선택이 가장 많은 이점과 가장 적은 단점을 갖는가? 당신이 말하고 싶은 것들은 무엇인가?

신뢰성 호소와 인신공격의 오류 경청하기   논리적 또는 감정적 호소와 마찬가지로 상대를 공격하는 데 초점을 맞춘 잘못된 전략을 알아차려야 한다. 타인의 연설에서 다음과 같은 오류를 주의하고, 당신의 추론에서 오류를 줄이도록 한다.

- **개인 신상의 공격**은 어떤 이슈나 제안에 직접적인 영향을 받지 않거나 실제 겪어 보지 않았다는 이유를 들어 누군가가 타당한 견해를 갖추지 않았다고 실격시키는 것이다. 예로, 전달자가 단지 남성이라는 이유만으로 낙태에 대한 주장을 묵살할 수 있다. 이 유형의 오류는 또한 제안으로부터 어떤 식으로든 혜택을 받을 것이기 때문에 누군가를 실격시키려 할 수도 있다. 예로, 누군가가 부자, 중산층 또는 가난하기 때문에 제안된 세금 감면의 혜택을 크게 받을 것이라고 논쟁하는 것은 세금 감면의 주장이 무효한 것을 의미하지 않는다. 주장의 정당성은 제시된 증거와 추론에 근거해서만 판단되어야 한다.
- **인신공격**은 종종 ad hominem 논증이라고 하며 타인(대개 상대편)의 어떤 잘못이나 성격의 결점을 비난하는 것과 관련 있다. 그 목적은 사람의 신용을 떨어뜨리거나 논의 중인 문제에서 주의를 다른 데로 돌리는 것이다. '마약을 한 또는 군복무를 회피한 후보를 어떻게 지지할 수 있겠는가?' 또는 '한 번 이상 외도를 한 사람을 믿고 싶은가?'와 같은 주장은 종종 정치적 토론에서 들리지만, 논쟁의 논리와 관련이 거의 없다.
- **매도하기**는 전달자가 어떤 생각이나 집단 또는 정치 철학에 좋지 않은 이름('편견이 심한',

'테러에 관대한')을 붙여 수신자가 주장과 증거에 대한 분석 없이 어떤 생각을 비난하도록 만드는 것이다. 매도하기의 반대는 '미사여구'식 표현이다. 전달자는 당신이 가치 있게 여기고 높이 평가하는 것을 좋은 말과 연결시켜 어떤 생각을 받아들이게끔 한다('민주주의', '언론의 자유', '학문의 자유'). 전달자는 '아름답게 꾸민 말과 글귀'를 사용하여 당신으로 하여금 증거를 무시하고 단순히 그 생각에 찬성하도록 만든다.

다음 연습에서 논지 진술문 중 하나에 다양한 제안을 적용해 보라.

다음 진술문 중 하나를 선택하여 (1) 설득력 있는 연설의 유형(사실, 가치, 정책)을 확인한다. (2) 이 논지로부터 설득력 있는 연설을 위해 2~4개의 주요 요점을 만든다. (3) 유용할 수 있는 몇 가지 형태의 지지 자료를 찾는다. (4) 적합한 구조적 양식을 선정한다.

1. 콘돔은 중, 고등학교 학생에게 배포되어야 한다.
2. 투우, 닭싸움, 여우 사냥과 같은 동물 학대와 관련된 스포츠는 전 세계적으로 규탄하고 불법으로 선언되어야 한다.
3. 미국 내 모든 주에서는 대학 캠퍼스 내 총기 소지를 금지해야 한다.

대중 연설의 보조 샘플

설득력 있는 연설

이 훌륭한 설득적 연설은 텍사스 대학교의 Farrah Bara가 구성하고 발표했다. 이 주제에 대한 그녀의 관심을 설명하면서 Farrah는 9/11 이후 미국에서 이슬람교도로 성장하는 것은 오늘날 많은 이슬람교도가 직면한 인종차별과 증오에 대해 확실히 나에게 매우 다른 견해를 갖게 해 주었다. FBI(미국 연방 수사국) 함정수사 프로그램에 대한 인권 감시단(Human Rights Watch)의 보고서를 읽은 후. 인식과 적극적인 행동주의가 이 나라에 살고 있는 수백만 명의 이슬람교도를 위한 진정한 정의의 열쇠가 되기 때문에 이 문제에 대해 이야기하는 것이 중요하다고 느꼈다. Farrah의 가장 큰 도전은 FBI 함정수사가 단순한 음모론 이상이라는 것을 사람들에게 설득시키는 것이었다. 사람들은 우리를 보호하도록 설계된 시스템이 우리를 보호한다고 믿고 싶어 한다. 우리의 법 집행은 좋은 것이고 인종과 종교의 불공평은 사람들이 행하는 것이지 FBI와 같은 거대한 기관이 관여하는 것이 아니라고 우리는 믿고 싶어 한다. 그래서 '정의'라는 이미지를 깨뜨려야 하는 것이 이 연설의 구성에서 상당한 난제였다.

연설	논평
FBI 함정수사 프로그램	연설의 제목은 일반적으로 말하지 않지만, 발표에서 사용되거나 전달자를 소개할 때 사용한다.

서론

26세의 Rezwan Ferdaus는 9/11 테러 10주년에 폭발물 드론으로 미국의 국회의사당을 조준했습니다. 2011년 9월 29일자 Gardian 일간지는 공격 직전 현장에 FBI가 있었고, 범인은 생포되어 체포가 성공적이었다는 성명을 발표했습니다. FBI는 이번 대처가 테러방지에 정확히 효과가 있는 방법이라고 말했습니다. 미국의 납세자들은 FBI가 하는 일을 위해 33억 달러를 지불하고 있습니다.

이 연설은 꽤 강력하고 잠재적으로 충격적인 주제를 다루며, 분명히 어떤 사람은 동의하고 일부는 동의하지 않을 것이다.

전달자는 주의를 끌기 위해 단 하나의 극적인 예시로 주제에 직접 뛰어들었다.

그러나 2013년 4월 23일 Florida 수사보고 센터는 Rezwan이 Boston에서 부모와 함께 살고 수입은 없으며 정신 질환을 심하게 앓고 있어 범죄를 계획하고 군사용 드론을 제작하거나 심지어 워싱턴행 비행기 표를 사는 방법조차 알지 못할 것이라고 밝혔습니다. 진짜 주모자는 17년의 징역형을 선고받게 된 Khalil이라는 남자로 FBI에서 일한다는 것을 제외하고는 알려진 게 없습니다.

여기서 전달자는 함정수사 프로그램에 의해 저질러진 몇 가지 중대한 폐해를 상세히 설명함으로써 함정수사 프로그램 폐기를 위한 그녀의 주장을 펼쳤다. 여기에 제시된 정보는 대다수의 수신자에게 새로운 정보일 수 있고, 일부 수신자는 이에 대해 이의를 제기할 가능성이 있으므로 전달자는 출처를 인용했다.

2014년 7월 20일자 *New York Post*는 Rezwan의 이야기는 무고한 이슬람교도들을 테러리스트로 모함하는 FBI 함정수사 프로그램의 일부라는 점을 밝혔습니다. 실제로, 2014년 7월 21일 인권감시단은 9/11 테러 이후 기소 중인 500건의 테러 중 절반가량이 FBI의 계획하에 이루어졌고 FBI가 자금을 지원하였으며, 놀랍게도 범죄가 발생하기 전 FBI에 의해 발각되었다고 보도하였습니다. 대표적인 대테러 전략인 FBI 함정수사 프로그램은 명백히 헌법에 위배되는 것이고, 미국인을 공포에 떨게 하지만 우리는 안보라고 생각하는 것에 대한 비용을 FBI에 지불합니다.

여기서 전달자는 구체적인 예시를 FBI의 함정수사에 대한 일반적인 문제와 연결했다. 연설이 서툴 전달자는 예시와 예시가 뒷받침하는 중심생각 간의 연결이 잘 이루어지지 않는다.

FBI 함정수사 프로그램은 종료되어야 합니다.

이것이 연설의 논지이다. FBI 함정수사 프로그램은 중단되어야 한다. 연설의 구체적 목적은 FBI 함정수사 프로그램 종결에 적극적으로 지지하도록 수신자를 설득하는 것이다. 전달자는 연설 후반부에 구체적인 제안을 제공한다.

먼저, 이 프로그램이 존재하는 이유를 알아보고 그 결과들을 밝혀내어 해결책을 모색함으로써 우리는 법을 준수하는 시민을 테러리스트로 만드는 프로그램을 멈추게 할 수 있습니다.

여기에 연설의 세 가지 주요 부분을 알려 주는 상세한 방향성이 있다(프로그램의 존재 이유, 프로그램의 결과, 프로그램을 멈추기 위한 해결책).

개략적으로, 연설은 다음과 같을 것이다.

본론

함정수사는 절차를 따릅니다. FBI는 사람을 목표로 삼고, 정보원을 보내 그들과 친구가 되게 한 다음, 정보원이 목표 대상을 압박하도록 감시하고 그들의 체포를 주도합니다. 이는 두 가지 이유, 즉 대테러의 환상과 유죄 추정의 원칙으로 발생합니다.

여기서 전달자는 프로그램의 존재 이유를 설명하기 위한 서문으로 함정수사가 어떤 일을 하는지를 명확히 말한다.

이 부분의 연설 개요는 이런 모습이다.

I. 프로그램 이유

   A. 대테러의 환상

   B. 유죄 추정의 원칙

FBI 웹사이트에 따르면, FBI 요원의 67%가 대테러에 전념하고 있다고 합니다. 말 그대로 그들의 직업인 셈입니다. FBI는 본인이 맡은 일을 하는 것처럼 보이길 원하기 때문에 그것이 함정에 빠진 첫 번째 이유입니다. 지난 2004년, 9/11 테러 이후 상세하게 기록된 9/11 위원회 보고서에서 우리는 FBI를 완전히 해체하는 것에 대해 생각하게 됩니다. 대신, 우리는 FBI에게 두 번째 기회를 주었습니다. 그리고 이로 인해 2013년 6월 FBI 보고서에 따르면 84%의 예산이 증가했습니다. 그리하여 FBI에게 필요한 것이 있다면 이는 성과입니다. 여기서 함정이 생겨나게 됩니다. 미국 시민 자유연맹(ACLU)의 2013년 9월 보고서는 실제 테러 음모와 조작된 것의 차이를 말하기가 어렵다고 설명합니다. 이로써 대테러 프로그램이 훌륭하다는 착각을 심어 주게 됩니다. 그리고 FBI를 위해 함정수사는 잘한 일이 되어 버립니다.

이것이 전달자의 첫 번째 주요 요점이며 함정수사 프로그램이 시행되는 이유를 설명한다. 여기에 제시된 첫 번째 이유는 FBI는 그들이 효과적이고 그들의 일을 하는 것처럼 보이게 할 필요가 있기 때문이다.

함정수사는 법정에서 다뤄 줘야 하고 그렇게 되었습니다. 실제로, 1915년에 연방 사법부는 함정수사의 변론을 인정하여 FBI의 개입 증거와 피고가 범죄를 저지르지 않았다는 증거를 요구했습니다.

많은 수신자가 스스로에게 물어봐야 하는 질문에 대해 전달자가 답을 하고 있다.

함정수사를 옹호하는 또 다른 이유는 이슬람교도 미국인들이 자연히 테러를 저지를 것이라는 우리의 생각 때문입니다. 2014년 5월 시민자유 보호 국민연대는 94%의 독자적인 프로파일을 설명하고 지금까지 테러에 휘말려 함정수사 대상이 된 모든 사람이 무고했습니다. 또한 함

여기에 프로그램이 계속 운영되는 두 번째 이유가 있다. 사람들은 이슬람교도 미국인이 테러 행위를 할 것이라고 추측하기 때문이다.

정수사는 적극적인 방어책으로, 당신이 테러 혐의로 기소된 경우 스스로 무죄임을 증명할 수 없다면 유죄라는 것을 의미한다고 2014년 워싱턴 대학교 법 평론이 설명하였습니다.

2007년 FBI는 Shahwar Siraj에게 접근하여 34번가 지하철역에 폭탄을 설치하라고 요구했습니다. 2014년 7월 21일 *Gardian* 일간지에 따르면, 자폐증을 앓고 있는 중년 남성 Siraj는 "엄마의 허락을 먼저 받아야 한다."라고 대답했습니다. 그는 엄마의 허락을 받은 적도, 폭탄을 가져간 적도 없지만 FBI는 어쨌든 그를 체포하여 함정수사의 효과를 알렸습니다. 이는 순환적인 인권 침해와 불안정한 국가 안보를 말해 줍니다.

여기서 전달자는 함정수사의 사례와 특히 그 불공정과 비효율성을 제시한다. 이는 이슬람교도들에 대해 FBI가 만들어 낸 추측을 뒷받침하는 구체적인 예시를 제공한다. 또한 이 예시는 바로 두 번째 주요 요점인 프로그램의 결과로 이어진다.

이 부분의 연설 개요는 이런 모습이다.

II. 프로그램의 결과
   A. 권력 남용
   B. 불안정한 국가 안보

첫째. FBI는 권한을 남용합니다. 2013년 12월 27일 *Huffington Post*는 2012년 FBI 정보원들이 저지른 범죄는 5,939건으로 전년보다 5% 증가한 것으로 상세히 기술했습니다. 전 정보원 Craig Monteilh은 '애국의 의무'는 함정수사 프로그램의 일환으로 자신이 원하는 이슬람 여성과의 성관계를 포함했지만, Monteilh은 스스로 말하기를 "그들이 테러리스트의 발언을 옹호하지 않았지만, 나는 여전히 그들을 염탐하고 있다."고 2015년 3월 4일 영국 일간지 *Daily Mail*에 알렸습니다. 9/11과 같은 또 다른 테러를 우리는 두려워하게 되어 미국인들을 학대하는 바로 그 조직, FBI에 계속 힘을 실어 주고 있습니다. 지난 12월, 미국 시민 자유연맹(ACLU)은 Obama 대통령이 인종 프로파일링을 줄이기 위한 지침을 승인하였을 때, FBI를 면제하는 허점을 포함시켰다고 보고했습니다.

여기서 전달자는 첫 번째 결과인 권력 남용과 미국인의 학대를 다룬다.

둘째, 함정수사는 이슬람 공동체를 해체하고 자원을 낭비하기 때문에 국가안보에 해를 끼칩니다. 2012년 3월 9일 *New York Daily News*는 2001년 이후 이슬람교도들이 법 집행에 덜 협조적이 되었다고 설명합니다. 그리하여 테러를 충분히 막을 수 있는 사람들이 그 노력을 그만두었습니다. 2014년 12월 13일 개인 인터뷰에서, Trevor Aaronson 수사 전문기자는 국가안보 때문이라는 것은 이치에 맞지 않는다고 했습니다. 지난 2011년. 러시아는 보스턴 FBI 요원에게 테러리스트로 생각되는 한

두 번째 결과는 이슬람 공동체를 해체함으로써 국가 안보를 해치고 다른 곳에 배치될 수 있는 자원을 낭비한다는 것이다. 뉴스 기사와 수사 기자와의 개인 인터뷰는 함정수사가 테러를 막으려는 이슬람교도들을 좌절시키고, FBI가 실제로 자원을 낭비하고 있다는 전달자의 주장을 뒷받침해 준다.

남자에 대해 경고했습니다. 그리고 보스턴 FBI는 러시아에게 자신들은 매우 바쁘다고 말했습니다. 정신적으로 장애가 있는 Rezwan Ferdaus를 함정에 빠뜨리느라 너무 바빠 FBI는 보스턴 마라톤 폭탄 테러의 사전 준비 실마리를 완전히 놓쳤습니다.

FBI는 함정수사를 쉽게 멈추지 않습니다. Tarek Mehanna의 2012년 재판을 보십시오. 앞서 인용된 인권 감시단(Human Rights Watch)은 검사들이 재판과는 무관한 세계무역센터가 불타는 모습을 28차례 보여 줬다고 설명했습니다. FBI의 말을 당연한 것으로 받아들여지는 시대에 우리는 몇 가지 예방 조치를 취해야 합니다. 즉, 법적인 원조와 인식입니다.

여기서 전달자는 그녀의 세 번째 주요 요점인 법적인 원조와 인식의 두 부분으로 구성된 해결책을 소개하고 있다. 이 부분의 연설 개요는 이런 모습이다.

III. 문제에 대한 해결책
  A. 법적인 원조
  B. 인식

첫째, 우리는 이슬람교도를 유죄라고 가정하는 법체계를 고쳐야 합니다. 감사하게도, 미국의 이슬람교도를 위한 헌법 센터는 정확히 그렇게 하기를 원합니다. 2015년 3월 10일, 센터 설립자인 Charles Swift에게 우리가 도울 수 있는 방법에 대해 물었을 때, 그는 대학 공동체가 혁명이 발화하는 곳임을 상기시켜 주었습니다. 많은 사람의 집단으로서, 우리는 유죄 추정과 법적으로 맞서 싸우기 위해 헌신하는 이 법 센터에 기금을 내 도와야 합니다. 연설이 끝나면, 서약서를 집어 작성하시고 바로 제출해 주십시오. 또한 지역사회의 이슬람 지도자와 이야기를 나눈 결과, 그들은 우리가 지금 모금하는 돈의 두 배를 내겠다고 말했습니다. FBI를 저지하는 것은 불가능해 보이기 때문에 우리의 집단적 노력만이 FBI의 앞을 가로막을 수 있습니다.

여기서 전달자는 법체계를 어떻게 수정해야 하는지를 상세하게 설명하고, 수신자에게 도움을 줄 수 있는 구체적인 방법을 제공하고 있다. 전달자의 개인적인 관여도 주목해야 한다.

둘째, FBI는 대테러의 효과에 대한 환상을 만들고 싶어 합니다. 그 환상을 없애기 위해서는 우리의 인식 확산에서부터 시작해야 합니다. 자, 폴더(접을 수 있는 인쇄물)를 하나 집으십시오. 폴더에는 신문이나 잡지의 기명 칼럼, 사례 연구, 기사, 도서 목록, 심지어 함정수사의 덫에 빠진 사람에게 쓰는 편지 안내서가 포함되어 있으므로 당신의 교육 상자라고 생각하십시오. 지금으로부터 50년이 지난 후, 9/11을 기억하는 사람은 '절대 잊지 말라'는 문구로 9/11을 기억할 것입니다. 그러나 함정수사를 기억하는 사람은 정부가 기본질서를 어떻게 두려움으

여기 해결책의 두 번째 부분에 인식이 있고, 또다시 전달자는 수신자에게 구체적인 무언가를 해 달라고 요청하고 있다. 폴더는 전달자가 이 연설을 매우 꼼꼼히 준비했다는 실질적인 증거를 나타낸다.

로 바꾸었는지, 저지르지 않은 공격에 대해 얼마나 많은 수천 명의 사람이 비난을 받았는지, 9/11 테러로 사망한 희생자이지만 피부색이 다르거나 섬기는 신이 다르다는 이유로 우리가 이슬람교도를 어떻게 잊었는지를 기억할 것입니다.

결론

FBI는 필사적으로 함정수사를 만들어 내고 있습니다.	결론의 첫 문장은 전달자의 주요 가정 중 하나를 요약하고, 이 프로그램의 존재 이유에 대한 전달자의 분석을 확고하게 만든다.
함정수사의 이유와 효과, 해결책을 알아본 후, 그들이 잊어버린 것은 진정한 안보라는 것이 분명해졌습니다.	여기서 전달자는 세 가지 주요 요점을 요약하고, 이 프로그램이 안보를 제공하지 않는다는 주장으로 요점을 다시 연결시킨다.
1908년, Roosevelt 대통령은 한 가지의 목적, 법 집행을 위해 FBI를 창설했습니다. 이제 FBI가 진짜 목적을 달성해야 할 때입니다.	전달자는 FBI가 진짜 목적을 달성하게끔 긍정적인 관점에서 연설을 끝맺는다.

참고문헌

당신의 교수 또는 대학이 참고문헌 인용 방식과 선호하는 양식에 대한 구체적인 지침을 갖고 있을 수 있다. 따라서 필요한 모든 정보를 기록할 수 있도록 작업 초기에 확인해 보는 것이 가장 좋다.

●**분석 및 논의를 위한 질문**●

연설과 논평을 읽었으므로 효과적인 연설을 만들고 전달하기 위한 10단계를 중심으로 구축된 다음 질문을 고려하라(당신이 관찰할 수 없는 리허설은 제외시키고 '최종 평가'는 추가한다).

1. **주제, 목적, 논지**. 주제가 적절했는가? 목적이 분명했는가? 연설의 논지 또는 중심 생각은 FBI 함정수사를 중단해야 한다는 것이다. 당신에게 논지가 명확했는가? 만약 그렇지 않다면 당신은 어떻게 하겠는가?

2. **청중**. 전달자는 주제를 청중과 연관시키기 위해 여러 번 시도했다. 이 주제를 당신의 특정 커뮤니케이션 수업과 연관시키기 위해 당신은 무엇을 하겠는가?

3. **연구**. 전달자는 몇몇 예시에서 연구를 인용했다. 전달자가 말하는 것은 충분히 믿을 만하였는가? 연구는 다른 어떤 방법으로 인용될 수 있는가?

4. **지지 자료**. 전달자의 지지 자료 사용에 대해 어떻게 생각하는가? 추가적인 지지 자료를 원하는가? 만약 그렇다면 구체적으로 어떤 지지 자료를 원하는가?

5. **주요 요점**. 만약 당신이 FBI 함정수사에 대한 연설을 한다면, 어떤 주요 요점을 사용하겠는가?

6. **구조**. 연설은 문제 해결 패턴을 따른다. 즉, 첫 번째 요점은 프로그램의 이유를 설명하고 두 번째는 문제를 설정하며 세 번째 요점은 해결책을 다루고 있다. 어떤 구조 패턴이 사용될 수 있는가? 주요 요점은 무엇이 되겠는가?

7. **연설문 단어**. 사용된 언어를 어떻게 기술할 수 있는가? 적당히 명확하고 생생하며 적절하고 개인적이며 강력했는가? 문장이 적절하게 다양했는가?

8. **소개, 결론, 전환 및 제목**. 전달자가 자신의 주제를 소개하기 위해 어떤 다른 선택을 했는가? 당신이라면 어떻게 소개하겠는가? 전달자는 Roosevelt 대통령의 FBI 창설과 관련한 언급으로 연설을 끝맺었다. 전달자는 연설의 종결을 위해 어떤 선택을 하겠는가? 연설에서 전환이 적절하였는가? 그렇지 않다면 당신은 어떻게 하겠는가? 연설의 제목에 대해 어떻게 생각하는가? 이 연설을 듣기 원하는가? 연설의 제목은 어떤 기대를 하게 하는가?

9. **전달**. 기회가 된다면, 이 연설의 영상을 보십시오. 전달에 대해 어떻게 생각하는가?

10. **최종 평가**. 전달자는 자신의 목적을 달성하는 데 효과적이었는가?

개념 요약

이 장에서는 설득력 있는 연설을 알아보았다. 우선, 설득을 위한 가이드라인과 지지 자료의 종류를 다룬 후 설득력 있는 연설의 세 가지 주요 유형에 대해 논의했다.

설득의 목표

14.1 설득력 있는 연설의 목표를 설명한다.

1. 설득은 세 가지 주요 목표는 다음과 같다. (1) 태도, 신념 또는 가치를 강화하거나 약화시킨다. (2) 태도, 신념 또는 가치를 변화시킨다. (3) 행동을 취하도록 동기를 부여한다.

설득력 있는 말하기의 가이드라인

14.2 설득력 있는 말하기의 가이드라인을 이해하기 쉽게 재진술한다.

2. 설득력 있는 말하기의 중요한 지침 중에는 다음과 같은 것이 있다. (1) 청중에게 집중한다. (2) 사회적 증거를 제공한다. (3) 합당한 정도만큼 변화를 요청한다. (4) 선택적 노출을 예상한다. (5) 청중의 문화에 적응한다. (6) 동기부여 순서를 따른다.

설득력 있는 연설의 세 가지 유형

14.3 사실, 가치, 정책 문제에 대한 설득력 있는 연설을 정의하고 구분한다.

3. 사실의 문제에 대한 설득력 있는 연설은 무엇이 진실인지 아닌지에 초점을 맞춘다.

4. 가치의 문제에 대한 설득력 있는 연설은 선과 악, 정당성과 부당성의 쟁점에 초점을 맞춘다.

5. 정책의 문제에 대한 설득력 있는 연설은 무엇을 해야 하는지 또는 하지 말아야 하는지, 어떤 절차를 채택해야 하는지 또는 하지 말아야 하는지에 초점을 맞춘다.

지지 자료

14.4 논리적, 감정적, 신뢰성 호소의 유형과 오류에 대해 설명한다.

6. 설득의 연설에서는 논리적 호소, 감정적 호소, 신뢰적 호소라는 세 가지 유형의 지지가 특히 중요하다.

기술 요약

효과적인 연설가가 되려면, 당신은 다양한 설득 기술을 익혀야 한다. 다음에 제시된 내용을 읽어 보고 더 노력할 필요가 있는 항목에 (∨) 체크하시오.

_____ 1. 나는 설득력 있는 연설에서 선택적 노출, 변화의 정도, 동일시라는 설득의 원리를 적용한다.

_____ 2. 나는 설득력 있는 연설에서 특정 사례로부터 일반화하는 추론, 원인과 결과로부터의 추론, 징후로부터의 추론을 비판적으로 분석한다.

_____ 3. 나는 설득적인 시도를 들을 때 인신공격, 권위에의 호소, 숫자에 호소, 미끄러운 경사면과 같은 오류를 발견해 낸다.

_____ 4. 나는 청중에게 동기를 부여하기 위해 권력과 통제, 영향력, 자존감, 승인, 안전, 성취, 그리고 재정적 이득의 욕구에 호소하는 동기적 호소를 사용한다.

_____ 5. 연설에서 역량, 높은 도덕성, 카리스마를 보여 줌으로써 나의 신뢰성을 확립하고자 한다.

핵심 용어

이 장에서 논의된 주요 용어이다. 이 용어의 정의는 이 장의 본문에서와 책의 뒷부분에 수록된 용어집에 제시되어 있다.

가치의 문제	설득	졸업 연설
논리적 호소	신뢰성	징후로부터 추론
동기부여 순서	역량	친선 연설
동기적 호소	영감을 주는 연설	카리스마
사실의 문제	원인과 결과로부터 추론	특정 사례로부터 추론
사회적 증거	인격	
선택적 노출	정책의 문제	

핵심 용어

가르랑말 purr words 어떤 객관적 실제보다 전달자의 감정을 긍정적으로 표현하는 말. 으르렁말
과 대비됨

가면 현상 impostor phenomenon 성공의 외적 신호를 무시하고, 자신을 가짜, 거짓, 실제로 성공
할 만한 자격이 없는 사람으로 여기는 것

가상 집단 virtual groups 구성원이 전자기기 수단을 통해 커뮤니케이션하고 지리적으로 광범위
하게 분리될 수 있는 집단

가치의 문제 questions of value 무엇이 좋은지 또는 나쁜지, 무엇이 공정한지 또는 불공정한지에
초점을 맞춘 문제

감정 표현 행위 affect displays 화, 공포 혹은 놀람 등과 같은 정서적 의미를 전달하는 얼굴 영역
의 움직임으로 손과 몸의 움직임도 포함됨

강연 개요 delivery outline 강연 개요를 주요 단어와 구절로 간단하게 축약한 노트

강요 force 문제에 대해 대화하지 않고 감정적이거나 물리적인 방식으로 주장에서 승리하는
비생산적인 갈등 전략 혹은 어떤 형태의 심리적 괴롭힘

강화 reinforcement 일반적으로 보상의 한 종류로 긍정적인 자극의 제시 또는 부정적인 자극의
제거

개념정의 연설 speech of definition 개념의 의미를 설명하는 정보적 연설

개선 repair 관계 악화의 과정을 되돌리려는 시도

개인 역할 individual roles 집단의 목표 달성을 방해하고 응집력을 감소시키는 행동

개인적 거리 personal distance 45cm에서 1.2m까지의 두 번째로 가까운 근접 거리. 공간학을 참조

개인주의 문화 individualistic cultures 집단보다 개인의 목표와 선호를 강조하는 문화. 집단주의 문화와 대비됨

개인주의 지향 individual orientation 집단의 목표와 선호보다는 개인의 선호와 목표를 더 강조하는 문화적 지향. 집단주의 지향과 대비됨

개인주의−집단주의 individualism−collectivism 개인의 선호 혹은 집단의 선호를 더 중요시하는 정도를 의미하는 문화적 차원

거부 rejection 상대방을 인정하지만 그 사람에게 동의하지 않는 것. 인정의 반대어는 부정

거울 속 비친 자기 looking−glass self 다른 사람들이 자신에게 드러내는 것을 통해 자신의 이미지가 형성된다는 자기 개념 이론

거짓기억증후군 false memory syndrome 실제로 일어나지 않았던 과거의 경험을 사실로 기억하는 현상

겸양의 격률 maxim of modesty 본인에게 주어지는 찬사 또는 칭찬을 최소화하면서 상대에게 찬사 또는 칭찬을 돌리는 것이 좋다는 의사소통 격률

경계 표식 boundary markers 개인의 영역과 타인의 영역을 구분하는 표식

경쟁 유형 competing style 자신의 욕구와 바람에 큰 관심을 갖지만, 타인에게는 거의 관심을 두지 않는 갈등 관리 유형

경청 listening 언어적 또는 비언어적 메시지를 받아들이고, 이해하고, 기억하고, 평가하며, 반응하는 과정

고권력거리 문화 high−power−distance cultures 권위가 소수에 집중되어 있고 권위에 있는 사람과 그렇지 않은 사람 사이에 힘의 차이가 큰 문화. 저권력거리 문화와 대비됨

고맥락 문화 high−context culture 많은 정보는 맥락 내에 있고, 사람들이 사전 경험을 통해 이미 알고 있는 문화로, 커뮤니케이션은 종종 간접적임. 저맥락 문화와 대비됨

고맥락과 저맥락 high and low context 정보가 맥락에 내재되어 있는 정도를 말하는 문화적 차원

고정관념 stereotype 집단에 대한 고정된 인상으로 이를 통해 개인을 지각하고 커뮤니케이션함. 고정관념은 대부분 부정적이지만 긍정적일 수도 있음

고정적인 평가 static evaluation 세상이 끊임없이 변한다는 특성을 인식하지 못하는 것으로 사람과 사건을 끊임없이 변하기보다는 고정된 것으로 보는 태도

공간학 proxemics 공간 커뮤니케이션과 사람들이 무의식적으로 자신의 공간을 구성하는 방법.

즉, 사람들 사이의 관계 거리, 가정과 사무실에서의 공간 구성, 도시의 디자인에 대한 연구

공감 empathy 다른 사람의 느낌을 느낄 수 있는 능력; 다른 사람의 관점을 통해 어떤 것을 지각하거나 느낌. 대인 효과성의 핵심 요소임

공감의 격률 maxim of sympathy 상대를 이해하고 공감, 격려, 지지하는 것이 좋다는 의사소통 격률

공감적 경청 empathic listening 한 사람이 느끼고 의미하는 것을 이해하기 위해(이해하면서) 듣는 것

공손 전략 politeness strategies 다른 사람의 체면을 지지하고, 사람들이 호감 있게 보이려고 사용하는 전략

공손한 경청 polite listening 예의와 관심, 지지를 갖고 경청하는 것

공적 거리 public distance 3.6m에서 7.6m 이상의 가장 먼 근접 거리

공적 영역 public territories 식당이나 공원과 같이 모든 사람에게 개방된 영역

공정한 세상 가설 just world hypothesis 세상은 정의롭다는 신념으로 좋은 사람에게는 좋은 일이 나쁜 사람에게는 나쁜 일이 일어난다는 신념

과장 hyperbole 어떤 것을 부풀려서 말하는 비유법

관계 메시지 relationship messages 화자들의 외면적 문제보다 화자들 간의 관계에 대해 언급하는 메시지

관계 발전 relationship development 친밀에 더 가까워지는 관계의 단계로 여기에 제시된 관계의 모델에서 관계 발전은 접촉과 관여의 단계를 포함

관계 신호 tie signs 당신의 관계 상태를 전달하는 비언어적 몸짓이나 인위적 신호

관계 차원 relationship dimension 전달자에게 외부적인 문제보다 전달자들의 관계를 지칭하는 메시지의 차원. 내용 차원을 참조

관련성의 격률 relation principle 대화와 관련된 것에 대해서 이야기해야 한다는 대화의 원리

관여 involvement 타인에 대해 탐색하고 자세히 알아보며 서로 연결되어 있다는 상호관계가 형성되는 대인관계의 단계

관용어구 idioms 특정 언어에만 고유하게 존재하는 표현으로 의미가 개인적으로 추론될 수 없음

관용의 격률 maxim of generosity 상대가 중요하게 여기는 것, 즉 시간, 통찰력, 재능과 같이 상대에게 중요한 것을 확인하도록 도와주는 것을 최대화해야 한다는 의사소통 격률

구어체 스타일 oral style 문어체와 대비되는 구두 언어로 보다 짧고 간단하며 친숙한 말로 자기참조적이고 전체적인 용어와 동사, 부사를 사용. '내가 보기에는'과 같이 투사를 암시하고

좀 더 구체적인 용어로 구성

구체적 목적 specific purpose 정보적 연설에서 커뮤니케이션하고자 하는 정보 또는 설득력 있는 연설에서 변화시키고자 하는 태도나 행동

권력거리 power distance 권력이 있는 사람과 그렇지 않은 사람 사이의 거리 정도를 가리키는 문화적 차원

권위적 리더 authoritarian leader 다른 구성원의 동의나 자문 없이 의사결정을 하는 리더

귀 표식 ear markers 영역이나 물건의 소유를 나타내는 식별 표시

규칙 이론 rules theory 합의된 일련의 규칙을 고수함으로써 함께 유지되는 관계를 설명하는 이론. 규칙이 지켜지면 관계가 유지되고 규칙이 깨지면 관계는 어려움을 겪음

그래프 graph 관계성을 보여 주는 도표로 전체가 어떤 요소들로 구성되어 있는지를 밝히고, 시간의 흐름에 따른 추이를 보여 주고, 다양한 크기와 양을 비교하는 데 유용함

그림그래프 picture graph 수치 값을 나타내기 위해 이미지(아이콘, 기호 또는 사진)를 사용한 도표

근접성 proximity **지각의 원리**로 물리적으로 가까운 사람이나 사건을 함께 소속되거나 어떤 구성원의 일부로 지각하는 경향성. 또한 신체적 친밀감, 대인 간 매력에 영향을 미치는 요인 중 하나

금기 taboo 문화적으로 검열되어 금지된 것. 금기시되는 언어는 '정치적인 사회'에 의해 눈살을 찌푸리게 하는 말. 예로, 죽음, 성, 질병의 특정 형태, 성행위와 배설 기능을 나타내는 다양한 단어와 주제는 금기사항으로 간주

기본적 귀인 오류 fundamental attribution error 내부 요인의 기여도를 과대평가하고 외부 요인의 영향을 과소평가하는 귀인 경향

끼어들기 interruptions 대화 중 전달자의 역할을 빼앗아 오려는 시도

나 메시지 I-messages 개인적인 생각과 행동에 대한 책임을 수용한다는 메시지; 화자의 관점이 명확히 진술되는 메시지. 너 메시지와 대비됨

날짜 date 끊임없는 변화의 개념을 강조하고 설명하기 위한 **확장 전략**(예: 2011년의 John Smith는 2008년의 John Smith가 아님)

남성성–여성성 masculinity–femininity 야망이나 주장과 같은 전통적인 남성성 혹은 타인을 돌보고 양육하는 것과 같은 전통적인 여성성을 수용하는 정도를 말하는 문화 차원

낭만적 사랑 eros love 아름다움과 관능미를 추구하고 신체적 매력에 중점을 둔 Lee의 여섯 가

지 사랑 유형 중 하나

내러티브 narrative 일화 또는 짧은 이야기의 형태로 많은 종교 작품에 나오는 우화는 그들의 일반적인 원리를 설명하기 위해서 내러티브를 사용

내용 메시지 content messages 전달자와 수신자 간의 관계 외적인 것을 언급하는 메시지

내용 차원 content dimension 개인들 간의 관계에 대한 것보다 실제와 관련된 것을 언급하는 것. **관계 차원**과 대비됨

너 메시지 you-messages 전달자가 자신의 생각과 행동에 대한 책임을 부인하고 다른 사람을 탓하는 인식의 메시지. 비난의 메시지. **나 메시지**와 대조됨

네트워킹 networking 타인을 통해 문제를 해결하거나 최소한 수많은 문제나 내려야 할 결정에 대한 통찰력을 제공하는 과정

네티켓 netiquette 인터넷에서 공손한 커뮤니케이션을 해야 한다는 규칙

논리적 호소 logical appeals 신뢰할 수 있는 사실과 증거가 뒷받침되는 논리에 근거하여 주장하는 것

논점 thesis 대중 연설의 주제로 주장하는 메시지

눈동자 언어 oculesics 눈(안구) 움직임 연구의 기술적 용어

다이어그램 diagrams 복잡한 구조를 설명하기에 유용하여 자주 사용되는 개요 형태의 단순화한 그림

다이얼로그 dialogue 각자가 화자와 청자자 되는 커뮤니케이션 형태; 상대에 대한 관여, 관심, 존중이 특징임. **독백**과 대조됨

다중-정의 패턴 multiple-definition pattern 각 요점이 다른 정의 또는 관점을 제공하는 조직화된 패턴

단기기억 short-term memory 용량이 제한된 기억으로 **장기기억**으로 전달되지 않으면 빠르게 소멸되는 정보를 포함

단일시간 지향 monochronic time orientation 이 문화에서는 시간이 구분되어 있다고 보고 한번에 한 개의 일정이 설정됨. **복합시간 지향**과 대비됨

대응추론편향 overattribution 어떤 사람의 분명한 특징 한두 가지를 골라내 그 사람이 하는 모든 것을 이러한 특징에 귀속시키는 경향

대인 갈등 interpersonal conflict 두 사람 간의 불일치나 갈등

대인 커뮤니케이션 interpersonal communication 두 사람 간 혹은 소집단 구성원 간의 커뮤니케이션

으로 대중 혹은 대규모 커뮤니케이션과 구분됨; 개인적 의사소통으로 비개인적 의사소통과 구분됨; 친밀한 사람들 간의 커뮤니케이션으로 상호적이고 소집단으로 이뤄짐

대인관계적 시간 interpersonal time 대인관계의 상호작용에 영향을 미치는 다양한 시간 관련 요소

대조 contrast 사람이나 메시지가 서로 매우 다른 경우, 서로 함께 속해 있지 않은 다른 단위나 집단으로 지각한다는 규칙

대중 연설 public speaking 전달자가 주로 대면 상황에서 많은 청중에게 비교적 지속적인 담론을 연설하는 커뮤니케이션의 한 형태

대중 커뮤니케이션 public communication 한 명의 연설자와 많은 사람으로 구성된 청중 사이에서의 커뮤니케이션

대화 지향 conversation-orientation 가족 구성원이 그들의 마음을 말할 수 있는 정도

대화차례 conversational turns 의사소통 과정 동안, 전달자와 수신자가 순서를 교환하는 과정

델파이 방법 Delphi method 문제 해결 집단의 한 유형으로 상호작용 없이 여러 번 설문을 진행하여 집단 의사결정을 하는 방법(예: 회사가 직면한 가장 중요한 문제 혹은 착수해야 하는 활동)

독립적 커플 independents 각 개인의 정체성을 관계보다 중요시하는 커플

독백 monologue 자신의 목표에만 초점을 두고 수신자의 기분 또는 태도에 진정한 관심을 두지 않는 의사소통 형태. 대화와 대비됨

동기부여 순서 motivated sequence 화자의 목적에 청중이 긍정적으로 반응하도록 동기 부여하기 위해 화자가 발언 내용에 정보를 배열하는 조직화된 패턴

동기적 호소 motivational appeals 논리보다는 수신자의 감정, 필요, 욕구, 원하는 것에 호소하는 것

동성애차별적 발언 heterosexist speech 이성애를 기본적으로 가정하여 게이나 레즈비언을 폄하하는 언어

동의의 격률 maxim of agreement 동의하는 부분을 표현하고 의견이 불일치하는 부분을 표현하지 않거나 최소화해야 한다는 의사소통 격률

동작학 kinesics 얼굴과 몸의 움직임의 소통 영역에 대한 연구 분야

동조 지향 conformity-orientation 가족 구성원이 유사하거나 다른 태도, 가치 및 신념을 표현하는 정도

두운 alliteration 똑같은 첫 자음 소리를 두 번 내지 세 번 이상 유사하게 반복하는 것

리더십 leadership 한 개인이 다른 사람의 행동과 생각에 영향을 미치는 과정. 자유 방임형, 민주

형, 권위적 리더 참조. 리더십은 매우 추상적인 수준부터 매우 구체적인 수준까지 다양함

마음놓침 mindlessness   자신이 무엇을 어떻게 생각하고 있는지에 대한 의식적인 인식이 부족한 상태

마음챙김 mindfulness   마음챙김 상태에서는 사고나 행동의 이유, 기존 요소들 간의 논리적 관계성을 인식하게 됨

막대그래프 bar graph   수치 값이 막대의 높이나 크기로 표시되는 도표

매력 attraction   다른 사람들로부터 매우 긍정적인 평가를 형성하게 하는 개인의 상태나 과정

매력 이론 attraction theory   사람들이 매력을 바탕으로 관계를 형성한다는 이론

매력적임 attractiveness   시각적인 매력과 유쾌한 성격을 모두 포함하는 일반적인 매력

맥락 context   의사소통이 발생하는 신체적, 심리적, 사회적 그리고 시간적 환경

메시지 messages   청자에게 자극으로 기능하는 신호나 신호들의 조합

메타 메시지 metamessage   또 다른 메시지를 가리키는 메시지(예: "이 진술은 거짓이다." 또는 "내가 당신에게 말하려는 것을 이해하는가?")

메타 커뮤니케이션 metacommunication   커뮤니케이션에 대한 커뮤니케이션

멘토링 mentoring   경험이 많은 개인(멘토)이 도움이 필요한 사람(멘티)에게 자신의 목표를 달성하는 방법을 배우도록 돕는 파트너십

명목 집단 nominal group   자신의 생각과 의견을 기록한 다음 다른 사람에게 배포하여 의견을 수렴하는 방법. 직접적인 상호작용 없이 가능한 해결책 또는 해결책 목록이 생성될 때까지 생각과 의견이 점차 축소함. 이 경우 명목 집단(이름만 있는 그룹)은 최종 해결책들을 분석하는 문제 해결 집단으로 재구성될 수 있음

명시성 denotation   용어의 객관적 의미로서 사전에서 찾을 수 있는 의미

모형 models   실제 대상의 복제; 과정과 사건의 도표적 시각화

모호함 ambiguity   어떤 것이 하나 이상의 방법으로 해석될 수 있는 조건

문제 해결 순서 problem-solving sequence   집단이 자주 사용하는 문제 해결을 위한 논리적인 단계별 과정으로, 문제의 정의 및 분석, 해결책의 평가 기준을 확립, 가능한 해결책을 확인, 해결책의 평가, 최선의 해결책을 선택하고 선택된 해결책의 검증으로 구성

문제 해결 집단 problem-solving group   문제를 해결하거나 어떤 문제에 대한 결정을 내리기 위해 구성된 집단

문화 culture   특정 집단 사람들의 상대적으로 특정화된 생활 양식; 가치, 신념, 인공물, 행동, 커

뮤니케이션 방식에 영향을 미치고 다음 세대로 전수됨

문화적 맥락 cultural context 문화에 속한 사람들 간의 의사소통에서의 문화적 신념과 관습

문화적 시간 cultural time 특정 문화에 따라 시간을 어떻게 다룰지에 대한 의미 부여가 다름

물건 적응 행위 object–adaptors 물건을 조작하는 제스처로 스티로폼 컵에 낙서하거나 컵에 구멍을 뚫고 볼펜을 딸깍거리거나 연필을 입에 무는 동작

물리적 맥락 physical context 커뮤니케이션이 이루어지고 있는 실재하는 환경

물리적 소음 physical noise 전달자와 수신자 모두에게 신호나 메시지의 물리적 전송을 방해하는 외부적인 간섭

민족정체성 ethnic identity 한 문화의 신념과 관습에 대한 몰입

민주형 리더 democratic leader 방향은 제공하지만 구성원이 원하는 방식으로 개발하고 진행하도록 하는 집단 리더

발음 pronunciation 사전과 같이, 정해진 어떤 기준에 따라 음절이나 단어를 생성하는 것

발표 보조도구 presentation aid 중심 생각을 명확히 하기 위한 시각 또는 청각적 수단

발표 연설 presentation speech 연설자가 수상 또는 인정의 표시로 발표하는 특별 행사 연설

방법의 격률 manner principle 자신의 생각을 명확하면서도 상대적으로 간결하게 의미 있는 순서로 조직화하여 전달해야 한다는 의사소통의 원리

방어 defensiveness 위협, 공포, 지배로 특징화되는 집단 분위기에서 개인의 자기 보호적 태도. 평가적이고, 통제하려 하며, 기만하거나, 무관심하거나 중립적이고, 우월성을 드러내거나, 확정적으로 이야기하는 대화는 상대의 방어 반응을 일으킴

백채널링 단서 back–channeling cues 발언 역할을 요청하지 않았지만 수신자가 발언자에게 하는 반응

복합시간 지향 polychronic time orientation 여러 가지 일을 동시에 계획하거나 관여할 수 있다는 시간의 관점. 단일시간 지향과 대비됨

부정 disconfirmation 상대의 커뮤니케이션뿐만 아니라 상대의 인격체 자체를 무시하는 커뮤니케이션 패턴. 인정과 대비됨

부정적 공감 negative empathy 자신이 속한 집단에 대해 강한 공감을 하고 있어 다른 집단에 대한 공감 능력이 확연히 부족하다고 느끼는 상태

부호자 encoders 한 가지 형태(예: 신경 활동)나 다른 형태(예: 음파)로 변화된 메시지에서 취하는 어떤 것. 인간 의사소통에서 부호자는 말하기 메커니즘임; 전기적 의사소통에서 해독자

는 송화기임

부호화 encoding 메시지를 코드화하는 과정(예: 신경 활동을 언어화하는 것). 해독화도 참고

분리 separates 함께 살지만 서로의 사랑이나 친밀감의 결과라기보다는 편의의 문제로 관계를 보는 부부들

불가피성 inevitability 커뮤니케이션을 의도하지 않거나 하고 싶어 하지 않을 때조차도 커뮤니케이션은 이루어질 수밖에 없다는 의미

불만 쌓아 두기 gunnysacking 불만을 쌓아 놓고 논쟁이 발생했을 때 과거의 불만을 토로하는 비생산적인 갈등 관리 전략

불확실성 회피 uncertainty avoidance 문화가 예측 가능성을 중시하는 정도

브레인스토밍 brainstorming 혼자 혹은 집단으로 가능한 한 많은 아이디어를 제시하여 문제를 해결하는 기법

비가역성 irreversibility 커뮤니케이션을 되돌릴 수 없는 것; 한번 의사소통이 되면 이를 되돌릴 수 없다는 것

비난 blame 문제 해결에 초점을 두기보다 타인에게 원인을 돌리는 비생산적 갈등 전략으로 문제와 잠재적 해결방안으로부터 주의가 다른 곳으로 향하게 함

비반복성 unrepeatability 모든 사람과 모든 것은 끊임없이 변화하고 있기 때문에 커뮤니케이션 행위는 결코 복제될 수 없다는 원리

비언어적 커뮤니케이션 nonverbal communication 공간, 몸짓, 얼굴표정, 접촉, 목소리의 변화 또는 침묵을 사용한 언어 이외의 커뮤니케이션

비유 metaphor 서로 다른 두 대상을 암시적으로 비교하는 비유적 표현(예: "저 CEO는 자칼이다.")

비유적 표현 figure of speech 단어 그 자체, 즉 문자 그대로의 의미를 넘어 사용되는 문체의 기교 장치

비판적 경청 critical listening 단순히 받아들이기보다 메시지를 평가하고 분석하면서 듣는 것

비평 criticism 어떤 작업에 대한 합리적 판단; 종종 흠결 찾기와 유사하게 사용됨. 비평에는 긍정적 혹은 부정적 평가가 포함될 수 있음

비협상 nonnegotiation 갈등에 대한 논의를 거부하거나 상대의 주장을 경청하지 않는 비생산적인 갈등 전략

사과 apology 말 실수를 하거나 잘못한 행동에 대해 후회 또는 유감을 표현하는 것

사랑 love 한 사람이 다른 사람과의 친근함, 관심, 따뜻함 그리고 흥분을 느끼게 되는 대인 과정

사소한 대화 small talk 대개 짧고 종종 자신이나 주제를 소개하는 정중한 방법으로 사용되는 논쟁의 여지가 없는 대화

사실의 문제 questions of fact 무엇이 진실인지 또는 아닌지, 무엇이 존재하는지 또는 존재하지 않는지, 무엇이 발생했는지 또는 발생하지 않았는지에 대한 문제

사실–추론 혼동 fact–inference confusion 어떤 사람이 개인적 추론을 사실로 간주하는 잘못된 평가

사실–허구 패턴 fact–fiction pattern 주요 요점은 허구에 대한 것이고 그 아래 허구를 반박하는 사실이 나열된 연설 구성 패턴

사회 교환 이론 social exchange theory 사람들이 자신의 보상이나 이익이 비용보다 더 많을 수 있는 관계를 발전시키고, 비용이 보상을 초과하는 관계는 피하거나 끝낼 것이라고 가정하는 이론

사회경제적 및 교육적 지위 socioeconomic and educational status 개인의 직업, 소득 및 교육 수준에 대한 사회학적 척도로 위계구조에서 한 개인의 수준이나 지위

사회심리학적 맥락 social–psychological context 연설자 사이에서의 지위 관계, 상황의 격식, 집단이나 조직의 규범과 관련이 있음. 상사의 집에서 이루어지는 공식 만찬에서 하는 것처럼 회사 구내식당에서 이야기하지 않음

사회적 거리 social distance 1.2m에서 3.6m에 이르는 세 번째 근접 거리로 일반적인 업무가 수행되는 거리

사회적 시계 social clock 다양한 삶의 이정표를 달성하기 위한 문화적인 시간표

사회적 알레르기 social allergen 마치 알레르기처럼 당신을 짜증나게 하는 다른 사람의 행동

사회적 증거 social proof 다른 사람들이 하거나 하지 않는 것들의 예시로 당신이 청중에게 바라는 행동

사회적 촉진 social facilitation 혼자 있을 때보다 집단의 일원으로 속해 있을 때 더 많은 노력을 기울인다는 이론. 사회적 태만과 대비됨

사회적 태만 social loafing 혼자 있을 때보다 집단에 속해 있을 때 더 적은 노력을 기울인다는 이론. 사회적 촉진과 대비됨

삽화 illustration 상대적으로 더 길고 더욱 상세한 예

상보성 complementarity 자신이 가지고 싶어 하는 특성이나 다른 특성을 가진 사람에게 매력을 느낀다는 원리로 유사성과 대비됨

상징 행위 emblems OK와 같이 단어나 구절로 직접 해석되는 비언어적 행동

색인 index   비동일성에 대한 개념을 강조하기 위한 **외현적 장치**로 정치인 $_1$과 비정치인 $_2$와 같이 아래 기입한 문자나 숫자로 상징화시킴

색채 커뮤니케이션 color communication   색에 대한 의미가 문화권별로 다르게 해석되는 것

생리적 소음 physiological noise   시각 장애, 청각 장애, 신체적 문제 및 기억 상실처럼 송신자나 수신자 내의 장벽에 의해 발생

선그래프 line graph   수치 값이 선과 연결되어 있는 도표로 일정 기간의 변화를 보여 주는 데 유용하며, 둘 이상 집단의 상대적인 변화를 비교할 수 있음

선택적 노출 selective exposure   수신자가 기존의 의견과 신념, 태도 및 가치를 지지하는 정보는 적극적으로 찾고 이에 반하는 정보는 적극적으로 회피하는 경향

선택적 주의 selective attention   당신이 보기를 원하거나 기대하는 것들에 주의를 기울이는 경향

선택적 지각 selective perception   다른 것들은 무시하고 특정한 무언가를 지각하는 경향. 선택적 주의와 선택적 노출을 포함

선택점 choice points   커뮤니케이션 대상, 말할 내용, 말하지 않을 내용, 표현하는 방법 등을 선택해야 할 시점

설득 persuasion   태도, 신념, 가치 또는 행동에 영향을 미치는 과정

설득력 있는 연설 persuasive speech   대중 연설에서 청중의 태도나 행동을 변화시키기 위해 고안된 연설. 관련 있는 설득의 원리(선택적 노출, 청중의 참여, 변화의 정도)를 적용

설명 연설 speech of description   어떤 대상이나 인물을 설명하는 정보적 연설

설명 행위 illustrators   언어적 메시지에 수반되어 그 의미를 강화하는 비언어적 메시지

성차별적 언어 sexist language   하나의 성, 대체로 여성을 폄하하는 무례한 언어

소극적 체면 negative face   어떤 사람이 자율적이고 원하는 대로 할 수 있는 권리를 갖게 하고자 하는 욕구와 욕망

소유적 사랑 mania love   지속적인 관심과 애정을 주고받아야 하는 강박적인 사랑으로 Lee의 여섯 가지 사랑 유형 중 하나. 관심과 애정이 일정하지 않거나 확신의 표현이 돌아오지 않을 때, 우울, 질투, 자기 의심과 같은 반응을 보임

소음 noise   메시지를 수신하는 데 방해하는 어떤 것. 소음은 메시지가 전달자에서 수신자로 전달되는 것을 방해함

소집단 small group   일부 공통된 목적에 의해 타인과 연결된 개인의 집합으로, 상호의존적이고 그들 간에 어느 정도 조직화된 규칙을 갖고 있으며 스스로를 하나의 집단으로 봄

소집단 커뮤니케이션 small group communication 모든 구성원이 전달자와 수신자 둘 다로서 비교적 쉽게 상호작용할 수 있을 정도로 충분히 작은 개인의 집합체인 소집단 내에서의 커뮤니케이션. 구성원은 어떤 공통의 목적과 어느 정도의 조직이나 구조에 의해 서로 관련되어 있음

속도 rate 말하는 속도로 일반적으로 분당 단어 수로 측정

수락 연설 acceptance speech 상이나 명예를 수여받은 사람이 연설하는 특별한 경우

수사적 질문 rhetorical questions 답변을 얻기보다는 진술을 하거나 원하는 효과를 만들어 내기 위해 사용하는 질문

수신자 receiver 하나 또는 다양한 감각기관을 통해 메시지를 전달받는 사람

수용 유형 accommodating style 상대의 욕구를 위해 자신의 욕구를 희생하는 갈등 관리 유형

시간 커뮤니케이션 temporal communication 한 개인의 시간 지향성과 시간의 처리에 의해 전달되는 메시지

시간개념학 chronemics 의사소통하는 시간의 사용과 시간을 다루는 방식과 같이 시간에 대한 의사소통적 속성에 대한 연구로 **심리적 시간, 대인관계적 시간, 문화적 시간**으로 나뉨

시간적 맥락 temporal context 일련의 사건 내에서 메시지의 위치

시민적 무관심 civil inattention 타인의 사생활을 침해하지 않기 위한 정중한 무관심

시연 연설 speech of demonstration 무엇을 어떻게 해야 하는지 또는 어떻게 작동하는지를 보여주는 정보적 연설

신뢰성 credibility 화자에 대한 믿음 정도로 유능성, 성격, 카리스마가 주요 차원임

신뢰성 전략 credibility strategies 신뢰성을 확립하기 위한 기법들; 유능성, 성격, 카리스마가 주요 차원임

신호 대 소음 비율 signal—to—noise ratio 언어적 상호작용에서 신호(의미 있는)와 소음(간섭) 간의 관계. 이 비율은 커뮤니케이션 분석가, 참가자, 맥락과도 관련이 있음

실용적 사랑 pragma love 사랑에 대한 전통적인 접근방식인 Lee의 여섯 가지 사랑 유형 중 하나로, 사회적 자격과 가족 배경을 중시하고 감정보다 논리와 실용성을 강조하는 사랑

심리적 소음 psychological noise 선입견, 딴생각, 편향과 편견, 완고함, 극단적 감정과 같은 전달자나 수신자의 정신적 간섭

심리적 시간 psychological time 과거, 현재 또는 미래의 시간에 대한 중요성

심포지엄 symposium 각 구성원이 주제의 일부에 대해 비교적 준비된 발표를 하는 소집단 형태.

종종 **포럼**과 결합함

심포지엄-포럼 symposium-forum 준비된 발표를 하는 심포지엄과 발표자-청중 간 질의응답을 하는 포럼으로 구성된 집단의 한 형태

악화 deterioration 친구 또는 연인 사이의 유대가 약해지는 것이 특징인 대인관계에서의 한 단계

안면 피드백 가설 facial feedback hypothesis 얼굴표정이 생리적 각성과 정서에 영향을 미친다는 주장

양극화 polarization 오직 두 개의 극단적 측면만을 고려하는 잘못된 추리 형태. '흑백', '이분법적' 사고 또는 두 개의 가치 지향으로 불림

양의 격률 quantity principle 의도한 의미를 전달하는 데 필요한 만큼의 정보만을 제공하는 대화의 원리

언어적 공격 verbal aggressiveness 상대방의 자기개념을 공격하여 논쟁에서 승리하는 방법. **주장하기**와 대비됨

역량 competence 신뢰의 한 영역; 한 개인의 능력과 지식에 대한 지각된 수준으로 구성됨

연령차별주의 ageism 특정 연령 집단에 대한 편견과 차별

열린 태도 provisionalism 지지를 창출하는 개방적인 마음의 태도. 확정과 대비됨

영감을 주는 연설 speech of inspiration 청중의 정신을 고양시키고 영감을 주기 위해 고안된 특별한 행사 연설

영역성 territoriality 공간 영역이나 특정 물체에 대한 소유권 또는 소유의 반응

영향 전략 influencing strategies 다른 사람의 태도와 행동에 영향을 미치기 위해 고안된 전략

예시 example 개념을 설명하기 위해 사용되는 구체적 사례가 담긴 지원 자료의 한 형태

온라인 전용 관계 online-only relationships Twitter와 팔로워, 블로거와 독자, Facebook 또는 LinkedIn의 친구나 연락자처럼 온라인에서만 존재하는 관계

완고함 closed-mindedness 특정 의사소통 메시지를 받아들이지 않으려는 태도

왕따(괴롭힘) bullying 사람(또는 집단)이 다른 누군가를 상대로 반복적으로 학대(언어적 혹은 비언어적)하는 것

외연적 지향 extensional orientation 실제 존재하는 사람이나 사물, 사건을 먼저 고려하고 그다음 어떻게 명명되는가를 고려하는 경향성

요령의 격률 maxim of tact 상대의 자율과 상대의 체면을 지켜 주는 것이 좋다는 의사소통 격률

우애적 사랑 storge love Lee의 여섯 가지 사랑 유형 중 하나로, 서서히 진전되고 화목하며 동반

자처럼 관심사와 활동을 공유하는 평온한 사랑이며 때로는 우정과 구별하기 어려운 사랑

우정 friendship 두 사람 간의 대인관계로 충성, 자기희생, 상호 애정 및 관대함을 특징으로 하고, 평등을 기반으로 하며, 각 개인은 관계의 이익과 보상을 동등하게 공유함

원고 연설 manuscript speech 작성된 연설문을 읽는 연설

원그래프 pie graph 전체를 원의 조각으로 나타내는 발표 보조도구

원인과 결과로부터 추론 reasoning from causes and effects 어떤 결과가 특정 원인에 기인하거나 특정 원인이 어떤 결과를 발생시킨다는 추론의 형식

원탁 roundtable 집단 구성원이 반원이나 원 형태를 구성한 소집단으로 참가자들은 누가 언제 발언할지에 대한 정해진 규칙 없이 정보를 공유하거나 문제를 해결

유사성 similarity 인식의 원리로 물리적으로 유사한 것을 하나의 집단에 소속되어 있거나 구성 단위로 보는 경향. 매력의 원리로서 당신과 비슷한 사람에게 끌리는 경향. **상보성**과 대비됨

유인물 handout 청중에게 나눠 주는 인쇄 자료

유희적 사랑 ludus (or ludic) love 재미와 흥분에 기반한 Lee의 여섯 가지 사랑 유형 중 하나. 사랑을 재미로, 그리고 게임으로 보고 사랑을 심각하게 받아들이지 않음

윤리 ethics 행동의 올바름과 그름을 다루는 철학의 한 분야; 도덕적 가치에 대한 연구

으르렁말 snarl words 어떤 객관적 실제보다 전달자의 감정을 부정적으로 표현하는 말. **가르랑 말**과 대비됨

음량 volume 음성의 상대적 세기

의도적 지향 intensional orientation 사람, 사물, 사건 등이 실제로 어떻게 존재하는가를 고려하기보다 그것의 이름이나 명칭, 주관적 판단이나 생각에 주요 초점을 두는 경향성. **외연적 지향**과 대비됨

의미적 소음 semantic noise 전달자와 수신자가 다른 의미 체계를 가질 때 발생하는 간섭. 언어 또는 변증법적 차이, 전문용어 또는 지나치게 복잡한 용어의 사용, 그리고 의미가 쉽게 잘못 해석될 수 있는 모호하거나 추상적인 용어가 사용될 때 발생

의인화 personification 특별한 효과를 얻기 위해 무생물의 대상에 인간의 특성을 부여하는 연설의 표현(예: '페인트칠 후 방은 생기 있고 활기가 넘쳤다.')

이모티콘 emoticon 일련의 짧은 키보드 문자에 의해 생성된 감정의 시각적 표현

이미지 확인 전략 image-confirming strategies 자신에 대한 긍정적인 인식을 강화하기 위해 사용하는 기법

이차 영역 secondary territories   특정 사람의 소유는 아니지만 어떤 사람이 점유하여 사용하고 있는 영역(예: 수업시간에 늘 앉는 좌석)

이타적 사랑 agape (or agapic) love   Lee의 여섯 가지 사랑 유형 중 하나로 개인적인 보상이나 이득에 대한 기대 없이 그리고 그 사랑이 보답될 것이라는 어떤 기대도 없는 사랑

익명의 메시지 anonymous messages   출처를 알 수 없는 메시지. 출처가 있는 메시지와 대비됨

인격 character   신뢰의 지표 중 하나; 개인의 정직성과 기본 특성; 도덕성

인공물 메시지 artifactual messages   사람의 손으로 만든 물건이나 장식하는 방식을 통해 전달되는 메시지(예: 집에서의 옷차림, 보석, 가구 등 혹은 이런 것들의 배치)

인상관리 impression management   타인이 본인에 대해 갖기를 원하는 인상을 전달하기 위해 경험하는 과정

인상형성 impression formation   다른 사람에게 본인의 인상을 형성하는 과정

인정 confirmation   상대의 존재를 인정할 뿐만 아니라, 인격 자체, 즉 개인의 자기 개념, 개인이 정의하는 관계 일체를 수용하는 커뮤니케이션 패턴으로 부정과 대비됨

인종차별적 발언 racist speech   인종의 구성원을 향한 폄하하고 경멸하는 언어

인포그래픽 infographic   정보를 시각적으로 표현하는 것

일반적 목적 general purposes   대중 연설에서 주요 목표 또는 목적; 보통 정보제공이나 설득

일시 정지 pauses   연설의 유창한 흐름에서 침묵의 기간. 일시 정지는 두 가지 유형, 채워진 일시 정지('어', '음'으로 채워진 연설의 방해)와 채워지지 않은 일시 정지(흔치 않은 긴 침묵)가 있음

일차 영역 primary territories   방이나 사무실과 같이 자기 소유로 여기는 독점적인 영역

일차적 관계 primary relationship   두 사람 모두(또는 둘 중 하나라도) 그들의 관계를 가장 중요한 대인관계로 간주하는 두 사람 간의 관계(예: 배우자나 가정 내 동거인과의 관계)

자기 모니터링 전략 self-monitoring strategies   타인과의 대인관계에서 좋은 인상을 형성하기 위해 다른 사람에게 보이는 이미지를 조종하는 데 사용하는 기술

자기 적응 행위 self-adaptors   신체적 욕구를 충족시키기 위해 스스로 만지는 동작으로, 머리를 긁어 가려움을 해소하거나 입술에 침을 발라 건조함을 해결하거나 또는 눈에서 머리카락을 쓸어내려 편안해지기 위한 움직임

자기 핸디캡 전략 self-handicapping strategies   발생 가능한 실패를 변명하기 위해 사용되는 기술. 예로, 당신이 실패했을 때 비난받지 않도록 실제로 어려운 일을 불가능하게 만들기 위해 장

벽이나 장애물을 설정하는 것

자기개념 self-concept 개인의 자기평가

자기고양편향 self-serving bias 긍정적인 결과에 대해서는 자신의 공으로 돌리고 부정적인 결과에 대한 책임은 부인하도록 유도하는 자기귀인의 편향

자기노출 self-disclosure 일반적으로 잘 알려지지 않은 자신에 대한 정보를 다른 사람에게 공개하는 과정

자기비하 전략 self-deprecating strategies 자신을 무능력하고 어떤 일도 할 수 없다고 말함으로써 종종 타인의 도움을 이끌어 내는 데 사용하는 기술

자기인식 self-awareness 자기 자신을 아는 정도

자기존중감 self-esteem 자신이 얼마나 가치 있다고 생각하는지에 대한 자기평가. 일반적으로 긍정적인 자기평가를 말함

자기주장 assertiveness 자신의 권리를 옹호하면서도 타인의 권리에 대해서 존중하고자 하는 의지

자기충족적 예언 self-fulfilling prophecy 당신이 마치 사실인 것처럼 행동하기 때문에 실현이 되는 예측이나 예언

자기파괴적 신념 self-destructive beliefs 종종 비현실적이고 달성하기 불가능한 목표를 세워 문제를 발생시키는 신념

자민족주의 ethnocentrism 극단적인 민족정체성으로 타인과 그들의 행동을 자신의 문화적 필터를 통해 보는 경향. 자신이 속한 문화의 가치, 신념, 행동이 다른 문화의 가치보다 우월하고 긍정적이고 논리적이며 자연스러운 것으로 평가하는 경향

자발적 spontaneity 통제 전략을 개발하려는 시도 없이 자신이 생각하고 있는 것을 말로 표현하는 커뮤니케이션 형태로 **지지**를 촉구함

자유 방임형 리더 laissez-faire leader 일련의 대안 행동을 지시하거나 제시하지도 않는 집단이 스스로 발전하고 성장하게 하는 자발성이 없는 집단 리더

자적과 자제 indulgence and restraint 욕망의 충족 그리고 삶을 즐기는 자적 혹은 욕망의 지연/자제에 중점을 두는 정도에 대한 문화적 차원

장기기억 long-term memory 이론적으로 용량의 제한이 없는 기억으로 장기간 동안 정보를 저장함. 단기기억과 대비됨

장기 및 단기 지향 long-and short-term orientation 미래의 보상(장기 지향)의 중요성을 강조하는지 혹은 즉각적인 보상의 중요성을 강조하는지에 대한 문화적 지향

저권력거리 문화 low-power-distance cultures 권력이 시민에게 보다 균등하게 배분되어 있는 문화. 고권력거리 문화와 대비됨

저맥락 문화 low-context culture 대부분의 의사소통 정보가 명시된 언어 메시지를 통해 전달되는 문화. 개인주의 문화가 보통 저맥락 문화임. 고맥락 문화와 대비됨

적극적 경청 active listening 단순히 전달자의 말을 반복하는 것이 아니라 전달자의 전체 메시지에 대한 이해를 바탕으로 의미 있는 전체로 통합하는 것

적극적 체면 positive face 타인에게 긍정적으로 보이고 호의적으로 평가받고자 하는 욕구와 바람

적응 행위 adaptors 입에 침을 바르거나 가려워서 긁는 등 개인의 욕구를 충족시키는 비언어적 제스처로 자기 적응 행위, 타자 적응 행위, 물건 적응 행위로 구분됨

전통적 커플 traditional couples 기본 신념 체계와 삶의 철학을 공유하는 커플로 그들은 스스로를 분리된 두 개인이라기보다는 결합된 한 커플로 봄

전환 transitions 앞서 말한 것과 말할 것을 연결하는 단어나 진술문

접촉 contact 대인관계의 첫 단계로 지각적, 상호작용적 접촉이 발생

접촉 커뮤니케이션 touch communication 촉각의 수단을 통한 커뮤니케이션

접촉 회피 touch avoidance 접촉과 다른 사람이 닿는 것을 피하는 경향

정보 information 불확실성을 감소시키는 지식

정보적 연설 informative speech 화자가 어떤 것을 기술하고, 증명하고 정의하는 연설

정의 definition 용어, 구절, 개념의 의미에 대해 설명하는 진술문

정책의 문제 questions of policy 무엇을 해야 하는지 또는 하지 말아야 하는지(또는 채택해야 할 정책)에 대한 문제

조사 research 정보에 대한 체계적인 검색으로 한 주제에 대한 관련 정보의 검색

조음 articulation 폐에서 나오는 공기의 흐름을 바꾸고 방해하는 언어기관의 생리적 움직임

조작 manipulation 갈등 상황에서 자신의 목적을 은폐하고 기만하여 상대는 화를 내고 이에 대해 방어적으로 대응하게 하는 비생산적인 갈등 전략

조작적 정의 operational definition 특정 대상을 어떤 방식으로 구성하는지를 기술하는 것

조절 행위 regulators 다른 발언자의 말을 통제, 제어 또는 조절하는 비언어적 행동

조하리 창 Johari window 자기를 네 영역(열린, 보이지 않는, 미지의, 숨겨진)으로 나누고 각각의 자기에 대한 정보를 제공하는 다이어그램

졸업 연설 commencement speech 최근 졸업생을 축하하고 격려하기 위해 기획된 연설

주거지 이점 home field advantage 자신의 영역에서 활동할 때 오는 증가된 권한 혹은 힘

주장—증명 패턴 claim-and-proof pattern 논점을 주장하고, 이후 이를 증명하는 증거나 논리가 제공되는 연설 구성 패턴

주장하기 argumentativeness 중요한 이슈에 대한 본인의 생각이나 관점을 자발적으로 주장하는 것. 언어적 공격과 대비됨

준사회적 관계 parasocial relationships TV 쇼에서 시청자와 가상의 인물 사이를 말하듯 상상 또는 가상의 인물과 한 사람의 관계

준언어 paralanguage 연설에서 음성적이지만 비언어적 측면. 음질(음역, 공명, 템포), 음성 특징(웃음이나 울음, 고함치거나 속삭임), 음성 조절(강도, 음높이), 음성 분리(예: '아니요'를 의미하는 '아니', '고요'를 의미하는 '쉿')로 구성

중간 요약 internal summary 이미 연설한 주요 내용을 요약한 진술

중립 neutrality 상대에게 몰입이 부족한 반응 패턴. 공감과 대비됨

중심 표식 central markers 도서관 의자에 걸쳐 놓은 스웨터와 같이 특정인을 위해 자리를 잡아두기 위해 해당 영역에 놓아둔 물품

중요한 대화 phatic communication 사회적 상황에서 사용되는 일반적인 커뮤니케이션. '사소한 대화'는 외부 세계에 대한 대화이기보다는 커뮤니케이션의 길을 열기 위해 "안녕하세요?", "어떻게 지내시나요?"와 같은 일상적인 인사말

즉석 연설 extemporaneous speech 세부 사항이 조직화되고 준비된 연설로 특정 방식은 사전에 결정됨

즉시성 immediacy 대인관계 효과성의 한 특징; 접촉과 유대감; 교류에서 다른 사람에 대한 관심과 호감

즉흥 연설 impromptu speech 준비 없이 즉석에서 하는 연설

증언 testimony 전문가의 의견이나 증인의 진술로 구성된 지지자료 형태로 연설에서 권위 있는 어조가 더해짐

지각 perception 감각을 통해 사물과 사건을 인식하는 과정

지각 점검 perception checking 불확실성을 줄이기 위해 메시지나 상황, 감정의 이해 정도를 확인하는 과정

지지 supportiveness 개방성, 두려움의 부재, 진정한 평등감으로 특징지을 수 있는 집단 내의 개인적 태도나 분위기

지지 자료 supporting materials   주로 대중 연설에서 예시, 삽화, 내러티브, 증언, 개념정의, 통계, 시각적 보조도구를 통해 개념과 원칙을 확장하는 데 사용

직유 simile   ~처럼 또는 ~같은 단어를 사용하여 유사하지 않은 두 개의 대상을 비교하는 연설의 형태

진실 편향 truth bias   대부분의 사람은 그들이 듣는 메시지가 진실하다고 여기는 경향

질의 격률 quality principle   진실로 알고 있거나 그렇게 믿는 것에 대해서 말해야 하며 거짓을 말해서는 안 된다는 대화의 원리

집단 구축 및 유지 역할 group building and maintenance roles   과업 성취에 초점을 맞추기보다 집단 구성원의 대인관계 욕구를 충족시켜 주는 역할

집단 규범 group norms   어떤 행동이 적절한지 혹은 부적절한지를 알려 주는 규칙 또는 기대사항으로 집단 내 상호작용이 고려됨

집단 사고 groupthink   구성원 간 합의를 더 중요시하여 문제와 가능한 대안에 대한 현실적이고 논리적인 분석을 차단하는 경향

집단 응집력 cohesiveness   구성원 간의 친밀감과 좋아하는 정도로 집단 의사소통 상황에서 응집력은 집단 구성원이 하나의 단위로 기능하는 정도를 의미함

집단 작업 역할 group task roles   집단의 과업 성취에 집중하는 역할

집단주의 문화 collectivist cultures   개인의 목표보다 집단의 목표가 더 강조되는 문화로 자비, 전통 순응을 가치 있게 여김. 개인주의 문화와 대비됨

집단주의 지향 collective orientation   개인의 목표와 선호보다 집단의 목표와 선호를 더 강조하는 문화적 지향. 개인주의 지향과 대비됨

징후로부터 추론 reasoning from sign   특정 징후(단서)의 출현이 어떤 결론을 도출해 내는 것으로 해석하는 추론의 형식

차례거부단서 turn-denying cues   수신자가 전달자의 역할을 맡길 원치 않는다는 신호를 보내는 언어적 또는 비언어적 단서

차례양보단서 turn-yielding cues   전달자의 역할을 그만두고 싶은 욕구를 나타내는 언어적 또는 비언어적 신호

차례요청단서 turn-requesting cues   당신이 무언가 할 말이 있어서 전달자로 전환하고 싶음을 현재의 전달자에게 알리는 언어적 또는 비언어적 단서

차례유지단서 turn-maintaining cues   전달자의 역할을 계속 유지하고자 하는 바람을 전달하는 언

어적 또는 비언어적 단서

차례전환신호 turn-taking cues   전달자와 수신자가 대화에서 자신의 역할에 대해 논의하기 위해 사용하는 언어적 또는 비언어적 신호로, 대화를 조절하고 구조화하는 데 도움이 되는 행동

차트 보드 chart boards   다양한 색과 크기로 제공되는 견고한 대형 도표판으로 연설 중 표시할 비교적 간단한 1~2개의 그래프. 몇 개의 표 또는 도표가 있을 때 유용함

찬동의 격률 maxim of approbation   누군가를 칭찬하거나 찬사를 보내고 비판이나 반대의 표현을 최소화해야 한다는 의사소통 격률

찬반양론 패턴 pro-and-con pattern   주요 논점을 발전시키기 위한 계획이나 행동 방침의 장점과 단점으로 구성된 패턴

참고 기록지 cheat sheet   인터뷰 때 하고 싶은 말의 목록, 보통 온라인 인터뷰에서 사용

채널 channel   메시지가 전달되는 수단 또는 매체

청중 audience   대중 연설에서의 수용자로 연설을 보거나 듣는 사람

체면 고양 갈등 전략 face-enhancing conflict strategies   상대의 긍정적인 모습을 확인, 지지하고 또는 부정적인 모습은 감춰 주는 전략

체면 손상 갈등 전략 face-attacking conflict strategies   상대의 긍정적인 모습을 공격하거나 상대의 부정적인 모습을 드러내는 공격 전략

초두효과 primacy effect   먼저 제시된 자극이 나중의 것보다 더 큰 영향력을 미치는 것. **최신효과**와 대비됨

초두효과-최신효과 primacy-recency   한 사람에 대한 전반적인 인상을 형성하는 데 있어 일반적으로 초기 정보를 사용하고 이후의 정보는 인상에 특수성을 추가하는 데 사용한다는 **지각**의 원리

촉각학 haptics   접촉 커뮤니케이션 연구 분야

최신효과 recency effect   마지막으로 제시된(또는 가장 최근) 자극이 먼저 제시된 것보다 더 큰 영향을 미치는 것. **초두효과**와 대비됨

추도 연설 eulogy   고인을 기념하는 특별한 경우의 연설

추상성 abstraction   일반적인 개념은 대상들의 집합에서 도출되며 전체 중 일부를 표현한 것. 추상성의 수준은 다를 수 있음

축배 연설 toast   사람이나 행사를 축하하기 위해 고안된 특별한 행사 연설

출처 source   메시지의 기원이 되고 커뮤니케이션한 사람

출처가 있는 메시지 onymous messages 저자를 확인할 수 있는, 출처가 있는 메시지

치부 들춰 내기 beltlining 상대를 감정적으로 폭발하게 하는 비생산적 갈등 전략

친밀감 intimacy 보통 배우자 혹은 파트너 간의 관계를 포함한 가장 가까운 대인관계

친밀한 거리 intimate distance 실제 접촉 단계에서부터 45cm 이내의 거리

친선/협정 연설 goodwill speech 사람, 제품 또는 회사의 이미지를 높여서 긍정적인 태도를 만들려는 특별한 경우의 연설

침묵 silence 음성 커뮤니케이션의 부재로 일부 또는 모든 의사소통의 부재로 종종 오해되기도 함. 침묵은 때때로 감정을 주고받거나 특정 주제에 대한 의사소통을 방해

칭찬 compliment 찬사, 듣기 좋은 말, 축하와 같은 메시지

카리스마 charisma 신뢰의 지표 중 하나; 개인의 영향력 혹은 패기

커뮤니케이션 불안 communication apprehension 커뮤니케이션에 불안이나 공포를 느끼는 것으로 특정 상황에 상관없이 일반적인 의사소통에 불안을 느끼는 '특질 불안'과 특정 상황에 공포를 경험하는 '상태 불안'이 있음

커뮤니케이션 역량 communication competence 커뮤니케이션에 대한 규칙과 기술에 대한 지식; 효과적인 커뮤니케이션을 할 수 있게 하는 특성

코드 전환 code switching 한 문장을 전달하는 대화에서 상황에 따라 둘 이상의 언어를 사용하는 것

타자 적응 행위 alter-adaptors 마음에 들지 않는 사람이 접근했을 때 양팔을 팔짱 끼거나 마음에 드는 사람에게 다가가는 것과 같이 말하고 있는 사람을 대상으로 한 움직임

타협 유형 compromising style 나와 상대의 일부 욕구를 고려하는 갈등관리 유형

탈억제 효과 disinhibition effect 다른 상황보다 특정 상황에서 더 노출하는 경향; 보통 온라인 메시지에서 탈억제되는 경향을 언급할 때 사용됨

템플릿 개요 template outline 연설의 필수적인 부분에 채워져 확인되어야 할 핵심내용에 대한 개요로 연설을 발전시키기 위한 학습 장치

토포이 Topoi 미리 설정된 범주의 구성에 따라 주제를 분석하는 시스템

통제의 귀인 attribution of control 누군가가 왜 그렇게 행동했는지 설명하는 데 초점을 맞추는 과정

특정 사례로부터의 추론 reasoning from specific instances 구체적인 사례를 검토한 후 전체에 대한 결론을 내리는 추론의 형식

팀 team 특정 작업을 위해 구성된 소집단의 특별한 형태로, 구성원은 명확하게 정의된 역할을

하고 같은 목표를 성취하기 위해 몰입하며 내용 중심적인 소집단

파워 프라이밍 power priming   힘 있는 자세를 취하거나 자신이 얼마나 막강한지를 생각하고 이를 연설에 담아내는 리허설 전략

패널 panel   어떤 주제를 토의하거나 문제를 해결하기 위해 '전문가'들로 구성된 소집단 형태로 형식에 구애받지 않고 자유롭게 발언할 수 있음

포럼 forum   준비된 발표를 하는 심포지엄 후 청중과 질의응답을 하는 소집단 형태

포커스 집단 focus group   종종 시장 조사에서 심층 인터뷰를 위해 모이는 소집단으로 질의 응답을 통해 사람들의 특정 이슈나 제품에 대한 느낌이나 태도를 파악하기 위한 것

표 table   정보를 열과 행으로 배열하는 발표 보조도구

표식 markers   소유권을 알리기 위한 표식. **중심, 경계, 귀 표식** 참조

표절 plagiarism   타인의 업적에 대한 저작권을 자신의 것처럼 주장하는 과정. 특정 단어뿐만 아니라 생각에도 적용

표정 관리 기술 facial management techniques   특정 정서를 숨기고 다른 정서를 강조하는 등 원하는 효과를 얻으면서도 감정을 표현할 수 있는 기술

품질 분임 조 quality circle   일부 조직에서 품질 향상을 위한 조사 및 권장사항을 수행하는 직원 집단

플립 차트 flip chart   주요 개념이나 요점과 같은 다양한 정보를 기록하는 데 사용되는 발표 보조 도구

피그말리온 효과 Pygmalion effect   성공을 예측하고 실제 성공한 것처럼 행동함으로써 그것이 실현되는 것. **자기충족적 예언의 일종**

피드백 feedback   커뮤니케이션의 출처에 다시 제공되는 정보. 피드백은 출처 자체의 메시지(예: 내가 말하는 것을 듣는 것) 또는 수신자(들)로부터 박수, 하품, 어리둥절한 표정, 질문, 리트윗, 팔로워 증가 등과 같은 형태로 제공될 수 있음. **긍정적 피드백, 부정적 피드백** 참조

피드포워드 feedforward   수신자에게 다음에 따라올 내용을 알려 주는 일반 메시지 이전에 전송되는 정보

함축성 connotation   특정한 전달자나 듣는 사람이 특정 단어에 부여하는 주관적인 의미 또는 정서적인 의미로 **명시성**과 대비됨

합의 consensus   집단 구성원 간에 의견 일치에 도달하는 과정

해독자 decoders   의미가 형성될 수 있는 것(예: 구두 의사소통)으로부터 한 가지 형태(예: 음

파)나 다른 형태(예: 신경 활동)로 변화된 메시지에서 취하는 어떤 것. 인간 의사소통에서 해독자는 청각 메커니즘임; 전기적 의사소통에서 해독자는 수화기임. **부호자도 참고**

해독화 decoding 듣고 읽는 것과 같이 메시지를 이해하는 행위. **부호화와 대비됨**

해체 dissolution 유대 관계를 끊는 것

험담 gossip 사회적 대화로 대화에 참석하지 않는 사람에 대한 평가나 제삼자의 사적인 내용을 다루는 커뮤니케이션

협력 유형 collaborating style 자신과 상대의 욕구를 모두 반영하는 갈등 관리 유형

협력의 원리 principle of cooperation 두 사람이 서로를 이해하기 위해 노력할 것이라는 상호 합의된 가정을 나타내는 대화의 원리

형평성 이론 equity theory 개인이 투입한 노력에 대한 보상의 비율이 상대와 거의 같은 수준이 되어야 관계 만족을 경험한다고 주장하는 이론

호감 추구 전략 affinity-seeking strategies 대인 간 매력을 증진시키기 위한 행동

호감의 상호성 reciprocity of liking 당신은 당신에게 끌린다고 생각하는 사람에게 호감을 느껴 끌리는 경향으로, 당신을 좋아하는 것처럼 보이는 사람을 당신도 좋아하게 된다는 매력의 원리

확정적 certainty 닫힌 마음의 태도로 의사소통 참가자들의 방어를 만들어 냄. **열린 태도와 대비됨**

회피 avoidance 비생산적 갈등 전략으로 갈등 상황 시 심리적, 물리적으로 철회함

회피 유형 avoiding style 상대적으로 자신이나 상대방의 욕구와 바람에 관심이 없는 갈등 관리 유형

획일화 indiscrimination 색인 적용의 실패; 각 개인을 고유하게 인식하는 것에 실패; 사람, 사건, 대상을 특정 군으로 범주화하고 그 범주의 구성원을 동일하게 인식하는 부적절한 평가로 고정관념의 한 형태

효과 effect 한 행동이나 행위의 결과 혹은 성과; 커뮤니케이션은 항상 어떤 효과를 가져옴

후각 커뮤니케이션 olfactory communication 향을 이용한 커뮤니케이션

참고문헌

Abel, G. G., & Harlow, N. (2001). *The stop child molestation book*. Philadelphia: Xlibris.

Acor, A. A. (2001). Employers' perceptions of persons with body art and an experimental test regarding eyebrow piercing. *Dissertation Abstracts International: Section B. The Sciences and Engineering, 61*, 3885.

Adams-Price, C. E., Dalton, W. T., & Sumrall, R. (2004, October). Victim blaming in young, middle-aged, and older adults: Variations on the severity effect. *Journal of Adult Development, 11*, 289-295.

Afifi, W. A. (2007). Nonverbal communication. In B. B. Whaley & W. Samter (Eds.), *Explaining communication: Contemporary theories and exemplars* (pp. 39-60). Mahwah, NJ: Lawrence Erlbaum.

Afifi, W. A., & Johnson, M. L. (2005). The nature and function of tie-signs. In V. Manusov (Ed.), *The sourcebook of nonverbal measures: Going beyond words* (pp. 189-198). Mahwah, NJ: Lawrence Erlbaum.

Akinnaso, F. N. (1982). On the differences between spoken and written language. *Language and Speech, 25* (Part 2), 97-125.

Alessandra, T. (1986). How to listen effectively. *Speaking of success* [Videotape series]. San Diego, CA: Levitz Sommer Productions.

Altman, I. (1975). *The environment and social behavior*. Monterey, CA: Brooks/Cole.

Andersen, J. F., Andersen, P. A., & Lustig, M. W. (1987). Opposite sex touch avoidance: A national replication and extension. *Journal of Nonverbal Behavior, 11*, 89-109.

Andersen, P. A. (1991). Explaining intercultural differences in nonverbal communication. In L. A.

Samovar & R. E. Porter (Eds.), *Intercultural communication: A reader* (6th ed., pp. 286–296). Belmont, CA: Wadsworth.

Andersen, P. A. (2004). *The complete idiot's guide to body language.* New York: Penguin Group.

Andersen, P. A., & Bowman, L. L. (1999). Positions of power: Nonverbal influence in organizational communication. In L. K. Guerrero, J. A. DeVito, & M. L. Hecht (Eds.), *The nonverbal communication reader: Classic and contemporary readings* (2nd ed.). Prospect Heights, IL: Waveland.

Andersen, P. A., & Leibowitz, K. (1978). The development and nature of the construct of touch avoidance. *Environmental Psychology and Nonverbal Behavior, 3,* 89–106.

Angier, N. (1995, May 9). Scientists mull role of empathy in man and beast. *New York Times,* C1, C6.

Angier, N. (2010, August 29). Just don't call me . . . *New York Times,* Weekend, p. 3.

Argyle, M. (1986). Rules for social relationships in four cultures. *Australian Journal of Psychology, 38,* 309–318.

Argyle, M. (1988). *Bodily communication* (2nd ed.). New York: Methuen.

Argyle, M., & Henderson, M. (1984). *The anatomy of relationships: And the rules and skills needed to manage them successfully.* London: Heinemann.

Argyle, M., & Ingham, R. (1972). Gaze, mutual gaze and distance. *Semiotica, 1,* 32–49.

Aronson, E., Wilson, T. D., & Akert, R. M. (2013). *Social psychology: The heart and the mind* (7th ed.). New York: Longman.

Asch, S. (1946). Forming impressions of personality. *Journal of Abnormal and Social Psychology, 41,* 258–290.

Ashcraft, M. H. (1998). *Fundamentals of cognition.* New York: Longman.

Atkinson, C. (2010). *The backchannel: How audiences are using Twitter and social media and changing presentations forever.* Berkeley, CA: New Riders.

Avtgis, T., & Rancer, A. S. (Eds.). (2010). *Arguments, aggression, and conflict: New directions in theory and research.* Clifton, NJ: Routledge.

Axtell, R. E. (1990). *Do's and taboos of hosting international visitors.* New York: Wiley.

Axtell, R. E. (1993). *Do's and taboos around the world* (3rd ed.). New York: Wiley.

Axtell, R. E. (2007). *Essential do's and taboos: The complete guide to international business and leisure travel.* Hoboken, NJ: Wiley.

Ayres, J. (1986). Perceptions of speaking ability: An explanation for stage fright. *Communication Education, 35,* 275–287.

Bach, G. R., & Wyden, P. (1968). *The intimate enemy.* New York: Avon.

Bacon, K. (2011). More deadly than sticks and stones. In Larry Schnoor (Ed.), *Winning Orations* (pp. 104–106). Mankato, MN: Interstate Oratorical Association.

Barker, L. L. (1990). *Communication* (5th ed.). Englewood Cliffs, NJ: Prentice-Hall.

Barnlund, D. C. (1970). A transactional model of communication. In J. Akin, A. Goldberg, G. Myers, & J. Stewart (Eds.), *Language behavior: A book of readings in communication*. The Hague: Mouton.

Barnlund, D. C. (1975). Communicative styles in two cultures: Japan and the United States. In A. Kendon, R. M. Harris, & M. R. Key (Eds.), *Organization of behavior in face-to-face interaction*. The Hague: Mouton.

Barnlund, D. C. (1989). *Communicative styles of Japanese and Americans: Images and realities*. Belmont, CA: Wadsworth.

Baron, R. A., Branscombe, N. R., & Byrne, D. R. (2009). *Social psychology* (11th ed.). Boston: Allyn & Bacon.

Barrett, L., & Godfrey, T. (1988). Listening. *Person Centered Review, 3*, 410-425.

Bassellier, G., & Benbasat, I. (2004). Business competence of information technology professionals: Conceptual development and influence on IT-business partnerships. *MIS Quarterly, 28* (December), 673-694.

Bavelas, J. B. (1990). Can one not communicate? Behaving and communicating: A reply to Motley. *Western Journal of Speech Communication, 54*, 593-602.

Baxter, L. A. (1986). Gender differences in the heterosexual relationship rules embedded in break-up accounts. *Journal of Social and Personal Relationships, 3*, 289-306.

Beard, A. (2014). Mindfulness in the age of complexity: Interview with Ellen Langer. *Harvard Business Review, 94*(3), 68-73.

Beatty, M. J. (1988). Situational and predispositional correlates of public speaking anxiety. *Communication Education, 37*, 28-39.

Bechler, C., & Johnson, S. D. (1995). Leadership and listening: A study of member perceptions. *Small Group Research, 26*, 77-85.

Bedford, V. H. (1996). Relationships between adult siblings. In A. E. Auhagen, & M. von Salisch (Eds.), *The diversity of human relationships* (pp. 120-140). New York: Cambridge University Press.

Beebe, S. A., & Masterson, J. T. (2016). *Communicating in small groups: Principles and practices* (11th ed.). Hoboken, NJ: Pearson.

Bell, R. A., & Daly, J. A. (1984). The affinity-seeking function of communication. *Communication Monographs, 51*, 91-115.

Benne, K. D., & Sheats, P. (1948). Functional roles of group members. *Journal of Social Issues, 4*, 41-49.

Bennis, W., & Nanus, B. (2003). *Leaders: The strategies for taking charge*. New York: Harper & Row.

Benson, S. G., & Dundis, S. P. (2003). Understanding and motivating health care employees: Integrating Maslow's hierarchy of needs, training and technology. *Journal of Nursing Management, 11*, 315-320.

Bercovici, J. (2017, July/August). The machine that makes you human. *Inc., 76-82.*

Berger, C. R., & Bradac, J. J. (1982). *Language and social knowledge: Uncertainty in interpersonal relations.* London: Edward Arnold.

Bernstein, W. M., Stephan, W. G., & Davis, M. H. (1979). Explaining attributions for achievement: A path analytic approach. *Journal of Personality and Social Psychology, 37*, 1810-1821.

Berscheid, E., & Reis, H. T. (1998). Attraction and close relationships. In D. Gilbert, S. Fiske, & G. Lindzey (Eds.), *The Handbook of Social Psychology* (4th ed.), 2, 193-281. New York: Oxford University Press.

Bersin, J. (2013). The 9 hottest trends in corporate recruiting. http://www.forbes.com/sites/joshbersin/2013/07/04/the-9-hottest-trends-in-corporate-recruiting/

Blake, R. R., & Mouton, J. S. (1984). *The managerial grid III* (3rd ed.). Houston, TX: Gulf.

Blieszner, R., & Adams, R. G. (1992). *Adult friendship.* Newbury Park, CA: SAGE.

Bloom, B. S. (1956). *Taxonomy of educational objectives, Handbook I: The cognitive domain.* New York: David McKay Co Inc.

Bochner, S., & Hesketh, B. (1994). Power distance, individualism/collectivism, and job-related attitudes in a culturally diverse work group. *Journal of Cross-Cultural Psychology, 25*, 233-257.

Bok, S. (1978). *Lying: Moral choice in public and private life.* New York: Pantheon.

Bok, S. (1983). *Secrets.* New York: Vintage.

Borden, G. A. (1991). *Cultural orientation: An approach to understanding intercultural communication.* Englewood Cliffs, NJ: Prentice-Hall.

Bower, S. A., & Bower, G. A. (2005). *Asserting yourself: A practical guide for positive change.* Cambridge, MA: DaCapo Press.

Boyle, J. (2015). Spyware stalking: Time to take back the technology. In L. Schnoor (Ed.), *Winning orations* (pp. 32-34). Mankata, MN: Interstate Oratorical Association.

Brashers, D. E. (2007). A theory of communication and uncertainty management. In B. B. Whaley & W. Samter (Eds.), *Explaining communication: Contemporary theories and exemplars* (pp. 201-218). Mahwah, NJ: Lawrence Erlbaum.

Brown, P., & Levinson, S. C. (1987). *Politeness: Some universals of language usage.* Cambridge, England: Cambridge University Press.

Brownell, J. (2010). *Listening: Attitudes, principles, and skills* (4th ed.). Boston, MA: Allyn & Bacon.

Brownell, J. (2013). *Listening: Attitudes, principles, and skills* (5th ed.). New York: Routledge.

Bruneau, T. (1985). The time dimension in intercultural communication. In L. A. Samovar & R. E.

Porter (Eds.), *Intercultural communication: A reader* (4th ed., pp. 280–289). Belmont, CA: Wadsworth.

Bruneau, T. (1990). Chronemics: The study of time in human interaction. In J. A. DeVito & M. L. Hecht (Eds.), *The nonverbal communication reader* (pp. 301–311). Prospect Heights, IL: Waveland Press.

Bruneau, T. (2009/2010). Chronemics: Time-binding and the construction of personal time. *General Semantics Bulletin, 76*, 82–94.

Buber, M. (1958). *I and thou* (2nd ed.). New York: Scribner's.

Bullock, B. E., & Toribio, A. J. (2012). *The Cambridge handbook of linguistic code-switching*. Cambridge, UK: Cambridge University Press.

Burgoon, J. K., & Hoobler, G. D. (2002). Nonverbal signals. In M. L. Knapp & J. A. Daly (Eds.), *Handbook of interpersonal communication* (3rd ed., pp. 240–299). Thousand Oaks, CA: SAGE.

Burgoon, J. K., Berger, C. R., & Waldron, V. R. (2000). Mindfulness and interpersonal communication. *Journal of Social Issues, 56*, 105–127.

Burgoon, J. K., Buller, D. B., & Woodall, W. G. (1996). *Nonverbal communication: The unspoken dialogue* (2nd ed.). New York: McGraw-Hill.

Burgoon, J., Guerrero, L., & Floyd, K. (2010). *Nonverbal communication*. Boston, MA: Allyn & Bacon.

Burgstahler, S. (2007, July). Managing an e-mentoring community to support students with disabilities: A case study. *Distance Education Report, 11*, 7–15.

Burleson, B. R., Kunkel, A. W., & Birch, J. D. (1994). Thoughts about talk in romantic relationships: Similarity makes for attraction (and happiness, too). *Communication Quarterly, 42*, 259–273.

Burleson, B. R., Samter, W., & Luccetti, A. E. (1992). Similarity in communication values as a predictor of friendship choices: Studies of friends and best friends. *Southern Communication Journal, 57*, 260–276.

Burnard, P. (2003). Ordinary chat and therapeutic conversation: Phatic communication and mental health nursing. *Journal of Psychiatric and Mental Health Nursing, 10*, 678–682.

Butler, J., Pryor, B., & Grieder, M. (1998). Impression formation as a function of male baldness. *Perceptual and Motor Skills, 86*, 347–350.

Butler, P. E. (1981). *Talking to yourself: Learning the language of selfsupport*. New York: Harper & Row.

Cahn, D. D., & Abigail, R. A. (2014). *Managing conflict through communication* (5th ed.). Hoboken, NJ: Pearson.

Canary, D. J., & Hause, K. (1993). Is there any reason to research sex differences in communication? *Communication Quarterly, 41*, 129–144.

Canary, D. J., Cupach, W. R., & Messman, S. J. (1995). *Relationship conflict: Conflict in parentchild, friendship, and romantic relationships.* Thousand Oaks, CA: SAGE.

Cappella, J. N. (1993). The facial feedback hypothesis in human interaction: Review and speculation. *Journal of Language and Social Psychology, 12*, 13-29.

Caproni, P. J. (2012). *Management skills for everyday life* (3rd ed.). Boston, MA: Prentice-Hall.

Carroll, D. W. (1994). *Psychology of language* (2nd ed.). Pacific Grove, CA: Brooks/Cole.

Cate, R. J., Henton, J., Koval, R., Christopher, F., & Lloyd, S. (1982). Premarital abuse: A social psychological perspective. *Journal of Family Issues, 3*, 79-90.

Chang, H., & Holt, G. R. (1996). The changing Chinese interpersonal world: Popular themes in interpersonal communication books in modern Taiwan. *Communication Quarterly, 44*, 85-106.

Chanowitz, B., & Langer, E. (1981). Premature cognitive commitment. *Journal of Personality and Social Psychology, 41*, 1051-1063.

Cheney, G., & Tompkins, P. K. (1987). Coming to terms with organizational identification and commitment. *Central States Speech Journal, 38*, 1-15.

Childress, H. (2004). Teenagers, territory and the appropriation of space. *Childhood: A Global Journal of Child Research, 11*, 195-205.

Chotpitayasunondh, V., & Douglas, K. M. (2018). The effects of "phubbing" on social interaction. *Journal of Applied Social Psychology.* Wiley Online Library. https://doi.org/10.1111/ jasp.12506

Cialdini, R. (2013). The uses (and abuses) of influence. *Harvard Business Review, 91*, 76-81.

Clance, P. R. (1985). *The impostor phenomenon: Overcoming the fear that haunts your success.* New York: Peachtree, 1985.

Clark, H. (1974). The power of positive speaking. *Psychology Today, 8*, 102, 108-111.

Clinton, H. (1995). Remarks to the U.N. 4th World Conference on Women Plenary Session. Retrieved May 9, 2012 from http://www.americanrhetoric.com/speeches/hillaryclintonbeijingspeech.htm

Cooley, C. H. (1922). *Human nature and the social order* (Rev. ed.). New York: Scribner's.

Crawford, M. (1994). Rethinking the romance: Teaching the content and function of gender stereotypes in the Psychology of Women course. *Teaching of Psychology, 21*, 151-153.

Crockett, R. O. (2017). Listening is critical in today's multicultural workplace. *Harvard Business Review.* https://hbr.org/2011/03/shhh-listening-is-critical-in

Crowley, A. (1999, August 30). Project leaders wanted. *PC Week*, 76.

Cuddy, A. (2015). *Presence: Bringing your boldest self to your biggest challenges.* New York: Little, Brown and Company.

Cunningham, M. R. (2009). Social allergies. *Encyclopedia of human relationships*, H. T. Reis & S. Sprecher (Eds.). Thousand Oaks, CA: SAGE.

Cyberbullying Research Center (2016). New national bullying and cyberbullying data. https://

cyberbullying.org/newnational-bullying-cyberbullyingdata

Dahle, C. (2004, July 25). Choosing a mentor? Cast a wide net. *New York Times*, BU 9.

Davis, F. (1973). *Inside intuition*. New York: New American Library.

Davitz, J. R. (Ed.). (1964). *The communication of emotional meaning*. New York: McGraw-Hill.

Deal, J. E., & Wampler, K. S. (1986). Dating violence: The primacy of previous experience. *Journal of Social and Personal Relationships, 3*, 457-471.

Dean, J. (2017). The 5 most attractive personality traits. *Psyb-log*. http://www.spring.org.uk/2017/06/the-5-most-attractive-personality-traits.php

Dean, J. (2018). "Phubbing": The modern way to ruin relationships. *Psyblog*. https://www.spring.org.uk/2018/04/phubbing-ruin-relationships.php

deBono, E. (1976). *Teaching thinking*. New York: Penguin.

Department of Health and Human Services. (2006, November). Gaining consensus among stakeholders through the nominal group technique. Retrieved February 17, 2015 from http://www.cdc.gov/ healthyyouth/evaluation/pdf/ brief7.pdf

DePaulo, B. M., Lindsay, J. J., Malone, B. E., Muhlenbruck, L., Charlton, K., & Cooper, H. (2003). Cues to deception. *Psychological Bulletin, 129*, 74-118.

DeSilver, D. (2015). Growth from Asia drives surge in U.S. foreign students. Pew Research Center. Retrieved January 9, 2016 from www.pewresearch.org

DeTurck, M. A. (1987). When communication fails: Physical aggression as a compliance-gaining strategy. *Communication Monographs, 54*, 106-112.

DeVito, J. A. (1976). Relative ease in comprehending yes/no questions. In J. Blankenship & H. G. Stelzner (Eds.), *Rhetoric and communication* (pp. 143-154). Urbana: University of Illinois Press.

DeVito, J. A. (1981). *The psychology of speech and language: An introduction to psycholinguistics*. Washington, DC: University Press of America.

DeVito, J. A. (1996). *Brainstorms: How to think more creatively about communication (or about anything else)*. New York: Longman.

DeVito, J. A. (2003). SCREAM before you scream. *ETC: A Review of General Semantics, 60* (Spring), 42-45.

DeVito, J. A. (2010). *The interviewing guidebook* (2nd ed.). Hoboken, NJ: Pearson.

DeVito, J. A. (2012). *50 communication strategies*. Bloomington, IL: iUniverse.

DeVito, J. A. (2014). *The nonverbal communication book*. Dubuque, IA: Kendall-Hunt.

Dewey, J. (1910). *How we think*. Boston, MA: Heath.

Dillard, J. P., & Marshall, L. J. (2003). Persuasion as a social skill. In J. O. Greene & B. R. Burleson (Eds.), *Handbook of communication and social interaction skills* (pp. 479-514). Mahwah, NJ: Erlbaum.

Dindia, K., & Canary, D. J. (2006). (Eds.). *Sex differences and similarities in communication* (2nd ed.). Mahwah, NJ: Lawrence Erlbaum.

Djietror, J. (2013). But aren't they starving. In L. Schnoor (Ed.), *Winning orations* (pp. 124-126). Mankata, MN: Interstate Oratorical Association.

Dominus, S. (2017, October 22). When the revolution came for Amy Cuddy. *New York Times Magazine*, 28-33, 50-55.

Donahue, W. A., with Kolt, R. (1992). *Managing interpersonal conflict.* Thousand Oaks, CA: SAGE.

Donovan, J. (2014). *How to deliver a TED talk: Secrets of the world's most inspiring presentations.* New York: McGraw-Hill.

Dovidio, J. F., Gaertner, S. E., Kawakami, K., & Hodson, G. (2002). Why can't we just get along? Interpersonal biases and interracial distrust. *Cultural Diversity and Ethnic Minority Psychology, 8,* 88-102.

Dresser, N. (1996). *Multicultural manners: New rules of etiquette for a changing society.* New York: Wiley.

Drews, D. R., Allison, C. K., & Probst, J. R. (2000). Behavioral and self-concept differences in tattooed and nontattooed college students. *Psychological Reports, 86,* 475-481.

Dreyfuss, H. (1971). *Symbol sourcebook.* New York: McGraw-Hill.

Drummond, K., & Hopper, R. (1993). Acknowledgment tokens in series. *Communication Reports, 6,* 47-53.

Dunbar, R. I. M. (2004). Gossip in evolutionary perspective. *Review of General Psychology, 8,* 100-110.

Duncan, S. D., Jr. (1972). Some signals and rules for taking speaking turns in conversation. *Journal of Personality and Social Psychology, 23,* 283-292.

Duval, T. S., & Silva, P. J. (2002). Self-awareness, probability of improvement, and the self-serving bias. *Journal of Personality and Social Psychology, 82,* 49-61.

Eastwick, P. W., & Finkel, E. J. (2009). Reciprocity of Liking. In H. T. Reis & S. Sprecher (Eds.), *Encyclopedia of human relationships* (pp. 1333-1336). Thousand Oaks, CA: SAGE.

Eccles, A. (2009). You're driving me crazy! *Psychology Today, 42,* 66-75.

Eden, D. (1992). Leadership and expectations: Pygmalion effects and other self-fulfilling prophecies in organizations. *Leadership Quarterly, 3,* 271-305.

Eder, D., & Enke, J. L. (1991). The structure of gossip: Opportunities and constraints on collective expression among adolescents. *American Sociological Review, 56,* 494-508.

Egan, K. G., & Moreno, M. A. (2011). Alcohol references on undergraduate male's Facebook profiles. *American Journal of Men's Health, 5,* 413-420.

Egan, M. (2017, September 21). CEO's bonus cut 25% for his anti-gay, sexist tirade at Kathy Griffin.

http://money.cnn.com/2017/09/21/investing/kathy-griffin-kb-home-ceomezger-bonus-cut/index.html

Eggan, P. D., & Kauchack, D. P. (2013). *Educational psychology: Windows on classrooms.* Hoboken, NJ: Pearson.

Ehrenhaus, P. (1988). Silence and symbolic expression. *Communication Monographs, 55,* 41-57.

Einhorn, L. (2006). Using e-prime and English minus absolutisms to provide self-empathy. *ETC: A Review of General Semantics, 63,* 180-186.

Einstein, E. (1995). Success or sabotage: Which self-fulfilling prophecy will the stepfamily create? In D. K. Huntley (Ed.), *Understanding stepfamilies: Implications for assessment and treatment.* Alexandria, VA: American Counseling Association.

Ekman, P. (2003). *Emotions revealed.* New York: St. Martin's Press.

Ekman, P. (2009). *Telling lies: Clues to deceit in the marketplace, politics, and marriage* (3rd ed.). New York: Norton.

Ekman, P., & Friesen, W. V. (1969). The repertoire of nonverbal behavior: Categories, origins, usage, and coding. *Semiotica, 1,* 49-98.

Ekman, P., Friesen, W. V., & Ellsworth, P. (1972). *Emotion in the human face: Guidelines for research and an integration of findings.* New York: Pergamon Press.

Elfenbein, H. A., & Ambady, N. (2002). Is there an in-group advantage in emotion recognition? *Psychological Bulletin, 128,* 243-249.

Elmes, M. B., & Gemmill, G. (1990). The psychodynamics of mindlessness and dissent in small groups. *Small Group Research, 21,* 28-44.

Emmers-Sommer, T. M. (2004). The effect of communication quality and quantity indicators on intimacy and relational satisfaction. *Journal of Social and Personal Relationships, 21,* 399-411.

Engleberg, I. N., & Wynn, D. R. (2017). *Working in groups: Communication principles and strategies* (7th ed.). Hoboken, NJ: Pearson.

Faigley, L. (2009). *The Penguin handbook* (3rd ed.). New York: Longman.

Festinger, L. (1954). A theory of social comparison processes. *Human Relations, 7,* 117-140.

Fielder, F. E. (1967). *A theory of leadership effectiveness.* New York: McGraw-Hill.

Fitzpatrick, M. A. (1983). Predicting couples' communication from couples' self-reports. In R. N. Bostrom (Ed.), *Communication Yearbook 7* (pp. 49-82). Thousand Oaks, CA: SAGE.

Fitzpatrick, M. A. (1988). *Between husbands and wives: Communication in marriage.* Thousand Oaks, CA: SAGE.

Fitzpatrick, M. A. (1991). Sex differences in marital conflict: Social psychophysiological versus cognitive explanations. *Text, 11,* 341-364.

Fitzpatrick, M. A., Jandt, F. E., Myrick, F. L., & Edgar, T. (1994). Gay and lesbian couple relationships.

In R. J. Ringer (Ed.), *Queer words, queer images: Communication and the construction of homosexuality* (pp. 265-285). New York: New York University Press.

Floyd, K., & Mikkelson, A. C. (2005). The affectionate communication index. In V. Manusov (Ed.), *The sourcebook of nonverbal measures: Going beyond words* (pp. 47-56). Mahwah, NJ: Lawrence Erlbaum.

Forbes, G. B. (2001). College students with tattoos and piercings: Motives, family experiences, personality factors, and perception by others. *Psychological Reports, 89*, 774-786.

Freedman, J. (1978). *Happy people: What happiness is, who has it, and why.* New York: Ballantine.

Frentz, T. (1976). A general approach to episodic structure. Paper presented at the Western Speech Association Convention, San Francisco, CA. Cited in Reardon (1987).

Fried, M. (2013). Trending: Divorce rings. Retrieved June 25, 2015 from http://www.huffingtonpost.com/michael-fried/divorcerings_b_4234373.html

Fukushima, S. (2000). *Requests and culture: Politeness in British English and Japanese.* New York: Peter Lang.

Furlow, F. B. (1996, March). The smell of love. *Psychology Today*, 38-45.

Gallo, C. (2014). *Talk like TED: The 9 public-speaking secrets of the world's top minds.* New York: St. Martin's/Griffin.

Galvin, K. M., Braithwaite, D. O., & Bylund, C. L. (2015). *Family communication: Cohesion and change* (9th ed.). New York: Taylor & Francis.

Gamble, T. K., & Gamble, M. W. (2003). *The gender communication connection.* Boston: Houghton Mifflin.

Gamble, T. K., & Gamble, M. W. (2013), *Leading with communication.* Los Angeles, CA: SAGE.

Gamson, J. (1998). Publicity traps: Television talk shows and lesbian, gay, bisexual, and transgender visibility. *Sexualities, 1* (February), 11-41.

Gao, G., & Gudykunst, W. B. (1995). Attributional confidence, perceived similarity, and network involvement in Chinese and American romantic relationships. *Communication Quarterly, 43*, 431-445.

German, K., Gronbeck, B., Ehninger, D., & Monroe, A. H. (2013). *Principles of public speaking* (18th ed.). Boston, MA: Free Press.

Gibb, J. (1961). Defensive communication. *Journal of Communication, 11*, 141-148.

Giles, D. C. (2001). Parasocial interaction: A review of the literature and a model for future research. *Media Psychology, 4*, 279-305.

Giles, D. C., & Maltby, J. (2004, March). The role of media figures in adolescent development: Relations between autonomy, attachment, and interest in celebrities. *Personality and Individual Differences, 36*, 813-822.

Giles, H. (2008). Communication accommodation theory. In L. A. Baxter & D. O. Braithwaite (Eds.), *Engaging theories in interpersonal communication: Multiple perspectives* (pp. 161-173). Los Angeles, CA: SAGE.

Giles, H., Mulac, A., Bradac, J. J., & Johnson, P. (1987). Speech accommodation theory: The first decade and beyond. In M. L. McLaughlin (Ed.), *Communication yearbook 10* (pp. 13-48). Thousand Oaks, CA: SAGE.

GLAAD Media Reference Guide, 2016. http://www.glaad.org/sites/default/files/GLAADMedia-Reference-GuideTenthEdition.pdf

Goffman, E. (1967). *Interaction ritual: Essays on face-to-face behavior.* New York: Pantheon.

Goffman, E. (1971). *Relations in public: Microstudies of the public order.* New York: HarperCollins.

Goldin-Meadow, S., Nusbaum, H., Kelly, S. D., & Wagner, S. (2001). Gesture—psychological aspects. *Psychological Science, 12*, 516-522.

Goldsmith, D. J. (2007). Brown and Levinson's politeness theory. In B. B. Whaley & W. Samter (Eds.), *Explaining communication: Contemporary theories and exemplars* (pp. 219-236). Mahwah, NJ: Lawrence Erlbaum.

Goldsmith, D. J., & Fulfs, P. A. (1999). "You just don't have the evidence": An analysis of claims and evidence. In M. E. Roloff (Ed.), *Communication yearbook 22* (pp. 1-49). Thousand Oaks, CA: SAGE.

Goldstein, N. J., Martin, S. J., & Cialdini, R. B. (2008). *Yes! 50 scientifically proven ways to be persuasive.* New York, NY: Free Press.

Goleman, D. (1995). *Emotional intelligence.* New York: Bantam.

Gonzalez, A., & Zimbardo, P. G. (1985). Time in perspective. *Psychology Today, 19*, 20-26.

Gordon, T. (1975). *P.E.T.: Parent effectiveness training.* New York: New American Library.

Gottman, J. M., & Carrere, S. (1994). Why can't men and women get along? Developmental roots and marital inequities. In D. J. Canary and Laura Stafford (Eds.), *Communication and relational maintenance* (pp. 203-229). San Diego, CA: Academic Press.

Gottman, J. M., & Levenson, R. W. (1999). Dysfunctional marital conflict: Women are being unfairly blamed. *Journal of Divorce and Remarriage, 31*, 1-17.

Graham, J. A., & Argyle, M. (1975). The effects of different patterns of gaze combined with different facial expressions on impression formation. *Journal of Movement Studies, 1*, 178-182.

Graham, J. A., Bitti, P. R., & Argyle, M. (1975). A cross-cultural study of the communication of emotion by facial and gestural cues. *Journal of Human Movement Studies, 1*, 68-77.

Grant, A. (2013). Why some people have no boundaries online. Retrieved August 28, 2015 from http://www.huffingtonpost.com/adam-grant/why-some-peoplehave-no-b_b_3909799.html

Grant, A. (2017, August 27). Networking is overrated. *New York Times, Sunday Review*, 7.

Greene, J. O. (2003). Models of adult communication skill acquisition: Practice and the course of performance improvement. In J. O. Greene & B. R. Burleson (Eds.), *Handbook of communication and social interaction skills* (pp. 51-92). Mahwah, NJ: Lawrence Erlbaum.

Greene, K., Derlega, V., & Mathews, A. (2006). Self-disclosure in personal relationships. In A. L. Vangelisti, & D. Perlman (Eds.), *Cambridge Handbook of Personal Relationships* (pp. 409-427). Cambridge: Cambridge University Press.

Greengard, S. (2001). Gossip poisons business. HR can stop it. *Workforce, 80,* 24-28.

Greitemeyer, T. (2007). What do men and women want in a partner? Are educated partners always more desirable? *Journal of Experimental Social Psychology, 43* (March), 180-194.

Grice, H. P. (1975). Logic and conversation. In P. Cole & J. L. Morgan (Eds.), *Syntax and semantics,* Vol. 3, *Speech acts* (pp. 41-58). New York: Seminar Press.

Grierson, B. (2014, October, 22). The thought that counts. *New York Times Magazine, The Health Issue,* 52-56, 68-70.

Gross, S. J. (2006). How to raise your self-esteem. Psych Central. Retrieved December 28, 2013 from http://psychcentral.com/lib/how-to-raise-your-self-esteem/000737

Grossin, W. (1987). Monochronic time, polychronic time and policies for development. *Studi di Sociologia, 25,* 18-25.

Gudykunst, W. B. (1991). *Bridging differences: Effective intergroup communication.* Newbury Park, CA: SAGE.

Gudykunst, W. (1993). Toward a theory of effective interpersonal and intergroup communication: An anxiety/uncertainty management (AUM) perspective. In R. L. Wiseman (Ed.), *Intercultural communication competence.* Thousand Oaks, CA: SAGE.

Gudykunst, W. B., & Kim, Y. Y. (Eds.). (1992). *Readings on communication with strangers: An approach to intercultural communication.* New York: McGraw-Hill.

Guerrero, L. K., & Andersen, P. A. (1991). The waxing and waning of relational intimacy: Touch as a function of relational stage, gender and touch avoidance. *Journal of Social and Personal Relationships, 8,* 147-165.

Guerrero, L. K., & Andersen, P. A. (1994). Patterns of matching and initiation: Touch behavior and touch avoidance across romantic relationship stages. *Journal of Nonverbal Behavior, 18,* 137-153.

Guerrero, L. K., & Hecht, M. L. (Eds.), (2006). *The nonverbal communication reader: Class and contemporary readings* (3rd ed.). Prospect Heights, IL: Waveland Press.

Guerrero, L. K., Andersen, P. A., & Afifi, W. A. (2007). *Close encounters: Communication in relationships* (2nd ed.). Thousand Oaks, CA: SAGE.

Hackman, M. Z., & Johnson, C. E. (1991). *Leadership: A communication perspective.* Prospect

Heights, IL: Waveland Press.

Hafen, S. (2004). Organizational gossip: A revolving door of regulation and resistance. *Southern Communication Journal, 69* (Spring), 223–240.

Haga, Y. (1988). Traits de langage et caractère Japonais. *Cahiers de Sociologie Economique et Culturelle, 9*, 105–109.

Hall, E. T. (1959). *The silent language*. Garden City, NY: Doubleday.

Hall, E. T. (1963). A system for the notation of proxemic behavior. *American Anthropologist, 65*, 1003–1026.

Hall, E. T. (1966). *The hidden dimension*. Garden City, NY: Doubleday.

Hall, E. T. (1976). *Beyond culture*. Garden City, NY: Doubleday.

Hall, E. T., & Hall, M. R. (1987).*Hidden differences: Doing business with the Japanese*. Garden City, NY: Doubleday.

Hamermesh, D. S. (2013). *Beauty pays: Why attractive people are more successful*. Princeton, NJ: Princeton University Press.

Handova, D. (2017). The importance of listening to workplace dissent. *Channel Futures* http:// www. channelfutures.com/leader-ship/importance-listening-work-place-dissent

Haney, W. (1973). *Communication and organizational behavior: Text and cases* (3rd ed.). Homewood, IL: Irwin.

Hanley, S. J., & Abell, S. C. (2002, Fall). Maslow and relatedness: Creating an interpersonal model of selfactualization. *Journal of Humanistic Psychology, 42*, 37–56.

Harvey, J. C., & Katz, C. (1985). *If I'm so successful why do I feel like a fake: The impostor phenomenon*. New York: St. Martin's Press.

Hatfield, E., & Rapson, R. L. (1996). *Love and sex: Cross-cultural perspectives*. Boston: Allyn & Bacon.

Hayakawa, S. I., & Hayakawa, A. R. (1989). *Language in thought and action* (5th ed.). New York: Harcourt Brace Jovanovich.

Heap, J. L. (1992). Seeing snubs: An introduction to sequential analysis of classroom interaction. *Journal of Classroom Interaction, 27*, 23–28.

Heasley, J. B., Babbitt, C. E., & Burbach, H. J. (1995a). Gender differences in college students' perceptions of "fighting words." *Sociological Viewpoints, 11* (Fall), 30–40.

Heasley, J. B., Babbitt, C. E., & Burbach, H. J. (1995b). The role of social context in students' anticipatory reaction to a "fighting word." *Sociological Focus, 27*, 281–283.

Hecht, M. L., Jackson, R. L., & Ribeau, S. (2003). *African American communication: Exploring identity and culture* (2nd ed.). Mahwah, NJ: Erlbaum.

Helgeson, V. S. (2009). *Psychology of gender* (3rd ed.). Upper Saddle River, NJ: Prentice-Hall.

Hendrick, C., & Hendrick, S. (1990). A relationship-specific version of the love attitudes scale. In J. W. Heulip (Ed.), *Handbook of replication research in the behavioral and social sciences* [Special issue]. *Journal of Social Behavior and Personality, 5*, 239–254.

Hendrick, C., Hendrick, S., Foote, F. H., & Slapion-Foote, M. J. (1984). Do men and women love differently? *Journal of Social and Personal Relationships, 1*, 177–195.

Herrick, J. A. (2004). *Argumentation: Understanding and shaping arguments.* State College, PA: Strata.

Hersey, P., Blanchard, K. H., & Johnson, D. E. (2001). *Management of organizational behavior: Leading human resources* (8th ed.). Upper Saddle River, NJ: Prentice-Hall.

Higgins, J. M. (1994). *101 creative problem solving techniques.* New York: New Management Publishing Company.

Himle, J. A., Abelson, J. L., & Haghightgou, H. (1999). Effect of alcohol on social phobic anxiety. *American Journal of Psychiatry, 156*, 1237–1243.

Hinduja, S., & Patchin, J. W. (2008). *Bullying: Beyond the schoolyard.* Thousand Oaks, CA: Corwin Press/SAGE.

Hocker, J. L., & Wilmot, W. W. (2018). *Interpersonal conflict* (10th ed.). New York: McGraw Hill.

Hofstede, G. (1997). *Cultures and organizations: Software of the mind.* New York: McGraw-Hill.

Hofstede, G., Hofstede, G., & Minkov, M. (2010). *Cultures and organizations: Software of the mind* (3rd ed.). New York, NY: McGraw-Hill.

Hofstrand, D. (2006). Designing successful business teams. Retrieved from https://www.extension.iastate.edu/agdm/wholefarm/html/c5-114.html

Hoft, N. L. (1995). *International technical communication: How to export information about high technology.* New York: Wiley.

Hollenbaugh, E. E., & Everett, M. K. (2013). The Effects of Anonymity on Self-Disclosure in Blogs: An Application of the Online Disinhibition Effect. *Journal of Computer-Mediated Communication, 18*, 283–302. DOI: 10.1111/jcc4.12008

Holmes, J. (1995). *Women, men and politeness.* New York: Longman.

Hsu, C-C., & Sandford, B. A. (2007). The Delphi technique: Making sense of consensus. Practical assessment, research & evaluation. Retrieved March 12, 2015 from http://pareonline.net/pdf/v12n10.pdf

Hunt, M. O. (2000). Status, religion, and the "belief in a just world": Comparing African Americans, Latinos, and whites. *Social Science Quarterly, 81*, 325–343.

Huston, M., & Schwartz, P. (1995). The relationships of lesbians and gay men. In J. T. Wood & S. Duck (Eds.), *Under-studied relationships: Off the beaten track* (pp. 89–121). Thousand Oaks, CA: SAGE.

Iizuka, Y. (1993). Regulators in Japanese conversation. *Psychological Reports, 72*, 203-209.

Infante, D. A. (1988). *Arguing constructively.* Prospect Heights, IL: Waveland Press.

Infante, D. A., & Rancer, A. S. (1995). Argumentativeness and verbal aggressiveness: A review of recent theory and research. In B. R. Burleson (Ed.), *Communication yearbook, 19* (pp. 319-351). Thousand Oaks, CA: SAGE.

Infante, D. A., Rancer, A. S., & Womack, D. F. (2003). *Building communication theory* (4th ed.). Prospect Heights, IL: Waveland Press.

Isay, J. (2014). *Secrets and lies: Surviving the truths that change our lives.* New York, NY: Penguin/Random House.

Iyengar, S. (2010). *The art of choosing.* New York: Hatchett Book Group.

Jacobson, D. (1999). Impression formation in cyberspace: Online expectations and offline experiences in text-based virtual communities. *Journal of Computer Mediated Communication, 5.*

Jambor, E., & Elliott, M. (2005, Winter). Self-esteem and coping strategies among deaf students. *Journal of Deaf Studies and Deaf Education, 10*, 63-81.

Jandt, F. E. (2017). *Conflict and communication.* Thousand Oaks, CA: SAGE.

Jandt, F. E. (2018). *An Introduction to intercultural communication: Identities in a global community* (9th ed.). Thousand Oaks, CA: SAGE.

Janis, I. (1983). *Victims of group thinking: A psychological study of foreign policy decisions and fiascoes* (2nd ed.). Boston: Houghton Mifflin.

Jaworski, A. (1993). *The power of silence: Social and pragmatic perspectives.* Newbury Park, CA: SAGE.

Jecker, J., & Landy, D. (1969). Liking a person as a function of doing him a favor. *Human Relations, 22*, 371-378.

Johannesen, R. L. (2001). *Ethics in human communication* (6th ed.). Prospect Heights, IL: Waveland Press.

Johannesen, R. L., Valde, K. S., & Whedbee, K. E. (2007). *Ethics in human communication* (6th ed.). Prospect Heights, IL: Waveland.

Johnson, C. E. (1987). An introduction to powerful and powerless talk in the classroom. *Communication Education, 36*, 167-172.

Johnson, S. D., & Bechler, C. (1998). Examining the relationship between listening effectiveness and leadership emergence: Perceptions, behaviors, and recall. *Small Group Research, 29*, 452-471.

Johnson, S. M., & O'Connor, E. (2002). *The gay baby boom: The psychology of gay parenthood.* New York: New York University Press.

Joinson, A. N. (2001). Self-disclosure in computer-mediated communication: The role of selfawareness and visual anonymity. *European Journal of Social Psychology, 31*, 177-192.

Jones, C., Berry, L., & Stevens, C. (2007). Synthesized speech intelligibility and persuasion: Speech rate and non-native listeners. *Computer Speech and Language, 21*, 641–651.

Jones, S. (2005). The touch-log record: A behavioral communication measure. In V. Manusov (Ed.), *The sourcebook of nonverbal measures: Going beyond words* (pp. 67-81). Mahwah, NJ: Lawrence Erlbaum.

Jones, S., & Yarbrough, A. E. (1985). A naturalistic study of the meanings of touch. *Communication Monographs, 52*, 19-56.

Judge, T. A., & Cable, D. M. (2004). The effect of physical height on workplace success and income. *Journal of Applied Psychology, 89*, 428-441.

Kallos, J. (2005). *Because netiquette matters! Your comprehensive reference guide to e-mail etiquette and proper technology use.* Philadelphia: Xlibris.

Kanner, B. (1989, April 3). Color schemes. *New York Magazine*, 22-23.

Kapoor, S., Hughes, P. C., Baldwin, J. R., & Blue, J. (2003). The relationship of individualismcollectivism and self-construals to communication styles in India and the United States. *International Journal of Intercultural Relations, 27*, 683-700.

Kelly, M. S. (2006). *Communication@ work: Ethical, effective, and expressive communication in the workplace.* Boston, MA: Allyn & Bacon.

Kelly, P. K. (1994). *Team decisionmaking techniques.* Irvine, CA: Richard Chang Associates.

Kenrick, D. T., Neuberg, S. L., & Cialdini, R. B. (2007). *Social psychology: Goals in interaction* (4th ed.). Boston: Allyn & Bacon.

Ketcham, H. (1958). *Color planning for business and industry.* New York: Harper.

Keyes, R. (1980). *The height of your life.* New York: Warner.

Kiel, F. (2015). *Return on character.* Boston, MA: Harvard Business Review Press.

Kiel, J. M. (1999). Reshaping Maslow's hierarchy of needs to reflect today's education and managerial philosophies. *Journal of Instructional Psychology, 26*, 167-168.

King, K. (2015). Funding Alzheimer's Research. Speech presented at University of Texas at Austin.

Kleinke, C. L. (1986). *Meeting and understanding people.* New York: W. H. Freeman.

Knapp, M. L. (2008). *Lying and deception in human interaction.* Boston: Pearson.

Knapp, M. L., Hall, J. A., & Horgan, T. G. (2013). *Nonverbal communication in human interaction* (8th ed.). Thousand Oaks, CA: Wadsworth.

Knobloch, L. K., & Solomon, D. H. (1999). Measuring the sources and content of relational uncertainty. *Communication Studies, 50*, 261-278.

Knobloch, L. K., Haunani, D., & Theiss, J. A. (2006). The role of intimacy in the production and perception of relationship talk within courtship. *Communication Research, 33*, 211-241.

Koerner, A. F., & Fitzpatrick, M. A. (2002, Fall). You never leave your family in a fight: The impact of family of origin on conflict behavior in romantic relationships. *Communication Studies, 53,* 234–252.

Koerner, A. F., & Fitzpatrick, M. A. (2004). Communication in intact families. In A. L. Vangelisti (Ed.), *Handbook of family communication* (pp. 177–195). Mahwah, NJ: Erlbaum.

Koerner, A. F., & Fitzpatrick, M. A. (1997). Family type and conflict: The impact of conversation orientation and conformity orientation on conflict in the] family. *Communication Studies, 48,* 59–76.

Koppelman, K. L., with Goodhart, R. L. (2005). *Understanding human differences: Multicultural education for a diverse America.* Boston: Allyn & Bacon.

Koscriski, K. (2007). Facial attractiveness: General patterns of facial preferences. *Anthropological Review, 70,* 45–79.

Krebs, G. L. (1989). *Organizational communication* (2nd ed.). Boston: Allyn & Bacon.

Kurdek, L. A. (1994). Areas of conflict for gay, lesbian, and heterosexual couples: What couples argue about influences relationship satisfaction. *Journal of Marriage and the Family, 56,* 923–934.

Lakoff, R. (1975). *Language and women's place.* New York: Harper & Row.

Lancer, D. (2013). Low self-esteem is learned. *Psych Central.* Retrieved December 28, 2013 from http://psychcentral.com/lib/low-self-esteem-islearned/00018092

Langer, E. J. (1989). *Mindfulness.* Reading, MA: Addison-Wesley.

Laroche, C., & deGrace, G. R. (1997). Factors of satisfaction associated with happiness in adults. *Canadian Journal of Counselling, 31,* 275–286.

Larsen, R. J., Kasimatis, M., & Frey, K. (1992). Facilitating the furrowed brow: An unobtrusive test of the facial feedback hypothesis applied to unpleasant affect. *Cognition and Emotion, 6,* 321–338.

Latané, B., Williams, K., & Harkins, S. (2006). Many hands make light the work: The causes and consequences of social loafing. In J. M. Levine & R. L. Moreland (Eds.), *Small groups* (pp. 297–308). New York: Psychology Press.

Lauer, C. S. (2003, February 10). Listen to this. *Modern Healthcare, 33,* 34.

Lederer, W. J. (1984). *Creating a good relationship.* New York: Norton.

Lee, A. M., & Lee, E. B. (1972). *The fine art of propaganda.* San Francisco: International Society for General Semantics.

Lee, A. M., & Lee, E. B. (1995). The iconography of propaganda analysis. *ETC: A Review of General Semantics, 52,* 13–17.

Lee, H. O., & Boster, F. J. (1992). Collectivism–individualism in perceptions of speech rate: A cross-cultural comparison. *Journal of Cross-Cultural Psychology, 23,* 377–388.

Lee, J. A. (1976). *The colors of love.* New York: Bantam.

Lee, R. L. M. (1984). Malaysian queue culture: An ethnography of urban public behavior. *Southeast*

Asian Journal of Social Science, 12, 36–50.

Lee, T. M. C., Liu, H. L., Tan, L. H., Chan, C. C. H., Mahankali, S., Feng, C. M., et al. (2002). Lie detection by functional magnetic resonance imaging. *Human Brain Mapping, 15*, 157–164.

Leech, G. (1983). *Principles of pragmatics.* London: Longman.

Lenhart, A., Madden, M., Smith, A., Purcell, K., Zickuhr, K., & Rainie, L. (2011). Teens, kindness and cruelty on social network sites. Retrieved from http://pewinterest.org/Reports/2011/Teens-andsocial-media.aspx

Leung, K. (1988, March). Some determinants of conflict avoidance. *Journal of Cross–Cultural Psychology, 19*, 125–136.

Leung, S. A. (2001). Editor's introduction. *Asian Journal of Counseling, 8*, 107–109.

Levine, D. (2000). Virtual attraction: What rocks your boat. *Cyber Psychology and Behavior, 3*, 565–573.

Levine, M. (2004, June 1). Tell the doctor all your problems, but keep it to less than a minute. *New York Times*, p. F6.

Lindeman, M., Harakka, T., & Keltikangas-Jarvinen, L. (1997). Age and gender differences in adolescents' reactions to conflict situations: Aggression, prosociality, and withdrawal. *Journal of Youth and Adolescence, 26*, 339–351.

Linstone, H. A., & Turoff, M. (1975/2002). The Delphi method: techniques and applications. Retrieved February 17, 2015 from http://is.njit.edu/pubs/delphibook/

Loftus, E. F. (2004). Memories of things unseen. *Current Directions in Psychological Science 13*, 145–147.

Lu, L., & Shih, J. B. (1997). Sources of happiness: A qualitative approach. *Journal of Social Psychology, 137*, 181–188.

Luft, J. (1984). *Group process: An introduction of group dynamics* (3rd ed.). Palo Alto, CA: Mayfield.

Lukens, J. (1978). Ethnocentric speech. *Ethnic Groups, 2*, 35–53.

Lustig, M. W., & Koester, J. (2013). *Intercultural competence: Interpersonal communication across cultures* (7th ed.). Boston, MA: Allyn & Bacon.

Mackey, R. A., Diemer, M. A., & O'Brien, B. A. (2000). Psychological intimacy in the lasting relationships of heterosexual and same-gender couples. *Sex Roles, 43*, 201–227.

MacLachlan, J. (1979). What people really think of fast talkers. *Psychology Today, 13*, 113–117.

MacMillan, D., & Lehman, P. (2007, November 15). Social networking with the elite. *Business Week*. Retrieved from www.businessweek.com

Madon, S., Guyll, M., & Spoth, R. L. (2004). The self-fulfilling prophecy as an intrafamily dynamic. *Journal of Family Psychology, 18*, 459–469.

Mahaffey, A. L., Bryan, A., & Hutchison, K. E. (2005, March). Using startle eye blink to measure the affective component of antigay bias. *Basic and Applied Social Psychology, 27*, 37–45.

Malandro, L. A., Barker, L., & Barker, D. A. (1989). *Nonverbal communication* (2nd ed.). New York: Random House.

Marsh, P. (1988). *Eye to eye: How people interact.* Topside, MA: Salem House.

Marshall, L. L., & Rose, P. (1987). Gender, stress and violence in the adult relationships of a sample of college students. *Journal of Social and Personal Relationships, 4*, 299–316.

Martin, M. M., & Anderson, C. M. (1993). Psychological and biological differences in touch avoidance. *Communication Research Reports, 10*, 141–147.

Martin, M. M., & Rubin, R. B. (1998). Affinity–seeking in initial interactions. *Southern Communication Journal, 63*, 131–143.

Maslow, A. (1970). *Motivation and personality.* New York: HarperCollins.

Matsumoto, D., & Kudoh, T. (1993). American–Japanese cultural differences in attributions of personality based on smiles. *Journal of Nonverbal Behavior, 17*, 231–243.

McCarthy, M. (2003, January). Talking back: "Small" interactional response tokens in everyday conversation. *Research on Language and Social Interaction, 36*, 33–63.

McCroskey, J. C. (1998). *Why we communicate the ways we do: A communibiological perspective.* Boston: Allyn & Bacon.

McCroskey, J. C. (2006). *An introduction to rhetorical communication* (9th ed.). Boston, MA: Allyn & Bacon.

McDevitt, M., Kiousis, S., & WahlJorgensen, K. (2003). Spiral of moderation: Opinion expression in computer–mediated discussion. *International Journal of Public Opinion Research, 15*, 454–470.

McNatt, D. B. (2001). Ancient Pygmalion joins contemporary management: A meta–analysis of the result. *Journal of Applied Psychology, 85*, 314–322.

Mealy, M., Stephan, W., & Urrutia, C. (2007). The acceptability of lies: A comparison of Ecuadorians and Euro–Americans. *International Journal of Intercultural Relations, 31*, 689–702.

Mehl, M. R., Vazire, S., RamirezEsparza, N., Slatcher, R. B., & Pennebaker, J. W. (2007, July). Are women really more talkative than men? *Science, 6*, 82.

Merton, R. K. (1957). *Social theory and social structure.* New York: Free Press.

Messick, R. M., & Cook, K. S. (Eds.). (1983). *Equity theory: Psychological and sociological perspectives.* New York: Praeger.

Metts, S., & Planalp, S. (2002). Emotional communication. In M. L. Knapp & J. A. Daly (Eds.), *Handbook of interpersonal communication* (3rd ed., pp. 339–373). Thousand Oaks, CA: SAGE.

Miller, G. R. (1978). The current state of theory and research in interpersonal communication. *Human Communication Research, 4*, 164–178.

Miller, G. R. (1990). Interpersonal communication. In G. L. Dahnke, & G. W. Clatterbuck (Eds.),

Human communication: Theory and research (pp. 91-122). Belmont, CA: Wadsworth.

Miller, L. R. (1997, December). Better ways to think and communicate. *Association Management, 49*, 71-73.

Minkov, M. (2011). *Cultural differences in a globalizing world*. Bingley, UK: Emerald Publishing Group.

Minkov, M. (2012). *Cross-cultural analysis: The science and art of comparing the world's modern societies and their cultures*. Thousand Oaks, SAGE.

Moghaddam, F. M., Taylor, D. M., & Wright, S. C. (1993). *Social psychology in cross-cultural perspective*. New York: W. H. Freeman.

Molloy, J. (1981). *Molloy's live for success*. New York: Bantam.

Monin, B. (2003, December). The warm glow heuristic: When liking leads to familiarity. *Journal of Personality and Social Psychology, 85*, 1035-1048.

Moon, D. G. (1996). Concepts of "culture": Implications for intercultural communication research. *Communication Quarterly, 44*, 70-84.

Mooney, L. (2017). How listening can improve workplace performance. *Chron*. http:// smallbusiness. chron.com/listening-can-improve-workplaceperformance-13262.html

Morreale, S. P., & Pearson, J. C. (2008, April). Why communica tion education is important: The centrality of the discipline in the 21st century. *Communication Education, 57*, 224-240.

Motley, M. T. (1990a). On whether one can(not) not communicate: An examination via traditional communication postulates. *Western Journal of Speech Communication, 54*, 1-20.

Motley, M. T. (1990b). Communication as interaction: A reply to Beach and Bavelas. *Western Journal of Speech Communication, 54*, 613-623.

Mottet, T., & Richmond, V. P. (1998). Verbal approach and avoidance items. *Communication Quarterly, 46*, 25-40.

Mullen, B., Salas, E., & Driskell, J. (1989). Salience, motivation, and artifact as contributions to the relation between participation rate and leadership. *Journal of Experimental Social Psychology, 25*, 545-559.

Mullen, B., Tara, A., Salas, E., & Driskell, J. E. (1994). Group cohesiveness and quality of decision making: An interaction of tests of the groupthink hypothesis. *Small Group Research, 25*, 189-204.

Mullen, C. A. (2005). *Mentorship primer*. New York: Peter Lang.

Myers, S. A., & Zhong, M. (2004). Perceived Chinese instructor use of affinity-seeking strategies and Chinese college student motivation. *Journal of Intercultural Communication Research, 33* (September- December), 119-130.

Neher, W. W., & Sandin, P. (2007). *Communicating ethically*. Boston, MA: Allyn & Bacon.

Nelson, P. E., Pearson, J. C., & Kurylo, A. (2008). Developing an intellectual communication. In S. Morreale & P. Arneson (Eds.), Getting the most from your graduate education in communication: A student's handbook. Washington, DC: National Communication Association.

Neugarten, B. (1979). Time, age, and the life cycle. *American Journal of Psychiatry, 136*, 887–894.

Newport, F. (2007). Black or African American. Retrieved May 5, 2012 from www.gallup.com/poll/28816/Black-African-American.aspx

Ng, S. H., Loong, C. S. F., He, A. P., Liu, J. H., & Weatherall, A. (2000). Communication correlates of individualism and collectivism: Talk directed at one or more addressees in family conversations. *Journal of Language and Social Psychology, 19*, 26–45.

Nie, J., & Sundar, S. S. (2013). Who would pay for Facebook? Self esteem as a predictor of user behavior, identity construction and valuation of virtual possessions. In P. Kotzé et al. (Eds.), Proceedings of INTERACT 2013, Part III, LNCS 8119, 726–743.

Noble, B. P. (1994, August 14). The gender wars: Talking peace. *New York Times*, p. 21.

Noelle-Neumann, E. (1991). The theory of public opinion: The concept of the spiral of silence. In J. A. Anderson (Ed.), *Communication yearbook 14* (pp. 256–287). Thousand Oaks, CA: SAGE.

Noller, P. (1993). Gender and emotional communication in marriage: Different cultures or differential social power? *Emotional Communication, Culture, and Power* [Special issue]. cf. Hendrick, C. *Journal of Language and Social Psychology, 12*, 132–152.

Noller, P., & Fitzpatrick, M. A. (1993). *Communication in family relationships.* Englewood Cliffs, NJ: Prentice-Hall.

Northouse, P. G. (1997). *Leadership: Theory and practice.* Thousand Oaks, CA: SAGE.

O'Hair, D., Cody, M. J., & McLaughlin, M. L. (1981). Prepared lies, spontaneous lies, Machiavellianism, and nonverbal communication. *Human Communication Research, 7*, 325–339.

Obama, B. (2009). Call to renewal. Retrieved June 13, 2018 from www.obamaspeeches.com.

Oberg, K. (1960). Cultural shock: Adjustment to new cultural environments. *Practical Anthropology 7*, 177–182.

Osborn, A. (1957). *Applied imagination* (Rev. ed.). New York: Scribner's.

Paul, A. M. (2001). Self-help: Shattering the myths. *Psychology Today, 34*, 60ff.

Pearson, J. C., & Spitzberg, B. H. (1990). *Interpersonal communication: Concepts, components, and contexts* (2nd ed.). Dubuque, IA: William C. Brown.

Pearson, J. C., West, R., & Turner, L. H. (1995). *Gender and communication* (3rd ed.). Dubuque, IA: William C. Brown.

Pelham, A. M., & Kravitz, P. (2008). An exploratory study of the influence of sales training content and salesperson evaluation on salesperson adaptive selling, customer orientation, listening and consulting behaviors. *Journal of Strategic Marketing, 16*, 413–435.

Penfield, J. (Ed.). (1987). *Women and language in transition*. Albany, NY: State University of New York Press.

Pennebacker, J. W. (1991). *Opening up: The healing power of confiding in others*. New York: Morrow.

Perlman, M. (2015, June 23). Black and white: Why capitalization matters. *Columbia Journalism Review*. https://www.cjr.org/analysis/language_corner_1.php

Peterson, C. C. (1996). The ticking of the social clock: Adults' beliefs about the timing of transition events. *International Journal of Aging and Human Development, 42*, 189-203.

Petty, R. E., & Wegener, D. T. (1998). Attitude change: Multiple roles for persuasion variables. In D. T. Gilbert, S. T. Fiske, & G. Lindzey (Eds.), *The handbook of social psychology* (4th ed., Vol. 1, pp. 323- 390). New York: McGraw-Hill.

Pittenger, R. E., Hockett, C. F., & Danehy, J. J. (1960). *The first five minutes*. Ithaca, NY: Paul Martineau.

Place, K. S., & Becker, J. A. (1991). The influence of pragmatic competence on the likeability of grade school children. *Discourse Processes, 14*, 227-241.

Placencia, M. E. (2004). The online disinhibition effect. *Journal of Sociolinguistics, 8*, 215-245.

Pornpitakpan, C. (2003). The effect of personality traits and perceived cultural similarity on attraction. *Journal of International Consumer Marketing, 15*, 5-30.

Porter, R. H., & Moore, J. D. (1981). Human kin recognition by olfactory cues. *Physiology and Behavior, 27*, 493-495.

Porter, S., Brit, A. R., Yuille, J. C., & Lehman, D. R. (2000). Negotiating false memories: Interviewer and rememberer characteristics relate to memory distortion. *Psychological Science, 11* (November), 507-510.

Pratkanis, A., & Aronson, E. (1991). *Age of propaganda: The everyday use and abuse of persuasion*. New York: W. H. Freeman.

Price, C. (2018). *How to break up with your phone: The 30-day plan to take back your life*. Berkeley, CA: Ten Speed Press.

Proyer, R. T., & Wagner, L. (2015). Playfulness in adults revisited: The signal theory in German speakers. *American Journal of Play, 7*, 201-227.

Psychometrics. (2010). Warring egos, toxic individuals, feeble leadership. Retrieved May 11, 2012 from http://www.psychometrics.com/docs/conflictstudy_09.pdf

Rancer, A. S. (1998). Argumentativeness. In J. C. McCroskey, J. A. Daly, M. M. Martin, & M. J. Beatty (Eds.), *Communication and Personality: Trait Perspectives* (pp. 149-170). Cresskill, NJ: Hampton Press.

Rancer, A. S., & Avtgis, T. A. (2006). *Argumentative and aggressive communication: Theory, research, and application*. Thousand Oaks, CA: SAGE.

Rapsa, R., & Cusack, J. (1990). Psychiatric implications of tattoos. *American Family Physician, 41*, 1481–1486.

Read, A. W. (2004). Language revision by deletion of absolutisms. *ETC: A Review of General Semantics, 61*, 456–462.

Reardon, K. K. (1987). *Where minds meet: Interpersonal communication*. Belmont, CA: Wadsworth.

Reasoner, R. (2010). The true meaning of self-esteem. Retrieved June 13, 2018 from https:// www. researchgate.net/publication/265226074_THE_TRUE_ MEANING_OF_SELF-ESTEEM

Reisman, J. M. (1979). *Anatomy of friendship*. Lexington, MA: Lewis.

Reisman, J. M. (1981). Adult friendships. In S. Duck & R. Gilmour (Eds.), *Personal relationships. 2: Developing personal relationships* (pp. 205– 230). New York: Academic Press.

Richards, I. A. (1951). Communication between men: The meaning of language. In Heinz von Foerster (Ed.), *Cybernetics: Transactions of the Eighth Conference*. New York: Josiah Macy, Jr. Foundation.

Richmond, V. P., McCroskey, J. C., & Hickson, M. L. (2012). *Nonverbal behavior in interpersonal relations* (7th ed.). Boston: Allyn & Bacon.

Richmond, V. P., Smith, R., Heisel, A., & McCroskey, J. C. (2001). Nonverbal immediacy in the physician/patient relationship. *Communication Research Reports, 18*, 211–216.

Richmond, V. P., Wrench, J. S., & McCroskey, J. C. (2013). *Communication: Apprehension, avoidance, and effectiveness* (6th ed.). Boston, MA: Pearson.

Richmond, V., McCroskey, J. C., & Hickson, M. (2012). *Nonverbal behavior in interpersonal relations* (7th ed.). Boston, MA: Allyn & Bacon.

Riggio, R. E. (1987). *The charisma quotient*. New York: Dodd, Mead.

Riggio, R. E., & Feldman, R. S. (Eds.). (2005). *Applications of nonverbal communication*. Mahwah, NJ: Lawrence Erlbaum.

Rogers, C. (1970). *Carl Rogers on encounter groups*. New York: Harrow Books.

Rogers, C., & Farson, R. (1981). Active listening. In J. DeVito (Ed.), *Communication: Concepts and processes* (3rd ed., pp. 137–147). Upper Saddle River, NJ: Prentice-Hall.

Rokach, A. (1998). The relation of cultural background to the causes of loneliness. *Journal of Social and Clinical Psychology, 17*, 75–88.

Rokach, A., & Brock, H. (1995). The effects of gender, marital status, and the chronicity and immediacy of loneliness. *Journal of Social Behavior and Personality, 19*, 833–848.

Rollman, J. B., Krug, K., & Parente, F. (2000, April). The chat room phenomenon: Reciprocal communication in cyberspace. *Cyber-Psychology and Behavior, 3*, 161–166.

Roper, C. (2014). The data miner's guide to romance. *Wired, 22* (February), 76–81.

Rose, A. J., & Asher, S. R. (1999, January). Children's goals and strategies in response to conflicts within a friendship. *Developmental Psychology, 35*, 69–79.

Rosen, E. (1998, October). Think like a shrink. *Psychology Today*, 54–69.

Rosengren, A., Orth–Gomér, K., Wedel, H., & Wilhelmsen, L. (1993). Stressful life events, social support, and mortality in men born in 1933. *British Medical Journal* (October 1993), 1102. doi:10.1136/bmj.307.6912.1102

Rosenthal, R. (2002a). Covert communication in classrooms, clinics, courtroom, and cubicles. *American Psychologist, 57*, 839–849.

Rosenthal, R. (2002b). The Pygmalion effect and its mediating mechanism. In J. Aronson (Ed.), *Improving academic achievement: Impact of psychological factors on education* (pp. 25–36). San Diego, CA: Academic Press.

Rosenthal, R., & Jacobson, L. (1992). *Pygmalion in the classroom: Teacher expectations and pupils' intellectual development* (Rev. ed.). Norwalk, CT: Crown House.

Rosh, L., & Offermann, L. (2013, October). Be yourself, but carefully: How to be authentic without oversharing. *Harvard Business Review, 91*, 135–139.

Rubin, R. B., & McHugh, M. (1987). Development of parasocial interaction relationships. *Journal of Broadcasting and Electronic Media, 31*, 279–292.

Rubin, R. B., Fernandez-Collado, C., & Hernandez-Sampieri, R. (1992). A cross–cultural examination of interpersonal communication motives in Mexico and the United States. *International Journal of Intercultural Relations, 16*, 145–157.

Rubin, Z. (1973). *Liking and loving: An invitation to social psychology.* New York: Holt, Rinehart & Winston.

Sagrestano, L. M., Heavey, C. L., & Christensen, A. (2006). Individual differences versus social structural approaches to explaining demand–withdrawal and social influence behaviors. In K. Dindia & D. J. Canary (Eds.), *Sex differences and similarities in communication* (2nd ed., pp. 379– 395). Mahwah, NJ: Lawrence Erlbaum.

Samovar, L. A., & Porter, R. E. (Eds.). (1991). *Communication between cultures.* Belmont, CA: Wadsworth.

Satir, V. (1983). *Conjoint family therapy* (3rd ed.). Palo Alto, CA: Science and Behavior Books.

Schegloff, E. (1982). Discourses as an interactional achievement: Some uses of "uh huh" and other things that come between sentences. In Deborah Tannen (Ed.), *Georgetown University roundtable on language and linguistics* (pp. 71–93). Washington, DC: Georgetown University Press.

Scherer, K. R. (1986). Vocal affect expression. *Psychological Bulletin, 99*, 143–165.

Scheufele, D. A., & Moy, P. (2000). Twenty-five years of the spiral of silence: A conceptual review and empirical outlook. *International Journal of Public Opinion Research, 12,* 3–28.

Schnoor, L. G. (Ed.). (1997). *Winning orations of the interstate oratorical association.* Mankato, MN: Interstate Oratorical Association.

Schnoor, L. G. (Ed.). (2013). *Winning orations.* Mankata, MN: Interstate Oratorical Association.

Schnoor, L. G. (Ed.). (2014). *Winning orations.* Mankata, MN: Interstate Oratorical Association.

Schnoor, L. G. (Ed.). (2015). *Winning orations.* Mankata, MN: Interstate Oratorical Association.

Schultz, B. G. (1996). *Communicating in the small group: Theory and practice* (2nd ed.). New York: HarperCollins.

Schwartz, M., & Task Force on BiasFree Language of the Association of American University Presses. (1995). *Guidelines for bias-free writing.* Bloomington: Indiana University Press.

Seiter, J. S. (2007, March). Ingratiation and gratuity: The effect of complimenting customers on tipping behavior in restaurants. *Journal of Applied Social Psychology, 37,* 478–485.

Seiter, J. S., & Sandry, A. (2003). Pierced for success? The effects of ear and nose piercing on perceptions of job candidates' credibility, attractiveness, and hirability. *Communication Research Reports, 20,* 287–298.

Severin, W. J., & Tankard, J. W., Jr. (2001). *Communication theories: Origins, methods, and uses in the mass media.* Boston: Allyn & Bacon.

Shaw, M. E., & Gouran, D. S. (1990). Group dynamics and communication. In G. Dahnke, & G. W. Clatterbuck (Eds.), *Human communication: Theory and research.* Belmont, CA: Wadsworth.

Shimanoff, S. (1980). *Communication rules: Theory and research.* Thousand Oaks, CA: SAGE.

Shuter, R. (1990). The centrality of culture. *Southern Communication Journal, 55,* 237–249.

Siavelis, R. L., & Lamke, L. K. (1992). Instrumentalness and expressiveness: Predictors of heterosexual relationship satisfaction. *Sex Roles, 26,* 149–159.

Singh, N., & Pereira, A. (2005). *The culturally customized web site.* Oxford, England: Elsevier Butterworth-Heinemann.

Smith, A. (2011). Why Americans use social media. Pew Research Center Publications. Retrieved August 15, 2018 from www. pewresearch.org.

Smith, M. H. (2003). Body adornment: Know the limits. *Nursing Management, 34,* 22–23.

Snyder, M. (1992). A genderinformed model of couple and family therapy: Relationship enhancement therapy. *Contemporary Family Therapy: An International Journal, 14,* 15–31.

Solomon, G. B., Striegel, D. A., Eliot, J. F., Heon, S. N., et al. (1996). The self-fulfilling prophecy in college basketball: Implications for effective coaching. *Journal of Applied Sport Psychology, 8,* 44–59.

Song, I. LaRose, R., Eastin, M. S., & Lin, C. A. (2004, August). Internet gratifications and internet addiction: On the uses and abuses of new media. *CyberPsychology & Behavior, 7,* 384–394.

Spence, C. (2008). Sensing the future. Retrieved from www.aqr.org.uk/inbrief/document.shtml?doc=charles.spence.28-02-2008.fut

Spencer, T. (1993). A new approach to assessing self-disclosure in conversation. Paper presented at the Annual Convention of the Western Speech Communication Association, Albuquerque, New Mexico.

Spencer, T. (1994). Transforming relationships through everyday talk. In S. Duck (Ed.), *The dynamics of relationships: Vol. 4. Understanding relationships*. Thousand Oaks, CA: SAGE.

Spitzberg, B. H., & Cupach, W. R. (1989). *Handbook of interpersonal competence research*. New York: Springer.

Srivastava, K., & More, A. T. (2010). Some aesthetic considerations for over-the-counter (OTC) pharmaceutical products. *International Journal of Biotechnology, 11* (3/4): 267. doi:10.1504/IJBT.2010.036600

Stafford, L. (2008). Social exchange theories. In L. A. Baxter & D. O. Braithwaite (Eds.), *Engaging theories in interpersonal communication: Multiple perspectives* (pp. 377–389). Los Angeles, CA: SAGE.

Steil, L. K., Barker, L. L., & Watson, K. W. (1983). *Effective listening: Key to your success*. Reading, MA: Addison-Wesley.

Stein, M. M., & Bowen, M. (2003). Building a customer satisfaction system: Effective listening when the customer speaks. *Journal of Organizational Excellence, 22* (Summer), 23–34.

Stern, L. (2007). *What every student should know about avoiding plagiarism*. Boston: Pearson Education.

Stern, R., & Divecha, D. (2015, May/June). The empathy trap. *Psychology Today, 48*, 31–34.

Stern, S. R., & Willis, T. J. (2007). What are teenagers up to online? In S. R. Mazzarella (Ed.), *20 questions about youth and the media* (pp. 211–224). New York, NY: Peter Lang.

Stewart, L. P., Cooper, P. J., & Stewart, A. D., with Friedley, S. A. (2003). *Communication and gender* (4th ed.). Boston: Allyn & Bacon.

Stewart, S. (2006, October). A pilot study of email in an e-mentoring relationship. *Journal of Telemedicine and Telecare, 12*, 83–85.

Suler, J. (2004). The online disinhibition effect. *CyberPsychology and Behavior, 7*, 321–326.

Surowiecki, J. (2005). *The wisdom of crowds*. New York, NY: Doubleday.

Tannen, D. (1990). *You just don't understand: Women and men in conversation*. New York: Morrow.

Tannen, D. (1994a). *Gender and discourse*. New York: Oxford University Press.

Tannen, D. (1994b). *Talking from 9 to 5: How women's and men's conversational styles affect who gets heard, who gets credit, and what gets done at work*. New York: Morrow.

Tannen, D. (2006). *You're wearing that? Understanding mothers and daughters in conversation*. New

York: Random House.

Tersine, R. J., & Riggs, W. E. (1980). The Delphi technique: A longrange planning tool. In S. Ferguson & S. D. Ferguson (Eds.), *Intercom: Readings in organizational communication* (pp. 366–373). Rochelle Park, NJ: Hayden Books.

Thibaut, J. W., & Kelley, H. H. (1986). *The social psychology of groups*. New Brunswick, NJ: Transaction.

Thompson, C. A., & Klopf, D. W. (1991). An analysis of social style among disparate cultures. *Communication Research Reports, 8*, 65–72.

Thompson, C. A., Klopf, D. W., & Ishii, S. (1991). A comparison of social style between Japanese and Americans. *Communication Research Reports, 8*, 165–172.

Tierney, P., & Farmer, S. M. (2004). The Pygmalion process and employee creativity. *Journal of Management, 30*, 413–432.

Timmerman, L. J. (2002). Comparing the production of power in language on the basis of sex. In M. Allen & R. W. Preiss (Eds.), *Interpersonal communication research: Advances through meta-analysis* (pp. 73–88). Mahwah, NJ: Lawrence Erlbaum.

Ting-Toomey, S. (1985). Toward a theory of conflict and culture. *International and Intercultural Communication Annual, 9*, 71–86.

Tolhuizen, J. H. (1989). Communication strategies for intensifying dating relationships: Identification, use, and structure. *Journal of Social and Personal Relationships, 6*, 413–434.

Trager, G. L. (1958). Paralanguage: A first approximation. *Studies in Linguistics, 13*, 1–12.

Trager, G. L. (1961). The typology of paralanguage. *Anthropological Linguistics, 3*, 17–21.

Trower, P. (1981). Social skill disorder. In S. Duck & R. Gilmour (Eds.), *Personal relationships, Vol. 3* (pp. 97–110). New York: Academic Press.

Tyler, J. J., Feldman, R. S., & Reichert, A. (2006). The price of deceptive behavior: Disliking and lying to people who lie to us. *Journal of Experimental Social Psychology, 42*, 69–77.

Vainiomaki, T. (2004). Silence as a cultural sign. *Semiotica, 150*, 347–361.

Varma, A., Toh, S. M., & Pichler, S. (2006). Ingratiation in job applications: Impact on selection decisions. *Journal of Managerial Psychology, 21*, 200–210.

Velting, D. M. (1999). Personality and negative expectations: Trait structure of the Beck Hopelessness Scale. *Personality and Individual Differences, 26*, 913–921.

Victor, D. (1992). *International business communication*. New York: HarperCollins.

Vonk, R. (2002). Self-serving interpretations of flattery: Why ingratiation works. *Journal of Personality and Social Psychology, 82*, 515–526.

von Oech, R. (2008, updated edition). *A whack on the side of the head*. New York: Grand Central Publishing.

Wallace, K. (1955). An ethical basis of communication. *Communication Education, 4*, 1-9.

Walster, E., Walster, G. W., & Berscheid, E. (1978). *Equity: Theory and research.* Boston: Allyn & Bacon.

Watzlawick, P. (1977). *How real is real? Confusion, disinformation, communication: An anecdotal introduction to communications theory.* New York: Vintage.

Watzlawick, P. (1978). *The language of change: Elements of therapeutic communication.* New York: Basic Books.

Watzlawick, P., Beavin, J., & Jackson, D. D. (1967). *Pragmatics of human communication: A study of interactional patterns, pathologies, and paradoxes.* New York: Norton.

Watzlawick, P., Weakland, J. H., & Fisch, R. (2011). *Change: Principles of problem formation and problem resolution.* New York: W. W. Norton.

Weathers, M. D., Frank, E. M., & Spell, L. A. (2002). Differences in the communication of affect: Members of the same race versus members of a different race. *Journal of Black Psychology, 28*, 66-77.

Wennerstrom, A., & Siegel, A. F. (2003). Keeping the floor in multiparty conversation: Intonation, syntax, and pause. *Discourse Processes, 36*, 77-107.

Wert, S. R., & Salovey, P. (2004). Introduction to the special issue on gossip. *Review of General Psychology, 8*, 76-77.

Westwood, R. I., Tang, F. F., & Kirkbride, P. S. (1992). Chinese conflict behavior: Cultural antecedents and behavioral consequences. *Organizational Development Journal, 10*, 13-19.

Whitty, M. T. (2003a). Cyberflirting: Playing at love on the Internet. *Theory and Psychology, 13* (June), 339-357.

Whitty, M. T. (2003b). Logging onto love: An examination of men's and women's flirting behavior both offline and on the Internet. *Australian Journal of Psychology, 55*, 68-72.

Whitty, M., & Gavin, J. (2001). Age/sex/location: Uncovering the social cues in the development of online relationships. *Cyber-Psychology and Behavior, 4*, 623-630.

Wigley, C. J., III. (1998). Verbal aggressiveness. In J. C. McCroskey, J. A. Daly, M. M. Martin, & M. J. Beatty (Eds.), *Communication and personality: Trait perspectives* (pp. 191-214). Cresskill, NJ: Hampton Press.

Wilkins, B. M., & Andersen, P. A. (1991). Gender differences and similarities in management communication: A meta-analysis. *Management Communication Quarterly, 5*, 6-35.

Wilson, S. R., & Sabee, C. M. (2003). Explicating communicative competence as a theoretical term. In J. O. Greene & B. R. Burleson (Eds.), *Handbook of communication and social interaction skills* (pp. 3-50). Mahwah, NJ: Erlbaum.

Windy, D., & Constantinou, D. (2005). *Assertiveness step by step.* London: Sheldon Press.

Winquist, L. A., Mohr, C. D., & Kenny, D. A. (1998). The female positivity effect in the perception of others. *Journal of Research in Personality, 32*, 370-388.

Witcher, S. K. (1999, August 9-15). Chief executives in Asia find listening difficult. *Asian Wall Street Journal Weekly*, p. 11.

Wong, C. M. (2017, August 21). Parents, Students Throw A Fit Over Alabama High School's Pride Flag. *HuffPost* http://www.huffingtonpost.com/entry/alabama-school-pride-flag-protest_us_599b075ce4b0a2608a6dbcb8

Wood, J. T. (1994). *Gendered lives: Communication, gender, and culture.* Belmont, CA: Wadsworth.

Worthington, D. L., & Fitch-Hauser, M. E. (2012). *Listening: Processes, functions, and competency.* Boston: Allyn & Bacon.

Wrench, J. S., McCroskey, J. C., & Richmond, V. P. (2008). *Human communication in everyday life: Explanations and applications.* Boston, MA: Allyn & Bacon.

Yau-fair Ho, D., Chan, S. F., Peng, S., & Ng, A. K. (2001). The dialogical self: Converging East-West constructions. *Culture and Psychology, 7*, 393-408.

Young, K. S., Griffin-Shelley, E., Cooper, A., O'Mara, J., & Buchanan, J. (2000). Online infidelity: A new dimension in couple relationships with implications for evaluation and treatment. *Sexual Addiction and Compulsivity, 7*, 59-74.

Yousuf, M. I. (2007). Using experts' opinions through Delphi technique. *Practical Assessment, Research & Evaluation, 12*. Retrieved February 17, 2015 from http://pareonline.net/getvn.asp?v=12&n=4

Zarya, V. (2017, May). The future of collaboration. *Fortune, 175*, 71-72.

Zornoza, A., Ripoll, P., & Peiró, J. M. (2002, October). Conflict management in groups that work in two different communication contexts: Face-to-face and computer-mediated communication. *Small Group Research, 33*, 481-508.

Zunin, L. M., & Zunin, N. B. (1972). *Contact: The first four minutes.* Los Angeles, CA: Nash.

찾아보기

저자 소개

Joseph A. DeVito

Hunter College of the City University of New York

역자 소개

박준성(Junseong Park)
현) 중앙대학교 미래교육원 상담심리과정
중앙대학교 대학원 심리학과, 사회및문화심리학 전공, 박사
중앙대학교 대학원 심리학과, 비교문화심리학 전공, 석사
주요 저서 및 역서
내 생애 첫 심리학(저, 메이트북스, 2021)
우리는 변화를 원한다(공저, 휴먼북스, 2021)
행동과학을 위한 통계의 핵심(9판, 공역, 박학사, 2020)
현대심리학개론(공저, 솔과학, 2019)
사회과학 연구를 위한 통계분석의 개념과 실제: SPSS 23.0 ver(공저, 학지사, 2017)
용어로 읽는 심리학(2판, 공저, 교육과학사, 2017)
사회심리학(공저, 학지사, 2016)

문광수(Kwangsu Moon)
현) 중앙대학교 심리학과
중앙대학교 대학원 심리학과, 산업및조직심리학 전공, 박사
중앙대학교 대학원 심리학과, 산업및조직심리학 전공, 석사
주요 역서
행동과학을 위한 통계의 핵심(9판, 공역, 박학사, 2020)
산업 및 조직 심리학(공역, 시그마프레스, 2018)
직무수행관리(공역, 학지사, 2009)

박은미(Eunmi Park)

현) 중앙대학교 미래교육원 상담심리과정

중앙대학교 대학원 심리학과, 사회및문화심리학 전공, 박사

중앙대학교 대학원 심리학과, 성인발달및사회문제심리학 전공, 석사

주요 저서

사회심리학(공저, 학지사, 2016)

소용준(Yongjoon So)

현) 중앙대학교 미래교육원 상담심리과정/한국도시정책연구소

전) 나인스텝컨설팅(주) 선발평가센터장

중앙대학교 대학원 심리학과, 산업및조직심리학 전공, 박사수료

중앙대학교 대학원 심리학과, 산업및조직심리학 전공, 석사

주요 저서

우리는 변화를 원한다(공저, 휴먼북스, 2021)

사회과학 연구를 위한 통계분석의 개념과 실제: SPSS 23.0 ver(공저, 학지사, 2017)

용어로 읽는 심리학(2판, 공저, 교육과학사, 2017)

이병창(Byungchang Lee)

현) 새중앙상담센터

서울신학대학교 상담대학원 상담학, 석사

행동코칭심리상담사1급

함진선(Jinsun Hahm)

현) 중앙대학교 미래교육원 상담심리과정/경찰청 범죄피해평가 전문가(경기북부지방경찰청)/
    신준현 신경과 의원 임상심리사

중앙대학교 대학원 심리학과, 임상심리학 전공, 박사수료

중앙대학교 대학원 심리학과, 임상심리학 전공, 석사

임상심리전문가, 청소년상담사2급

주요 저서

용어로 읽는 심리학(2판, 공저, 교육과학사, 2017)

임상심리사 2급 필기 핵심분석종합본(공저, 서원각, 2017)

설득 커뮤니케이션 10판

Essentials of Human Communication (10th ed.)

2021년 9월 20일 1판 1쇄 인쇄
2021년 9월 30일 1판 1쇄 발행

지은이 • Joseph A. DeVito
옮긴이 • 박준성 · 문광수 · 박은미 · 소용준 · 이병창 · 함진선
펴낸이 • 김진환
펴낸곳 • ㈜ 학지사

04031 서울특별시 마포구 양화로 15길 20 마인드월드빌딩
대표전화 • 02-330-5114   팩스 • 02-324-2345
등록번호 • 제313-2006-000265호

홈페이지 • http://www.hakjisa.co.kr
페이스북 • https://www.facebook.com/hakjisabook

ISBN 978-89-997-2509-8 93180

정가 29,000원

출판 · 교육 · 미디어기업 학지사

간호보건의학출판 학지사메디컬 www.hakjisamd.co.kr
심리검사연구소 인싸이트 www.inpsyt.co.kr
학술논문서비스 뉴논문 www.newnonmun.com
교육연수원 카운피아 www.counpia.com